Since. 1911

태인도복음이야기

태인교회 100년사

Since. 1911

태인도 복음이야기

태인교회 100년사

태인교회 100년사는 하나님이 우리에게 베풀어 주신 은혜에 대한 고백서이며,
교회와 우리를 이끌어 가신 성령의 발자취이다. 또 예수님의 사랑에 붙들린 사람들의 기록이다.
특히 100년사 기록 어디에도 이름 한 자, 행적 한 걸음 남기지 못했지만
주님께 사랑의 빚을 진 까닭에 교회와 신도들을
예수의 심장으로 섬긴 '무명의 제자들'의 기록이다.

너희 가운데에

남아 있는 자 중에서

이 성전의

이전 영광을 본 자가 누구냐

이제 이것이

너희에게 어떻게 보이느냐

이것이 너희 눈에

보잘것없지 아니하냐

Since. 1911
태인도 복음이야기
태인교회 100년사

그러나 여호와가 이르노라
스룹바벨아
스스로 굳세게 할지어다
여호사닥의 아들
대제사장 여호수아야
스스로 굳세게 할지어다
여호와의 말이니라
이 땅 모든 백성아

스스로 굳세게 하여

일할지어다

내가 너희와 함께 하노라

만군의 여호와의 말이니라

너희가 애굽에서 나올 때에

내가 너희와 언약한 말과

나의 영이 계속하여

너희 가운데에 머물러 있나니

너희는 두려워하지 말지어다

Since. 1911 태인도복음이야기
태인교회 100년사
KANG YANG TAINDOIN KOREAN CHUCH

태인도복음이야기

편찬위원회	
위원장	양정석
고문	서일석 김충현 서영석 이규민 박정선 김종필 최판수 이영수
위원	이규춘 이혜경 오지숙 김소영 김두래 이주은
집필	김호욱
감수	정준기 김효시

태인교회 100년사
태인도복음이야기

발행인	박형련
아트디렉터	양정석
디자인	장철수
발행처	태인교회
주소	전남 광양시 태인동 236
대표전화	061-792-0691
팩스	061-792-2646
출판	도서출판 가리온 · 해피데이
주소	서울 금천구 독산동 1000-7
대표전화	02-892-7246
팩스	0505-116-9977
발행일	2013. 12. 25.

CIP 2013028372

국립중앙도서관 출판시도서목록(CIP)

태인도복음이야기 : 태인교회 100년사 / 집필 : 김호욱 ;감수 : 정준기, 김효시.—태인교회, 2013
P. ; cm
ISBN 978-89-91078-31-4 03230 : ₩ 50000
교회사(역사)[敎會史]
236.9-KDC5
270-DDC21 CIP2013028372

Since. 1911

태인도복음이야기

태인교회 100년사

대한예수교 장로회 태인교회

발간사

하나님의 은혜

박 형 련 목사
태인교회 담임

광양태인교회가 100여년의 역사를 가진 성숙한 교회로 쓰임 받은 것을 먼저 하나님께 감사드립니다.
100년의 세월은 역사의 한 축입니다. 한 세기를 지나왔다는 것은 특별한 하나님의 은혜가 아니고서는 불가능하기 때문입니다.

교회는 하나님의 집입니다. 하나님이 주인 되시는 공동체로서 100년을 섬기며 순종하였다는 것은 참으로 감격스러운 일입니다. 우리가 알거니와 하루에도 수많은 사건과 문제가 일어납니다. 그런데 100년의 세월동안 믿음의 승리가 있었다는 것은 기적이 아니고서는 불가능하기 때문입니다. 이에 대한 감사를 드리지 아니할 수 없으며, 주체할 수 없는 기쁨이 밀려옴을 고백합니다.

지난 일이지만 때론 감격스러운 일들도, 가슴이 미어지는 아픔도 어찌 없다 할 수 있습니까? 그러나 지나고 보니
지금까지 지내온 것 주의 크신 은혜라고 찬송하게 됩니다.
오직 감사와 찬양과 영광을 교회의 주인되신 하나님께 올려드립니다.

그리고 이제 100년사를 발간하면서 지난 날을 돌아보며 은혜를 마음의 신비와 100년사에 되새겨 볼 뿐 아니라 앞으

로 베푸실 은혜를 기대하며 믿음의 전진을 하기를 원합니다.

한줄의 역사, 한장의 사진 속에 새겨진 은혜는 앞으로 영원합니다. 그러나 하나님은 또 다른 은혜를 예비해 놓으셨습니다. 그 은혜의 바다를 향해 힘차게 전진해야 합니다.
지금보다 더 좋은 교회, 지금보다 더 하나님을 기쁘시게 해드리는 교회, 지나온 역사뿐 아니라 지금 생명이 있는 역사가 숨 쉬는 교회로 더욱 성숙해 가기를 원합니다.
하나님의 시간은 항상 현재입니다. 보라 지금이 은혜 받을 만한 때요, 구원의 날이라고 하였습니다. 지금 더욱 주님을 사랑하고 주님의 나라를 위해 일하는 교회로 서가야 합니다.
유구한 역사를 지닌 어느 교회의 표어처럼 우리주변에 불신자가 있는 한 우리는 영원히 개척교회요 초대교회다라는 것처럼 말입니다. 이 일에 주님이 흐뭇하게 바라보실 땀방울을 흘리는 교회가 되어야 하겠습니다.

새로운 100년의 역사를 오직 주님의 영광을 위해 주님께 드리는 교회로 더욱 낮은 곳에서 섬기며 베풀며 사랑을 실천하는 태인교회가 되기를 소망합니다.

담임목사 박형련

보이지 않은 믿음으로 행하자

양 정 석 장로
편찬위원장

할렐루야! 먼저 거룩하신 하나님 앞에 찬송과 영광을 먼저 올려 드립니다.

100여년 전의 역사를 찾아서 보이지 않은 믿음의 선진들의 발자취를 보면서 지금의 신앙생활의 편안함과 안일한 신앙생활을 회개하게 하고, 자만심과 교만함을 겸손하게 하는 숨결을 느낄 수 있었습니다. 우리교회 100년의 역사 속에서 믿음의 선진들의 숨소리와 한숨소리를 들을 수 있었고 바쁘고 힘든 육체적인 고통을 뒤로하면서도 더욱 찬양과 신앙생활을 열심히 했던 신앙의 모습들을 보았습니다.

이곳에 복음이 전해지던 초기에는 우상이 만연했고, 복음에 무지했던 섬마을이었지만, 복음이 들어 온 이후에는 일제강점기와 6.25 전쟁 중의 처참한 핍박 속에서도 굴하지 않는 믿음의 역사를 남겼습니다. 우리교회의 이러한 믿음의 선진들의 발자국으로 이루어진 『태인도 복음 이야기』를 편찬하게 되어 매우 기쁜 마음입니다. 초창기의 교회역사의 기록과 사진관 하나 없어 남기지 못해서 자세하게 펴내지 못한 점은 매우 아쉽지만, 그러나 믿음의 눈으로 보신다면 보이지 않는 부분을 볼 수 있을 것이며, 더욱 감동이 몰려오는 것을 느낄 수 있을 것이라 확신합니다.

태인교회의 역사는 보이지 않은 선진들의 기도와 눈물과 피로 이루어졌음을 기억하시고, 이름도 없이 빛도 없이 이슬처럼 살다가 하늘로 가신 그들을 우리는 기억하고 감사해야할 것입니다.
태인교회 성도들은 어려운 환경 속에도 태인동에서 어머니의 역할을 충실히 하고 있으며, 섬지역의 미신숭배자들과 갈등하면서 군군하게 구별된 삶을 살아가는 억세고 고집스런 믿음을 소유하였습니다. 그 억셈은 태인교회를 지탱할 수 있도록 하나님께서 사용하는 거룩한 도구가 되기도 하였습니다. 본 교회는 1960년에 태인제일교회와 나눠졌고, 1986년도에는 도촌마을의 태금중앙교회를 분립시켰습니다.
우리교회는 송일조 목사님과 이윤정 목사님 시대를 거치면서 부흥과 성장의 역사를 이루었고, 변유복 목사님 시대에는 지금의 예배당을 신축하였습니다. 교회당 신축을 위해 헌금을 작정하니 1차에 유치원에서부터 노인에 이르기까지 103명이 작정하였고, 3차까지 작정하여 현재 교회당을 하나님께 헌당하기까지 10여년의 기간이 필요하였습니다,

본교회 역사의 뒤안길에는 교회학교의 성장과 활동이 매우 활발하였음을 볼 수 있습니다. 그 영향은 광양지역을 넘어 순천지역까지 미쳤습니다. 교회학교 광양지방아동부 연합회 회장을 역임했던 본교회 섬김이들을 열거하면 김충현 장로, 서영석 장로, 김영만 집사, 양정석 장로, 이규춘 장로 등입니다. 이들이 광양지역 아동부 연합회 회장을 역임할 수 있었던 배경에는 말씀중심으로 교육한 담임 목사님들의 목회방침이 크게 작용하였습니다. 변유복 목사님은 교인들을 말씀으로 양육하여 평신도운동을 일으킨 대표적인 목회자이셨습니다. 말씀중심의 평신도운동은 그 동안 100여명이었던 교인수를 교회설립 90주년이었던 2001년에 280여명으로 증가하는 부흥과 성장의 역사를 만들었습니다. 100주년을 앞두고 평소에 조기은퇴를 주장하시던 변유복 목사님은 63세에 은퇴를 선언하시고 중국 선교를 가셨으며, 지금은 박형련 목사님을 통해서 갈망과 열정이 있는 전도대를 편성하여 400여명이 넘는 교인을 품는 교회로 성장하였습니다. 2011년 4월 4일에는 본교회 설립 100주년을 기념하여 필리핀 민다나오섬에 "스마일 태인교회"를 세워 우리가 받았던 복음을 다시 역 수출하는 기회를 마련하였습니다.

지나온 선진들의 기록이 없어서 전국을 찾아다닌 교회역사학 박사이신 김호욱 목사님께 감사를 드리며, 자료를 위해 전북노회까지 동행해 주시고 찾아서 복사해 주셨던 김연근 장로님과 김진환 집사님(광양제일교회)께 감사드립니다. 아낌없이 역사편찬 자료를 주셨던 전북노회와 부실한 자료를 가지고 편찬에 아낌없는 지원을 하여주신 해피가리온 출판사 사장이신 양우식 장로님께 깊은 감사를 드립니다.
우리교회 100년사인 『태인도 복음 이야기』를 오래도록 기다려 주신 교우들과 이 책을 편찬하도록 도와주신 본교회 장로님들과 편집위원들께 감사의 마음을 전해 드립니다. 부족한 부분들은 십자가 뒤에 감춰 주시고, 앞으로 130년, 150년, 200년의 역사 편찬이 지속적으로 이루어질 수 있기를 간절하게 부탁말씀 드립니다.

옛날을 기억하라

김 호 욱 교수
광신대학교 역사신학

역사는 지나간 사건을 기록하는 작업입니다.

그래서 현재를 살기도 버겁고 힘든데 과거를 붙잡아 무엇하느냐고 반문하는 사람도 있습니다. 성경은 현재 우리에게 말씀하시는 하나님의 말씀이란 점에서 현재이지만 동시에 과거에 일어난 일들을 기록했다는 점에서는 역사입니다. 여호와께서 지속적으로 말씀하십니다. "옛날을 기억하라 역대의 연대를 생각하라 네 아버지에게 물으라. 그가 네게 설명할 것이요 네 어른들에게 물으라. 그들이 네게 말하리로다."(신 32:7)

『태인교회 100년사』를 저술하면서 함께 기억하기를 바라는 역사를 언급하고 싶습니다. 첫째, 태인동은 미국 남장로회 선교사들이 휴양을 위해 본교회를 찾지 않은 분이 없을 정도로 풍경이 매우 아름다운 섬이었습니다. 둘째, 본교회는 한국인에 의해 시작되었습니다. 본토인에 의해 시작되었다는 것은 네비우스선교정책의 하나인 자력전도(自力傳道)가 결실을 맺고 있었다는 점에서 의미가 있습니다. 셋째, 19세기 미국 남장로회의 개혁주의 신학이 본교회 신학의 뿌리라는 점입니다. 넷째, 역경의 열매입니다. 1911년 4월 11일에 설립된 본교회는 일제강점기에 교회 문을 닫기도 했고, 1960년에는 태인제일교회와 분열하는 어려움도 있었지만 모든 것을 극복하고 100세란 열매를 맺은 것입니다. 다섯째, 이웃과 함께 하는 교회입니다. 본교회는 변유복 목사님 시대부터 노인대학을 개교하여 문맹퇴치 운동을 하였고, 당회장배 게이트 볼 대회 등의 개최로 지역 주민들을 섬김으로써 예수 그리스도의 향기가 되고 있습니다. 또한 2010년 12월에 부임한 박형련 목사님은 해외 선교뿐만 아니라 태인동 주민을 대상으로 "의료, 이 · 미용 및 장수사진 촬영 봉사" 등으로 섬기면서 세상의 소금과 빛으로서 국내선교에 힘쓰고 있습니다.

필자는 태인교회의 역사를 쓰면서 다음과 같은 몇 가지의 원칙을 세웠습니다. 첫째, 정확한 자료와 신실한 증인들의 증언을 토대로 최대한 객관적 자료에 근거하려고 노력하였습니다. 둘째, 편파성을 배제하고, 정직하게 기록했습니다. 셋째, 역사의 교훈으로 남길 만한 가치가 없을 경우는 악한 사건을 남기지 않았습니다. 넷째, 하나님의 주권적 역사를 드러내는데 초점을 맞추었습니다. 다섯째, 하나님은 사람을 통해 역사하신다는 것을 드러내려고 노력하였습니다. 여섯째, 하나님의 나라는 모두가 협력할 때 아름다운 결실을 얻는 것임을 밝히려 했습니다. 일곱째, 바른 신학, 바른 설교, 바른 교정(教政)이 교회를 신실하게 만들며, 부흥하고 성장하게 하며, 어려움을 이기고 승리하게 하는 길임을 분명히 알리려했습니다.

본 저술이 나오기까지 일차자료를 제공하고, 편안한 마음으로 집필할 수 있도록 주변 환경을 만들어주신 편찬위원장 양정석 장로님과 이규춘 장로님을 비롯한 본교회 당회에 감사를 드립니다. 본 교회사 집필에 어려움이 없도록 자료와 증인의 증언 내용을 제공해 주신 박정선 장로님, 이혜경 권사님, 김소영 권사님, 김두래 권사님, 오지숙 권사님, 태인제일교회 조현수 장로님, 그리고 서울 거주 이현수 장로님 등 모든 분들께 감사드립니다. 인터뷰에 응해 주신 본교회를 담임하셨던 역대 교역자님들을 비롯한 이름을 기록하지 못한 모든 분들께 일일이 감사드리지 못하지만 본 저술의 발간을 위해 기도해주신 모든 분들께 감사드립니다.

끝으로, 본 저술의 전반적인 내용을 살펴주신 전 호남신학대학교 차종순 총장님께 감사드리며, 전체 내용을 감수해 주신 광신대학교 교회사연구소 소장 정준기 부총장님과 한국선교 초기역사를 검토해 주신 김효시 교수님께 감사드립니다.

저자 김 호 욱

격려사

믿음의 신앙으로 성장되어

김 정 서 목사
증경총회장, 제주영락교회 목사

하나님께서 이 땅에 주님의 몸 된 교회를 세우시는 일에는 놀라운 신비와 섭리가 있습니다. 평안과 행복이 가득할 때 교회가 세워진다기보다는 환난과 역경 속에서 주님의 교회는 탄생되는 것을 봅니다. 구약시대에는 아브라함을 선택하여 고단한 나그네 인생을 살게 하시면서 임마누엘의 섭리를 이루어 선민공동체를 세우신 하나님이십니다. 신약시대에도 수많은 믿음의 나그네들에 의해 초대교회들은 탄생되었습니다. 택하신 사람들을 나그네로 살게 하시면서 교회를 세우신 하나님이십니다.

한국 땅에 복음이 심겨진 지난 130년은 척박한 땅과 풍운의 세월과의 영적 전쟁이었습니다. 국권이 흔들리는 구한말의 가난한 민족에게 복음이 심겨져 하늘만 바라볼 수밖에 없는 운명에서 오직 그리스도만을 바라보는 믿음의 신앙으로 성장되어 갔으며, 나라 빼앗긴 일제치하의 개척 선교시대는 겨우 일어서서 활동할 만큼의 한국교회로 존재할 수 있었습니다. 그러나 일본군의 군화가 교회를 점령하였고, 교회 목회자와 지도자들이 내쫓기는 시점이었습니다. 교회는 가졌던 힘마저 잃어버렸습니다. 그리고 패망의 끝이 보이는 일제(日帝)의 마지막 발악으로 교회는 많은 희생과 상처를 입기도 했습니다. 그리고 이렇다 할 교회의 지도자가 없이 해방을 맞은 한국의 교회는 좌우이념의 희생물이 되기도 했으며, 그 후 6.25사변으로 피난민들로 뒤엉켰던 1950년대의 교회는 그들과 함께 시대의 아픔을 나누면서 다시 일어서는 꿈틀거림이 있었습니다. 다수의 교회들이 새로 개척이 되어 세워지기도 했습니다. 그리고 한국 전체가 산업화 시대를 맞으면서 70년대 후반부터 꾸준히 성장추세를 가져온 한국 교회입니다.

아마도 지난 100년 동안에 광양의 "태인교회" 역시 온 몸으로 한국의 역동적인 환란과 변화의 시대를 함께 겪어 왔을 것이라 생각합니다. 그렇다면 태인교회는 100년이라는 저력이 이미 존재합니다. 그것은 믿음 힘이요, 시련 속에서 훈련되어 온 진취적인 능력입니다. 그러므로 이제 21세기를 살아가는 때에 교회 100주년을 맞이한 태인교회가 해야 할 사명이 있습니다. 교회가 세워진 지역사회의 복음화를 확실하게 사명감으로 성취해 가는 일입니다. 구령사업과 섬김, 돌봄, 좋은 관계, 나눔과 기쁨이 교회로부터 지역사회 전체로까지 확산되는 일에 사명감으로 앞장서는 태인교회가 될 수 있도록 담임 목회자와 당회, 그리고 온 교우들에게 주님의 크신 축복이 넘치시기 바라며, 축하와 격려를 보내 드립니다.

거룩한 교회

서 명 길 목사
대한예수교장로회 순천노회 노회장

태인교회가 한 세기를 지나왔다는 것은 정말 특별한 하나님의 은혜와 보호하심이 없이는 불가능한 일이라고 생각합니다.

태인교회는 지금 광영 금호교회와 광영중앙교회의 모태가 된 거룩한 교회입니다. 포스코 광양제철소가 건립되기 전 옛 금호도와 태인도를 나룻배로 건너다니며 믿음의 교제를 하고 말씀을 배우면서 신앙의 돈독한 정을 나누었던 그때를 회상하면 정말 그때가 그립습니다. 지난날의 일들을 100년사에 기록하고 남기기 위해 수고하신 태인교회 당회와 편찬위원회 위원님들의 수고와 헌신이 헛되지 않으리라 생각됩니다.

옛 금호도와 태인도가 지금 거대한 포스코 광양제철소가 건립되어 금호동과 태인동으로 변화되었습니다. 태인교회가 어머니 같은 교회로 지역에 믿음에 선도적인 교회로 거듭나기를 기대합니다.
끝으로 태인교회가 100년를 보내고 다시 100년을 준비하는믿음의 교회로 다시 거듭나게 됨을 축하합니다.

축 사

작은 물방울이 모여

이 성 웅
광양시장

존경하는 태인교회 성도 여러분!

남해안 태인 섬에 '땅 끝까지 복음을 전하라.' 는 성경말씀을 좇아 선교의 사명을 실천하기 위해 하나님의 성전이 열린지 어느덧 100년의 시간이 흘렀습니다.

하나하나의 작은 물방울이 모여 믿음의 바다를 이룬 기적의 역사를 이룬 태인교회 100주년을 진심으로 축하드리며, 1911년 고라복 선교사의 복음을 시작으로 하나님의 은혜와 축복 속에서 우리 지역을 대표하는 교회로 이어 오기까지 성심을 다해 오신 성도님들의 가정 가정마다 하나님의 은총이 가득하시기를 기원 합니다.

아울러 이러한 역사를 모아 태인교회 100년사로 정리하는 것은 이 땅에 복음이 영원히 이어지기를 바라는 신실한 마음이라 생각하며, 태인교회 박형련 목사님과 양정석 위원장님을 비롯한 100년사 발간위원회 위원님들의 노고에 큰 격려의 박수를 보내드립니다.

우리 시는 시민과 함께 만드는 행복한 광양, 동북아 자유무역도시를 비전으로 삼고 세계로! 미래로! 향해 힘차게 도약해 나가고자 정진하고 있습니다.

이러한 때에 무엇보다도 중요한 것은 시민 모두가 화해와 일치, 나눔과 섬김의 하나님 말씀이 충만한 도시가 되는 것입니다.

앞으로도 태인교회에서 우리시가 성령이 충만한 도시가 되어 끊임없이 세계로 미래로 성장 발전해 나가도록 많은 기도를 부탁드립니다.

태인교회 또한 하나님의 사랑과 축복이 넘쳐흐르는 교회가 되어 큰 부흥을 이루기를 기원하며, 교회부흥과 성장을 위해 수고하신 여러분들을 진심으로 축복합니다.

거듭 100년의 역사동안 함께 해주신 임마누엘 하나님께서 앞으로도 함께 해주실 것을 믿어 의심치 않으며 축하의 인사를 드립니다.

감사합니다.

광양시장 이성웅

축 사

믿음을 지켜온 아름다운 교회

우 윤 근 의원
국회 법제사법위원장

안녕하십니까? 우윤근 의원입니다.

먼저 하나님의 은총이 태인교회와 성도님들께 충만히 임하길 기원하며, 뜻 깊은 "태인교회 100주년 기념" 책자 발간을 진심으로 축하합니다. 아울러 100주년 기념사업을 위하여 수고를 아끼지 않으신 박형련목사님을 비롯한 당회와 성도님들께 하나님의 축복이 함께하시길 기도합니다.

존경하는 태인교회 성도 여러분!
태인교회는 1911년 광양군 골약면 태인리에서 마을 주민들이 고라복선교사의 복음을 받고 개척한 교회로 수많은 어려움과 시련 속에서도 믿음을 지켜온 아름다운 교회입니다. 따라서 태인교회의 100주년 기념사업이 갖는 그 역사적 의미는 매우 크다고 생각하며 지금까지 하나님의 은혜로 누렸던 믿음의 유산을 후손들에게 물려주어야 한다는 측면에서 무엇보다 소중하고 귀중한 사업이라고 생각합니다.

우리 광양지역에 기독교가 처음 보급된 이후, 오늘에 이르기까지 태인교회는 지역사회의 변혁과 발전에 많은 기여를 해왔을 뿐 아니라, 역사적 정통성을 지켜오는데 큰 노력을 해왔습니다. 암울했던 일제 치하에서는 민족정신 말살과 교회 탄압에 맞서 신사참배를 거부하는 등 고난의 길을 걸어 왔고, 6 · 25 전쟁 중에는 하나님의 거룩한 뜻을 지키기 위해 많은 어려움을 당하기도 했습니다.

이처럼 굴곡의 한국 현대사와 함께 해온 태인교회는 질적으로 양적으로 많은 성장과 발전을 해왔습니다. 이것은 하나님의 축복이며 우리교계의 큰 기쁨입니다. 이제는 태인교회가 이러한 성장만큼이나 지역사회를 복음화하고 역사를 변화 시키는데 앞장 서야 하며, 지역사회에 봉사하며 궁극적으로 하나님께 영광 돌리는 귀한 사명을 잘 감당해 나가야 한다고 생각합니다.

저는 오늘 태인교회가 100주년을 맞이하여 새로운 비전과 목표를 정하고 작게는 우리 광양지역을, 넓게는 우리나라와 세계를 향해 선교사역에 큰 변화를 일으키는 한 알의 밀알이 되기를 기대합니다.

다시 한 번 "태인교회 100주년" 기념 책자 발간을 진심으로 축하하며, 기념사업을 위해 함께 기도하고 수고해 주신 태인교회와 성도님들께 하나님의 크신 은총이 함께 하길 기원합니다. 감사합니다.

국회 법제사법위원장
우 윤 근 의원

새로운 100년을 준비합시다!

김 충 현 원로장로
태인교회 100주년 위원장

유구한 역사 속에 태인도 복음 이야기를 만들어 주신 많은 분들께 감사를 드립니다.

100여년 전에는 시대적으로 사진이나 기록을 남길만한 여유와 생활 환경이 되어있지 않아 태인교회의 복음 역사를 구전이나 유전으로 밖에 간직할 수 가없었던 아쉬움을 가지고 가슴에만 담고 있었으며,
우리가 떠난 후 다음세대들에게 전할 수 있는 방법이 없음을 한탄하면서 근심과 걱정 속에 간절한 기도를 하여 왔습니다.

이제 교회는 일취월장 새로운 100년을 향하여 달려가고 있는 현 시점에 『태인도 복음 이야기』를 펴낼 수 있는 거룩한 숙명의 시기에 접하면서 모든 아쉬움과 서운함을 내려놓게 됩니다.

이 시간 눈 앞을 스쳐지나가는 많은 믿음의 선배들과 태인교회에 적을 두고 전국으로 흩어져 있는 태인교회 교인들이 고향 교회에서 항상 잊지 않고 기도한다는 사실을 알아 주시길바라며, 아울러 새로운 100년을 출발하고 있는 태인교회를 위해서 간절한 기도를 부탁 드립니다.

광양시의 어머니 교회로서 작게는 태인동에 합동측인 태인제일교회와 분리를 시작으로 통합측인 태금중앙교회를 분리하였고, 필리핀에 100주년 스마일태인교회를 개척하여 지속적인 교세확장을 이루어 내고 있는 이 시점에 하나님의 섭리와 은총에 다시 한 번 감사기도를 드립니다.

편찬을 위해서 수고해 주신 편찬위원장과 편찬위원들에게 감사를 드리고, 구전의 역사를 위해서 동분서주해 주신 김호욱 역사신학 박사와 노회와 시찰에 고마움을 전합니다.

모쪼록 새로운 100년의 역사는 더 많은 기록과 삽입되지 못한 많은 자료를 통해서 더욱더 유구한 발전이 되시길 바랍니다.

원로장로 김충현

Contents

Contents

Contents

만군의 여호와가 말하노라
내가 너희 손으로 지은 모든 일에
곡식을 마르게 하는 재앙과
깜부기 재앙과 우박으로 쳤으나
너희가 내게로 돌이키지
아니하였느니라

Since. 1911 태인도복음이야기

제1권

사진편

만군의 여호와가 말하노라
스알디엘의 아들
내 종 스룹바벨아
여호와가 말하노라

사진으로 보는 태인교회 백년사

History of photography PART 1

태인교회의 어제

사진으로 보는 태인교회 백년사

태인동 궁기마을 김시식지는 현재 전라남도 기념물 113호로 지정되어있다. 해태가 김이라고 불리는 것은 김공이 해태 양식법을 창안하여 그 생산품을 내다 팔 때 이것을 태인동 김가가 기른 것 이라는 뜻으로 김이라고 했다. 그러나 현재는 이 바다를 매립, 포스코 광양 제철소가 들어서면서 김양식장이 모두 사라졌다.

김건조 제작 작업

김건조 작업

1936 김건조 실습하는 학생들

1949 해태(김)양식장 전경사진

광양의 옛 모습

1967년 금호도 삼애 개간 간척사업은 구령 교육 의료 목적으로 김정석. 인휴. 인도아의 설립으로 1967년 총사업비 50.000.000원으로 봉사회에서 2.600.000원 뉴질랜드에서 66.000$ 한미재단에서 주택 30동 미남장로교에서 4개 교실을 후원하여 삼애중학교와 간척사업을 추진하였다

인사례 인휴 김정석 인톤

삼애간척지 김정석 장로

인휴 김정석, 인도아 등

1967 금호도 삼애중학교

삼애중학교 학생들

1967 간척지 작업현장

1967 간척지 작업현장

광양 초기 교회

선교사의 힘이 아닌 한국인들에 힘에 의해 자생적으로 생긴 기도회가 이곳 웅동 마을에서 시작되었다

최초웅동교회(사랑방)

최초 대방동교회 예배당

광양읍교회

韓國長老教會 百年史

1989.626.발행

韓國長老教會 百年史 (上)

—宣教의 主役들과 繼承의 主役들—

一千九百七年(丁未)

光陽郡新黃里教會가成立하다 先是에韓台源이當地信者趙尙學의傳道를
州楊林에件往하야宣教師吳基元의게서道理를배호고兩人이本里에歸來하
里書齋에서傳道할새朴禧源、徐丙準、許俊奎等九人이信主後合心傳道한

一千九百八年(戊申)

光陽郡邑教會가成立하다 先是에宣教師吳基元과助師池源根、裵景洙等
에傳道할새順天趙尙學이來助하되好成蹟을엇지못하얏더니 其後傳道人朴
率眷來住하야熱誠傳道함으로金允石、朴正鎭等이信從하야 教會를設立하
人姜聖奉助師張鉉中、曺義煥、丁子三等이繼續來住하야教會에 對하야多
力을供하니라

光陽郡熊洞教會가成立하다 先是에趙尙學의傳道로本里人徐丙準이밋고
道한結果十九戶一村이盡數歸道하야新黃里에往來禮拜하더니 本里에禮拜
建하고教會를分立하니라

光陽郡大芳里教會가成立하다 先是에徐漢이與韓台源、朴禧源의傳道를
밋고兄弟의家眷과鄭琪永의家眷으로新黃里에來往하며本里에傳道하야信
加함으로家屋을買收하야禮拜堂으로使用하고教會를分立하니라

一千九百九年(己酉)

光陽郡栢岩里教會가成立하다 先是에金平章、張錫祉等이밋고新黃教會
하다가禮拜堂을新建하고教會를分立하니라 宣教師高羅福執事張錫祉、金
視務하니라

光陽郡蟾巨里教會가成立하다 先是에本里張周煥이밋고新黃教會에往來하
本里에信者가漸增됨으로禮拜堂六間과私塾을新建하고 宣教師高羅福은家屋
收하야教役者의舍宅으로貢獻하니라

光陽郡旨郞里教會가成立하다 先是에本里姜大昨가新黃里教會에來往하며
하야禮拜堂을新建하고其後姜大昨난滿洲에移去함에金舜權이教會를爲하야

昭和十五年度(一九四〇年)

耶穌教長老會年鑑

朝鮮耶穌教長老會總會 宗教教育部發行

新黃 光陽郡津上面黃竹里 明治四十一年七月十八日創立 安德嵐(牧) 光陽郡津上面旨元里
長老 朴熺源 大正八年八月十日將立 黃錫權 昭和十三年五月十五日將立
熊洞 光陽郡津上面熊洞里 明治四十一年十月二十日創立 安鳳嵐(牧) 光陽郡津上面熊河里
光東中央 光陽郡津上面旨元里 大正十五年創立 安德嵐(牧) 光陽郡津上面旨元里
長老 金烰權 大正十二年九月二十日將立 李輔鎬 大正十三年五月十三日將立
大芳洞 光陽郡玉龍面龍谷里 創立未詳 宣在連(牧) 光陽邑內里
光陽邑 光陽邑內里 明治四十一年九月十五日創立 宣在連(牧) 光陽邑內里

광양1908년도
설립교회

1938년대 광양읍교회 모습

기독교주요인사들

광양지역 교회설립 광양선교 60주년 기념

광양 초기 활동 모습

미국 남장로교 선교사들은 남장로교를 호남지방에 전파했다. 선교사들은 선교활동의 중심이 될 선교기지를 우선 선정하고 이를 중심으로 각 촌락으로 남장로교를 전파하며 교구를 조직하였다. 선교거점이 된 선교기지의 입지선정은 선교사들이 즉흥적으로 선택한 것이 아니라 상황적 필요성이 작용하여 선정된 것으로 보이는데, 호남지방의 선교기지는 전라도의 자연적 관문으로 비교적 안정적이며 접근이 용이한 지역이라는 공통점을 지니고 있다.

선교사들의 선교여행 모습

전도여행떠나는 배유지선교사와 하위렴선교사

전도단원

미국남장로회 전라도 충남 서부지방 선교사 가족

이승만대통령과함께 오석수목사 김정석장로

광양 초기 기독교 활동

웅동의 작은 예배당으로 시작해 연이어 인근 동네에도 교인들이 생겨났고 많은 사람들을 감당할 수 없게 되자 1907년 신황리에 새로운 예배처소를 만들었다. 이들 교회에서 복음이 무서운 속도로 퍼져 나가기 시작해 심지어 한 주에 120명이나 되는 사람들이 세례를 받는 일까지 생겼고 훗날 이곳 광양 기독교 선교 100주년 기념관이 건립되기까지 그 맥이 면면이 이어져 왔다.

광양읍교회를 1908년 고라복 목사기념교회 변요한 목사가 1938년 건축했다.

광양읍교회 찬양대

1910년경 학습광경 – 창기에 세워진 교회들은 대부분이 사숙을 세워 문맹퇴치에 앞장 섰다.

1910년경 순천매산동

광양 지방하계 교사 강습회 (광양제일교회)

1958.3.2 광양읍교회

태인교회 설립

본교회 설립년도는 『조선예수님교장로회 사기』 하권에 의하면 1920년이 본교회의 공식적인 설립년도이지만 교회가 시작된 것은 1911년 4월 4일이다.

본교회 설립년도는 본교회 당회가 심사숙고하여 실증사와 정신사 측면을 모두 고려하여 결정한 것이다.

노라복(Robert Knox, 1888–1959) **선교사**

『조선예수님교장로회 사기』 하권에 본교회(당시, 태인교회) 설립에 영향을 주었던 선교사는 노라복 선교사라고 기록하고 있다

고라복(高羅福, Robert T. Coit, 1878–1977) **선교사**

본교회를 담임한 정확한 시기를 알 수 없지만 1913년부터 변요한(프레스톤) 선교사와 함께 순천선교부를 설립하고 활동했던 것으로 보인다

미국 남장로회 최초로 입국한 7인 선발대와 어학선생인 장인택 조사

서병준 조사

본교회 최초의 공식적인 사역자는 서병준 조사이다. 그는 1918년부터 1920년까지 조사(Helper, 助師) 자격으로 본교회를 섬겼다.

장기용 장로

서병준조사와 함께 조 목사를 만나 전도를 받았으며 1904년 고향으로 돌아와 시골 집 방 한 칸을 빌려 예배를 드리기 시작했다.

최초로 예배를 드렸던 웅동마을 전경

19세기 말 광양에는 도박이 크게 창궐해서 도박으로 패가망신 하는 가정이 수도 없이 늘어갔다. 그 때 명성황후를 살해하고 일본으로 도망치는 일본낭인을 죽이고 웅동 마을에 숨어 있던 한태원이라는 사람이 있었다. 그를 체포하려고 광주에서 찾아온 한 관리가 도박에 중독된 주민들을 보고,광주에 가면 야소교라는 것이 있는데 도박을 끊으려면 이를 믿는 수밖에 다른 도리가 없다'며 조상학 목사를 소개했다. 이에 박희원, 서병준, 장기용의 40대 세 사람이 3일 동안 걸어서 조 목사를 만나 전도를 받았다. 1904년, 그들은 이내 고향으로 돌아와 시골 집 방 한 칸을 빌려 예배를 드리기 시작했다. 이것이 광양지역의 첫 사랑방 교회였다.

1939年~1960年代 수난기

본교회 수난기에는 우리나라 역사와 한국교회사를 비롯하여 본교회 일부 성도가 태인제일교회로 분립해 나가는 등 다양한 사건들이 포함되어 있다. 우리나라 역사는 일제 강점기에서 나라 잃은 슬픔이 지속되다가 해방을 맞이했지만 그 기쁨도 잠시 지나가고 국민 여론이 신탁과 반탁으로 나누어 분열했다. 급기야는 한반도가 남과 북으로 분단되었고, 동족상잔의 비극이 발생한 기간이다.

일사각오 다짐 후 양용근 손양원, 김형모, 안덕윤

안덕윤 목사

1939년 9월에는 순천노회에서 목사 안수를 받았고, 광동중앙교회에서 시무하였다. 그러므로 안덕윤 목사가 본교회를 시무했던 기간은 정확히 알 수 없지만 아마 평양신학교를 다니면서 고라복 선교사의 조사로 활동하던 때였을 것이다.

안덕윤 목사는 비록 총회와 순천노회가 일제의 강압을 견디지 못하고 신사참배를 가결했지만 "그는 일제의 잔악한 행동을 보고 그냥 신사참배가 옳다고 주장할 수는 없었다. 그는 악의 세력이 세상을 지배하게 되면 주님을 열심히 안 믿는 성도들은 지옥으로 떨어진다고 교인들을 열심히 깨우쳤다."

안덕윤 목사는 신사참배를 거부하고 성도들에게 바른 신앙을 지킬 것을 강조하던 중 이를 못 마땅하게 여기고 있던 일경에 체포되어 투옥되었다.

신사참배하는 모습

교회사적으로는 일제의 신사참배에 교회와 총회가 굴복했고, 신사 참배를 끝까지 거부했던 많은 교회들과 목사와 성도들이 죽음과 고초를 겪어야 했다. 해방이 되었을 때 1930년대부터 스며들기 시작했던 자유주의의 영향과 신사참배의 여파로 장로회는 분열의 길을 걷기 시작했다. 이 기간 동안 본교회는 교회 문을 닫기도 했고 일부 성도가 분립해 나가기도 했던 것이다.

서울남산에 설립된 조선신궁

일본은 대륙침략정책을 진행하면서 내선일체를 위한다는 명분을 내세워 우리나라를 황민화시키기 위해 신사참배를 강요하기 시작했다. 1938년 2월 조선총독부는 "기독교에 대한 지도대책"을 마련하여 발표 하고 조선총독부는 교회에 항하여 본격적인 신사참배를 강요하기 시작했다. 무력을 앞세운 일본의 신사참배 강요에 한국 장로회와 감리회 등 한국교회 주요 교단들의 총회가 굴복하고 말았다.

형장으로 이송하는 한국인

1960~1970년대

1970 김남정목사 내외

1960 아동부 교사일동

1969 교회학교 교사수련회

1969 전교인이 인휴 선교사와 함께

1964 여전도 연합사경회

1965 교회학교 교사수련회

1969 08 01 아동부여름성경학교강습회_매산고강당

1970 이전 태인교회 앞에서 기념촬영

1970 이전 세번째 교회 앞에서

1970 이전 태인동 549번지 네번째 교회건축 모두함께 손으로 지었다.

1970 태인교회 (3번째 교회) 교회 임직자 기념사진

1970 이전 교회청년들

1974 구교회 교인일동

1979 광양지방 아동부 교사 수련회 참가 후 기념사진

1979 교회사택 근경사진

태인동 547번지 교회당을 건축하는 장면

네번째 구 교회전경 (1975년도에 건립)

구 태인교회 (1975년도에 건립)

1980 04 08 임직식 권면 중

1980 04 08 임직식 장로권사임직

1980 04 08 임직식특송

1980 04 08 임직식

1980 04 08 임직식 마치고 축도

1980 04 09 예배시간 장로석이 따로 있음

1980 가족찬양대회 중 김영순A

1982 06 04 심령대부흥회 강사 이길수목사

1982 06 04 심령대부흥회를 마치고

1981 05 18~21 부흥회

1987 02 27 심령대부흥회

전도학교 수료식

송소아권사(이인휘장로모친)장례식

1982 전교인 부활절

1980 추수감사주일 구역 찬양대회

1987 태인교회 목사 · 장로 · 여전도회와 함께

1980 밭일하며 교회봉사하고

1982 0604 밤예배 후 찬송가 배우기

1985 05 08 배를 타고 야유회를 가다

1986 04 06 부활주일 행사 마치고

1987 사택에서 식사

1987 특송

1987 복음성가 경연대회

교육부

1980 광양지방 아동부교사수련회 참가자

1980 03 이전 태인동 547번지 구교회 앞에서

1980 05 01아동부 야유회

1981 아동부 신년 반편성

1981 태인교회 아동부 사진

1981 태인교회 아동부 가을야유회

송일조목사님과 아동부 졸업식

1981 태인교회 아동부 교사 여름성경학교

1982 아동부 여름성경학교

1983 태인교회 아동부 야유회 (배알도)

1982 중 · 고등부

1983 12 24 성탄이브 행사 후

1983 중 · 고등부

1989 학생부

1983 아동부 야유회 교사일동

1985 태인교회 교사헌신예배 후 교사들과 함께

1989 중고등부

1989 학생부

■ 야유회

1980 06 04 여전도회 야유회

1980 06 04 야유회

1981 05 08 어버이날 야유회

1981 05 08 어버이날 야유회

1981 05 08 야유회(배알도)

1981 05 08 어버이날 야유회

1981 05 08 어버이날 야유회

1981 05 08 어버이날 야유회

1981 05 08 야유회(배알도)

봄야유회_명찰을 달고

1985 05 06 야유회 음식장만하기

1985 전교인 가을야유회

1985 05 06 전교인 야유회

1989 성도 나들이

남해대교 야유회

봄야유회 이윤정목사와 함께

■ 성전건축/임직식

1994 06 30 다섯번째 신축 완공된 예배당 전경

1993 03 14 태인교회 건축 기공식(위 변유복 목사님 기도)

1993 03 14 태인교회 건축기공식(테잎 커팅)

1993 03 14 태인교회 건축기공식(찬양대)

1993 03 태인교회 건축(골조작업)

1993 03 태인교회 건축(십자가 탑)

1993 태인교회 건축(골조 및 콘크리트 작업)

1993 태인교회 건축(외벽 작업)

1993 태인교회 건축(기공식 준비)

1994 5 22 태인교회 건축 (본당 내벽)

1994 5 22 태인교회 건축(준 3층 마감)

1994 5 22 태인교회 건축(1층 마감)

1994 태인교회 건축(벽돌 작업)

1994 태인교회 건축(완공)

1995 임직식

1995 이영휘장로 임직인사

1999 12 12 새성전봉헌 및 임직식

1999 12 12 새성전봉헌 및 임직식

1999 12 12 새성전봉헌 및 임직식

1999 12 12 새성전봉헌 및 임직식

1999 12 12 새성전봉헌 및 임직식

1999 12 12 새성전봉헌 및 임직식

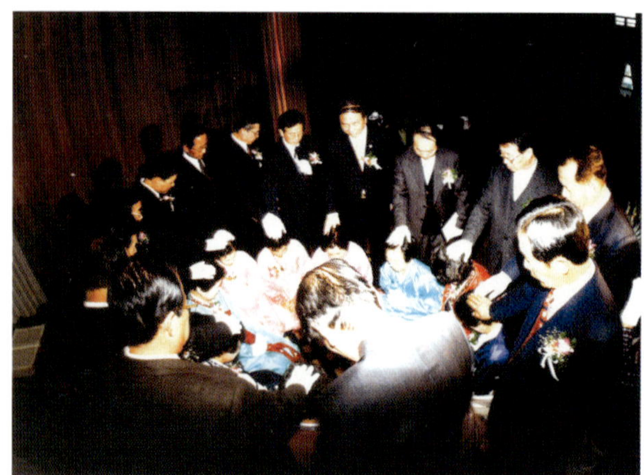
1999 12 12 새성전봉헌 및 임직식

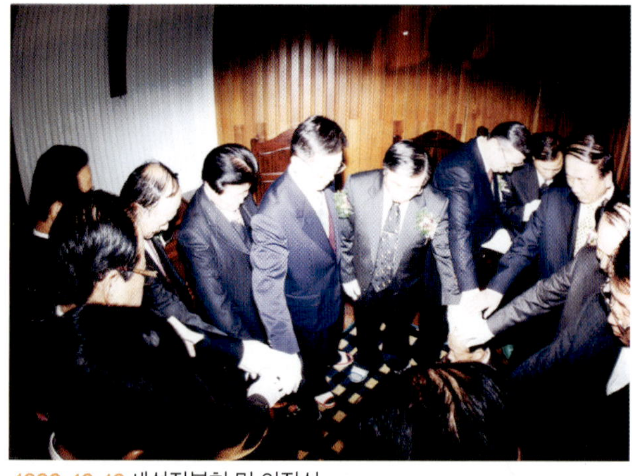
1999 12 12 새성전봉헌 및 임직식

1999 12 12 새성전봉헌 및 임직식

1999 12 12 새성전봉헌 및 임직식

1993 이전 태인동 55번지 구교회 전경

1993 이전 구교회앞에서 교인들과 함께

1990 교회앞 뜰에서

1995 태인초등학교 장학금 전달(매년 시행)

야유회 다녀오다!

교육부

1990 고등부학생

1990 서강원(회장)

1990 중 · 고등부학생

1990 중 · 고등부학생

1996 05 23 길거리 5대5 축구대회

1996 05 23 길거리 5대5 축구대회

1995 05 05 아동부 야유회 마산돝섬

1998 0112 학생부 행사를 마치고

1996 유치부 교사들과 함께

2000년대

2002 전도대 발대식 (지역 전도대회를 통해 어른 150명, 교회학교 150명 전도)

2002 전도대장 임명장 전달

전도대회

2002 05 21 부활주일 예배

2004 4 부활절 행사를 마치고

태인동 출신목사 장로 집사

2007 태인교회 야유회-거제도

광양기독선교 100주년 기념 – 기독교연합회 찬양단

광양기독선교 100주년 기념

광양기독선교 100주년 기념관(태인교회 후원)

광양기독선교 100주년 기념 광양기독교연합회 찬양단

광양기독선교100주년기념(광양140여개 교회성도들)

2007 태인교회 주일
오전예배 (CBS공개녹화사)
성가대 찬양

■ 체육대회

2004 전교인 체육대회

2004 전교인 체육대회

2004 전교인 체육대회

2004 전교인 체육대회(제기차기)

2004 전교인 체육대회(발묶고 달리기)

2004 전교인 체육대회(바구니 터뜨리기)

2004 전교인 체육대회(물이고 달리기)

2004 전교인 체육대회

2004 전교인 체육대회응원단)

2004 전교인 체육대회(홍팀응원)

2004 전교인 체육대회(백팀응원)

2005 아동부총동원 가을체육대회

2005 아동부총동원 가을체육대회

2005 아동부총동원 가을체육대회

2005 아동부총동원 가을체육대회

2005 아동부총동원 가을체육대회

2005 아동부총동원 가을체육대회

2005 아동부총동원 가을체육대회

2005 아동부총동원 가을체육대회

교육부

2000 청소년부수련회

2000 청소년부수련회-음식만들기

2007 청소년부수련회

2007 청소년부수련회

2007 청소년부수련회

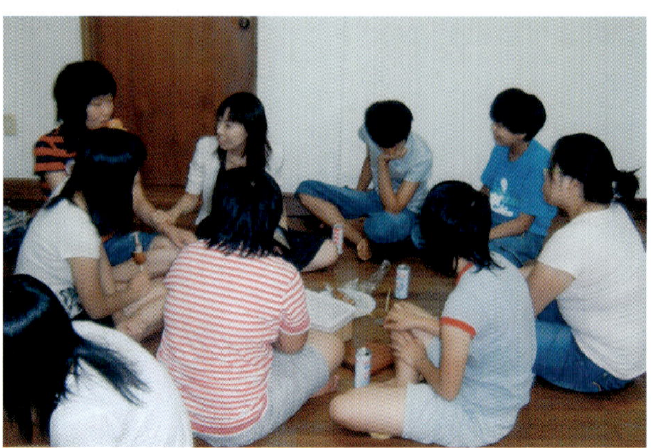

2007 청소년부수련회-조별모임

2007 청소년 수련회–순천구상교회

2007 청소년 수련회–순천구상교회

2007 청소년 수련회–순천구상교회

2007 청소년 수련회–순천구상교회

2007 청소년 수련회–순천구상교회

2007 청소년 수련회–순천구상교회

2002 아동부 여름성경학교

2002 08 여름성경학교

2002 아동부 여름성경학교

2002 찬양동아리 활동

2002 영어동아리 복음송

2002 유치부 여름성경학교

2002 마을을 돌면서 전도하는 교회학교 어린이

2002 교회학교 축구동아리 활동

2002 태인교회 제1회 길거리 축구대회

2002 05 21 아동부영어 동아리 찬양대회

2002 05 21 아동부영어 동아리 찬양대회

2002 05 21 아동부 특송

2003 04 20 부활주일 성극

2004 06 아동부 야유회

2004 06 아동부 전도행사(삐에로)

20040 06 아동부전도행사

2004 아동부 동물농장 사진 (동물 동아리 활동)

2004 아동부 동물농장 사진

2004 08 22 아동부 교사수련회

2004 08 24 아동부 수련회

2004 아동부 여름성경학교

2004 아동부 여름성경학교

2004 아동부 여름성경학교

2004 아동부 여름성경학교

2004 아동부 여름성경학교

2004 아동부 여름성경학교

2004 아동부 여름성경학교

2004 아동부 여름성경학교

2004 제6회 교회학교 찬양경연대회(장려상 수상) 장소 : 중동대광교회

2004 제6회 교회학교 찬양경연대회(장려상 수상) 장소 : 중동대광교회

2004 아동부 전도축제

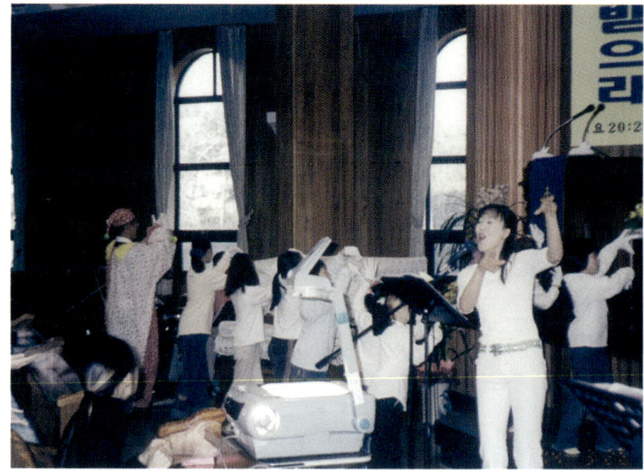
2004 아동부 전도축제

2005 05 05 어린이주일 행사

2005 순천노회 교회학교 아동부 연합회 축구대회 참가

2005 아동부축구동아리

2005 유치부 여름성경학교

2005 유치부 여름성경학교

2005 아동부 여름성경학교

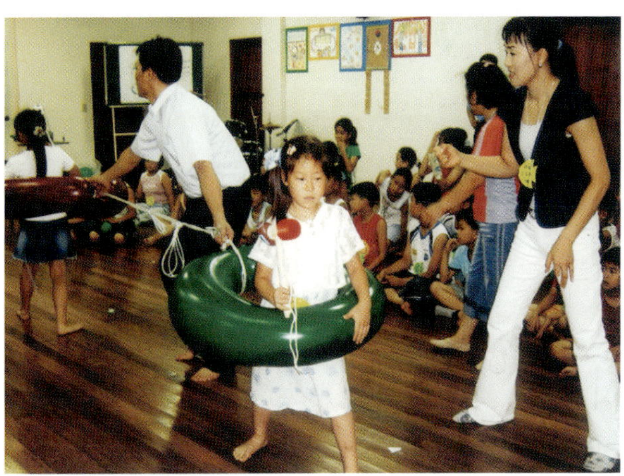
2005 아동부 여름성경학교

2005 아동부 여름성경학교

2005 아동부 여름성경학교

2005 아동부 학교앞 전도사진

2005 아동부 학교앞 전도사진

2005 아동부 학교앞 전도사진

2006 교회학교 전도이벤트

2006 교회학교 전도이벤트

태인교회 아동부 학교앞 전도사진 (중마동지역)

태인교회 아동부 학교앞 전도사진 (중마동지역)

학교앞 달고나 전도

학교앞 어린이놀이터 전도

■ 게이트볼 대회

2003 11 15 태인교회 당회장기 게이트볼 대회

2003 제1회 당회장배 게이트볼 대회

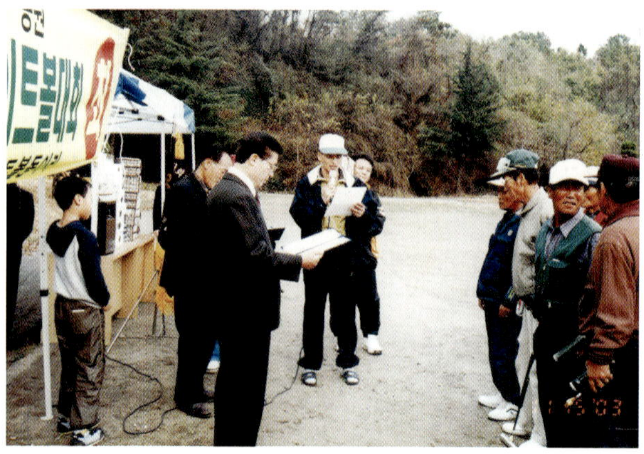

2003 제1회 당회장배 게이트볼 대회

2003 제1회 당회장배 게이트볼 대회

2004 제2회 당회장배 게이트볼 대회

2004 제2회 당회장배 게이트볼 대회

2004 제2회 당회장배 게이트볼 대회

2007 04 17 제5회 당회장기쟁탈 게이트볼대회

2007 04 17 제5회 당회장기쟁탈 게이트볼대회

2007 04 17 제5회 당회장기쟁탈 게이트볼대회

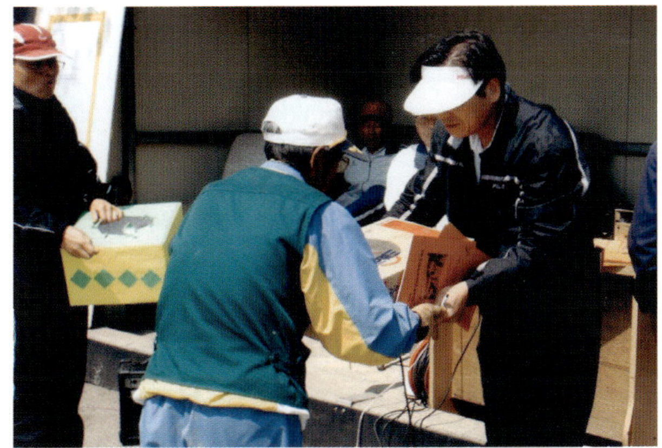

2007 04 17 제5회 당회장기쟁탈 게이트볼대회

2007 04 17 제5회 당회장기쟁탈 게이트볼대회

■ 정보문화 센타

2005 한글학교(정보문화 센터 졸업식)

2005 태인교회 정보문화센타 한글학교 수업중

2005 태인교회 정보문화센타 한글학교 수업중

2005 태인교회 정보문화센타 한글학교개설

2005 태인교회 정보문화센타 한글학교 졸업축하 및 위로회

2005 태인교회 정보문화센타 한글학교 졸업식

그 날에

내가 너를 세우고

너를 인장으로 삼으리니

이는 내가 너를 택하였음이니라

만군의 여호와의

말이니라 하시니라

사진으로 보는 태인교회 백년사

History of photography PART 2

태인교회 창립 100주년 기념예배

창립 100주년 기념 감사예배

1부 기념예배

태인교회 창립 100주년 기념예식 인도 : 박형련 목사

기도 : 장로부노회장 (대광교회)정평기 장로

성경봉독 : 광양동시찰장 (태금중앙교회)배규현목사

찬양 : 태인교회 할렐루야 찬양대

기념예배 / 목사위임식 / 임직식 / 축하행사

일시 | 2011년 5월 15일 오후 3시　장소 | 크게 잘되는 태인교회

설교 :대한예수장로교회 총회장(제주영락교회) 김정서 목사

두번째 희년을 맞이하는 교회

창립 100주년 기념 감사예배
태인교회

태인교회 100년 약사 소개 : 김충현 원로장로

100주년 기념사업보고 : 태인교회 당회서기 : 양정석 장로

축사 : 호남대학교 총장 차종순 목사

축사 : 고흥송산교회 은퇴(본교회 제1대 위임목사)송일조 목사

태인교회 목사 위임식

집례 : 순천노회장(광영중앙교회)서명길 목사

권면 : 위임받는 목사/교우
순천노회 증경노회장(성북교회)이석권 목사

인사 : 박형련 목사

서약 : 집례자

소개 : 순천노회 서기(추산교회) 김영위 목사

위임패 증정 : 서명길 목사

태인교회 기념품 증정

■ 태인교회 장로, 집사, 권사 임직 및 원로장로 은퇴 / 명예권사 추대식

인도 : 당회장 박형련 목사

장로 서약

집사 서약

집사 서약

권사 서약

장로 안수기도
(옥곡교회)정병운 목사

집사안수기도
(광동중앙교회)문선주 목사

권사 안수기도
(진광교회)윤재찬 목사

장로 악수례

집사 안수

집사 안수례

권사 안수

권사 악수례

임직패 증정 (대표)

서일석 원로장로 추대

은퇴 / 명예권사 추대

100주년기념 떡 컷팅

축하공연

추대기도 : 원로장로
금천교회 김태환 목사

추대기도 : 은퇴 / 명예권사
광영교회 박준수 목사

권면 : 임직자 / 교우
섬진강교회 임영태 목사

축사 : 순천노회 부노회장
금호교회 이창호 목사

내빈소개
당회장 박형련 목사

인사와 광고
서영석 장로

축도 : 순천노회 증경노회장
광일교회 원로 박봉열 목사

축가 전옥수 권사

축가 : 전남CBS 합창단

임직자 원로장로 안수집사 권사 일동

장로 안수집사 권사 임직자와 당회원 일동

■ 임직자 가족사진

100주년
기념

몽돌회
태인교회100주년
행사장 가는 길

2011년 100주년 기념 교회헌당예배

■ 민다나오 교회헌당 (2011필리핀)

2011년 9월 28일
100주년 기념 필리핀 교회 헌당예배가 있었습니다.
민다나오는 필리핀군도 중에서 두 번째로 크며 최남단에 위치한 섬입니다.
더운 날씨에도 많은 분들이 참석하여 자리를
빛내 주셨습니다.

2011. 09. 28 필리핀 교회 헌당예배 사진

2011. 09. 28 필리핀 스마일태인교회 헌당예배후 사진

2011. 09. 28
스마일태인교회
100주년 기념
필리핀 교회 헌당예배

2011. 09. 28 필리핀 스마일태인교회 헌당예배후 교우들과

2011. 09. 28 필리핀 스마일태인교회 교우들과 함께

2011. 09. 28 김정흠 선교사님께 감사패를 받고있는 박형련 목사

2011. 09. 28_필리핀 스마일태인교회 도착하기전 공항에서

총동원 전도주일 (2011 환영예배)

2011년 총동원 전도 축제일

총동원전도축제일 : 11. 6 (주일) 환영주일: 11.13(주일)

11월 13일 환영주일에는 연기자 정선일씨를 초청했고 정선일집사의 간증을 통해 좀더 가까이 다가가는 자리를 마련했습니다.

2011 전도축제·환영축제

2011 총동원 전도축제

2011 예배찬송

2011 예배봉헌

2011 전도축제·환영예배

2011년 환영주일

환영주일 2011년 11월 13일의 모습입니다.
정선일 집사의 간증에 이어 싸인을 받고 함께 식사하는 시간을 가졌습니다.

2011 환영주일 정선일 집사 간증

2011 환영주일 정선일 집사 사인회

2011 환영주일 정선일 집사 간증후 싸인회

2011 환영주일 정선일 집사 간증후 기념촬영

2011 환영주일 예배후 성도들과 함께

2011 환영주일 성도들과의 식사

2011년 제9회 당회장기 게이트볼 대회

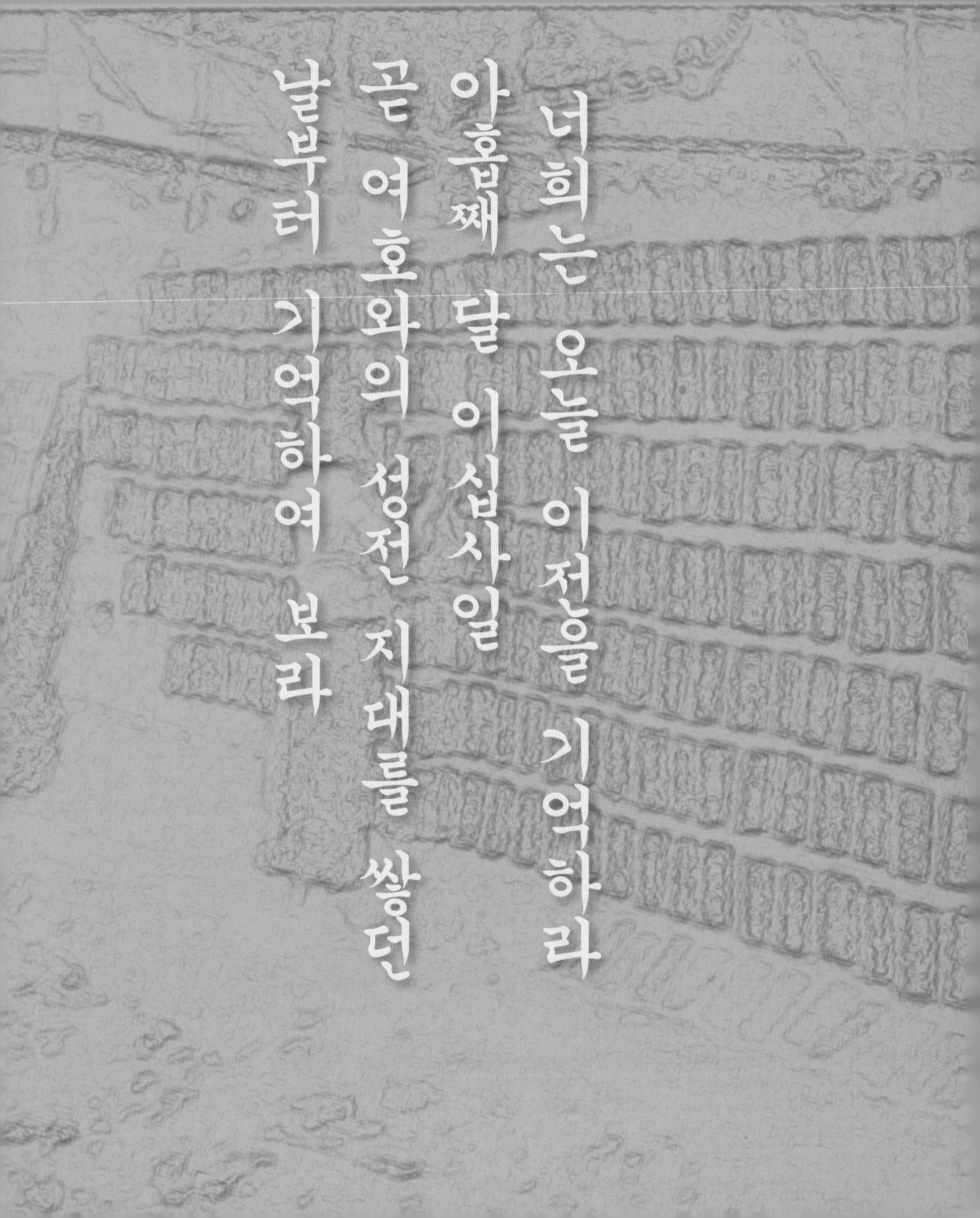

너희는 오늘 이전을 기억하라
아홉째 달 이십사일
곧 여호와의 성전 지대를 쌓던
날부터 기억하여 보라

제2권

역사편

이 성전이

황폐하였거늘

너희가 이 때에 판벽한 집에

거주하는 것이 옳으냐

제1부
서 론

제1장 들어가는 말

1. 문제의 제기

광양 태인교회 100년사는 하나님의 역사이면서 동시에 사람의 역사이다. 100년이란 태초에 시간이 시작된 이후 장구한 인류역사에 비하면 보잘 것 없는 기간이지만 역사는 이러한 조각들이 모아져서 이루어진다는 것을 생각하면 매우 중요하게 다가온다. 특정 지역 안에서 하나님 나라 공동체의 역사는 세속 역사보다 더 중요하다. 또한, 태인교회의 역사는 과거 태인도의 역사와 맞물려 있어 그 중요도가 더해진다. 이러한 『태인교회백년사』를 집필하게 되어 하나님과 교회 앞에 감사한다.

2010년도 10월 현재까지 국내 교회들이 개교회사를 발간한 것은 매우 고무적인 현상이다.[1] 이들 중 "은혜의 강물" 이라 제목을 붙인 『영광대교회백년사』를 비롯한 몇 권의 개교회사는 학술적인 차원에서 볼 때 가치가 있는 작품들이란 점에서 감사할 일이다.[2] 앞으로도 초기 선교 역사뿐만 아니라 실질적인 개교회사가 행사, 모임 등 각종 활동 사항을 안내하는 단순한 자료집 수준을 벗어나 역사성을 지닌 작품들이 많이 발간되기를 바란다. 그 동안 여러 개교회사들이 자료집 수준을 나타낸 이유는 첫째, 역사를 전공하지 않은 비전문가들이 개교회사를 집필했기 때문이며 : 둘째, 집필할 수 있는 절대적인 시간이 부족했기 때문이고 : 셋째, 교회들이 개교회사 집필에 제대로 된 예산을 확보하지 못했기 때문 등 이라고 볼 수 있다. 필자는 이러한 점들을 감안하여 본교회 100년사를 학술적인 면에서 본교회뿐만 아니라 한국교회와 사회 및 세계교회사에

주

1) 현재의 시기가 2010년 10월인 것은 필자가 서론을 쓰기 시작한 시점으로 잡았기 때문이다. 국내 교회들의 개교회사는 10년사부터 110년사까지 다양하며, 앞으로는 120년사 등이 출간될 것으로 전망된다.

2) 정준기 · 김효시,『은혜의 강물: 영광대교회 백년사』(서울: 가리온, 2009).

도움이 되는 작품이 될 수 있도록 최선을 다할 것이다. 이를 위하여 제1부 서론에서 본 저술을 읽는 분들에게 교회사에 관한 보다 깊고 넓은 이해를 주기 위하여 교회사에 관한 접근방법을 간략하게 소개한 후 제2부부터 본격적으로 다루어지기 시작할 본교회 역사를 역사적 신학적 해석을 부여하여 작성할 것이다. 그러므로 독자들 중에서 서론의 내용이 부드럽지 않다고 느끼거나 이해하기 어려울 경우 또는 본교회 역사를 바로 알고 싶다면 제2부 부터 읽기를 권면한다.

2. 성경과 역사

성경은 역사적 사실을 기록하고 있다. 성경의 역사적 사실은 구약과 신약 모두를 포함한다. 성경이 역사적인 기록이라는 것은 성경 스스로 증거하고 있다. 구약과 신약이 역사적인 사실임을 살펴보기 전에 먼저 역사란 무엇인가를 이해할 필요가 있다. 그런 다음 구약과 역사, 신약과 역사를 살펴보는 것이 타당할 것이다.

2.1. 역사란 무엇인가?

역사는 역사가가 만든다는 말이 있다. 왜 이런 말이 나왔을까? 그것은 우리가 알고 있는 역사라는 것이 역사가의 손에 의해 기록된 역사이기 때문이다. 역사가가 기록하지 않은 역사도 무수히 많지만 역사가가 자신의 관점에서 취사선택하여 기록했을 때 그 사건이 역사가 되기 때문이다. 그렇기에 모든 역사는 해석된 것이다. 폴 리쾨르(Paul Ricoeur, 1913–2005)의 말처럼 해석되지 않은 역사란 없는 것이다. 그래서 1830년대에 독일의 역사학자 랑케(Ranke, Leopold von, 1795–1886)는 역사가의 임무는 "그것이 진정 어떠하였는가? (Wie es eigentlich gewesen?)를 보여주는 데 있을 뿐이다." 고 말했을 것이다.[3]

역사란 과거에 일어난 사건과 그 사건에 해석을 부여한 기록이다. 독일어에는 역사를 두 가지로 표현한다. 하나는 히스토리에(Historie, 객관 역사적, 실제로 일어난 사건 그 자체)이고 다른 하나는 게쉬히테(Geschichte, 실존 역사적, 의미의 역사, 사건에 대한 해석, 그 사건이 지금 나에게 주는 의미나 교훈)이다. 칼 브라텐(Carl E. Braaten) 박사는 히스토리에와 게쉬히테를 다음과 같이 구분

주

3) E.H. Carr, 『역사란 무엇인가』, 곽복희 역 (서울: 청년사, 2003), 19.

하였다:

히스토리에는 객관적으로 증명될 수 있는 과거의"거기 뒤에"(back there) 놓여 있는 역사적 사실의 총체이다. 따라서 여기에서 적절한 지식의 형식은 공평한 연구와 중립적인 관찰이다. 게쉬히테는 나에게 실존적으로 관심하고 있는 곧 나에게 어떤 요구를 하고, 의무를 요청하는 현상들에 관련된다. 따라서 여기에서 독점적인 권리를 행사하는 지식의 형식은 실존적인 경험-인식(experience-ac-knowledge)이다.[4)]

히스토리에와 게쉬히테를 포함하는 사자성어(四字成語)를 고른다면 실사구시(實事求是)일 것이다. 실사구시란 중국 청나라의 고증학이 주장한 학문방법론으로서 사실에 토대하여 진리를 탐구하자는 것이며, 문헌학적인 고증의 정확성을 존중하는 과학적, 객관주의적 학문의 태도다. 주관주의가 아닌 객관주의적 학문을 강조한 것이지만 여기에는 개관적인 역사인 히스토리에 개념과 주관적인 게쉬히테의 개념을 모두 포함한다고 보는 것이 옳다는 것이 필자의 생각이다. 영국 역사학자 E. H. Carr(1892-1982)는 『역사란 무엇인가?』(What is History?)에서 "역사란 역사가와 사실의 부단한 상호작용의 과정, 즉 '현재와 과거의 끊임없는 대화' 이다."라고 결론을 내린 것은 수긍이 가는 바이다.[5)]

사실이 없는 기록은 역사라기보다는 일종의 소설이다. 또한 해석이 없는 사실의 단순한 나열은 씨만 있고 과육이 없는 과일과 같다. 일반적으로 사람은 과일의 과육을 먹지 씨를 먹지 않는다. 물론 씨를 먹기도 한다. 포도 씨는 건강에 유익하다는 이유로 이빨을 이용하여 오독 오독 씹어 먹는 이들이 있기는 하다. 필자가 잘 아는 목사 한 분도 포도 씨가 건강에 좋다는 말을 듣고 포도 씨를 즐겨 먹는 것을 보았다. 그런데 어느 날부터인가 포도 씨를 먹지 않는 것을 발견했다. 필자가 이유를 묻자 "먹기가 너무 힘들고 이빨도 상할 것 같아서 먹지 않기로 했다."고 대답했다. 해석은 사실에 생명을 불어 넣는 것과 같다. 역사에서 사실이 육체라면 해석은 영혼과 같다. 사실과 해석이 모두 중요하다는 의미이다. 더 나아가 역사가 주는 교훈과 기독교 역사와 세속 역사에 대해 좀 더 알아보자.

첫째, 역사의 교훈(敎訓) 이다. 기독교는 하나님이 자기 자신을 역사 속에 계시하심을 믿는다. 윌리엄 호든(Wlllam Hordern)은 "다른 종교는 자연과 신비적이거나 합리적인 경험 속에서 신의 계시를 찾지만, 성경 신앙은 주로 역사적 사건 속에서 그것을 찾는다."고 했다.[6)]

주

4) Ronald H. Nash, 『기독교신앙과 역사이해』, 문석호 옮김 (서울: 성광문화사, 1999), 16.

5) E.H. Carr, Ibid., 47.

6) William Hordern, New Directions in Theology Today Introduction, (Philadelphia: Westminster, 1960), 55.

하나님께서는 역사를 통해 우리가 교훈을 얻기를 바라신다. 하나님은 특별계시로 주신 기록된 하나님의 말씀인 성경말씀을 우리에게 말씀하심과 동시에 역사를 통해 인류에게 끊임없이 말을 거신다. 신구약성경은 역사를 통해 하나님께서 우리에게 하나님의 뜻을 알고 하나님의 뜻을 따라 살기를 얼마나 강조하시는지를 말씀하고 있다. 구약과 신약에서 역사의 교훈을 말씀하시는 기록을 알아보자. 구약에는 다음과 같은 말씀이 있다:

네가 있기 전 하나님이 사람을 세상에 창조하신 날부터 지금까지 지나간 날을 상고하여 보라. 하늘 이 끝에서 저 끝까지 이런 큰 일이 있었느냐 이런 일을 들은 적이 있었느냐. 어떤 국민이 불 가운데에서 말씀하시는 하나님의 음성을 너처럼 듣고 생존하였느냐. 어떤 신이 와서 시험과 이적과 기사와 전쟁과 강한 손과 편 팔과 크게 두려운 일로 한 민족을 다른 민족에게서 인도하여 낸 일이 있느냐. 이는 다 너희의 하나님 여호와께서 애굽에서 너희를 위하여 너희의 목전에서 행하신 일이라. 이것을 네게 나타내심은 여호와는 하나님이시요 그 외에는 다른 신이 없음을 네게 알게 하려 하심이니라. 여호와께서 너를 교훈하시려고 하늘에서부터 그의 음성을 네게 듣게 하시며 땅에서는 그의 큰 불을 네게 보이시고 네가 불 가운데서 나오는 그의 말씀을 듣게 하셨느니라. 여호와께서 네 조상들을 사랑하신 고로 그 후손인 너를 택하시고 큰 권능으로 친히 인도하여 애굽에서 나오게 하시며 너보다 강대한 여러 민족을 네 앞에서 쫓아내고 너를 그들의 땅으로 인도하여 들여서 그것을 네게 기업으로 주려 하심이 오늘과 같으니라. 그런즉 너는 오늘 위로 하늘에나 아래로 땅에 오직 여호와는 하나님이시요 다른 신이 없는 줄을 알아 명심하고 오늘 내가 네게 명령하는 여호와의 규례와 명령을 지키라 너와 네 후손이 복을 받아 네 하나님 여호와께서 네게 주시는 땅에서 한 없이 오래 살리라(신 4:32-40).

여호와께서는 "지금까지 지나간 날을 상고하여 보라"고 하신다. 그리고 "이것을 네게 나타내심은 여호와는 하나님이시요 그 외에는 다른 신이 없음을 네게 알게 하려 하심이니라."고 말씀하신 후 "여호와께서 너를 교훈하시려고" 그렇게 하셨다고 말씀하신다. 하나님께서는 이스라엘 백성들, 하나님의 자녀들이 역사를 통해 교훈을 얻고, 참 신이 누구신지, 어떤 신의 말씀에 순종해야 하는 지를 강조하신다. 그러면 신약성경은 역사의 교훈을 어떻게 말씀하시는가? 유다서를 통해 알아보자:

너희가 본래 모든 사실을 알고 있으나 내가 너희로 다시 생각나게 하고자 하노라 주께서 백성을 애굽에서 구원하여 내시고 후에 믿지 아니하는 자들을 멸하셨으며 또 자기 지위를 지키지 아니하고 자기 처소를 떠난 천사들을 큰 날의 심판까지 영원한 결박으로 흑암에 가두셨으며 소돔과 고모라와 그 이웃 도시들도 그들과 같은 행동으로 음란하며 다른 육체를 따라 가다가 영원한 불의 형벌을 받음으로 거울이 되었느니라(유1:5-7).

유다는 이스라엘의 출애굽 역사와 천사가 자신의 위치를 벗어난 행동을 함으로서 하나님으로부터 어떤 심판을 받았는지 그리고 소돔과 고모라와 그 주변에 있던 도시들이 하나님 앞에 범죄한 결과 받은 형벌이 무엇인지에 대한 역사를 회고함으로서 수신자들에게 역사의 교훈을 하고 있다.

둘째, 기독교 역사와 세속역사이다. 역사를 누가 가장 잘 이해하고 해석할 수 있는가? 세속 역사사가 인가? 기독교 역사가 인가? 기독교 역사가 이다. 필립 샤프(Philip Schaff, 1819-1893)는 역사란 "시간의 질서 안에서의 신적인 계시, 하나님 스스로의 영광과 인간의 영원한 행복을 지향하는 무한한 신적 지혜, 정의, 자비의 계획이 연속적으로 전개되는 과정"이라 했다.[7] 세속역사는 역사의 주관자이신 하나님에 대한 믿음이 없다. 세속적인 역사가는 역사 안에 적용하는 창조주 하나님의 음성을 간과하거나 경시하여 결국은 무신론으로 빠지게 되고 역사의 주인을 인간으로 세우기 때문에 바른 해석을 할 수 없다. 때문에 세속역사에 교훈이 없는 것은 아니지만 바른 교훈을 줄 수 있는지 의문이 제기된다. 세속역사는 변화에 기여하지만 온전한 기여를 할 수 없다. 반면, 기독교 역사가는 창조주 하나님, 역사의 주인이신 하나님에 대한 믿음이 있다. 교회 역사가는 역사 속에서 하나님의 영광과 세상의 구원을 위하여 땅 위에 하늘의 왕국이 세워지고 성장해 가는 역사, 예수님이 말씀하신 하나님 나라의 겨자씨와 누룩의 역사를 보여 줄 수 있다. 기독교 역사가는 역사의 신적인 측면과 인간적인 측면을 모두 고려한다. 역사에서 신적인 요소를 빼면 무신론으로 가는 것처럼, 인간의 행위를 빼버리면 도덕적 행위자로서의 인간의 책임과 인간의 죄의 문제가 간과됨으로서 숙명론이나 범신론 아니면 신비주의로 가게 되기 때문이다. 또한, 기독교 역사가는 역사 속에 나타나는 적그리스도의 역사에 관심을 두면서 "하나님이 사탄보다 더 강하시다는 것, 빛의 왕국이 어둠의 왕국보다 더 강하다는 것"[8]을 보여줄 수 있다. 그래서 모든 역사는 기독교적 관점에서 기록해야 한다는 것이 필자의 생각이다. 역사의 주관자가 창조주 하나님이시기 때문이다. 그러므로 하나님에 대한 믿음과 이해 없이는 절대로 역사를 올바로 해석할 수 없다.

주

7) Philip Schaff, History of the Christian Church, 『사도적기독교』이길상 옮김 (서울: 크리스챤다이제스트, 2005), 17.

8) Ibid., 20.

2.2. 구약과 역사

구약성경 어디를 펼쳐 읽더라도 우리는 한 눈에 역사적 기록으로 가득 차 있다는 것을 알 수 있다. 창세기 1:1은 역사와 시간의 시작을 알리는 하나님의 음성이며, 역사적인 관점에서 "태초에 하나님이 천지를 창조" 하셨음을 선포하는 역사의 시작에 대한 모세의 나팔 소리이다. 창세기는 인류 기원의 역사가 무엇인지를 분명하게 보여줌으로서 진화론자들이 인류의 기원을 오스트랄로피테쿠스, 호모 에렉투스, 호모 사피엔스, 호모 사피엔스 사피엔스란 진화과정을 거쳤다는 추측이 얼마나 허무맹랑한가를 드러낸다. 그러면서 구약성경은 여호와께서 역사하신 사건들을 하나님의 백성들이 기억할 것을 강조하고 있다:

너희는 애굽에서 나오는 길에 아말렉이 네게 행한 일을 기억하라. 곧 그들이 너를 길에서 만나 네가 피곤할 때에 네 뒤에 떨어진 약한 자들을 쳤고 하나님을 두려워하지 아니하였느니라. 그러므로 네 하나님 여호와께서 네게 기업으로 주어 차지하게 하시는 땅에서 네 하나님 여호와께서 사방에 있는 모든 적군으로부터 네게 안식을 주실 때에 너는 천하에서 아말렉에 대한 기억을 지워버리라 너는 잊지 말지니라(신25:17-19).

내가 너를 애굽 땅에서 인도해 내어 종노릇 하는 집에서 속량하였고 모세와 아론과 미리암을 네 앞에 보냈느니라. 내 백성아 너는 모압 왕 발락이 꾀한 것과 브올의 아들 발람이 그에게 대답한 것을 기억하며 싯딤에서부터 길갈까지의 일을 기억하라. 그리하면 나 여호와가 공의롭게 행한 일을 알리라 하실 것이니라(미6:4-5).

신명기는 하나님의 백성(이스라엘)들에게 애굽에서 나올 때 아말렉이 그들에 행했던 일을 기억하라고 말씀한다. 아멜렉은 하나님을 두려워하지 아니하였고, 하나님의 백성들의 약점을 이용하여 비겁하게 등 뒤에서 쳤다는 것이다. 하나님께서는 아멜렉의 죄를 이스라엘 백성에게 지속적으로 가르치셨고, 때가 되어 사무엘을 통하여 말씀을 주시어 사울왕을 통해 그들을 진멸하도록 명령하셨다(삼상15:1-3). "아말렉에 대한 기억을 지워버리라"는 말씀은 사탄에 의해 이루진 어두운 역사보다는 하나님의 선하신 빛의 역사를 더 높이 드러내라는 말씀으로 이해할 수 있다. 또한 여호와께서 미가 선지자를 통해서 모압 왕 발락과 브올의 아들 발람이 광야에서 하나님의 백성에게 행했던 일을 기억할 것을 말씀하신다. 그 일이 일어난 곳은 "싯딤에서부터 길갈까지"였다고 정확한 지명을 알려 주신다. 여호와께서는 그 일을 기억하는 일의 중요성을 분명히 가르치시기 위해 "여호와가 공의롭게 행한 일을 알리라."고 말씀하신다. 과거의 여호와의 역사를 기억하면 미래의 여호와의 계획을 알려주시겠다는 약속이다. 하나님께서 역사를 얼마나 소중하게 생각하시는지 가슴 깊이 와 닿지 않는가?

구약성경이 역사의 해석을 담고 있다는 것에 내해 한 가지 예를 들어 설명함으로서 이 부분을 마치려한다. 다윗이 이스라엘 왕으로 있을 때 기랴여아림에 있던 하나님의 궤를 다윗성으로 옮길 계획을 세웠다. 먼저, 다윗은 그 일에 대해 "천부장과 백부장 곧 모든 지휘관과 더불어 의논"(대상13:1) 했다. 회의장에서 다윗이 말했다. "만일 너희가 좋게 여기고 또 우리의 하나님 여호와께로 말미암았으면 우리가 이스라엘 온 땅에 남아 있는 우리 형제와 또 초원이 딸린 성읍에 사는 제사장과 레위 사람에게 전령을 보내 그들을 우리에게로 모이게 하고 우리가 우리 하나님의 궤를 우리에게로 옮겨오자 사울 때에는 우리가 궤 앞에서 묻지 아니하였느니라."(대상13:2-3). 다윗의 말을 들은 관료들을 비롯한 모든 회중이 다윗의 의견을 수용했다. 다윗은 "애굽의 시홀 시내에서부터 하맛 어귀까지 온 이스라엘을 불러모으고 기랴여아림에서부터 하나님의 궤를 메어오고자 할"(대상13:5)만큼 하나님의 궤를 운반하는 일을 국가적인 행사로 선포하고 온 백성이 이 일에 집중하도록 분위기를 조성했다. "하나님의 궤를 새 수레에 싣고 아비나답의 집에서 나오는데 웃사와 아히오는 수레를 몰며 다윗과 이스라엘 온 무리는 하나님 앞에서 힘을 다하여 뛰놀며 노래하며 수금과 비파와 소고와 제금과 나팔로 연주"(대상13:7-8)했다. 하나님의 궤를 조심스럽게 운반하던 중 뜻하지 않은 일이 발생했다. 기돈의 타작 마당에 이르렀을 때 소들이 뛰고 말았던 것이다. 그러자 수레 위에 있던 하나님의 궤가 땅으로 떨어질 것이 염려될 만큼 흔들린 것이다. 그 때 웃사가 궤가 흔들리지 않도록 붙들었는데 그 순간 웃사가 죽고 말았다. 여기까지가 필자가 약간의 해석을 덧붙이긴 했지만 개관적인 역사(히스토리에)이다. 사무엘하를 기록한 저자는 웃사가 죽은 일을 "웃사가 손을 펴서 궤를 붙듦으로 말미암아 여호와께서 진노하사 치시매 그가 거기 하나님 앞에서 죽으니라."(대상13:10)고 해석한 것을 볼 수 있다. 이것이 역사의 해석이며 주관적인 역사(게쉬히테)이다. 이와 같이 구약성경은 객관적인 역사와 주관적인 역사가 동시에 기록되어 있다. 성경에 주관적인 역사가 기록되어 있다고 해서 오류가 있는 것은 아니다. 왜냐하면 "모든 성경은 하나님의 감동으로 된 것"(딤후3:16)이기 때문이다. 모든 성경이라 했으니 구약성경과 신약성경 모두를 말씀하는 것이다.

2.3. 신약과 역사

신약성경 역시 구약성경과 동일하게 역사적인 기록이다. 누가복음과 사도행전을 기록한 누가는 누가복음을 기록하면서 다음과 같이 그 첫 머리를 장식하고 있다:

우리 중에 이루어진 사실에 대하여 처음부터 목격자와 말씀의 일꾼이 된 자들이 전하여 준 그대로 내력을 저술하려고 붓을 든 사람이 많은지라 그 모든 일을 근원부터 자세히 미루어 살핀 나도 데오빌로 각하에게 차례대로 써 보내는 것이 좋은 줄 알았노니 이는 각하가 알고 있는 바를 더 확실하게 하려 함이로라(눅 1:1-4).

누가복음 1장 1-3에 의하면 누가는 누가복음을 자신이 직접 체험했던 말씀에 관한 역사를 기록한 것이 아니다. 말씀의 목격자, 말씀의 일꾼들이 전해 준 내용을 기록했다. 많은 사람들이 이러한 일을 시도하고 있으며, 시도했다는 것이 누가의 증언이다. 그런데 누가가 왜 또 기록했을까? 여러 가지 이유가 있을 수 있다. 일어난 사건 자체에 대한 기록에 차이가 있을 수 있다. 사건에 대한 해석이 다양할 수 있다. 그래서 누가는 "그 모든 일을 근원부터 자세히 미루어 살폈다."고 했다. 누가는 말씀의 역사를 두 가지 측면에서 기록했다. 하나는 사건 그 자체이고, 다른 하나는 사건에 대한 해석이다.

성경은 역사적인 관점에서 읽는 것이 중요하다. 누가는 누가복음을 역사적인 관점에서 말씀의 역사를 기록한 것이다. 역사는 자신이 직접 체험한 역사를 기록할 수도 있고, 한 사건에 대해 다른 사람들의 증언과 기록을 토대로 기록할 수도 있다. 또 하나는 자신의 경험과 타인의 증언 및 기록이 역사의 자료가 될 수도 있다.

바울 역시 자신의 서신에서 성경은 역사적 사실에 근거한 기록임을 잘 보여준다. 바울은 이스라엘 백성들의 광야 생활이라는 개관적인 역사에 해석을 붙여서 기록했다:

형제들아 내가 너희가 알지 못하기를 내가 원치 아니하노니 우리 조상들이 다 구름 아래 있고 바다 가운데로 지나며 모세에게 속하여 다 구름과 바다에서 세례를 받고 다 같은 신령한 음식을 먹으며 다 같은 신령한 음료를 마셨으니 이는 그들을 따르는 신령한 반석으로부터 마셨으매 그 반석은 곧 그리스도시라(고전10:1-4).

바울이 "이는 저희를 따르는 신령한 반석으로부터 마셨으매" 라고 말한 것으로 보아 바울은 당시 랍비의 전승 내용을 수용하면서 이스라엘 백성들이 광야에서 했던 역사적인 사건들을 기록하고 있음을 알 수 있다. "이로 보아 우리의 신앙은 역사적인 사실에 근거를 두고 있음이 분명하다. 즉 역사는 우리의 현재의 삶과 밀접한 관련이 있다는 것이다. 그렇다면 과거가 다 역사인가 하는 문제가 대두된다. 물론 아니다. 과거라고 해서 다 역사가 되는 것은 아니다. 성경은 역사적 사실인 것은 분명하지만 모든 과거를 다 기록하지 않았음에서도 알 수 있다. 문제는 성경은 어떤 것을 역사로 기록했는가 하는 점이다. 첫째는 신앙의 교훈을 위해 필요한 과거를 역사로 기록했다. 둘째는 신자들에게 경계할 목적에 맞는 과거를 역사로 기록했다. 셋째는 믿고 구원에 이를 수 있는 과거를 역사로 기록했다. 성부에 대하여 성자에 대하여 성령에 대하여 세계에 대하여 등을 우리가 구원 얻기에 부족함이 없을 만큼 충분히 계시된 말씀을 역사적으로 기록한 것이다."[9)]

"구약과 역사" 및 "신약과 역사"에 볼 수 있는 것처럼 우리가 성경을 바르게 이해하려면 역사를 알아야 한다. 성경역사의 지식 유무는 구원과 아무런 관계가 없다. 하지만 성경 말씀을 보다 정확하게 이해하고 바른 신앙생활을 할 수 있으려면 역사를 알아야 한다는 것이다. 이것이 성경말씀을 자의적으로 해석하여 하나님께서는 오른쪽으로 가라하신 것인데 나는 왼쪽으로 가는 실수를 최소화하는 길 중의 하나이다. 물론, 역사에 대한 지식만 있으면 성경을 바르게 해석할 수 있는 것이 아니다. 성경은 하나님의 감동하심, 성령의 감동하심으로 기록되었기 때문에 성경을 읽기 전에 반드시 성령님께서 조명하여 주시기를 간구해야 한다. 이것이 전제되지 않는 성경 이해는 부패한 인간의 이성으로 해석할 가능성이 많기 때문에 성경을 통해 주시고자 하는 하나님의 말씀의 길이와 넓이와 높이와 깊이를 바르게 알 수 없다. 반면 성경은 유기적으로 축자영감되었기 때문에 유기성을 간과하고서는 역시 성경을 통해 말씀하시고자 하는 하나님의 뜻의 길이와 넓이와 높이와 깊이를 바르게 알 수 없다.

주

9)정준기 · 김효시, 『은혜의 물결: 영광대교회백년사』(서울: 가리온, 2009), 150.

3. 교회사의 접근 방법

역사란 무엇이며, 구약과 신약 성경이 역사적인 기록이라는 것을 알았으니 이 사실을 기억하면서 과연 교회사는 어떤 관점에서 기록되어야 하는지 살펴보자. 먼저 교회사는 현재의 입장에서만 볼 수 없는 것이다.[10] 역사는 과거를 부활시키는 것인데 이 또한 일반 역사나 교회사에 동일하게 적용된다. 그리고 역사신학을 전공한 교회사가이든 일반역사가이든 동일하게 역사가로서 자연스럽게 과거를 부활시킬 임무가 있는 것이다. 예를 들면 구약성경에 나오는 믿음의 조상 아브라함을 비롯하여 야곱과 하나님과 대면한 전무후무한 위대한 지도자 모세, 그리고 하나님의 마음의 합한 자라고 하나님이 친히 말씀하셨던 이스라엘의 제2대왕 다윗과 그의 아들 지혜의 왕 솔로몬 등이 가지고 있었던 처첩의 문제는 당시의 문화를 고려하지 않고 신약의 윤리관을 적용해서는 안 된다. 신약성경을 보라. 이러한 문제를 비판하고 있는가? 그렇지는 않다. 그렇다고 그러한 사실을 숨기는가? 그렇지도 않다. 예를 들면, 마태가 예수님의 족보에 대해 마태복음 1장에 연대기 순으로 기록하면서 보면 "아브라함이 이삭을 낳고" 했듯이 "유다는 베레스를 낳고"라고 하지 않고 "유다는 다말에게서 베레스와 세라를 낳고"라고 기록하여 유다가 자신의 아들의 아내였던 여자와 관계를 맺어 자녀를 낳았는데 베레스와 세라를 낳았다고 공개함으로써 유다가 한 번의 실수로 끝난 것이 아니었음을 분명히 밝히고 있다. 또한 마태는 마태복음 1장 6절에서 "다윗은 우리야의 아내에게서 솔로몬을 낳고"라고 기록하고 있다. 이 역시 마태가 다윗의 범죄 사실을 거론하기를 꺼려했다면 "우리야의 아내에게서"를 기록하지 않았을 것이다.

좀 더 이야기해 보자. 하나님께서 예수님의 계보를 현재 우리의 시각에서 볼 때 결코 칭찬할 수 없는 사실임에도 불구하고 과거의 역사 안에서는 정죄하지 않는다는 것을 알 수 있다. 역사가는 이러한 성경의 가르침에 입각해서 이와 유사한 역사적 사실들을 육하원칙에 따라 그대로 복원시키는 것이며, 복원시키되 당시의 도덕관과 윤리관 등의 제가치관으로 평가하고 해석해야 하는 것이다. 즉, 역사가는 지금의 관점에서 당시의 인물을 평가하는 우를 범해서는 안 된다는 말이다. 동시에 역사는 과거와 현재와의 만남의 장이 되어야 하기 때문에 과거를 현재의 입장에서 조명할 의무가 있다.

교회사는 교회의 역사적 사실을 다루면서 그 당시의 상황을 고려하여 평가하

주

10) 본장(교회사의 접근방법)의 내용 중 이후부터 "3.2. 신앙교회의 사명."이 시작되는 바로 앞 문장까지의 내용은 정준기 교수가 『은혜의 물결: 영광대교회백년사』에 기록한 것을 필자가 정준기 교수께 구두로 허락을 받아 기록하였다. 하지만 모든 문장을 그대로 기록한 것이 아니라 필요시 일부를 삭제하거나 내용을 추가하였다.

는 것이며, 그 역사가 현재 우리에게 주는 의미는 무엇인가를 분명히 들어내어 과거로부터 교훈을 얻게 하고, 책망을 받게 하고, 현재를 대처하는 지혜를 얻게 하는 등의 일을 가능하게 하는 것이다. 그러기 위해서 우리는 먼저 교회란 무엇인지를 성경적 입장에서 고찰해 보자.

3.1. 교회란 무엇인가?

신약교회사에서 최초의 순교자는 스데반 집사이다. 스데반 집사가 순교당하기 전에 성령이 충만한 상태에서 유대인들을 향해 구약의 역사를 신학적으로 해석하면서 출애굽한 이스라엘 백성들의 무리에 대하여 "시내산에서 말하던 그 천사와 및 우리 조상들과 함께 광야 교회에 있었고"(행 7:38)라 했다. 스데반은 하나님께서 모세를 지도자로 세우시어 애굽으로부터 구원해 내시고 홍해를 건너 광야길을 걸었던 구약 이스라엘 백성들을 교회로 본 것이다. 그러므로 교회를 논하려면 구약부터 논해야 한다. 그러나 우리는 신약교회만 한정하여 논할 것이다. 그 이유는 지금 우리는 구약교회와 여전히 연결선 상에 굳건히 서 있는 것은 분명하지만 보다 더 가깝게는 신약교회에 뿌리를 두고 있기 때문이다. 우리는 신약교회가 어떻게 출발했으며, 또 교회의 정의는 무엇인지를 살핀 후 신약교회가 어떻게 세워져 갔는지를 성경을 중심으로 고찰함으로써 교회란 무엇인가를 도출할 것이다. 그런 다음 칼빈주의 교회관을 살펴서 역사 해석의 기준으로 삼을 것이다.

3.1.1. 신약교회의 시작

신약교회는 언제 시작되었는가? 오순절 성령강림부터로 보아야 한다. 사도행전 2장에 보면 오순절날 예수님이 승천하시면서 약속하신 성령이 마가의 다락방에서 성령의 임재를 기다리면서 기도하던 약 120명의 신도들에게 "급하고 강한 바람같이" 그리고 "불의 혀 같이 갈라지는" 모습으로 그들 위에 임했다. 그리고 다 하나 같이 방언을 했다. 이것이 신약교회의 시작이었다. 여기서 우리는 신약교회의 기초가 두 가지 중요한 것을 발견한다. 하나는 교회는 말씀에 순종함으로서 시작되었다는 것이다. 교회가 말씀에 기초했다는 것은 물론 예수님의 제자들이 예수님으로부터 3년간 말씀 교육을 철저히 받은 후에 성령이 임했기 때문이다. 동시에 약 120명의 신도가 마가의 다락방에서 약10일을 기도

한 것은 예수님이 승천하시기 전에 "예루살렘을 떠나지 말고 내게 들은 바 아버지의 약속하신 것을 기다리라. 요한은 물로 세례를 베풀었으나 너희는 몇 날이 못 되어 성령으로 세례를 받으리라."(행1:4–5)란 말씀에 순종한 결과였다. 다른 하나는 성령의 임하심으로 시작되었다. 신약교회는 성령의 내주하심이 있었기에 시작될 수 있었던 것이다. 교회는 말씀과 성령이 있고, 그 말씀과 성령의 인도를 받아야 참 교회인 것이다.

3.1.2. 교회의 정의

교회를 의미하는 "Church"는 헬라어 큐리아코스(kuriakos) 즉 "주님에게 속한 것"에서 유래했다. 용어상의 의미로 볼 때 교회란 주 예수 그리스도에게 속한 모임이라는 것이 신학적 정체성임이 분명하다. 그러나 신약성경에 보면 교회를 의미하는 단어로 에클레시아(ecclesia, 115회)와 시나고그(synagogue, 57회)가 사용되었음을 알 수 있다. 에클레시아는 "부른다 혹은 소집한다." 가 그 어원이고, 시나고그는 "모인다 혹은 회집한다."가 그 어원이다. 그런데 시간이 흐르면서 에클레시아는 점차 기독교 교회를 지칭하는 용어가 되었고, 시나고그는 유대교 회당을 의미하는 전문용어가 되었다는 것이 일반적인 학설이다.

그러면 신약성경에서 말씀하는 교회의 성격을 고찰해 보자. 첫째는 마태가 말하는 교회이다.[11] 복음서 기자 중에서 마태는 에클레시아(ecclesia)라는 용어를 유일하게 세 번 사용했다(16:18; 18:17). 마태는 여기서 교회에 대한 신학적 기초를 제공하고 있다. 예수님은 제자들에게 자신의 정체성을 물어 보신다. "너희는 나를 누구라 하느냐?"(16:15). 이 때 베드로가 기다렸다는 듯이 입을 연다. "주는 그리스도시오. 살아계신 하나님의 아들이시니이다."(16:16). 베드로의 대답은 예수님의 마음을 흡족하게 했다. 예수님은 자신이 듣고 싶었던 자신의 정체성에 대한 답변을 베드로에게서 들은 것이다. 베드로의 대답이 비록 베드로 자신으로부터 기인한 것이 아님이 분명한 것을 아시면서도 예수님은 매우 기뻐하신다. 베드로의 답변에 대한 예수님의 말씀, "이를 네게 알게 한 이는 혈육이 아니요 하늘에 계신 내 아버지시니라."(16:17)에서 프로이트(Freud, 1856–1939)나 칼 융(Carl Gustav Jung, 1875–1961) 등의 인간에 대한 심리적 접근이 믿음과 얼마나 거리가 있는지를 알아야 한다. 예수님은 "이 반석 위에 내 교회를 세우리니 음부의 권세가 이기지 못하리라."(16:18) 하신다.

주

11) 도달드 시드어, 『최근 마태복음신학 동향』, 홍찬혁 역, (서울: 기독교문서선교회, 1999) 및 G.E. 래드, 『신약신학』, 신성종 · 이한수 옮김, (서울: 대한예수교서회, 2002), 참조.

예수님의 이 말씀 속에 교회의 신학적 기초가 있다. 바로 베드로가 고백한 예수님에 대한 신앙이다. 그러므로 참 된 교회는 예수님이 그리스도이심을 고백하는 교회이며, 예수님이 살아계신 하나님의 아들이심을 믿는 신앙을 고백하는 교회이다. 이러한 신앙고백은 인간의 심리 저 깊은 곳에서 어떤 계기에 의해 자신 스스로 끌어낸 것이 아니라 하나님께서 주신 것을 아는 교회이다.

다음으로는 교회의 형성 문제이다. 바른 신앙을 고백하는 사람들이 교회가 되려면 그 최소 단위가 무엇인가 하는 점이다. 이에 대해서 마태는 마태복음 18장에 잘 말하고 있다. 우선 18:17을 통해 예수님이 말씀하신 교회란 명칭을 두 번 반복하여 기록한다. 그런 다음에 19절에서 "두 사람이 합심하여"라고 하신 예수님의 말씀과 20절에 "두 세 사람이 내 이름으로 모인 곳에는 나도 그들 중에 있느니라."란 말씀을 각각 기록해서 교회의 최소 숫자 개념을 확립해 준다. 교회는 단수가 아니라 복수인 것이다. 복수 중에도 복수의 최소 단위인 두 명이다. 그러므로 두 명이상이 모이면 교회인 것이다. 그런 점에서 본교회가 소속되어 있는 대한예수교장로회 헌법에 필요상 기도처와 교회를 구분하여 놓았다 해도 성경에서 말씀하시는 교회는 "주는 그리스도시요. 살아계신 하나님의 아들이심"을 확실히 믿는 두 명 이상의 신자가 모이면 되는 것이다. 또한 교회는 기도하는 공동체라는 것(18:19)이 마태의 가르침이다. 이러한 것들이 마태가 말하는 교회의 본질의 일면이다. 이러한 교회는 누구도 무너뜨릴 수 없다. 이 외에도 마태는 교회의 특징에 대해 가라지 비유 등 많은 것을 마태복음에 기록해 두었지만 여기서는 더 이상 나가지 않을 것이다.

둘째는 누가가 말하는 교회이다.[12] 누가가 말하는 교회는 누가복음과 사도행전 둘 다를 검토해야한다. 누가복음과 사도행전을 보면 교회는 무엇을 하는 곳인가 하는 것이 잘 나타난다. 이는 크게 다섯 가지로 분류 된다. 교제하는 공동체, 예배하는 공동체, 기도하는 공동체, 가르침과 배움이 있는 공동체, 그리고 선교하는 공동체가 그것이다. 교제하는 공동체에 대해서는 성도가 "한 마음과 한 뜻이 되어"(4:32) "믿는 사람이 다 함께 있어 모든 물건을 서로 통용하고 .... 날마다 마음을 같이하여.... 떡을 떼며 .... 음식을 먹고"(2:44-46)란 말씀과 "서로 교제하며"(2:42)에 잘 나타난다. 누가는 누가복음 전반에 걸쳐 예수님의 식사와 관련된 내용을 여러 번 기록하고 있다. 사도행전에서 오순절 성령강림과 동시에 시작된 신약교회가 한 것 중 하나는 음식을 나누면서 교제하는 공동

주

12) 마크 A. 포웰, 『누가복음신학』, 배용덕 역, (서울: 기독교문서선교회, 2000) 및 『사도행전신학』, 이문연 역, (서울: 기독교문서선교회, 2000) 참조.

체란 점을 부각시키고 있다. 예배하는 공동체에 대해서는 누가가 누가복음을 예배로 열고 예배로 닫고 있다는 데서 찾을 수 있다. 누가복음을 예배로 연다는 것은 누가복음 1장 8-9절에서 "마침 사가랴가 그 반열의 차례대로 제사장의 직무를 하나님 앞에 행할 때 제사장의 전례를 따라 제비를 뽑아 주의 성소에 들어가 분향하고"란 말씀에 나타난다. 제사장이 성소에 들어가 분향한다는 것은 여호와께 제사를 드렸다는 것인데 구약의 제사는 신약의 예배이기 때문이다. 예배로 닫았다는 것은 24장 52-53절에서 "그들이 (그에게 경배하고) 큰 기쁨으로 예루살렘에 돌아가 늘 성전에서 하나님을 찬송하니라."란 말씀에서 찾을 수 있다. 경배한다는 것은 예배한다는 것이며, 찬송한다는 것도 찬송은 노래한다는 것을 포함하여 칭송하고 높인다는 의미가 있기 때문에 예배한다는 것이다. 사도행전에서도 "하나님을 찬미하며"(2:47)란 말씀에서 역시 신약교회는 그 시작부터 예배하는 공동체였음을 알 수 있다. 기도하는 공동체, 가르침과 배움이 있는 공동체 역시 누가복음과 사도행전 전반에 걸쳐 잘 기록되어 있으며, 선교하는 공동체는 신약교회가 핍박과 고난을 견디면서 활기차게 진행해 갔던 일로 이 역시 사도행전 전반에 무게 있게 기록되어 있다.

마지막 셋째는 바울이 말한 교회이다.[13] 바울의 교회관은 그의 서신서에 적나라하게 들어나 있다. 그 이유는 바울의 서신서들은 모두 다 교회를 향한 편지이기 때문이다. 바울은 교회의 통일성을 강조한 것으로서 교회를 살아 움직이는 하나의 몸으로 묘사했다. 그는 로마교회를 향해 말한다. "우리가 한 몸에 많은 지체를 가졌으나 모든 지체가 같은 기능을 가진 것이 아니니 이와 같이 우리 많은 사람이 그리스도 안에서 한 몸이 되어 서로 지체가 되느니라"(롬 12:4,5). 우리가 몸이라면 머리는 누구인가는 자연스런 질문이다. 이에 대한 바울은 에베소서 1:22에서 "하나님은 그리스도를 만물 위의 머리로 주셨다." 에베소서 4:15에서는 "교회는 머리되신 그리스도 안에서 자라야한다." 골로새서 1:18에서는 "그리스도는 몸인 교회의 머리이시다."고 대답한다. 교회는 그리스도를 머리로 하는 그 분의 몸이다. 그러면 온전한 몸은 무엇을 하는 것인가? 머리의 대행자가 되는 일이다. 복음을 전파하는 사명을 잘 수행하는 것이다. 바울은 교회를 그리스도를 머리로 하는 몸이라고 한 것 외에 그리스도의 신부라고 한다(엡5:22, 23). 그러면 신부가 신랑을 위해 할 일은 무엇인가? 순결이다. 교회는 어떻게 순결을 유지할 것인가? 바울은 교회가 순결하려면 권징이

주

13) 윌리엄 바클레이, 『바울신학 개론』, 박문재 옮김, (서울: 크리스찬다이제스트, 2004) 및 권오현, 『바울의 생애』상 · 하, (서울: 대한기독교서회, 1997) 참조.

있어야 한다고 강조한다. 고린도교회가 신부로서의 순결성을 잃었을 때에 바울은 그 상태를 망치는 고린도교회를 책망하면서 " 외인들을 판단하는데 내게 무슨 상관이 있으리요 마는 교회 안에있는 사람들이야 너희가 판단치 아니하랴. 외인들은 하나님이 판단하시려니와 이 익한 사람은 너희 중에서 내어쫓으라."(고전5:12, 13)고 강하게 말한다. 바울의 교회에 대한 묘사는 여기서 그치지 않는다. 즉 한 시민 한 권속의 개념이다(엡2:19). 성도는 예수 그리스도 안에서 한 가족으로 친밀한 관계, 예수 그리스도의 피로 맺어진 형제인 것이다. 바울은 때로는 "너희들은 하나님의 집"(고전3:9)이라 말하면서 교회를 하나님께서 세우시는 집 또는 하나님을 위하여 지어져 가는 집으로 묘사한다. 이 집은 단순한 집이 아닌 하나님의 성전이다(고전3:16,17). 마지막으로 교회는 하나님의 밭이다(고전3:9). 바울이 교회를 하나님의 밭이라 할 때는 옥토 밭을 의미했을 것이다. 하나님의 복음의 씨앗이 뿌려지면 열매를 맺고야 마는 좋은 밭이 교회인 것이다. 바울이 말한 교회 묘사의 특징 중의 하나는 교회란 가시적인 건물이 아니라는 것이다. 물론 바울은 교회를 건물, 집 등으로 표현하고 있지만 이것을 단 한 번도 물리적인 건물로 설명한 적이 없고 언제나 영적인 건물 또는 성령이 내주하시는 성전 된 성도들의 모임을 뜻했다.

교회의 정의와 그 성격이 상기한 바와 같다면 지금의 교회는 무엇을 해야 하는가? 하는 것이 자연히 들어난다. 신약성경을 통하여 알아보자.

3.2. 신약교회의 사명

오순절 성령 강림으로 시작된 신약교회는 하나님의 나라의 성장과 확장을 위해 무슨 사명을 감당해야 할까? 먼저는 모여야 하고 그 다음에는 흩어져야 한다. 예수님의 몸 된 교회가 모여서 무엇을 해야 하는 것인가? 또한 흩어져서는 무엇을 해야 하는 가? 신약 성경에 기초하여 살펴본다.

3.2.1. 모이는 교회의 사명

사도행전에는 오순절 성령이 강림하신 후 성령이 충만해 진 성도들이 모이는 교회로서 행했던 일들이 기록되어 있다:

> 그들이 사도의 가르침을 받아 서로 교제하고 떡을 떼며 오로지 기도하기를 힘쓰니라. 사람

마다 두려워하는데 사도들로 말미암아 기사와 표적이 많이 나타나니 믿는 사람이 다 함께 있어 모든 물건을 서로 통용하고 또 재산과 소유를 팔아 각 사람의 필요를 따라 나눠 주며 날마다 마음을 같이하여 성전에 모이기를 힘쓰고 집에서 떡을 떼며 기쁨과 순전한 마음으로 음식을 먹고 하나님을 찬미하며 또 온 백성에게 칭송을 받으니 주께서 구원 받는 사람을 날마다 더하게 하시니라(행2:42-47).

초대교회는 모여서 몇 가지의 일을 중요하게 행했던 것을 볼 수 있다. 첫째, 예배와 교육. 교육을 다르게 표현하자면 양육이다. "그들이 사도의 가르침을 받아"란 말씀은 성도들이 스승이신 예수님으로부터 철저하게 교육 받았던 제자들로부터 교육을 받았다는 것이다. 모이는 교회는 왜 우리가 공동체로 모였는지를 알아야 한다. 교회 공동체의 의미가 무엇이며, 무슨 일에 힘써야 하는지를 바르게 알아야 한다. 교회 공동체를 이루게 하신 분은 어떤 분이신지를 분명히 알고 그 분을 나의 주 나의 하나님으로 고백할 수 있어야 한다. 때문에 모이는 교회는 우선적으로 교육을 실시해야 한다는 메시지가 사도행전 2:42에 담겨있다.

예수님은 승천하시기 전에 교회에게 양육의 사명을 위임하셨다. 마태복음 28:19-20에 보면 "너희는 가서 모든 민족을 제자로 삼아 아버지와 아들과 성령의 이름으로 세례를 베풀고, 내가 너희에게 분부한 모든 것을 가르쳐 지키게 하라 볼지어다 내가 세상 끝날까지 너희와 항상 함께 있으리라." 말씀이 있다. 믿는 자들을 교육하라는 말씀이다. 예수님은 공적인 사명을 시작하시면서 친히 제자들을 부르셨다. 그리고 공생애 기간 동안 그들과 동거 동락하시면서 그들을 훈련하셨다. 예수님은 자신에게 직접 교육 받았던 제자들에게 제자를 삼으라고 명령하신다. 여기서 제자들 삼는다는 의미의 헬라어 마데튜사테(μαθητεύσατε)는 부정과거 형으로서 "제자를 만들어"란 것으로서 실제로 제자로 만들어야 한다는 표현이다.[14)]

또한 "그들이 사도의 가르침을 받아"란 말씀과 "하나님을 찬미하며"란 말씀 속에는 예배드렸다는 의미가 포함되어 있다고 볼 수 있다. 교회는 하나님 아버지께 영과 진리로 예배하는 예배공동체이다. 종교개혁자들은 설교를 예배의 중심에 두었는데 상기한 사도행전 본문은 그것을 잘 말씀하고 있다. 설교는 하나님의 말씀을 선포하는 것과 말씀을 가르친다는 의미를 모두 포함한다고 보아야 한다. 설교가 하나님의 말씀을 선포하고 성경을 가르치는 기능을 잘 할 수 있으려면 본문이 말씀하는 의미를 드러내는 것이 첫 번째 과제일 것이다.

주

14) R.C.H. Lenski, 『마태복음 (하)』, 문창수 역. (서울: 백합출판사, 1977), 524.

그러므로 본문이 말하고자 하는 의미를 간과하고, 설교자가 자신의 상황에 따라 본문을 해석하는 것은 설교의 역기능이다.

둘째, 성찬과 식탁 교제. 초대교회 성도들은 함께 모여서 하나님께 예배하고 성경을 공부한 후 교제를 나누었다. 교제한다는 것은 여러 가지 의미가 있을 수 있지만 상기한 사도행정 2장의 본문 내용으로 보아 모인 장소 안에서 교제했음을 볼 수 있다. 교제하면서 신앙 상담이 이루질 수도 있고, 가정, 직장, 자녀문제 등에 대해 서로 이야기를 나눌 수도 있을 것이다. "교제하고 떡을 떼며"라 했고, "집에서 떡을 떼며 기쁨과 순전한 마음으로 음식을 먹고"라 했으니 초대교회의 교제에는 공동식사 자리를 마련했다는 것을 알 수 있다. 또한 이 식탁 교제는 성찬식을 포함하고 있다고 볼 수 있다. 정준기 교수는 성찬식의 의미와 중요성을 다음과 같이 설명한다:

> 기독교의 중요한 전례 중 성만찬은 거룩과 신비로 하나님과 교제하는 실체를 보여주며, 성도 간의 일치와 연합 그리고 친밀성을 가시적으로 나타내준다. 십자가에 못 박혀 죽으시기 전날 밤에 예수께서는 제자들과 함께 마지막 식사를 하셨다. 예수께서는 빵을 가져 사례하신 후 떼어서 제자들에게 주시며 "이것은 내가 너희에게 주는 내 몸이다. 이를 행하여 나를 기념하여라."고 말씀하셨다(눅22:19). 식후에 잔을 들고 감사 기도하신 후 제자들에게 주시며 "이 잔을 내 피로 세우는 새 언약이니 곧 너희를 위하여 붓는 것이라."(눅22:20)고 말씀하셨다. 이후 성찬에 관하여 교파마다 각각 달리 해석하고 적용하지만 성찬식은 모든 기독교 공동체에 특별한 의미를 부여하고 있다.[15)]

성찬과 식탁의 교제가 우리에게 주는 의미는 매우 깊다. "성만찬에 대한 신학적 입장은 교파마다 다양함에도 불구하고 기독교 역사를 살펴 볼 때 교회에서 성찬이 오용되거나 남용된 적은 있어도 집행이 중단되거나 그 중요성이 약화된 적은 없다."[16)] 성찬식을 통해서 성찬에 참여하는 성도들은 예수님의 죄인에 대한 구속의 은혜를 체험하는 것이며, 예수님의 생명으로 하나가 되었다는 것과 예수님의 영원한 기쁨을 맛보는 것이다. 성찬에 참여함으로서 우리는 그리스도이신 예수님의 생명을 서로 나누는 것이며, 하나님은 우리의 아버지이심을 지속적으로 체험하는 것이다. 또한 주님이신 예수님과 하나 되는 기쁨을 맛보는 것이다.

셋째, 합심 기도. "오로지 기도하기를 힘쓰니라."는 말씀은 교회는 기도하는

주

15) 정준기, "기독교 강요에 나타난 칼빈의 성찬관의 현대적 적용"

16) Ibid.

공동체라는 것을 가르치고 있다. 기도를 한다는 것은 내 뜻과 우리의 뜻을 감추고 오직 하나님의 뜻을 따르겠다는 의미가 있다. 하나님께서 교회 공동체에 주시는 응답의 말씀에 의지해서 모든 일을 결정하고 추진해 나가겠다는 믿음의 행위인 것이다. 초대교회는 이 일을 잘 감당했다. 이제 갓 태어난 어린아이 같은 예수님의 몸 된 교회가 핍박과 위협과 환난이 있는 어려운 환경 속에서 어떻게 자라 나가야 하는지 등에 대해 하나님께 합심으로 간절하게 기도했다는 것이다. 기도의 중요성을 구약과 신약이 동일하게 강조하고 있다. 아브라함, 모세, 다윗 등 족속의 지도자나 한 민족의 지도자들이 기도하는 사람일 때 그 민족은 어려움 속에서도 언제나 하나님의 뜻을 따라 바르게 걸어갔다. 다니엘은 이국땅에 포로 신세로 끌려갔지만 그의 평생의 삶은 기도하는 삶이었다. 예수님은 기도를 강조하셨으며, 친히 기도의 본을 보여주지 않으셨던가? 예수님은 잡히시기 전에 겟세마네 동산에서 기도하셨고, 십자가 위에서 운명하실 때, 그 최후의 순간에도 "나의 하나님, 나의 하나님, 어찌하여 나를 버리셨나이까?"(마27:46;막15:34) "아버지 저들을 사하여 주옵소서 자기들이 하는 것을 알지 못함이니이다."(눅23:34)라고 기도하셨다. 사도 바울의 그의 서신서 마다 자신은 기도하는 사람임을 밝히고 있고 교회로 하여금 자신의 선교적 사명을 위해 기도해 달라고 기도를 요청하고 있는 것을 볼 수 있다:

우리가 너희를 위하여 기도할 때마다 하나님 곧 우리 주 예수 그리스도의 아버지께 감사하노라(골1:3). 이로써 우리도 듣던 날부터 너희를 위하여 기도하기를 그치지 아니하고 구하노니 너희로 하여금 모든 신령한 지혜와 총명에 하나님의 뜻을 아는 것으로 채우게 하시고 주께 합당하게 행하여 범사에 기쁘시게 하고 모든 선한 일에 열매를 맺게 하시며 하나님을 아는 것에 자라게 하시고 그의 영광의 힘을 따라 모든 능력으로 능하게 하시며 기쁨으로 모든 견딤과 오래 참음에 이르게 하시고 우리로 하여금 빛 가운데서 성도의 기업의 부분을 얻기에 합당하게 하신 아버지께 감사하게 하시기를 원하노라(골1:9–12).

형제들아 내가 우리 주 예수 그리스도와 성령의 사랑으로 말미암아 너희를 권하노니 너희 기도에 나와 힘을 같이하여 나를 위하여 하나님께 빌어 나로 유대에서 순종하지 아니하는 자들로부터 건짐을 받게 하고 또 예루살렘에 대하여 내가 섬기는 일을 성도들이 받을 만하게 하고 나로 하나님의 뜻을 따라 기쁨으로 너희에게 나아가 너희와 함께 편히 쉬게 하라(롬15:30–32).

모든 기도와 간구를 하되 항상 성령 안에서 기도하고 이를 위하여 깨어 구하기를 항상 힘쓰며 여러 성도를 위하여 구하라. 또 나를 위하여 구할 것은 내게 말씀을 주사 나로 입을 열어 복음의 비밀을 담대히 알리게 하옵소서 할 것이니(엡6:18–19).

넷째, 구제. 초대교회는 가난한 성도들을 돕는 일에 매우 적극적이었다. 초대교회의 구제 활동은 하나님의 말씀을 공부한 말씀의 지식에 바탕을 두었을 것이다. 당시에는 신약 성경이 완성되지 않았던 때였기에 초대교회는 구약 성경을 중심으로 공부했을 것이 분명하다. 스바냐 3:12에 보면 여호와께서 이렇게 말씀하신다. "내가 곤고하고 가난한 백성을 네 가운데에 남겨 두리니 그들이 여호와의 이름을 의탁하여 보호를 받을지라." 가난한 자들을 여호와께서 교회 공동체에 남겨두셨다는 의미이다. 그리고 그들을 교회가 돌봐줄 것을 명령하신다. 이 뿐만 아니라 구약 곳곳에 가난한 자들에 대한 여호와의 배려의 숨결소리가 들리고 있다. 하나님의 말씀을 공부한 초대교회는 성령의 강력한 역사하심에 따라 "모든 물건을 서로 통용하고 또 재산과 소유를 팔아 각 사람의 필요를 따라 나눠"주는 역사를 이루었다. 초대교회에 행정조직을 구체화한 것도 구제문제 때문이었다. 이것은 사도행전 6:1-6에 잘 기록되어 있다:

그때에 제자가 더 많아졌는데 헬라파 유대인들이 자기의 과부들이 매일의 구제에 빠지므로 히브리파 사람을 원망하니 열두 사도가 모든 제자를 불러 이르되 우리가 하나님의 말씀을 제쳐 놓고 접대를 일삼는 것이 마땅하지 아니하니 형제들아 너희 가운데서 성령과 지혜가 충만하여 칭찬 받는 사람 일곱을 택하라 우리가 이 일을 그들에게 맡기고 우리는 오로지 기도하는 일과 말씀 사역에 힘쓰리라 하니 온 무리가 이 말을 기뻐하여 믿음과 성령이 충만한 사람 스데반과 또 빌립과 브로고로와 니가노르와 디몬과 바메나와 유대교에 입교했던 안디옥 사람 니골라를 택하여 사도들 앞에 세우니 사도들이 기도하고 그들에게 안수하니라.

교회가 구제활동을 하다보면 원하지 않은 여러 가지 잡음이 발생할 수 있다는 것을 초대교회 역사는 가르치고 있다. 그러면 교회는 잡음이 있으니 구제가 하나님의 뜻이 아니라고 그만 둘 것인가? 그것이 아니다. 사도들처럼 근본 문제가 어디에서 발생했는지를 빠르게 파악하고 적절한 대책을 세워야 한다. 문제가 발생했지만 문제 발생의 근본 원인이 파악되어 치유책이 제시되었을 때 "우리교회의 전통에는 그런 조치를 했던 예가 없다."면서 그 동안 해 왔던 아름다운 사업의 중지를 요구하는 것은 성경의 원리에 벗어난다는 것을 기억할 필요가 있다.

이 외에 교회는 초대교회부터 21세기 현재까지 교회 내부에 침투하여 교회의 순수성을 해치고 교회를 오염시키고 혼란에 빠지게 하는 이단을 경계하는 사명이 있다. 예수님은 거짓선지자를 주의하라면서 예수님의 몸 된 교회가 이단

에 대해 항상 경각심을 늦추지 말아야 할 것을 말씀하셨다:

거짓 선지자들을 삼가라 양의 옷을 입고 너희에게 나아오나 속에는 노략질하는 이리라. 그들의 열매로 그들을 알지니 가시나무에서 포도를, 또는 엉겅퀴에서 무화과를 따겠느냐. 이와 같이 좋은 나무마다 아름다운 열매를 맺고 못된 나무가 나쁜 열매를 맺나니 좋은 나무가 나쁜 열매를 맺을 수 없고 못된 나무가 아름다운 열매를 맺을 수 없느니라. 아름다운 열매를 맺지 아니하는 나무마다 찍혀 불에 던져지느니라. 이러므로 그들의 열매로 그들을 알리라(마7:15-20).

구약 성경을 보면 이스라엘에 거짓 선지자들이 있었다. 거짓 선지자들이 참 선지자들보다 더 득세하는 경우가 몇 차례 나온다. 이러한 거짓 선지자들은 예수님이 공생애 활동하시던 때도 있었다. 예수님 "거짓 선지자들을 조심하라"고 말씀하시는 것이다. "조심하라"는 것은 다르게 표현 하자면 "경계하라" "살펴보아라" "감시하라"로 표현할 수 있다. "거짓 선지자들을 조심하라"는 예수님의 말씀은 거짓 선지자들이 과거에도 있었던 것처럼 현재도 활동하고 있고 앞으로도 나타날 것이니 그러한 자들을 항상 주시하고 조심하고 살펴서 경계하라는 의미가 있다. 예수님은 이 말씀을 주시면서 거짓 선지자들이 누구인지를 구체적으로 말씀하지 아니하시고 다만 구분하는 방법이 열매라고만 가르치신다. 이것은 예수님께서 거짓선지자들을 구체적으로 드러내는 사명을 교회에게 일임하셨다고 볼 수 있다. 거짓 선지자들이 이마에 "나는 거짓 선지자다."고 붙이고 다니지 않는다. "우리는 기독교를 반대하는 사람들의 모임이다."는 플래카드를 몸에 걸치고 다니면서 교회에 출석하고 있는 성도들에게 접근하지도 않는다. 오히려 그들은 "내가 진정한 예수님의 참된 제자다"고 각종 매체를 동원한다. 실상은 이리이지만 양의 옷을 입고 온갖 권모술수를 다 동원하여 우리에게 접근한다는 것이 예수님의 가르치심이다. 권모술수를 능수능란하게 부릴 수 있도록 훈련을 받은 후 양의 옷을 입고 나타나기 때문에 다 양처럼 보이는 것이다. 예수님은 그들이 무슨 열매를 맺는지 그것을 기준으로 삼아 참과 거짓을 분별하라고 가르치고 계신 것이다.

예수님은 분별하는 열매에 대해 좀 더 구체적인 설명을 덧붙이신다. "가시나무에서 포도를 거둘 수 없고, 엉겅퀴에서 무화과를 얻을 수 없다." 예수님은 하나님이 창조하신 변함없는 자연 질서의 법칙을 가지고 청중에게 가르치심으로 그들로 하여금 아주 쉽게 이해되게 하신 것이다. 이렇게 이해시키신 후 계속해서 말씀하신다. "이처럼 좋은 나무는 모두 좋은 열매를 맺고 나쁜 나무는 나쁜 열매를 맺는다." 예수님은 이 말씀을 하신 후 청중들이 이성적인 판단으로 "나무가 좋지만 상황에 따라 나쁜 열매를 맺을 수도 있지 않겠는가?"라는 식의 의문점을 마치 차단하기라도 하신 것처럼 다시 한 번 강조 하신다. "좋은 나무가 나쁜 열매를 맺을 수 없고 나쁜 나무가 좋은 열매를 맺을 수 없다." 바울은 갈라디아서 1:6-9에서 다른 복음을 전하는 자들을 향해 말한다:

그리스도의 은혜로 너희를 부르신 분에게서 너희가 이렇게 속히 떠나 다른 복음을 따라 가는 것을 나는 이상하게 여긴다. 다른 복음은 없으니, 다만 너희를 교란하게 하고 그리스도의 복음을 왜곡하려는 어떤 사람들이 있을 뿐이다. 그러나 우리나 혹 하늘로부터 온 천사라도, 우리가 너희에게 전한 복음 외에 다른 복음을 전한다면 저주를 받아야 마땅하다. 우리가 전에 말한 것처럼 지금도 내가 말한다. 만일 누구든지 너희가 받은 복음 외에 다른 복음을 전한다면 저주를 받아야 마땅하다.

3.2.2. 흩어지는 교회의 사명

교회의 특성의 다른 하나는 흩어지는 것이다. 성경은 교회 공동체가 흩어져서 무엇을 해야 하는지를 우리에게 가르치고 있다. 첫째, 복음 전파의 사명. 예수님은 "너희는 가서 모든 민족을 제자로 삼아 아버지와 아들과 성령의 이름으로 세례를 베풀"(마28:19)라고 말씀하셨다. 교회는 흩어져서 가족에게, 이웃에게, 그리고 모든 지역과 열방에게 복음을 들고 가라는 것이 예수님의 지상명령이다. 성도는 자신의 생활 현장에서 예수님의 증인으로서 삶을 살아야 하는 것이다. 예수님은 승천하시면서 "오직 성령이 너희에게 임하시면 너희가 권능을 받고 예루살렘과 온 유대와 사마리아와 땅 끝까지 이르러 내 증인이"(행1:8) 되라고 당부하셨다. 그러므로 신약교회는 모이는 교회이며 동시에 흩어지는 교회이다. 하나님께서는 구약과 신약을 통해 하나님의 백성이 모이기만 하지말고 흩어져서 복음을 전파해야 한다는 것을 두 가지의 역사적인 사건을 통해 분명하게 교훈하신다. 하나는 바벨탑 사건(창11:1-9)이고, 다른 하나는 예루살렘 교회의 흩어짐(행8:1)이다.

둘째, 세상의 빛과 소금의 사명. 예수님은 제자들을 향해 말씀하신다. "너희는 세상의 소금이니 소금이 만일 그 맛을 잃으면 무엇으로 짜게 하리요 후에는 아무 쓸 데 없어 다만 밖에 버려져 사람에게 밟힐 뿐이니라. 너희는 세상의 빛이라 산 위에 있는 동네가 숨겨지지 못할 것이요."(마5:13-14). 예수님은 마태복음 5장 13-14절에서 "너희는 세상의 빛이다. 너희는 세상의 소금이다."고 말씀하신다. 예수님은 빛을 어두움을 밝히는 특성에 초점을 맞추셨고, 소금은 맛을 내는 특성에 초점을 맞추셨다. 예수님이 빛의 모든 특성, 예를 들면 파장에 따른 색깔의 변화라든지 빛이 알갱이의 연속인지 선의 연속인지 등에 대해서는 언급하지 않으셨다. 예수님이 이들에 대해 모르셔서 어두움을 밝히는 역할만을 말씀하신 것이 결코 아니다. 예수님은 천지를 창조하신 그 말씀이시기 때문에 모든 것을 알고 계시지만 빛의 역할을 어두움을 밝히는 것에 적용시키신 것이다. 세상은 어두움이다. 어두우면 길을 잘 볼 수 없다. 그와 같이 예수님을 모르는 사람들은 구원의 참 길이 어디인지 알 수 없어 이리저리 방황하고 있다. 이렇게 방황하는 그들에게 교회가 진리의 빛을 비추어서 참 구원의 길을 가르쳐 주라는 것이 예수님의 말씀이다. 참 빛은 예수님이시고, 하나님이 빛이시니(요일1:5) 빛으로 어두움을 밝히라는 것은 진리의 길, 생명의 길을 가르치고 안내하는 역할을 하라는 것이다.

소금도 그렇다. 예수님은 소금의 많은 기능 중에서 맛을 내는 기능에 초점을 맞추신다. 소금이 부패를 방지한다는 것은 당시에도 상식이었을 것이다. 산업체에 가보면 바닷물에서 염산을 분리해 내서 사용하는 것을 볼 수 있다. 소금이 염화나트륨이기 때문에 염산을 추출할 수 있는 것이다. 예수님이 소금에편 찬산을 추출해서 유익하게 사용하는 것을 모르셔서 맛에 대해서만 말씀하신 것이 아니다. 해열작용, 지혈작용, 세포 생산작용, 해독과 살균작용, 소화를 돕고 위장 기능을 높여주는 작용, 혈관정화와 적혈구 생성 작용 등에 대해 모르셔서 말씀 안하신 것도 아니다. 마가복음 9:50에서 예수님은 "소금은 좋은 것이로되 만일 소금이 그 맛을 잃으면 무엇으로 이를 짜게 하리요 너희 속에 소금을 두고 서로 화목하라."고 말씀하신다. 음식에 맛을 내는 데 사용하는 소금은 염화나트륨이 98% 이상 되는 순수한 소금을 사용할 것을 권장하고 있다. 예수님이 소금을 두고 서로 화목하라 하실 때 바로 순수한 진리로, 바른 교리로 화목하라고 말씀하신 것으로 이해할 수 있다. 순수한 소금이 사람에게 유익을 주는 맛을 내는 역할을 하는 것이니 역시 변함이 없는 진리의 말씀으로 서로 화목하라는 말씀인 것이다. 즉, 맛을 잃은 소금으로는 화목하고 싶어도 화목이 이루어지지 않는다는 것이다. 소금이 맛을 잃었다는 것은 소금에 불순물이 많이 끼어들었다는 것이다. 순수하지 않은 소금은 염화나트륨(NaCl) 외에 황산(So4), 염화마그네슘(MgCl2), 칼슘(Ca), 칼륨(K), 염화칼륨(KCl) 등을 비롯한 무기질 미네랄 등 대략 84종으로 구성되어 있다. 불순물이 많이 함유되어 있는 소금은 순수성을 결여한 맛을 잃은 소금이라 볼 수 있다. 그러므로 화평하라 했으니 하나님과의 관계성은 소홀히 하거나 전혀 생각하지 않고 사람과의 관계성에만 초점을 맞추는 경우가 있다면 예수님이 말씀하는 화평의 개념을 오해한 것이다.

4. 본 교회사 저술 방법론

본 저술은 개교회사이기 때문에 남녀노유를 포함하는 넓은 폭의 독자층을 가진다는 특성이 있다. 이를 감안하여 누구든지 쉽게 본서에 접근할 수 있도록 모든 언어는 한글로 표기했고, 어쩔 수 없이 전문용어를 사용해야할 때는 본문이나 각주(footnotes)에 용어에 대한 간단한 설명을 덧붙였다. 각주의 사용은 될 수 있는 대로 최소화하면서 본문의 문장이 어색해 지지 않는 한 모든 내용을 본문 안에 포함되도록 노력했다.

필자는 전술한 바와 같이 모든 역사는 해석된 역사이며, 해석이 없는 역사는 외모는 화려할지 모르지만 차갑게 죽어 있는 미라와 같기 때문에 서론뿐만 아니라 본교회 역사에도 적절한 해석을 부여하여 독자로 하여금 풍성한 과육의 맛을 볼 수 있도록 배려하면서 다음과 같은 몇 가지 방법론을 채택하였다. 첫째, 집필은 필자가 단독으로 했지만 본 저술의 역사적 평가를 공정하게 하기 위해 광신대학교 교회사연구소 소장 정준기 교수로부터 전체 내용을 감수 받았다. 또한 광신대학교 교회사연구소 수석연구원 김효시 교수가 감수에 동참하였다. 둘째, 독자층이 역사전문가이든지 아니든지 관계없이 본서를 가벼운 마음으로 읽을 수 있도록 최대한 쉬운 문장으로 구성하고 용어 또한 보편적인 표현법을 사용하도록 노력하였다. 셋째, 가능한 한 모든 사건을 현상적으로 포착하여 해석하는 방법을 채택하였다. 넷째, 보다 더 생동감 있는 역사가 될 수 있도록 과거 본교회를 시무했던 목회자들과 현재의 교인들이 만나는 만남의 장을 마련하였으며, 그를 통해 현 성도들의 살아 있는 증언의 역사가 되도록 했다. 다섯째, 역사적으로 남길만한 사건이었지만 자료가 부족하여 모든 정황을 정확하게 알 수 없을 때는 그 부분에 대해 필자의 주관적인 해석을 첨가하였다.

독자의 편의와 본서의 체계적인 구성을 위하여 전체적인 개요를 설명하면 다음과 같다.

제1권은 "사진으로 보는 태인교회백년사"이다. 이 부분은 본 교회 100년사 출판위원회에서 전반적으로 맡아 수고했고 필자는 사진과 역사편 및 조직편과의 연관성 등을 최종 확인하는 절차만 감당하였다. 그 동안 역사 편찬을 위해 사진 자료를 준비하지 못하여 100년간의 역사를 충분히 증명할 수 있을 만큼의 사진이 확보되지 못한 아쉬움이 있지만 편찬위원들과 온 성도들의 노력과 협조로 본교회 100년사를 이해하는 데는 크게 어려움이 없도록 정성을 다했다.

제2권은 "역사편"이다. 역사편은 제1부 서론부터 제8부 연표까지 총 8부작으로 구성되었다. 제1부 서론은 다시 "제1장 들어가는 말," "제2장 본 교회 설립 전의 한국선교사," "제3장 미국 남장로회 역사와 신학," "제4장 본 교회 설립자 연구,"로 대별하였다. 제1장 들어가는 말에는 성경이 역사와 어떤 관계성을 가지고 있는지에 대한 성경에 기초한 정의, 역사에 대한 간략한 규명, 그리고 본교회사의 저술 방법론을 제시했다. 제2장 본 교회 설립 전의 한국선교사에서는 초기역사로서 본 교회가 있기까지 한국의 사회상황이 어떠했으며, 한국에 개신교는 어떠한 경로와 방법으로 전래되었는지를 그 동안의 사료들을 참고하여 정리했다. 제3장 미국 남장로회 역사와 신학에서는 본교회가 위치하고 있고 호남지역에 최초로 복음을 전파하기 시작했던 미국 남장로회 선교사들의 신학적 배경이 무엇이었는지 살피기 위해 마련하였다. 특별히, 본교회는 장로회이기 때문에 미국 남장로회의 한국초기 선교사들의 신학과 사상이 본교회의 신학 사상의 뿌리가 되었다는 점을 생각하면 이 부분의 중요성 더욱 커진다는 것을 알 수 있을 것이다. 미국 장로회는 초기부터 남과 북으로 나누어진 것이 아니기 때문에 미국 남장로회 설립 역사를 여기에 포함시켰다. 제4장 본 교회 설립자 연구에서는 본교회가 1911년 4월 4일 첫 예배를 준비했던 본교회 최초의 신자 이영국씨를 비롯한 선교사들과 조사의 삶과 신학 사상 등을 간략하게 조명했다. 제2부는 태동기 역사로서 1911년부터 1938년까지를 다루었고, 제3부는 수난기 역사란 제하로 1939년부터 1960년까지를, 제4부는 성장기 역사로 1961년부터 1977년까지를, 그리고 제5부는 도약기 역사로 1978년부터 1986년까지를 다루었다. 마지막 제6부 현대 역사는 1986년부터 2011년 현재 본교회를 담임하고 있는 박형련 목사 부임까지를 살폈다. 제7부는 결론이다. 여기서는 제2권 역사편을 종합적으로 조망하면서 몇 가지를 제언하였다. 마지막 제8부는 연표이다. 연표는 본교회가 개척부터 지금까지 어떻게 움직여 왔는지를 사건별로 나열하여 한 눈에 볼 수 있다는 장점이 있다. 그리고 필요한 경우는 각주를 이용하여 설명했다는 특징이 있다.

제3권은 "인물편"이다. 이 부분은 본교회 100년사 편찬위원회에서 모든 일을 맡아 수고했다. 교회는 예수님의 몸이다. 바울은 교회를 표현하기를 "너희는 사도들과 선지자들의 터 위에 세우심을 입은 자라 그리스도 예수께서 친히 모퉁잇돌이 되셨느니라. 그의 안에서 건물마다 서로 연결하여 주 안에서 성전이 되어 가고 너희도 성령 안에서 하나님이 거하실 처소가 되기 위하여 그리스도 예수 안에서 함께 지어져 가느니라."(엡2:20-22)라 했다. 교회는 어떤 영웅적인 개인이 세우는 것이 결코 아니다. 바울은 온 성도가 함께 지어가는 것이 교회라고 말하고 있다. 그러므로 각 지체가 건강해야 온 몸이 건강하듯 본 교회에 소속 되어 있는 모든 지체가 바르게 영적으로 성장하는 것이 무엇보다 중요하다. 또 몸에는 귀하지 않은 지체가 없듯이 교회에서도 귀중하지 않은 사람은 없다. 그래서 인물편에서는 역대 교역자뿐만 아니라 역대 장로와 안수집사 및 권사, 그리고 서리집사들의 사진을 기록으로 남겼다. 인물편에는 사진뿐만 아니라 한 사람 한 사람의 삶의 이야기, 회심 이야기를 간단하게나마 수록하고 싶었으나 자료를 수집할 절대적인 시간 부족과 본서 분량의 방대함 문제 때문에 그렇게 하지 못한 것은 아쉬운 점이며, 이에 대해서는 모든 성도들께 죄송한 마음이다.

제4권은 "자료편"이다. 이 자료편은 일반적으로 부록이란 이름으로 발간되지만 필자는 자료편이라 했다. 자료편 부분의 모든 내용은 본교회 100년사 편찬위원들이 수고하였다. 제1권 사진으로 보는 태인교회백년사와 제2권 역사편 및 제3권 인물편을 자세히 살핀 후 사료의 근거가 되는 내용을 우선적으로 수록했고, 기타 중요하다고 판단되는 여러 자료들을 선별하여 정리하였다.

제2장 본교회 설립 전의 한국선교 역사

한반도에 개신교 선교사가 복음을 전하려는 목적으로 첫 발자국을 남긴 것은 1832년이었다. 독일 교회 소속의 귀츨라프(Dr. Karl A. F. Gützlaff, 1803-1851) 선교사가 그 장본인이다. 그는 영국의 동인도 회사의 통역관으로 상선 로드 암허스트(Lord Amherst)호를 타고 홍주를 방문했다. 귀츨라프가 홍주에 머문 기간은 약 한 달간이었지만 그는 그 기간에 주민들과 접촉하면서 쪽복음 서책을 이용하여 복음을 전했고, 홍주를 떠나기 전에 당시 조선왕 순조(純組, 1800-1834)에게 한문으로 기록된 성경 두 권을 선물하였다.

이와 같이 개신교 선교사의 한반도 입국은 1832년이 그 첫 해였지만 기독교와의 접촉은 그 보다 더 오래전에 일어났다.[17] 기독교가 최초로 한반도에 언제 어떠한 경로를 거쳐 접촉하였는지에 대해서는 정확하지 않은 학설들이 있다. 필자는 기독교의 한반도 초기 접촉 역사에 대한 학설들을 알아 본 후 본교회 설립(1911년) 이전의 개신교 한국선교역사를 살필 것이다.

1. 기독교의 한반도 초기 접촉역사

1.1. 경교를 통해 접촉했다는 학설

경교는 초대교회의 네스토리우스와 연결되어 있다. 네스토리우스는 예수님의 신성과 인성을 분리하여 예수님이 두 인격을 가졌다고 주장했다. 그는 그리스도의 인성은 완전하다고 했으나 인성과 신성 사이를 너무 명확하게 구별하

17) 기독교는 초대교회부터 지금에 이르기까지 로마 카톨릭을 포함하여 예수님을 나의 주이시며, 나의 하나님으로 고백하는 교회를 말하며, 기독교는 16세기 종교개혁의 결과 로마 카톨릭에서 분리하여 루터와 칼빈 등이 주장한 신학이 성경적인 교리임을 믿는 교회를 말한다. 보다 구체적인 내용은 생략한다.

여 예수님은 동일한 몸 안에 한 위격을 지닌 것이 아니라 공존하는 두 위격을 지녔다고 주장했던 것이다. 초대교회는 431년에 소아시아의 에베소(Ephesus, Asia Minor)에서 황제 데오도시우스 2세(Theodosius II)의 소집으로 제3차 공의회를 개최했다. 회의의 주요 논점은 예수의 본성은 무엇인가와 어머니 마리아의 역할은 어디에 있는가?에 있었다. 에베소 공의회는 그리스도의 인성과 신성의 문제보다 그리스도의 위격의 일치성에 더 강조했던 알렉산드리아의 감독 시릴(Cyril of Alexandria, 444년 사망)의 입장을 지지했다. 네스토리우스와 그의 추종자들은 마리아를 인간을 탄생시킨 자로 보았고, 그리스도는 인간인 예수 안에 로고스로 내주한다면서 마리아는 "그리스도를 잉태한 자"라는 의미의 크리스토토코스(Christotokos)라고 지속적으로 주장했다. 결국 공의회는 네스토리우스를 이단으로 정죄하고, 예수의 한 위격 안에 완전한 인성과 완전한 신성이 함께 있음을 선언하였다. 그리고 마리아를 "하나님을 잉태한 자" 즉 데오토코스(Theotokos)라고 정의하였다. 에베소 공의회는 그리스도의 위격의 일치성을 확인하였으며, 제1차 니케아 공의회(325년)와 제2차 콘스탄티노플 공의회(381년)를 통하여 채택된 신조를 최종적이고 완전하다고 선언한 후 네스토리우스의 주교직을 파면하고 추방했다. 그 후 451년에 칼케돈(Chalcedon)에 개최된 제4차 공의회는 네스토리우스파를 이단으로 확정하면서 네스토리우스파와 서방교회의 관계는 단절되었다. 이후 네스토리우스의 신학을 추종하는 네스토리우스파는 동방으로 옮겨 독자적인 교회 전통을 수립해 나갔고, 762년에는 본거지를 바그다드로 옮겨 발전의 계기를 맞았다. 네스토리우스파는 7세기 초반부터 본격적으로 외국 선교에 관심을 기울이기 시작하면서 중앙아시아를 통해 뚫린 비단길을 이용하여 중국에 선교단을 파송하기 이른다. 네스토리우스파는 중국에서 경교란 이름으로 선교활동을 했다.

알로펜(Alopen , 阿羅本)을 단장으로 한 네스토리우스파 선교단이 635년에 중국에 도착했을 때 당(唐)나라 태종(太宗)은 재상 방현령(房玄齡)로 하여금 환영행사를 갖고, 그들이 당나라 수도인 장안(長安)에 머물면서 성경을 한문으로 번역할 수 있도록 배려하였다.[18)]

경교는 중국에서 200여 년간 명맥을 유지하다가 845년 무종(武宗)의 핍박으로 자취를 감추었다. 경교가 중국에서 활발하게 활동했다는 것은 "대진경교유행중국비"(大秦景教流行中國時)가 잘 증언하고 있다. 대진경교유행중국비는 781년 덕종 2년에 장안에 있는 대진사 경내에 건립되었다.

주

18) 중국이 네스토리우스파를 경교라 붙은 내력은 다음과 같다. 중국인들은 그들이 페르시아에서 왔다고 해서 페르시아의 한자 음역인'파사'(波斯)를 붙여 파사교(波斯教)라 칭했고, 그 후에 로마에서 전래되었음을 알고 로마를 의미하는 한자'대진'(大奏)을 넣어 대진교(大奏教)라 불렀다. 대진승(大奏僧)은 네스토리우스파 신도를 의미하고 대진사(大奏寺)는 그 사원을 의미했다. 그러다가 광명정대(光明正大)한 종교'라는 의미가 담긴'경교'(景教)란 칭호가 사용되기 시작하여'대진경교'(大奏景教)란 명칭이 널리 사용되었다.

중국에 전해졌던 경교가 한반도에 전래되었을 가능성을 제일 먼저 언급한 학자는 고든(E. A. Gordon)이었다. 그녀는 영국인 여류 고고학자로서 기독교의 동양전래 및 기독교·불교 교류에 대해 연구하기 위해 한국에 4년간 머물면서 한국 불교와 경교의 연결 가능성을 발견한 것이다. 특히 경주 불국사 석굴암의 신장(神將), 관음상(觀音像), 나한상(羅漢像), 제석천상(帝釋天像), 통일신라시대 능묘에 나타나는 십이지상(十二支像) 부조나 능 앞의 무인상(武人像) 등에서 경교의 흔적이 있다고 주장하였다. 고든의 주장을 신뢰하는 학자들은1956년에 경주 불국사에서 발견된 십자가 형태의 석제물(石製物)과 전남 해남 대흥사에 소장되어 있다는 동제(銅製)십자가, 그리고 관음상(觀音像)이 마리아 상과 유사하다는 점을 경교의 한반도 전래의 중요한 증거라고 말한다. 하지만 이러한 주장은 아직까지는 객관적으로 입증할 만한 증거가 부족한 것으로 평가받고 있다. 백낙준은 불국사 부근에서 발견되었다는 "경교식 십자형석"은 중국에서 유존되어 있던 어느 경교십자가형과도 같지 않다면서 경교를 통한 개신교의 한반도 복음 전파에 의문을 제기하였다.[19)]

1.2. 로마 카톨릭을 통한 한반도 선교

첫째, 일본을 통한 접촉. 한반도보다 일찍 로마 카톨릭에 의해 복음이 전해졌던 일본은 토요토미 히데요시(豊臣秀吉)가 정권을 획득한 후 조선 침략을 개시했다. 토요토미 히데요시가 한반도를 침략한 것은 내부 결속을 다져 강력한 통일국가를 이룩하려는 의도가 깔려 있었다. 그래서 임진왜란과 정유재란(1592–1598)을 일으켰다는 것이 학계의 해석이다. 임진왜란 중에 잡혀 간 조선인 포로들 중에 상당수의 개종자들이 나왔고 그들 가운데 복자(福者)에까지 오른 순교자들이 있었다는 사실은, 비록 그 일이 일본에서 이루어진 것이기는 하지만 한국 기독교사에 중요한 의미를 지니고 있다.[20)] 조선인들이 기독교와 접촉한 것은 임진왜란 중 약 5만 명이 일본에 포로는 잡혀간 것이 계기가 되었다. 일본에 포로로 잡혀 간 사람들은 예수회로부터 복음을 들었고, 그 중 약 7천명이 신자가 되었다고 역사는 말하고 있다. 이것이 조선인이 일본을 통해 기독교를 접한 역사이지만 선교사가 복음을 전할 목적으로 한반도를 찾은 역사와는 거리가 있다.

둘째, 중국을 통한 접촉. 임진왜란과 정유재란이 끝난 지 30년도 지나기 전에

주

19) 백낙준, 한국개신교사 (서울: 연세대학교출판부, 1998), 22.

20) 임진왜란 중에 예수회 신부 세스페데스(Gregorio de Cespedes)가 조선에 머문 것은 사실이지만 그는 일본 군인들을 중심으로 활동했기 때문에 한반도의 기독교 역사와 연결시킬 수 없다. 세스페데스가 조선에 들어온 것은 임진왜란에 참전했던 고니시 유키나가(小西行長)는 전쟁이 오래 지속되자 일본에 있는 예수회에 종군사제를 보내달라는 요청에 의해서다. 예수회는 1594년 초에 스페인 출신의 세스페데스와 일본인 수사 후칸 에이온(Foucan Eion)을 조선에 파송했고 그들은 웅천에 주둔하고 있던 일본군을 중심으로 1년여 동안 활동했다. 세스페데스의 내한 활동은 1년 이상 지속되었으나 조선인 선교에 노력했다는 증거가 없다.

정묘호란(1627년)이 발생했다. 북방 여진족(後金, 淸)의 침략으로 시작된 이 전쟁은 병자호란1636-37년)이 끝날 때까지 10여년 동안 지속되었다. 전쟁은 청나라의 승리로 끝났고, 조선은 전쟁 물자와 명나라와의 전쟁 때 군사를 원조해 줄 것을 요구 받았다. 소현세자(昭顯世子)와 왕자 봉림대군(鳳林大君)을 볼모로 데리고 갔다. 청나라에 볼모로 잡혀간 소현세자는 육적인 면에서는 슬픈 일이었지만 영적인 면에서는 예수회 신부 아담 샬(J. Adam Shall von Bell, 湯若望)을 통해 복음을 접하는 기회가 되었다.

청나라 세조가 소현세자의 귀국을 허락하자 소현세자는 아담 샬에게 선물을 보냈다. 아담 샬은 답례로 소현세자에게 천문(天文)과 역산(曆算)에 관한 서책과 천구의(天球儀) 등 서구 과학기물들과 함께 『성교정도』(聖敎正道) 등 천주교 서적 몇 권과 구세주상(救世主像)을 한 장 보냈다. 소현세자는 과학에 관한 서책과 기물만 받고 나머지는 돌려보냈고, 서책 대신 조선의 수도에 선교사를 보내서 정부에 도움을 달라고 요구했다. 선교사들은 중국인 궁녀 감독관으로 선발된 환관 5명을 교인들로 구성하여 소현세자의 귀국 일행과 동행하도록 했다.

소현세자가 1645년 2월에 서울에 도착한 후 70일 만에 돌연사함으로서 환관들은 청나라로 되돌아갔지만 그들은 조선 땅에 복음을 들고 들어 온 로마 카톨릭의 평신도 선교사가 되었다. 이 점을 인정한다면 소현세자가 북경에서 아담 샬 등 로마 카톨릭 선교사들과 교류한 역사는 조선이 중국을 통해 복음을 접촉하게 한 가교 역할을 했다고 볼 수 있다.

중국을 통한 천주교의 한반도 선교는 17세기 초에 천주교 서적으로부터 시작되었지만 본격적으로는 1784년에 북경에서 영세하고 돌아온 이승훈이 이벽, 정약전 등과 더불어 신앙 공동체를 구성하면서부터 시작되었다. 이승훈은 북경 북당의 그라몽(de Grammont)신부로부터 천주교 교리를 배우고 영세를 받고 베드로란 세례명을 받았다. 그라몽은 이승훈에게 여러 권의 성경과 성물을 주었고, 이승훈은 1784년 봄에 귀국하였다. 귀국하여 이벽과 더불어 교리를 연구하면서 그해 음력 9월부터는 영세를 주기 시작하였다. 이벽은 열심히 전도하고 가르쳐 정약전과 정약용 형제와 김범우, 최인길, 최창현, 지황, 그리고 권철신과 권일신 형제 등을 입교시켰다. 1794년 말에는 중국인 주문모 신부가 조선교회에 파견되었고, 4천 명이었던 신자가 1800년에는 1만 명이 되었다.

그러나 천주교의 한국 전래는 순탄하지 않았다. 전래 초기부터 대원군에 의

한 병인박해가 끝날 때까지 10차례의 크고 작은 박해를 받아야 했다. 1785년 봄에 이승훈과 김범우 등이 지도자 집회 중 검거되어 김범우가 귀양 가서 순교한 을사추조적발 사건이 박해의 첫 사건이다. 1791년에는 윤지충과 권상연이 조상제사를 거부한다는 이유로 체포되어 전주에서 순교한 기해박해가 발생했다. 한국 천주교사에 기록되어 있는 10개의 박해 중 대표적인 4대 박해는 신유박해(1801.1.10-12.22), 기해박해(1839.3-10), 병오박해(1846.6.5-9.20), 그리고 병인박해(1866-1873)이다. 이 중 가장 규모가 크고 오래 지속된 박해는 대원군에 의해 가해진 병인박해이며, 병인양요(1866년 9월)는 병인박해에 기름을 붓는 역할을 했다.

2. 개신교의 전래

한반도가 개신교를 통해 복음을 접하기 시작한 것은 크게 나누자면 두 부분으로 구분된다. 하나는 개인적인 차원이고, 다른 하나는 교단적인 차원이다. 개인적인 차원이란 한반도에 복음을 전할 목적이 아니었지만 개인적인 어떤 계기에 의해 복음을 전한 것을 말하며, 교단적 차원이란 특정 교단 또는 선교단체에서 한반도에 복음을 전할 목적으로 선교사를 파송한 것을 말한다.

2.1. 개인을 통한 개신교 접촉

개인적으로 한반도 복음 전파에 공헌했던 역사는 크게 두 부분으로 나누어 설명할 수 있다. 첫째는 서해안을 통한 접촉이고, 둘째는 중국과 일본을 통한 한글성경과의 접촉이다.

2.1.1. 서해안을 통한 접촉

첫째, 바실 홀과 맥스웰. 조선에 성경을 처음 전해 준 사람은 영국인 바실 홀(Basil Hall, 1788-1844)이었다. 그는 1816년 중국으로 파견된 사절단을 태우고 온 배의 선장으로서 조선 서해안을 측량할 목적으로 맥스웰(Murry Maxwell)과 함께 각각 배를 타고 1816년 9월 1일에 소청도(小靑島) 남쪽에 있는 소청리(小靑里)에 상륙하여 처음으로 조선인을 가까이 할 수 있는 기회를 얻었다.[21] 그러

21) 바실 홀은 리라호의 함장이었고, 맥스웰은 알세스트호의 함장이었다.

나 조선인들이 낯선 이국인과의 접촉을 피했기에 대화를 나누거나 성경이나 선물을 줄 수 없었다.[22] 9월 4일에는 군산만에 들어가 마량진과 비인현이 보이는 마량진(馬梁鎭) 갈곶 아래에 정박하여 마량진 첨사 조대복(趙大福)을 만나 다른 선물과 함께 성경을 전하였다. 그는 다시 약 10일간 다도해 근방을 순항하였고 추자도에도 상륙하였는데, 아마 여기서도 성경을 전한 듯하다:

영국 암허스트 사절단을 수행한 라이러 호 함장 바실 홀 대령은 주함 알세스트 호를 이끈 머리 맥스웰 함장과 함께 1816년 2월 19일 잉글랜드를 출항하여 목적지인 천진 항에 7월 27일에 도착한다. 상기 사절단은 영국 정부가 중국(그 당시 청나라)과 무역관계 개선을 꾀하기 위하여 파견한 것이었다. 천진에서 북경으로 진입한 사절단이 중국 내륙 운하 길을 경유하여 다음해 1817년 1월 1일 광동에 도착할 때까지 약 5개월간 시간적 여유가 생겨 조선 서해안, 류큐섬 탐험에 나서기로 마음을 정했다.[23]

『조선왕조실록』은 순조 16년(1816년)에 충청수사 이재홍이 올린 장계가 기록되어 있다. 이재홍은 충청도 마량진 갈곶 밑에 이양선 두 척이 정박하자 마량진 첨사 조대복과 비인현감 이승렬이 그들을 찾아 갔고, 세 권의 책을 받았다는 내용이 나온다.[24] 1918년에 기록한 바실 홀의 『조선 항해기』에 "그[조대복]가 선실에 있는 서적들을 구경한 후 그는 성경의 장정에 상당한 마음이 끌렸다."고 기록한 후 "아주 감사한 표정을 지으며 그것[성경]을 받고 상당히 기분좋게 돌아갔다."[25]고 기록한 것을 보아 세 권의 책 중 적어도 한 권은 성경임이 분명하다. 바실 홀 일행이 조대복에게 전해 준 성경은 당시 중국 선교사로 와 있던 모리슨(Morison) 목사의 부탁을 받아 가지고 왔던 한문 성경이었거나 킹 제임스(King James) 역 성경이었을 것으로 추정된다.

둘째, 귀츨라프. 개신교 선교사로서 최초로 조선을 방문한 사람은 칼 프레드릭 어거스트 귀츨라프(Karl F. A. G ützlaff, 1803-51)였다. 그는 유태계 독일인으로 1803년 7월 8일 독일(당시, 프러시아)에서 태어나 할레(Halle) 대학에서 공부했다. 네덜란드 선교회 소속으로 동남아선교의 뜻을 두고 중국에 머물고 있다가 영국 동인도회사의 통역관으로 임명되어 영국 소속의 암허스트호를 타고 조선의 서해안을 항해하였다. 귀츨라프의 통역관 임무는 복음을 전하는 선교사의 사명을 보다 잘 감당하기 위한 것이었으므로 조선에 도착하자 즉시 가지고 온 책과 선물을 주민들에게 주면서 접촉을 시도했다. 암허스트호(Lord

주

22) 박용규, 『한국기독교교회사 1』(서울: 생명의 말씀사, 2005), 126-28.

23) 바실 홀, 『10일간의 조선 항해기』 김석중 옮김, (서울: 삶과 꿈, 2003).

24) 김양선, 『한국기독교사연구』(서울: 기독교문사, 1971), 297.

25) 박용규, 『한국기독교교회사 1』(서울: 생명의 말씀사, 2005), 142.

Amherst)는 서해안을 답사했고, 백령도와 대청도, 소청도에 정박할 때마다 성경 말씀을 전했다. 암허스트호는 6월 21일에 황해도 장연(長淵)의 조이진(助泥鎭)에 잠시 정박한 후 6월 26일에 충청도의 홍주만 고대도에 정착했다. 귀츨라프 일행은 고대도에 머물면서 지방 관리를 통해 왕에게 청원서와 선물을 보냈고, 주민들에게 한문으로 된 전도용 책을 나누어 주었다. 대부분의 『한국교회사』는"조선왕은 중국황제의 허락이 없으면 외국과 통상할 수 없다고 회신하였고, 귀츨라프 일행은 약 한 달간 조선에 머문 후 회선"한 것으로 기록하고 있다.[26] 하지만 귀츨라프 일행은 순조의 답신을 듣지 못하고 떠난 것으로 보이며, 당시 조선의 역사 기록은 순조가 이들이 떠난 후에 보고를 받았던 것으로 기록하고 있다.[27]

셋째, 로버트 토마스. 토마스(Robert Jermain Thomas, 1840-66) 목사는 중국 선교를 위해 런던선교회로부터 파송을 받았다. 토마스는 1940년 9월 7일 영국 웨일즈에서 태어나 런던대학 뉴칼리지를 졸업한 후 1863년에 목사가 되었다. 1863년에 결혼한 아내와 함께 중국 상해에서 선교활동을 하던 중 어려움이 있어 1864년에 런던 선교회에 사표를 제출하고 산동성에 있는 청나라 해관(海關)에 통역사로 취직했다.

그가 다시 선교의 열정에 사로잡인 것은 당시 산동성 지푸에서 선교활동을 하고 있던 윌리암슨(Alexander Williamson)의 영향이 컸다. 토마스가 조선 선교에 관심을 갖게 된 것은 조선 대원군의 천주교 핍박을 피해 지푸로 도망해 온 한국인을 만난 것이 계기가 되었다. 조선 천주교인으로부터 조선 실정에 대해 알게 된 토마스는 조선선교를 결심하고 조선에 입국할 기회를 기다리고 있었다. 그 때 미국 상선 제너럴셔먼호가 조선에 간다는 소식을 들었고, 그는 복음을 전하려는 목적으로 승선했다. 제너럴셔먼호에는 영국인 호가드(Hogarth)와 함께 백인 5명과 아시아인(중국, 말레이시아) 19명이 타고 있었다. 제너럴셔먼호는 1866년 8월 9일 중국의 지푸를 출발하여 일주일 만에 대동강을 따라 평양에 도착했다. 평양에 오는 과정에서 문정관들이 항해 목적과 목적지를 물으면 토마스 선교사는 우리는 야소교인들로서 평양으로 가고 있고, 통상을 원한다고 말했다. 평양 백성들은 제너럴셔먼호에 땔감과 양식을 주는 등 친절을 베풀었으나 그들이 총을 쏘고 관군을 억류하자 분노하여 활과 돌로 맞서며 강하게 저항하였다. 이렇게 제너럴셔먼호는 며칠간 버티었지만 양각도(羊角島)모래톱

주

26) 백낙준, 『한국개신교사』(서울: 연세대학교출판부, 1998), 42. 한국교회사연구소, 『한국기독교의 역사 Ⅰ』(서울: 기독교문사, 1993), 131. etc.

27) 순조 032 32/07/21(을축) / 홍희근이 홍주의 고대도 뒷 바다에 정박한 영길리국의 배에 대해 보고하다. 공충 감사(公忠監司) 홍희근(洪羲瑾)이 장계에서 이르기를, "6월 25일 어느 나라 배인지 이상한 모양의 삼범 죽선(三帆竹船) 1척이 홍주(洪州)의 고대도(古代島) 뒷 바다에 와서 정박하였는데," . . . "그들은 '금년 2월 20일 서남풍을 만나 이곳에 와서 국왕의 명으로 문서와 예물을 귀국의 천세 계하(千歲階下)에 올리고 비답이 내리기를 기다리기로 하였으며 공무역(公貿易)을 체결하여 양포(洋布) · 대니(大) · 우모초(羽毛) · 유리기(琉璃器) · 시진표(時辰表) 등의 물건으로 귀국의 금 · 은 · 동과 대황(大黃) 등의 약재(藥材)를 사고 싶다'고 하였는데, 이른바 바칠 예물은 대니(大) 홍색 1필, 청색 1필, 흑색 1필, 포도색 1필과 우모(羽毛) 홍색 1필, 청색 1필, 포도색 1필, 종려색(棕櫚色) 1필, 황색 1필, 양포(洋布) 14필, 천리경(千里鏡) 2개, 유리기 6건(件), 화금뉴(花金紐) 6배(排)와 본국의 도리서(道理書) 26종이라 하였습니다." 『조선왕조실록』【원전】48집 379면【분류】*인사-임면(任免) / *사법-탄핵(彈劾) / *외교-구미(歐美).

순조 032 32/07/21(을축) / 영길리국 선박의 교역 요청에 대해서 자문을 보내오다. 자문(咨文)에 이르기를, "본년 6월 26일 유시(酉時) 경에 이양선(異樣船) 1척이 본주(本州) 고대도(古代島)의 안항(安港)에 정박하였는데, 듣기에 매우 놀라운 일이라서 역학(譯學) 오계순(吳繼淳)을 차송하고 본 지방관 홍주 목사 이민회와 수군우후 김형수로 하여금 배가 정박한 곳으로 달려가서 합동으로 문정(問情)하게 하였더니, 언어가 통하지 않아 문자를 대신 사용하여 이곳에 오게 된 동기를 상세히 힐문하였는 바, 그들 대답에 '우리들은 모두 영길리국 난돈(蘭墩)의 흔도사단(都斯) 땅에 사는 사람들로서 선주(船主)는 호하미(胡夏米)인데, 서양포(西洋布) · 기자포(碁子布) · 대니(大) · 우단초(羽緞) · 뉴자(紐子) · 도자(刀子) · 전도(剪刀) · 요도(腰刀) · 납촉(蠟燭) · 등대(燈臺) · 등롱(燈籠) · 유리기(琉璃器) · 시진표(時辰表) · 천리경(千里鏡) 등의 물품을 가지고 귀국의 소산물을 사려고 본년 2월 20일 배에 올라 본월 26일에 이곳에 왔으니," . . . "이번의 영길리국은 지리상으로 동떨어지게 멀어 소방과는 수로(水路)의 거리가 몇 만여 리가 되는지 모르는 처지에 망령되이 교린을 핑계하고 교역을 억지로 요구하였으니, 사리에 타당한 바가 전혀 아니고 실로 생각 밖의 일이었습니다. 경법(經法)에 의거하여 시종 굳이 방색(防塞)하였더니, 저들도 더 어쩌지 못함을 알고 바로 돌아갔습니다. 교역에 관한 한 조항에 대해서는 더 말할 것이 없겠으나, 변경(邊境)의 정세에 관한 일

에 걸려 움직일 수 없게 되자, 평양백성들은 배에 불을 질렀다.[28] 선원들은 불길을 피하여 대동강 물에 뛰어 내려 강변으로 헤엄쳐 올라왔고, 기다리고 있던 군인들은 선원들을 죽였다. 토마스 목사도 성경 몇 권을 챙겨 헤엄쳐 나왔다가 붙잡혀서 성경을 전달한 후 죽임을 당했다. 토마스 선교사가 죽은 날은 1866년 9월 2일로 그의 나이 26세였다.[29] 이 사건으로 미국은 조선에 관심을 가지게 되었고, 1871년에 군함을 동원하여 제너럴셔먼호 사건을 문책하기 위해 강화도에 들어왔다. 흥선 대원군이 쇄국정책을 고수하면서 척화비(斥和碑)를 세우는 등 제너럴셔먼호 사건에 책임을 질 필요가 없다는 태도를 보였고, 미국은 이것을 명분 삼아 조선을 공격했다. 신미양요가 발생한 것이다. 미국은 신미양요 때 가져 온 군함으로는 조선을 무너뜨릴 수 없다고 판단하고 물러갔다가 평화적인 협상을 통해 1882년에 한미통상수호조약을 체결하였다.[30]

2.1.2. 중국과 일본을 통한 한글 성경의 접촉

귀츨라프 선교사나 토마스 선교사처럼 본인이 직접 방한하여 성경을 주는 등 선교활동을 했던 인물들도 있었지만 단지 성경을 한글로 편찬하여 한국선교에 공헌했던 인물들이 있었다.

첫째, 로스(John Ross, 1842-1915)와 맥킨타이어(John Mclntyre). 존 로스와 맥킨타이어는 성경은 하나님의 말씀이라는 확고한 성경관을 가지고 있는 스코틀랜드 성경공회 소속 선교사들이다. 이들은 성경은 기독교의 핵심이며, 전도의 중심이라고 믿었다. 때문에 선교는 그 민족이 사용하는 언어로 된 성경을 보급하는 것이 최우선적인 과업 중의 하나임을 확신하고 성경 번역하는 일을 매우 중요하게 생각하던 중 최초로 한글성경을 번역하여 국내에 반입 보급하는 역사를 남기게 되었다.

로스와 맥킨타이어가 한글성경을 번역한 것은 1866년에 순교한 토마스 선교사와 한국선교에 관심을 가지고 있던 윌리암슨 선교사의 영향이 있었다. 윌리암슨은 토마스 선교사가 순교한 소식을 접한 후 한국선교에 깊은 관심을 가지게 되었고, 국내에 입국하려 했으나 실패하자 압록강 북쪽 국경에 위치한 동만주에 살고 있던 한국인들에게 한문 성경을 배포하는 일을 했다. 로스와 맥킨타이어는 윌리암슨으로부터 한국선교에 대한 정황을 소개받은 후 1873년 가을에 평양 의주에서 약 48km 떨어져 있는 중국으로 들어가는 관문으로 사용하고 있던 고려문(高麗門)까지 전도여행을 하면서 한국인들과 접촉하여 조선에

주

인만큼 의당 상세히 보고해야 하겠기에 이렇게 이자(移咨)하는 바이니, 귀부(貴部)에서 자문 내의 사리(事理)를 조량하여 전주(轉奏) 시행하기를 바라고 이에 자문을 보내는 바입니다."하였다.『조선왕조실록』【원전】48집 380면【분류】*외교-구미(歐美)
출처: http://cafe.daum.net/hanul7014/4wjp/57. 2011년 4월 6일.

28) 토마스 목사는 처형당하기 전에 가지고 있던 성경을 나누어주고, 무릎을 꿇고 기도한 후 순교하였다. 그때 목격자중 12세 소년이었던 최치량(崔致良)이 신자가 되었다고 전해진다. 1866년 9월 2일 토마스 목사는 27세의 나이로 이 땅에 순교의 피를 뿌림으로써 조선 최초의 개신교 순교자가 된 것이다. 장로교 마펫(S. A. Maffet) 목사는 이로부터 27년 후인 1893년 11월 평양에서 학습 세례 반을 조직할 때 토마스 목사에게 한문성경을 받았던 한 사람을 발견하였다고 한다. 순교의 피는 평양성을 위대한 기독교 성지로 만들었던 것이다.

29) 1866년 9월 2일로 나이 26세였던 토마스 목사는 자기를 죽이려는 박춘권에게 성경 한 권을 주었는데, 박춘권은 처음에는 받지 않았다가 되돌아갈 때 이것을 집으로 가지고 갔다. 그는 후에 예수를 믿고 신자가 되었으며, 안주(安州)교회의 영수가 되었다. 그리고 그 성경을 뜯어 벽지로 썼던 영문주사(營門主事) 박영식(朴永植)의 집은 평양 최초의 교회인 널다리골 예배당이 되었다. 박춘권의 조카 이영태도 예수를 믿고 미국남장로교 선교사 레이놀즈(William Reynolds)의 조사가 되었고, 한국인 성경번역위원의 한 사람으로 큰 공헌을 하였다.

30) 한반도 파송 선교사가 입국하기 시작한 1884년 이후에도 매켄지, 펜윅 등 개인 자격으로 입국한 선교사들이 있었으나 여기서는 생략하기로 한다.

대한 정보를 수집하기 시작했다.[31] 이들은 한국에 대한 정보를 약 1년간 수집한 후 당장에 한국에 입국한다는 것은 어렵다고 판단하고 우선 한글 성경을 보급해야겠다고 생각했다. 1874년 봄부터 중국인 서기 한 사람을 동반하여 고려문으로 선교활동 지역을 옮겨 한글성경 발간 준비에 들어갔다. 1875년에 이응찬(李應贊)과 김진기(金鎭基)를 만나 복음을 전하자 그들은 예수를 믿었고, 한글 성경 번역에 동참하였다.[32] 이들은 다음해인 1876년에 맥킨타이어에게 세례를 받았다. 이후에 이성하(李成夏), 백홍준(白鴻俊), 서상륜(徐相崙) 등이 한글성경 번역에 동참하자 번역 사업은 가속도가 붙었고, 1882년에 누가복음, 1883년에 마태복음, 마가복음, 사도행전을 각각 인쇄할 수 있었다. 1887년에 신약 성경 전체를 번역하여 『예수셩교젼서』라고 이름을 붙여 5천부를 발행했다:

영국성서공회는 1882년부터 한국선교사업을 시작하였는데, 그때 동 공회는 로쓰목사가 번역한 신약 쪽복음서의 출판비를 부담하였다. 신약 쪽복음서가 나오자, 동 공회는 봉천에 있는 로쓰목사의 책임아래 서상륜을 권서인으로 삼고 대한국사업을 시작하였다. 1883년에는 에반 브라이언트(Evan Bryant) 목사를 성서사업을 위한 공회 대리인으로 임명하였는데 북중국 여러 지방과 한국이 모두 그의 관활 지역 이었다. 1883년에 동 공회는 로쓰 번역의 네 쪽복음서와 사도행전을 출판하였고, 신약성서의 번역이 완성되었을 때에는 5,000권을 출판할 비용을 담당하였다.[33]

이것이 헬라어 성경을 비롯하여 중국어성경, KJV 등 영어 성경에 기초한 "로쓰 번역"(Ross Version)이다[34]. 존 로쓰가 1882년에 본국에 보낸 보고서와 1881년 맥킨타이어의 보고서를 종합할 때 번역의 정확성을 기하기 위해 중국어 성경 외에 헬라어 성경과 앞서 언급한 두 권의 영어 성경을 저본으로 사용했다는 것을 알 수 있다. 1881년 4월에 맥킨타이어는 성경 번역과 관련하여 다음과 같이 보고했다:

마태복음 번역이 방금 끝났다. 내 손에는 헬라어 성경이 있다. 내 아내는 의심스럽다고 하지만 내 손으로 직접 원고를 수정했다. ……우리가 전에 했던 성경 번역은 오로지 중국어 성경에서 한 것이지만 지금 한 것은 헬라어 성경에서 직접 한 것이다.[35]

번역 과정에서 헬라어 성경은 중요한 역할을 했다. 한국인 조력자들이 한문 성경을 가지고 한글로 번역하면 로쓰와 맥킨타이어는 헬라어 성경 및 영어 성경과 대조하여 수정하고 헬라어 성경사전 및 주석을 참고하여 어휘의 통일을

주

31) 당시 고려문에는 의주 관리가 파송되어 관리하였다. 2005년에는 고려문이 있던 위치 주변에서 "로스기념비"가 발견되었다.

32) The Annual Reports of the National Bible Society of Scotland, 'Corea'(1881). 김영재, 『한국교회사』(수원: 합신대학원출판부, 2009), 81.

33) 백낙준, 『한국개신교사:1832–1910』(서울: 연세대학교출판부, 1973), 57.

34) 1882년의 예수셩교 누가복음전셔와 예수셩교젼셔 요안닉복음의 출판은 한국성경 번역사에서 매우 중요한 의미를 지닌다. 그것은 최초의 한글 성경이라는 사실 때문만이 아니라 뛰어난 번역자들과 수차례의 재교정을 통해 "모든 난관을 극복하고" 원문에 충실하면서 순한글로 인쇄되었다는 사실 때문에 더욱 값진 결실이었다. 로스는 끝까지 원고를 다듬는 일에 혼신의 노력을 기울였다. 최종 원고가 완성된 뒤 1881년 영어개역성경(English Revised Version)이 출판되자 로스는 여기에 맞춰 다시 한 구절 한 구절 대조하면서 원고를 손질한 다음 1882년 3월 24일에 첫 성경, 예수셩교 누가복음뎨자힝을 출판한 것이다. 이어 1883년에 재교정된 예수셩교 누가복음과 뎨자힝젹 [사도행선] 합본 3,000권과 재교정된 예수셩교 요안닉복음 5,000권이, 1884년에 예수셩교 말코복음[마가복음]과 예수셩교 맛뒤복음[마태복음]이, 1885년에는 로마인서, 코린돗젼후셔와 가라타셔, 이비소서가 출판되었고, 1887년에는 예수셩교젼셔 즉, 신약 전권이 완간(完刊)되었다. 언더우드와 아펜젤러가 성경 번역을 위해서 공식적인 모임을 시작한 것이 1887년이었음을 생각할 때, 이미 존 로스의 신약성경이 완간(完刊)되었다는 것은 대단히 앞선 일이었다.

35) United Presbyterion Missionary Record(Apr., 1, 1881), 85. 박용규, 『한국기독교회사』 (서울: 생명의말씀사, 2005), 305.

기한 후 수정된 원고를 헬라어 성경과 대조하여 읽어 가면서 마지막 수정 작업을 진행해 나아갔다. 한문 성경을 초본으로 사용한 것은 사실이지만, 그러나 그 번역의 정확성을 기하기 위해 헬라어 성경과 대조했던 것이다. 이와 같은 번역과정은 1882년 7월 로쓰가 보낸 보고서에서도 발견할 수 있다:

이 문제[성경 번역]와 관련해서 내가 성경을 한글로 번역하는 방법을 소개하겠다. 과거 고향의 행정관서에서 서기로 있다가 아편 때문에 해고당한 조선인 학자 한 사람이 최신 중국어 문리(文理) 성경을 가지고 번역하고 있다. 나는 그가 번역한 것을 헬라어 성경과 영어 개역 성경을 가지고 자자구구(字字句句) 대조한다. 이 일을 돕는 또 한 사람 조선인 학자가 있는데, 그는 이미 수년 전부터 번역인으로 우리와 함께 일한 사람이다. 중국어를 알 만큼 알았고 번역인으로서 그 번역 실무에 능숙하게 되기는 하였으면서도 수칭(數稱) 개념이라든지 존칭(尊稱) 개념, 또는 도치법 같은 것들은 명확하게 파악할 수가 없다. 때론 절이 바뀔 때가 있고, 의미가 뒤바뀐 것도 있으며, 때론 행(行) 전체가 삭제되어야 될 것도 있었다. 이런 식이 되어 처음 번역된 원고는 마치 마마를 앓은 사람 얼굴처럼 되었다. 이렇게 수정된 원고를 다시 깨끗이 정서했다. 그 다음 어휘의 통일을 기하기 위해 헬라어 성구사전을 가지고 헬라어를 번역함에 가장 적당한 조선어가 무엇인지를 결정해 나갔다. 그러나 축자적(逐字的) 번역(literal rendering) 보다는 의미와 조선식 관용어구를 채택하는 경향이 강했다. 즉 조선어에서는 바늘에 귀(耳)는 있어도 눈(目)은 없는 것과 같은 것이 예이다. 이 같은 과정이 끝나면 번역 원고를 또 한 번 수정하게 되는데 이번에는 처음보다 더 신중하게 헬라어 성경과 대조하며 읽어 나간다. 이 일을 함에 있어 앨포드(Alford) 편 헬라어 성경은 별로 도움이 되지 못했다. 반면 영어개역성경은 대단히 큰 도움을 주었고 메이어(Meyer)의 주석도 많은 도움을 주었다.[36]

로스와 맥킨타이어 역 한글 성경은 첫 작업치고는 여러 가지 면에서 볼 때 상당한 수작(秀作)이었다. 비록 로스 역이 평안도 사투리가 많아 서울 지역에서 사용하는 데는 불편이 많았지만, 고유명사를 헬라어 원문대로 표기한 것이나 또한 당시 이응찬이나 백홍준이 모두 의주 출신으로 상업에 종사하던 몰락 양반 가문이어서 한학에 일가견을 갖고 있었고, 한학이 훨씬 더 쉽고 지배적이었음에도 불구하고 존 로스와 맥킨타이어가 성경 번역을 하는 데 한글과 한문을 혼용하지도 않고 아예 순한글로 번역했다는 것은 놀라운 일이다.

로스 선교사는 한국인 청년들을 만나 그들에게 복음을 전하고 한글성경 번역에 착수한 과정에 대해 1880년 10월 연합장로교 미셔너리 레코드(United Presbyterian Missionary Record)에 이렇게 보고했다:

또한 맥킨타이어는 조선인 학자 4명에게 세례를 베풀었다. 이들이야말로 내가 분명 확신하

주

36) United Presbyterion Missionary Record(Apr., 1, 1881), 244. 박용규, 『한국기독교회사』(서울: 생명의말씀사, 2005), 305-6.

는 바는 장차 거두어들일 풍성한 수확의 첫 열매들이다. 아직은 조선이 서방세계와는 전혀 단절된 나라이긴 하지만 머잖아 고립된 상태가 풀어질 것이며 천성적으로 조선인들은 중국인들보다 덜 사악하고 종교적 경향이 농후한 민족이므로 그들이 기독교에 일단 접촉하게 되기만 하면 놀라운 속도로 기독교가 퍼져 나가게 될 것으로 기대한다. 나는 6년 전 국경에 가서 한국인을 만나기 전까지는 그들이 중국과는 다른 언어와 문화를 가지고 있다는 사실조차도 모르고 있었다. 그 당시엔 자금의 여유도 없어 내게 조선어를 가르칠 선생조차 초빙할 수 없었다. 그러나 그 후로 사태는 많이 변해 작년 4명의 조선인에게 세례를 줄 정도까지 되었다. 이들은 모든 학식 있는 자들이며 그 외에 11명이 기독교의 본질과 교리를 알려고 노력하고 있다. 또한 7, 8일 걸리는 여행길을 마다 않고 우리 선교본부까지 와서 조선인을 위한 성경 및 기독교서적 출판 일을 돕겠다고 기꺼이 나설 인물들이 우리가 원하는 만큼 상당수 확보되어 있는 형편이다.[37)]

누가복음 최종 원고가 완성되어 인쇄에 들어가려고 할 즈음 동지사(冬至使) 일행 중의 한 사람이 돌아가는 길에 봉천교회에 들렀다. 이때 로스와 맥킨타이어가 그 원고의 교정을 부탁해 그가 원고를 서울로 가지고 가서 교정을 완료한 후에 다른 동지사 편에 그것을 돌려보냈다. 이 사실은 1890년 로스가 이때를 회고하면서 누가복음이 출판되기 전 이미 동지사 일행에 의해 "번역원고가 한국의 수도에서 교정되었다"고 밝히면서 알려졌다. 이 사실은 곧 동지사 일행에 알려졌고, 이 일을 계기로 많은 동지사 일행들이 봉천교회에 들러서 한글성경의 출판 상황을 견학하게 되었다.[38)]

서상륜은 1883년에 번역된 한글성경을 국내에 반입하여 성경책을 판매하면서 복음을 전하여 황해도 소래에 한국 최초의 교회인 소래교회를 세웠다. 다음해인 1884년에는 인천 항구를 통해 6천부의 복음서를 반입하여 여러 지방을 돌아다니면서 배포하였다. 한편, 이성하와 백홍준은 1884년 봄부터 고향 의주에서 복음을 전하였고, 백홍준은 1885년에 18명의 신자들과 함께 예배를 드렸다.[39)]

둘째, 이수정. 이수정(1842–87)이 한글성경을 번역한 것은 그가 1882년 8월에 고종의 배려로 일본 수신사로 가는 박영효, 김옥균, 민영익 일행과 함께 일본으로 건너가면서 시작된다. 이수정은 정부의 관리였는데 1882년 임오군란 때 위기에 빠진 민비를 구하는 일에 일조했고, 고종은 그의 공로를 인정하여 일본에 들어 온 서양의 새로운 문물을 배울 수 있는 기회를 허락한 것이다. 이수정이 일본에서 만난 사람 중에 농학자 쯔다센(律田仙)있었다. 쯔다센은 기독교인이었고, 이수정에게 농업기술과 함께 복음을 전했다. 이수정은 한문성경과 한

주

37) United Presbyterion Missionary Record(Oct., 1, 1880), 334. 박용규, 『한국기독교회사』(서울: 생명의말씀사, 2005), 298–9.

38) 존 로스에 의하면, 이름을 알 수 없지만 그 중의 한 사람은 말과 행동이 매우 민첩하여 한글성경 간행에 큰 도움을 주었다. 누가복음이 출판되기 전 번역 원고가 해외 서울의 수도에서 수정되었으며, 이는 너무 많은 흥미를 자아내 한국의 왕이 중국의 황제에게 바칠 조공을 나르는 동지사에 딸려 이따금씩 중국에 오는 한 수행원(an occasional underling)이 이곳의 성경 번역 사업을 보기 위해 들렀다. 이들의 방문은 점차 더욱 잦아졌고, 그 젊은이들 가운데 한 사람은 느리기 한이 없었던 그 식자공[김청송]과는 정확히 정반대 모델(exact antipodes of the compositor)이었다. 그는 몇 백 권의 복음서와 훨씬 더 많은 전도지를 가지고 그는 봉천에서 동쪽으로 약 4백마일 떨어진 자신의 마을로 갔다. 그는 그 여행에 2주일이 걸렸고, 반년만에 돌아와 보고하기를 그 책들을 팔았으며, 깊은 관심을 가진 사람들이 그것들을 읽었고, 그 중에 몇 사람은 내가[로스] 그들에게 세례를 주러 오기를 원했다고 했다. 백낙준, 『한국개신교사:1832–1910』(서울: 연세대학교출판부, 1973), 51–2. 참조.

39) 김영재, 『한국교회사』(수원: 합신대학원출판부, 2009), 82.

자로 된 기독교 서적을 읽은 경험이 있어 기독교에 대해 관심을 가지고 있던 터에 쯔다센으로부터 기독교를 소개 받자 예수를 믿게 되었다. 이수정은 곧이어 미국 장로회 소속 낙스(George W. Knox) 선교사와 미국 감리회 소속 매클래이(R. S. Maclay) 선교사를 알게 되었고, 1883년 4월에는 쯔다센의 소개로 일본인 야스가와(安川) 목사에게 세례를 받았다. 일본에 주재하고 있던 미국성경공회 총무 루미스(Rev. Henry Loomis) 목사는 이수정이 일본의 기독교 잡지 『로꾸고』를 통해 요한복음 14장을 본문으로 자신의 신앙을 고백한 글을 읽은 후 그의 신앙과 학문 수준을 인정하여 한국어 성경 번역에 동참해 줄 것을 간청했다. 루미스는 이수정을 도와 누가복음을 번역하여 미국성경공회에 요청하여 1885년 초에 1천부를 인쇄하였다. 이수정은 성경번역과 함께 일본에 거주하고 있던 한인 교포들에게 복음을 전했고, 미국에서 발행되는 선교잡지를 이용하여 한국 선교에 관심을 가져 줄 것을 간곡히 호소하기도 했다. 이수정의 성경번역은 로스 번역보다 조금 늦게 발행되었지만 이후 한글성경번역에 훌륭한 가교 역할을 했다.[40] 한 가지 아쉬운 점은 이수정이 비록 한글로 성경을 번역하는 등 하나님 나라를 위해 다양한 역할을 했지만 귀국하기 전에 배도했다는 것이다:

> 여기 이수정[의 예]가 있다. 그는 일본에 문필로 널리 공적을 세웠고 미국에서는 그의 사진은 [報紙上]에 등재되었다. 그는 마케도니아[에서 자기나라에 전도하러 와달라고 청하던] 사람같이 나타났으나 가련한 이수정은 좋지 못한 영향에 빠져[미국인에게] 한국에 대한 관심을 적지 않게 불러일으켰지만 [그는 열려있는] 문을 박차버렸다. 자기 개인의 구원뿐만 아니라 한국에 보내어질 첫 번째의 사도가 될 수 있었던 기회까지 [던져버렸다.][41]

이수정의 예에서 진정한 신앙을 문화적으로 접근하는 것은 성경적이지 못하다는 것을 배울 수 있다. 이수정은 귀국한 후 처형되었다고 보기도 하고,[42] 이수정과 고종과의 관계성 등을 고려하면서 자연사했을 것으로 추정하기도 한다.

2.2. 최초 파송 선교사 입국

선교사들이 본국으로부터 파송을 받아 한반도 복음 전파하기 위해 자유롭게 입국할 수 있었던 것은 조선 정부의 외교정책 변화가 중요하게 작용하였다. 조선 정부는 쇄국 정책을 고집하던 대원군의 하야를 계기로 삼아 민비를 중심으

주

40)박용규, 『한국기독교회사』 (서울: 생명의말씀사, 2005). 김영재, 『한국교회사』(수원: 합신대학원출판부, 2009). 오윤태, 『한일기독교 교류사』 (서울: 혜선문화사, 1980) etc.

41) Ellen C. Parson, Fifteen Years in the Korea Mission, New York, 7. 백낙준, 『한국개신교사』 (서울: 연세대학교출판부, 1998), 94-5.

42) 백낙준, 『한국개신교사』(서울: 연세대학교출판부, 1998), 95.

로 하는 민씨 일파가 정권을 잡고 새로운 외교정책을 모색했다. 일본의 강요에 의해 1876년에 강화도 조약을 체결하였고, 1882년(고종 19년)에는 미국과 한미 통상조약을 체결하였다. 그 후 영국, 독일, 러시아 등과 조약을 체결하기에 이른다. 즉, 조선에 본격적으로 선교사들이 입국할 수 있었던 것은 당시의 정치 · 사회적 배경과 연계되어 있다는 것이다. 때문에 조선에 선교사 파송 역사를 살피기에 앞서 정치 · 사회적 배경을 먼저 살핀 후 선교사 입국 역사를 살필 것이다.

2.2.1. 정치 · 사회적 배경 [43)]

19세기는 세계 역사에서 볼 때 크게 두 가지 현상으로 나타난다. 첫째는 서구열강의 강력한 제국주의로의 진입이고, 또 하나는 개신교 선교의 장이 활짝 열린 점이다.

영국은 중국 땅에서 아편전쟁을 일으켜 1842년 남경조약을 맺고 광주, 복주, 이문, 영파, 상해의 5개항을 열어 자국의 물품을 반입하여 무역의 이익을 획득했다. 영사재판권과 같은 치외법권을 얻어내어 최혜국대우(最惠國待遇)를 받았다. 이와 같은 사실은 중국인에게는 무한한 모멸과 열등감을 주었지만 무력으로 대항할 힘이 없는 중국으로서는 어찌할 도리가 없었다.

미국 역시 서부 개척을 하는 과정에서 스페인과 1898년 제국주의적 전쟁을 치르고 캘리포니아 일대를 장악하여 단숨에 태평양권에 영향력을 행사하기 시작했다. 미국은 태평양 인접 국가들과의 통상 밑 엄청난 수산자원을 개발하기 위해서는 중간보급지가 필요했다. 마침 일본 열도가 이러한 구실을 할 수 있을 것 같아서 미국은 태평양 함대 사령관 페리(M. C. Perry) 제독을 일본에 파견했다. 페리는 1853년 6월 에도만(현, 도쿄만)에 도착하여 도쿠가와 정부에 문호를 개방할 것을 강요한 후 철수하였다. 1854년 1월 다시 일본에 내항한 페리는 일본을 강하게 압박하여 미일화친조약(가나카와 조약)을 체결했다. 일본은 가나카와 조약으로 미국 선박에게 시모다와 하코다테 항구를 열었고, 미국 선원에 대한 호의적 대우와 미국 영사의 일본 주재를 약속하였다.

일본은 중국과 달리 재빠르게 서구 제국주의의 기술을 명치유신을 통해 배우고, 일본식 제국주의를 이웃 나라인 한국(당시 조선)과 중국, 그리고 러시아에 실험했다. 청일전쟁(1894-1895)과 러일전쟁(1904-1905)을 통해 중국과 러시아

주

43)"정치 · 사회적 배경"의 저자는 광신대학교 정준기 교수이다. 정준기 교수께서는 『태인교회 100년사』의 중요성을 감안하시어 필자에게 본인의 저술 내용 일부를 사용할 수 있도록 구두로 허락하셨다.

를 굴복시킨 일본은 1910년 한국을 합병하고, 이후 36년간의 무단 식민정책을 한국에 실시하였다.

일본이 한국을 점령하기 직전 한국의 정치 · 경제는 외국의 침략을 방어할 수 있을 만큼 강력하지 못했다. 16세기의 임진왜란과 정유재란의 재화 속에서 백성들은 신음하였고, 곧이어 여진족의 추장인 세운 후금과 충돌하였다. 당시 국왕인 광해군은 중립적 외교와 국방정책을 실시하려는 현명한 군주였지만 1623년 인조반정(仁祖反正)으로 폐위되었다. 인조의 친명배금(親命拜金)정책에 분노한 후금은 1627년 3만의 군사로 조선을 침략하였다. 조선은 항쟁했으나 결국 방어하지 못하고 후금과 형제의 맹약을 체결하였다. 그 후 후금은 국호를 청(淸)이라 칭하고, 1636년 청태종 자신이 10만의 대군을 이끌고 조선을 침입하였다. 인조는 남한산성에서 치욕적인 항복을 해야 했고, 이후 효종시대에 북벌정책을 시도하였으나 효종의 때 이른 죽음으로 무산되었다.

여러 차례의 전란으로 국가의 재정은 궁핍해졌고 백성들은 기아, 한발, 홍수와 같은 재해에 무력하게 노출되었다. 설상가상으로 안질, 이질, 기생충질환, 피부병, 염병, 나병, 백내장, 소화불량, 임질과 매독과 같은 셀 수 없는 질병들로 백성들은 신음하였다.

국가의 관리들은 이러한 와중에서도 당파싸움으로 일관했으며, 많은 사대부들이 관료가 되기 위해 수단 방법을 가리지 않는 부정과 부패에 몸을 던졌다. 사대부들은 이조 건국 이래 자리 잡아 온 신유학을 토대로 사농공상(士農工商)이라는 4개의 사회계층을 형성하였다. 이러한 계급구분 속에서 공업과 상업이 발전, 성장할 동기부여는 크다고 할 수 없었다. 그러나 조선후기의 모든 사람들이 무능과 부조리에 방관했다는 해석은 금물이다. 중국을 드나들던 외교관들과 그들의 수행원들 중에 뜻이 있는 사람들은 점차로 세계는 변화하고 있음을 알아 차렸다. 선조말경 이광정(李光廷)이 북경에서 유럽지도를 가져왔고, 이수광은 마태오 리치의 〈천주실의〉를 가져왔다. 정두원은 서양화포를 비롯해 천리경과 자명종 등을, 김상범은 역법과 산수에 관한 책을 조선에 들여왔다. 이들은 서구 문물에 관심을 가지고 좋은 것들은 취사선택하는 지혜를 보여주었다.

실학자라고 부르는 또 한편의 사람들은 신유학의 탁상공론에 반기를 들고 농촌개량, 상공업의 발전과 부국강병, 그리고 실질적인 학문 배양을 정부에 촉구하였다. 유형원의 균전론(均田論), 이이의 신분제와 고리대금업의 철폐론, 정약용의 『목민심서』등이 좋은 예이다. 그러나 이러한 소수의 깨어 있는 사람들이 조선사회를 총체적으로 변화시킬 수 없었다. 조선후기 정조치세를 제외하곤 대부분의 군왕들이 무능하였다. 1801년 11세의 순조가 즉위하자 안동김씨인 그의 김조순이 정권을 장악하고 실학파와 천주교인들을 박해하였다. 안동김씨의 20년간의 세도정치 후에는 풍향조씨가 약 15년간 정권을 장악하였다. 그 후 다시 안동김씨가 철종 때까지 40여 년간의 세도정치를 자행하였다.

이와 같은 반역사적인 세도정치와 지방 관료의 부패에 드디어 평안도에서 1811년 홍경래의 농민군이 봉기하였고, 진주에서도 철종 13년(1862년) 농민들이 들고 일어났다. 이 두 농민봉기는 정부에 의해 진압되었지만 그 불씨는 나중에 동학혁명으로 이어졌다. 철종이 죽고 흥선대원군 이하응의 아들 고종이 즉위하자, 대원군은 섭정의 자격으로 왕권을 강화하고 쇄국정책을 주도하였다.

대원군의 10년 섭정이 끝나고 고종과 민비의 친정으로 정국은 변화의 조짐이 있었으나 근본적인 정치개혁으로 진전되지 못했다. 마침 이 때 일본이 서구열강의 식민지 정책을 답습하여 1875년 강화도에 군함을 보내 운양호 사건을 일으켰다. 1876년 조선은 불평등조약을 일본과 체결하고 부산, 인천, 원산을 무역항으로 지정하였다. E 일본에게 치외법권과 무관세무역을 인정하므로 마치 중국이 영국제국주의에 당한 것처럼 우리나라도 일본제국주의에 당하게 되었다. 이후 미국, 영국, 독일, 이탈리아, 러시아, 프랑스, 오스트리아 등에게도 비슷한 통상조약을 타율적이고 수동적으로 체결하였다.

한국의 암울한 정치 · 사회 상황과 19세기 선교의 사역이 교차되는 가운데 한국 개신교의 역사는 시작되었다. 한국 개신교 초기에 장로교와 감리교는 주로 기독교 세력이었고 , 이들은 다른 군소 교단과 연합하여 한국의 정치, 경제, 사회, 문화에 지대한 영향을 끼쳤다. 복음전도, 의료사업, 교육사업, 문서운동과 한글의 보급, 농촌의 계몽과 청년운동 등이 좋은 예라 할 것이다.

2.2.2. 입국 준비

교단의 허락을 받아 한반도에 입국한 사람은 미국 감리교 소속 매클레이(Robert S. Maclay) 목사 부처였다. 이들의 입국은 본격적으로 선교하기 위한 것이 아니라 선교사들이 입국했을 때 보다 순조롭게 선교활동을 할 수 있도록 발판을 마련하려는 데 있었다.

미감리회의 가우처(John F. Goucher)박사는 1883년 11월 6일 감리회의 와일리(Wiley)감독에게 편지로 한국에 선교사를 파송할 것을 촉구하면서 선교를 위해 2천불을 보냈으며, 일본에서 선교하고 있던 매클레이(Robert S. Maclay)에게 한국 선교의 가능성의 여부를 타진하도록 부탁하여 1884년 6월 24일에서 7월 8일까지 2주일간 한국을 다녀 보고하도록 하였다. 일본에서 개종한 후 성경 번역사업에 관여했던 이수정은 한국에 대한 선교를 요청하는 호소문을 선교잡지에 기고하기도 하였다. 이러한 일련의 과정을 거치면서 1884년 말 감리회 소속의 스크랜튼(W. B. Scranton)박사와 그 아내(Mary F. Scranton), 그리고 아펜젤러(H. G. Appenzeller)목사가 한국에 파송할 선교사로 임명되었다.[44)]

미장로교회에서는 잡지에 실린 이수정의 선교를 위한 호소문을 읽은 북장로교 선교부 임원이었던 엘린우드(F.F. Ellinwood)가 한국선교에 대해 지대한 관심을 가지고 선교부를 움직여 노력한 결과, 1884년 봄, 젊은 의사 헤른(John W. Heron)을 한국최초의 선교사로 선정하게 되었다. 이어 1884년 7월 28일에는 언더우드(Horace G. Underwood)를 한국에 파송할 선교사로 임명하였다.[45)] 오윤태에 의하면 언더우드와 아펜젤러는 미국에서 이수정의 호소문을 읽었던 것으로 볼 수 있다.[46)]

2.2.3. 선교사 입국과 복음 전파

첫째, 미국 북장로회 소속 선교사 입국. 미국 감리교회 매클레이 부처가 한반도를 먼저 다녀갔지만 선교를 먼저 파송한 것은 미국 북장로회였다. 미국 북장로회 소속 선교사로서 최초로 입국한 사람은 의사 알렌(Allen, Herace Newton, 1858-1932)이었다.[47)] 하나님은 먼저 알렌 의사를 의료선교사로 한반도에 입국하게 하신 후 갑신정변(甲申政變)으로 큰 부상을 입은 민영익을 치료하게 하셨다.

알렌은 1884년 9월 14일에 상해를 떠나 제물포에 도착(9월 20일)한 이틀 후(9월 22일) 서울에 도착하여 미국, 영국, 청국, 일본 공사관의 공의(公醫)와 세관의사로 일하였다. 알렌이 도착한 지 3개월이 못되는 그 해 12월 4일에 갑신정변(甲申政變)이 일어났고, 수구파 지도자의 한 사람이었던 민영익이 중상을 입었다. 유능한 한의사 14명이 민영익을 치료하기 위해 노력했지만 출혈이 멈추

주

44)김 정준기 · 김효시, 『은혜의 물결: 영광대교회 100년사』(서울: 가리온, 2009), 170.

45) Ibid., 170-71.

46) 오윤태, 『한국기독교 교류사』 (서울: 혜선문화사, 1980), 92-3.

47)알렌을 "선교사 입국과 복음 전파" 항목에 포함시킨 것은 그가 처음부터 한반도 선교를 목적으로 파송된 것은 아니었지만 본국의 정식 허가를 받아 선교지를 중국에서 한반도로 옮겼기 때문이다. 1883년 10월 11일, 중국 상해(上海)에 도착한 미국 북장로교 외지 선교부 소속 의료선교사인 알렌 의사는 적당한 선교지를 찾지 못하고 있던 중 상해에 있던 친구 헨더슨 박사(Dr. Henderson)의 권유로 한국으로 선교지 변경을 꾀하였고, 1884년 6월 22일 선교본부의 허락을 받았다.

지 않자 알렌에게 치료 요청이 들어 왔다. 알렌은 3개월간 기도하면서 성심으로 치료했고, 그 결과 민영익이 완쾌되었다. 이것이 계기가 되어 알렌은 어의(御醫)로 임명받았고, 조선 정부에 병원 설립 계획서를 제출하여 1885년 2월에 허가를 받아 광혜원(廣惠院)을 개원했다.

한반도에 최초로 정식 선교사 신분으로 입국한 사람이 알렌인 것은 분명하지만 목사로서 복음을 전파하기 위해 최초로 입국하여 서울에 도착한 사람은 미국 북장로회 소속의 언더우드(Horace G. Underwood, 1859-1916)였다. 언더우드는 인도 선교사가 되기를 원했지만 하나님은 한반도로 그의 발길을 인도하셨다:

> 1882년과 1883년에 걸치는 겨울, 지금은 동경의 명치학원에 계시지만 그 당시에는 학생이었던 올트먼드 목사가 뉴 브룬스윅 선교자원자들을 모아 놓고 한 보고서를 읽어 주었습니다. 그 보고서는 조약에 의해 서양 세계에 마침내 문호를 개방하게 된 은둔의 나라에 관한 것으로 그 분이 직접 작성한 것이었습니다. ... 저는 한국에 갈 사람을 찾는 일에 착수하기로 결심했습니다. 저 자신은 인도로 부르심을 받았다고 믿고 있었고, 이런 신념하에 그곳에 갈 특별한 준비를 하기 위해 1년 동안 의학 공부를 해온 터였습니다. 때문에 저는 누군가 기꺼이 한국에 갈 사람이 달리 있으리라고 확신하였습니다. ... 외국 선교사업의 지도자들도 한국에 들어가기에는 아직 이르다고 글을 쓰고 있었습니다. 왜 너 자신이 가지 않느냐? [Why not go yourself?] 이런 메시지가 제 가슴에 울려 온 것은 바로 이때의 일입니다. ... 저는 개혁교회 선교부에 [한국 파송을] 두 차례나 신청했지만 그들은 새로운 사업을 시작할 자금이 없다며 나의 청원을 거절했습니다. 이제 저에게는 본국에 머물러 목회를 하거나 인도에 가는 길밖에는 없는 것 같았습니다. 저는 이렇게 머뭇거리는 상태에서 뉴욕의 어느 교회로부터 청빙을 받았습니다. 저는 이 청빙에 응하기로 하여 수락하는 편지를 우체통에 넣으려고 하였습니다. 그 순간에 "한국에 갈 사람은 없는가?"(Not one for Korea) "한국은 어찌할 것인가?"(How about Korea?)라는 소리가 나의 귀에 들어 왔습니다. 이때 저도 모르게 손에 쥐었던 편지를 호주머니에 집어넣고 단숨에 중앙 통에 있는 선교본부를 찾아갔습니다. 그리고 수석서기인 엘린 우드(F. F. Ellin wood)를 만났습니다. 며칠 후 그에게서 받은 기별은 다음 회의에서 내가 선교사로 임명 될 것이라는 내용이었습니다.[48)]

언더우드는 사도 바울이 다메섹 도상에서 예수님을 만나 이방인을 위한 선교의 사명을 받았던 것처럼 한반도를 위한 선교사의 사명을 감당하는 것이 하나님의 뜻임을 확신했다. 1884년 11월에 뉴 브린스윅 노회에 목사 안수를 받고 일본에 도착하여 이수정을 만났고, 그 다음해인 1885년 4월 5일 부활주일에 아펜젤러와 함께 제물포에 도착했다. 그는 한국어를 열심히 배우면서 광혜원에서 물리와 화학을 가르쳤고, 동시에 마가복음과 사전편찬을 위해 많은 시간을 사

주

48) George S. McCune, "Fifty Years of Promotion by the Home Board and Home Church," Jubilee Papers, Korea Mission, Presbyterian Church, U.S.A., June 30-July 3, 1934, John D. Wells School, Seoul, Chosen, 24-5. 박용규, 『한국기독교회사』(서울: 생명의말씀사, 2005).

용하였다. 1년 동안 의학을 배운 경험을 살려 알렌의사를 도와 내과에서 일하였으며, 동시에 경신학교의 전신인 존 디 웰즈 학교를 설립해 인재양성에 정열을 기울였다. 1887년에는 성경번역을 추진하기 위해 상임성경실행위원회를 결성했고, 1890년에는 문서선교를 위해 기독교서회의 전신인 "조선성교서회"를 조직하기도 했다.

둘째, 미국 북감리회 입국. 미국 북감리회의 첫 번째 한반도 선교사는 아펜젤러(Herry G. Appenzeller, 1858–1902)이다. 아펜젤러 부처가 목사 안수를 받고 일본을 거쳐 북장로회 소속 언더우드 목사와 함께 인천을 통해 입국한 것은 1885년 4월 5일 아침이었다. 그들은 상륙하자마자 땅위에 엎드려 먼저 하나님께 감사하는 기도를 올렸다:

> 우리는 부활절 아침에 이곳을 상륙하였습니다. 이날 사망의 권세를 이기신 주께서 이 백성을 얽어맨 결박을 끊으사 하나님의 자녀로서 빛과 자유를 주소서.[49]

아펜젤러 부처가 한반도에 입국했지만 조선은 아직까지 외국인 여자의 거주를 허락하지 않았기 때문에 인천에 도착한지 9일 만인 1885년 4월 13일에 다시 일본으로 되돌아가야 했다. 그러나 조선의 여성 차별 정책은 이들의 선교 의지를 꺾지 못했고, 그 해 6월 20일에 다시 인천을 거쳐 서울에 도착하여 선교활동을 했다.

셋째, 미국 남장로회 입국. 한국의 호남지역 선교를 담당했던 미국 남장로회에서는 1892년부터 한국에 선교사를 파송하기 시작했다. 미국 남장로회가 조선에 선교사를 파송한 것은 언더우드의 공헌이 컸다. 언더우드는 1891년에 안식년을 맞이하여 미국에 가서 신학교 연맹(The Inter–Seminary Alliance)에서 주최한 내슈빌(Nashville) 대회에서 강연할 때 거기에 참석했던 한 사람이 감동을 받고 조선에 선교사로 가기로 결심했다. 그가 바로 미국 남장로회 소속의 신학생 레이놀즈(William D. Reinolds, 1867–1951)였다. 언더우드의 강연에 감동을 받은 레이놀즈는 남장로회 총회 외지선교회를 통해 조선 선교사로 파송받기 위해 전킨(William McCleary Junkin, 1865–1908)과 함께 매일 오후 3시에 기숙사에서 기도하면서 언더우드 목사를 강사로 각지를 순회하면서 조선 선교

주

49) 박용규, 『한국기독교회사』 (서울: 생명의말씀사, 2005), 414.

의 필요성을 강조하였다. 그 결과 존 언더우드(John T. Underwood)가 감동을 받아 2만5천 달러를 선교헌금으로 내 놓았고, 남장로회 외지선교회는 조선에 선교사를 파송하기로 결정했다. 레이놀드는 미국을 떠나기 전에 한국 선교에 뜻을 함께 하기로 한 볼링(Patsy Bolling) 양과 결혼하여 함께 입국했다.[50)]

2.3. 선교지역 분할 정책

한국 초기 선교사들은 한 개의 국가, 한 개의 교파에만 소속된 것이 아니었다. 이들은 예수님을 나의 구주 나의 하나님으로 믿은 신앙은 동일했지만 교파마다 신학적인 면과 선교적인 면에서 독특한 색깔을 가지고 있었다. 장로회는 장로회의 색깔이 있었고, 감리회는 감리회의 색깔이 있었다. 동일한 장로회이라 할지라도 미국 남장로회와 북장회의 색깔과 캐나다나 호주장로회의 색깔이 다른 면이 분명히 있었다. 이것은 1890년에 "선교사 연합공의회"(United Council of Missions in Korea)를 결성했다 하더라도 온전한 하나의 연합체로서 선교활동을 한다는 것은 어렵게 만든 요소로 작용했다.[51)] 그래서 선교사들이 지혜를 모아 결정한 것이 "선교지 분할정책" 이다. 각 교파별로 중점적으로 담당할 선교지를 분할함으로서 선교사들 사이에 일어날 수 있는 불화와 대립을 예방하자는 차원이었다.

선교지가 분할된 것은 1893년 1월이었다. 미국 남장로회는 충남(대전, 부여, 목천), 전북 전 지역, 전남 전 지역, 제주 전 지역을 담당하였고, 미국 북장로회는 경기(서울, 고양, 파주, 교하, 양근, 광주 일부, 과천, 용인, 양지, 진위, 양성, 안성, 시흥, 김포, 죽산, 통진, 양주 일부), 충북(연풍, 청주, 문의, 영동, 회인, 청산, 보은, 청안, 옥천, 황간, 괴산일부), 경북(대구, 안동, 경주와 전지역), 황해(봉산, 수안일부, 곡산, 황주, 은율, 문화, 장연, 신천, 송화, 풍천, 안악, 재령, 평산, 서흥 일부), 평남(평양, 안주, 숙천, 여유, 순안, 강동, 자산, 삼동, 중화, 상원, 영원, 덕천, 개천, 순천, 은산, 맹산, 성천, 강서일부, 증산일부, 용강일부), 평북(의주, 용천, 철산, 선천, 곽산, 정주, 가산, 박청, 구성, 삭주, 창성, 벽동, 초산, 위원, 강계, 자성, 후창)을 담당하게 되었다. 호주장로회는 경남, 부산 등 전 지역을, 캐나다장로회는 함남(원산, 성진, 문천 등 북부지역과 함북 전 지역)을, 미감리회는 경기(서울, 인천, 수원, 안산, 남양, 교동, 강화, 부평, 여주, 광주 일부, 이천, 음죽, 양천, 양근 일부), 충북(진천, 음성, 충주, 제

주

50)한반도에 선교사들이 본격으로 입국하기 시작한 1884년 이후 여기에 언급한 미국 북장로회, 미국 북감리회(또는 미국 감리회), 미국 남장로회 외에도 다양한 나라와 교단의 선교사를 한반도에 파송하였다. 예를 들면, 1885년 11월 영국 성공회 소속 울프(J. H. wolfe) 주교 일행의 부산지역 선교와 1890년 9월 파송 선교사(트롤루프 등) 입국, 1889년 10월 호주 빅토리아 장로회의 데이비스(J. H. Davies, 1858-1890)와 메리(Mary T.) 입국과 부산 등 경남지역 선교, 1896년 8월 미국 남감리회의 리드(C. F. Reid, 1849-1915) 선교사 입국, 1894년 개인자격의 매켄지(W. J. Mckenzie, 1861-1895) 선교사의 입국과 병사(病死)의 계기로 1898년 9월 캐나다 장로회의 파송 선교사인 푸트(W. R. Foote, 1869-1930) 부처와 던컨 맥레(D. NcRae, 1868-1949) 그리고 로버트 그리어슨(D. Grierson, 1868-1965) 부처 입국, 말콤 펜윅(Malcolm C. Fenwick, 1863-1935)의 영향으로 1895년 침례회의 폴링(E. C. Pauling) 부처와 가들라인(Amanda Gardeline) 양 등의 입국이다.

51)선교사 연합공의회 설립 회합에서 미국 북장로회의 헤론(John W. Heron,) 의사가 의장이 되었고, 호주 장로회의 데이비스(J. Henry Davis) 목사가 서기로 선임되었으며, 언더우드 목사와 기포드(D. L. Gifford)목사, 그리고 알렌(H. Newton Allen) 의사 등이 참석하였다. 마펫(Samuel A. Moffett)목사는 제2차 회합부터 참석하였다. 그러나 이 회합은 호주 선교회의 유일의 대표인 데이비스 목사가 별세하게 되자 미국의 북장로회 만으로는 존재할 의의가 없어져 3, 4개월이 지나면서 자연히 해체되고 말았다. 1892년 미국 남장로회 소속의 선교사들이 도래하게 되어 1893년 1월 28일 "장로회 선교사 공의회"(The Council of Missions Holding the Presbyterian Form of Government)가 빈톤(C. C. Vinton)박사의 집에서 회합하였는데, 여기에는 장로회 계통의 선교사들 전원이 참석하였다. 이 회의는 "개혁 신앙과 장로회 정치를 준행 하는 하나의 한국교회를 조직하는 것"을 목적으로 설정하였고 "대한예수교 장로회"라는 기구가 정립되기 전까지 전국 교회에 대한 상회의 역할을 자연히 수행할 수밖에 없었다. 그렇지만 이 회가 결코 공식적 기구는 아니었으며 다만 상호간의 친교 와 상담과 조언하는 회합에 불과했고 권리 행사를 여전히 각자의 선교회가 소유하고 있었다.

천, 청풍, 영춘, 단양, 괴산 일부), 강원(원주, 횡성, 평창, 영월, 정선, 강릉, 삼척, 울진, 평해), 황해(옹진, 강녕, 해주, 연안, 배천, 평산, 신계, 봉산, 일부, 수안 일부, 서흥 일부), 평남(평양, 양덕, 함종, 삼화, 맹산 일부, 성천 일부, 개천 일부, 온산 일부, 순천 일부, 강서 일부, 증산 일부, 강동 일부, 용강 일부), 평북(태천, 운산, 회천, 영변) 지역을 할당 받았다. 그리고 남감리회는 경기(서울, 송도〈개성〉), 강원(춘천, 철원, 양구, 이천, 지경대), 함남(원산, 회양, 안변, 용동) 지역을 선교지로 분할 받았다.

선교사들은 한국의 전 지역에서 인구 5천명이상의 도시에서는 함께 선교 사업을 진행하기로 하고 그 인구 미만의 도시에서는 먼저 선교를 개시한 선교회의 담당 구역으로 한다고 합의했다. 이 내용은 당시 한국교회를 방문했던 감리교의 포스터(R. S. Foster) 감독이 동의를 하지 않아 약간의 어려움이 있기는 하였으나 선교회 상호간에 그대로 적용된 것은 사실이다.

1905년 장로교와 감리교의 양 교회 사이에는 선교 구역을 재조정할 필요가 발생하였다. 평안북도에서 영변을 중심으로 한 지역은 북감리교에서 맡기로 하고 그 외의 강계와 선천 등 지역은 북 장로회의 선교 구역으로 결정하였다. 선교 도상에 있어 아무래도 각 교파의 선교사들 사이에 부딪치는 난관이 발생할 수 있었기 때문이다. 그러나 선교사들은 상호간에 협동정신을 잘 발휘하여 순조롭게 사업을 진행하여 선교의 실적을 크게 올릴 수 있었다.

한국에 들어온 선교사들은 교파를 초월하여 친선을 도모하면서 예배도 드리고 전도사업도 함께 협력하여 좋은 결과를 나타내었다. 하나가 되어 하는 선교의 성과는 초기 한국교회의 발전을 이룩하게 하는 커다란 기반이 되었다고 평가할 수 있다.

2.4. 네비우스(Nevius) 선교정책

1884년부터 내한하기 시작한 선교사들은 대부분 20대였다. 인간 사이의 갈등은 나이에 관계없는 것은 분명하지만 젊을수록 문제에 대처하는 지혜가 부족할 수 있다는 것은 누구나 인정할 것이다. 이것은 예수님을 믿는 신자에게도 예외는 아니다. 선교사나 목사라고 이 문제에 자유로울 수 없다.

20대였던 초기에 내한한 선교사들은 선교방법 등의 의견 차이로 갈등도 표출되었다. 갈등의 원인의 중심에는 그들의 신학과 문화적 배경 등의 차이점이 자리하고 있었다고 볼 수 있다. 선교사들은 갈등이 지속된다면 효과적인 선교가 어렵다고 생각하고 조선 실정에 적합한 선교정책을 가르쳐주기를 기도하다가 중국 지푸에서 25년 이상 활동하면서 선교정책에 관해 상하이의 『차이니스 레코더』(Chinese Recorder)에 글을 발표했던 북장로회 소속 네비우스(J. L. Nevius) 박사가 한국 선교회의 초청했다. 네비우스는 1890년에 서울을 방문하여 2주 동안 조선에 있던 선교사들과 선교 문제점을 연구하고 여러 의문점에 대해 논의했다. 그는 "독립, 자립, 진취적인 토착 교회"(Independent, Self-Reliant, and Aggressive Native Church)라는 선교정책 방안을 제시하면서 자립 교회를 강조하였다. 당시 논의에 참여했던 모펫 박사는 네비우스 방문에 대해 이렇게 기록하고 있다:

그는 풍요로운 25년 동안의 체험에 입각하여 우리 젊은이들과 이야기를 나누었으며 우리의 가슴 속에 주요 원리에 대한 사고의 씨를 심어주었다. 그로부터 우리의 사역에 두 개의 큰 원리가 도입되었다. 사경회제도와 재정적 자립이 그것이다. ...... 이 대화를 통해, 그리고 그의 저서 〈선교사역 방법론〉(Methods of Mission Work)을 통해 한국 선교는 측량할 수 없는 유익을 얻었다. 물론 이 사상을 발전시키면서, 지역적 조건으로 인해, 그리고 이 원리를 상이한 환경에 적용시키는 데서 발생하는 문제로 인해, 많은 수정이 있었지만 말이다.[52]

모펫의 증언 내용을 보면 네비우스 선교방법이 당시 북장로회 선교사들에게 깊은 감명을 주었고, 감명을 받은 선교사들은 네비우스의 이론을 어떻게 한국 선교지에 적용할 것인지 신중히 검토하기 시작했음을 알 수 있다. 1890년 당시 네비우스의 선교정책을 함께 들었던 언더우드는 네비우스 선교정책을 다음과 같이했다:

1) 각자가'처음 부르심을 받았을 때의 형편에 거하게'하며 각 개인이 그리스도의 사역자들이 되어 자기 이웃들 속에 살면서 스스로 생업을 꾸려 나가면서 그리스도인으로 살도록 가르친다.
2) 교회의 방법이나 조직을 토착 교회가 감당할 수 있는 수준에서 발전시킨다.
3) 교회 스스로가 가능한 한 인력과 재정을 공급하게 하여 이웃 속에서 복음 사역을 하게 하되 좀 더 나은 자질이 발견된 사람은 별도로 둔다.
4) 본토인들로 자기네 교회당 건물을 마련하게 하되 그 건물은 토착적인 것이어야 하고 지역 교회가 능히 꾸밀 수 있는 그런 양식으로 지어야한다.[53]

주

52) 곽안련, 『한국교회와 네비우스선교정책』, Ibid., 98.

53) H. G. Underwood, Call of Korea, (New York: Fleming H. Revell, 1908), 109-10.

곽안련(Charles Allen Clark, 1902-41)은 『한국교회와 네비우스 선교정책』에서 네비우스 선교정책을 다음과 같이 요약했다:

그의 원리는 성경을 강조한 점, 자립, 자력 전도에 대한 견해, 교회 조직에 대한 견해 등이 아마 그가 가르친 것 가운데 가장 현저한 부분일 것이다.[54)]

필자는 여기에서 그 정책 가운데 하나를 특별히 강조하고 싶다. 이것은 지난 번 책에서 그다지 강조되지 않았으나 이 정책은 많이 언급된 기타 정책 즉 자립(경제적 자립), 자치, 자력 전도보다 훨씬 더 큰 성공의 비결이라고 필자는 굳게 믿는다. 그것은 다름 아니라 사역의 각 분야에서 성경을 보편적으로 사용하는 것이다. 한국교회는 성경 위에, 단순한 성겨 본문 위에 건립되었다.[55)]

네비우스 정책에는 많은 방법이 있다. 성경을 강조하는 이 방식이 그 중에서도 가장 핵심적인 것 가운데 하나이다.[58)]

곽안련이 파악한 네비우스 선교정책의 중심에는 "성경의 강조" 였던 것이다. 곽안련의 네비우스 선교정책에서의 성경의 중요성은『한국교회와 네비우스 선교정책』결론에서 다시 한 번 강조하고 있다. 그는 결론부분에서 그는 한국교회가 성장하게 된 다른 여러 동기들이 있었지만 "필자는 이 세 가지 요소(필자주: 자립, 자전, 자치) 전부에 동력을 공급하는 또 하나의 네비우스 방식이 그것들의 배후에 존재한다고 믿게 되었다. 그것은 다름 아니라 '성경강조정책' 이다."고 했다.[57)]

네비우스 선교정책이 '성경강조정책' 라면 성경을 어떻게 믿고 있는가? 곽안련은 "한국교회는 성경을 하나님의 권위 있는 책, 인간들에게 직접주신 하나님의 권능의 말씀으로 받아들인다."고 말하고, "네비우스 방식에 대한 전반적인 진술"에서 다음과 같이 말한다:

모든 가르침에서 성경 본문 자체에 큰 역점을 두라. 성경해독(문맹 퇴치), 성경 암송, 성경 읽기, 자녀에게 성경 이야기 들려주기, 본문의 의미를 배우고 전에 배운 내용을 복습하기. 이 성경모임(필자주: 사경회)에서 "주석과 기타 보조 책자들도 입수할 수 있는 대로 사용되었으나 주교재는 어디까지나 성경이었다. . . . 모든 사역의 토대는 성경이다. 사람들이 마음을 성경으로 가득 채워 성경으로 하여금 행동을 지배하도록 하는데 목표가 있다.[58)]

초기 한국선교사들이 네비우스 선교정책을 받아들인 것은 네비우스의 선교방식이 성경에 위배되지 않았다는 것과 그의 성경관이 초기 선교사들의 성경

주

53) H. G. Underwood, Call of Korea, (New York: Fleming H. Revell, 1908), 109-10.

54) 곽안련, Ibid., 23.

55) Ibid., 20.

56) Ibid., 21.

57) Ibid., 320.

58) Ibid., 33-7.

관과 일치했기 때문이었다고 보아야 한다.[59]

그러면 장로교회의 선교 정책은 무엇인가? 장로회 공의회는 네비우스 원칙에 기초하여 한국 선교정책을 다음과 같이 채택했다:

(1) 상류층보다는 근로자 층을 전도하는 것이 더 낫다.
(2) 부녀자에게 전도하고 소녀들을 교육하는 데 주력해야 한다. 제2세의 교육에는 부인들이 더 큰 영향을미치기 때문이다.
(3) 초등학교를 경영함으로서 기독교 교육을 위한 여러 가지를 달성할 수 있다. 그러므로 우리는 교사 양성에 힘써야 한다.
(4) 장차 한국의 목사들도 이런 학교에서 배출될 것이므로 이 점을 더욱 유의하여야 한다.
(5) 사람을 회개시키는 것은 하나님의 말씀이다. 그러므로 좋은 성경 번역을 내어 놓는 것이 중요하고도 시급한 과제이다.
(6) 모든 기독교 서적이나 출판물은 한문을 쓰지 않고 한국 글(한글)로만 쓰도록한다.
(7) 교회가 생명 있는 교회가 되려면 자립적인 교회가 되어야 한다. 선교사들의 도움을 받는 사람의 수는 될 수 있는 대로 줄이고, 자급하여 세상에 공헌하는 사람을 늘여야 한다.
(8) 한국의 대중은 동족의 전도로 믿게 되어야 한다. 그러므로 우리 자신이 대중에게 설교하는 일보다는 비록 수가 적더라도 한국인 전도자의 양성에 주력해야 한다.
(9) 의료 선교사들은 환자들과 오래 두고 사귈 때 더 효과적으로 선교할 수 있다. 말하자면 성경을 가르칠 기회도 얻고 마음을 주고받으며 조언할 수 있다. 의료적인 치료만으로는 효과 를 거두기 어렵다.
(10) 지방에서 와서 치료를 받는 환자들을 그들의 마을로 찾아가 계속 치료해 주며 안부를 물어야 한다. 여태까지의 경험으로 보아 사랑으로 치료할 때 전도의 문이 열린다.[60]

한국에 세계에서 유래를 찾아보기 쉽지 않은 장로회의 부흥과 성장은 초기에 네비우스 선교정책을 잘 이행한 결과로 보아도 무리가 없을 것이다. 장로회 뿐만 아니라 모든 한국교회가 네비우스 정책이 강조하는 성경을 알고 그 말씀을 실천하는 성경 중심의 교회가 된다면 신천지 등 각종 이단은 자연스럽게 소멸될 것으로 기대된다.

주

59) 네비우스가 주장한 자립 교회, 자급 교회, 자립의 선교 원칙은 영국의 선교사요, 교회운동가였던 헨리 벤(Henry Venn)이 1860년대에 이 방법을 세계 선교의 방법으로 채택할 것을 권고한 것을 네비우스가 채택한 것으로 보아야 한다.

60) 김영재, 『한국교회사』 (서울: 합동대학원출판부, 2009), 124-25.

3. 독노회와 총회 설립

본교회 설립 전 · 후에 한국장로교회는 커다란 조직적인 변화를 맞이했다. 1907년의 독노회 설립과 1912년 총회 설립이 그것이다. 독노회에는 네 개 장로회가 연합한 것으로 경기충청대리회, 북평안대리회, 남평안대리회, 황해대리회, 전라대리회, 함경대리회, 경상대리회 합 7개 대리회로 구성하였다:

자비하신 하나님께서 우리나라 인민을 도라보사 미국 남장로회와 북장로회와 영국, 오스트렐리아 장로교회와 카나다 장로교회의 주를 믿는 모든 형제자매들의 마음을 감동시켜 이 네 곳 교회 총회로 ... 도를 전한 지 23년 동안에 회개하고 주께로 돌아온 자가 근간 10여만명이라 ... 그 회의 이름을 장로 공의회라 칭하고 15차례 모이더니 ... 대한민국 장로회 노회를 세우기로 허락한고로 ... 1907년 9월 17일 정오에 ... 이는 실로 대한국 독립 노회로다.[61]

총회는 독노회 설립할 때 있었던 7개의 대리회를 노회로 승격한 후 "예수교장로회죠션총회(耶穌敎長老會朝鮮總會)"란 명칭으로 1912년 9월 1일에 제1회 총회를 개최를 개최했다. 대리회를 노회로 승격한 날짜는 다음과 같다. 경기충청대리회는 1911년 12월 4일에, 북평안대리회는 1912년 2월 15일에, 남평안대리회는 1912년 1월 28일에, 황해대리회는 1911년 12월 8일에, 전라대리회는 1911년 10월 15일에, 함경대리회는 1912년 1월 20일에, 경상대리회는 1911년 1월 6일이다.[62]

독노회 설립은 1903년의 원산부흥운동에 이어서 1907년 1월에 일어난 평양대부흥운동과 연결되어 있다고 볼 수 있다. 평양대부흥운동은 1907년 1월 2일부터 15일까지 진행된 사경회 기간 동안 일어났는데 그 해에 독노회가 설립된 것이다. 한국장로회는 독노회 설립 후 5년 만에, 그리고 본교회가 설립된 1년 후인 1912년에 총회가 설립되었던 것이다. 총회의 결성은 한국장로교회가 한국의 교회로서 공식적으로 출범했다는 것을 세계만방에 알리는 일이었다.

4. 정리

예수님은 하나님의 나라를 겨자씨와 누룩으로 비유하셨다. 겨자씨는 아주 작은 씨로 시작하지만 새들이 그 그늘에서 놀고 쉴 수 있을 만큼 커다란 나물로

주

61) 대한예수교장로회 노회록: 독노회 제1회』, 노회회록 서문, 1-3.

62) 『대한예수교장로회 총회록: 제1회』, 42-56. 전라노회보고서에 표현된 대구노회는 대구노회가 별도로 있었던 것이 아니라 제5회 독노회(예수교장로회 조선노회)가 1911년 9월 17일 상오 9시에 경상북도 대구 남문안예배당에서 개최된 것을 말한다. 『대한예수교장로회 노회록: 독노회 제5회』, 1.

자라듯이 하나님의 나라도 그러한 특성이 있다고 가르치셨다. 누룩은 온 덩어리에 고르게 영향을 미쳐 전부를 부풀게 한다는 특성이 있는 것처럼 하나님의 나라도 그러하다고 가르치셨다.[63)]

세계교회사와 한국교회사를 살펴보면 예수님이 하나님의 나라를 누룩과 겨자씨에 비유하신 이유가 무엇인지를 알 수 있다. 상기한 바와 같이 한국 선교 역사는 겨자씨와 같이 작게 시작했다. 선교사들은 개인 자격으로 왔던지 본국의 파송으로 왔든지 화려하게 조선 땅에 입국했던 인물은 아무도 없었다. 힘으로 또는 국익을 위하여 정부와 정부가 외교통상조약 등을 맺으면서 거대한 물결로 한 나라에 입국하는 형태에 비교할 때 선교사들의 입국은 겨자씨처럼 작고 새싹처럼 연약한 존재로 보였다. 그러나 겨자씨 속에 생명력이 있어 자라듯이 그들 속에는 예수 그리스도의 생명이 약동하고 있었다. 1907년에 설립된 독노회와 1912년에 설립된 장로회 총회 그리고 20세와 21세기의 한국교회가 이를 증거하고 있다.

언더우드의 경우처럼 "너는 왜 못가느냐?"(Why not go yourself?) "한국에 갈 사람은 없는가?"(Not one for Korea) "한국은 어찌할 터인가?"(How about Korea?)라는 하나님의 부르심을 받았다는 조선 선교에 대한 확신이 있었다. 한국교회 초기 선교 역사는 한국교회는 예수님이 교회의 모퉁이 돌이 되시고, 귀츨라프의 초기 선교 활동과 토마스 선교사의 순교의 피와 이후에 들어 온 많은 초기 한국선교사들의 헌신과 눈물과 생명으로 말씀의 반석 위에 세워졌다고 외치고 있다. 본교회가 세워진 호남지역은 미국 남장로회의 개혁주의가 신학적인 뿌리로 자리 잡고 있다는 것이 역사의 증언이다.

주

63) 마13:31–33(눅13:19–21) "또 비유를 들어 이르시되 천국은 마치 사람이 자기 밭에 갖다 심은 겨자씨 한 알 같으니 이는 모든 씨보다 작은 것이로되 자란 후에는 풀보다 커서 나무가 되매 공중의 새들이 와서 그 가지에 깃들이느니라. 또 비유로 말씀하시되 천국은 마치 여자가 가루 서 말 속에 갖다 넣어 전부 부풀게 한 누룩과 같으니라."

제3장 미국 남장로회 총회 설립과 신학

1. 미국 남장로회 총회 설립 역사

미국 남장로회는 1861년 12월 4일 조지아의 어거스타에서 최초로 회합했다.[64] 발티모아의 두 개의 노회를 포함한 47개 노회에서 총대로 참석한 50명의 목사와 38명의 장로가 이 모임에 참석했다. 미국 역사를 보면 처음부터 남과 북의 독특한 구조를 형성하겠다는 어떤 원칙이나 계획에서 출발한 것이 아니었음을 볼 수 있는 것처럼, 미국 남장로회 역시 처음부터 계획되었던 일은 아니었다.[65]

정치적이든 상업적이든 선교적인 차원이었던지 아니면 핍박을 피하기 위해서든지 신대륙 아메리카에 도착한 이주민들은 자신들이 정착한 지역의 환경적 특성에 맞게 적응해야 했다. 적응의 과정에서 지역별로 문화와 경제 등의 독특한 환경이 만들어지는 것은 매우 자연스러운 현상이다. 본 논문에서 중점적으로 다루게 될 미국 남장로회는 이러한 현상을 잘 보여주는 한 예가 된다.

1.1. 남장로회 총회 결성 전의 남부 장로회

16세기 종교개혁의 영향을 받은 장로회주의 자들은 미국이 식민지로 있었을 때부터 스위스, 네덜란드, 프랑스, 독일, 잉글랜드, 웨일즈, 스코틀랜드, 아일랜드 등으로부터 이민을 시작했다.

장로회주의 이민자들의 첫 번째는 영국의 청교도들이었다. 그들은 뉴잉글랜드(New England) 남부에서부터 캐롤라이나(Carolinas)와 조지아(Georgia) 지역

주

64) 미국 남장로회 역사는 다음과 같은 문헌을 참고 했으므로 더 자세히 알고 싶다면 이 문헌들을 참고하면 된다.
Charles Hodge, The Constitutional History of the Presbyterian Church : in the United, (Philadelphia: Presbyterian Board of Publication, 1851). E. H. Gillet, History of the Presbyterian Church in the United States of America, (Philadelphia: 1864). Lefferts A. Loetscher, A Brief History of the Presbyterians, Translated by Nam Sik Kim, (Seoul: Sung Kwang Publishing Company, 1996). Martin E. Marty, Protestantism in the United States, (New york: Charles Scribner's Sons/London: Collier Macmillan Publishers, 1985). Morton H. Smith, Studies in Southern Presbyterian Theology, (Phillipsburg: Presbyterian and Reformed Publishing Company, 1987). T. Watson Street, The Story of Southern Presbyterians, (Richmond: John Knox Press, ?). 제임스 스마일리, 『간추린 미국 장로교회사』, (서울: 대한기독교서회, 1998). 존 피츠미어, 『미국 장로교회사』, (서울: CLC, 2004.). 오덕교, 『장로교회사』, (서울: 합동신학대학원출판부, 2005). 유대영, 『미국종교사』, (서울: 청년사, 2007). 홍치모, 『영미장로교회사』, (서울: 개혁주의신행협회, 1998). etc. 미국 남장로회 역사는 이 모든 저서들을 참고한 것이므로 직접 인용한 경우 외에는 그 출처를 생략할 것이다.

65) 미국 남장로회의 신학에 대한 구체적인 내용을 알고 싶으면 필자의 철학박사 학위논문인 "교회사에서 고찰한 미국남장로회 신학 연구," (광신대학교, 2010)를 참고하시기 바란다.

까지 넓게 정착했다. 대표적인 인물로는 1607년에 로빈슨(John Robinson)과 함께 영국을 탈출한 야콥(Henry Jacobs) 목사이다. 프랑스 칼빈주의자인 위그노들은 펜실베이니아(Pennsylvania)와 메릴랜드(Maryland)에 정착하기도 했으나 대부분은 남부 주에 정착했다. 1685년에 상당수의 프랑스인들이 캐롤나이나로 이주했다. 이들의 후손들은 거의 대부분이 감독교회와 장로교인들이었다.

1.2. 최초 노회 형성

메릴랜드와 버지니아에 설립되었던 교회들이 어머니 교회였지만 최초의 노회는 1706년 필라델피아에 설립되었다.[66] 이 노회의 설립 의미에 대해 Lefferts A. Loetscher는 다음과 같이 피력했다:

> 이 노회 구성에 대해서 특히 주의할 것이 두 가지가 있다. 하나는 그것이 미국의 장로회주의의 특색인 복수주의(Pluralism)와 때때로는 양극성(Polarity)을 예견하면서, 두 개의 서로 완전히 다르며, 때로는 싸우기까지 하는 청교도 장로회주의와 스코틀랜드나 스코틀랜드-아일랜드 장로회주의에 각각 소속된 일곱 명의 목사들이 연합한 점이다. 이 최초의 노회의 두 번째 중요한 특색은 이것이 스코틀랜드 의회에 의해 채용되고 총회가 보증한 장로회주의와 마찬가지로"위로부터 아래로"가 아닌"아래로부터 위로"조직된 점이다.[67]

노회가 형성된 후 장로회는 펜실베니아, 뉴저지, 뉴욕을 중심으로 빠르게 성장하여 1716년에 뉴욕과 뉴저지의 교회가 소속되어 있는 롱 아일랜드, 펜실베니아 교회를 포함하는 필라델피아, 델라웨어 교회가 소속되어 있는 뉴캐슬(New Castle), 그리고 메릴랜드 교회가 소속되어 있는 스노우 힐이 합쳐 필라델피아 대회를 결성하였다. 대회 결성된 후 교회가 어떻게 하면 온전히 하나가 되어 동일하게 증거하고 교리의 정통성을 지켜나갈 것인가에 대해 고민했다. 웨스트민스터 신앙고백서를 철저히 받아들여야 한다는 측과 인간이 만들어낸 문서 보다는 오직 성경의 정신을 따라한다는 측이 있었다. 스코틀랜드와 아일랜드 출신 목사들은 전자를 주장했고, 잉글랜드 출신 목사들은 후자를 주장했다. 잉글랜드 출신 목사들이 성경을 중요시 했다는 것은 긍정적일 수 있으나 이렇게 되면 기독교 역사에서 살피 볼 수 있는 것처럼 자유주의적 요소가 끼어들 수 있는 여지를 남기는 것이다.

웨스트민스터 신앙고백서를 따르기로 서명한 찬성 측과 서명하지 않은 반대측이 서로 대립된 가운데 조나단 디킨슨을 중심으로 작성한 "채용법규"(The

주

66) 매케미가 식민지에 도착했을 때 청교도들과 장로교인들이 메릴랜드와 버지니아에 걸쳐 이곳저곳에 흩어져 살고 있는 것을 발견했다. 그는 열정적으로 복음을 선포하면서 1683-4에는 메릴랜드의 스노우 힐(Snow Hill)에 교회를 조직했다. 얼마 후에는 역시 메릴랜드의 르호봇과 솔즈베리(Salisbury)에도 교회를 설립했고, 이어서 포코목(Pocomoke)과 오난코크(Onancock), 그리고 버지니아의 엘리자베스 리버에도 교회를 조직했다. 이 교회들은 미국 장로교회의 어머니 교회(mother churches)라고 불린다. Morton H. Smith, Ibid., 21.

67) Lefferts A. Loetscher, A Brief History of the Presbyterians, (서울: 성광문화사, 1996), 70.

Adopting Act)가 1729년 9월 19일에 승인되었다. 채용법규의 주요골자는 다음과 같다:

> 대회에 가입하려는 목사나 목사가 되려고 하는 자는 웨스트민스터 신앙고백과 대요리문답, 소요리문답이 "가장 본질적이며 중요한 조항으로서 기독교 교리의 건전한 표현과 체계로서의 좋은 형태"임을 고백할 것을 규정하고 있다. 이러한 표준 문서들 중에 어떤 목사가 받아들일 수 없는 부분이 있다면 그는 목사임명위원회에 그가 "의심하는 부분"을 밝혀야 하고, 그러면 이 위원회는 그 의심하는 바가 그를 배제하는 것을 정당화할 만큼 "본질적"인가 아닌가를 결정한다.[68]

엄격한 법을 만들었다면 웨스트민스터 신앙고백과 대소요리문답에 이의가 있는 자는 목사가 될 수 없을 것이지만, 그렇지 않은 자의 의견을 청취하고 그것을 목사임명위원회가 평가한다는 것이니 "채용법규"는 일종의 절충안이었다. "채용법규"는 교리에 있어서 미국 장로회주의의 기본적인 위치를 차지하고 있기 때문에 절충적인 성격을 가지고 있는 "채용법규"는 교리에 있어서 목사에게 얼마나 자유를 주어야 하고, 얼마를 제한해야 하는가에 대한 논쟁거리를 남기게 되었다.

1.3. 제1차 장로회 분열(1741)

초기 이민자들이 모두 개신교 신자들이 아니었고, 신자들도 모두 칼빈주의 신앙을 가진 것은 아니었지만 자신들의 나라에서 바른 신앙을 지키기 위해 노력했던 사람들이 대부분이었다. 그들은 새로운 환경에 적응하면서 자신들이 가지고 있던 믿음의 순수성을 유지하기 위하여 많은 노력을 경주했음을 볼 수 있다. 그러나 시간이 지나면서 초기에 가졌던 선조들의 신앙을 자녀들이 유지하지 못하는 경우가 속출하기 시작했다. 영적침체의 어두운 그림자가 짙어져 갈 무렵 새로운 각성운동이 1720-60년 사이에 일어났다. 이것을 보통 "미국 제1차 대 각성운동"이라고 한다.

미국 제1차 대 각성운동은 바른 신앙의 회복 등 긍정적인 영향이 많았지만 옥속의 티처럼 부정적인 영향을 낳기도 했다. 그 중의 하나가 크게 두 가지가 원인이 되어 미국 장로회의 제1차 분열의 씨앗 역할을 한 것이다. 하나는 신학교 입학자격 문제였다. 길버트 테넌트(Gilbert Tennent, 1703-64) 등은 통나무 대학(The Log College)에 입학하려면 회심체험을 해야 한다고 주장했고, 장로회

주

68) Ibid., 74-5.

중진들은 목사후보생 자격요건은 그들이 정통신앙을 고백하고 그 신앙고백에 따른 도덕적인 삶이 들어나면 가능하다고 생각했던 것이다. 다른 하나는 길버트 등의 설교 내용 때문이었다. 그들은 설교를 통해 목회자들을 강하게 비난했다. 길버트의 경우를 보면 1740년 펜실베니아의 노팅헴(Nottingham)에서 행한 "회개하지 않는 목사의 위험"란 제하의 설교를 통해 그의 동료 목사들을 강하게 고발했다. 길버트 등의 대 각성운동의 주도적 인물들의 설교는 미국 제1차 대 각성운동이라는 커다란 족적을 남겼지만 1741년에 구파(Old Side)와 신파(New Side)라는 미국 장로교회가 노회결정 후 최초의 분열(제1차 미국 장로회 분열)을 초래했다. 부흥운동을 찬성하는 측과 반대하는 측에 의해 분열된 장로교회는 각자의 길을 걷기 시작했다.

1.4. 하노버노회 결성(1755)과 구파와 신파의 재통합(1758)

1755년에 하노버노회(Hanover Presbytery)가 미국 남부지역의 최초 노회로 결정되었다. 하노버노회가 결성되던 같은 해 7월 10일에 브래독(Braddock) 장군이 이끄는 군대가 피츠버그의 Fort Necessity에서 프랑스와 인디언 연합군에게 패했을 때 이곳에 거주하고 있던 많은 수의 스코틀랜드계 아일랜드인들은 버지니아 계곡을 통과하여 캐롤라이나로 이주했다. 이들이 구파와 신파에 어떤 영향력을 행사했는지 구체적인 자료가 없지만 교회 연합의 필요성을 강조했던 휘필드(George Whitefield)를 비롯한 부흥사들의 영향력과 함께 어떤 역할을 감당했다고 생각해 볼 수 있다. 1758년 두 측은 분열이후 상호 우호 관계 회복에 노력하였고, 그 결과 서로의 입장을 한 발짝씩 물러남으로서 재연합했다. 1741년의 항의 사건은 대회 차원이 아닌 개인 차원의 것이었다는 것에 서로가 동의했다. 구파는 목사가 되려면 "종교적인 활동의 경력"이 사전에 검토되어야 한다고 했다. 신파는 동료 목사들을 근거 없이 비난하지 않을 것이며, 공식적인 초청이 있을 때에 다른 회중에게 설교할 것이고, 교회법에 순종하겠다고 했다. 양측은 1729년에 받아들였던 교리적인 표준에 대해서는 어떠한 변화를 가져오지 않은 상태에서 다시 하나가 된 것이다.

1.5. 총회의 결성(Formation of General Assembly, 1788)

미국 장로회의 최초의 총회가 1788년에 형성되었다. 이 총회 구성에 참여했던 네 개의 대회는 뉴욕과 뉴저지 대회, 필라델비아 대회, 버지니아 대회, 캐롤라이나 대회였다. 노회 수는 16개였고, 참여 목사 수는 177명이었다. 그 외에 목사후보생이 111명이었고, 교회는 419개였다. 네 개의 대회 중 버지니아와 캐롤라이나 대회는 남부였다. 버지니아 대회에는 하노버, 서부 펜실베니아에 있는 레드스톤(Redstone), 렉싱톤(Lexington), 트랜실바니아(Transylvania) 노회가 소속되어 있었고, 목사 수는 30명이었다. 캐롤라이나 대회에는 25명의 목사가 있었고, 오랜지(Orange), 아빙돈(Abington), 그리고 남부 캐롤라이나 노회가 소속되어 있었다.

미국 장로회 총회가 결성되기 전까지 뉴욕-필라델피아대회로 운영되었다. 독립전쟁에서 승리하자 여러 교파의 교회들이 새롭게 조직을 정비하기 시작했다. 장로회 역시 체계적인 국가적 교회를 조직할 필요성을 느꼈다. 1785년 교회의 대표인 모든 목사들과 회중의 대표인 장로들로 구성된 대회(Synod)제도만으로도 문제는 없지만 국가적 차원의 총회(General Assembly)를 조직하여 총회 아래에 대회를 두는 것이 더 체계적인 조직관리가 가능한 것으로 본 것이다. 미국 장로회가 총회를 결성한 것은 대회 운영에 어떤 문제가 있어서도 아니고, 대회가 필요 없다는 것도 아니었다.

미국 장로회 총회 결성 시 특기할 말한 것은 그들이 독립된 미국의 교회와 나라에 적합하도록 한다는 이유로 1647년에 완성되었던 웨스트민스터 신앙고백서를 수정한 일이다. 특히, 예배모범은 거의 새로운 것이 될 만큼 수정되었다. 총회가 신앙고백서를 수정한 후 목사를 임명할 때에 1729년에 승인했던 "채용법규"에 근거하여 "당신은 이 교회의 신앙고백을 성경이 가르치고 있는 교리의 체제를 따른 것으로서 인정하고 채용합니까?"에 답해야 한다고 했다. 총회 결성 다음 해인 1789년 5월에 제1차 총회가 필라델피아의 제2장로교회에서 열렸고, 초대 총회장에 존 위더스푼(John Witherspoon, 1723-1794)을 선출했다. 이 해는 독립한 미국의 초대 대통령 조지 워싱톤(George Washington)이 대통령의 직무를 첫 시작하는 해였다. 총회가 열리고 있던 그 시기에 미국 연방의회가 뉴욕에서 열리고 있었다. 총회는 위원회를 구성하고 위더스푼(Witherspoon)을 중심으로 의회에 보내는 메시지를 작성했다. 칼빈주의와 장로회주의 정신이 미 연방 헌법에 얼마 영향을 미쳤는지에 대해 로체스터(Lefferts A. Loetscher)는 다음과 같이 말한다:

> 때때로 미 연방 헌법이 장로회주의 정치 형태를 완전히 본 따서 만들었다는 불평이 일어났다. 이 양자 사이에 존재하는 유사성이 양자가 취하고 있는 대표자를 통한 정치의 원리가 혁명 기간의 모든 사람의 공동의 유산이었으며, 많은 사람들이 칼빈주의적 사상에 접하게 되고 청교도 혁명의 정치적 사상에 영향을 받는다는 사실에 기인한다고 말하는 것이 정당할 것이다.[69]

1861년 미국 남장로회 총회 역시 돈웰(Thornwell)이 주축이 되어 작성한 서한을 남부 연합정부 의회에 전달했다.

1.6. 재연합 후의 장로회 분열

남장로회 총회가 형성되기 전에 미국 장로회는 세 번에 걸친 분열의 아픔을 겪어야 했다.

첫째, 컴버랜드노회(Cumberland Presbyterian Church)가 총회의 지도 받기를 거절하여 탈퇴함으로서 발생했다. 이들의 탈퇴는 총회의 정치나 행정적인 요인 보다는 신학적인 요인이 컸다. 1800년에 캔터키의 케인 리지(Cane Ridge)에서 부흥운동이 일어났을 때 캔터키(Kentucky)에 속해 있던 컴버랜드노회는 그 불길에 영향을 받았다. 당시 프론티어 운동으로 전국적으로 성장하고 있던 장로회는 교회 성장에 비하여 목회자 배출이 제대로 이루어지지 않았다. 이러한 때에 미국 제2차 대 각성 운동이 일어났던 것이다. 감리교회와 침례교회는 목회자 자격 수준을 낮추어 교육 수준이 부족해도 소명이 있으면 목사로 안수하여 개척지에 파송함으로서 가시적이고 외형적인 효과를 얻고 있었다. 반면, 장로회는 제대로 훈련 받은 사람을 목사로 안수해야 한다는 원칙을 고수했다. 목회자가 절실히 필요했던 컴버랜드노회는 목사 안수 자격에 대한 총회의 방침을 무시하고 교리가 교회를 성장시키기 보다는 방해하는 요소가 있으므로 설교할 수 있는 사람은 누구나 목사가 될 수 있다고 주장하고 실천에 옮겼다. 컴버랜드대회가 노회의 이러한 행동을 문제 삼고 징계하자 총회를 탈퇴하여 1810년에 독립노회를 만든 뒤 컴버랜드 장로교회(Cumberland Presbyterian Church)를 조직했다. 이들은 알미니안 신학으로 빠졌고, 벧엘 대학(Bethel

주

69) Lefferts A. Loetscher, Ibid., 87–8.

College)과 컴버랜드 신학교(Cumberland Theological Seminary)를 세웠으나 교세가 약해져 교단 운영이 어렵게 되어 1906년 미합중국장로교회(Presbyterian Church U.S.A.)와 합동했다.

둘째, 구학파(Old School)와 신학파(New School)의 분열이다. 미국 제2차 대각성운동은 보다 적극적인 복음운동으로 이어졌다. 교회가 복음을 들고 서진운동을 전개하기 시작한 것이다. 당시 교회의 서진운동은 지리적인 면과 교파의 다양성 등의 요인이 있기 때문에 어떤 한 교파가 주도권을 행사한다는 것은 매우 어려웠다. 남부에서는 버지니아, 캐롤라이나, 조지아 대회가 선교 사업을 위한 계획수립에 착수했다. 그러나 북부에서는 뉴잉글랜드 회중교회의 배경을 가진 사람들이 서진운동을 펼쳤기에 장로회는 자신들 만으로 선교계획을 수립한다는 것은 한계가 있었다. 역사적으로 회중교회는 예외 없이 모두가 칼빈주의자들이었다. "뉴잉글랜드 신학"의 새로운 폭넓은 불일치는 이제 막 시작되고 있었다. 이 두 그룹은 다같이 칼빈주의자들이었기 때문에 둘 사이의 불필요한 경쟁을 피하기 위하여 "연합계획"(Plan of Union)을 만들었다. "이것은 선한 사람들에 의해 수립되었을 뿐만 아니라 가장 아름답고 가장 멋진 의도로 조직되었다."[70] "연합계획"은 다음과 같은 규정을 담고 있다:

> 회중교회와 장로교회는 자신들이 속해 있는 교파의 교육훈련을 받은 자로서 자신들이 속해 있는 공동체로부터 그들의 목사를 선택할 수 있다. 목사와 교인 사이에 문제가 발생했을 경우는 장로회나 공동협의회에 문의해야 하며, 협의회는 양 교단 동수로 구성한다. 만약 두 교파의 교회가 설립되면 각각의 교파에서 목사를 세우며, 각 교회의 행정은 그 교회에서 선임한 사람들로 구성된 상임위원회에 맡긴다. 상임위원회에 대리자가 참석할 때는 동일한 권한을 가진다.[71]

회중교회와 장로교회의 정치형태가 혼합되었기 때문에 웨스트민스터 신앙고백서에 대해서는 일절 언급하지 않은 이 연합계획은 1801년 총회에서 받아들여졌고, 통과 즉시 적용에 들어갔다. 연합계획이 총회에 의해 통과되자 장로회 안에서 두 그룹이 발생했다. 한 그룹은 장로회는 웨스트민스터 신앙고백과 대소요리문답을 받아들고 이것을 배우고 이해해야 한다고 주장했다. 이들은 구학파(Old School)로 불린다. 또 한 그룹은 자유로운 길을 걸으면서 연합계획의 표준을 받아들여야 한다고 주장했다. 이들은 신학파(New School)로 불린다. 공

주

70) B. M. Palmer, Life and Letters of James Henley Thornwell, (Richmond, Va., 1875), 191.

71) Ibid., 192.

동체가 딱딱하지 않고 부드럽고 자유스러운 분위기가 흐르는 것은 매우 유익한 일이다. 이러한 환경에서 일하는 구성원들은 일의 효과가 배가된다는 것이 보편적인 학설이다. 일치 속의 다양성을 인정하는 것은 자율성을 가진다는 의미에서도 좋은 일이라고 볼 수 있다. 문제는 그 일치가 어떤 기준에 의한 것이냐가 매우 중요하다. 신학의 경우는 더욱 그렇다. 구학파는 일치의 기준을 웨스트민스터 신앙고백서와 대소요리문답이라고 생각했고, 신학파는 "연합계획" 내용이면 문제가 없다고 한 것이다. 이 둘의 견해 중에서 누가 더 옳은가를 말한다는 것은 쉽지 않을 수 있지만 전반적으로 교회는 "활발한 움직임이 점점 느슨해져 갔다." 이들의 입장 차이는 시간이 지나도록 좁혀지지 않았고, 결국 장로회 총회는 1837년에 구학파와 신학파로 나누어졌다. 남부지역은 대부분 구학파였고, 북부지역은 대부분 신학파였다. 구학파와 신학파로 남부와 북부가 나누어진 것은 신학적인 문제와 함께 노예제도와 같은 사회적인 문제가 결부되어 있었다. 구학파와 신학파의 결별은 장로회 내부뿐만 아니라 사회적으로도 복음의 영향력을 축소시키는 역할을 했을 것임은 한국 장로교회사를 통해 능히 짐작할 수 있다.

셋째, 신학파 안에서 남부지역 교회들이 탈퇴하여 별도의 노회(United Synod of the South)를 세운 일이다. 구학파의 중심이 남부였고, 신학파의 중심이 북부였다는 것은 사실이지만 두 그룹 모두 전체 회원이 특정 지역으로 정확하게 나누어진 것은 아니었다. 이것은 마치 1979년의 한국장로회 제4차 분열이 호남과 기타 지역으로 정확하게 양분된 것이 아닌 것과 유사하다. 구학파와 신학파의 이러한 현상은 이들의 분열이 신학적인 면과 노예제도와 같은 정치적인 면이 복합되어 있었다는 하나의 반증이 된다. 구학파의 경우 분열 후 교회의 영적인 정체성을 그대로 유지하였다. "그들은 성경이 침묵하면 교회도 침묵해야 한다고 주장했다. 비록 분열 후 20년이 넘도록 많은 다른 교파에서는 노예제도 문제로 동요가 있었지만 구학파는 나뉘지 않고 하나로 남았다." 반면, "신학파 총회는 노예제도 문제로 1857년에 분열했다." 1857년의 신학파 총회의 분열이 노예제도 문제였다는 것은 이들의 분열이 남부와 북부라는 지역적인 양성을 가지고 있다는 데서도 확인 할 수 있다. 후술하겠지만, 이때 분리해 나온 남부지역 교회들은 1861년에 분열한 구학파 남부지역 총회와 1864년에 재연합하게 된다. 남부지역의 구학파와 신학파의 연합은 1837년의 분열이 신학적인 문제로만 이루어진 것은 아님을 말하는 하나의 증거가 된다.

1.7. 미국 남장로회 결성과 성장

1861년 12월 4일에 미국 남장로회가 미국 남장로회(The Southern Presbyterian Church)란 이름으로 구성되었다. 구학파 미국 장로회를 남과 북으로 분리하게 핵심적인 요소에는 노예제도와 관련한 남부와 북부로 정부형태가 나누어진 것이 자리하고 있다. 노예제도에 대한 교회의 입장도 차이가 있었다. 남부지역 장로회는 노예제도에 대해 교회가 관여해서는 안 된다는 입장이었고, 북부지역 장로회는 노예제도를 폐지해야 한다고 했다. 이 논쟁의 중심에 선 두 학자는 돈웰(Thornwell)과 핫지(Hodge)였다. 돈웰은 남부를 대표했고, 핫지는 북부를 대표했다. 두 학자는 자신들의 주장을 성경에서 기초했다. "돈웰은 성경이 말씀하지 않은 것을 교회에서 허락해서는 안 된다는 입장이었고, 핫지는 성경에서 금하지 않은 것은 허락할 수 있다는 입장이었다." 돈웰은 자신의 성경관에 따라 노예제도를 반대한다는 성경의 가르침이 없다고 주장할 수 있었고, 핫지는 노예제도를 성경이 허락한다고 말씀하지 않았다고 주장할 수 있었다.

장로회 구학파가 남과 북으로 분명히 나누어진 것은 신학적이며, 사회적인 요소가 핵심적인 작용 요소였지만 결단할 수 있게 한 것은 노예제도를 반대하는 아브라함 링컨이 대통령에 당선된 것이 크게 작용했다. "북부와 구별되는 남부의 제도와 문화를 지키기를 원한다면 지금 당장 남부는 독립을 선포하지 않으면 안 된다는 여론이 급속히 일어났다." 아브라함 링컨 대통령의 강력한 노예폐지 정책과 남부의 독립 분위기는 돈웰이 점진적인 노예 해방을 추진하려던 생각을 바꾸는 계기가 되었다. 구학파 총회가 1861년 5월 16일에 필라델피아에서 열렸을 초기에는 분열을 원하지 않았다. 그러나 군대의 움직임에 대해 보도한 필라델피아 신문의 내용이 총회에 전달되자 분위기가 바뀌기 시작했다. "총회가 개회되자 관중석은 흥분으로 가득했다. 애국심이 온 실내를 덮고 있었다." 이러한 분위기 속에서 북부 연방 정부를 찬성하는 가디너 스프링 결의문(Gardiner Spring Resolution)의 채택은 남장로회를 조직하게 한 결정적인 요인으로 작용하였다. 이 결의문은 뉴욕시에 있는 브릭 장로교회(Brick Presbyterian Church)의 목사 가디너 스프링(Gardiner Spring) 박사가 제안한 것으로 교회와 목회자들로 구성된 총회가 연방 정부를 강하게 하고, 격려하고, 용기를 주어 그들이 힘 있게 모든 일을 할 수 있도록 요구하자는 내용이었다.

1861년 12월 4일, 조지아의 어거스타(Augusta)에서 모인 47명의 장로교 대표들이 남장로회 총회를 구성하고 초대 총회장에 프린스톤 신학교 교수직을 정중히 거절하였으며, 돈웰의 전기 작가인 팔머(Benjamin M. Palmer)를 선출했다. 돈웰은 "지구상의 모든 그리스도의 교회에게" 보내는 메시지를 "완전히 동질인 경우를 제외한 어떠한 환경에 있는 두 개의 나라도 모든 시사적이며 세속적인 문제를 완전히 제거하지 못한 채로 한 개의 교회로 연합될 수가 없다."는 내용을 담아 작성했다.

2. 미국 남장로회 신학

미국 남장로회의 신학은 돈웰(Thornwell, 1812-1862)과 답네라는 두 신학자에 의해 형성되었다. 그러므로 미국 남장로회 신학을 전체적으로 조망하려면 돈웰과 답네의 신학을 모두 연구하는 것이 좋겠지만 필자는 답네보다 연장자이며 교회정치 등에 미친 영향력이 더 크게 부각되었던 돈웰의 신학을 살피되 그의 성경관, 교회관 및 국가관에 한정할 것이다.

2.1. 성경관

2.1.1. 개신교 교리의 정확 무오한 원천

돈웰이 웨스트민스터 신앙고백서를 자신의 신앙고백으로 확신했다는 것은 성경이 무오하다고 믿는 성경관을 가지고 있었다는 것이다. 그는 로마 카톨릭이 인간의 이성을 중요하게 생각하고, 인간의 정신을 신학의 최종적인 원천으로 간주했던 것과 달리 프로테스탄트 신학의 원리는 성경이 그 원천임을 확신했다. "그러므로 우리는 진리의 원리, 오직 종교적 진리의 무오한 원천이며 표준인 하나님의 말씀을 믿는 프로테스탄트 교리에 젖어든다. 하나님의 말씀에는 우리의 영적인 활동의 모든 것을 결정하는 법칙이 부족함이 없이 계시되어 있다."고 했다.

성경은 무오하다(infallible)는 것이 프로테스탄트 교리이며, 말씀은 진실한 종교의 유일 무위한 원천(the only infallible source)이라는 고백이다. 돈웰은 성경의 무오성에 대해 이렇게 말한다. "성경은 유일한 영구적인 진리의 기록이며, 하나님은 그분의 말씀인 구약과 신약 성경 속에 진실한 종교의 완벽하고 무오한 한 법칙을 우리에게 주시려고 그분의 무한하신 선을 조명하셨다." 이 말에는 그의 성경에 대한 사상이 종합되어 있다. 그는 하나님은 절대 실수하실 수 없는 분이시기에 그분의 무한하신 선으로 조명된 하나님의 말씀인 구약과 신약 성경은 완전하고 무오하다고 믿고 강조한 것이다. 돈웰은 성경은 무모하다는 말로 끝내지 않고 "정확 무오"(a perfect and infallible)하다고 했고, 더 나아가서는 "절대적 완전"(The absolute perfection)이란 표현을 사용했다

2.1.2. 유기적 완전 축자 영감

돈웰은 "모든 성경은 하나님의 감동으로 된 것으로 교훈과 책망과 바르게 함과 의로 교육하기에 유익"하다는 디모데후서 3장 16절 말씀을 분명히 믿었다. 그가 "구약과 신약 성경은 하나님의 말씀으로 종교적 진리의 정확 무오한 법칙"(a perfect and infallible rule of religious truth in the Scripture of the Old and New Testaments, which are His Word.)이라고 믿는 배경에는 성경은 "유기적으로 완전 축자 영감되었다."는 확신이 자리하고 있다. 오늘날 우리에게 잘 알려져 있는 "유기적 완전축자 영감설"(Organic Plenary Verbal Inspiration)을 주장한 것이다. 돈웰이 "유기적 완전 축자 영감"이란 단어를 직접 사용한 흔적은 없지만 그의 성경 영감설 설명을 살펴보면 이 단어를 돈웰이 사용했다고 말해도 문제될 것이 없음을 알 수 있다. 우리가 곧 자세히 살펴보겠지만 그는 "축자구술"(verbal dictation), "축자영감"(verbal inspiration) 그리고 "유기적 영향"(organic influence)이란 용어들을 분명히 사용했다. 이 용어들을 종합해 보면 "유기적 완전축자 영감"(Organic Plenary Verbal Inspiration)이란 용어가 도출된다. 그러면 "유기적 완전축자 영감"이란 용어 사용을 가능하게 한 단어들을 살펴보자.

첫째, 축자구술(verbal dictation). 돈웰은 성경이 무오하다는 것을 설명하기 위해 축자구술이란 표현을 사용했다. 성경이 축자구술 되었다는 이론은 19세기 돈웰의 시대에 보편적으로 받아들여지고 있지 않았던 이론이었지만 그는

이 이론은 "성경은 우리의 믿음을 위해 충분하고 완벽한 표준인 하나님의 말씀임을 고백하게 하는 유일한 이론이다."고 주장한다. 이 점은 그가 철학적이고, 이성적이며, 과학적인 사고의 틀이 형성되면서 칼빈이 주장했던 성경관을 수술하려고 했던 시대의 조류를 거슬러 성경관 신학의 흐름이 칼빈주의를 향하도록 물꼬를 돌려놓았다고 보아야 한다.

돈웰이 축자영감과 축자구술이란 용어를 사용하게 된 이유를 생각할 때 이 두 용어를 합쳐 "완전축자영감"(plenary verbal inspiration)이란 새로운 용어를 도출할 수 있다. 물론, 현재까지의 1차 자료를 살펴볼 때 그가 이 용어를 직접 사용한 경우는 없다. 하지만 축자구술과 축자영감을 말하면서 성경의 무오성을 강조한 것을 보면 성경은 인간의 부패한 이성에 의해 조금이라도 발생할 수 있는 잘못으로부터 자유 할 수 있도록 글자 한자 한자를 성령이 감동했다는 의미의 완전축자영감을 말한 것으로 볼 수 있다.

둘째, 성령의 유기적 영향(organic influence). 돈웰은 자신이 주장하는 축자구술이 인간의 의지와 감정과 지식 및 경험 등을 무시한 오직 정밀한 기계처럼 성령이 부르시는 대로 받아쓴 것이 아니라 이 모든 것들이 사용되도록 유기적으로 영향을 주었다고 말한다.

돈웰은 축자구술설(the theory of verbal dictation)이나 축자영감설(the theory of verbal inspiration)이란 표현은 성경 기록자들이 기계적으로 영감되었다는 의미라고 말하는 모렐(Mr. Morell)의 기계적 구술설(the theory of mechanical dictation) 또는 기계적 영감설(the theory of mechanical inspiration) 주장을 논박하기 위하여 유기적 영향(organic influence)이란 용어를 사용하였다. 돈웰이 "모렐씨(Mr. Morell)은 축자영감설(the theory of verbal inspiration)이 유기적인 영향(organic influence) 이상 어떤 다른 것이 있다는 것을 배우려는 마음이 전혀 없다."고 한 것은 인간이 가지고 있는 것을 활용하시되 성령의 감동하심을 통해 감정과 언어 등에 대한 표현이 오류가 없도록 하셨다는 것을 설명하는 대목이다. 다른 말로 표현하자면 성령께서 인간의 지식, 감정, 의지가 하나님의 말씀을 기록하는 데 잘 못 사용되는 일이 없도록 영감하심으로 붙드셨다는 유기적 영감설(the theory of organic inspiration)이다. 그러므로 성경 기록자의 수가 많다고 해서 성경의 무오성에 영향을 줄 수 없다.

2.2. 교회관

2.2.1. 교회의 정치

교회에 관련된 모든 사상은 철저하게 성경에 근거해야한다는 것이 돈웰의 생각이었다. 하나님의 계시의 말씀을 "그의 교회에게 그의 뜻을 선언" 하셨다는 것은 교회가 자신들에게 선언된 하나님의 계시의 말씀을 순종할 것이 요구되는 것이다. 교회는 선언된 그 진리의 말씀을 잘 보존해야 하며, 널리 전파해야 하는 사명이 있다는 고백이다. 돈웰의 교회정치에 대한 생각을 몇 가지만 소개하면 다음과 같다.

첫째, (다스리는 장로가 가르치는 장로의 다스리는 장로가 가르치는 장로의) 안수식에 참여할 권한에 대한 문제이다. 돈웰은 (다스리는 장로가 가르치는 장로의 다스리는 장로가 가르치는 장로의 안수식에 참여할 권한이 있다고 했다. 그가 다스리는 장로가 가르치는 장로의) 안수식에 참여할 권한이 있다고 제시한 근거는 사도시대 교회와 초대교회 시대의 장로제이다. 사도시대교회의 증거는 디모데전서 4장 14절이다. 디모데가 안수를 받을 때 장로회에서 받았다는 것은 다스리는 장로도 가르치는 장로의 안수식에 참여했다고 보아야 한다는 것이다. 초대교회 시대의 증거는 몇 가지가 된다. 하나는 로마의 감독 펠라기우스(Pelagius)의 안수식이다. 펠라기우스가 안수 받을 때 두 명의 감독과 한 명의 장로가 참여했다는 것이다. 그 당시 교회법은 감독을 안수할 때는 최소한 3명의 감독이 참여해야 한다고 되어 있었는데 펠라기우스의 경우 장로 1인을 포함하여 3인이 안수했는데 이것을 교회가 인정했다는 것이다. 이 말은 장로가 감독과 동일한 권한을 가지고 감독 안수식에 참여할 권한이 있었다는 증거라고 했다.

둘째, 교회는 가르치는 장로와 다스리는 장로로 이루어진 당회가 중심이 되어야 한다고 했다. 돈웰은 가르치는 장로와 다스리는 장로의 교회에서의 위치와 그들의 역할, 그리고 다스리는 장로의 위상의 문제를 매우 중요한 과제로 삼았다. 그는 장로회 체제가 무엇인가를 고민했고, 그 중심에 교회의 조직이 들어 있었다. 다른 사람들은 하나님께서는 일반적인 원리만 우리에게 주셨고, 특별한 형식들은 환경이나 사람들의 생각에 따라서 알맞게 제정하기도 하고 폐지하기도 하고 새롭게 고칠 수도 있다고 생각하지만 “하나님께서 교회에 교리를 주셨던 것처럼 교회에 정치도 주셨다.”고 주장했다. 돈웰이 주장한 장로회의 정치는 교회의 모든 권한을 당회에 부여하는 방식이었다.

돈웰의 장로회주의는 두 부류의 장로가 동일한 권한을 가진 당회에 입법권, 사업권, 행정권 이 세 가지의 모든 권한을 주자는 것이다. 당회원이 아닌 모든 교인들은 당회의 결정에 따라 질서를 지키고 그 법에 순종해야하는 그런 형태이다.

셋째, 자원 단체들(Voluntary Societies)에 대한 것이다. 자원 단체들은 교회의 질서 속에 있어야 한다는 것이 돈웰의 주장이었다. 그는 웨스트민스터 신앙고백서에 기록된 내용을 인정하였다. 그러나 이 문구에 대한 해석과 적용을 교회 공동체 안에만 결부시켰다. 미국 국내선교회(American Home Missionary)와 미국 교육협회(American Education Society)와 같은 자발적인 기독교 단체들이 수행하고 있던 여러 가지 사역을 교회의 위원회가 떠맡아야 한다는 것이다. Charles Hodge는 이 문구에 대한 해석과 적용을 달리하여 자원 단체들이 교회 위원회에 소속되어야 한다면 교회는 신학교, 대학 및 유사 단체들의 반발이 있을 것이기 때문에 여러 기관들과 함께 이 단체들을 포기해야 할 것이라는 입장이었다.

돈웰은 성경이 말씀하는 교회의 영구적인 직분(permanent officers)은 감독(Bishops), 장로(Elders), 집사(Deacons)임을 말한 후 당회(Sessions), 노회(Presbyteries), 대회(Synods), 총회(General Assembly)가 교회 위원회(Boards)라고 주장했다. 미국 장로회가 1837년에 구학파와 신학파로 분열된 후 구학파는 장로회주의란 과연 무엇인가를 놓고 심각하게 고민했다. 돈웰의 주장은 칼빈과 종교개혁자자들이 주장했던 장로회주의에 기초하면서 19세기의 이러한 환경 속에서 솟아 오른 사상이었다.

돈웰은 당회(Sessions), 노회(Presbyteries), 대회(Synods), 총회(General Assembly)를 성경이 교회에 허락한 위원회(Boards)이므로 이 위원회의 통제를 받지 않는 모든 자원 단체는 교회의 원리를 직접적으로 파괴하는 자들(directly subversive)이라고 주장한다. 이를 통해 교회의 질서를 유지해야 한다는 것이다. 다르게 표현하자면, 교회의 공식적인 이름으로 어떤 단체나 기관을 조직하여 운영한다면 그들은 반드시 총회와 연결되어야 한다는 주장이다.

2.2.2. 교회의 보편성

돈웰은 세계 모든 교회는 그리스도의 몸으로서 하나라는 교회의 보편성(catholic)을 강조한다. 남부지역 장로회가 북부지역 장로회와 분리를 진행하고 있을 때 많은 비난이 있음을 알고 몸이 분열될 수 없는 것처럼 교회 역시 분열할 수 없는 것이며, 분열은 곧 그리스도의 몸을 찢는 죄를 짓는 것과 동일함을 강조하면서 남부지역 장로회가 북부지역 장로회와 분리되어야 할 명분을 제시했다. 미국의 남부지역과 북부지역이 지리적으로 정치적으로 나누어진 상태에서 교회는 소속 지역으로 나누어져 독립해야 한다는 것이 그의 생각이었다. 그 한 예로서 스위스의 칼빈주의 교회가 프랑스의 개혁교회와 분명히 구분되어 있다고 했다. 그의 이러한 교회관의 강조는 미국 남부 장로회가 북부 장로회와 결별하면서 그 당위성을 설명한 것이다. 그는 그리스도의 몸인 교회가 분열하는 데는 세 가지 이유가 있어야 한다고 했다. 첫째는 교리적인 잘못이다. 둘째는 불법적인 정치가 있을 때이다. 셋째는 합법적인 교육 훈련을 반대할 때이다. 그렇지만 여전히 신앙과 질서의 모든 원리에서는 온전히 하나라고 강조했다. 교회는 그리스도의 몸이므로 재정이 넉넉한 노회는 약한 노회를 도와야 하며, 개척교회가 자립할 수 있을 때까지 성장을 돕고 교육과 훈련 등을 감당해야 한다는 논리를 제시했다. 그리고 빈곤한 지역에 세워진 교회에는 재정 등 지속적인 지원이 필요하다고 강조했다.

돈웰이 교회는 그리스도의 몸으로서 하나라고 할 때 장로회주의를 신봉하는 교회에 한정한 것은 아니다. 또한 교회의 보편성(catholic)의 강조는 곧 교회가 가시적으로 하나이기 때문에 하나가 되는 것이 아니라 비가시적이며 영적으로 하나임을 말하는 것이다. 교회의 하나됨은 가시적인 하나됨이 반드시 필요한 것이 아님을 강조하고 있다. 그래서 남부와 북부 교회가 분리하는 것은 죄가 될 수 없다는 것이 그의 논리이다. 남부와 북부 장로회가 분리하는 것은 평화를 위하여, 교회의 자선사업을 위하여, 교회의 명예를 위하여, 그리고 하나님의 영광을 위하여 필요하다는 것이 그의 주장이다. 남부와 북부로 장로회가 나뉘는 것은 교리적인 분리가 아니라 정치적인 분리이며 이것은 비가시적인 교회의 분리가 아니라 가시적인 조직체로서의 교회의 분리에 불과하다는 것이 그의 주장이었다.

2.3. 국가관

돈웰의 국가관은 미국의 역사가 고려되었음을 그의 국가관을 살펴보면 알 수 있다. 미국 남부지역이 새로운 연방정부를 수립하자 구학파 장로회 총회는 장로회주의와 노예제도 등에 대한 구체적인 정립을 놓고 논쟁이 일어났다. 논쟁의 중심에 선 신학자는 돈웰과 찰스 핫지였다. 돈웰은 남부의 입장을 대변했고, 찰스 핫지는 북부의 입장을 대변했다. 총회는 물론이거니와 두 사람 모두 총회가 나누어지는 것을 원하지 않았지만 그 결과는 남부와 북부의 분리였다. 1837년에 신학파와 분열했던 구학파 장로회는 1860년 총회를 마지막으로 남과 북으로 분리했다.

구학파 장로회가 남북으로 분리된 후 1861년에 조지아 주(the State of Georgia)에 있는 오거스타(Augusta)에서 제1회 미국 남장로회 총회(the First General Assembly of the Presbyterian Church in the Confederate of America, PCCA)가 개최되었다. 총회가 열리고 있을 때 미국 남부지역 연합주 의회(the Congress of States of America)가 버지니아(Virginia)의 리치몬드(Richmond)에서 열리고 있었다. 첫 번째 남장로회 총회에서 돈웰은 "그리스도와 국가의 관계"(Relation of the State to Christ)란 제목의 청원서를 작성하여 총회의 이름으로 의회에 제출하였다. 이 논문에서 돈웰은 민주정치와 성경적 정치에 대해 논하면서 국가와 교회는 어떤 관련이 있으며, 각각의 임무는 무엇인지 등에 대해 설명했고, 자신의 국가관을 몇 가지로 나누어 들어냈다.

첫째, 국가는 국민의 뜻이 아닌 하나님의 뜻을 이루어야 한다고 했다. 돈웰은 총회는 노회와 대회 및 거기에 소속되어 있는 모든 구성원들을 대표하는 장로회의 최고의 재판기관임을 말하면서 총회가 의회에 제출하는 청원서는 단순한 개인이나 몇몇 뜻있는 인사들이 모여서 만든 것이 아님을 밝힌다. 의회의 감정을 상하지 않도록 노력하면서 총회가 청원서를 제출하는 것은 국가에 대한 사랑의 발로에서 출발한 것임을 말한다. 국가를 사랑하기 때문에 진지하고 불타는 열정으로 미국이 영원토록 번영하기를 소망한다고 말한다. 그러면서 헌법이 연방정부가 예수 그리스도의 종교를 유지해야 한다고 명확하게 표현할 수 있기를 기도한다고 했다. 그 동안의 헌법은 이것을 명확하게 선언하고 있지 않았기 때문에 수정할 것을 촉구하는 내용이다. 국민이 주인이 아니라 예수 그리스도가 주인이 되도록 의회가 헌법을 수정해 줄 것을 요구한 것이다. 민주정치는 인간적인 발상이지 신적인 발상이 아니라면서 민주정치는 국민이 주인이 된다는 것이므로 하나님의 뜻을 실현할 수 없다고 했다.

돈웰은 국민이 주인인 나라가 아니라 하나님이 주인인 나라를 소망했다. 민주정치의 주인이 국민이 된다는 것은 국가의 통치자들이나 장관 등 행정 담당자들은 국민을 섬겨야 하니 하나님의 사역자가 될 수 없다는 것이다. 이렇게 되면 국민은 단순한 인간이라는 개념을 넘어서 신의 위치에 오르는 것이다. 그는 민주주의 정치란 표현 보다는 하나님의 종의 개념을 분명히 가지고 있는 의회가 중심되어 통치하는 의회민주주의를 주장했다고 볼 수 있다. 그는 "[민주정치]는 국민을 하나님으로 만들었다."고 표현 했다.

국민이 열국의 통치자가 아니라 "하나님이 열국의 통치자이시다." 돈웰이 말하는 하나님의 뜻이란 계시된 하나님의 말씀인 성경이기 때문에 성경이 말씀하는 것을 순종하는 것은 곧 하나님의 뜻을 실현하는 것이다.

미국이 독립선언서를 작성할 때 영국의 철학자요 정치사상가였던 로크(John Locke, 1632-1704))의 사상에 영향을 받았고, 영국과의 독립전쟁에서 승리한 후 로크의 3권 분립의 원칙과 민주주의와 개인의 자유정신을 헌법에 반영했다. 한 동안 로크 철학의 늪에서 빠져 나오지 못했던 돈웰이 그 늪을 벗어나서 성경의 시각으로 바라보니 그의 철학의 문제가 눈에 들어왔던 것이다. 돈웰은 로크의 3권 분립 정신을 교회의 정치에 반영했지만 그 모든 권한을 당회에 부여했듯이 국민이 국가의 주인이 된다는 것을 강하게 반대했던 것이다.

둘째, 교회와 국가는 분리되어야 한다고 했다. 돈웰은 주정부와 교회의 분리를 주장했다. 국가교회를 반대한 것이다. 국가가 하나님의 통치를 받아야 하지만 교회의 통치를 받는 것은 아니라는 주장이다. 마찬가지로 국가가 교회를 통치해서도 안 된다. 교회와 정부는 전체적으로 구분되어야 하는 두 영역이다.

돈웰의 교회와 주정부를 분리해야한다는 주장은 주정부와 종교를 분리해야 한다는 것이 아니었다. 그는 교회와 국가의 분리를 강조한 후 즉시 "교회와 주정부를 분리한다는 것은 종교와 주정부를 분리한다는 것과 매우 다르다."고 말해 국가가 하나님의 통치로부터 벗어나도 좋다는 것으로 잘못 이해할 수 있는 길을 미리 차단했다. 국가는 종교의 자유를 보장해야한다고 주장하여 그리스도인이 아니라는 이유로 불이익을 받는 일이 없도록 했다. 돈웰은 청원서 마지막 부분에서 총회가 제출하는 청원서의 전체 내용은 의회가 하나님의 말씀인 성경에 일치하는 법안을 통과해 주는 것이라고 촉구하였다.

돈웰은 시민전쟁 이후에는 남부정부가 어떻게 될지 정확히 알 수 없었지만 당시에는 남부연합정부가 수립되어 최초의 국회가 열리고 있었기 때문에 이 기회를 놓치지 않으려 했을 것이다. 그 동안 자신의 선조들이 만들어 놓은 헌법은 국민을 신격화할 정도로 국민의 권리가 지나치게 강화되어 있는 법이란 생각을 가진 것으로 보인다. 국가는 하나님의 뜻을 이루어야 하는 기관이지 국민의 뜻을 이루는 기관이 아니라는 개혁주의의 "하나님 절대 주권 사상"에 기초했던 것이다. 남부정부가 이제 출발했고 헌법을 만들어야 하는 입장에 서 있으니 이제는 신정통치가 제대로 이루어지도록 헌법을 만들어주기를 바랐던 것이다. 이것이 돈웰과 미국 남장로회 총회의 생각이었다.

3. 정리

19세기 미국 남장로회의 대표적인 신학자 돈웰의 신학을 살펴 본 결과 한국 호남 장로회의 신학적 기틀을 형성하고 있는 미국남장로회의 성경관, 교회관, 국가관은 다음과 같이 정리할 수 있다.

첫째, 성경관이다. 미국남장로회는 성경을 하나님의 말씀으로 확신했다. 성경 중에서 어떤 성경은 중요하고 어떤 성경은 덜 중요하다고 말하지 않았다. 신약과 구약은 동일하게 하나님의 말씀이고, 성령으로 영감되었고, 무오하다고 주장했다. 성경 기록자들은 성령께서 불러주신 것을 받아 쓴 것이라는 성경의 구술영감을 말했다. 그들은 성령의 유기적 감동을 강조함으로서 구술영감은 기록자가 로봇처럼 정밀하게 기계적인 기능을 수행한 기계적 영감설을 말하는 것이 아님을 분명히 했다. 유기적으로 영감되었다는 것은 기록자에 따라 다른 학문, 경험, 환경 등이 성경 기록에 오류를 범하지 않도록 성령께서 감동하시어 인도하시고 보호하셨다는 것이다. 성경 기록자들이 성령의 감동을 받아 성경을 기록했으니 무오하며, 축자영감되었으니 완전영감이라고 말했다. 부분영감설을 거부한 것이다.

둘째, 교회관이다. 미국남장로회의 교회관은 그의 교회 정치에 초점을 맞추어 살펴보았다. 칼빈은 교회에는 두 부류의 장로가 있다고 했다. 설교와 성례를 집행하면서 교회를 다스리는 가르치는 장로와 가르치는 장로와 함께 교회를 다스리는 평신도 장로가 그들이다. 미국남장로회는 장로회 정치가 성경이 말하는 유일한 교회체제임을 확신 하면서 칼빈이 구분한 두 장로체제를 교회 행정에 그대로 받아들였다. 다스리는 장로의 위상의 문제에 대해서는 두 부류로 나누어져 있었다. 한 부류는 다스리는 장로가 가르치는 장로 안수식에 동참할 수 있다는 측이고, 다른 부류는 다스리는 장로가 가르치는 장로 안수식에 참여하는 것에 대한 성경적인 정확한 근거가 없다는 측이었다.

셋째, 국가관이다. 미국남장로회는 칼빈의 두 왕국론을 그대로 전수하였다. 칼빈주의요 개혁주의자들이 믿는 하나님 절대 주권사상을 미국남장로회 굳게 믿었다. 하나님은 영적인 교회뿐만 아니라 육적인 국가도 다스리신다는 주장이다. 그들은 "하나님은 열왕의 하나님이시다."고 강조했다. 성경 말씀을 근거로 칼빈이 강조했던 국가의 역할을 미국남장로회도 그대로 강조했다.

그러므로 이제
만군의 여호와가
이같이 말하노니
너희는
너희의 행위를 살필지니라

제2부
태동기 역사 : 1911~38

제4장 태인동의 역사와 토속신앙

본교회 태동기는 교회가 공식적으로 설립한 시기를 중심으로 설립 이전의 최초 신자와 그의 활동 및 설립이후 교회가 안정되기 이전까지의 기간으로 설정했다. 교회가 시작될 때부터 설립까지를 태동기로 잡는 것이 더 옳다는 생각이지만 이렇게 설정한 것은 본교회의 초기 자료가 남아 있지 않기 때문이다. 본교회 태동기 역사를 본격으로 살피기 전에 본교회가 위치하고 있는 태인동의 간략한 역사와 토속신앙을 알아본다.

1. 태인동 역사

1.1. 역사

태인동은 전라남도 광양시에 속해 있다. 광양은 백제시대에는 마로(馬老)라 했고, 통일신라시대에는 희양(曦陽)으로 변경했다가 고려시대부터는 광양(光陽)으로 불려왔다. 마로는 우두머리란 의미인데 이것은 한자음으로 읽을 때의 이름이다. 토박이 말로는 "산몰랭이골" 또는 "머리골" 이었을 가능성이 있다함으로 옛 발음으로 한다면 산마루이거나 산머루였을 것이다.[72] 희양과 광양은 따스하게 빛나는 햇살이라는 뜻을 가지고 있다. 광양이 군에서 시로 승격된 것은 광양제철소가 건립되면서 인구가 증가했기 때문이다. 1989년에는 광양군의 일부지역이 동광양시로 분리되었다가 1995년에 통합을 이루어 도시와 농촌 복

주

72) 김정호 · 김경수 · 곽유석 · 정경성, 『태인도와 금호도』, 향도지리연구소 편집, (서울: 향지사, 1994), 53.

합형 도시인 광양시로 변경하여 지금에 이르고 있다. 태인도는 1989년에 동광양시가 시작되면서부터 태인동으로 명칭이 변경되었다.[73]

태인동이 사료에 처음 기록된 곳은 「고려사(高麗史)」이다. 서기 1453년에 펴낸 『고려사(高麗史)』에는 대안도(大安島)란 이름으로 기록되어 있다. 그 뒤 『세종실록지리지』(1454년)에 태안도(泰安島)로 나타나고 서기 1530년 동국여지승람에 대안도(大安島)로 기록되어 있다. 그 후 조선 제21대 왕 영조(英祖, 1694-1776/재위 1724-76) 재위 때인 서기 1759년을 기준으로 작성된 사료인 『여지도서』에 현재 쓰고 있는 태인도(太仁島)의 명칭이 나타나 있다. 본도(태인동)는 삼한시대에는 마한 또는 변한지역이거나 어느 지역에도 속하지 않은 완충지역일 수 있다고 보기도 하며, 인근지역에 가야산(伽倻山)이 있고, 골약동 군재마을과 진상면 비촌마을에 변한의 성지(城址)로 전해오는 유적이 있다는[74] 것을 예로 들면서 최근년에는 변한지역이었다는 새로운 학설이 대두되고 있다. 여산(돌산)군지에 의하면 1899년에 본도를 태인도(太仁島) 또는 인호도(仁湖島)라 기록하고 있는데 그것은 본도가 섬이지만 내만(內灣)에 위치하여 마치 호수 안에 있는 섬과 같다 하여 인호도(仁湖島)라 부른 것으로 추정하기도 한다.[75]

1.2. 전우치 이야기

태인도가 대인도라 불리게 된 것은 전우치가 도술을 부려 태인4구에 궁궐을 짓고 지방수령의 탐학을 징계하고 빈곤에 시달리는 백성을 구했다는 전우치(田禹治) 전설과 관련이 있다. 전우치가 궁궐을 짓고 어려운 백성들을 위해 선한 일을 많이 하자 그를 "대인(大人)"이라 하였다는 것이며 그 후부터 태인도(太仁島)는 대인도(大人島)라 불렀다는 것이다. 전우치는 중종(1516-1544) 때의 실제인물로 알려져 있지만 17세기 초에 창작된 작자 미상의 『전우치전(田禹治傳)』은 설화(說話)로 가득차 있다. 그 내용을 간략하게 살펴보면 그 허구성을 알 수 있다:

전우치는 중종 때의 인물로 도술에 능하고 시를 잘 지었는데 반역을 꾀한다 하여 1530년경 잡혀 죽었다고 한다. 도가의 이단사상을 가진 사람들 사이에 자주 일컬어지고 전설의 주인공으로 부각된 것이 〈조야집요 朝野輯要〉·〈대동야승 大東野乘〉·〈어우야담 於于野談〉 등 여러 문헌에 나타나고 있다. 소설의 내용을 보면, 개성에 사는 전우치는 신기한 도술을 얻고 숨어 살았는데, 해적의 약탈과 흉년으로 백성들이 비참한 지경에 이르자 천상선관(天上仙官)으

주

73) 광양시, 『광양시지』제1권 (서울: 도서출판 홍익기획, 2005), 798.

74) 『광양시지』제4권, Ibid., 1150-53.

75) 광양시지』제1권, Ibid., 792-6. 『광양시지』는 1899년부터 본도의 이름을 태인도라 부른 것으로 되어 있으나 『대한예수교장로회 사기』하권은 본교회의 이름을 "대인도교회"라고 기록한 것과 필자의 부친(본교회 김수열 성도) 등은 본도의 이름이 대인도(大人島)였는데 일제시대에 일본인들이 태인도(太人島)로 고쳤다고 증언한다.

로 변신하여 왕에게 나타난다. 옥황상제의 명령이라면서 황금들보를 만들게 하고, 그 들보를 외국에 팔아 산 쌀 수만 섬으로 백성들을 구휼한다. 사실을 알게 된 임금이 크게 노하여 전우치를 잡아다가 국문(鞫問)한다. 이에 전우치는 도술로 맞서다가 왕에게 "나의 죄를 다스릴 정신으로 백성을 다스리라"고 충고하여 풀려난다. 그 뒤 도술로써 선행을 베풀며 전국을 돌아다니고 도적의 무리를 다스리는 등 공을 세운다. 이를 시기한 간신이 역적의 누명을 씌워 처형당하게 되자 전우치는 마지막 소원이라며 그림 1장을 그리게 해달라고 한다. 왕이 이를 허락하자 산수화 속에 나귀 1마리를 그리더니 나귀를 타고 그림 속으로 사라진다. 그 뒤 전우치는 자신을 모해한 자를 도술로 골려주고 장난을 치며 돌아다닌다. 과부를 짝사랑해 상사병이 든 친구를 위해 그 과부를 구름에 태워오다가 강림도령에게 질책을 당한다. 그 뒤 화담 서경덕의 도학이 높다는 이야기를 듣고 찾아가 화담의 도술에 굴복하고 제자가 되어 태백산에 들어가 도를 닦았다고 한다. . . . 이본 가운데에는 전우치의 도술을 습득하는 과정을 묘사하는 데 괴이한 상상을 보탠 것이 있다. 전우치가 어려서 여우 입 속에 든 구슬을 먹고 구미호에게서 천서(天書)를 빼앗아 도술을 익히게 되었다는 내용도 있고, 전우치가 전생에 손오공이었다는 내용도 있다. 한편 전우치가 중국에 가서 도적의 두목이 되어 조선을 업신여기지 못하게 한다면서 중국 천자를 괴롭혔다는 이본도 있어 주목된다.[76)]

"전우치가 도술을 부려 궁기마을에 왕궁을 짓고 섬진강을 한강으로 바꿔 왕명을 빌어 남원, 곡성, 구례, 하동 등지에 조곡을 바칠 것을 명하니 순식간에 수천 석이 모아져 이 곡식을 탐관오리들에게 시달리는 충청도 백성들에게 나눠줬다."는 등을 근거로 설화에 불과한 전우치전을 어떤 이들은 막연한 기대감과 함께 사실로 만들고 싶어 하는 사람들도 있다.[77)] 전우치전은 우리에게 흥미를 주고, 교훈을 담고 있는 것이 사실이지만 내용 대다수가 사실에 바탕을 둔 것이 아니므로 역사가 아니라 소설이며, 『그리스-로마 신화』처럼 단순한 설화임을 인식할 필요가 있다. 다만, 전우치 이야기가 본도에 성행하였던 것은 아마도 이곳이 권력자들에게 핍박받던 지역이었고, 왕권의 지배에 냉소적인 생각을 가지고 있었기 때문일 것이다.[78)]

1.3. 김 양식의 발원지

1987년 6월 1일 전라남도기념물 제113호로 지정된 '김'은 본도(太仁島)에서 최초로 양식 사업을 시작되었다는 것이 정설이다. '김'이라고 한 것은 '김가가 기른 것'에서 유래한 것을 알려져 있는 '김'을 양식한 창시자는 김여익(1606-1660)이다.[79)]

김여익은 1636년에 일어난 병자호란(丙子胡亂) 때 의병활동을 하였는데 인조가 항복하자 1640년(인조 18년)에 본도에 들어와 살았다. 김여익이 어느날 해

주

76) 『백과사전』, http://enc.daum.net/dic100/contents.do?query1=b19j0609a, 2010년 12월 24일. 자세한 내용은 김남일, 『전우치전』(서울: 창작과 비평, 2006) 참고 바람.

77) "골약 태인리에는 궁터자리가 지금도 남아 있씹니다. 제가 여러번 파볼라고 했씹니다만. 궁터에 관헌 이약은 한 500년 전에서 시작됩니다. 그때 도술까 전우치(田禹治)가 이곳에 궁궐을 짓었다고 헙니다. 전우치는 당대 유명헌 도술[가]고 또 의적이더랍니다. 그래 바람거치 댕긴시롬 탐관오리들을 바로잡아 바린사회를 맹글라든 것이 전우치의 이상이었드랍니다. 도술에 능헌 전우치는 지금에 비행기와 거튼 운교(雲較)를 타고 나라 방방곡곡을 댕[김]시[롱] 백성을 착취헌 탐관오리의 곡식을 백성들헌테 다시 돌려주었[더]랍니다. 한번은 전우치가 충청도 어느 골을 지내는 디 이곳 수령이 어찌나 탐학이 심허던지 이곳 백성을 구헐라고 전우치는 이곳 궁기마을에 와서 궁을 짓고 섬진강을 한강으로 살짝바꽈 놓았더랍니다. 그[러]고 나서 왕명을 빌어 남원, 곡성, 구례, 하동 등지에 명하여 조곡을 한강으로 가져올 것을 명허니 순식간에 쌀 수천 석이 모이더랍니다. 전우치가 이걸로 충청도 백성을 살리고자 충청도로 떠난깨 궁궐은 간곳이 없고 궁터만 남게 되었답니다. 그래 세인이 이곳을 궁터마을로 불렀으니 지금 태금면 태인리 궁기부락이 바로 그곳입니다." 『광양시지』 "궁기마을의 전우치 왕궁터," 1983년 구술자: 김태현(1902년생, 남, 태인동). 김태현씨 외에 하포마을 정요순씨와 용지마을 김정식씨의 전우치 이야기가 있다.

78)『태인도와 금호도』, Ibid., 153.

79)'김'은 전라도 사투리로 해우라고 한다. 필자도 어린 시절 부모님의 김 양식을 도우면서 '해태'라는 단어와 함께 '해우'라는 단어를 많이 사용하였다. '김'은 '해의'(海衣)라고도 하고 '해태'(海苔)라고도 하는데 '해의'는 '김'이 바위에 붙어 있는 모습을 보고 붙인 것으로 추정되고, '해태'는 '바다의 이끼'라는 의미로 일본인들이 붙인 이름이다.

변에서 나무에 붙어 있는 김을 발견하고 양식을 시작(양식의 시작은 1640년부터 1660년 사이로 알려져 있음)했고, 이것이 김 양식의 효시이다.

광양현감 허담이 1714년에 김 양식을 보급한 김여익의 업적을 후대에 전하기 위해 비석을 세웠으나 지금은 비문만 남아 있다. 본도 궁기마을에 김여익의 묘역과 사당이 있고, 1987년에 기념물로 지정된 것으로 보아 김여익은 궁기마을에 정착하여 살았던 것으로 볼 수 있다. 1992년에 김시식 전시관이 건립되었고, 1999년에는 용지마을 입구에 김시식지 유래비가 건립되었다.

2. 태인동의 토속신앙

태인동에는 태인동 주민들에게만 적용되는 공통적인 어떤 정신세계가 있지 않고 다만, 동네 또는 부락 단위로 특정한 토속신앙이 있어 부락의 정신세계를 하나로 묶으려고 했다. 태인동 전체가 하나라는 의식도 역시 저변에 깔려 있지 않았다. 같은 초등학교에 다니지만 자신이 소속된 동네학생들이 하나가 되어 옆 동네의 후배, 선배, 같은 학년 같은 반 친구들과 전쟁놀이를 한 것이 그것을 증명하는 하나의 예가 된다. 필자도 초등학교 시절에 이 놀이에 여러 번 참여했던 기억이 생생하다. 전쟁놀이는 단순한 놀이 이상이었다. 상대편을 향하여 돌을 던지고, 새총을 만들어 돌을 쏘았고, 심지어는 활을 만들어 화살에 못을 박아 쏘기도 했다. 어떤 아이는 머리에 돌을 맞아 피가 터졌고, 화살을 눈에 맞아 한 쪽 시야를 완전히 잃기도 했다. 어른들의 세계에서는 이런 종류의 싸움이 없었지만 아이들이 이렇게 했다는 것은 어른들이 묵인했기 때문이며, 어떤 계기에 의한 시작이 어른들로부터 있었다는 증거가 된다. 어른 간에 있었던 보이지 않는 부락 사이의 힘겨루기를 초등학생들이 가시적으로 보여 준 것이라고 볼 수 있다. 부락 간에 동일한 정신세계가 있었다면 이런 일은 발생하지 않았을 것이다. 물론, 유교와 불교가 영향을 미치고 있었지만 이 두 철학 또는 종교는 우리나라에 전반적으로 뿌리를 내리고 있었던 것이지 태인동이라는 특정한 지역을 위한 정신세계는 아니었다.

각 부락에는 자신들만의 독특한 토속신앙을 가지고 있다. 그 중에서 가장 핵심적인 것이 당산제였다. 당산제(堂山祭)는 마을의 액운을 물리치고 번영과 복지를 소망하는 마음에서 시작되었다. “주로 중부 이남의 농촌 지방에서, 당산에서 산신령에게 지내는 제사"로서 "'동신제'[洞神祭, 부락의 수호신에게 무병 · 평온 · 무사 · 풍년을 빌던 제사]를 달리 일컫는 말"이다.[80] 사람들은 거대한 자연에 비해 연약한 존재라고 인식하고 마음이 원하는 대로 자신들이 스스로 신적 존재를 만들어 섬기는 것이다. 당산제와 같은 의식은 "일정한 공간에서 같은 양식의 생활을 함께 해오며 형성된 공동체 의식을 바탕으로 행해지는" 것으로 "종교적인 기능뿐만 아니라 의식 과정에서 볼 수 있는 마을 민들의 단결과 협동, 곧 사회문화적 기능을 함께 지니고" 있는 것이 사실이다.[81] 본도의 5개 마을 중에서 도촌, 장내, 용지 3개 마을에서 당산제를 거행하였으나 현재 도촌마을은 당산제 의식을 중단하고 있다. 각 마을별로 당산제 절차와 방법이 조금씩 다르기 때문에 각각에 대해 설명한다.

2.1. 도촌마을

도촌마을은 본도민들이 육지로 가려면 배를 타는 물목이었다. 도촌마을 당산제는 섣달 그믐날 밤에 시행했다. 제의 7일 전에 첫 아들을 낳은 사람을 제관으로 선정했다. 제의에 사용되는 옷과 신발은 제관이 직접 마련했으며, 제의 3일 전부터는 항상 몸을 청결하게 유지했고, 집 입구에는 막대기를 약 45도 각도로 비스듬하게 세워 놓아 자신과 타인의 출입을 삼가도록 했다. 제물은 명태, 사과, 배, 대추, 곶감 등이며 제사비용 일체는 마을기금에서 제공하였다. 당산제가 있는 날 아침에 창호지를 꼬은 왼새끼줄을 당산나무와 당샘에 치고 출입을 금지시켰다. 깨끗한 황토를 당산나무 입구 좌우에 세 군데씩 놓고 당샘에도 황토를 깐다. 당산제 당일 저녁이 되면 제사 주관자는 당샘에서 머리와 몸을 씻고 삼봉산에 가서 준비한 제물과 당샘에서 떠 온 물 한 그릇을 놓고 제의를 행한 후 밤 9-10시에 당산제에 들어간다. 아침이 되면 매구꾼들이 당산에서 매구를 친 후 마을회관에서 다시 매구를 치고, 허락하는 집집마다 들어가서 매구를 치는 "집돌약" 행사를 한다.[82]

도촌마을 당산제는 광양제철소와 연관단지가 건립되면서 김 양식을 못하게 되자 중단되었고, 그 후에는 당산나무가 베어져 없어짐으로써 당산제의를 벗어날 수 있었다.

주

80) 국어사전』 당산제는 원래 "산신에게 하는 제사"이므로 마을에서 가장 높은 산 등에서 행하는 것이 그 정신에 맞겠지만 본도에서는 마을 안에서 행하고 있다. 그러나 동신제의 다른 말이라고 한다면 마을 안에서 행하는 것이 문제될 수 없을 것이다.

81) 『태인도와 금호도』, 향도지리연구소 편집, (서울: 향지사, 1994), 138. 『광양시지』제3권, 417-9.

82) Ibid., 142-4.

2.2. 장내마을

장내마을은 궁궐 안에 있는 마을이라 하여 담안이라고 불렀다. 장내마을의 당산제는 정월 초하루인 섣달 그믐달이 뜨는 날 밤 12시 무렵을 제사 일시로 잡고 있다. 제사를 주관하는 제관은 전년도 당산제 의식을 거행한 후 마을 회의를 열어 선정한다. 제관은 당산제 의식을 실시하기 일주일 전부터 근신하면서 제물을 준비하는 일을 한다. 제물은 시루떡, 나물, 명태, 조기, 과일 등인데 시장에서 제물을 살 때는 값을 흥정하지 않는 것이 법칙이다. 당산제에 사용되는 제관의 신발과 수저 등 모든 물건은 새 것으로 마련한다. 제사비용은 마을 공동기금으로 충당한다.

당산제일 3일전 부터는 마을 청년들이 윗 당산과 아랫 당산을 청소한 후 왼새끼를 꼬아 새끼줄에 백지를 꽂아서 당산의 모든 출입구에 걸쳐 두어 아무도 들어가지 못하도록 한다. 마을 우물도 그렇게 함으로 가정에서는 금줄이 쳐지기 전에 충분한 물을 미리 길러 둔다. 삼봉산 기슭에서 황토를 채취하여 우물과 당산에 뿌린다. 제일 3일 전부터 제관은 자신의 집 출입문에 금줄을 치고 출입을 삼가고 몸을 깨끗이 한다.

제일 밤 11시가 되면 제관부부는 집사 한 사람과 함께 제물을 가지고 은행나무인 큰 산당에 가서 유교식으로 제사를 진행한 후 아랫 산당으로 가서 간단하게 제의를 행한다. 제의가 끝나는 시간은 새벽 3시 경이고, 아침 10시 경에 마을 사람들이 동청(마을회관)에 모여 제물을 나누어 먹는다. 이 날 미리 준비한 매구꾼들이 북, 장고, 꽹과리, 징, 소고 등을 치면서 굿을 한 후 원하는 가정집에 들어가서 매구를 친다. 매구를 허락한 집에서는 쌀이나 돈을 내 놓는 것이 풍습이다.[83]

2.3. 용지마을

용지마을은 마을 앞에 있는 웅덩이에서 용이 나왔다는 설화에 근거하여 용지(龍址)라 했다고 전해지고 있다. 당산제의는 섣달 그믐날 자시(子時, 밤11시-오전1시)에 실시한다. 제의 주관자 선정은 도촌이나 장내마을처럼 매년 선정하지 않고 당산 밑에 집을 짓고 사는 김순현씨가 전담하고 있다. 제의 3일 전부터 근신하는 것은 동일하며, 3일 동안 매일 찬물로 목욕하는 것이 특이하다. 제물은 곶감, 대추, 감, 밤, 명태 등인데 제관이 준비한다. 황토를 제관 집 대문

주

83) Ibid., 139-41.

앞에 깔고 왼새끼를 꼬아 고추, 숯, 솔가지, 짚 등을 꽂아 금줄을 친다. 당산제의 날에 제사 주관자 부부는 제물을 아무도 보지 않도록 조심하면서 당산으로 옮긴다. 아침이 되면 매구꾼들이 당산과 아랫샘에서 매구를 친 후 "집약돌" 행사를 한다.[84)]

용지마을은 당산제 외에도 큰 줄다리기가 있다. 1640년에 김여익(金如翼)이 본도에 들어와서 김 양식 방법을 전파한 후부터 시작된 것으로 알려져 있는 줄다리기는 단순한 놀이가 아니다. 종교적이고 정신적인 영향력을 행사한다. 큰 줄다리기의 종교적인 면은 줄을 드리는 동안 마을 사람들의 외출을 삼가고, 산고(産故)가 있는 사람들은 줄드리는 일에 참가하지 못하는 것 등에서 찾을 수 있다. 또한 줄다리기에 앞서 동네에 있는 고목에 줄을 걸고 한 해의 김 생산이 풍작을 이루도록 기원한다거나 줄다리기에서 승리하게 해 달라고 비는 것 역시 종교적인 면이다. 정월 14일 보름달이 중천에 떠올랐을 때 줄다리기를 시작했다는 것은 달을 신으로 섬기는 미신적인 요소를 담고 있음이 분명하다. 줄다리기로 사용했던 줄을 소가 먹으면 소가 튼튼하게 성장한다는 것과 그 줄을 논이나 밭에 거름으로 사용하면 그 해에 풍년 농사를 보장 받는다는 믿음 또한 종교적인 면을 여실히 보여주고 있다. 한편, 줄다리기는 동네 사람들에게 협력의 중요성을 교훈하는 요소가 있다. 협력은 줄을 만들 때부터 시작되고, 줄다리기를 할 때 한 마음으로 힘을 쏟고 통일되게 앞으로 가고 뒤로 가야하고, 지치고 힘들더라도 공동체를 위하여 인내하는 것을 배우게 한다. 줄다리기에 직접 참여하지 않는 여인, 노약자, 어린이들은 추운 겨울밤에 줄다리기 하느라 고생하는 이들을 위해 옆에서 응원을 하고 물을 공급하고 추위를 이길 수 있도록 횃불을 밝혀주는 것 등에서 모두가 하나로 뭉친다면 큰 힘을 발휘할 수 있음을 교훈하고 있는 것이다. 용지마을의 큰 줄다리기는 줄다리기의 미신적인 요소를 없앤다면 아름다운 민속놀이로서 지속적으로 유지할 가치가 충분히 있다는 생각이다.[85)]

3. 정리

하나님의 독생자 예수 그리스도가 인간의 몸을 입으시고 이 땅에 오셨다. 예수님은 다윗의 고향 베들레헴에 있는 초라한 마굿간에서 태어나시어 구유(여

주

84) Ibid., 141-2.

85) Ibid., 145-8. 『광양시지』제3권, 558-9.

물통)에 뉘었지만 온 우주는 천군과 천사들의 웅장한 합창소리로 흔들렸다. 누가복음은 당시의 현상을 이렇게 말씀하고 있다:

그 지역에 목자들이 밤에 밖에서 자기 양 떼를 지키더니 주의 사자가 곁에 서고 주의 영광이 그들을 두루 비추매 크게 무서워하는지라. 천사가 이르되 무서워하지 말라. 보라 내가 온 백성에게 미칠 큰 기쁨의 좋은 소식을 너희에게 전하노라. 오늘 다윗의 동네에 너희를 위하여 구주가 나셨으니 곧 그리스도 주시니라. 너희가 가서 강보에 싸여 구유에 뉘어 있는 아기를 보리니 이것이 너희에게 표적이니라 하더니 홀연히 수많은 천군이 그 천사들과 함께 하나님을 찬송하여 이르되 지극히 높은 곳에서는 하나님께 영광이요 땅에서는 하나님이 기뻐하신 사람들 중에 평화로다 하니라(눅2:8-14).

누가는 예수님의 태어나심을 목자들에게 알리고 축하하는 하늘의 군대(천군)와 천사들의 수를 셀 수 없어서 "수많은 천군이 그 천사들과 함께"라고 표현하고 있다. 천군과 천사들이 "지극히 높은 곳에서는 하나님께 영광이요 땅에서는 하나님이 기뻐하신 사람들 중에 평화로다."라고 합창한다. 여기서 "평화"란 헬라어로 "에이레네"이다. 에이레네는 평화로 번역할 수 있지만 "복지(福祉)" 또는 "번영(繁榮)"으로 번역할 수도 있다. 예수님을 믿고 죄 용서함을 받아 천지를 창조하신 하나님과 화목의 관계를 회복한 사람이 이 땅에 누리는 복이 평화이며, 복지이며, 번영이란 의미이다. 그러므로 태인동이 보다 더 평화로운 동네, 복지 부락, 번영의 마을이 되려면 그 동안 속고 있던 미신들을 철폐하고 예수님을 나의 구주 나의 하나님으로 고백해야 한다.

일본인들이 본도의 지형이 삼봉산을 머리로 하는 문어처럼 생긴 것을 보고 본도의 정기(精氣)를 잘라내기 위해 목 부분에 해당하는 곳에 길을 냈다고 전해지고 있다.[86] 이것이 사실이라면, 우리 민족이 풍수지리설에 깊은 영향을 받고 있음을 간파한 일본인들이 우리의 정신세계를 말살하여 패배주의를 심으려는 속셈이었을 뿐 그 이상도 그 이하도 될 수 없다. 우리의 정신세계와 가치관이 미신적 풍수지리설에서 하루빨리 탈피하여 비록 삼봉산이 없어진다해도 예수님 안에서는 승리만이 있음을 깊이 인식할 수 있기를 간절하게 바라는 마음이다.

태인동의 역사와 토속신앙을 살폈으니 다음 장부터는 본교회의 역사를 본격적으로 연구할 것이다.

주

86) 일본인들이 우리 민족의 정기(精氣)를 끊으려는 의도로 산에 쇠말뚝을 박았다는 이야기는 반일감정을 조장하기 위한 것이라고 강하게 주장되고 있다.

제5장 본교회 설립자 및 설립년도 연구

본교회 설립이 2011년에 100년이 되려면 두 가지 문제를 확실하게 연구하고 넘어 가야한다. 첫째, 본교회가 설립되도록 하나님께 쓰임 받은 귀한 그릇들은 누구인가? 즉, 미국 남장로회 선교사와 그의 선교 동역자는 누구이며, 한국인은 누구인가?; 둘째, 본교회는 1911년에 설립되었는가? 아니면 1920년에 설립되었는가? 하는 점이다. 이 두 가지는 필자가 본교회 100년사를 집필할 때 가장 고민했던 문제이다. 첫 번째 문제는 다시 두 가지로 나누어진다. 하나는 본교회 설립에 공헌했던 선교사가 고라복(高羅福. Robert Thornwell Coit, 1878-1932)인가 아니면 노라복(魯羅福. Robert Knox, 1880-1959)인가? 하는 것이고, 다른 하나는 본교회 설립의 기초를 놓은 사람이 이영국(李榮國)인가 아니면 조영귀인가 하는 점이다.

본 교회 설립자 문제를 결론적으로 언급하자면 첫째, 본교회의 직접적인 설립자는 본교회 『요람』에 근거하면 조영귀가 되고, 『조선예수교장로회 사기』하권의 기록을 존중하면 이영국(李榮國)이 된다. 둘째, 본교회의 설립자가 조영귀이든지 이영국이든지 이들에게 최초로 복음을 전한 사람은 누구였는지 분명하지 않다. 하지만 본교회 『요람』에 무게를 두어 본교회 최초 설립자가 조영귀라면 고라복 선교사의 선교 동역자가 되며, 『조선예수교장로회 사기』하권에 무게를 둔다면 고라복 선교사를 포함한 미국 남장로회 선교사이거나 그들의 선교 동역자 등으로 볼 수 있다. 셋째, 본교회가 설립된 후 초기에 신학적인 영향력을 주었던 미국 남장로회 선교사는 고라복(高羅福) 선교사와 변요한(邊約翰)) 선교사, 그리고 노라복(魯羅福) 선교사로 보는 것이 자연스럽다. 필자는 이점을 본교회 설립년도와 함께 좀 더 구체적으로 밝히기 위해 1차 자료와 2차 자료를 활용할 것이며, 인물들에 대한 소개는 그들을 잘 아는 지인들의 증언과 이미 연구한 학자들의 자료를 신뢰하여 활용할 것이다.[87)]

1. 본교회 설립자

본교회 설립자에 대한 자료들이 여러 곳 있다. 『전라노회록』, 『조선예수교장로회 사기』하권, 『전남노회 75년사』,『금호교회 50년사』, 『태인교회 요람』, 『순천노회사』, 『미국남장로회 선교 100년사』, 『양림교회 100년사 Ⅰ: 1904-1953』 등이 그것이다. 상기한 바와 같이 본교회 설립자를 쉽게 결정하기 어려운 것은 본교회 설립자가 『태인교회 요람』의 연혁에는 조영귀로 되어 있고, 『조선예수교장로회 사기』하권에는 이영국으로 되어 있기 때문이다.

본교회가 설립자가 조영귀이든지 이영국이든지 본교회는 한국인 신자에 의해 시작되었다는 것은 확실이다. 『태인교회 요람』과 『조선예수교장로회 사기』 하권이 동일하게 기록하고 있기 때문이다. 그러면 조영귀와 이영국이 본교회 설립과 어떤 연관성이 있는지 각각 살펴보자.

1.1. 조영귀에 대한 연구

2010년도에 발간한『태인교회 요람』은 "1911. 4. 4. 고라복 선교 동역자의 전도로 조영귀씨 중심으로 태인 2구 333번지에서 첫 예배를 드리다."[88)]로 기록되어 있다.

『태인교회 요람』의 기록 내용에서 다시 한 번 정리하고 넘어가야 할 것은 첫째, 본교회를 직접 설립한 사람은 조영귀이며; 둘째, 조영귀는 노라복 선교사가 아닌 고라복 선교사와 동역하는 선교사란 점이다. 당시 선교 동역자는 대부분 한국인이었음을 감안할 때 "고라복 선교 동역자" 는 한국인이었을 것이다. 선교사와 선교 동역자는 동일한 개념이 아니란 것은 성경이 증거하고 있다. 예를 하나 든다면, 사도 바울의 선교 동역자 브리스가와 아굴라 부부이다(롬 16:3). 브리스가와 아굴라는 바울의 선교동역자였음은 분명하다. 그들은 바울과 함께 고린도와 에베소에서 선교사역을 하다가 로마에 되돌아 간 사람들인데 바울은 그들을 "그리스도 예수 안에서 나의 동역자들" 로 소개한다. 브리스

주

87) 1차 자료는『조선예수교장로회 사기』하권,『태인교회 요람』,"STATION REPORTS OF THE SOUTHERN PRESBYTERIAN MISSION(1903-1910)."등이며, 2차 자료는 김수진의『호남기독교사』,『호남지방 교회의 역사』, 차종순의 『양림동에 묻힌 22명의 미국인』, 『호남교회사연구』(제1집), 안기창의 『미국남장로회 선교 100년사』, 그리고『전남노회 75년사』,『순천노회사』,『광양시 기독교 선교 100주년 사료 조사 보고서』,『양림교회 100년사 Ⅰ: 1904-1953』,『전라노회록』등이다.

88) 2010년도 태인교회 요람』, 4.

가와 아굴라는 사도행전에서도 반복해서 함께 등장한다(행 18:2,18,26). 또한, 이들은 에베소에서 바울이 부재시에 아볼로에게 교훈을 가르치기도 했다.

이처럼 브리스가와 아굴라가 바울의 선교 동역자로서 활발하게 선교활동을 했던 것처럼 한국 선교 초기에 선교사들을 도와 능력 있게 복음을 전했던 한국인 선교 동역자들이 많이 있었다. 그리고 브리스가와 아굴라가 바울의 선교 동역자로서 바울의 가르침을 받아서 복음을 전했던 것처럼 고라복의 선교 동역자 역시 고라복으로부터 가르침을 받으면서 복음을 전했을 것임으로 이런 점에서 고라복 선교사는 본교회와 연결된다고 볼 수 있다. 또한 고라복 선교사는 "1912년부터 순천선교부 개설요원으로 내정되고, 1913년 3월 순천선교부로 이사"[89]하기 전년도인 1911년 봄과 가을에 순천지방을 순회하면서 전도했다:

> 그 동안 1911년 고라복은 봄 가을로 2회에 걸쳐 순천의 전지역을 일일이 순방하면서 문답한 결과 수 백명의 신도들에게 세례를 줄 수 있었고 변요한이 귀국한 다음해에는 서로득(Swineheart)과 함께 교대로 순천을 방문하여 선교부 설치작업을 감독하였다. 또한 1912년 선교회는 순천에서 일할 인원을 확정하였다. . . . 1913년 4월 주택이 거의 완성되어 거주하기에 별 지장이 없다고 판단한 고라복과 변요한의 가족은 다른 사람들 보다 먼저 순천에 이거해 갔다.[90]

미국 남장로회 선교사들의 연례 보고서에 보면 순천, 광양, 여수 등 남부지역을 선교지역으로 할당받았던 오웬 의료선교사가 1909년에 순교한 후에는 변요한 선교사가 이 지역을 담당한 것으로 기록되어 있다.[91] 그 후 변요한 선교사가 1911년 안식년 휴가차 귀국했을 때 고라복 선교사가 한국어를 공부하면서 순천과 광양지역에 복음을 전파했다.[92]

그러므로 조영귀가 1911년 4월 4일에 고라복 선교사의 선교 동역자로부터 복음을 듣고 예수를 믿어 본도에 교회를 설립했다는 본교회 『요람』의 기록은 설득력이 있다.

문제는 『조선예수교장로회 사기』하권에는 이영국이 본교회의 설립자로 기록되어 있기 때문에 조영귀가 본교회의 설립자로 인정되려면 이를 증명할 수 있는 어떤 기록이나 분명한 증언이 필요하다는 점이다.

먼저, 증언자를 찾아보자. 필자가 본교회 100년사 편찬위원들과 장로들에게 본교회 『요람』과 『순천노회사[93]』 및 『전남노회 75년사[94]』에 기록되어 있는 본교회 설립자 조영귀는 누구인지 질문하자"정확하게 알 수 없다."고 답변했다.[95]

주

89) 차종순, "[태인교회]100주년사에 관하여," e-mail, 2012년 1월 31일.

90) 안기창, 『미국남장로교 선교 100년사』(서울: 도서출판 진흥, 2010), 121.

91)"Mr. Preston: Charge of Southern Circuit, . . ." Station Reports of the Southern Presbyterian Mission in Korea, 1910, 22.

92)"Mr. Coit: Language study, assist in general evangelistic work, but especially in the work Mr. Preston's field. Charge of book room." Station Reports of the Southern Presbyterian Mission in Korea, 1910, 22.

93) 순천노회 사료편찬위원회, 『순천노회사』(순천: 순천문화인쇄사, 1992), 385.

94)『전남노회 75년사』, 826.

95) 서일석 장로, 박정선 장로, 이규춘 장로가 2010년 12월 12일 오후 3시 40분 태인교회 1층 사무실에서 필자에게 증언한 내용. 김소영 집사, 오지숙 집사 배석.

이후 필자의 부친(김수열 성도)에게 태인 2구 333번지의 위치와 그곳에 조씨 일가가 생활한 적이 있는지 질문하자 "그렇다."고 대답했다:

태인 2구 333번지는 태인 2구 윗몰과 아랫몰을 구분하는 중간 길 바로 아래에 위치해 있는 것으로 알고 있다. 그곳에 조만갑씨 6형제가 살았었다. 조만갑씨는 그의 부친과 함께 하동에서 이곳으로 이사를 왔다. 이사를 온 것은 조만갑씨가 태어난 이후로 기억하고 있기 때문에 지금 [2012년 3월]부터 계산할 때 100년이 못된다고 생각된다. 조만갑씨의 아들 조현수인데 현재 태인 2동에서 육일철물점[육일종합상사]을 운영하고 있으며, 태인제일교회에 출석[장로]하고 있다. 태인도에 이사 온 것이 100년이 못되기 때문에 아마 아닐 것으로 생각된다.[96]

필자는 부친의 말씀에도 불구하고 혹시나 하는 마음으로 조만갑씨의 부친이 언제 태인 2구로 이사를 왔는지, 그리고 가족 중에서 처음으로 예수님을 믿었던 사람과 가족 중 조영귀란 분이 있었는지 등을 파악하기 위해 조현수 장로와 전화로 인터뷰했다. 그 내용 다음과 같다:

저희 할아버지의 존암은 조남도이고, 부친은 조만갑입니다. 정확한 년도는 알 수 없으나 부친께서 먼저 하동에서 태인2구로 이사를 오신 후 자리가 잡히자 할아버지를 하동에서 모시고 오셨습니다. 할아버지는 예수님을 믿는 신자가 아니었습니다. 부친께서도 태인도에 이사를 오신 후 서일석 장로님의 모친 조갑조 권사님의 인도로 교회에 출석하기 시작했습니다. 조권사님이 태인교회 초창기 멤버 중 한 분이시기 때문에 살아계셨다면 초기 역사를 잘 아실 것인데 안타깝습니다. 그리고 조영귀라는 분은 저희 조씨 가문에 없는 이름이어서 누구인지 알 수 없습니다.[97]

비록 조영귀가 누구인지를 찾는 데는 실패했지만 조만갑의 자녀들이 교회의 장로가 되고, 또는 목사가 되어 현재 한 교단의 총회장으로 섬기는 것을 보면 예수님을 믿는 가정이 얼마나 복된 삶을 사는 지를 하나님께서 우리에게 교훈하신다는 것을 발견한 것은 기쁜 일이다.[98]

1.2. 이영국에 대한 연구

본교회를 설립한 한국인 신자가 이영국이란 것은 『조선예수교장로회 사기』 하권의 기록에서 확인할 수 있다:

광양군 대인도교회(光陽郡 大仁島敎會)가 설립(設立)하다. 선시(先是)에 이영국(李榮國)은

주

96) 김수열, 2012년 3월 21일 오전 11시 경 필자와 전화로 대화한 내용.

97) 필자가 조현수 장로(태인제일교회)와 2012년 3월 22일 오후 5시 30분경에 전화로 인터뷰한 내용.

98) 조현수 장로의 형님되는 조경삼 목사는 2012년 3월 현재 대한예수교장로회(개혁교단) 총회장으로 섬기고 있다.

> 본도(本島)의 노인(老人)인데 전도인(傳道人)에게 문도(聞道)하고 신심(信心)이 발생(發生)하여 비단(非但) 자기(自己)만 믿을 뿐 아니라 타인(他人)에게 항시(恒時) 전도(傳道)하였고 신황리 교인등(新黃里敎人等)의 내조(來助)와 조사 서병준(助師 徐丙準)의 2년간(二年間) 시무(時務)로 교회(敎會)가 성립(成立)되었다. 독신(篤信)하는 과부임씨(寡婦林氏)는 자기(自己)의 3칸 가옥(三間 家屋)을 예배당(禮拜堂)으로 공헌(供獻)하였으며 선교사 노라복(宣敎師 魯羅福)과 집사(執事) 정충헌(鄭忠憲), 정시운(鄭時運) 등(等)이 교회(敎會)를 인도(引導)하였다.[99]

위 기록에 의하면 태인도에서 가장 먼저 예수님을 믿은 사람은 이영국이라는 당시의 노인이었다. "전도인(傳道人)에게 문도(聞道)하고 신심(信心)이 발생(發生)하여 비단(非但) 자기(自己)만 믿을 뿐 아니라 타인(他人)에게 항시(恒時) 전도(傳道)하였고"란 기록으로 보아 이영국 성도는 복음을 전파하는 일에 매우 열심이었다는 것을 알 수 있다. 또한 "신황리교인등(新黃里敎人等)의 내조(來助)와 조사 서병준(助師 徐丙準)은 2년간(二年間) 시무(時務)로 교회(敎會)가 성립(成立)되었다."고 했으니 이영국 성도로부터 복음을 듣고 예수님을 믿었던 사람이 많았다는 것을 알 수 있다.

그러나 상기한 것처럼 본교회 『요람』이 조영귀가 본교회의 설립자로 기록하고 있기 때문에 이영국이 본교회의 설립자가 되려면 역시 그것을 입증할 수 있는 자료 또는 분명한 증언이 필요하다. 이를 확인하기 위해 필자가 2010년 12월 12일에 본교회를 방문하여 본교회 100년사 편찬위원들과 대화하면서 태인도 최초의 신자이자 본교회 설립에 지대한 공헌을 했던 이영국 성도에 대해 질문하여 다음과 같은 답변을 얻었다:

> 정확한 것은 확인해 보아야 알 수 있지만 아마 이동수씨의 부친이 이충헌씨이며 이영국씨는 이충헌씨의 부친일 가능성이 있다. 이동수씨는 지금 서울에 거주하고 있다. 이현수씨 아들 이규용씨는 노무현대통령시절 환경부장관이었다. 이동수씨는 중앙부처 사무관을 역임했다.[100]
>
> 목회자 부재중 장두익씨 등 3인이 설교를 감당했는데 그 중 한 사람이 이동수씨였다. 이현수씨는 이동수씨의 동생이다.[101]

필자는 위의 증언을 토대로 필자의 부친과 대화를 나누었다. 부친 김수열 성도는 필자가 이충헌씨의 아들이 셋이라고 들었다고 하자 셋 아니라 더 많다면서 이충헌씨 아들은 이강수, 장남 이동수, 이현수, 이순수가 있다고 했다. 그러면서 다음과 같이 설명했다:

주

99) 조현수 장로의 형님되는 조경삼 목사는 2012년 3월 현재 대한예수교장로회(개혁교단) 총회장으로 섬기고 있다.

100) 서일석 장로, 양정석 장로, 이규춘 장로가 2010년 12월 12일 오후 3시 30분 태인교회 1층 사무실에서 필자에게 증언한 내용. 김소영 집사 배석. 이후 필자가 확인한 결과 노무현 정부 시절 환경부장관을 역임한 사람은 이규훈이 아니라 이규용이었고, 이규용의 부친은 이동수가 아니라 이현수였다. 자세한 내용은 아래 내용을 참고 바란다.

101) 박정선 장로가 2010년 12월 12일 오후 4시 태인교회 1층 사무실에서 필자에게 증언한 내용. 김소영 집사, 오지숙 집사, 이규춘 장로 배석.

이충헌씨는 우리 동네(태인 2구, 장래부락) 이씨 문중에서 가장 영향력이 있었던 사람이었다. 그의 아들들은 이강수, 이동수, 이현수, 이순수가 있었다. 그 중에서 이강수는 일제 때 동네에서 순사였으나 사람들을 선하게 대해주었으므로 해방 후에도 전혀 해를 입지 않았다. 해방 후 당시 우리나라에 지식인이 많지 않았기 때문에 다시 경찰이 되었다. 한국동란이 일어났을 때 동네에서 빨치산으로 활약했던 최영근이 지금의 군수와 같은 군당위원장이 되어 경찰 등을 색출하여 처형할 때 이강수도 잡혔으나 최영근이 이강수는 비록 경찰이기는 하였으나 좋은 사람이라면서 살려주었다. 인천상륙작전의 성공으로 국군에 의해 북한군이 도망할 때 최영근이 미처 도망가지 못하고 잡혔고, 처형당할 위기에 처했을 때 이강수가 군당위원장 최영근이 선한 일을 많이 하였다고 변호하여 살려주었다. 그래서 두 사람 모두 살 수 있었다. 이영국씨가 이충헌씨의 부친인지는 알 수 없다. 서울에 있는 이현수씨에게 연락하면 알 수 있을 것이다. 전화할 때는 김정윤씨의 아들이라고 말하면 된다. 나하고 같은 연배(2010년 12월 현재 81세)이기 때문에 서로 잘 알고 지내던 사람이다. [102]

필자는 본교회 장로들과 집사들의 증언과 필자의 부친의 증언을 참고하면서 이현수 장로와 전화 인터뷰 한 결과 다음과 같은 답변을 얻었다:

제[이현수]의 부친의 이름은 이충헌입니다. 제가 기억하기로는 제 부친이 담안[태인2구]에 조그마한 교회 하나를 지었습니다. 교회 위치는 아랫몰과 윗몰을 구분하는 동네 중간에 있는 길 바로 아래에 있던 동청 주변이었던 것으로 기억하고 있습니다. 그 때는 주변 환경이 매우 좋았습니다. 그래서 언더우드 선교사님을 비롯하여 외국에서 파송을 받아 국내에 들어왔던 선교사님들이 거의 다 담안을 다녀갔고, 오셨을 때는 저희 집에 머물렀습니다. 부친께서는 처음에 교회에서 아무런 직분이 없었습니다. 할아버지와 할머니가 신자였는데 할아버지는 제가 태어나기 전에 소천하셨고, 할머니는 제 나이 5살쯤에 소천하셨습니다. 저는 믿음의 대로 3대째입니다. 할아버지 함자가 무엇이었는지 기억이 나지 않지만 아마도 이영국은 아닌 것으로 기억하고 있습니다. 태인2구에 있는 집안 족보를 보면 정확히 알 수 있을 것입니다.

저의 부친인 이충헌은 처음에 교회에서 아무런 직분이 없었지만 선교사님들이 오셔서 영수 직분을 주셨습니다. 부친은 당시 동네에서 영향력이 있었고, 동네를 위해 여러 가지 활동을 했던 것으로 기억하고 있습니다. 예를 들면, 일제강점기에 일본인들이 양식을 빼앗아 가는 일이 종종 있었는데 저희 집에 있는 양식은 그들이 감히 빼앗아 가지 못했습니다. 그래서 동네 분들이 저희 집 창고에 양식을 가져다 두었다가 일본인들이 물러가고 나면 다시 가져가곤 했습니다. 농주[술] 먹이는 것도 일본인들이 싫어하여 농주를 머리에 이고 가는 여인들의 농주 단지를 다 깨는 행패를 부리는 일이 많았습니다. 그래서 일본인들이 온다는 소식이 들리면 농주를 이고 가다가 저희 집으로 들어와서 농주를 숨겨두었다가 그들이 지나가고 나면 다시 가져갔습니다. 2차 대전 말기에는 일본군에 사용할 쇠붙이를 거두어 갔는데 그 때는 가정집의 쇠붙이뿐만 아니라 교회에 있는 쇠붙이도 모두 빼앗아 갔습니다. 그 때 저희 부친께서는 위험을 각오하고 일본인들이 교회의 종을 가져가지 못하도록 지킨 일이 있었습니다.

저는 저희 부친이 새마을운동의 선구자라고 생각합니다. 그 이유는 당시 마을에 도박 등을 하는 사람들이 많이 있었는데 아버지께서 그들의 화투장을 거두어서 아버지 방에 걸어 놓은

주

102) 필자의 부친 김수열 성도가 2010년 12월 12일 오후 5시경 집에서 필자에게 전해 준 내용이다.

후 가져온 날짜와 화투한 사람들의 이름을 기록해 두었습니다. 저희 아버지께 도박하다가 걸리면 누구든지 혼이 났습니다. 매우 무서운 분이셨습니다. 이런 점에서 저는 저의 부친은 새마을운동의 선구자라고 불러도 된다는 생각입니다.

부친께서는 6.25 동란 직후 자녀교육을 위해 모든 후손들을 다 데리고 서울로 상경하셨습니다. 그 후에 들리는 말에 의하면 저의 부친께서 동네에 계셨을 때는 동네의 정신이 맑았는데 안 계시니 간통, 노름 등이 일어나는 타락한 마을이 되고 말았다고 걱정하는 분들이 많았다고 합니다.

제가 2008년경에 태인도를 방문한 적이 있었는데 교회를 새로 크게 잘 지어놓은 것을 보았습니다. 새로 지은 예배당을 보면서 아버지가 지은 교회가 이렇게 훌륭하게 되었다고 생각하며 매우 기분이 좋았고 하나님께 감사의 기도를 드렸습니다.

저희 부친께서는 7남매를 두셨는데 저의 누님은 어린 시절에 죽었기 때문에 6남매의 자손들만 지금 살아 있습니다. 이영수(강수), 이동수는 제 형님들이고, 이순수는 제 남동생입니다. 이동순과 이춘자는 남동생보다 어린 제 누이들입니다. 저를 비롯해 4형제가 모두 장로였습니다. 이영수 장로는 소천했고, 저를 비롯한 이동수 장로와 이순수 장로는 지금 살아 있습니다. 저는 서울에 있는 성결교단의 대표적인 교회 중의 하나인 강남에 위치한 서울한우리교회(전, 독립문교회)의 원로장로입니다. 제 큰 아들이 이규용인데 노무현 정부 시절 환경부장관을 역임했습니다.[103)]

필자는 위 증언 내용에 근거하여 태인2구 이씨 문중의 족보를 이규춘 장로를 통하여 확인하였다: [104)]

16세(十六世) 자형궁(子亨宮)

17세(十七世) 자주랑(子周良) 자주찬(子周澯)
18세(十八世) 자판익(子判翼) 자철익(子哲翼) 자정익(子正翼) 자홍익(子洪翼)
19세(十九世) 자보인(子輔仁) 자보섭(子輔燮) 자보훈(子輔薰)
자보호(子輔鎬) 자보단(子輔壇) 자보영(子輔瓔) [105)]

19세(十九世) 정익오자(正翼五子) 보영(輔瓔) 이충헌(李忠憲)
20세(二十世) 자선미(子鮮微) 영수(英洙) 자동미(子銅微) 동수(銅洙)
자현미(子玹微) 현수(玹洙) 자순미(子順微) 순수(順洙)[106)]

태인2구의 이씨 문중 족보를 살펴 본 결과 본교회 최초의 신자이며 설립자인 이영국에 대한 내용은 없었다. 영수 이충헌의 부친은 이정익이며, 이정익은 위로 4명의 형들이 있었지만 영국이란 이름은 찾을 수 없었다. 이정익의 부친은 이주찬이며, 큰 아버지는 이주랑이다. 이로 보아 이영국은 누구인지 아직 정확히 알 수 없지만, 『조선예수교장로회 사기』 하권의 기록을 신뢰할 경우 이정익

주

103) 필자가 2010년 12월 14일 오후 3시부터 약 30분 동안 광신대학교 교회사연구소에서 이현주 장로와 전화로 인터뷰한 내용을 필자가 정리한 것이다.

104) 필자가 2010년 12월 15일 오후 1시경에 이규춘 장로에게 전화로 부탁하였다.

105) 『이씨문중 족보』, 712. 이규춘 장로가 2010년 12월 20일 필자에게 팩스로 보내 준 자료.

106) 이씨문중 족보』, 512. 이규춘 장로가 2010년 12월 16일 필자에게 팩스로 보내 준 자료.

은 이영국으로부터 복음을 듣고 예수님을 믿었다고 볼 수 있다.

미국 남장로회 선교사 또는 선교 동역자로부터 복음을 듣고 예수님을 믿기 시작했던 이영국은 "선시(先是)에 이영국(李榮國)은 본도(本島)의 노인(老人)인데 전도인(傳道人)에게 문도(聞道)하고 신심(信心)이 발생(發生)하여 비단(非但) 자기(自己)만 믿을 뿐 아니라 타인(他人)에게 항시(恒時) 전도(傳道)하였고"라는 『조선예수교장로회 사기』 하권의 기록처럼 태인도에서 열심히 복음을 전하면서 이정익과 그의 부인을 전도의 열매로 얻은 것으로 생각할 수 있다. 그리고 이정익 부부는 당시 태인2구의 영향력 있는 집안이었던 것으로 보인다. 이정익의 다섯 번째 아들 이충헌은 마치 디모데처럼(이는 네 속에 거짓이 없는 믿음이 있음을 생각함이라 이 믿음은 먼저 네 외조모 로이스와 네 어머니 유니게 속에 있더니 네 속에도 있는 줄을 확신하노라. 딤후 1:5) 아버지의 신앙 유산을 이어 받아 태인교회 예배당을 건립하는 등 신실한 복음의 일꾼이 되었던 것이다. 복음을 위하여 헌신했던 이충헌의 아들들은 상기한 바와 같이 모두 장로로서 한국교회에 공헌하는 영적인 복뿐만 아니라 손자 중에서는 환경부장관을 역임하는 등 후손들이 육신적인 복도 누린다는 역사의 교훈을 남기고 있다.[107]

본교회 예배당을 마련하는 등 복음을 위하여 헌신했던 이충헌 영수의 자손들의 삶의 일면을 보면서 "우리가 선을 행하되 낙심하지 말지니 포기하지 아니하면 때가 이르매 거두리라."는 갈라디아서 6장 9절 말씀과 "그러므로 내 사랑하는 형제들아 견실하며 흔들리지 말고 항상 주의 일에 더욱 힘쓰는 자들이 되라 이는 너희 수고가 주 안에서 헛되지 않은 줄 앎이라."라는 고린도전서 15장 58절 말씀이 내세뿐만 아니라 금세에서도 적용된다는 진리를 깨달을 수 있다.

이제는 상기와 같이 두 인물이 태인도 및 본교회와 어떤 관련이 있는지 조사한 내용에 따라 본교회 설립자가 조영귀인가 아니면 이영국인가를 결정해 보자. 필자는 두 분에 대한 조사 결과로 볼 때 조영귀 보다는 이영국을 본교회 설립자로 보는 것이 더 객관성이 있다고 보아야한다는 생각이다.[108] 그러므로 이후부터는 이영국을 본교회의 설립자로 보고 모든 내용을 전개할 것이다.

주

107) 하나 더 확인할 것이 있다. 본교회 설립과 관련되어 있는 『조선예수교장로회 사기』 하권의 기록 내용이다. 『조선예수교장로회 사기』 하권에 기록되어 있는 태인교회 설립에 대한 내용에 "선교사 노라복(宣教師 魯羅福)과 집사(執事) 정충헌(鄭忠憲), 정시운(鄭時運) 등(等)이 교회(教會)를 인도(引導)하였다."는 기록이 있다. 필자는 이현주 장로와 인터뷰하면서 정충헌이란 이름이 떠올라 당시에 정씨가 동네에 있었는지 질문했다. 이현주 장로는 정씨에 대한 기억이 없다고 했다. 그래서 정충헌이 이현주 장로의 부친 이충헌일 가능성이 있지 않겠느냐고 다시 질문했고, 이현주 장로는 그럴 가능성이 많다고 대답했다. 이것이 사실이라면 『조선예수교장로회 사기』 하권의 기록이 잘못되었다는 결론에 이른다. 그렇다면 정시운 역시 이시운일 가능성이 높아진다.

108) 조영귀나 이영국이 아닌 제삼자가 본교회의 설립자일 수도 있겠지만 지금으로서는 기록된 자료에 근거할 때 제삼자에 대한 조사는 불가능하다는 생각이다.

2. 본교회 설립년도

본교회가 1911년에 설립될 수 있다는 것은 전술한 내용에서도 알 수 있다. 하지만 1차 자료에 근거하여 접근해 보면 다음과 같다.

미국 남장로회 선교사 중에서 최초로 순천과 광양지방에 복음 전파 사명을 받았던 선교사는 오기원(吳起源, Clement Carrington Owen, 1867- 1909)이었다. 미국 남장로회 선교사들의 선교보고서에 의하면 오기원 의료선교사가 순천과 광양지역을 선교지로 배정받은 것은 1905년이다. 그리고 순천과 광양지역은 이후 오기원 선교사가 1909년에 순교하기 전까지 지속적으로 순회하면서 복음 사역을 헌신적으로 감당하였다:

> 3. 목포-광주선교부
>
> 〈생략〉
>
> 오웬 의사 : 광주지역에서 복음전도 사역을 하고 남평, 나주, 영암, 장흥, 보성, 능주, 봉복, 화순, 나간, 순천, 광양, 그리고 구례로 구성되어 있는 남쪽 지역을 담당하십시오. 의료선교사 놀란을 지원하고, 선택한 조사의 임금을 요청하십시오.[109)]

> 오웬 의사
>
> a) 남평, 화순, 능주, 장흥, 그리고 보성 지역을 담당하십시오.
> b) 총평, 옥과, 곡성, 동복, 구례, 순천, 광양, 여수, 돌산, 그리고 흥양 지역에 있는 정북쪽과 정남쪽을 순회하십시오.
> c) 선교 동역자(evangelistic helper)는 체원군(Che Won Kun)이 담당하십시오.
> d) 현지 복음전도자 사역(local evangelistic work)을 지원하십시오.[110)]

상기 d)의 "현지 복음전도자 사역(local evangelistic work)"이라 할 때의 복음전도자는 또 다른 미국 남장로회 선교사가 아닌 한국인 복음전도자로 보아야 한다.[111)]

미국 남장로회 선교사 협의회는 이와 같은 결정을 내리면서 광주선교부의 새로운 인원으로 합류한 고라복 선교사에게 한국어를 공부하도록 결정하였다.[112)]

주

109) Station Reports of the Southern Presbyterian Mission in Korea, 1905, 94.
오기원 선교사는 "버지니아의과대학에서 1896년 의학석사 과정을 마치고 1898년에 목포선교부에 부임하고 배유지 선교사와 목포선교부를 개설했다. . . . 의사보다 복음전도에 주력하면서 조사들과 함께 . . . 선교하였다. 1905년 순천지역이 오웬 선교사의 구역으로 말을 타고 먼 거리까지 다니면서 . . . 전도하다가 폐렴을 얻어 세상을 떠난 의사 . . . " 안기창, 『미국남장로교 선교 100년사』(서울: 도서출판 진흥, 2010), 91.

110) Station Reports of the Southern Presbyterian Mission in Korea, September 25th 1907, 26-27.

111) 오웬 의료선교사는 그 동안 지속적으로 현지 복음전도자를 지원하는 일을 하고 있었다. Station Reports of the Southern Presbyterian Mission in Korea, 1905, 69.

112) Ibid., 27.

그리고 고라복 선교사는 한국어를 공부하면서 변요한 선교사가 안식년으로 귀국했을 때인 1911년에 광양지역을 순회하면서 복음을 전파했다.

그러면『조선예수교장로회 사기』하권의 기록에 근거해서 좀 더 자세하게 살펴보자.

본교회 설립년도가『조선예수교장로회 사기』하권과『전남노회 25년사』등의 내용이 상이하기 때문에 별도로 연구할 필요가 있다. 먼저,『조선예수교장로회 사기』하권에 의하면 본교회의 공식적인 설립년도는 1920년도이다.[113]

본교회의 설립년도를 결정하기 위해『조선예수교장로회 사기』하권의 기록 내용을 세부적으로 분석해 보면 다음과 같다. 첫째, "광양군 대인도교회(光陽郡大仁島敎會)"란 명칭이다. 현 태인동은 1530년 중종 25년에 대안도(大安島)라 명명했다가 1759년 영조 35년에 태인도(太仁島)로 명칭을 변경했고, 그 후부터 태인동으로 변경될 때까지 태인도란 명칭이 그대로 유지되었다. 그렇다고 본교회 외에 또 다른 "대인도교회"가 있는 것은 아니다. 광양군에 "대인도교회"란 명칭을 붙일 수 있는 곳이 본교회 외에는 없기 때문이다.『대한예수교장로회 사기』하권에 본교회의 이름을 "대인도교회"라 기록한 것은 "태인도교회"를 잘 못 기록한 것으로 볼 수도 있지만, 일제시대에 본도를 대인도라 불렀다는 증언을 뒷받침하는 중요한 사료로 볼 수도 있다.

둘째, "선시(先是)에 이영국(李榮國)은 본도(本島)의 노인(老人)인데 전도인(傳道人)에게 문도(聞道)하고 신심(信心)이 발생(發生)하여"이다. "선시"란 용어는『조선예수교장로회 사기』상권과 하권에 교회설립을 언급할 때는 거의 예외 없이 사용된 단어이다. "선시에"를 현대어로 고치면"이에 앞서" "이보다 먼저"란 의미이다.[114] 그러므로 이 문구를 풀어보면 "이보다 먼저 본도의 노인 이영국이 전도인으로부터 전도를 받아 예수님을 믿는 신자가 되었다." 로 번역할 수 있다. 노인 이영국이 '언제' '어디서' '누구에게' 복음을 들었는지는 알 수 없으나 태인도에서 가장 먼저 예수님을 믿었다는 것은 분명하다. 이영국은 태인도에 예수 그리스도의 복음을 위한 새생명의 첫 번째 씨앗이었다. 이영국이 언제' 예수님을 믿기 시작했는지 불분명하지만 분명한 것은 1918년보다 앞서 일어난 사건이란 점이다.

셋째, "이영국(李榮國)은 . . . 비단(非但) 자기(自己)만 믿을 뿐 아니라 타인(他人)에게 항시(恒時) 전도(傳道)하였고 신황리교인등(新黃里敎人等)의 내조(來助)와 조사 서병준(助師 徐丙準)의 2년간(二年間) 시무(時務)로 교회(敎會)가 성

주

113) 연세대학교출판부,『조선예수교장로회 사기』하권, (서울: 연세대학교출판부, 1968), 313-6.

114) 양주동,『국어대사전』(서울: 영창서관, 1978), 420.『새우리말 큰 사전』신기철 · 신용철 편저, (서울: 삼성출판사, 1978), 1847.

립(成立)되었다." 이다. 이영국은 예수님을 믿은 후 태인도에서 복음을 전하기 시작했다. 그가 복음을 전하자 한 사람씩 믿기 시작했을 것이고, 이영국에 의한 전도의 열매 중에서 가장 좋은 열매가 후에 영수가 된 이충헌이었던 것으로 보인다. 당시 태인도의 지리적인 여건으로 볼 때 신황리교회 등으로 예배를 드리러 갈 수 없었을 것이므로 어떤 형태로든 자체적으로 예배를 드렸을 것이 분명하다.[115] 태인교회의 교인수가 조금씩 증가하자 1918년에 노라복 선교사의 주선으로 신황리교회에 시무하고 있던 서병준 조사가 파견되어 본교회를 섬겼던 것으로 볼 수 있다. 신황리교회 교인들의 협조와 서병준 조사의 섬김은 태인교회를 더욱 성장하게 하는 계기가 되었을 것이고, 1920년에 이르러서는 신실한 믿음을 소유하고 있던 과부임씨(寡婦林氏)가 자신의 3칸 가옥을 예배당으로 헌물하여 교회를 설립한 것이다.

본교회의 설립은 공식적으로는 1920년일지라도 그 이전부터 이미 교회가 존재했음이 분명하게 드러났다. 예수님께서는 "두 세 사람이 내 이름으로 모인 곳에는 나도 그들 중에 있느니라."(마 18:20)고 말씀하셨다. 교회의 머리는 예수님이시므로 예수님이 함께 거하신다는 것은 곧 그곳이 교회란 의미가 된다. 노인 이영국이 전도하여 한 사람이라도 열매를 맺었다면 이미 교회는 시작되었다는 말이다.

다음은 『전남노회 75년사』에 기록된 내용이다. 『전남노회 75년사』는 1911년 4월 4일과 1914년 4월 10일이라고 기록하고 있어 혼선을 주고 있고, 출처가 기록되어 있지 않다는 문제가 있는 것이 사실이다. 그렇지만 본교회는 전술한 바와 같이 1917년 이전부터 존재했다고 보는 것이 자연스러운 해석이므로 1911년 또는 1914년이 본교회 설립년도가 아니라는 기록이나 증언 등 결정적인 근거가 없는 한 『전남노회 75년사』의 기록을 인정해야 할 것이다. 『전남노회 75년사』에 기록되어 있는 본교회 설립년월일 관련 내용은 다음과 같다:

전남노회 75년사 全南老會內教會創立年代

4. 全羅老會 時代(1911.10.11-1917.9.17)[116]

設立年月日	教　會	設 立 者	住 所
1911. 4. 4	光陽태인教會		광양 태인
1914. 4.10	光陽太仁教會	전남노회	광양 태인

주

115) 현재의 태인동이 태인도였을 때 이곳은 독립된 섬이었다. 육지로 나가려면 두 가지 방법이 있었다. 하는 태인1구에서 도선을 이용하여 망덕으로 가는 것이다. 이럴 경우는 선상에서 보내는 시간이 약 40분이 소요되며 선배도 비싸다. 다른 한 가지는 자전거 또는 도보로 배알도로 가서 망덕으로 건너가는 방법이다. 거리가 짧기 때문에 선상에서 보내는 시간은 5분에서 10분 정도이다. 배알도에서 망덕 사이의 물결이 잔잔할 때는 수영을 해서 건너가는 사람(학생)도 있었지만 매우 위험하기 때문에 체력과 담력과 수영실력이 탁월한 청소년들이 매우 드물게 시도했다. 광양읍에 있는 군부대 대대장이 한 번은 본도를 순회 점검 차 왔다가 교통편이 불편하고 여행 소요시간이 많이 걸려 다시는 오지 않았다는 일화가 있다.

116) 『전남노회 75년사』, 826.

우리의 고민은 과연『전남노회 75년사』에 기록되어 있는 본교회 설립년도 두 가지 중 어느 것이 정확한가의 문제이다. 필자는 이 문제를 해결하기 위해서 "정신사"와 "실증사"라는 두 가지 역사 해석의 틀을 사용할 것이다.

정신사(精神史)는 "역사를 이루는 참된 힘으로서 역사의 배후에 흐르고 있는 정신을 고찰하는 역사학의 한 분야."이라는 것이 사전적인 의미이다.[117] 또한 "관습 · 법률 · 언어 · 신화 · 종교 · 예술 · 철학을 민족정신 · 시대정신의 표현으로서 통일적으로 파악하여 관습 · 법률 등의 변천을 통하여 정신이라고 하는 실체(實體)의 변천, 즉 역사를 서술한다."고 설명할 수 있다.[118] 정신사는 역사의 연대에 관심을 두기 보다는 역사의 교훈과 의미에 관심을 두는 역사 해석방법이다. 그렇지만 한 사건의 보다 정확한 해석은 그 사건이 일어난 시대 상황을 알아야 하므로 사건이 일어난 장소나 연대를 무시할 수 없다. 실증사도 중요하다는 것이다. 실증(實證)이란 "논리나 관념에 의하지 않고 실물이나 사실에 근거하여 증명"하는 것 "또는 그에 따른 증거"이다.[119] 그러므로 실증사(實證史)는 "이러 이러하니 이럴 것이다."라든지 "이 사건이 일어난 이유는 이것일 것이다."와 같은 해석이 포함된 역사를 최소화시키는 사관이다. 한국의 실증사(實證史)는 "일제강점기에 형성된 한국사 연구의 한 흐름"인 실증사학(實證史學)과 관련이 있지만,[120] 19세기 독일의 역사학자 랑케(Leopold von Ranke, 1795-1886)의 사관과 연결된다.[121] 성경은 역사적 사실을 기록할 때 실증사와 정신사를 모두 포함하고 있다. 즉, 사실과 해석을 동시에 기록하고 있으며, 사실과 해석이 오류가 없도록 기록자에게 성령님이 유기적으로 감동하셨다. 성경은 역사란 실증사(사실)와 정신사(해석)를 포함해야 한다는 것을 가르치고 있는 것이다.

본교회 설립년월일은 정신사와 실증사로 결정해야 한다는 것이 필자의 생각이다. 정신사를 적용하는 것은 본교회 설립이 1920년이라는 것이 공식적인 기록이었지만 기록 내용을 해석해 볼 때 1920년 이전이 확실하기 때문이다. 이것은 마치 신약성경에서 예수님을 믿는 성도들에게 그리스도인이란 명칭을 붙인 것은 안디옥교회였지만(행11:25-26, 바나바가 사울을 찾으러 다소에 가서 만나매 안디옥에 데리고 와서 둘이 교회에 일 년간 모여 있어 큰 무리를 가르쳤고 제자들이 안디옥에서 비로소 그리스도인이라 일컬음을 받게 되었더라.), 그 이전부터 그리스도인이었던 것과 다름 아니다. 실증사 적용은『전남노회 75년사』 기록에 의존하여 본교회 설립년월일을 1911년 4월 4일 또는 1914년 4월 10

주

117) 『국어사전』, http://kr.dictionary.search.yahoo.com/search/dictionaryp?p, 2010년 12월 22일.

118) 『백과사전』, http://enc.daum.net/dic100/contents.do?query1, 2010년 12월 22일.

119)『동아 새국어사전』(서울: 동아출판사, 1989), 1263.

120) 실증사학(實證史學)은 "1910년대 후반부터 1930년대에 걸쳐 일본의 동경제국대학이나 와세다대학[早稻田大學], 경성제국대학에서 전문적인 역사교육을 받은 사학도들을 중심으로 형성된 학풍이다. 이들은 랑케류의 실증사학이나 근대서양의 사회과학이론 혹은 문화사 방법론의 영향을 받아 우리나라 문화사 방면의 연구에 주력했다. 이들의 학풍은 '역사가는 현재의 편견에서 벗어나서 있는 그대로 과거 사실을 보아야 한다'는 근대 서양역사학의 가치중립적 태도를 내세우면서 사료에 대한 주관적 해석을 배격하고 치밀한 문헌고증을 통한 개별 · 구체적인 역사적 사실의 복원에 주안점을 두었다. 문헌고증사학자들의 연구 활동은 합리적 사료비판에 근거한 치밀한 사실추구를 통하여 역사연구영역을 확대시키고, 역사연구방법을 세련시키는 데 기여했으며, 학문으로서의 역사학을 정착시키는 데 공헌했다." 『백과사전』, Ibid.

121) 정신사와 실증사에 관한 보다 자세한 내용은 본서 제1부 "제1장 들어가는 말"의 "2.1. 역사란 무엇인가?" 참조.

일로 보는 것이다. 그러면 두 설립년월일 중 어떤 것이 본교회의 설립년월일이 되는가? 이 문제를 풀기 위해서는 다시 정신사를 적용해야 한다. 본교회가 믿음으로 결정해야 한다는 것이다. 그 이유는 『전남노회 75년사』에 기록된 본교회에 대한 두 가지 설립년도를 증거해 주는 또 다른 사료가 아직까지 발견되지 않았고, 증언도 없기 때문이다. 『전남노회 75년사』에 본교회 설립년월일이 1911년 4월 4일과 1914년 4월 10일로 다르게 기록된 것은 본교회 교회당이 1911년에 시작한 태인 2구 333번지에서 1914년 4월 10일에 권영일씨 댁으로 옮긴 시점을 본교회 설립년도로 보았기 때문일 것이다. 본교회 당회는 설립년월일 1911년 4월 4일을 본교회의 설립년월일로 정하기로 다음과 같이 확정했다:

> 임시당회
>
> ㅡ. 우리교회 90주년 행사의 건
>   기념행사 주일은 4월 22일 정하다.
>   기념품은 수건[은] 중자로 300장 준비키로 하다.
>   (준비는 서영석 장로님이 책임지기로 함)
>
> ㅡ. 태인교회 역사에 관련하여 근거를 찾기로 하다.
>   구전이나 증인들로 인해서 1911. 4. 4로 알고 있으나 증인들로 증명할 수 없어 검증된 역사가 전남노회 75년사를 기록으로 확인하기로 하다.
>   (참조 전남노회 75년사 부록 참조. 순천노회사 385p 참조)
>
> 안건처리를 다 끝내고 서기가 회의록을 낭독하고 이대로 받기로 하며 폐회하자는 결의에 따라 김충현 장로의 기도로 회장이 폐회됨을 선언하다. 폐회 시간은 1시 15분이었다.
>
> 2001년 2월 4일
> 서기 박정선
> 회장 변유복[122)]

19세기 초기 문헌에서 본교회의 설립년도가 1911년임을 증명하는 내용을 아직 발견하지 못한 것은 사실이다. 하지만 미국 남장로회의 호남지역 선교역사와 광양읍교회 등 광양지역에 1911년 이전에 설립된 교회들이 다수 있다는 점 등을 고려해 볼 때 특별한 사유가 없는 한 본 교회의 설립년도는 『전남노회 75년사』와 『태인교회 요람』의 내용으로 확정하는 것이 옳을 것이다.

주

122)『태인교회 당회의록』 제2권, 제20회, 2001년 2월 4일 오후 12시 45분.

3. 정리

미국 남장로회는 본교회가 설립된 1911년 이전인 1905년부터 광양지역에 오기원 의료선교사를 통해 복음을 전하기 시작했고, 1910년에는 변요한 선교사, 그리고 1911년에는 고라복 선교사가 광양지역을 담당하였다. 그러므로 고라복 선교사의 선교 동역자가 본교회 설립자에게 복음을 전했다는 것은 사실로 받아들일 수 있다.

본교회를 최초로 시작한 한국인과 외국 선교사 그리고 설립년월일을 연구한 결과 다음과 같은 결론을 얻을 수 있다. 첫째, 본교회 최초 한국인 신자는 조영귀 보다는 이영국으로 보는 것이 더 객관적이다. 둘째, 이영국을 전도했던 사람이 누구인지 정확히 알 수 없지만 고라복 선교사의 동역 선교사일 가능성이 가장 크며, 오기원 선교사와 변요한 선교사 또는 그들의 선교 동역자일 가능성을 완전히 배제할 수 없다. 셋째, 본교회 신학적 기초를 제공한 미국 남장로회 선교사는 고라복, 변요한, 노라복 선교사이다. 넷째, 본교회 설립년월일은 정확한 근거 자료가 밝혀지기 전에는 『전남노회 75년사』와 『태인교회 요람』에 근거하여 1911년 4월 4일을 정신사적으로 받아들인다.[123]

주

123) 본교회 설립 시기를 정확하게 확인하기 위해서는 본교회와 관련된 국내외의 모든 자료를 살펴야 하는 별도의 연구가 필요하다.

제6장 태동기 목회자들의 사역

본교회 태동기에 본교회를 섬겼던 목회자들은 서병준 조사, 고라복 선교사, 변요한 선교사, 김순배 목사, 안덕윤 목사이다. 이들이 본교회에 시무했던 기간과 사역 내용을 정확하게 알 수 없으나 일반적으로 알려져 있는 자료에 근거하여 이들의 활동 내용을 작성할 것이다.[124] 그리고 본교회 초기 역사에 영향력을 끼쳤던 노라복 선교사의 국내 선교 행적을 추가할 것이다.

서 병 준 조사

1. 서병준 조사

본교회 최초의 공식적인 사역자는 서병준 조사이다. 그는 1918년부터 1920년까지 조사(Helper, 助師) 자격으로 본교회를 섬겼다.[125] 『조선예수교장로회 사기』하권은 "광양군 대인도교회(光陽郡 大仁島敎會)가 설립(設立)하다. . . . 신황리교인등(新黃里敎人等)의 내조(來助)와 조사 서병준(助師 徐丙準)의 2년간(二年間) 시무(時務)로 교회(敎會)가 성립(成立)되었다."[126]고 기록하고 있다. 서병준 조사가 본교회를 얼마 동안 섬겼는지 정확한 기간은 알 수 없지만 2년간 시무하다가 교회를 설립했기 때문에 2년 이상 섬긴 것이다.

서병준 조사는 한학을 공부하였지만 예수님을 믿기 전에는 광양군 진상면 웅동마을에서 농부로 생활하면서 한가한 때에는 동네 동년배들과 함께 마작놀음으로 허송세월을 보냈던 평범한 청년이었다. 그의 인생의 전환점을 가져온 것은 일본의 명성황후 시해 사건과 관련이 있다. 『광양기독교100년사』의 기록을 보자:

주

124) 본교회 『요람』에 조영귀에게 복음을 전한 것으로 기록되어 있는 고라복 선교사의 선교 동역자는 알 수 없어 생략할 것이다.

125) 조사는 영어로 Helper이므로 한자로 助師보다는 助事가 의미상 더 어울리는 번역이겠지만 『조선예수교장로회 사기』는 언제나 助師라 했으므로 『사기』의 표기 방법을 따를 것이다.

126) 연세대학교출판부, 『조선예수교장로회 사기』하권, (서울: 연세대학교출판부, 1968), 315-16.

19세기 말 광양에는 도박이 크게 창궐해서 도박으로 패가망신 하는 가정이 수도 없이 늘어갔다. 그 때 명성황후를 살해하고 일본으로 도망치는 일본낭인을 죽이고 황죽리 마을에 숨어 있던 한태원이라는 사람이 있었다. 그를 체포하려고 광주에서 찾아온 한 관리가 도박에 중독된 주민들을 보고, '광주에 가면 야소교라는 것이 있는데 도박을 끊으려면 이를 믿는 수밖에 다른 도리가 없다'며 조상학 목사를 소개했다. 이에 박희원, 서병준, 장기용의 40대 세 사람이 3일 동안 걸어서 조 목사를 만나 전도를 받았다. 1904년, 그들은 이내 고향으로 돌아와 시골 집 방 한 칸을 빌려 사랑방 예배를 드리기 시작했다. 이것이 광양지역의 첫 교회 모태였다.[127]

상기 내용을 좀 더 구체적으로 설명하면 다음과 같다. 한태원이 민비를 시해한 자객을 인천 앞바다에서 죽이고 광양 황죽마을로 몸을 피해 몰래 숨어 들어왔다. 한태원이 황죽마을로 피신했다는 정보를 입수한 검사국 관리들은 그를 체포하기 위해 황죽마을로 왔다가 박희원, 서병준, 장기용 등을 만났다. 당시 서병준과 다른 친구들은 노름으로 세월을 보내고 있었는데 이 모습을 본 검사국 관리가 그들을 꾸짖으면서 도박하면 잡아 가겠다고 엄포를 놓았다. 깜짝 놀란 이들은 "동학란과 갑신정변으로 나라가 어지럽고 보다시피 두메산골이라 산골이라 농사도 어렵고 하여 무엇을 해야 먹고살지 대안을 좀 대주시오" 하였다. 그러자 광주 검사국 관리들은 자신들은 예수를 믿지 않지만 광주에 가면 야소교(예수교)라는 새로운 도가 들어왔으니 그들의 도를 믿으면 술, 담배, 도박을 끊고 새로운 사람이 될 수 있을 것이라면서 광주 양림동의 책방 점원으로 일하고 있던 조상학 청년을 소개하여 주었다. 1904년 40세로 갑장이었던 서병준, 박희원, 장기용은 삼일간 걸어서 광주에 있는 조상학씨를 만나 예수님의 복음을 받았고, 오웬 선교사에게서 교회를 인도하는 방법을 배운 후 황죽마을로 돌아와서 노름장소로 사용하였던 사랑방에 모여서 예배를 드리기 시작했다. 이들이 열심히 전도하니 웅동 소재 17가구 전부가 예수를 믿게 되자 황죽에 있는 예배처소가 좁게 되었다. 그래서 결정한 것이 박희원이 살고 있던 신황리가 황죽마을보다 크니 그곳으로 예배처소를 옮기자는 것이었다.

서병준은 1917년에 웅동교회 장로가 된 후 1918년에는 노라복 선교사의 지원을 받아 본교회 조사로 목회 활동을 하였다. 서병준 조사의 자손들 중에는 많은 목사가 배출되었다. 한국장로교회 통합측 총회장 박정식 목사, 순천노회장 장중식 목사, 여수노회장 서현식 목사, 합동측 박만희 목사가 그의 후손들이다.[128] 하나님은 어지러운 환경 속에서도 복음의 일꾼을 찾으시고 부르시어 사명을 주시는 분이심을 알 수 있다.

주

127) 『광양기독교100년사』

128) 서병준 조사에 대한 전반적인 내용은『광양기독교100년사』를 참조했다.

2. 고라복 선교사

고라복 선교사

고라복(高羅福, Robert T. Coit, 1878-1932) 선교사가 본교회를 담임한 정확한 시기를 알 수 없지만 1913년부터 변요한(프레스톤) 선교사와 함께 순천선교부를 설립하고 활동했다.[129)]

이로보아 본교회 요람에 기록되어 있는 "1938. 12.까지 당회장은 고라복, 변요한[프레스톤], 김순배, 안덕윤 제씨가 되다."는 것은 이의 없이 받아들일 수 있다.

고라복 선교사는 1907년 입국한 후 25년 동안 국내에서 활동했던 하나님의 사람이다. 그는 1878년 12월 21일 미국 North Carolina 주 샤로테(Charlotte)에서 출생했다. 1907년 미국 남장로회 선교사로 내한하여 1908년 9월 세실리에(Cecile McGraw Woods)와 결혼했다. 1909년 3월에 광주선교부에 부임하여 전남지역을 중심으로 활동하면서 1909년 9월 14일 큰 아들 우드(Coit, Thomas Hall Woods)와 1911년 9월 7일 딸 로베르타(Coit, Roberta Cecile)를 낳았다. 광주선교부를 중심으로 활동하던 고라복 선교사는 1911년부터 순천지역을 순회 전도하였고, 1913년에 가족과 함께 순천선교부 설립을 위해 순천으로 사역지를 옮겼다. 이때 프레스톤 선교사 가족이 함께 동행했다. 그런데 안타까운 일이 발생했다. 아들 우드와 딸 로베스타가 병으로 죽고만 것이다:

> 순천으로 옮긴 코잇 선교사의 큰 아들 우드(Coit, Thomas Hall Woods)는 1913년 4월 27일 4살의 나이에 이질로 사망하고, 딸 로베르타(Coit, Roberta Cecile)도 1913년 4월 26일 2살의 나이로 역시 순천에서 이질로 사망했다. 코잇 남매는 한국의 풍토병에 걸릴 위험에 노출되어 있다가 소젖을 끓이지 않고 먹던 습관에 따라 그냥 먹은 것이 사망 원인이 되었다. 묘지는 매곡동 산 언덕으로 정하고 비문을 세웠다. 비문에는 "사울과 요나단이 사랑스럽고 아름다운 자이러니 죽을 때에도 서로 떠나지 아니하였도다. 그들은 독수리보다 빠르고 사자보다 강하였도다(삼하1:23)"라고 쓰여져 있다.[130)]

고라복 선교사 부부는 자녀들을 잃고 매우 슬펐지만 한국 선교의 불을 소멸하지 않았다. 하나님께서는 그들이 슬픔 속에서 순천을 떠나지 않고 복음 전파에 힘쓰고 있을 때 로버트(Coit, Robert Thornwell Jr., 1913. 9. 18), 녹스(Jutith Knox, 1915. 9. 10), 메이(Laura May, 1917. 1. 15), 우드(Mildred Woods, 1918. 7. 25) 4남매를 선물로 주셨다.[131)] 고라복 선교사의 선교 업적은 『조선예수교장로

주

129) 안기창, 『미국남장로교 선교 100년사』(서울 : 도서출판 진흥, 2010), 121.

130) 허진화, 『교회복음신문』, 2010년 5월 12일.

131) Ibid.

회 사기』상권에서 찾을 수 있다. 『사기』의 내용을 직접 살펴보자:

순천군 평촌교회가 성립하다. 선시에 조사 지원근의 전도로 박응삼, 이원백 등이 믿고 그후 차경순, 김경선, 이도삼 등이 계속 귀주하여 예배당을 건축하였고 선교사 오기원, 고라복, 안채륜, 구례인과 목사 정태인, 조사 장경화, 한익수 등이 차제 시무하니라.[132)]

순천군(현, 순천시) 평촌교회는 1906년에 설립되었고, 고라복 선교사는 1907년에 입국했으므로 고라복 선교사는 1907년 이후 오기원 선교사를 이어서 평촌교회를 섬겼던 것으로 보아야 한다. 평촌교회 외에도 고라복 선교사는 다음과 같은 여러 교회의 설립에 공헌했다:

화순군 대포리교회에서 예배당을 신건하고, 그 후에는 선교사 변요한, 고라복, . . . 등이 상계 시무하니라.[133)]

보성군 운암리교회가 성립하다. 선시에 선교사 오기원, 조사 배경수의 전도로 초진하여 예배당을 신축한 후에 교회가 잠시 미약하더니 선교사 고라복과 조사 박락현이 열심히 전도하여 점차 부흥하니라.[134)]

광양군 백암리교회가 성립하다. 선시에 김평장, 장석지 등이 믿고 신황교회에 내왕하다가 예배당을 신건하고 교회를 분립하니라. 선교사 고라복, 집사 장석지, 김인주가 시무하니라.[135)]

광양군 섬거리 교회가 성립하다. 선시에 본리 장주환이 믿고 신황교회에 왕래하더니 본리에 신자가 점증되므로 예배당 6간과 사숙을 신건하고 선교사 고라복은 가옥을 매수하여 교역자의 사택으로 공헌하니라.[136)]

보성군 대치리교회가 성립하다. 선시에 무만리교회 이형숙, 조규현의 전도로 본리 신성일이 믿고 3년간 무만리교회에 왕래하며 전도하여 박문백, 이원백, 이도삼, 이화일, 김영선, 송계응, 문경조, 김사윤 등이 일시 신종함으로 온동에 예배당을 신거하고 교회를 분립하였다가 본리에 이전하였고 그 후에 선교사 고라복, . . . 등이 차제 시무하니라.[137)]

구례군 대유리교회가 성립하다. 선시에 본리교인 장옥규가 자기의 토지를 전집득채하여 가옥을 매수하여 예배당으로 사용하고 교회를 분립하였더니 . . . 선교사 고라복이 가옥을 매수하여 예배당으로 사용케하였으며 . . . 교회를 인도하니라.[138)]

순천군 압곡리교회가 성립하다. 선시에 본리의 황성연이 신병으로 광주 나병원에 입원하여 . . . 믿은 후에 귀가하여 가족일동으로 더불어 . . . 선교사 고라복과 . . . 교회를 인도하니라.[139)]

보성군 영암교회가 설립되다. 선시에 고라복과 전도인 김지환의 전도로 신자가 점진하여 35원을 연보하여 예배당을 건축하니라.[140)]

나주군 덕곡리교회에서 정도행 장로를 장립하여 당회를 조직하니라. . . . 고라복, . . . 등이 차제 시무하니라.[141)]

고라복 선교사는 호남지역에 교회를 세워나가는 일 외에 성경을 가르치는 기

주

132)『조선예수교장로회 사기』상권, 170.

133) Ibid., 255.

134) Ibid., 256.

135) Ibid., 269.

136) Ibid., 270.

137) Ibid., 275.

138) Ibid.

139)『조선예수교장로회 사기』하권, Ibid., 172.

140) Ibid., 174-5.

141) Ibid., 176.

독교 교육기관을 세웠는데 이 학교가 지금의 매산(梅山)학교이다. 또한 선교사와 가족들이 여름 더위와 질병을 피해 휴양도 하고, 연차대회를 통해 선교정책을 결정하는 등 보다 안전하고 효과적인 선교활동을 위해 1920년에는 윌슨(Wilson), 녹스(Knox), 윈(Winn)과 함께 지리산의 노고단과 왕시루봉 고원지대에 선교사 수양관을 세웠다. 고라복 선교사는 1919년 8월에 코리아 미션 필드(Korea Mission Field)에 "의술과 기도의 관계," 라는 논문을 발표했는데 그 주요 내용은 다음과 같다:

> 의술(醫術)은 의사 자신으로부터 생겨난 것이 아니라 하나님의 선물이며, 사람을 위해 주신 성령의 은사이다. 따라서 하나님이 주신 모든 수단과 지식은 하나님의 것이며, 하나님께로부터 왔음을 겸손하고 감사하게 인정하고 사용하여 하나님께 영광을 돌려야 한다. 하나님은 최고의 지식과 최상의 기술을 이용하기 원하시며, 능력을 축복해 주시고, 그 수단들이 쇠약될 때 성령의 능력으로 치유해 주시도록 기도하라 명령하셨다.[142)]

의술뿐만 아니라 주일학교, 농촌 독서운동을 통한 문맹퇴치 및 농촌계몽운동에 많은 관심을 가지고 코리아 미션 필드에 지속적으로 글을 발표하다가 귀국(미국)하여 1932년에 소천했다.[143)]

변요한 선교사

3. 변요한 선교사

변요한(John Fairman, Preston, 1875-1975) 선교사가 본교회를 담임했던 정확한 기간은 알 수 없지만 『태인교회 요람』은 변요한 선교사가 고라복 선교사의 교대로 또는 고라복 선교사를 이어서 본교회를 섬겼다고 기록하고 있다. 전술한 "2. 고라복 선교사"에서 알 수 있는 바처럼 두 선교사는 순천선교부 설립을 위해 같은 날 광주에서 순천으로 이사해 왔기 때문에 두 선교사가 본교회를 섬겼다는 것을 사실로 받아들여야 한다. 변요한 선교사는 "목포, 광주, 순천지방에서 활동(1902[3]-1946)하였으며 순천으로 이거한 후 순천에서 장기간 활동하였다." [144)]

변요한 선교사는 1875년 미국 조지아에서 출생하였다. 테네시주 킹대학을 졸업한 후 목회를 위해 헌신하기 위해 프린스턴신학교에 입학하여 졸업하였다. 졸업 후 미국 남장로회로부터 파송을 받아 1903년 11월에 부인(Annie S.

주

142) Korea Mission Field, 1919년 8월.

143) 고라복 선교사가 Korea Mission Field에 게재한 글은 "천막 집회,"(1920년 8월) "주일학교 통신,"(1921년 7월) "복음 사역,"(1921년 11월) "농촌 독서운동,"(1928년 8월) 등이 있다.
고라복 선교사는 "1928년부터 정신분열증을 보이기 시작하였으며, 선교사 사역을 그만두고 강제로 철수당하였고, 미국 정신병원에 입원하였다가 1932년에 죽었습니다." 차종순, "[태인교회]100주년사에 관하여," e-mail, 2012년 1월 31일.

144) 김수진, 『호남선교 100년과 그 사역자들』 (서울: 고려글방, 1979), 548.

Preston)과 함께 입국하여 변요한(邊約翰)이라는 이름으로 목포에서 선교사역을 시작하였다.[145] 1905년에는 목포에서 영흥학교 교장으로 학교 건물을 건축하였다. 광주선교부로 선교지역을 옮긴 후에도 4년 동안 목포와 광주를 여행하면서 복음전파와 교회 설립을 위해 노력하다가 1907년에 다시 목포선교부로 옮겨 활동하다가 광주선교부에서 의료선교를 담당하고 있던 오웬(C. C. Owen) 선교사가 소천하자 다시 광주선교부로 옮겨 사역했다. 1908년에는 광주 숭일학교 초대교장이 되었고, 1910년에는 학교건물을 건축하기도 했다.

1912년까지 광주선교부를 중심으로 활동하던 변요한 선교사는 가족과 함께 순천선교부 설립을 위해 1913년에 순천으로 이사하였다. 함께 동행한 선교사는 고라복과 그의 가족들이었다. 이사할 때 변요한 선교사는 자전거를 이용했고, 그의 아내는 말을 탔으며, 자녀들은 가마를 탔다. 변요한 선교사와 그의 가족들이 순천으로 이사한 것은 1913년이지만 변요한 선교사는 순천지역을 담당하고 있던 오웬(C. C. Owen) 선교사가 소천하던 해인 1909년에 배유지 선교사와 함께 순천지역을 순회했었다. 순천지역을 순회하고 광주선교부로 돌아온 두 선교사는 "순천지역 내 여러 곳에 교회들이 개척되어 성장하고 있음에도 불구하고 지역적인 격리 때문에 이들을 제대로 보살필 수 없는 현실을 안타깝게 생각한 나머지 순천지방에 선교회를 개설해 줄 것을 선교회에 정식으로 건의"[146] 했고, 그 결과 순천선교부 설립이 결정되어 1913년에 고라복 선교사와 함께 이사를 했던 것이다. 변요한 선교사가 순천선교부 개설을 위해 노력한 활동에 대해 들어 보자:

1910년 가을에 변요한과 고라복은 순천에 가서 매입된 땅을 둘러보았으며 또한 그 지역 내에 있는 여러 교회들을 순방하면서 초신자들을 문답하기도 했다. 선교부 개설 작업이 서서히 무르익어 갈 무렵인 1911년 변요한 목사가 안식년 차 귀국하게 되었다. 그런데 그는 휴가 중 특별한 임무를 부여받고 있었다. 앞으로 개설될 선교부에서 일할 인원을 포함하여 전 호남지역 선교를 원활하게 할 목적으로 33명의 새 선교사를 모집하라는 것이었다. 어려운 과제이긴 하였으나 다행스러운 것은 당시 미국 남장로회의 해외 선교의 열이 과거 어느 때 보다도 왕성해 있었다는 것이다. 특히 평신도 선교운동의 불길이 맹렬히 타오르고 있었고 전체교회는 해외선교에 대한 책임을 감당할 각오를 새롭게 하고 있었다. 변요한의 임무 수행에는 다시없는 좋은 분위기가 조성되어 있었던 것이다.

변요한은 프랄(C. H. Pratt)과 함께 평신도 선교운동(Laymen's Missionary Movement)의 도움을 받아 각 교회를 방문하면서 선교사 모집과 재정 지원자 물색을 하게 되었다. 미국 교회의 반응은 굉장하였다. 그 해가 채 가기도 전에 33명의 선교사 지원자들이 모집되었을 뿐만 아니

주

145) MOKPO STATION REPORT, JUNE 30TH, 1908-JUNE 30TH, 1909, REV. ROBT. KNOX(MEMBERS OF STATION), Giddings, Tex(U.S. ADDRESS), NOV., 1907(DATE OF ARRIVAL ON FIELD). Station Reports of the Southern Presbyterian Mission in Korea, July 15-31, 1909, 54.

146) 김수진 · 한인수, 『한국기독교회사: 호남편』(서울: 대한예수교장로회총회교육부, 1979), 186.

라 재정 지원에 관한 것도 확실한 서약을 받게 되었으니 말이다.

본국 체류기간 중 가장 인상적인 것은 조지 왓츠(George Watts of Durham)와의 만남이었다. 변요한 이 사람을 한국 선교를 돕고 있던 그래햄(C. E. Graham)으로부터 소개를 받았다. 왓츠는 두르함제일장로교회에 출석하고 있었는데 이 교회의 담임목사는 전위렴 목사의 처남인 레이번(E. R. Leyburn)이었으므로 그곳에서 한 주일 설교할 기회는 어렵지 않게 얻을 수 있었다.

변요한 목사는 설교를 통해 한국 선교의 현황과 자신의 처지를 간절한 말로 설명하였다. 그 후 프랄(Pratt)은 왓츠를 방문하여 어느 한 선교사의 지원이 아닌 순천선교부 전체를 지원해 줄 것을 요청하였다. 며칠 후 변요한과 프랄은 왓츠로부터 '승락한다'는 전보를 받았다. 이들이 몹시 흥분했던 것도 무리는 아니었다. 왓츠는 순천선교부에서 일할 13명의 선교사 지원을 위해 매년 13,000달러를 책임지기로 약속했던 것이다. 변요한이 성공적으로 임무를 수행하고 돌아오자 순천선교회 건설작업은 더욱 박차를 가하게 되었다.[147]

변요한 선교사가 안식년을 마치고 1912년에 다시 입국했을 때 광주선교회는 변요한 선교사를 고라복 선교사와 함께 순천선교부에서 사역하도록 결정하였고, 1913년 4월 주택이 거의 완성되었다는 것을 확인하고 두 선교사 가족은 다른 사람들보다 먼저 순천으로 이사했던 것이다. 순천선교부를 담당하게 된 변요한 선교사는 조선예수교장로회 순천노회장(1923)을 역임했고, 광양, 여수, 순천지역에 여러 교회를 설립하고 당회를 조직하는 등 많은 업적을 남겼다. 일본은 신사참배를 반대하던 선교사들을 출국 조치하기 시작했고, 변요한 선교사도 일제의 압력에 의해 1940년 귀국했고, 조지아주 데카터장로교회와 아틀란타노회에서 활동하다가 1975년 4월 30일에 소천했다.[148] 순천중앙교회는 변요한 선교사의 활동을 다음과 같이 소개한다:

한국인에 의해 자발적으로 세워진 순천읍교회에 1907년 프레스톤(J. F. Preston 한국명: 변요한)이 초대 담임목사로 부임했다. 프레스톤은 미국 남장로회 소속 선교사로 1903년에 내한하여, 1940년까지 37년간 목포 광주 순천 등에서 선교사와 교육자로 활동하며, 호남지역에 위대한 업적을 남겼다. 1940년 일제의 압력으로 미국으로 귀국하여 활동하다가, 1975년 100세를 일기로 별세하였다.

변요한 선교사는 교육사업에도 헌신하였다. 순천시 매곡동 순천매산학교(중학교, 남녀 고등학교)는 1910년 3월 변요한, 고라복 선교사에 의해 개교되었고, 고라복 선교사가 초대교장으로 부임했다. 순천매산학교는 일제치하의 수난 속에서도 성경을 정규과목으로 인가받아 가르치는 등 믿음을 지키며 애국심을 고양시켰고, 해방 후에는 목회자를 비롯한 수많은 인재를 배출했다. 폐교와 개교를 거듭하며 운영에 어려움도 많았지만 100년의 역사를 이어 6만여 명의 졸업생을 배출하며 지금까지 미션스쿨로 굳건히 서 있다.[149]

주

147) Ibid., 189-90.

148) 신호철, "호남지방 선교주역 미국인 선교사 프레스톤(Preston)," 『양화진 선교사 시리즈⑨』

149)임화식, "순천 신앙의 어머니, 순천중앙교회," http://blog.naver.com/kjyoun24/60109110638 2011년 1월 7일.

변요한 선교사가 복음의 발자국을 남겼던 교회들은 다음과 같다:

광주군 요기리교회(1905년), 강진군 학오리교회(1906년), 화순군 대포리교회(1907년), 해남군 원진교회(1907년), 여수군 우학리교회(1907년), 순천군 신평리교회(1908년), 해남군 초송리교회(1908년), 해남군 맹진리교회(1909년), 해남군 남창리교회(1910년), 순천군 월산리교회가 성립(1910년),[150] 순천군 가곡리교회(1914년), 나주군 삼도리교회(1915년), 함평군 순성교회(1916년), 나주군 덕곡리교회(1916년), 해남군 고당리교회(1917년), 무안군 성남리교회(1917년)[151]

본교회 태동기 역사 기간에 고라복 선교사와 변요한 선교사에 이어 본교회를 섬겼던 한국인 교역자는 김순배와 안덕윤이다.

4. 김순배 목사

『2010년 태인교회요람』에 "1938. 12. 까지의 당회장은 고라복, 변요한, 김순배, 안덕운[윤] 제씨가 되다."는 기록에 의하면 김순배 목사가 1938년 이전 어느 기간이었다는 것 외에 정확한 시무시간은 알 수 없다. 본교회 초기의 당회록이나 공동의회록 등이 전무하기 때문이다.

김순배(金順培) 목사는 광양군 진상면 지원리 1237번지에서 태어났다.[152] 그의 정확한 이력은 알 수 없으나 미국 남장로회 선교사들로부터 복음을 듣고 개혁주의 신학을 공부하고 그 신학 사상에 의거하여 목회한 목사였음은 분명하다. 김순배 목사의 신학 사상을 잘 알 수 있는 것이 일제의 신사참배는 우상숭배죄라는 것을 분명하게 이해하고 거부했다는 데서 찾을 수 있다. 그는 성경말씀을 믿음과 생활의 유일한 법칙으로 받고 실천하는 목사였음이 분명하다. 『광양시 기독교 선교 100주년 사료 조사 보고서』는 김순배 목사가 신사참배를 반대하면서 겪었던 사건을 다음과 같이 기록하고 있다:

김순배 목사는 1938년 경 4월에[1939년 4월 경에] 순천 경찰서에 구금되어 모진 고문을 받게 되었다. 김순배 목사는 이미 3.1 독립 운동 때에 형을 선고받고 복역하였으므로 일경은 그의 순천노회의 목회자 가운데 박용희 다음 가는 저명한 반일 목사로 주목했었다.

일제의 김순배 목사에 대한 판결문을 보자.

제10피고인 송강정신(김순배)은 조선독립만세소요사건에 연좌되어 대정 8년(1919) 대구 복심

주

150) 『조선예수교장로회 사기』상권, 144, 169, 255, 256-7, 258, 261, 265, 268, 274.

151) 『조선예수교장로회 사기』하권, 173-4, 174, 175-6, 176, 177.

152) 광양시 기독교 선교 100주년 사료 조사 보고서』2003년 5월 발행, 63.

법원에서 보안법위반죄로 징역 6개월에 처해졌고 당시 그 형의 집행을 마친 자인데 그 후 순천의 대비생(貸費生)으로서 평양 숭실 전문학교 문과, 평양신학교를 졸업하고 현재 전라남도 여수읍교회 목사인데 평양신학교 재학 중 말세학을 배워 알고 말세사상을 신봉하기에 이른 자로서 이 사상에 기초하여 교도 등을 지도하고 있는 자인 바, 우리 국체를 변혁할 목적으로 소화(昭和) 14년(1939) 3월 경 앞에 기록한 여수읍교회에서 광본경일랑(光本慶一郎) 등 교도 약 백 명에 대하여 '현재는 말세로서 그리스도의 재림은 가까웠으며 재림에 의하여 현존 세계는 멸망하고 그리스도는 지상에 천국을 건설하여 신자 및 불신자를 심판하는데 신자만이 천국의 백성이 되고 불신자는 지옥에 빠진다. 그리고 재림은 어느 때 올는지 예측할 수 없으므로 신앙을 돈독히 하여 재림에 의하여 건설되는 이 천국 백성이 되도록 준비하지 않으면 안 된다'는 뜻의 설교를 하여 그 목적 사항의 실행에 관하여 선동을 하였다.[153]

판결문을 검토해 보면 김순배 목사가 여수읍교회(현, 여수제일교회) 성도들에게 신사참배에 참여하는 것은 우상숭배 죄이므로 신사참배를 거부하여 믿음을 지키자는 등 직접적인 언급을 한 것은 발견되지 않는다. 하지만 일경은 신사참배를 거절한 김순배 목사의 설교는 그리스도의 재림 신앙을 고취시켜 믿음으로 승리할 것을 강조한 것은 곧 신사참배를 거부해야 한다는 것으로 해석하는 것이 옳다고 판단한 것이다. 현재의 관점에서도 종말론 신학을 평가하기에 앞서 김순배 목사는 성도들이 신사참배에 참여하지 말라고 강조하였음이 분명해 보인다.

일제의 판결문은 김순배 목사의 학력과 종말론 신학에 대해 알려주고 있다. 김순배가 3.1 운동에 동참하고 실형을 선고받았다는 것은 1919년에 그의 나이가 청년이었다는 것이며 6년을 복역한 후 숭실 전문학교 문과에서 공부한 후 평양신학교를 졸업한 것으로 보아 숭실 전문학교에는 1926년 경에 입학하여 1928년 초에 졸업했을 것이며, 곧바로 평양신학교에 입학하여 1931년 경에 평양신학교를 졸업했을 것이다. 목사가 되기 전후에 선교사들과 함께 또는 선교사로부터 파송을 받아 여러 교회를 섬겼을 것인데 그 중에 본교회가 포함된 것으로 볼 수 있다. 종말론 신학은 일제강점기 당시 많은 선교사들이 전천년설이었음을 감안할 때 김순배 목사 역시 전천년설 신학으로 요한계시록을 해석하여 성도들에게 설교하였음이 분명하다.[154] 김순배 목사는 판결문에 의거하여 1940년 9월에 검거되어 실형을 받은 후 1943년 12월에 출옥했다. 김순배 목사의 투옥과 출옥 및 그 후의 행적에 대해 『광양시 기독교 선교 100주년 사료 조사 보고서』는 다음과 같이 기록하고 있다:

주

153) Ibid., 73.

154) 성경 『요한계시록』은 천년시대에 대한 종말관(천년설)에 따라 다양하게 해석되고 있다. 일제시대에 한국에서 활동하였던 미국 남장로회와 북장로회 선교사들은 대부분 전천년설에 기초하여 『요한계시록』을 해석하였다. 중요한 천년시대의 종말관은 전천년설, 후천년설, 무천년설이 있다. 현재 개혁주의 신학자들은 대부분 무천년설을 주장한다. 필자 역시 무천년설이『요한계시록』이 말씀하는 천년설로 받아들이고 있다. 필자가 성경을 바르게 이해하지 못했을 때는 전천년설(세대주의)에 기초하여 몇 년 동안 계시록을 이해하려고 노력했던 경험이 있고, 결국 계시록을 바르게 해석하는 데 한계에 부딪쳤다.

1940년 9월에 검거된 김순배 목사는 1943년 8월의 공판에서 징역 1년 형을 선고 받았으며 형기를 마치고 1943년 12월 출옥했다. 그러나 형이 선고되기 이전의 감옥 생활까지 합치면 모두 3년의 옥고를 치렀다. 그는 출옥 이후인 1944년 1월부터 1945년 7월까지 순천시 장천동에 있는 고산의원에서 근무하였다. 1945년 8월에 전남 여천군 남면에 있는 우학리교회에서 시무하다가 1954년 11월에 순천노회에서 가장 큰 순천 중앙교회로 부임하여 영적으로 존경받는 목회자가 되었다.

김순배 목사는 순천노회에서 지도적인 위치를 차지하면서 1957년(39회), 1962년(44회) 두 번에 걸쳐 노회장을 역임하였다.[155]

김순배 목사가 잠시 시무했던 여수읍교회는 현재 여수제일교회로 명칭을 변경하였다. 여수제일교회 연혁에 따르면 김순배 목사는 당시 여수읍교회에서 1939년 10월 5일부터 1941년 8월까지 시무한 것으로 기록되어 있다. 일제의 판결문에 나와 있는 년도와 차이가 있지만 중요한 것은 여수읍교회는 김순배 목사가 투옥된 후에 즉시 새로운 담임 목사를 청빙하지 않았다는 것이다. 그 이유는 여러 가지가 있겠지만 여수읍교회는 김순배 목사가 다시 돌아오기를 계속 기도했다고 볼 수 있다.

5. 안덕윤 목사

『2010년 태인교회요람』에 "1938. 12. 까지의 당회장은 고라복, 변요한, 김순배, 안덕운[윤] 제씨가 되다."로 기록된 것을 보면 안덕윤 목사는 김순배 목사를 이어서 본교회에서 시무한 것으로 보인다. 시무 기간은 앞에 언급했던 두 선교사들과 김순배 목사처럼 정확히 알 수 없다.

광양군에서 신사참배 반대와 한국동란으로 순교한 목사는 지금까지 알려진 바로는 세 사람이다. 안덕윤 · 양용근 · 조상학 목사가 그 주인공들이다. 양용근 목사는 일제시대에 신사참배에 항거하다가 옥중에서 순교했고, 나머지 두 목사는 한국동란 때 공산군에 의해 순교했다. 광양군에서 순교한 목회자는 세 사람인데 그 중 한 사람이 안덕윤 목사이다. 광양군 순교자 수는 영광군이나 영암군에 비해 수적으로 비할 수 없지만 역사는 실천하는 믿음의 귀감이 된 이들을 잊어서는 안 될 것이다.

신사참배-일사각오 다짐후
양용근,손양원,김형모,안덕윤

본교회를 잠시 동안 시무했던 안덕윤 목사에 대해 알아보자. 안덕윤 목사는

주

155) Ibid.

1898년에 전남 광양군 진상면 원당리에서 장남으로 출생했다. 부친 안영묵은 철저한 유교 집안이었기에 안덕윤에게 어릴 적부터 한학을 공부시켰다. 안덕윤은 어느 날 광양지방에서 조사로 활동하면서 복음을 전파하고 있던 박희원 조사를 만났고 그에게로부터 예수 그리스도의 복음을 듣고 예수님을 구주로 영접했다. 예수님을 믿은 후 한학만으로는 새로운 시대를 맞이할 수 없다고 판단하고 부모의 허락을 받아 순천 매산학교 보통 과정을 이수한 후 더 많은 공부를 위해 광주 숭일학교 고등과에 진학했다. 또한 순천에서 활동하고 있던 고라복 선교사는 안덕윤이 대단한 믿음을 가졌다고 보고 순천 성경학원에 입학을 주선하여 성경을 체계적으로 공부할 수 있는 길을 마련해 주었다. 이것이 계기가 되어 안덕윤은 고라복의 지도를 받으면서 전도사가 되었고, 그 다음에는 고라복 선교사의 조사가 되어 광양지방 여러 교회를 순회하면서 복음을 전파하고 교회를 세웠다. 동시에 평양장로회신학교에 입학하여 신학을 체계적으로 공부했다. 안덕윤이 평양신학교를 다니고 있던 때인 1938년에 일제의 신사참배 강요 문제로 학교가 문을 닫자 같은 순천노회에 소속되어 평양신학교에 다니고 있던 양용근과 함께 통신으로 계속 공부하여 1939년에 평양신학교를 졸업하였다. 1939년 9월에는 순천노회에서 목사 안수를 받았고, 광동중앙교회에서 시무하였다. 그러므로 안덕윤 목사 본교회를 시무했던 기간은 정확히 알 수 없지만 아마 평양신학교를 다니면서 고라복 선교사의 조사로 활동하던 때였을 것이다.

안덕윤 목사는 비록 총회와 순천노회가 일제의 강압을 견디지 못하고 신사참배를 가결했지만 "그는 일제의 잔악한 행동을 보고 그냥 신사참배가 옳다고 주장할 수는 없었다. 그는 악의 세력이 세상을 지배하게 되면 주님을 열심히 안 믿는 성도들은 지옥으로 떨어진다고 교인들을 열심히 깨우쳤다."[156]

안덕윤 목사는 신사참배를 거부하고 성도들에게 바른 신앙을 지킬 것을 강조하던 중 이를 못 마땅하게 여기고 있던 일경에 체포되어 투옥되었다. 일제는 안덕윤 목사의 죄목을 다음과 같이 판결했다:

> 피고인 안본덕윤(안덕윤)은 광주부 사립 숭일학교 고등과를 졸업하고 장로회파 경영의 사숙의 교사가 되고 다시 평양 신학교를 졸업하여 목사가 되어 현재 전라남도 광양군 진상면 지원리 광동 중앙교회 목사인데 일찍이 순천읍 순천 성경학원에서 목사 황보익, 선교사 프레스턴 등으로부터 말세학을 배워 알아 말세 사상을 품게 되어 이 사상에 기초하여 교인을 지도하여 오는 자인 바, 우리 국체를 변혁할 목적으로 소화 15년(1940년) 7월경 앞에 기록한 광동중앙교

주

156)『광양시 기독교 선교 100주년 사료 조사 보고서』2003년 5월 발행, 58.

회에서 일원일반 등 교인 약 20명에 대하여 '그리스도 재림은 가까웠고 재림에 의하여 현존 세계는 멸망하며 그리스도는 만왕의 왕이 되어 기독교리에 의하여 세계 각국을 지배하고 지상에 천년왕국을 건설하여 독실한 신자만이 이 왕국의 백성이 되고 불신자는 지옥에 빠지며, 이 천국에서는 압박, 빈부의 차별 등이 없으니 우리들 신자는 이 왕국의 백성이 될 수 있도록 신앙을 돈독히 하여 재림을 기다리지 않으면 안 된다.'는 뜻의 설교를 하여 그 목적 사항의 실행에 관하여 선동을 한 자이다.[157)]

제 15의 사실 중 국체 변혁의 목적이라는 점을 제외한 나머지 사실은 피고인 안덕윤이 당 공판정에서 판시 사실 맨 앞부터 평양신학교 재학 중 말세학을 배워 알고까지의 부분과 같은 뜻의 공술. 사법경찰관의 피의자 안보덕윤에 대한 신문조사 중 그가 지도 일시는 불분명 하지만 교도들에 대하여 말세학에 기초하여 우리 국체 변혁에 관한 지도를 한 사실이 있다는 뜻의 공술 기재. 피고인 안본덕윤이 당 공판정에서 소화 15년(1940) 7월 경 판시한 광동중앙교회에서 안덕윤 목사는 자기 등 교도 약 20명에 대하여 판시와 같은 취지의 설교를 한 사실이 있다는 뜻의 공술 기재를 종합하여 이를 인정하고, 국체 변혁의 목적이라는 점은 검사의 피의자 안본덕윤에 대한 신문조서 중 그 자신은 그리스도의 재림을 바라고 또 이를 믿고 있는 자로서 그리스도가 재림하면 천년왕국을 건설하고 그리스도가 만왕의 왕이 되어 세계 각 국가를 기독 교리로써 통치하고 따라서 우리나라도 그리스도의 지배하에 두어 그리스도 재림 후에 건설되는 천년왕국에 신자를 들어가게 할 목적으로 설교를 하고 있다는 뜻의 공술 기재에 의하여 이를 인정하고.

범의 계속이라는 점은 단기간 내에 같은 종류의 행위를 반복하여 여러 차례 행한 사실의 행적에 비추어 이를 인정한다.

따라서 판시 사실은 모두 이의 증명이 된다.

법률에 비추어 피고인 . . . 동 안본덕윤의 판시 소위는 재판 시 법에 의하면 위 개정치안유지법 부칙 제2항 단서 제10조에 의하여 결국 그 소정 형량이 가벼운 구법의 결정에 의하여 처단해야 하는 소정의 형량 중 징역형을 언도하고 그 형기 범위 내에서 피고인 . . . 동 안본덕윤을 각각 1년에 처하고 . . .

따라서 주문과 같이 판결함.

소화(소화) 17년(1942) 9월 30일

광주지방법원 형사부
재판장 조선총독부 판사 와다나베
조선총독부 판사 고모토
조선총독부 판사 니야마[158)]

조선총독부는 언제나 그러했듯이 목사의 죄목을 일본제국을 무너뜨리는 획책을 설교를 통하여 성도들에게 강조했다는데 초점을 맞추었다. 신사참배가 우상숭배 죄임을 확신한 안덕윤 등 다수의 목사들은 직접적인 표현은 자제했지만 예수 그리스도가 재림하시면 이 세상의 모든 권세는 무력화되고 예수님

주

157)『광양시 기독교 선교 100주년 사료 조사 보고서』2003년 5월 발행, 58.

158) Ibid., 81-2.

이 통치하는 천년왕국이 이루어질 것이니 신사참배를 거부하고 성도들에게 믿음을 지키도록 강조한 것이다. 일경은 이러한 설교 내용이 일본 국체를 변혁할 목적이 있다고 자신들의 안목에서 마음대로 해석하여 신사참배를 반대하는 목사들을 검거하여 국체 변혁자로 만들어 투옥시킨 것이다.

"안덕윤 목사는 그 지루한 광주 형무소의 수감생활을 마치자 얼마 동안 고향 광양에서 요양을 하였으며, 그 후 해방을 맞아 곡성군에 있는 곡성읍교회에서 목회사역을 다시 시작하였다."[159] 곡성읍교회에서 시무하던 중 전북 김제군에 있는 죽산교회로 시무지를 옮겨 복음을 전파하다가 김제군 대창교회로 임지를 옮겼다. 대창교회에서 시무하던 중 한국동란(6.25)이 발발했다. 대창교회 성도들은 안덕윤 목사에게 부산으로 피난할 것을 권했으나 그는 "양들은 공산군의 지배를 받고 고난 받을 일이 뻔한데 자신만 살겠다고 피난을 가는 것은 목사의 양심이 아니라 생각하고 그대로 교회를 지켰다."[160] 『광양시 기독교 선교 100주년 사료 조사 보고서』는 피난을 가지 않고 성도들과 함께 대창교회를 지키려 했던 안덕윤 목사가 공산군에게 붙잡혀 순교한 사건을 이렇게 기록하고 있다:

> 공산군은 안 목사를 체포하였고 교회는 인민위원회 사무실이 되고 목사관은 공산군의 숙소가 되었다. 안 목사의 부인 설옥경도 곧 체포되었다. 공산당은 대창교회 교인 40여 명을 모두 새끼줄로 묶어 수교 창고에 구금시켰다. 공산당은 전세가 불리해지자 수교 창고에 수감시켰던 대창교회 교인들을 한 명씩 한 명씩 나오게 하여 창으로 살해하였다. 이 때 안덕윤 목사의 부인 설옥경은 공산군이 던지는 죽창을 피해 용케도 살아날 수 있었으며, 마지막으로 안덕윤 목사를 대창교회 앞마당에 세워놓고 창으로 그의 가슴을 치고 말았다. 이렇게 안덕윤 목사는 순교하였다. 이 때 하늘은 갑자기 하얀 구름이 가득차게 되었으며, 얼마 후에는 검은 구름으로 덮이더니 한참 소나기가 온 후 서쪽 하늘에 오색찬란한 무지개가 보이기 시작하였다. 이 때 인민군들은 변산 쪽으로 황급히 도망쳤다. 대창교인들만이 아니라 참으로 민족주의자요, 사랑의 실천자였던 분이 세상을 떠나게 되었다고 두고두고 못내 아쉬워했다.[161]

안덕윤 목사가 순교한 대창교회는 2003년에 김인원 담임목사의 사회로 설립 100주년 기념감사예배 및 임직식을 가졌다. 기념예배에 500여명의 교인이 참석한 것을 보면 그 동안 대창교회는 꾸준히 성장했음을 알 수 있다. 대창교회 설립100주년 기념예배를 소개한 신정환 기자는 "1950년 9월 28일에 순교의 길을 걸어간 안덕윤 목사는 6.25 한국전쟁 중에 신앙을 지키다가 공산당에 의해서 대창에 찔려 죽임을 당하고 두개골이 부서지는 상황에서도 신앙을 져버리지 않았다고 한다. 안덕윤 목사는 교회를 사수하고 민족복음화에 앞장서왔

주

159) Ibid., 59, 76.

160) Ibid.

161) Ibid., 59.

162) 신정환, 『모두사랑』, 2003년 04월 06일(185호).

다."[162] 고 안덕윤 목사의 순교 이야기를 전했다.

안덕윤 목사가 잠시 동안 시무했던 본교회 역시 수난기를 극복하고 지금에 이르고 있다.

6. 노라복 선교사

노라복(Robert Knox, 1880-1959) 선교사는 1880년에 미국 텍사스 주에서 태어났다. 그의 어린 시절에 대해서는 정확하게 알 수 없으나 17세 때인 1897년에 어스틴칼리지에서 2년간 수학한 후 1899년에 텍사스대학에 진학했다. 텍사스대학에서 4년 과정을 모두 이수하여 1903년에 문학사가 되었다. 프린스톤대학교 대학원에 입학하여 문학석사 학위를 받은 후 목사로서 복음의 일꾼이 되겠다는 마음으로 프린스톤신학교에서 2년간 공부한 후 미국 남장로회 소속 한국 선교사로 파송을 받아 1907년에 입국하여 그 해 11월에 목포선교부에 도착하였다. [163]

노라복 선교사는 초임지인 목포선교부에서 선교위원회 회장을 역임하는 등 4년간 왕성한 활동을 하다가 광주선교부로 자리를 옮겼다.[164] 변요한 선교사가 광주선교부로 자리를 옮겼을 때는 변요한 선교사가 맡고 있던 해남 지방 교회들을 돌아보면서 전도했고, 변요한 선교사가 순천선교부로 선교지를 옮기자 광주선교부로 임지를 옮긴 것이다. 그는 1911년에 광주선교부로 선교지를 옮겨 광주 숭일학교 제2대와 제4대 교장을 역임하였다. 이 외에도 달성경학교와 사경회교사로 활동하면서 지도자를 양성하였고, 그의 강의를 인정한 선교부의 추천에 의해 평양신학교를 왕래하면서 강의하였다.[165] 노라복 선교사의 부인은 매우 바쁜 일정을 보내는 그의 활동을 다음과 같이 표현했다:

> 나는 신창리라는 부락으로 녹스씨와 함께 방문하였다. 그곳에는 그라함 양과 뉴랜드씨가 성경공부반을 개최 중이었다. 저녁에는 교회를 가득 메웠다. 그러나 아침에는 떠나야 했다. 왜냐하면 녹스씨는 남학교의 교장이며 또한 500-600명 모이는 지역교회의 담임목사이므로 주말에나 짧게 시골을 방문할 뿐 나머지는 여기에 온통 매어 있어야 하기 때문이다.[166]

복음전파를 위하여 농촌과 도시에서 활발하게 활동하던 노라복 선교사는 대형 교통사고를 당하는 커다란 어려움을 겪기도 했다:

주

162) 신정환, 『모두사랑』, 2003년 04월 06일(185호).

163MOKPO STATION REPORT, JUNE 30TH, 1908-JUNE 30TH, 1909, REV. ROBT. KNOX(MEMBERS OF STATION), Giddings, Tex(U.S. ADDRESS), NOV., 1907(DATE OF ARRIVAL ON FIELD). Station Reports of the Southern Presbyterian Mission in Korea, July 15-31, 1909, 54. 안영로, 『전라도가 고향이지요: 미국 남장로교 선교사들의 눈물과 땀의 발자취』(서울: 쿰란출판사, 1998), 216.

164) "The meeting then adjourned with prayer." ROBERT KNOX, Chairman, MINUTES OF NINETEENTH ANNUAL MEETING, Station Reports of the Southern Presbyterian Mission in Korea, KWANGJU, KOREA, Aug, 25-Sept. 3, 1910, 21. "The Mission then adjourned with prayer by the Chairman to meet at a time place that shall be designated by the Ad Interim Committee." Robert Knox, Chairman, J.C. Crane and W.A. Linton, Recording Secretaries." Minutes of Korea Mission, 1946-48, 18.

165)Station Reports of the Southern Presbyterian Mission in Korea: 1907-1910, 안영로, 『전라도가 고향이지요: 미국 남장로교 선교사들의 눈물과 땀의 발자취』Ibid., 216-17.

166)Mrs. Robert Knox, "The Emergency in Korea," The Missionary, 4(1921): 292, 『양림교회 100년사(1):1904-1953』(광주: 도서출판 정미문화사, 2006)

그(노라복 선교사)는 광주에서 3.1 운동이 일어나던 해에 끔찍한 교통사고를 당했다. 1919년 3월 26일 노라복 선교사, 배유지 선교사 부부, 목포선교부 크레인(Paul S. Crane) 선교사 등 네 명이 배유지 선교사의 새 차로 서울을 떠나 광주로 향하고 있었는데 수원을 지나서 병점역에 도착할 무렵, 건널목을 건너다가 기차와 충돌하였다. 이 사고로 뒷좌석에 탔던 배유지 선교사 부인과 크레인 선교사는 사망하고 노라복 선교사는 눈을 다쳤으며, 배유지 선교사는 창밖으로 튕겨져 나갔다. . . . 노라복 선교사도 하마터면 사망할 뻔했는데 그 일이 너무 감사해서 더 많은 일을 하게 되었고, 농촌을 순회하면서 자신이 겪었던 사고를 간증하였다. "여러분. 제 눈을 보십시오. 하나님이 그 기적 속에서 저를 살려 주셨습니다." . . . 강제 출국 명령을 받고 다른 선교사들과 함께 광주를 떠났다. 그 후 해방과 함께 광주에 온 노라복 선교사는 1947년 광주에 도착하여 광주고등학교를 개설하고 농어촌 청소년들을 모아 교육시켰다. 교장으로 취임한 노라복 선교사는 부인과 함께 광주고등학교에서 각각 교사로 활동하다가 한국 전쟁이 발발하자 그 길로 귀국하여 고향에서 1959년 79세의 일기로 세상을 떠났다.[167]

노라복은 죽음 앞에 서 보았던 사람으로서 하나님의 은혜의 손길과 보호가 얼마나 중요한 것인지 절실하게 깨달은 것이다. 동승했던 배유지 선교사와 부인과 크레인 선교사의 죽음이 매우 애석하고 가슴 아픈 일이었지만 동시에 산 자로서 느끼는 감사를 표현했다고 볼 수 있다. 교통사고 후의 노라복 선교사의 활동을 보면 사도 바울처럼 어떤 어려운 환경이 다가올지라도 선교사로서 복음을 전파하는 사명을 후회하거나 갈등을 느끼거나 스스로 포기하지 않았다는 것을 알 수 있다. 이것이 진정한 하나님으로부터 소명을 받은 사명자의 모습이다.

노라복 선교사가 광양군에 있는 교회를 섬긴 것은 본교회뿐만 아니라 가까운 금호교회를 비롯하여 광양군 원당리교회, 광양군 광포리교회 등이 있다:

광양군 원당리교회(光陽郡 原黨里敎會)가 설립(設立)하다. 선시(先是)에 선교사(宣敎師) 노라복(魯羅福)과 정자삼(丁子三), 정영호(鄭永浩), 박복원(朴福源)등(等)이 본리(本里)에 내도(來到)하여 전도(傳導)한 결과(結果)로 . . .[168]

광양군 광포리교회(光陽郡 廣浦里敎會)가 설립(設立)하다. 선시(先是)에 순천 선교사(順天宣敎師)와 동행(同行) 3,4신자(3,4信者)가 내도(來到)하여 . . . 선교사(宣敎師) 노라복(魯羅福)과 집사(執事) 정운회(鄭運會), 한대현(韓大鉉)이 교회(敎會)를 위(爲)하여 노력(勞力)하였다.[169]

이 외에도 노라복 선교사는 함평군 월봉리교회, 무안군 성암리교회, 함평군 영흥리교회, 화순군 읍내교회, 보성군 문양리교회, 함평군 향교리교회, 함평군 수호리교회, 화순군 품평리교회, 함평군 순성교회, 나주군 대안리교회, 무안군 성남리교회 등이 설립되고, 당회를 조직하고, 성장하는데 공헌했다.

주

167) "The following officers were then elected: Rev. Robert Knox, D.D., Chairman," Minutes of Korea Mission, April, 26, 1947, 11. 안영로, Ibid., 217-18. 노라복 선교사와 부인 버든 선교사는 일본이 강요하던 신사참배는 우상숭배임을 역설하면서 신사참배를 거부했다. 일본인들은 이를 이유로 삼아 노라복 선교사 부부를 출국시켰다. 그러나 1940년에 강제로 귀국 조치 당했지만 한국 선교의 열정을 버리지 않고 해방 후 다시 입국했다.

168) 연세대학교출판부, 『조선예수교장로회 사기』하권, (서울: 연세대학교출판부, 1968), 317.

169) Ibid., 318.

제7장 태동기 예배당

1. 최초 예배당

본교회의 최초 예배당은 태인 2구 333번지에 위치했다.[170] 이곳에서 1911년 4월 4일에 처음으로 예배를 드린 것이다. 믿음의 대선배들로부터 최초 예배당에대한 이야기를 구전으로 전해들은 박정선 장로는 최초의 예배당 건물 모습을 다음과 같이 정리하였다:

333번지에 위치한 교회 예배당은 뼈대는 나무로 지붕은 벳짚으로 날개를 엮어 덧대어 이은 초가집으로 벽은 욋대를 엮어서 황토흙에다 벳짚을 썰어서 한곳에 넣고 짓이겨서 양쪽을 발랐으며 가운데 정기(부엌)가 있었고 양쪽에는 구둘 온돌방이 2개 있었다. 방바닥은 거적데기로 깔았는데 방 크기는 두 개 겹쳐서 약 10평 정도 되었다. 이곳에서 약 10명이 모여서 예배를 드렸다고 한다.

부엌을 기준으로 조금 작은 동쪽 방은 선교사님들이 가끔씩 휴양을 와서 사용했다고 한다. 이때 선교사님들이 방 안에서 다리를 폈다가 오물였다 하는 접이식 침대에서 잠자는 것을 보고 성도들과 주민들이 아주 신기하게 보았다고 한다.

예배당 담은 바람막이 울타리로 대나무를 땅에 총총 박고 밀대와 서숙대를 날개로 엮어서 덧대고 또 대나무를 땅에 총총 박고 울띠로 대나무를 옆으로 가로질러 덧대고 고정시켜 바람막이 담을 대신했다.

통시(화장실)는 재래식 들통시로 땅을 파고 통을 땅에 묻고 위에다 널판자 2개를 걸쳐서 사용했으며 통시가 넘치면 비료가 없던 시절이어서 똥장군에 퍼 담아서 지게로 저다가 밭에 퇴비로 사용했다. 이때는 신발이 없었던 시대라 짚으로 짚세기를 삼아서 신었는데 겨울철 바다가 얼어붙었는데도 짚세기를 신고 바다에 다녔다고 한다.[17)]

박정선 장로가 정리한 내용에 따르면 최초의 예배당은 예배당을 위해 별도

주

170) 『2010년 태인교회요람』, 4.

로 건물을 지었다기 보다는 조영귀씨 집이나 또는 다른 성도의 집을 예배당으로 사용했던 것으로 보인다. 초기 한국교회 역사를 보면 예배당을 위해 새로운 건물을 짓지 않고 대부분 기존에 있던 집을 교회당으로 활용하였는데 본교회도 최초 예배당은 그렇게 시작된 것으로 볼 수 있다. 성도수가 약 10명이었다는 것은 예배를 드리기 시작한 지 몇 주 또는 몇 달이 지났을 때였을 것이다. 그렇지 않고 태인2구 333번지에서 처음부터 10여명이 예배를 드렸다면 본교회의 시작 년도는 1911년보다 더 이전으로 잡아야 하기 때문이다.

2. 제1차 예배당 이축

본교는 1911년 4월 4일부터 태인2구 333번지에서 본격적으로 예배를 드리기 시작하면서 조금씩 교인수가 증가하였다. 예배를 드리기 시작한 지 3년 정도 지나자 성도수가 처음보다 두 배가 많은 20여 명으로 증가하였다. 최초의 예배당이 더 이상 한꺼번에 수용할 수 없는 인원이 된 것이다. 그래서 결정한 것이 교회당을 이축하는 것이었다. 『2010년 태인교회요람』은 제1차 교회당 이축에 대해서 "1914. 10. 10. 두 번째로 권영일씨 댁을 교회로 매입하다."로 기록하고 있다.

권영일씨 집은 태인2구 아랫몰에 위치해 있었다. 참고로 태인2구는 동네 중간에 있는 길을 중심으로 위쪽을 윗몰이라 했고, 아래쪽을 아랫몰이라 했다. 윗몰과 아랫몰을 구분해 주는 길 바로 아래에 권영일씨 집이 있었다. 이영국씨와 동일 인물이거나 아니면 이영국씨로부터 복음을 듣고 예수님을 믿었던 이정익 부부는 슬하에 이충헌이라는 아들을 두었는데 당시 그 아들이 동네 구장(현, 이장)이었다. 이충헌씨는 부모님을 통해 예수님을 믿었고, 매우 신실하여 후에 선교사들로부터 영수 칭호를 받았던 인물이다. 권영일씨 집을 예배당 건물로 사용하기 위해 매입하였을 때 이충헌씨가 동네 구장(이장) 일을 볼 때였다. 당시 동네 회관이 필요하여 회관을 지었는데 그 자리가 권영일씨 집 옆이었고, 그래서 이충헌씨는 회관을 지으면서 교회가 매입한 회관 옆에 있는 권영일씨 집을 부수고 회관과 똑같이 예배당 건물을 하나 더 지은 것이다. 박정선 장로는 믿음의 선배들에게 듣고 두 번째 예배당 건물을 다음과 같이 정리하였다:

이때 지은 예배당은 목재로 약 15평 뼈대를 세우고 벽은 욋대를 역어서 황토로 바르고 지붕은 양철도단으로(함석) 바닥은 널판자로 청을 놓은 곳에서 어린이 포함 약 20명의 교인이 예배를 드렸다고 한다.[172)]

이렇게 마련된 교회당은 교인수가 30여명으로 증가할 때까지 그대로 사용하였다. 본 교회는 당시 한국교회 대부분이 그러했던 것처럼 교회당이 교인수를 감당할 수 없을 때 교회당을 증축하거나 개축 또는 이축하였다. 오늘날 일부 교회들처럼 현재의 교회당이 교인수를 충분히 감당할 수 있음에도 불구하고 좀 더 크고 화려한 교회 · 당을 무리하게 건축하지 않았다.

주

172) Ibid.

너희가 많이 뿌릴지라도
수확이 적으며 먹을지라도
배부르지 못하며
마실지라도 흡족하지 못하며
입어도 따뜻하지 못하며
일꾼이 삯을 받아도
그것을 구멍 뚫어진
전대에 넣음이 되느니라

제3부

수난기 역사 : 1939–60

제8장 본교회 수난기의 한국 역사와 교회사

본교회 수난기에는 우리나라 역사와 한국교회사를 비롯하여 본교회 일부 성도가 태인제일교회로 분립해 나가는 등 다양한 사건들이 포함되어 있다. 우리나라 역사는 일제 강점기에서 나라 잃은 슬픔이 지속되다가 해방을 맞이했지만 그 기쁨도 잠시 지나가고 국민 여론이 신탁과 반탁으로 나뉘어 분열했다. 급기야는 한반도가 남과 북으로 분단되었고, 동족상잔의 비극이 발생한 기간이다. 교회사적으로는 일제의 신사참배 강요에 총회가 굴복했고, 신사참배를 끝까지 거부했던 많은 교회들과 목사와 성도들이 죽음과 고초를 겪어야 했다. 해방이 되었을 때 1930년대부터 스며들기 시작했던 자유주의의 영향과 신사참배의 여파로 장로회는 분열의 길을 걷기 시작했다. 이 기간 동안 본교회는 교회 문을 닫기도 했고 일부 성도가 분립해 나가기도 했다. 이들 역사에 대해 좀 더 구체적으로 알아보자.

1. 한국 역사

1.1. 일제의 신사참배 강요

신사참배는 일본이 천황제(天皇制) 이데올로기를 지배국에 주입시키기 위하여 기존의 사고틀을 제거하고 새로운 상징요소에 적응하도록 국민의식을 바꾸려는 데서 시작되었고 볼 수 있다. 일본은 1930년대에 접어들면서 조선을 대륙침략의 병참기지로 삼으려는 목적으로 내선일체(內鮮一體) · 황민화(皇民化) 정책을 추진하면서 신사참배 계획을 강력하게 밀고 나간 것이다.

일본은 명치유신(明治維新)으로 천황제 국가를 확립하고 신도(神道)를 국교로 하는 정책을 마련했다. 1882년부터는 신도를 비종교화 하는 정책을 수립하여 제사와 종교를 분리하였다. 제사는 신적인 존재에게 드리는 예배 행위이고, 종교란 신관과 내세관이 있어야 한다고 정의할 때 일본의 제사와 종교 분리 정책은 어불성설(語不成說)인 것이다. 천황제 국가 이데올로기로 전국민을 통합한다는 미명하에 종교로 출발한 국가신도에서 종교적 색채를 없애고 신도를 일종의 철학이나 사상으로서 모든 국민이 동일하게 간직하는 보편이념으로 정착시키고자 했던 것이다. 1889년에는 이 정책을 제국헌법에 의해 명문화하였고, 1890년에는 교육칙어를 공포했다. 다음 해인 1891년에 교육칙어를 낭독하고 신사참배가 소학교의 행사 중 하나로 자리잡게 했다. 1904년에 만주와 한국의 배타적인 지배권을 둘러싸고 발발한 러시아와 일본이 벌인 제국주의 전쟁이었던 러일전쟁을 계기로 일본은 신사제도를 재정비하여 신사제도를 국가통합이념으로 확립했다. 신사참배는 더 이상 종교가 아닌 국가의 정치원리요, 국민을 하나로 묶는 사상을 상징하는 행사가 된 것이다. 이로써 종교로서의 신도가 신령을 숭배한 사상에서 천황을 숭배하는 사상으로 바뀐 것이다. 신도는 보이지 않는 신을 섬기는 종교가 아니라 보이는 신을 섬기는 종교로 색깔을 바꾼 것이다.

그러므로 처음에는 일본 국민들에게 신사참배를 강요한 것은 당연한 일이다. 그 후 조선총독부가 설치되면서 한국인들에게 천황을 숭배 대상으로 섬기게 하려는 의도에서 신사참배를 강요한 것이다. 조선총독부는 1915년에는 "신사사원규칙"(神社寺院規則)을 공포했고, 1917년에는 "신사에 관한 건"을 공포했다. 1925년에는 조선신사를 조선신궁(朝鮮神宮)으로 개칭했다. 1929년에 발생한 세계대공황은 일본경제에 어려움을 주었고, 일본은 이를 타계하고자 대륙진출 계획을 수립하여 1931년에는 만주를 침략했고, 1937년에는 중국과 전쟁을 벌였다. 일본은 대륙침략정책을 진행하면서 내선일체를 위한다는 명분을 내세워 우리나라를 황민화시키기 위해 신사참배를 강요하기 시작했다. 1938년 2월 조선총독부는 "기독교에 대한 지도대책"을 마련하여 발표했는데 그 내용은 아래와 같다:

1) 시국인식 철저를 위하여 야소교 교역자 좌담회를 개최하고 지도계몽에 노력하여, 이를 통하여 일반교도에 계몽을 담당하게 할 것.
2) 시국인식의 철저를 위한 지도 및 시설
① 교회당에 국기 게양 탑을 건설할 것
② 야소교의 국기에 대한 경례, 동방요배, 국가봉창, 황국신민의 선사 제창 등을 실시할 것.
③ 일반 신도의 신사참배에 대한 바른 이해와 여행(勵行)에 힘쓸 것
④ 서력 연호의 사용을 삼갈 것
3) 외국 선교사에 대하여는 이상 각 항의 실시는 선교사의 자각을 기다릴 것.
4) 찬송가, 기도문, 설교에 있어 내용이 불온한 것은 엄중 단속할 것.
5) 당국의 지도에 따르지 않는 신자는 법적 조치를 취할 것.
6) 국체에 맞는 야소교의 신건설운동은 이를 적극 원조할 것.[173)]

발표가 있은 후부터 조선총독부는 교회에 향하여 본격적인 신사참배를 강요하기 시작했다. 무력을 앞세운 일본의 신사참배 강요에 한국 장로회와 감리회 등 한국교회 주요 교단들의 총회가 굴복하고 말았다.

1.2. 남북 분단

히로시마와 나가사끼에 각각 원자탄을 맞은 일본은 1945년 8월 15일에 무조건 항복을 선언했고, 이로써 제2차 세계대전이 종결되었다. 일본이 항복을 선언하기 직전에 미국과 소련은 일본군의 무장해체를 위한다는 명목으로 38선을 기준으로 남북을 나눈 후 북쪽은 소련군이 주둔하고 남쪽은 미군이 주둔하기로 합의하고 실행에 옮겼다.

우리나라는 해방과 함께 자주적인 독립 국가를 이루고자 했으나 실패했다. 여운형은 제2차 세계대전에서 일본이 패망할 것을 예측하고 1944년 8월에 건국동맹을 결성한 후 일본이 무조건 항복을 선언하자 건국준비위원회를 결성하였고, 그 해 9월 6일에 우리나라는 조선인민공화국임을 선포하였다. 조선인민공화국은 주석 이승만, 부주석 여운형, 국무총리 허헌으로 구성하였다. 조선인민공화국은 전국에 인민위원회를 조직하고 독립 국가를 세우기 위해 노력하였다. 이렇게 발 빠른 행보 자체는 잘 한 일이었지만 이 과정에서 크게 두 가지 문제점을 낳았다. 첫째, 조선인민공화국을 구성할 때 대한민국 임시정부 측 요인들이 동참하지 않았고, 건국준비위원회 결성에 많은 우익 인사들이 동참하지 않았다는 점; 둘째, 친미적 성향을 가진 인사들이 별도의 한국민주당을 결

주

173) 한국기독교사 연구회, 『한국기독교의 역사 II』(서울: 기독교문사, 1990), 285.

성한 점이 그것이다. 처음부터 여론 분열의 불씨를 안고 출발했던 것이다. 또 다른 문제는 미국과 소련의 이해관계였다. 미군정은 조선인민공화국과 대한민국 임시정부를 모두 배제하고 한국민주당과 모든 것을 협의했다. 소련은 직접적인 군정을 실시하지는 않았으나 38선 이북에 김일성을 주축으로 이미 조직되어 있던 인민위원회를 공산주의적 조직으로 재편하였다.

미국, 영국, 소련은 1945년 12월 16일에 제2차 세계대전 종전 이후의 다양한 문제 조치를 위해 외무장관들이 모스크바에서 모였을 때 미소 양국은 이견을 좁혀 "한국 문제에 관한 4개항의 결의서"를 12월 27일에 발표하였다. 합의문에 따라 한반도에 미국과 소련은 민주적인 정부 수립을 위해 미소공동위원회를 설립하고 미국, 소련, 영국, 중국이 국제연합으로부터 신탁을 받는 최장 5년 동안 한반도를 통치하는 신탁통치(信託統治)에 합의하였다. 그러나 미소공동위원회는 1년여 동안 상호 논의했으나 합의점에 이르지 못했다. 미소공동위원회가 성과 없이 해산되자 한반도 문제는 국제연합으로 이관되었고, 결국 한반도는 남과 북에 각각의 정부가 수립되기에 이르렀다. 한반도 문제를 이관 받은 국제연합은 1947년 11월 14일에 자신들의 감시 하에 남북이 하나의 총선거를 개최할 것을 가결하였다. 그러나 소련은 남한보다 인구수가 적은 북한이 불리하다고 판단하고 국제연합의 결의안을 거부하였다. 남측은 1948년 8월 15일에 대한민국 정부가 수립되었음을 선포하였고, 북측은 같은 해 10월에 조선민주주의인민공화국이 수립되었음을 선포함으로써 한반도는 남과 북으로 이분되었다.

1.3. 한국동란: 동족상잔의 비극

이승만 정부는 한반도가 남북으로 분단 후 국가보안법을 내세워 좌파가 정치세력화하는 것은 철저하게 금지시키면서 "북진통일론"을 추진했다. 김일성은 남침계획을 세우고 1949년부터 소련과 협상하면서 국지전을 일으켰다. 소련은 처음에는 북한(조선인민군) 김일성이 남침하는 것을 반대했지만 자체적인 핵개발에 성공하자 마음을 바꾸었다. 중국 역시 중국공산당이 승리하자 김일성의 남침을 허락했다. 미국은 에치슨 라인을 발표하여 한국에서 미군이 철수하더라도 전쟁과 같은 돌발적인 상황이 발생하면 즉시 개입할 것을 분명히 했다.

북한은 1950년 6월 25일 새벽 4시에 기습적으로 남침을 개시했다. 전쟁을 예측하지 못하고 있던 국군은 3일 만에 서울을 빼앗겼고, 낙동강 전선까지 밀렸으나 유엔군(연합국)의 개입으로 인천상륙작전에 성공하여 9월 27일에 서울을 수복했고, 북진을 계속하여 평양을 점령한 후 압록강까지 올라갔다. 그러나 10월 25일 중국(중국인민해방군)의 개입으로 다시 후퇴하여 12월 4일에는 평양에서 철수해야 했다. 1951년 1월 4일에는 서울을 다시 내주어야 하는 어려움이 있었으나 3월 15일에 재탈환했다. 이후 휴전이 성사될 때까지 38선을 중심으로 소모전을 계속하다가 1953년 7월 27일에 휴전에 합의하여 지금에 이르고 있다.

태인도는 섬이었지만 전국에 미친 한국동란의 영향을 피할 수 없었다. 동란 중에 있었던 이야기 한 토막을 소개함으로써 본도와 한국동란의 관계성을 갈음하고자 한다:

> 이충헌씨는 우리 동네(태인 2구, 장래부락) 이씨 문중에서 가장 영향력이 있었던 사람이었다. 그의 아들들은 이강수, 이동수, 이현수, 이순수가 있었다. 그 중에서 이강수는 일제 때 동네에서 순사였으나 사람들을 선하게 대해주었으므로 해방 후에도 전혀 해를 입지 않았다. 해방 후 당시 우리나라에 지식인이 많지 않았기 때문에 다시 경찰이 되었다. 한국동란이 일어났을 때 동네에서 빨치산으로 활약했던 최영근이 지금의 군수와 같은 군당위원장이 되어 경찰 등을 색출하여 처형할 때 이강수도 잡혔으나 최영근이 이강수는 비록 경찰이기는 하였으나 좋은 사람이라면서 살려주었다. 인천상륙작전의 성공으로 국군에 의해 북한군이 도망할 때 최영근이 미처 도망가지 못하고 잡혔고, 처형당할 위기에 처했을 때 이강수가 군당위원장 최영근이 선한 일을 많이 하였다고 변호하여 살려주었다. 그래서 두 사람 모두 살 수 있었다. 이영국씨가 이충헌씨의 부친인지는 알 수 없다. 서울에 있는 이현수씨에게 연락하면 알 수 있을 것이다. 전화할 때는 김정윤씨의 아들이라고 말하면 된다. 나하고 같은 연배(2010년 12월 현재 81세)이기 때문에 서로 잘 알고 지내던 사람이다.[174)]

2. 교회사

2.1. 신사참배

2.1.1. 신사참배 결의

일제가 신사참배를 강요하기 시작하자 처음에는 반대했던 종교단체들도 하

주

174) 김수열, 2010년 12월 12일 오후 5시경 필자와의 면담.

나 둘 굴복했다. 1938년 2월 6일에는 장로교 평북노회가 굴복했고, 같은 달 이승만계의 흥업구락부사건으로 수감 중이었던 윤치호(尹致昊) 등도 기독교를 통해 내선일체에 노력할 것을 서약하고 석방되었다. 조선 기독교청년회(YMCA)는 일본 기독교청년회(YMCA)에 통합되었고, 조선감리교회는 일본감리교회와 합동했다. 같은 해 7월에는 신사참배에 굴복한 교회와 단체들이 전국대회를 개최했고, 9월에는 장로회 총회가 총 23노회 중 17노회의 찬성으로 신사참배를 결의하고, 국민정신총동원운동에 참여하겠다고 결정했다:

"평양, 평서, 안주 삼노회 연합대표 박응률 씨의 신사참배 결의 급 성명서 발표의 제안건은 채용하기로 가결하다."

성 명 서

아등은 신사는 종교가 아니오 기독교의 교리에 위반하지 않는 본의를 이해하고 신사 참배가 애국적 국가의식임을 자각하며 또 이에 신사 참배를 솔선 여행하고 추히 국민정신 총동원에 참가하여 비상시국하에서 총후 황국시민으로서 적성을 다하기로 기함.

소화 13년 9月 10일. 조선예수장로회 총회장 홍택기 [175)]

총회 결의 후 부총회장 김길창 목사가 선두에 서서 평양에 설치되어 있던 신사로 가서 참배하는 부끄러운 역사를 남겼다. 총회가 끝난 후 총회장 홍택기 목사는 총회장 이름으로 각 교회에게 서한을 보냈다. 그 내용 중 일부를 들어 보자:

"총회의 결의를 경멸하는 행동일 뿐만 아니라 주님의 뜻에 위배되는 유감천만의 행동이다. 이런 비상 시국 하에서 만일에 아직도 옛 습관으로 해서 이를 보류하거나, 주저하는 자가 있다면, 저들은 결코 신민으로 인정될 수 없으며, 교인으로도 인정될 수 없을 뿐 아니라, 교회의 입장으로 볼 때도 이러한 반대하는 무리나 요소는 마땅히 처벌되어야 한다."[176)]

일본 정부의 의도대로 한국의 모든 교단의 총회에서 신사참배가 가결되자 일본 경찰은 즉시 친일적인 목회자를 만드는 데 앞장섰다. 같은 해에 감리교도 총리사 양주삼(梁柱三)의 명의로 신사참배를 결의했다. 이 일이 있은 후 기독교계의 여러 연합단체가 해산되었고 세계적인 조직에서 탈퇴해야 했다. 또한 조선기독교는 일본기독교와 통합했다.

주

175) 조선예수교장로회 총회 제27회(1938년) 회의록, 9.

176) 간하배, 『한국장로교신학사상』(서울: 개혁주의신행협회, 1997), 97.

2.1.2. 신사참배 반대와 핍박

그러나 신사참배에 대한 저항도 거세게 일어났다. 평양신학교학생들은 평북노회가 신사참배를 결의하자 집단적으로 신사참배 반대운동을 벌였고, 학교는 9월 20일부터 무기한 휴교했다. 평양신학교학생들의 행동은 일종의 기폭제 역할을 했다. 전국 여러 곳에서 조직적이고 집단적으로 반대운동을 전개하기 시작했기 때문이다. 신사참배 반대운동의 주도적인 역할을 한 사람들은 평안남도의 주기철(朱基徹), 평안북도의 이기선(李基善) · 이주원(李朱元), 경상남도의 한상동(韓尙東) 등이었다. 이들은 신사참배에 굴복한 노회로부터 탈퇴한 후 새로운 노회를 결성하고 신사참배를 거부했던 인물들과 함께 모여 예배하면서 기도회 운동을 전개했다. 1940년 2월에는 신사참배불참운동자연합회를 결성하여 체계적이고 적극적인 신사참배 불참 운동을 펼치기도 했다. 일제는 이러한 운동을 좌시하지 않고 1940년 6월부터 주기철 목사 등 신사참배 반대운동 주동자들과 참여자들을 철저하게 검거하여 이 운동을 무력화시켰으나 해방되기까지 소규모적이고 분산적인 저항은 계속되었다. 호남지역에서도 나주와 순천 등에서 저항 운동이 일어났다.

순천지역의 저항 운동에 대해 간략하게 살펴보자. 1922년 10월 2일에 설립된 순천노회는 다른 노회들과 마찬가지로 일제의 신사참배 강요에 무릎을 꿇었다. 하지만 순천노회에 소속되어 있는 모든 교회가 신사참배를 찬성한 것은 아니다. 성경을 하나님의 말씀으로 확신하는 성도들이 주축이 되어 신사참배 불참 운동을 전개한 것이다. 조선총독부는 이를 보고만 있지 않았다. 우선 1940년 9월 20일부터 "조선기독교도 불온분자 일제검거령"을 발표하고 일제 검거에 나섰다. 조선총독부는 검거 결과를 다음과 같이 발표했다:

> 소위 비혁신분자들은 비밀리에 불온운동을 전개하고 현재의 사회를 악마가 조직한 사회라고 저주하며 수년 후에는 예수가 재림하여 지상천국을 건설할 것이니 여기에 동참하는 길은 예수의 계명을 충실히 지키는 일이라 선전하고 있기에 이들 기독교도 중 반국가적 불온자들을 뿌리 뽑기 위해 고등법원, 검사장, 총독부의 법무국장이 협의하여 치안유지법과 기타 법령에 의하여 처벌키로 하고 9월 20일 미명을 기하여 각도에서 일제히 검거를 단행하였는데 검거인원이 193명이다.[177]

조선총독부 광주지방법원 형사부가 1942년 9월 30일 판사 오다나베와 고토모 및 니야마의 이름으로 내린 다음의 판결문 내용에 따르면 순천노회 목회자

주

177) 조선총독부 경보국보안과, 고등외사월보 제14호(1940. 9.). 김승태, 『한국기독교의 역사적 반성』, (서울: 다산글방, 1994), 69

들이 성경은 하나님의 말씀임을 확신하고 신사참배는 우상숭배의 죄를 짓는 일임을 분명히 강조했음을 알 수 있다. 판결문 내용 일부를 인용하자면 다음과 같다:

전라남도의 조선예수교장로회파(남장로회파)는 현재로 교도 약 1만 3천여 명을 가지고 있으며, … 그 가운데 순천노회는 대정(大正) 11년(1922)에 창설되어 순천 · 여수 · 광양 · 구례 · 고흥 각 군 및 보성 · 곡성 각 군의 일부로 이루어진 교구로서 현재 교도 약 4천명을 거느리고 있는데, 원래 조선예수교장로회파는 미국 예수교 장로회파 선교사가 조선에 건너와 전도한 데 그 기원을 두고 있다. … 피고인들은 … 그 지도 이념을 살피건데 성서를 유일 절대 지상의 교리로서 신봉하고 성서에 기록되어 실려 있는 사실은 모두 하나님의 말씀으로서 또한 하나님의 미리 아시고 예정하심은 장래에 반드시 실현될 것이라고 맹신(盲信)하고 '여호와' 하나님은 천지만물을 창조하신 유일 절대 최고 지상의 전지전능하신 신으로서 우주에 있는 만물을 지배하고 또 영원히 불멸하는 자로서 모든 신은 '여호와'의 지배 하에 있다. … '여호와' 하나님 이외의 신은 모두가 우상인 바 우상숭배는 십계명의 하나로서 성경의 교리요, 또한 그것 때문에 신사에 참배하지 말 것이라 하는 불경신관을 견지하여 오랜 동안에 걸쳐 신사참배를 기꺼워하지 않았지만 당국의 강요에 의해 마침내 어쩔 수 없었다. 소화(昭和) 13년(1938) 4월 전라남도 구례군 구례면 소재 구례교회에서 개최된 제22회 노회에서 신사참배를 결의하기에 이르렀지만 이는 본래부터 일시(一時)를 호도(糊塗)하고 어둡게 하려는 궁여지책에 불과한 것으로 ….[178)]

본교회 역시 일제의 신사참배 강요로 문을 닫는 수난을 겪었다. 이에 대해 본교회 『요람』은 "1943. 일제의 핍박으로 교회가 문을 닫다." "1948. 봄부터 다니엘 선교 동역자의 주선으로 다시 교회가 시작된다."고 기록하고 있다.[179)]

2.2. 한국 장로교회 분열

해방 전 일제치하에서의 신사참배에 대한 조선기독교계의 대응양상은 각 교단마다 달랐다. 특히 선교부가 신사참배 문제로 선교부 설립 학교를 폐쇄할 것인가 말 것인가의 문제로 각기 다른 목소리를 내게 된 것이다.

당시 장로교 총회장이었던 이인식은 총독부 교섭위원을 통해 기독교 학생들의 신사참배 면제를 허락해 줄 것을 요청하였으나, 총독부측은 아무리 교회 경영의 학교들이라 하더라도 조선총독의 교육정책에 따라 신사참배를 해야한다고 대답했다. 장로교 선교사들은 서로 모여 이 문제를 상의하였고, 신사참배는 우상숭배이므로 신사참배를 허용할 수 없다는 입장을 취했다. 그러나 현실적으로는 학교의 존폐문제가 달렸으므로 각 학교 이사들은 입장을 달리했다. 철

주

178) 김수진 · 주명준, Ibid., 171-2.

179) 『2010년 태인교회요람』, 4.

저히 거부하자는 입장과 신사참배 행위에 비록 종교적 요소가 가미되어 있을지라도 학교를 살리기 위해서는 참배에 응하는 것이 좋다는 입장도 있었다.

이처럼 선교사들 중에서는 남북 장로교 선교부와 호주장로교 선교부가 대체적으로 신사참배를 거부하고 학교폐쇄로 나아갔는데 비해, 카나다 선교부와 감리교 선교사들은 신사참배를 국가의식으로 받아들이고 학교 경영을 계속해 나갔다. 선교사들은 치외법권을 가지고 있었으므로 일본정부는 그들을 강제적으로 참배시킬 수는 없었다. 선교사들에게 있어서 신사참배 문제에 대한 대처는 자신의 신앙의 문제라기보다는 학교폐쇄냐 학교유지냐의 문제였을 뿐이다. 선교지 교회인 한국교회는 신사참배 문제를 신앙에 대한 중대한 도전으로 파악했는데, 선교사들은 학교 존립여부로만 파악한 것이다.

2.2.1. 장로회 제1차 분열

장로회 제1차 분열은 신사참배 문제 해결 과정에 고신파가 분열해 나감으로써 발생했다. 해방이 되자 교회의 신사참배 문제가 중요한 이슈로 떠올랐다. 1945년 9월 18일 재건노회가 열리고 2개항의 자숙안을 정했다. 그러나 주남선 목사 등의 출옥성도들은 신사참배 문제를 강하게 어필했다. 해방 전 신사참배를 거부하다가 일제에 의해 옥고를 치른 성도들은 어떤 이유에서든지 일신의 안위를 위해 일제에 굴복하고 신사에 참배했던 교회를 향하여 통회 자복하고 근신할 것을 강력하게 요청하였다. 그들은 교회가 참회의 진실성이 약하다고 기존교회를 비난했다. 이북에 재건파와 복구파 교회가 세워졌고, 남한에서는 박윤선 목사의 고려신학교가 세워지면서 고신파의 분열이 표면화되었다. 이 과정에서 상대방을 공산당으로 중상하는 사태가 발생하였다. 1951년 총회는 고신파를 단죄하였고, 고신파는 총회를 용공이라 하면서 별도의 총회를 설립함으로 한국장로회는 한국동란 중 제1차 분열의 역사를 남겼다.

2.2.2. 장로회 제2차 분열

장로회 제2차 분열은 신학사상의 차이가 그 원인이었다. 자유주의 신학을 표방하던 김재준이 중심되어 기독교장로회 총회를 결정한 것이다. 한국장로교회는 선교 초기부터 신학사상과 신앙적인 면에서 보수적이었다. 이는 한국에 복음을 전파했던 미국 남북장로회 선교사들의 신학적 입장에 영향을 받은 것이다. 1920년대부터 한국 신학을 대표해 온 박형룡 박사는 미국유학시절 메이천으로부터 신학을 배웠고, 그는 귀국하여 한국 신학을 개혁주의로 세우는 역할을 감당했다. 그러나 캐나다 장로회 등 몇몇 선교회의 신학적 입장은 자유주의 경향이 있었고, 그들에 의해 훈련된 한국인 지도자들도 그러한 경향을 가지게 되었다. 또한 1930년대 이후 김재준 박사를 비롯한 이들이 유학을 마치고 귀국하여 자유주의 신학을 나타내기 시작했고, 1935년의 아빙돈 단권 성경 주석 문제로 신학적 갈등이 표면화되었다.

신사참배 거부 문제로 평양신학교가 무기휴학 하자 1940년 4월 19일에 승동교회에 조선신학교를 개교했다. 조국이 해방되자 신앙의 자유가 보장되었고 조선신학교는 남부총회의 직영 신학교로 허락을 받았다. 조선신학교에서 김재준은 마음 놓고 보수주의를 비판하기 시작하면서 비판적 성경연구와 해석을 시도하였다. 1947년 김재준 목사의 신학적 입장에 불만을 품은 정규오 등 학생 51명이 김재준 목사를 자유주의라고 총회에 진정서를 제출했다. 장로회 총회는 1952년 37차 총회에서 김재준 교수를 파문하고 조선신학교를 총회 직영신학교 허락을 취소했다. 조선신학교는 총회의 결정에 불복하고 한국신학대학교로 출발했고, 1953년에 대한기독교장로회라는 이름으로 별도의 총회를 설립하였다. 이것이 장로회 제2차 분열의 간략한 역사이다.

2.2.3. 장로회 제3차 분열

장로회 제3차 분열은 세계교회협의회(World Council of Churches, WCC) 가입 여부에 따라 통합측과 합동측으로 분열했다. 제2차 분열까지는 그 신학적 입장이 어떠하든지 규모에 있어서 작은 분열이었다면 1959년에 일어난 제3차 분열은 대분열이라고 할 수 있을 만큼 양자의 규모가 컸다. 장로회가 대분열하게 된 근본 원인은 세계교회협의회(World Council of Churches)에 가입할 것인가 가입하지 않을 것인가에 있었다. 장로회 제3차 분열에 대해서는 교단마다 해석이 다르고 특히 합동측이나 통합측에 속한 신학자들이 자신들의 신학적 관점에서 역사를 해석할 수 있음으로 두 교단 이외의 교단 신학자의 해석을 참고하는 것으로 갈음할 것이다:

> WCC와 NAE 측의 대립을 표면화시킨 사건이 1957년에 일어났다. . . . NAE 측은 이 일이 개인적인 욕심에서 행해진 것이 아니라 학교를 위해 애쓰다가 생긴 실수이며, 한국 보수신학의

대표자인 박 교장이 물러나면 한국 장로교회가 위태로워진다는 이유를 들어 맞섰다. . . . 그러나 계속되는 양측의 대립은 총회에 파송할 총회 대표 선출 문제로 경기 노회가 갈라짐으로써 교단 분열의 길로 나아가게 되었다. 1959년에 회집된 44회 총회는 WCC 운동을 반대하는 NAE 계열과 WCC를 지지하는 계열의 대립으로 총회를 속개(續開)할 수 없게 되자, WCC 측은 연동교회에서 총회를 속개함으로 '통합' 측 총회가 설립되었고, NAE 측은 승동교회에서 별도로 총회를 구성하여 '합동' 측 총회가 되었다. 그 후 결합을 위해 노력했지만 끝내 양측의 의견을 좁히지 못하여, 1960년 총회부터는 완전히 다른 교단으로 분열되고 말았다.[180]

주

180) 배본철, 『선교와 에큐메닉스 중심의 한국교회사』 (서울: 문서선교 성지원, 1997), 240-1.

제9장 수난기의 본교회 역사

본교회 수난기 동안 사역했던 교역자들은 다니엘 선교동역자(1948-50), 김동옥 목사(1951-55),[181] 임종대 전도사(1955), 송무웅 전도사(1955), 박준호 전도사(1956), 정상희 전도사(1957-59), 김정기 전도사(1959-60) 이상 7인이다. 앞에서 언급한 바와 같이 본교회 수난기는 국가적으로는 광복이란 기쁨을 잠시 누리기도 했지만 남북 분단의 역사를 남겼고, 6.25 동란 발발로 삼천리반도가 금수강산이란 아름다운 별칭을 무색하게 했다. 한국교회적으로는 교단 총회들이 신사참배를 가결하고, 자유주의가 교회 내부로 침투하여 본격적으로 활개를 쳤고, 신사참배와 자유주의의 영향으로 분열이 지속적으로 이루어졌다. 이 기간에 본교회는 일제의 신사참배 강요를 거부하면서 교회를 임시 폐쇄해야 했고, 태인제일교회가 분리해 나가는 아픔이 있었다. 그리고 어려움 속에서도 교회당을 이축하는 역사를 남기기도 했다.

수난기 중 1939년부터 일제의 압박으로 문을 닫은 1943년까지의 교역자는 알려지지 않았고, 다니엘 선교동역자와 김동옥 목사를 비롯한 7인의 사역자들은 2010년 현재 모두 소천한 상태이다. 또한, 이들의 목회 과정을 구체적으로 증언할 수 있는 증인 및 이들에 대해 파악할 수 있는 절대적인 시간이 부족하여 간단하게 소개하는 것으로 만족할 것이다.

주

181) 『2010년도 태인교회 요람』에는 김동옥 목사로 기록되어 있으나 김충현 장로는 구슬옥(玉)자를 쓰는 김동옥 목사라고 증언했다.

1. 교회문 폐쇄 및 재개(再開)

본교회의 역사 상 가장 어려웠던 시기는 일제의 압박으로 1943년에 교회문을 폐쇄한 사건이다. 일제는 1938년부터 본격으로 신사참배를 강요하기 시작하더니 전국의 모든 교회에 핍박을 감행했다.

1939년 9월 1일 독일이 폴란드를 침입하자 영국과 프랑스가 독일을 상대로 전쟁이 일어남으로써 제2차 세계대전이 발발했다. 이 전쟁은 그 후 태평양전쟁을 거쳐 1945년 8월 15일에 일본이 무조건 항복할 때까지 약 5년간 지속되면서 전세계적인 대참사의 역사를 남겼다:

참가국은 연합국측이 49개국, 동맹국측이 8개국이며, 중립국은 스위스 등 6개국에 불과하였다. 동원병력 1억 1000만 명, 전사자 2,700만 명, 민간인 희생자 2,500만 명으로 그 중에서 독 · 소 양국의 희생이 가장 많아 소련의 전사자 1,360만 명, 민간인을 포함하여 사망자 2,000만 명, 전인구의 약 1/10, 독일의 전사자 500만 명, 민간인을 포함하여 사망자 550만 명, 전인구의 약 1/10이라고 알려졌다. 일본의 전사자는 185만 명, 민간인을 포함하여 사망자 250만 명, 전인구의 약 1/40이라고 한다. 이 개수(槪數)에서도 제1차 세계대전과 비교할 때 제2차 세계대전에서는, 동원병력수는 약 2배, 전사자는 약 5배, 민간인 희생자는 약 50배이다.

요컨대 제2차 세계대전에서는 민간인의 희생자가 현저히 많다. 이것은 나치스의 인종론적 절멸(絕滅)정책에 유래한다. 민간인의 희생자 가운데 약 500만 명은 유대인인데 이것은 나치스 지배하의 유대인 총수의 약 70%라고 한다. 또 하나의 이유는 현대의 전쟁이 민간인을 제외하지 않은 제노사이드(genocide:대량살륙)전쟁으로 된 데에서 찾을 수 있겠다. 전비(戰費), 파괴된 재산을 오늘날의 물가에 맞추어 재평가한다면 너무나 방대하여서 아마도 계산할 수가 없을 정도일 것이다. [182]

제2차 세계대전이 한참이었던 1941년 12월 일본은 태평양전쟁을 일으켰고, 무기를 만들 쇠가 부족해지자 조선에서 쇠를 약탈해 가기 시작했다. 가정뿐만 아니라 교회당에 있는 쇠붙이란 쇠붙이는 모두 빼앗아 가려고 안간힘을 썼다. 그 당시 본교회에는 1914년 4월 10일에 두 번째로 교회당을 마련할 때 설치해 두었던 종이 교회당 마당에 있었는데 일본인들이 이것을 빼앗아 가려고 했다. 이 때 교회종을 끝까지 사수한 사람이 이충헌 영수였다. 이충헌 영수는 일본인들이 교회종을 뜯어 가려고 하자 필사적으로 종을 지켜낸 것이다. 이렇게 종을 지켜내고, 예배가 지속되었다. 하지만 일제는 신사참배를 강요하면서 집요하게 교회를 핍박하면서 전국적으로 교회의 주요 인사들을 검거해 나갔다. 당시 본교회는 신학을 공부한 교역자가 없었고, 이충헌 영수를 비롯하여 장두의 집

주

182) 『백과사전』, http://kr.dictionary.search.yahoo.com/search/dictionaryp?, 2011년 2월 25일.

사, 조갑조 권사, 송소아 권사가 신앙적으로 가장 성숙한 어른이었다. 1943년이 되었을 때 일제는 본교회 주요 인물을 검거하기 시작했는데 이때 장두익집사가 검거를 피하기 위해 예배당 강대상 밑 마룻바닥을 뚫고 그 밑에 숨어 있었는데 그 당시 예배당 문 닫은 지가 한참 되어서 마룻바닥 위에가 먼지가 많아 발자국이 남아 있어서 곧바로 발각되고 체포되어 옥에 갇혀 많은 고생을 했지만 죽지 않고 해방을 맞이하여 출옥하였다고 (아내인 이부덕권사의 증언 함) 당시 본 교회에서 가장 성숙한 남자 성도가 장두익집사여서 일본인들의 표적이 되어 옥고를 치룬 것이다.[183] 장두익집사가 잡혀 들어가던 1943년 어느 날부터 1947년까지 본 교회는 교회당 문을 닫아야 했다. 해방이 된 후에도 본 교회는 쉽게 문을 열지 못하다가 1948년 "봄부터 다니엘 선교 동역자의 주선으로 다시 교회가 시작" 되었다.[184]

2. 태인제일교회 분리

태인제일교회가 본교회로부터 분리하여 설립하게 된 동기를 부여한 사역자는 정야곱 전도사이다. 한국장로회가 1959년에 WCC 가입여부를 놓고 통합과 합동으로 분열할 때 전국의 교회들은 각자의 노선을 정해야 했다. 이 때 본교회를 시무했던 교역자는 김정기 전도사였다. 1959년에 제3차 장로회가 분열시 본교회가 통합교단에 속하게 된 것을 보면 당시 교역자였던 김정기 전도사가 WCC를 찬성한 것으로 볼 수 있다. 김정기 전도사가 사역지를 옮긴 후 1960년에 손세진 전도사가 부임했는데 몇 개월 만에 다른 곳으로 사역지를 옮겨 갔다. 손세진 전도사 후임으로 본교회를 담임한 사역자가 정야곱 전도사이다.[185]

정야곱 전도사는 1960년에 본교회에 부임하여 섬기던 중 가을노회에 참석하기 위해 순천노회를 갔는데 본교단이 소속된 통합측이 아닌 합동측 순천노회에 참석하였다. 서일석 장로와 김충현 장로의 말을 차례로 들어 보자:

우리교회가 나누어진 것은 정야곱 전도사 때문입니다. 교회에서는 정기노회 기간에 우리측 순천노회에 참석하라고 했는데 정야곱 전도사가 우리측이 아닌 합동측 순천노회 참석했습니다. 거기서 교육을 받고 교회에 돌아 온 정야곱 전도사는 합동측으로 가는 것이 옳다고 판단했습니다. 정 전도사는 WCC는 용공이며, WCC에는 구원이 없다면서 통합측은 문제가 있다고 했습니다. 성도들은 WCC가 무엇인지 어떻게 알겠습니까? 이로 인해 교회가 매우 시끄러웠고,

주

183) 서일석 장로의 증언, 2011년 2월 25일 오후 3시.

184) 『2010년도 태인교회 요람』, 4.

185) 『2010년도 태인교회 요람』에는 정야곱 전도사 이름이 빠져있다. 서일석 장로는 정확한 년도는 기억할 수 없지만 정야곱 전도사가 시무했다는 것을 분명하게 기억하고 있고, 김충현 장로는 1960년으로 기억하고 있다. 2011년 2월 18일 오후 5시 40분부터 6시까지 서일석 장로와 전화 인터뷰, 2011년 2월 18일 오후 6시부터 6시 20분까지 김충현 장로와 인터뷰.

결국 몇 사람과 함께 당시 교회 사택으로 쓰려고 했던 구 이발소를 뜯어가서 담안 큰새미골에 교회당을 지어 나갔습니다.[186]

태인제일교회가 분리해 나갈 때는 내[김충현 장로]는 군대에 있을 때입니다. 정야곱 전도사가 WCC 문제로 우리교회를 나갔는데 그 때가 1960년으로 기억하고 있습니다. 새미골에 살고 있던 정갑연 집사와 하나가 되어 분리해 나갔습니다. 나가면서 본당은 뜯어 갈 수 없어서 당시 우리교회 소유로 되어 있던 이발소 건물을 뜯어 가서 교회당을 지었습니다.

정야곱 전도사가 나가자 송은종 전도사가 부임했습니다. 송은종 전도사는 내[김충현 장로]가 결혼하여 이사할 때 이삿짐을 운반해 주셨기 때문에 잘 기억하고 있습니다. 송은종 전도사도 잠시 시무하다가 1961년에 사역지를 다른 교회로 옮겼고, 이어서 함규년 전도사가 부임해 왔습니다.[187]

김충현 장로와 서일석 장로의 증언에 따르면 태인제일교회가 분리해 나간 것은 정야곱 전도사 시절이었으며, 분리년도는 『교회 요람』에 기록된 1957년이 아니라 1960년이 확실하다. 또한 『교회 요람』에 기록된 역대교역자 명단에 정야곱 전도사와 송은종 전도사를 손세진 전도사와 함규년 전도사 사이에 추가해 넣어야 한다.

3. 제2차 교회당 이축

3.1. 이축 이전의 교회당

본교회는 수난기 동안 설립 후 세 번째 교회당을 새로 마련하였다. 그 동안은 1914년 4월 10일에 두 번째로 마련한 교회당으로 사용하였지만 성도수가 30여 명으로 늘어나면서 교회당이 비좁게 되자 이축하기로 결정한 것이다. 교회 성도수가 늘어난 것은 1951년에 부임한 김동옥 목사의 역할이 컸다고 볼 수 있다. 김동옥 목사가 본교회 성장에 기여한 내용을 『2010년도 태인교회요람』은 "1951. 김동욱[옥] 목사의 열의로 교회가 흥왕하다. 사택과 종을 마련하다."[188]고 증언하고 있다.

1943년부터 1947년까지 교회 문이 닫혔던 관계로 목자도 없고 문도 열리지 않자 양들은 들로 산으로 흩어져서 스스로 영적인 꼴을 찾아 먹거나 아니면 영적인 양식 먹기를 포기하여 그 중요성을 잃어버린 상태였다. 그러므로 1948년에 다니엘 선교 동역자의 주선으로 본교회는 다시 문을 열고 정상적으로 예배

주

186) 2011년 2월 18일 오후 5시 40분부터 6시까지 서일석 장로와 전화 인터뷰한 내용.

187) 2011년 2월 18일 오후 6시부터 6시 20분까지 김충현 장로와 인터뷰한 내용.

188) 2010년도 태인교회요람』, 4.

를 드렸지만 1950년까지 성도수는 10여명 정도였을 것이다.

1951에 김동옥 목사가 부임하여 본교회를 섬기고 있을 때 6.25 동란이 발발했지만 이충헌 영수의 아들 이강수 성도와 당시 북한군 군당위원장 최영근과 좋은 관계성 덕분에 태인도 주민들은 거의 피해를 입지 않았으며, 본교회도 큰 피해를 입지 않았다. 한국동란 때 일어난 순교 사건들을 보면 여러 교회에서 목사를 비롯한 성도들이 공산군에 의해 무참히 살해된 것에 비하면 김동옥 목사와 본교회 성도들은 이강수 성도(현, 원로장로)의 아름다운 영향력으로 비교적 안전하게 교회를 지킬 수 있었던 것이다. 김동옥 목사는 인천상륙작전이 성공하여 북한군이 북으로 물러나자 더욱 열심히 복음을 전하면서 사택과 교회 종을 새로 마련하였다. 박정선 장로는 믿음의 선배들로부터 전해들은 이야기를 정리하여 들려주는 김동옥 목사 시절에 있었던 이야기 한 토막을 들어 보자:

이때 종은 예배당 현관에 몽둥이 두 개를 걸쳐놓고 종을 그 위에 올려놓고 종추를 잡고 종을 땡땡 쳤다고 한다. 그리고 김영현씨의 처인 임춘자씨란 분은 예수님을 잘 믿어서 지금으로 보면 목사님처럼 행사를 하였다고 하며 군두리 차진이이샌 모친도 예수를 잘 믿었고 예배당을 지은 이충헌씨도 예수님을 잘 믿어서 전도를 열심히 했다고 한다. 이때 이인휘 장로님 모친인 송소아 권사님에게 임춘자씨가 전도를 했다고 한다. 임춘자씨의 전도 예배당 청소도 잘하고 기도도 많이 해야 아들, 딸이 복 받고 잘산다고 해서 이때부터 예수님을 믿었다고 한다.

송소아 권사님께서는 배고픈 시절 전도사님들을 위해 삶은 고구마와 밥을 온기가 식지 않게 삼베치마에다 감싸다가 섬기기를 열심히 하신 섬김의 본을 보인 귀한 권사님이셨다고 한다.[189)]

김동옥 목사 시절에 마련한 사택과 종은 후임 임종대 전도사, 송무웅 전도사, 박준호 전도사 시절까지 그대로 사용하였다.[190)]

3.2. 교회당 이축

『2010년도 태인교회요람』에 "1957. 5. 10. 인휴 선교동역자의 도움으로 547번지로 이축하다."로 기록된 것을 보면 제3차 교회당은 1957년 5월 10일에 이축이 완료된 것으로 보인다. 제3차 교회당 이축 당시 본교회 사역자는 정상희 전도사였다. 인휴 선교동역자가 얼마만큼 도움을 주었는지 확실하게 알 수는 없지만 『태인교회요람』에 기록으로 남긴 것으로 보아 이축에 필요한 상당량의 재정을 부담한 것으로 보인다. 제3차 교회당 이축과 관련한 내용을 믿음의 선

주

189) 박정선, "지난 교회 예배당을 회고해 봅니다(예배당 발자취를 더듬으며)," 2011년 1월 9일.

190) 김동옥 목사는 본교회를 담임하기 전에 영광대교회를 1942년부터 1945년까지 담임하였다. 정준기 · 김효시 공저 『은혜의 뜰결: 영광대교회 100년사』220쪽은 김동옥 목사 사역을 다음과 같이 간략하게 소개하고 있다:

8. 김동옥 목사의 사역(1943-1945)
1942년 8월 16일, 공동처리회로 모여 가네시로 도 교구(金城東玉) 목사를 담임목사로 청빙하기로 가결하였다. 이어 1943년 3월 7일 김동옥 목사의 위임식을 거행하였는데, 노회에서 파송한 위임위원 김태호 목사는 설교한 후 문답하였고, 양응수 목사는 권면을, 김금용 장로는 교인들에게 문답과 권면을 하였다.
일제하의 어려움 속에서도 당회록에는 학습과 세례 문답자에 대한 예식에 대한 기록과 4월 25일 교회 출석과 교인의 의무를 다하지 못한 교인을 책벌 혹은 휴직 처리하기로 한 기록을 살펴 볼 수 있다.

배들로부터 전해듣고 박정선 장로는 다음과 같이 정리하여 들려준다:

이때 예배당은 약 20평 정도 뼈대는 나무로 세우고 벽면은 욋대 엮어서 황토를 양면에 발랐고, 지붕은 양철도단(함석)으로 만들었으며, 바닥은 판자로 청을 놓았다. 이 때 성도수는 장년이 약 30명이었다. 종은 마당 끝 쪽에 나무로 탑을 6m 높이로 만들어서 종을 달고 종 줄을 매어서 잡아 당겨서 종을 쳤으며, 이때 종소리가 어찌나 '땡그랑 땡 땡그랑 땡'하면서 맑고 좋았던지 남해도와 묘도까지 들렸다고 한다.

종소리는 시계가 없던 옛 시절에 시간을 알리는 좋은 매개체가 되기도 했다. 그런데 이 종을 서일석 장로님의 모친인 조갑조 권사님께서 하루도 걸으시지 않으시고 정시에 종을 치시기 위해 미리 종탑 밑에서 기도하면서 기다리셨다가 치셨다고 한다. 참으로 귀한 섬김의 본보기가 되신 권사님이셨다.[191]

종을 새로 설치한 지 얼마 되지 않은 1960년 어느 날 나무종탑이 종의 무게를 이기지 못하고 무너졌고, 종은 땅에 떨어지면서 충격을 받고 금이 가는 일이 발생했다. 나무종탑이 무너지던 시기에 태인제일교회가 분리해 나갔다. 종에 금이 간 것은 태인제일교회가 본교회에서 분리하여 설립한 일에 대한 하나님의 마음처럼 느껴진다. 종탑은 나무대신 돌과 시멘트를 이용하여 약 2m 높이로 다시 쌓고 그 위에 놓고 종을 계속 쳤지만 교회 분열의 아픈 상처는 금이 간 종의 모습처럼 우리의 마음 속에 상처로 남아 있다. 후술하겠지만 1974년 박태문 전도사 사역 시절에 이 상처를 치유하려고 했지만 재합동 실패로 또 다른 상처만 남기게 된다.

1914년 4월 10일에 매입하여 사용하고 있던 교회당은 43년 1개월 동안 일제 강점기를 거치고, 일제가 1938년부터 본격적으로 신사참배를 강요하던 시점에도 본교회 성도들의 예배장소로 굳건히 버티었다. 1943년 일제의 압박을 견디지 못하고 문을 닫았다가 1948년에 다시 문을 열었기에 약 5년간 예배당 역할을 못하기도 하였다, 하지만 하나님의 은혜로 6.25 동안을 잘 견디면서 1957년에 교회당을 이축할 때까지 성도들과 호흡을 같이 하다가 교회당 역할의 바통을 547번지로 넘겨준 것이다.

주

191) Ibid.

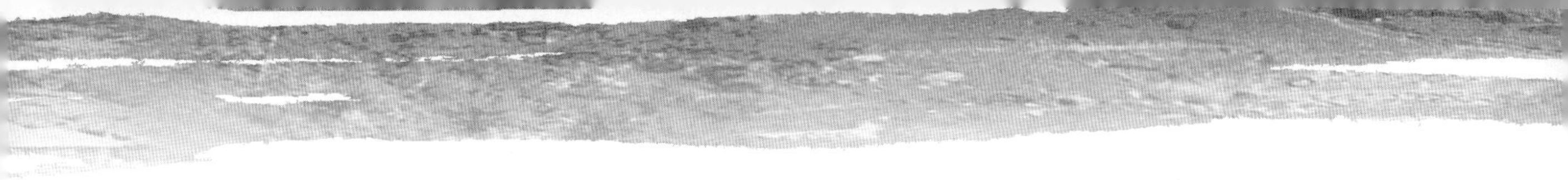

만군의 여호와가 말하노니

너희는 자기의 행위를 살필지니라

너희는 산에 올라가서 나무를 가져다가

성전을 건축하라

그리하면 내가 그것으로 말미암아

기뻐하고 또 영광을 얻으리라

여호와가 말하였느니라

제4부
성장기 역사 : 1960~77

제10장 성장기 한국역사와 교회사

본교회는 수난기를 잘 견디고 성장기에 들어섰다. 성장기는 1960년에 부임한 손세진 전도사 시절부터 시작하여 1978년에 부임한 이선근 전도사 시절까지로 설정했다. 이 시기를 성장기로 정한 것은 첫째, 1959년에 WCC 가입 여부 문제로 장로회가 통합과 합동으로 나누어진 후 본교회가 소속된 통합 교단이 1960년부터 그 동안의 한국장로회 역사를 이어 시작되었고, 1978년 이선근 전도사를 끝으로 전도사 사역자 시대가 끝났고; 둘째, 1960년부터 1978년까지 커다란 어려움 없이 교회가 안정된 상태로 조금씩 성장했기 때문이다. 성장기의 본교회 역사를 살피기 전에 먼저 60년대와 70년대에 발생한 중요한 사건을 중심으로 한국역사와 교회사를 알아보아 어떠한 시대적 환경 속에서 본교회가 성장하기 시작했는지 고찰해 보자.

1. 한국역사

우리나라는 1960년에 접어들면서 내부적인 커다란 사건을 연속적으로 겪었다. 먼저 이승만 정권과 자유당이 일으킨 3.15 부정선거와 이어서 발생한 4.19 혁명이다. 이승만은 부정한 방법을 동원하여 4선에 당선되었지만 3월 16일에 마산 등 지방지에서의 부정선거 항거 시위를 겪었다. 곳곳에서 고등학생과 대학생 시위가 일어나자 정부는 강경 진압에 났고, 학생들이 죽어나갔다. 고려대학교 학생들이 귀가하던 중에 정치 깡패들에 의해 2명이 죽고, 수십 명이 부상당했다. 4월에는 실종되었던 김주열 학생이 최루탄이 눈에 박힌 주검으로 마산 앞바다에서 발견되었고, 이것이 4 · 19 혁명을 촉발하는 계기로 작용했다. 서울에서 대학생, 고등학생, 여중생들이 "4.18 선언문"에 이어 "4.19 선언문"을 발표하고 시위에 나섰다가 경찰과 군인을 동원한 강경 진압에 의해 많은 수가 죽고 부상을 당했다. 시위 현장을 목격한 시민들은 분노하여 시위에 참가했고, 데모대는 20만 명으로 늘어났다. 한국동란이 휴전한 지 10년도 채 안되어 남한 내부에서 새로운 갈등이 표출된 것이다. 시위가 심각한 수준에 이르자 4월 26일에 이승만은 하야 성명을 발표했다. 두 번째로 언급할 사건은 1961년의 5.16 군사 쿠데타이다. 5.16 군사 쿠데타는 제2군사령부 소장이었던 박정희와 육사 8기생 주도세력이 장교 250여 명과 사병 3,500여 명이 함께 한강을 건너 서울의 주요기관을 점령함으로써 시작되었다. 결과적으로 "5 · 16 군사쿠데타로 인해 민주적으로 선출된 장면 내각은 붕괴되었고 국가재건최고회의에 의한 약 3년 간의 폭압적 군정통치가 이루어졌다."[192)]

1970년대에 접어들면서 농어촌 이동현상은 더욱 뚜렷해졌다. 정부는 수출을 국가의 중요한 정책으로 잡고 수출 진흥에 대한 표어를 공모했다. 농촌의 노동력을 수출전선에 투입하여 값싼 임금에 기초하여 수출 경쟁력을 높였다. 수출의 원활성을 위해 경부고속도로를 개통했고, 지역편중 논란이 일어났다. 노동과 임금착취에 불만이 일어나기 시작했고 전태일은 "바보회"를 결성했다. 전태일은 "우리는 당당하게 인간적인 대접을 받으며 살 권리가 엄연히 있는 데도 불구하고, 여태껏 기계 취급을 받으며 업주들에게 부당한 학대를 받으면서 바보처럼 찍소리 한 번 못하고 살아왔다. 그러니 우리 재단사들의 모임은 바보들의 모임이다. 이것을 우리가 철저하게 깨달아야 하며 그래야만 언젠가는 우리도 바보 신세를 면할 수 있다."고 "바보회"란 명칭을 붙인 이유를 말했다. 김일성 암살을 위해 실미도 특수부대가 만들어진 것도 70년대의 일이다. 1972년에 접어들어서는 7.4남북공동성명과 8.3 긴급경제조치가 발동된 후 10월 유신이 선포되었다. 유신(維新)이란 묵은 제도를 아주 새롭게 고친다는 것인데 박정희 정부식 유신을 위해 많은 사람들이 고통을 겪어야 했다. 마을을 깨끗하게 정리하고 전국의 80%에 달하는 초가지붕을 기와나 슬레이트로 개량하고 도로를 콘크리트로 포장하는 등의 새마을 운동이 전국 마을 마을마다 일어났다. 아침이 되면 어김없이 새마을 노래가 울려 퍼졌다. 가사를 들어 보자:

192) "5 · 16 군사정변," 『백과사전』http://enc.daum.net/dic100/contents.do?query1, 2011년 1월 12일

1. 새벽종이 울렸네 새아침이 밝았네
너도 나도 일어나 새마을을 가꾸세
살기 좋은 내 마을 우리 힘으로 만드세
2. 초가집도 없애고 마을길도 넓히고
푸른 동산 만들어 알뜰살뜰 다듬세
살기 좋은 내 마을 우리 힘으로 만드세
3. 서로서로 도와서 땀 흘려서 일하고
소득 증대 힘써서 부자 마을 만드세.
살기 좋은 내 마을 우리 힘으로 만드세
4. 우리 모두 굳세게 싸우면서 일하고
일하면서 싸워서 새조국을 만드세
살기 좋은 내 마을 우리 힘으로 만드세

새마을운동과 함께 사회개혁 및 민족성을 개조하려 했고, 이순신을 성웅화하여 "충무공으로 상징되는 호국정신을 북한의 주체사상을 압도하는 하나의 이데올로기"화 하려 했다.[193]

2. 교회사

1960년대에 접어들면서 장로회는 크게 두 부류로 나뉘어 세상을 향해 나아갔다. 하나는 1953년에 시작된 김재준을 중심으로 하는 기독교장로회와 동일하거나 유사한 신학적 노선이고 다른 하나는 예수교장로회를 중심으로 하는 개혁주의 노선이다. 두 신학 노선 중 기독교장로회의 사회를 향한 방향은 당시 전술한 한국역사와 연관이 있다. 예수교장로회 역시 시대상황과 맞부딪치고 있었지만 상황에 따라 복음을 왜곡하거나 성경 해석의 틀을 바꾸지 않았다는 점에서 기독교장로회와 차이가 있다. 60년대와 70년대의 한국교회 특징을 살핀 후 예장과 기장의 신학적 노선에 따른 활동 역사에 대해 좀 더 자세히 알아보자.

2.1. 한국교회의 전반적인 동향

첫째, 도시과 농촌산업선교회. 한국이 산업화되기 시작하면서 도시를 중심으로 여러 가지 형태의 공장이 설립되자 공장 노동자들의 수가 급증했다. 도시산

주

193) 중앙일보 특별취재팀, 『실록 박정희』 (중앙M&B, 1998), 303.

업선교는 이러한 사회적 상황을 인식하고 노동자들의 문제를 해결해 주면서 그들에게 복음을 전하기 위해 시작되었다. 1957년에 미국 연합장로회의 존스(H. Jones)가 내한하여 도시산업선교회의 필요성을 강조하자 그 해 4월에 한국 장로회 통합측이 산업전도위원회를 총회 기구로 설치했다. 1963년에는 감리회와 통합측 소속 목사들이 주축이 되어 "한국도시산업선교회"를 구성하여 본격적으로 산업선교를 시작했다. 1976년에는 개신교와 천주교가 "한국교회사회선교협의회"를 조직하고 기존의 기구를 보다 확대하였다. 1969년 9월 영등포에 있는 제일물산이 노동자를 해직하자 도시산업선교회는 제일물산을 상대로 해고자 복직을 요구하였다. 도시산업선교회는 1970년대에도 복음을 전파하고 가난한 자들의 편에 서야 한다는 생각으로 앞장 서서 농성, 시위, 파업 현장에 함께 했다:

1960-70년대, 한국경제의 폭발적인 성장은'공순이','공돌이'라는 멸시 속에서 죽음 같은 노동을 감당했던 무수한 산업역군들을 거대한 덩어리로 만들었다. . . . 선비처럼 '인간 문제'를 끌어안고 고뇌하고 투쟁하는 이들이 몰려들었고 충돌은 불가피 했다. . . . 인천에는 언제나 투쟁하는 노동자가 있었고 그들 곁에는 인천 도시산업선교회가 있었다. ......

1972년 동일방직 대의원 40명 가운데 25명이 산선[도시산업선교회] 회원이었고 이들은'최초의 여성 지부장 탄생','집행부 18명 전원 여성'이라는 놀라운 사건을 만들어냈다. 인천 산선의 움직임을 예의 주시하고 있던 중앙정보부는 대대적인 탄압을 시작했다. 1972년 7월 조승혁 목사가 중앙정보부에 끌려가 고문을 받았고 1974년엔 조화순 목사가 구속되었다. 그리고 1974년 말, 조지 오글이 마침내 한국에서 추방되었다. 그러나 인천 산선은 동일방직 · 삼성산업 · 반도상사 · 태양공업 · 삼원섬유 · 신한일전기 등의 노동자들에게 내민 연대와 지원의 손길을 거두지 않았다.[194]

둘째, 대형집회와 교회 성장. 1970년대에 박정희 정부의 유신체제에 따른 인권운동과 노동운동 그리고 학생 데모가 우후죽순처럼 일어났다. 육체적인 문제와 더불어 정신적인 고통이 심한 분위기가 곳곳에 형성되었다는 의미이다. 하나님은 이들의 영혼을 맡기셔서 구원을 얻고 영적치유 사역을 할 수 있도록 한국교회를 사용하셨다. 서울 시내와 서울의 변두리 지역을 비롯하여 전국적으로 많은 교회들이 세워졌다. 산업사회로 변환하는 과정에서 이농현상이 일어나면서 농어촌 인구가 급격하게 줄어들고 있었지만 농어촌에도 교회들이 세워졌다. 다음의 교인수 증가 추세가 이를 잘 반영하고 있다:

주

194) "1970~80년대 노동자들의 우등불 인천 도시산업선교회," http://blog.naver.com/kdemo0610/, 2011년 1월 11일.

1969년 464,470	1970년 504,728	1971년 532,020	1972년 583,814
1973년 580,616	1974년 611,154	1975년 637,937	1976년 697,937
1977년 757,845	1978년 808,648	1979년 903,125	1980년 969,402 [195]

한국교회는 성장을 거듭하면서 그 동안 받는 교회에서 주는 교회로 이미지 전환을 시작했고, 해외에 선교사를 파송하기 시작했다. 서울 여의도에 5.16 기념광장이 설립되자 범교단 차원의 대형 집회를 개최했다. 1973년 5월 12일에 있었던 빌리 그래함 목사의 한국 대전도 집회가 한 예이다. 이 집회는 일주간 지속되었는데 전국에서 모인 교인수가 매일 50만 명이었고 마지막 날에는 110만이 모인 것으로 집계되었다. 여의도 순복음교회는 그 해 9월에 오순절 세계대회를 개최하여 순복음교회의 성장 발판을 마련하였다. 5.16 광장에서 또 하나의 대형 집회가 "엑스플로 74 전도대회"(EXPLO 74)란 이름으로 1974년 8월 14일에 개최되었다. 대학생선교회 총재 김준곤 목사를 중심으로 "성령의 폭발"이란 표어를 걸고 개최된 엑스플로 74는 8월 14일부터 17일까지 지속되었는데 참석수가 연인원 665만 명이었고, 집회 마지막 날인 8월 17일에는 158만 명이 참가함으로써 1973년의 집회 수자를 능가했다. 장로회 합동측 총회는 시대적인 추세에 힘입어 총회 산하 1만 교회 운동을 전개하였다.

1973년에 있었던 한국 대전도 집회와 오순절 세계대회, 그리고 엑스플로74를 통해서 한국교회가 1903년에 일어난 원산 부흥운동이나 1907년에 발생한 평양 대부흥운동 때처럼 회개의 역사가 있었다면 오늘날의 한국교회는 지금보다 아름답고 큰 영향력을 사회에 끼쳤을 것이다.

셋째, 대학생성경읽기회(UBF) 설립. 1958년에 시작된 한국대학생선교회(CCC, Campus Crusade for Christ)에 이어 1961년에는 대학생성경읽기회(UBF, University Bible Fellowship)가 발족되었다. 대학생성경읽기회는 1960년의 4.19 학생운동과 1961년의 5.16 사건을 겪으면서 정신적으로 방황하는 대학생들을 말씀으로 치유하기 위해 만들어졌다. 간략한 출발 역사에 대해 들어보자:

> 1960년에 발생한 4.19와 그 다음 해인 1961년에 일어난 5.16 사건들을 연이어 겪으면서 젊은 지성인들이 방황하는 모습이 한국 대학 캠퍼스에서 눈에 띄게 늘어났다. 이 모습을 지켜보던 이창우 목자(Missionary Dr. Sammueal Changwoo Lee)와 미국 남장로회 소속 배사라(Sarah Barry) 선교사의 마음에 방황하는 젊은 지성인들을 말씀으로 치유해야겠다는 생각이 강하게

주

195) "한국교회학교의 성장 추이 분석," http://blog.daum.net/ksnhome/801, 2011년 1월 11일.

일어났고, 이를 실천하기 위해 1961년 전라도 광주에서 시작한 것이 UBF이다. 그러므로 UBF의 신학사상은 미국 남장로회와 동일한 칼빈주의임이 분명하다.[196)]

하나님께서는 암울한 시대적 상황 속에서 하나님 나라를 위한 아름다운 열매들을 맺어 가신다는 역사의 교훈을 읽을 수 있는 사건이다.

한편, 천주교는 1974년 7월 6일에 정부 당국에 의해 끌려간 원주교구장 지학순 주교 사건을 계기로 "정의구현사제단"을 결성하고 "사회정의를 구현할 전국 사제단" 출범시켰다:

정의구현사제단의 출현은 비록 지주교의 구속 사태를 계기로 한 것으로서 한국 교회의 모든 구성원들이 한 마음 한 뜻으로 이에 대한 반대와 항의의 움직임을 당연한 것으로 여겼지만 그것이 지주교 석방의 차원을 넘어 사회 현실에 대한 고발과 투신의 의지를 드러내는 사제단체의 출범으로 이어지면서 이에 대한 논란 역시 만만치 않았다.

정의구현사제단의 결성은 당연히 유신정권과의 전면적 갈등을 예고하는 것이며 고난과 고통의 길이 예정된 것이다. 시대 상황을 새롭게 파악하고 시대적 징표에 걸맞는 예언자적 소명을 위한 한국교회 성직자들의 움직임은 결코 만만한 길이 아니었다.

이후 한국 사회 안에서 교회는 정의 구현을 위한 마지막 보루였다. 정의구현사제단의 형성에서부터 1976년 명동성당 3.1 민주구국선언 사건을 전후해서의 기간 동안 전체 민주 민권 운동은 사제단이 주도했다고 해도 과언이 아니다.[197)]

2.2. 예수교장로회 신학의 주류

예수교장로회가 1959년에 세계교회협의회(WCC) 여부를 놓고 통합과 합동으로 분열하였지만 하나님의 주권 사상과 성경은 하나님의 말씀이라는 성경관에는 변함이 없었다. 19세기 미국 남장로회의 성경관 위에 세워진 호남지역 장로교회의 주류 성경관은 "모든 성경은 하나님의 감동으로 된 것으로 교훈과 책망과 바르게 함과 의로 교육하기에 유익"하다는 디모데후서 3장 16절 말씀에 근거하여 성경은 유기적으로 완전하게 축자 영감 되었음을 확신했다. 통합측과 합동측의 성경관이 동일하다는 것은 1967년에 있었던 "웨스트민스터 신앙고백서 논쟁"이 잘 보여주고 있다. "웨스트민스터 신앙고백서 논쟁"은 미국 연합장로회가 1967년 5월 총회에서 채택한 새 신앙고백서를 한국 교계가 수용할 것인지 여부를 놓고 신학적으로 논의하는 과정에서 발단되었다. 한국신학회는 1967년 9월 7일 YMCA 강당에 "1967년 신학고백자논평회"를 개최했다. 주강사

196) 박상기, "신앙 자서전 연구: 헨리 마틴의 〈일기〉와 UBF 광주3부의 〈소감〉을 중심으로," 광신대학교 대학원 신학석사 논문, 2009년 2월, 45.

197) 『카톨릭신문』, 2006년 12월 14일.

는 세 개의 한국장로회에 소속된 신학자들로 예장 통합측은 한철하 교수, 예장 합동측은 김의환 교수, 기장측은 서남동 교수였다. 서남동 교수는 "새 신앙고백은 급진적 변화를 일으키고 있는 현대 세계가 필연으로 요청하고 있는 것"이라면서 수용의사를 분명히 했다. 하지만 김의환 교수와 한철하 교수는 새 신앙고백서는 칼바르트의 신정통주의 신학에 기초한 것이며, 특히 성경관은 종교개혁자들이 주장한 성경의 무오 사상을 배격하고 있다고 강조했다. 통합측의 한철하 교수는 "아무리 상황에 맞는 새로운 것이 요구된다 하더라도 원칙적인 신앙고백, 즉 가장 충실히 성서적 기반에 세워진 웨스트민스터 고백이 기본적 표준으로 서 있어야 한다."고 했다.[198] 예장 합동측과 통합측총회는 미국연합장로회가 채택한 새 신앙고백서를 거부했다. 통합측은 1967년에 개최된 제52차 총회에서 "1967년도 새 신앙고백서는 동 교단의 신앙고백과 다르다."고 결의했다.[199]

WCC 가입여부 문제로 예수교장로회가 통합측과 합동측으로 나누어졌지만 근본적인 신학은 동일했으므로 양 교단은 재합동을 전제로 합동위원회를 구성하였다. 양 교단의 합동위원들은 같은 날 같은 장소에서 합동총회를 개최하기로 합의하기에 이르렀으나 결국 결렬되어 지금에 이르고 있다. 합동이 결렬된 이유는 신학적인 문제가 아니었다:

> 합동측과 우리 측의 통합 움직임도 꾸준히 있었다. 한 때 NCC 탈퇴 문제를 놓고 삐거덕거리기는 했지만 겉으로 드러난 모습과는 달리 내부적으로는 거의 합의가 이루어지고 있었다. 나[유호준]는 그 움직임에 참여하지 않았다. . . . . . .
>
> 그렇기 때문에 나는 한 목사에게 내 생각을 숨김없이 말했던 것이다. 내 이야기를 들은 한 목사는 중얼거리듯이 말했다. "유 목사 지적이 옳다. 내가 욕을 먹어도 교회는 편해야지. 반대해야겠어. 욕을 먹어도 . . ." 그렇게 해서 합동측과의 재결합은 흐지부지 되었다.[200]

성경관 등에 있어서 1960년대와 70년대의 예수교장로회 합동측과 통합측의 신학적 주류는 칼빈 등 종교개혁자들과 동일한 개혁주의 신학이었다.

2.3. 기독교장로회 신학의 주류

1960년대부터 기독교장로회는 김재준의 자유주의 신학 노선에 따라 적극적으로 사회참여에 나섰다. 기독교장로회의 사회참여는 예수교장로회와 같은 개

주

198) 장희근, 『한국장로교회사』 (부산: 아성출판사, 1970), 444.

199) Ibid., 459.

200) 유호준, 『역사와 교회–유호준 목사 회고록』(서울: 기독교서회, 1993), 296–8.

혁주의자들이 추진하는 사회참여 방향이 매우 달랐다.

이들은 민중 · 민족사관이라는 역사관을 가지고 시대를 바라보았다. 그 동안의 한국기독교 역사는 "영국과 미국의 선교국 위주로 기술하려는 '선교식민사관' 은 한국기독교 역사의 전승주체를 전혀 도외시 한 것이다."[201] 고 비판하였다. "왜 지금까지 우리가 알고 배워온 한국기독교의 역사는 우리에게 민족사 가운데 민중과 더불어 이루어 가시는 하나님의 해방 사건을 바로 보고 이에 실천적으로 참여하는 소명적 삶을 불러일으키지 못한 것일까?"라고 반문하면서 다음과 같이 그들의 민중사관을 강조하고 있다:

> 진정 인간과 자연의 역사는 하나님의 구원활동에서 대상적이고 부차적일 뿐 주체적이고 독자적인 역할을 하지 못하는 것일까? 여기에 바로 지난 세기 동안 기독교의 역사 이해가 종종 오류에 빠졌던 함정이 있다. 그것은 바로 하나님의 역사를 이원론적으로 인식하는 헬라적 세계인식과 하나님의 존재를 관념적으로 추상하는 인식론적 구조였다. 그러나 분명한 사실은 성서는 하나님을 관념화시키지 않으며, 하나님의 역사를 구원사와 세속사로 나누어서 이해하지도 않는다. 성서가 말하는 하나님의 존재와 역사이해는 하나님께서 고난 받는 히브리민중을 택하셔서 해방시키신 출애굽사건과(출애굽기 20:1) 하나님 자신이 스스로 낮아져서 인간이 되신 성육신사건에서 잘 드러난다(요 1:14, 빌 2:17). 하나님은 이 세상을 지으시고 또 섭리하여 다스리시는 분이지만 그 분은 저 까마득한 하늘 위에서 이 땅의 일들을 그저 내려다보고 이래라 저래라 지시하시고 감독하시는 분이 아니다. 인간과 자연세계의 피조물의 고난과 탄식을 들으시며 그들의 구원과 해방을 위해 스스로 인간과 자연의 역사 속에 들어오셔서 고난 받는 민중과 하나가 되어 해방의 역사를 이루어 가시는 분이다.[202]

기독교장로회가 주장하는 "하나님의 역사를 이원론적으로 인식하는 헬라적 세계인식과 하나님의 존재를 관념적으로 추상하는 인식론적 구조였다. 그러나 분명한 사실은 성서는 하나님을 관념화시키지 않으며, 하나님의 역사를 구원사와 세속사로 나누어서 이해하지도 않는다."는 말은 개혁주의 신학적 사관에서도 이해되는 내용이다. 하나님은 모든 역사의 주인이시므로 하나님의 구원역사를 간과하는 세속역사가는 바른 역사인식을 가질 수 없기 때문이다. 또한 "하나님은 이 세상을 지으시고 또 섭리하여 다스리시는 분이지만 그 분은 저 까마득한 하늘 위에서 이 땅의 일들을 그저 내려다보고 이래라 저래라 지시하시고 감독하시는 분이 아니다."는 주장 역시 복음주의에서도 강조하는 사상이다. 그러나 민중만을 강조하면서 "성서가 말하는 하나님의 존재와 역사이해는 하나님께서 고난 받는 히브리민중을 택하셔서 해방시키신 출애굽사건과(출애굽기 20:1) 하나님 자신이 스스로 낮아져서 인간이 되신 성육신사건에서 잘 드

주

201) 한국기독교장로회 역사편찬위원회, 『한국기독교 100년사』 (서울: 한국기독교 출판사, 1992), 17.

202)Ibid., 13–4.

러난다(요 1:14, 빌 2:17)." 거나 "인간과 자연세계의 피조물의 고난과 탄식을 들으시며 그들의 구원과 해방을 위해 스스로 인간과 자연의 역사 속에 들어오셔서 고난 받는 민중과 하나가 되어 해방의 역사를 이루어 가시는 분이다."는 주장은 받아들일 수 없다. 이것을 인정하게 되면 천지를 창조하시고 만물을 주관하시고 다스리시는 하나님을 편협한 민중의 하나님으로 전락시키는 일이 되기 때문이다. 기독교장로회의 민중사관을 더 잘 드러내는 주장은 다음에서 찾을 수 있다:

> 성서는 구원사와 세속사를 구분하지 않는다. 단지 인간과 자연세계 속에 있는 지배의 역사와, 이로 인해 고난 받는 민중의 역사를 구분지으며 지배의 역사로부터 민중을 해방시키고자 하시는 하나님의 역사를 말할 뿐이다. 그러므로 하나님의 역사는 인간의 지배욕과 탐욕, 그리고 악으로부터 파생되는 억압과 착취, 소외로부터 비롯되는 고난을 감당해 내고 해방을 갈망하는 민중의 투쟁사와 동일시되어지는 것이다. 이러한 이유로 우리 기독교인들에게 있어서 기독교의 역사란 하나님께서 고난 받는 민중과 함께 이루어 가시는 민중해방의 역사이며, 그와 더불어 하나님께서 지어 주신 창조세계의 회복과정인 것이다. 그러므로 종말에 이루어질 하나님 나라의 실현에 이르기까지 역사는 간접 계시적 성격을 갖는다. 따라서 우리가 기독교의 역사를 인식한다는 것은 단순히 지나온 기독교의 객관적 과거의 사실이나 역사지식을 습득하는 것이 아니다. 그것은 인간과 자연세계를 섭리하시는 하나님의 뜻을 헤아리는 것이며, 또한 하나님께서 민중과 더불어 이루어 가시는 해방활동의 원리와 법칙을 인식함으로써 오늘 우리에게 주어진 현실의 모순과 역사의 과제를 풀어가자는 데 있다.[203]

이와 같이 기독교장로회는 지배와 민중을 구분함으로써 하나님은 지배자의 하나님이 아니라 민중의 하나님이라고 역설한다. 그들이 말하는 민중이란 모든 인류를 말하는 것이 아니라 피지배층만으로 제한하고서 민중이 하나님을 위해 존재하는 것이 아니라 하나님이 민중을 위해 존재하시는 것으로 이해하고 있다. 민중이 주인이고 하나님은 민중을 위해 일하시는 알라딘 램프의 진이와 같은 존재로 묘사한 것이다. 기독교장로회의 민중 · 민족사관은 하나님과 성경을 크게 오해하여 왜곡한 것이다.

기독교장로회의 민중 · 민족사관은 60년대에 접어들면서 정치적인 입장에서 교회가 사회에 참여하는 기조를 형성하고 있다. 한국정치의 시대상황과 맞물려 설정한 현상이다. 1960년에 일어난 4.19 학생의거를 한국기독교가 새로운 사명을 깨달은 사건으로 인식했다. 4.19 학생의거는 한국기독교가 비로소 잠에서 깨어나는 각성기의 시작을 알리는 종소리라는 주장이다. 인도 뉴델리에서 개최된 WCC 제3차 총회의 주제인 '예수 그리스도는 세상의 빛' 은 한국기

주

203) Ibid., 4.

독교가 사회참여운동을 적극적으로 펼칠 수 있게 했다고 평가하면서 사회참여운동을 교회의 선교적 차원에서 접근해야 한다고 강조했다. 이로써 한국기독교교회협의회(The National Council of Churches in Korea, KNCC)는 1962년에 군사정권의 민간이양을 촉하는 성명을 발표했고, 1965년에는 정부가 한국과 일본의 국교 정상화를 추진하자 이를 비판하면서 그 해 7월에 신학적 노선을 같이 하는 기독교지도자 240명이 구국위원회를 조직하고 일본과의 협약비준을 반대한다는 성명서를 발표했다.[204] 기독교장로회는 교회의 사회참여라는 명분 아래 정치운동을 시작한 것이다. 성명서 마지막 부분은 다음과 같은 내용으로 구성되었다:

우리 그리스도인은 온갖 형태의 독재와 불의, 부정, 부패에 항거한다. 우리는 경제, 문화, 도덕, 정치 등 온갖 부분에 불손 저열한 외세에의 노예 또는 추종을 배격한다. 그리고 성령의 인도와 기도와 봉사로 조국의 역사건설에 공헌하기를 기약한다.[205]

60년대가 지나고 70년대에 접어들자 기독교장로회와 KNCC는 마치 자신들이 한국교회를 대표하는 것처럼 또 다른 성명서 발표에 참여했다. 1973년 5월에 발표한 '1973년 한국 그리스도인 선언' 이 그것이다. 이 선언의 마지막 부분을 살펴보면 기독교장로회의 민중 · 민중사관을 선명하게 볼 수 있다:

우리의 주님, 메시아 예수는 유대 땅에서 가난한 자들, 눌린 자들, 멸시 받는 자들의 사이에 계셨고 그들과 함께 사셨다. 그는 로마제국의 대표자 본디오 빌라도 앞에 담대하게 서셨다. 그리고 진리를 증거하는 도상에서 십자가에 못 박혀 죽으셨다. 그러나 백성들을 해방하기 위해 죽음에서 일어나 변화와 능력을 전해 주셨다. 우리는 오늘, 주님의 발자취를 따라갈 것을 결의한다. 그리하여 주님처럼 소외당한 동포들과 함께 살면서 정치적 압박에 저항하고 역사의 개조에 참여하려고 한다. 왜냐하면 이것만이 우리의 사랑하는 조국, 한국 땅에서 메시야의 나라(민주정치 사회 복지국가)를 선포하는 길이라고 믿기 때문이다. 주님의 한량없는 은총을 믿고 기원한다.[206]

위 선언이 말하고 있는 예수님이 "유대 땅에서 가난한 자들, 눌린 자들, 멸시 받는 자들의 사이에 계셨고 그들과 함께 사셨다."는 것과 "빌라도 앞에 담대하게 서셨다."는 것은 옳은 관점이다. 그러나 예수님의 죽으심은 죄인을 구원하시기 위한 고귀한 죽으심이며 부활하심이지 로마제국 등으로부터의 압박에서 백성을 해방하기 위한 정치적인 죽으심도 아니고 다시 사심도 아니다.

주

204) Ibid., 47.

205) Ibid.

206) Ibid., 48.

기독교장로회는 "'신학의 자유'는 기독교장로회의 근본성격을 말해주는 특징이다." "우리는 '신학의 자유는 바로 개혁장로교의 기본정신이라고 믿는다."고 강조하면서, 성경을 무오한 하나님의 말씀으로 인정하기보다는 역사과학적 연구방법과 양식사 및 편집사 비판으로 연구하고 있다. 이들은 성경을 해석할 때 성경이 말씀하시는 것에는 관심이 없고 성경을 독자의 관점에서 해석함으로써 1960년대와 70년대에 개혁주의 신학 노선과 대립하는 신학사조와 교회 행동양식을 만들어 냈다.

제11장 성장기의 본교회 역사

성장기에 본교회를 담임했던 목회자들은 손세진 전도사, 함규년 전도사, 남방현 전도사, 김경남 전도사, 유재기 전도사, 정은철 전도사, 김남정 전도사, 김성주 전도사, 박태문 전도사, 최창운 전도사, 이선근 전도사로 총 11명이다. 이들 중 손세진(1960), 정야곱(1960), 함규년(1960-61), 송은종(1961-63), 남방현(1963-64), 김경남(1964-66), 유재기(1966-67), 정은철(1967), 김남점(1967-71) 전도사는 2010년 현재 소천한 상태이기에 개인적인 활동은 생략할 것이다. 김성주, 박태문, 최창운, 이선근은 본교회에서는 전도사 자격으로 목회하였지만 교회를 개척하거나 다른 교회로 사역지를 옮긴 후에 목사로 안수 받았다. 이들은 모두 2010년 현재 담임목사로 하나님 나라를 위해 헌신하고 있어 이들에 대한 개인적인 사역 내용을 간단하게 언급할 것이다. 이선근 목사의 경우는 2010년 12월에 은퇴하여 2011년 1월 이후부터 원로목사가 되었다.

성장기 동안 본교회 담임 목회자는 모두 전도사였고, 사역기간이 몇 분을 제외하고는 매우 짧았고 사역 기간도 부정확하므로 목회자 사역 시절별로 역사를 기술하기보다는 종합적으로 다룰 것이다.

1. 사역자들 이야기

1.1. 김성주 전도사 : 1971–74

김성주 전도사가 본교회에 부임한 것은 호남신학대학교 재학시절이다. 김 전도사를 잘 아는 목사가 그의 성실함과 인품 등이 훌륭하여 김남점 전도사 후임으로 본교회로 소개한 것이다. 본교회는 서영석 장로(당시, 집사) 등이 김성주 전도사 부임을 찬성하고 환영하였다. 김 전도사는 본교회에 시무하면서 금호도(현, 금호도)에 있는 고등중학교 교사로 활동하면서 성경과 가사를 강의하기도 했다. 그 당시 필자는 초등학생 시절이었는데 김 전도사가 금호도로 가서 강의하고 오는 모습을 자주 보았던 기억이 있다. 김 전도사는 호남신학대학교를 졸업한 후에는 광산삼도교회로 사역지를 옮겼다. 목사 안수를 받은 후 시골교회를 중심으로 사역하면서 복음을 전하였고, 성경 말씀에 기초한 농촌 계몽에 힘썼다. 사모는 2000년 경부터 중풍으로 누워있다. 마지막 사역지는 군산 서수중앙교회였고, 5년간 시무하다가 2006년에 은퇴하였다. 현재 광주광역시에 거주하면서 무등교회를 출석하고 있다.[207)]

김성주 전도사는 부임했을 때 교회당 바닥이 제대로 갖추어져 있지 않음을 보고 배를 타고 여천공단에 가서 포장용 판자를 가져다가 예배당 바닥공사를 마무리했다. 1974년에 엑스포 74주제로 서울 여의도 광장에서 전국전도 대 집회가 개최되었을때 김성주 전도사는 원하는 성도들과 함께 집회에 참석하였다. 당시 함께 참석했던 박정선장로는 서울에 가서 있었던 일화를 소개했다.:

1974년에 (엑스포74) 주제로 대회장 김준곤 목사가 많은 권위 있는 목사님들과 빌브라잇 박사 초청 (8월 13일~8월 18일 까지) 서울 여의도광장에서 전국 전도대집회를 개최했는데 이때에 김성주 전도사님이 원하는 성도들은 함께 가자고 광고하자 8월 이라 농한기여서 몇 분의 성도님들과 나도 같이 참여 했습니다.

엑스포하면 잊히지 않고 기억나는 것들이 있는데 김전도사님은 시골에서 서울에 왔으니 좋은 곳을 구경하자면서 코스모스백화점으로 우리를 인도 하였습니다. 그때 처음으로 엘리베이터를 탔는데 인원초과로 엘리베이터가 중간에 멈추는 사고가 나서 당황했던 기억이 생생합니다. 그리고 엑스포 기간 동안에 처음으로 지하철이 개통되었고 (8월 15일) 이 날 육 여사가 총에 맞아 서거 한 날이기도 합니다.(8월 15일) 집회 기간 5박 6일 동안 연 모인 수가 무려 650만명이나 되었다고 합니다.

김성주전도사님 동생이 당시 안기부에서 근무하고 있어서 함께 간 성도들이 동생 집에 가서

주

207) 김성주 목사, 2011년 3월 2일 오후 5시. 김성주 목사 자녀 중 김금용은 서울 장로회신학대학교를 졸업하고 목사안수 받을 후 영국에서 박사학위를 취득하였다. 현재 호남신학대학교에서 설교학을 가르치는 교수로 재직 중이다.

대접을 잘 받았습니다. 공기 밥이란 것을 그때 처음 알았습니다.[208)]

김성주 전도사는 유년주일학교 등 교육 분야에 관심이 많았던 것으로 기억하고 있다. 당시 유년주일학교는 지금 대부분의 교회 주일학교처럼 학년별 반별로 나누어 반을 구성하고 교사를 한 명씩 배치하는 체제였다. 본교회를 섬기는 사역자는 김성주 전도사 한 분이었고 당시 신학생 신분으로 학업과 사역을 병행하고 있어 주일 낮 예배와 밤예배 설교 준비하기도 시간이 부족했을 것이 분명했다. 그런데도 유년주일학교 교육에 관심을 가지고 자주 설교를 했다. 필자가 본교회 유년주일학교에 출석할 때 지금도 뚜렷하게 기억나는 것이 하나있다. 김 전도사가 유년주일학교 설교를 위해 융을 붙인 판을 만들고, 그림을 제작해서 그림동작설교(?)를 한 것이다. 내용은 자라목처럼 성탄절이나 추수감사절 등에는 교회에서 주는 선물을 받기 위해 출석했다가 그 이후에는 교회에 나오지 않는 것은 자라가 목을 쭉 뺐다가 다시 쑥 집어넣는 것과 같다는 비유설교였다. 김성주 전도사가 그 이야기를 얼마나 진지하고 재미있게 했던지 필자는 당시 설교 내용을 40년 가까운 세월이 지났지만 지금도 뚜렷하게 기억하고 있다.

1.2. 박태문 전도사 : 1974-75

박태문 전도사는 전임 교역자인 김성주 전도사가 고흥으로 사역지를 옮간 후 후임으로 최창운 전도사가 부임할 때까지 그 사이 기간에 설교 담당 사역자로 본교회를 섬겼다. 박 전도사가 설교자로 선정된 것은 교회에서 박 전도사가 순천성서신학원에서 수학하고 있으니 정식 사역자가 부임할 때까지 설교사역자로 섬겨달라고 요청했기 때문이다. 임시 사역하면서 주보를 만들지 않았지만 최선을 다했고, 그 결과 장년 성도수 60-70명 선을 지속적으로 유지할 수 있었다. 유년주일학교와 중고등주일학교, 그리고 청년회가 자체적으로 운영하였고, 매우 활동적이었다. 박 전도사는 임시로 사역하면서 중요한 일 하나를 추진했으나 실패로 돌아갔다. 박 전도사는 신학교를 졸업한 후 구례 신월교회로 부임했다가 현재는 광양 황길교회 담임목사로 하나님 나라 성장을 위해 성실하게 복음을 전하고 있다.[209)]

주

208) 박정선 장로가 2010년 12월 12일 오후 4시 20분 태인교회 1층 사무실에서 필자에게 증언한 내용. 김소영 집사, 오지숙 집사, 이규춘 장로 배석.

209) 박태문 목사, 2011년 1월 27일 오후 8시 20분.

1.3. 최창운 전도사 : 1975-78

최창운 전도사는 1975년부터 78년까지 본교회를 담임하였고, 당시에 호남신학교 학부 신학과에 재학 중이었다. 최 전도사가 시무하던 기간에 장년 성도수는 60-70명이었고 유년주교와 중고등주 일학교가 활성화되어 있었다. 성찬식은 대리 당회장 초빙으로 봄과 가을 두 차례 시행했다. 최 전도사는 본교회를 떠난 후 목사 안수를 받았고, 현재 나주 다시제일교회를 담임목사로 섬기고 있다.[210)]

1.4. 이선근 전도사 : 1978

이선근 전도사는 순천성경학교를 2년간 같이 다녔던 최병순 장로의 권유로 본교회를 섬기게 되었다. 당시 이 전도사는 신학교를 졸업하고 목사고시를 합격한 상태였다. 순천성경고등학교 본과(3년)를 졸업한 후 호남신학교 신학과를 졸업하였다. 목사안수를 받기 위한 필수과정인 신학대학원은 장로회신학대학원을 졸업하였다. 이 전도사는 신학교를 다니면서 곡성에 있는 교회를 10년 동안 시무하고 있었는데 내부적인 어려움을 수습할 때까지만 있어달라는 최병순 장로의 권유로 1978년 봄에 부임하였다. 이 전도사가 부임했을 때 본교회 장년수는 약 100명이었고, 주일학교도 100여명이었다. 부임하여 교회의 형편을 살핀 결과 큰 어려움이 없어서 부임한 그 해 여름을 지내고 곧바로 여수로 개척 길에 나섰다. 이 전도사가 여수 성은교회를 개척할 당시 나이가 37세였다. 개척 2년 후 목사 안수를 받았고 31년 동안 줄곧 여수성은교회를 섬기다가 2010년 12월 19일에 은퇴하여 지금은 원로목사로 있다. 여수 성은교회는 현재 장년수로 따질 때 등록교인 약 500명에 출석교인 약 400명이다.[211)]

2. 성장기 주요 역사

2.1. 교회당 신축과 헌당

『태인교회요람』에 기록되어 있는 "태인교회 역사"를 보면 "1971. 태인리 547번지에 예배당 35평을 신축하다."는 내용이 있다. 1971년에 그 동안 40여 명이었던 성도수가 70여 명으로 증가하자 교회당 신축 필요성을 인식하고 네 번째

주

210) 최창운 목사, 2011년 1월 27일 오후 8시.

211) 이선근 목사, 2011년 1월 27일 오후 7시 40분.

로 547번지의 구 예배당을 철거하고 547번지에 35평 크기로 새 예배당을 건축한 것이다.

박정선 장로는 1971년에 예배당을 신축할 때 성도들이 얼마나 아름다운 합심하는 헌신을 보여 주었는지 그 과정을 다음과 같이 정리했다:

신축한 예배당은 벽은 넹가벽돌로 지붕은 쓰레트로 바닥은 정유공장 기계를 싸왔던 널판자를 공짜로 애양원에서 배로 싣고 와서 청을 놓았다. 이때 예배당 뒤편 언덕에 흙이 안 내려오게 하려고 교인들이 직접 바다에 배를 타고 가서 굴 양식장 돌을 배로 싣고 와서 돌담을 쌓아 흙이 내려오는 것을 방지했다. 예배당 지을 때 기초 자갈은 전교인이 달밤에 삼봉산에서 이고 지고 운반했으며 또 모래는 배로 싣고 온 것을 도로도 좋지 않은 꼬랑 같은 옹삭한 길인데도 전교인이 이고 지고 기쁨으로 운반하여 예배당을 완공하는 데 공헌했다. 이때 화장실도 시멘트로 남녀 각각 1개씩 두 칸을 만들었다. 그리고 예배당 앞에는 시구나무 고목이 2구루 서 있었고 앞으로는 상록수인 편백이 울타리를 대신하고 있었다.

이때 지은 예배당은 총 35평이었고, 교인수는 장년부가 약 70명, 아동부가 약 100명 이었다. 새 예배당에 종탑도 새롭게 철탑으로 약 10m 높이로 세워서 종을 달고 종을 치기 시작했다. 이때 종은 조갑조 권사님의 며느님인 성호덕 권사님께서 차인벨로 교체하기 전까지 대를 이어 새벽종을 치셨다. 참으로 귀한 섬김이 아닐 수 없다.[212)]

1971년에 신축한 예배당은 1957년 인휴 선교동역자의 도움으로 건축했던 구 예배당보다 15평 더 넓었고, 종탑은 2m 높이에서 10m로 높아지는 등 다양한 부분의 규모가 변화되었다. 필자도 신축된 교회당에 1957년도 세운 종이 새로 설치한 종탑 맞은 편에 철거되지 않고 보존된 것을 뚜렷하게 기억하고 있으며, 유년주일학교 학생 시절 그 종을 중심으로 술래잡기 놀이를 즐겼던 기억이 지금도 생생하다.

2.2. 태인제일교회와 재합동 추진

본교회는 박태문 전도사가 설교 담당 교역자로 담임하고 있던 1974년에, 비록 실패하였지만 중요한 일 하나를 추진하였다. 1957년에 본교회에서 분리해 나갔던 태인제일교회와 본교회가 재합동을 추진한 것이다. 이 일은 당시 태인제일교회 시무장로였던 김재화 장로가 주축이 되어 진행하였다. 여러 가지로 논의한 결과 본교회 모든 성도들이 주일 낮 예배를 태인제일교회로 가서 함께 드린 후 합하는 문제를 매듭 짓기로 했다. 본교회 성도들이 찬성하여 주일 낮 예배를 태인제일교회에서 드리는 데까지 이루어졌다. 설교는 태인제일교회 담

주

212) 박정선, "지난 교회 예배당을 회고해 봅니다(예배당 발자취를 더듬으며)," 2011년 1월 9일

임교역자(전도사)가 담당했고, 박 전도사는 기도를 담당했다. 예배 후 양 교회 제직들이 합하는 문제를 논의한 결과 안타깝게도 결렬되고 말았다. 양 교회 조직을 하나로 합하기 위해 노력했던 김재화 장로는 결렬되자 태인제일교회를 떠나 본교회에 출석하기 시작했다.[213] 그 후부터 지금까지 재합동을 생각한 적도 없고 논의한 적도 없다.

소규모든지 대규모든지 분열 후 재연합한다는 것은 쉬운 일이 아니다. 21세기 현재까지 한국장로회는 분열 역사만 남긴 것이 아니라 재연합 역사도 남긴 것이 사실이다. 대표적인 것이 1979년에 분열한 후 26년 만인 2005년에 이루어진 대한예수교장로회 합동교단과 개혁교단의 재합동이다. 재합동 한다 해도 온전한 재합동은 이루어지지 못하고 언제나 일부 교회들은 잔류하거나 다른 교단으로 이동하였다. 또한 자리 유지를 위한 기득권층의 땀방울은 많은 사람들의 눈물방물을 만들어 내는 경우가 있다는 것을 기억할 필요가 있다. 스코틀랜드 장로회 역사나 미국 장로회 역사도 분열과 재합동 역사를 남기고 있는데 분열할 때는 둘로 나누어지지만 재연합할 때는 잔류하는 교회들이 언제나 거의 예외 없이 있었던 것을 역사가 증명하고 있다. 잔류하는 교회들이 발생한다 해도 분열했던 교단이 재합동하는 일이 쉽지 않다는 것은 통합교단과 합동교단도 재합동 실패와 1960년 12월 13일에 이루어진 고신교단과 장로회 합동교단과의 연합은 "1963년 8월 8일 구 고신측 목사 23명과 장로 21명 등 44명이 모여 부산노회 환원노회를 개최하였고, 1963년 9월 17일에는 부산 남교회당에서 목사 36명, 장로 36명이 모여 고신 제13회 '환원총회'를 조직"[214]함으로써 4년을 채 넘기지 못하고 재분열한 역사가 잘 말해주고 있다. 철학자 헤겔의 말처럼 우리는 사람들이 역사를 통해 교훈을 얻지 못한다는 것을 역사를 통해 배우게 된다. 본교회와 태인제일교회의 재합동 실패는 대규모 공동체가 아니더라도 분열 후 재합동하는 일이 결코 쉽지 않으니 분열을 미리 방지하는 것이 중요하다는 것을 교훈하고 있다.

주

213) 박태문 목사, 2011년 1월 27일 오후 8시 20분.

214) 서기행 · 홍정이, 『한국장로교회의 합동운동: 한국교회의 미래를 위한 역사적 성찰』(서울: 도서출판 새한, 2009), 71.

너희가 많은 것을 바랐으나
도리어 적었고
너희가 그것을 집으로 가져갔으나
내가 불어 버렸느니라
나 만군의 여호와가 말하노라
이것이 무슨 까닭이냐
내 집은 황폐하였으되
너희는 각각 자기의 집을 짓기 위하여
빨랐음이라

제5부
도약기 역사 : 1978~86

제12장 송일조 목사 시절:1978-83

송 일 조 목사

송일조 목사 시절부터 본교회는 도약기에 접어들었다. 1978년을 도약기로 잡은 것은 그 동안 김동옥 목사 외에는 본교회를 담임했던 교역자는 조사 또는 전도사였는데 1978년부터 목사가 담임하는 교회가 되면서 당회가 최초로 구성되는 등 교회가 체계적으로 운영되기 시작했기 때문이다.

1. 송일조 목사의 전기적 개관

송일조 목사의 전기적 개관은 그의 생애를 비롯하여 본교회에 부임하게 된 과정 및 목사안수와 위임에 대해 기술할 것이다. 송 목사의 생애를 포함시킨 것은 그가 1978년에 전도사 신분으로 부임한 후 1983년에 본교회를 사임할 때까지 약 5년 동안 충성된 증인으로서 복음을 전하여 교회를 돌보았기 때문이다. 송일조 목사 이전에 담임했던 교역자들은 본인들이 전도사 신분으로 잠시 동안 섬겼다는 이유로 구체적인 생애를 본교회사에 남기기를 사양했다. 송 목사의 목회철학은 당시의 자료가 없어 생략할 것이다.

1.1. 생애

송일조 목사는 1942년 1월 21일 고흥군 동강면 매곡리 신정부락 93번지에서 부친 송번수와 모친 이말순 사이에서 장남으로 태어났다. 형제들은 송 목사를 포함하여 3남 2녀였는데 모두 예수님을 믿었고, 여동생 중 한 명은 목사 사모가 되었다. 부친은 처음에는 농사를 지어 생계를 유지하다 모시베를 구입하여 양잿물에 삶아서 판매하는 자영업으로 직업을 바꾸었다. 송목사는 동광초등학교를 졸업한 후 중고등학교는 검정고시로 졸업했다.

송 목사가 교회에 출석하기 시작한 것은 초등학교를 막 졸업한 14세 때부터이다. 그를 전도한 사람은 벌교제일교회에 시무하면서 섬광중학교 교목이었던 정동영 목사였다. 교회에 출석한 지 1년 후인 15세 때 학습을 받고 그 다음 해인 16세 때에 세례를 받았다. 송 목사는 세례를 받은 후부터 지금까지 온전히 주일을 성수했고, 철저하게 십일조 생활을 했다. 군에 입대하여 군인 신분으로 신학을 공부했고, 그 덕분에 제대 후 전도인 신분으로 순천 매곡교회를 개척할 수 있었다. 그 때가 1967년이었으니 그의 나이 26세였다. 교회를 개척한 지 1년 후인 1968년에는 27세의 나이로 현재까지 함께 가정을 이루고 있는 주덕례(당시, 23세)와 결혼하였다.

주덕례 사모와 결혼식을 올린 후 정식으로 신학을 공부하여 목사가 되기 위해 매곡교회를 후임자에게 맡기고 대전신학교에 입학했다. 대전신학교 3년 과정을 마친 후 전도사 신분으로 여천군 화양면에 있는 창무교회에 부임하였고 그 후에는 삼일중앙교회, 낭도교회, 보성 수남교회에서 각각 시무하였다. 보성 수남교회에서 시무하던 중 태인교회의 청빙을 받고 1978년에 전도사 신분으로 본교회에 부임한 것이다. 부임 후 1979년에 순천노회에서 목사안수를 받았고, 1982년에 본교회 위임목사가 되어 1983년 4월까지 시무하였다. 송 목사는 1983년 4월 말까지 시무한 후 고흥관리교회로 사역지를 옮겼고, 1990년 1월 21일에 다시 고흥 송산교회로 사역지를 옮긴 후 그 곳에서 만 12년을 시무하였고, 은퇴할 나이가 되어 2011년 1월 23일에 은퇴하였다.

슬하에 2남 1녀를 두었고, 장남 송대선은 치과대학 졸업 후 의사가 되었고, 동시에 신학을 공부하여 목사안수를 받았다. 지금은 러시아에서 치과병원을 개원하여 원장으로 있다. 둘째아들 송대선은 대전에서 학원을 운영하고 있고, 딸 혜주는 아세아연합신학대학원에 재학 중이다.[215)]

1.2. 부임, 목사안수 및 위임

송일조 목사는 1978년 초에 부임했던 이선근 전도사가 몇 개월 동안 시무한 후 교회를 개척하기 위하여 여수로 부임지를 옮긴 후 본교회로부터 청빙을 받고 전도사 신분으로 부임하였다. 송 목사가 본교회에 부임하게 된 것은 보성

주

215) 송일조 목사, 2011년 2월 15일 오후 6시 및 2월 27일 오후 5시.

수남교회에서 전도사 신분으로 시무하고 있을 때 차남주 목사가 태인교회로 가서 복음을 전하는 것이 좋겠다고 권면한 것이 결정적인 동기가 되었다. 송 목사는 전도사로 부임한 지 약 2년 후인 1979년 가을 정기노회 기간에 순천노회에서 목사로 안수 받았다. 목사 안수 후 3년 째 접어든 1982년 4월 5일에 본 교회 위임목사가 되었다.

2. 송일조 목사의 성례전과 권징

2.1. 성례전

송일조 목사가 전도사에서 목사안수를 받음으로서 본교회는 목사가 담임하는 시대로 전환되었다. 그 동안은 김동옥 목사를 제외하고는 전도사들이 시무하였기에 성례전을 거행하려면 임시당회장 목사가 자신이 시무하는 교회에 급한 일이 없는 시간에 맞추어 실시해야 하는 등 많은 어려움이 있었는데 이러한 문제가 일시에 해소되었다.

송 목사가 첫 번째로 학습과 세례 문답을 한 것은 1981년 1월 10일 주일이었다. 주일 낮 예배 때 모든 성도들 앞에서 학습과 세례 문답을 한 후 같은 날 오후 8시에 당회를 열어 이들의 명단을 당회록에 기록하였다:

학습 문답자 : 김희분
세례 문답자 : 이봉엽, 양여옥, 정인휘, 김은실, 조용순 [216)]

이렇게 시작한 학습과 세례 문답은 다음 해인 1982년에는 더욱 늘어났다. 1982년 1월 3일 제10회 당회록에 보면 학습 문답자가 김희분 외 18명이고, 세례 문답자는 한길수 외 13명이었으며, 김태한이 유아세례를 받았다. 성찬식은 봄과 가을을 이용하여 1년에 2회 거행하였다.

2.2. 권징

송일조 목사는 1983년 4월 10일에 열린 제15회 당회에서 OOO 장로에 대한 권징 문제를 논의하였다. 제15회 당회록에 "대리당회장엔 김상호(광양제일교회) 목사님을 결정"이라 기록되어 있고, "공백시 예배인도는 장로님들이 돌아가면

주

216) 『태인교회 당회록: 1980–1999』제1권, 제5회 회의록, 1981년 1월 10일.

서 인도하기로 함. 밤 예배 장로님들 유고 시 집사님들과 같이 하기로 함."이라 기록되어 있는 것으로 볼 때 송일조 목사는 당회 개최 이전에 본교회에 앞에 사직서를 제출하였고, 교회는 송 목사의 사직을 받아들였음을 알 수 있다. 그러므로 1983년 4월 10일 제15회 당회는 송 목사가 본교회 당회장 신분으로 마지막 당회를 인도한 것이다. 당회는 OOO 장로 책벌에 대해 "당회원 3명이 O 장로 면직 건을 4월 27일(수) 공동회의에서 결정키로" 결의하였다. 이 날 당회 이 후 송일조 목사는 사역지를 옮겨서 떠났고, 책벌 문제는 대리당회장 김상호 목사가 계속 진행하였다. 김상호 목사는 대리당회장 자격으로 1983년 5월 9일 제16회 당회를 개최하고 권징 문제를 "1983년 4월 27일 모이기로 한 공동회의는 취소하기로" 가결시킨 후 송일조 목사 후임으로 이윤정 목사를 청빙하기로 당회에서 가결하였다. 송일조 목사 시절 시작되었던 OOO 장로 책벌 문제는 이윤정 목사에게 일임된 것이다.

권징은 종교개혁자들이 교회 3대 표지의 하나로 여긴 것은 예수님의 몸인 교회를 건전하고 순결하게 유지하는데 중한 요소가 되기 때문이다.

3. 주요행적들

3.1. 당회 구성

송일조 목사는 목사 안수를 받은 후 임시목사 자격으로 본교회 당회를 최초로 구성했다. 당회가 구성되기 전까지는 노회에서 지정한 다른 교회 목사가 당회장 역할을 하였다. 본교회 당회가 구성됨으로서 보다 신속하고 원활한 교회 운영을 할 수 있는 기틀이 마련된 것이다. 당회가 구성되자 당회록이 작성되기 시작했고, 이때부터 본교회의 역사는 자료화되기 시작했다. 역사란 과거에 대한 기록이라고 볼 때 기록되지 않은 역사는 역사될 수 없는 것이니 당회가 구성되어 당회록이 작성되기 시작했다는 것은 본교회 역사에서 커다란 의미가 있다. 당회록은 송일조 목사 시절에 본교회 당회가 처음으로 구성되었음을 다음과 같이 증언하고 있다:

제1회 회의록
연월일 : 1980년 4월 20일 오후 12시 20분

장소 : 교회사택.　찬송 : 335.　기도 : 김재화 장로
성경 : 딤전 1:12-16.　설교 : 송일조 목사.　제목 : 본이 되게 하자

회원을 호명하니 재적 3명중 3명이 참석하였기에 개회 성수가 됨으로 회장이 본회가 개회됨을 선언하고 아래와 같이 안건을 결의하다.

결의사항
하나님의 은혜 가운데 당회가 구성되어 처음으로 모이기 됨을 먼저 하나님께 감사드립니다.
1. 당회는 한 달에 한 번씩 모이되 月, 둘째 주일로 정하다.
2. 상조회 회칙규정(별지참조)
3. 야외 소풍 문제는 제직회에 맡기다.

(1) 교육부장 : 김재화 장로
재정부장 : 최병순 장로
봉사부장 : 서일석 장로
4. 주일 낮 장년공과는 장로님 순위로 月, 돌아가면서 하기로 하다.

안건 처리를 다 끝내고 서기가 회의록을 낭독하니 받기로 하고 폐회하자는 결의에 따라 주기도 후 회장이 폐회됨을 선언하니 1시 20분이었다.

1980년 4월 20일
회 장 송 일 조
서 기 서 일 석[217)]

본교회 당회를 구성한 후 당회가 첫 번째로 결정한 것은 다섯 가지였다. 첫째, 당회를 매월 둘째 주일에 월 1회로 모이기로 했다. 이렇게 결정한 후 5월(제2회)과 6월(제3회)에는 잘 모였으나 제4회 당회는 12월 30일에 모였다. 다음 해인 1981년에도 1월부터 4월까지 당회를 개최한 후 당회를 모이지 않다가 12월 20일 모인 것을 볼 수 있다. 이러한 현상은 1983년도에도 유사하게 반복되었다.

둘째, 그 동안 운영되고 있었던 상조회의 회칙을 규정했다. 셋째, 전교인 야외 소풍 문제는 제직회에 일임하였다. 야외 소풍을 시행할 것인지 하지 않을 것인지를 당회가 일방적으로 결정하지 않고 제직회에 일임한 것은 공동체 운영에 본이 되는 결정이란 생각이다. 셋째, 교육부장, 재정부장, 봉사부장을 선

주

217) 『태인교회 당회록: 1980-1999』제1권, 제1회 회의록, 1980년 4월 20일.

임하였다. 각 부는 자체적인 계획을 수립하여 활동하였으며 분기마다 사업과 재정을 보고하도록 했다.[218] 다섯째, 주일 낮 장년공과 공부를 장로들이 월 단위로 담당하기로 했다. 주일 낮 예배 전에 시행한 장년공과공부는 000년부터 전통이 되어 이어왔던 것으로 송일조 목사는 그 동안의 관례를 따라 장로들에게 장년공과공부 사명을 맡긴 것이다. 그런데 재7회 당회록에 "3, 4월 첫 주부터 장년공과공부 하기로 함"[219]이라고 기록되어 있는 것으로 보아 어느 날부터 장년공과공부가 중단되었음을 알 수 있다.

3.2. 구역예배 활성화

송일조 목사는 그 동안 실시되고 있던 구역예배를 활성화하기 위해 "구역예배를 재편성"했다. 총 구역 수는 4개 구역으로 많은 수는 아니었지만 보다 효과적인 구역예배를 위해 구역을 재편성한 것이다. 송 목사를 단독으로 결정하지 않고 이 문제를 당회에 내놓았고 모든 당회원들은 당회장의 의견을 그대로 수용하여 다음과 같이 구역을 재편성했다:

1구역장엔 – 최병순 장로
2구역장엔 – 상구역 – 이관휘 집사 하구역 – 이인휘 집사
3구역장엔 – 서영기 집사
4구역장엔 – 김충현 장로[220]

구역을 재편성하여 구역장을 선정했지만 구역예배 설교는 구역장에게 맡기지 않고 설교자를 별도로 임명하였다. 임명된 설교자에 대해 당회록은 "각 구역의 설교는 송일조 목사님 김재화, 서일석, 최병순 장로님이 윤번제로 설교하기로 함."[221]이라고 기록하고 있다. 1980년 5월까지만 해도 5개 구역이었지만 구역예배 활성화를 위해 지속적으로 노력한 결과 1982년부터는 15개 구역으로 늘어났다. 1982년도 구역장은 다음과 같다:

82년도 구역장
1. 최경애 2. 한길수 3. 최정숙 4. 황혜근 5. 이홍휘 6. 이옥년 7. 조용순 8. 이관휘
9. 서영기 10. 김완현 11. 최미순 12. 김영순 13. 정금례 14. 김주례 15. 한명호[222]

구역이 늘어나면서 농번기나 겨울철 김생산 기간 등에는 구역예배를 모이지

주

218) 『태인교회 당회록: 1980–1999』제1권, 제3회 회의록, 1980년 6월 6일.

219) 『태인교회 당회록: 1980–1999』제1권, 제7회 회의록, 1981년 3월 29일.

220) 태인교회 당회록: 1980–1999』제1권, 제2회 회의록, 1980년 5월 12일.

221) Ibid.

222) 『태인교회 당회록: 1980–1999』제1권, 제9회 회의록, 1981년 12월 20일.

못하는 구역이 발생하자 송일조 목사는 1982년 3월 7일에 열린 제12회 당회에서 "4월부터는 전 구역이 다 구역예배를 드리기로 하다."[223] 고 결정하고 전교인들에게 공포하였다. 1983년 1월 2일에 열린 제14회 당회 회의록에 보면 "구역장 명단 1구역장-최정숙 2구역장-이관휘 3구역장-김완현 4구역장-박정선"[224] 이라고 기록한 것을 보면 구역을 세분화했다가 모이지 못하는 구역이 여전히 발생하자 동네(1구, 2구, 3구, 4구)별로 구역으로 통합 재편한 것을 볼 수 있다. 송일조 목사가 담임으로 있을 때는 4개 구역으로 유지되다가 이윤정 목사가 담임할 때는 5구역이 추가된 것은 교회가 성장하면서 5구(명당마을)에서 출석하는 성도수가 늘어났기 때문이다.

3.3. 공동묘지 구입추진

본교회는 1981년 2월 22일에 열린 당회에서 공동묘지를 구입하기로 가결했다. 한국교회가 앞으로는 묘지 문제가 현실화될 것으로 예상하여 1980년대에 접어들면서 개교회별로 교회 공동묘지를 구입하는 교회가 많았는데 본교회도 그 대열에 함께했던 것이다. 묘지구입 재정은 3월 1일 주일에 "해태특별감사헌금"으로 충당하기로 했다.[225] 당회의 결의로 교회공동묘지 구입을 추진하였으나 공동묘지로 활용할 대지를 확보하는데 어려움이 있어 결국 교회공동묘지 마련은 수포로 돌아갔고, 그 상태로 지금에 이르고 있다. 광양제철이 본격적으로 가동되면서 제철소 외에도 수 백 개의 공장들이 태인동 주변에 건립되면서 많은 대지가 공장부지 또는 거주지로 바뀌고 그 동안 삼봉산에 뒤편의 공동묘지 땅도 한계에 이르자 당시 교회공동묘지를 구입하지 못한 것이 아쉬움으로 남아 있다.

3.4. 기타 활동들

첫째, 종탑과 종각 설치. 본교회는 교세가 확장됨에 따라 1971년에 네 번째로 547번지의 구 예배당을 철거하고 새 예배당을 건축하였지만 당시에 종탑과 종각을 세우지 못한 것이 아쉬움으로 남아 있었다. 교회가 안정되고 재정에 여유가 생기자 1981년 4월 26일 제8회 당회에서 종탑과 종각을 세우기로 결정하고 100만원의 예산을 책정하여 설치하였다. 예배당에 종탑이 약 10m 높이의 철탑으로 세워서 종을 달고 예배시간을 알리는 종을 칠 수 있게 되자 하나님은 예

주

223) 『태인교회 당회록: 1980-1999』제1권, 제12회 회의록, 1982년 3월 7일.

224) 『태인교회 당회록: 1980-1999』제1권, 제14회 회의록, 1983년 1월 2일.

225) 『태인교회 당회록: 1980-1999』제1권, 제6회 회의록, 1981년 2월 22일.

비하신 성도로 하여금 종 치는 봉사를 담당하게 하셨다. 그 주인공이 성호덕 집사(현재 권사)였다. 성호덕 집사는 시어머니 조갑순 권사의 대를 이어 차임벨로 교체하기 전까지 새벽종을 침으로서 귀한 섬김의 본이 되었다.

둘째, 윤전기 구입. 본교회는 섬에 위치한 관계로 그 동안 주보 인쇄 등 문서활동에 많은 제약이 있었다. 송일조 목사는 주보만이라도 매주 만들어 예배를 사전에 준비하고 형식을 잘 갖춘 예배를 드리는 것이 하나님께 영광이 될 것임을 확신했다. 형식은 내용을 담는 그릇이기에 형식 없는 내용을 기대할 수 없기 때문이다.

예배 형식의 중요성은 구약시대에 여호와께서 모세를 통해 제사 제도를 말씀하신 것을 살펴보면 잘 알 수 있다. 레위기 1장 이하의 말씀을 읽어보면 하나님께서 이스라엘 백성에게 명령하신 대표적인 제사는 번제, 화목제, 속죄제, 속건죄, 소제이다. 이들 제사에는 형식과 절차가 있다. 제사장이 담당할 일이 있고, 제사드리는 백성이 담당할 일이 있다. 제사 순서와 방법, 버릴 것과 제단에 올릴 것이 구분되어 있다. 하나님은 하나님께 드리는 제사 절차가 끝나고 제물을 처분하는 방법에 대해서도 자세하게 가르쳐주셨다. 제사장과 백성이 하나님의 명령에 따라 제사했을 때 하나님은 그 제사를 받으신다고 약속하신다.

송 목사는 한국교회가 성경말씀의 정신에 따라 세운 예배형식을 존중하여 예배할 때 문명의 혜택과 다소 동떨어진 섬 교회일지라도 최선을 다하여 예배를 준비하고 싶었다. 그래서 결단한 것이 수동 윤전기 구입이다. 인쇄기의 일종인 윤전기는 원통형의 판면과 이와 접촉하면서 회전하는 인압원통 사이에 인쇄용지를 끼워 인쇄하는 기계이다. 서로 반대 방향으로 회전하는 2개의 원통으로 이루어져 있다. 필자도 고등학생 때 방학이면 본교회에 출석하면서 "가르방"이라고 부르는 판 위에 인쇄용지를 놓고 주보를 작성한 후 손과 얼굴에 잉크를 묻혀가면서 수동 윤전기를 이용하여 주보를 만들었던 기억이 생생하다.

송일조 목사가 1980년 5월 12일에 열린 제2회 당회에서 수동 윤전기 구입 안건을 제시하자 당시 당회원이었던 김재화 장로, 최병순 장로, 서일석 장로 전원이 찬성하고 다음과 같이 구입하기로 결의했다:

수동 윤전기를 청년회 자금 10만원과 5만원은 성도들의 특별헌금으로 해서 사기로 당회에서 허락함.[226)]

수동 윤전기 구입금액 2/3에 해당하는 10만원을 청년회원들이 감당했다는 것은 청년들이 윤전기 구입을 적극적으로 추진했다는 것과 청년회가 매우 활성화되어 있었다는 것을 의미한다. 1980년도에는 대기업 신입사원 월급이 15-25만원이었음을 감안할 때 수동 윤전기 가격 15만원은 작은 금액이 아니었다.

셋째, 환등기 구입. 국가 교육기관과 도시지역 교회를 중심으로 교육 및 발표용으로 환등기를 활용하기 시작하자 본교회 주일학교에서 환등기 구입을 교회에 요청했다. 송일조 목사는 교사들이 자진하여 환등기 구입금의 2/3를 감당하겠다는 헌신의 마음에 감동했다. 1981년 2월 22일에 개최된 제6회 당회는 환등기 구입 건을 다음과 같이 결의했다:

교회학교용 환등기 구입하는데 300,000[원] 중 100,000[원은] 재정에서 부담키로 하다.[227)]

약 1년 전 수동 윤전기 구입 시에는 청년회원들이 헌신했는데 이번에는 주일학교 교사들의 헌신으로 환등기를 구입하여 주일학생들을 보다 효과적으로 교육하는데 크게 공헌하였다. 청년들과 주일학교 교사 등의 아름다운 믿음의 헌신이 오늘 본교회를 이루는데 큰 힘이 되었음은 부인할 수 없다.

넷째, 자치기관. 본교회 자치기관은 그 동안 남선교회와 여전도회가 있었으나 1980년부터 청년회를 구성하였다. 1981년 1월 10일 제5회 당회록에 여전도회장과 청년회장은 기록되어 있으나 남선교회 회장이 기록되지 않은 것으로 보아 남선교회 활동이 약했던 것을 알 수 있다. 송일조 목사 시절에는 학생회는 아직 조직되지 않았다.

다섯째, 교회조직. 송 목사 시절 교회조직은 1980년 4월 20일에 개최된 제1회 당회록에 의하면 초기에는 교육부, 재정부, 봉사부로 구성하였다가 1983년부터 전도부를 신설하였다. 4개 부서로 구성된 교회조직은 송일조 목사가 본교회를 사임할 때까지 유지되었다. 각 부서 부장은 장로들이 담당하였다.

여섯째, 부흥회. 송일조 목사는 부임 초부터 매년 부흥회를 실시했다. 당회록에 처음 기록된 부흥회 결의 내용은 1981년 2월 22일 제6회 당회록이다. 당회

주

226) 『태인교회 당회록: 1980-1999』제1권, 제2회 회의록, 1980년 5월 12일.

227) 『태인교회 당회록: 1980-1999』제1권, 제6회 회의록, 1981년 2월 22일.

는 1981년 5월 11일 주간을 부흥회 기간으로 가결하였다. 이 후 4월 26일 제8회 당회는 부흥회 기간 동안 강사 목사 식사 대접 문제를 논의하여 당회원 가정에서 돌아가면서 하기로 결정했다. 본교회 부흥회는 송일조 목사 후임으로 사역한 이윤정 목사 시절까지 지속되었고, 강사 목사 대접은 당회원을 중심으로 제직 가정에 접대하는 전통을 유지하게 된다.

이 외에도 장로 1인, 안수집사 3인을 임직했고, 본교회 출신 신학생들에게 장학금을 지불하였으며, 처음으로 찬양대 가운을 만들었다. 1982년 4월 5일에 송일조 목사 위임식과 함께 장로임직 및 집사 안수식을 가졌는데 장로는 이인휘, 안수집사는 이관휘, 서영기, 김윤현이 임직하였다.

4. 성도들의 증언

첫째, 예배 소감. 송일조 목사는 주일 낮 예배 때는 언제나 까운을 입었다. 까운은 봄, 여름, 가을은 하얀색이었고, 겨울철은 짙은 밤색이었다. 전체 예배 시간은 성찬식 등 특별한 행사가 있는 경우 외에는 12시를 넘지 않았던 것으로 기억하고 있다. 설교시간은 길지 않았다. 박사 학위가 있는 것은 아니었지만 말씀이 매우 은혜로웠고, 마치 옥토밭에 씨앗을 뿌린다는 느낌을 받았다. 말씀이 은혜로우니 다음 예배 시간이 기다려졌다.[228)]

필자는 7세부터 본교회를 출석하기 시작하여 유년주일학교를 거의 빠지지 않고 매주 출석했었다. 중학생이 되었을 때 당시 중고등부 예배가 토요일 밤과 주일 오전 9시 이렇게 매주 두 차례 있었는데 중학교 1학년 초기에 한 번은 아버지(현, 김수열 성노)가 토요일 예배 시간에 심부름을 보내셨다. 나는 교회 갈 시간이어서 심부름을 거부하고 싶었으나 부모님 말씀에 순종하는 것이 옳다는 생각에 예배에 참석하지 않고 심부름을 다녀왔다. 그 뒤부터 교회를 출석하지 않았는데 그 이유는 지금 생각해 보면 이해할 수 없는 감정이었지만 그 때는 한 번 빠진 것이 매우 부끄러웠기 때문이다. 교회를 출석하지 않은 기간이 2년 6개월이었다. 그 동안 아무도 교회에 가자고 말하는 사람이 없었다. 중학교 3학년 2학기가 되었을 때 이용우란 친구가 목사님이 전도해 오라고 하셨다면서 교회에 한 번만 와 달라고 했다. 나는 이용우 친구가 초등학교 때 내가 전도

주

228) 이혜경 권사가 송호덕 권사와 대담한 내용을 2011년 2월 13일 오후 5시에 필자에게 전해 준 것을 정리한 것임.

했다는 것을 기억하고 빚 값는 심정으로 교회에 출석했다. 내가 2년 6개월 만에 중고등부 예배를 출석할 때도 여전히 토요일 밤에 중고등부 예배를 드리고 있었다. 그 동안은 전도사님이 목회하셨는데 그 때는 목사님이 목회하셨는데 그 분이 송일조 목사님이셨다. 첫 날 예배에서 송일조 목사님이 신약성경에 있는 어떤 부분을 읽으신 후 설교하셨다. 설교 내용이 무엇을 의미하는지 알아들을 수가 없었다. 그런데 설교 중간쯤에서 목사님이 "성령"이라는 단어를 말씀하셨다. 그 때 갑자가 내 가슴이 뜨거워졌다. 따뜻한 온기가 가슴 중심에서 퍼져나갔다. 기쁨이 왔고, 목사님의 말씀이 재미있기 시작했다. 말씀이 이해되기 시작한 것이다. 성령이란 단어가 설교 중 약 5회 반복하여 나왔던 것으로 기억하는데 그 때마다 내 가슴이 반복적으로 뜨거워졌다.

확실히 송일조 목사는 성경 말씀을 중심으로 설교했다는 생각이다. 제목 설교를 했지만 단순한 제목설교가 아니라 본문을 중심한 제목설교를 한 것이다.

둘째, 특징. 성호덕 권사는 "송일조 목사는 성품이 아주 좋았고, 사교성이 뛰어나서 성탄절이 되면 지역사회 관공서를 일일이 방문하여 간식 등 성탄 선물을 전달하였다"고 했다. "평소에도 귤 등을 사서 농협, 지서, 면사무소 등을 방문하였다. 송일조 목사가 이처럼 믿지 않는 사람들에게 친절하게 대하자 예수님을 믿지 않는 사람들 중에서도 그를 모르는 사람이 없을 정도가 되었다."고 증언했다.[229] 최미순 권사와 성호덕 권사는 송일조 목사의 사모 주덕례 사모에 대해 매우 좋은 기억을 가지고 다음과 같이 말했다:

> 주덕례 사모님은 한 영혼을 전도하기 위해 수 십 번이고 가정을 방문하였고, 편지까지 쓰면서 전도하였습니다. 시간만 나면 이인휘 집사님댁과 사택에서 성도들을 모아서 복음송을 가르치셨습니다. 시도 잘 쓰셨고, 손재주가 좋아서 작은 돌을 가지고 액자를 만들어서 성도들이 새로 집을 지어 입택하면 선물로 주셨습니다. 사모님이 주신 돌로 만들어진 액자가 저희[성호덕 권사] 집에 소장되어 있습니다. 먹을 것이나 색다른 음식이 들어오면 장로님들을 초청하여 대접하셨고, 받으셨으나 줄 것이 없으면 냉장고 얼음이라도 보내셨습니다. 수고하는 교사들을 잘 섬겼고, 교회 청소를 마다하지 않으셨습니다. 각종 세미나와 여전도회 연합회에 적극적으로 동참하려고 애를 많이 쓰셨습니다. 당시 태인도의 주업이었던 겨울철 김양식할 때면 집집에 다니시며 김 작업을 도와주셨고, 김장철에는 김장을 함께 하셨습니다.[230]

송일조 목사 시무 시절만큼 교회가 열정적으로 모이고 함께 기도했던 적은 없었다는 것이 두 권사들의 증언이다. 최 권사와 성권사는 송일조 목사가 "이

주

229) 성호덕 권사가 이혜경 권사에게 전해 준 말. 2011년 2월.

230) 최미순 권사와 성호덕 권사가 이혜경 권사에게 들려 준 이야기를 요약 정리한 것임. 2011년 2월 14일.

사 가실 때 믿지 않는 사람들이 더 서운해 했다면서 "감히 전무후무한 당대 최고의 사모님이셨다."고 증언했다. 송일조 목사의 또 다른 특징은 김 작업 철이 끝나면 매주 토요일마다 서일석 장로와 함께 1구에서 5구까지 심방한 것과 교회당과 사택을 잘 짓는 것을 들 수 있다.

제13장 이윤정 목사 시절 : 1983-87

이 윤 정 목사

1951년에 부임했던 김동옥 목사 이후 목사가 본교회를 담임한 것은 송일조 목사가 처음이었고, 두 번째가 이윤정 목사이다. 하지만 처음부터 목사 신분으로 부임한 교역자는 이윤정 목사가 김동옥 목사 이후 첫 번째에 해당된다.

1. 이윤정 목사 전기적 개관

이윤정 목사는 본교회에서 약 4년간 시무하였다. 4년이란 긴 기간일 수도 있지만 한국교회 담임목사 시무 기간의 평균 기간에 비하면 길다고 할 수 없으므로 그의 전기적 개관에는 목회철학은 생략하고 생애, 부임, 목사위임에 한정하여 살필 것이다.

1.1. 생애

이윤정 목사는 1937년 10월 3일에 경상남도 통영군 광도면 안정리 예포 1008번지에서 부친 이달수와 모친 박금안 사이에서 8남매 중 여섯 번째로 태어났다. 위로는 형님 셋과 누님 둘이 있고, 아래로는 동생 둘이 있다. 세 명의 형님 중 한 명은 6.25 동란 때 전사했다.

이윤정 목사는 어린 시절부터 또래 친구들과 비교할 때 몸이 허약한 편이었지만 형님들과 누님들이 부모님과 함께 농사를 지으면서 가정 경제를 꾸려 나

간 덕분에 큰 어려움 없이 공부를 잘 할 수 있었다. 부모도 "윤정이는 다른 아이들보다 몸이 약하고 공부를 잘 하니 농사일보다는 공부를 계속하도록 도와주는 것이 좋겠다."고 생각했다. 벽방초등학교를 졸업하고, 통영 수산중학교 입학시험에 당당히 합격하고, 3년 과정을 성실하게 마친 후 중학교를 졸업했고, 곧바로 통영 수산고등학교에 합격하여 고등학교 3년 과정을 모두 마치고 졸업하였다. 이것이 이윤정 목사의 일반적인 학문 연마 과정이다.

이윤정 목사가 교회를 출석한 것은 아주 어린 시절부터이다. 이 목사가 어린 시절부터 교회에 출석할 수 있었던 것은 그의 할머니가 왕대선 선교사로부터 복음을 듣고 예수님을 믿었기 때문이다. 할머니가 예수님을 믿자 대대로 불교 집안이었던 시부모들이 할머니를 집에서 내쫓았고, 그 때 할아버지도 할머니를 따라 집을 나와서 산을 개발하여 고구마 등 농사를 지어 두 분이 하루하루를 연명하였다. 할머니의 믿음의 영향으로 친정 식구들은 다 예수님을 믿었고, 6.25 동란 때 할아버지 부모들과 형제들이 예수님을 믿게 되었고, 이윤정 목사 큰 아버지는 나중에 교회의 영수가 되었다. 할머니의 믿음의 승리였다. 마치 디모데처럼 이윤정 목사는 굳건한 믿음의 소유자 할머니의 영향으로 어린 시절부터 예수님을 믿고 고등학교를 졸업할 때까지 열심히 교회에 출석하면서 목회의 비전을 가지게 되었다. 고등학교를 졸업한 후 전도하는 일이 즐거워 대학 진학을 잠시 뒤로 미루고 20세 때 김두리 사모(당시, 18세)와 결혼하고, 전도사가 되어 악양성광교회를 개척하여 10년 동안 섬겼다. 성광교회를 10년간 섬기면서 신학을 공부하지 않아 여러 가지 한계점이 늘어나자 신학을 정식으로 공부해야겠다고 마음먹고 성광교회를 사임한 후 부산에 있는 영남신학교에 입학하여 졸업하였다. 영남신학교를 졸업하고 서울에 있는 장로회신학교 목회 연구원 과정을 졸업한 후 자신이 개척했던 악양성광교회에 다시 부임하여 성광교회를 담임하던 중 1983년 5월에 목사안수를 받았다. 목사안수 받은 그 달에 본교회에 청빙을 받아 부임하여 1987년 9월에 진주남노회(당시, 진주노회) 소속 남해 설천교회로 사역지를 옮길 때까지 약 4년간 헌신적으로 시무하였다.

이 목사의 마지막 목회지는 자신이 최초로 개척하였던 악양성광교회이다. 그는 악양성광교회에 2000년에 세 번째로 부임하여 2007년 12월 말에 은퇴하여 2011년 현재 김두리 사모와 함께 진주영락교회에 출석하고 있다. 슬하에 2남 2녀를 두었고, 큰 아들 이현덕은 가스 사업을 하고 있으며 호산나교회 시무장로이다. 세 번째로 태어난 이현찬은 창원 양보교회 부목사이며, 큰 딸 영애와 작은 딸 순애는 초등학교 교사이다.[231)]

1.2. 부임

송일조 목사가 나른 교회로 사역지를 옮기게 되자 당회는 노회에서 파송한 대리당회장 김상호 목사(광양제일교회 시무)와 함께 당회를 열어 후임 목사를 이윤정 목사로 결정하고 1983년 5월 18일에 제직회를 모이기로 했다:

교역자 건. 이윤정 목사님을 임시목사님으로 청빙에 관한 안건을 주제로 제직회[공동의회] 모이기로 가결함. (5월 18일 수요일에)[232)]

이윤정 목사가 본교회에 부임할 수 있었던 것은 송일조 목사가 사임하자 광영중앙교회 서명길 목사가 이윤정 목사를 본교회에 소개하였기 때문이다. 본교회는 서명길 목사로부터 소개를 받자 당회에서 가결한 후 김충현 장로와 김영만 집사를 청빙 위원 대표로 보내 이윤정 목사를 청빙했고, 이 목사가 청빙에 응함으로 이루어졌다. 당회는 이 목사가 청빙을 응락했다는 보고를 받자 1983년 5월 18일 수요일 밤 예배 후에 공동의회를 열기로 했고, 공동의회는 이윤정 목사 청빙을 허락하였다.

1.3. 목사위임

본교회 임시목사로 청빙을 받고 부임한 이윤정 목사는 ○○○ 장로의 징계 해벌과 교회 신축부지 매입을 추진하는 등 여러 가지 활동을 진행하던 중 1985년 4월 2일에 개최된 공동의회에서 위임목사로 청빙되었다:

4월 2째 주일로 대리당회장(김상호)을 초청 공동회의로 본교회 목사를 위임목사로 청빙하기로 함.
태인제일교회 당회장 목사님 위임식에 현금으로(축하하기로)하다.[233)]

본교회는 이윤정 목사를 위임목사로 받아들일 것인지 결정하기 위해 1985년 4월 14일에 제75회 공동의회로 모여 투표한 결과 위임목사로 받기로 가결하였다. 대리당회장 김상호 목사 요한복음 3:1-12 말씀을 본문으로 "위임목사란"

주

231) 이윤정 목사, 2011년 2월 21일 오후 6시 필자와 전화 인터뷰한 내용을 정리한 것. 악양성광교회는 2011년 현재 약 50명의 성도가 출석하고 있는데 매우 시골이고 빈촌이어서 젊은이들은 거의 없다.

232) 『태인교회 당회록』제1권, 제16회 회의록, 1983년 5월 9일.

233) 『태인교회 당회록』제1권, 제25회 회의록, 1985년 3월 24일.

이란 제목으로 설교 한 후 진행된 투표 결과에 대해 『공동회의록』은 다음과 같이 기록하고 있다:

대리당회장 김상호 목사님 사회 아래 본교회 예배당에서 회원 47명이 참석하여 이인휘 장로로 기도케 하고 위임목사란 제목으로 말씀하시고 위임목사 청빙키로 투표한 결과 가표 45표 기권 2표로 청빙키로 가결하다.

1985년 4월 14일 회 장 이윤정
서 기 서일석[234]

이윤정 목사를 위임목사로 받아들인 후 1986년 4월 8일에 목사 위임식을 거행하였다. 이윤정 목사는 임시목사에서 위임목사가 될 때까지 약 3년이 소요된 것이다. 당회는 목사 위임식은 장로, 안수집사, 권사 임직식과 함께 시행하기로 하고 행사 진행의 큰 틀을 다음과 같이 결정했다:

1. 목사 위임식과 장로안수, 권사 취임식을 광양지방회와 겸하여 4월 8일 하기로 하다.
2. 위임 임직자에게 양복 및 한복 한 벌씩 해 주기로 하다.
3. 위임식, 장로안수, 권사취임 시 축하잔치는 지방회와 같이 하므로 교회에서 부담키로 하다.[235]

2. 이윤정 목사의 성례전과 권징

2.1. 성례전

종교개혁 이후 개신교의 성례는 세례와 성찬이다. 이윤정 목사는 부임한 해인 1983년 11월에 55명을 학습문답하고, 11명에게 세례를 베풀고, 2명에게 유아세례를 주었다. 다음 해인 1984년 5월 27일을 성례주일로 정하고 15명에게 학습문답하고, 24명에게 세례를 베풀었고, 성찬식을 거행하였다. 이윤정 목사는 이후부터 상반기와 하반기에 각각 1회씩 매년 두 차례 성례식을 거행했다. 상반기는 4-6월 중에서 교회 형편에 따라 결정했고, 하반기는 11월 중에서 실시했다. 성찬식을 1년에 2회 실시한 것이다. 학습 문답자와 수세자 수는 매회 10여명이었다.

주

234) 『공동회의록』제75회, 1985년 4월 14일.

235) 『태인교회 당회록』제1권, 제31회 회의록, 1986년 3월 9일.

2.2. 권징 : 해벌

송일조 목사가 임지를 옮긴 후 당회장 공백 기간에 대리당회장 김상호 목사가 주관한 당회에서 송일조 목사가 당회장일 때 "당회원 3명이 OOO 장로 장로면직 건을 [1983년]4월 27일(수) 공동회의에서 결정하기로 함"이라 결정한 내용을 취소한 후 다음과 같이 결정하였다:

OOO 장로는 년말까지 휴직시키기로 하되 년말에 가서 당회의 결의에 의해서 복직 할 수 있도록 하다. 입회인 오진수, 박경휘 장로님[236)]

이윤정 목사는 1983년 5월에 부임하여 OOO 장로에 대한 권징 건에 대한 대리당회장 주관의 당회 결과를 존중하여 1983년 말까지 지켜본 후 다시 6개월을 기다렸다가 1984년 6월에 "O 장로 해벌에 관한 건"을 놓고 2회에 걸쳐 당회를 열었다. 당회 결과 다음과 같이 결의하였다:

년말까지 휴직시키기로 한 유기책벌의 기간이 끝나고 교회출석과 11조[십의 일조] 생활과 회개한 개정의 뜻이 보임으로 해벌하고 당회원 앞에 서약(서약은 아래 별비 참조)으로 해벌하고 다시 복직시키기로 당회원 전원일치의 찬성으로 결의 함.[237)]

권징과 해벌 과정에서 본교회는 성경을 통해 예수님과 사도바울이 가르친 말씀에 대한 순종을 보여주었다. O장로는 다음과 같은 서약문답에 예로 답함으로서 권징 당사자 역시 자신의 잘 못을 인정하고 겸손한 마음으로 교회의 권위에 순종함으로서 아름다운 역사를 남겼다:

문1. 그대가 하나님을 배반하여 거역한 죄와 그의 교회를 해한 큰 죄를 진심으로 자복하고 휴직한 것이 공정하고 자비함으로 행한 줄 아느뇨?
문2. 지금은 그대의 죄와 고집한 것을 위하여 진실한 회개와 통회함을 원하는 마음으로 고백하며 겸손한 마음으로 하느[나]님과 그의 교회의 용서하심을 구하느뇨?
문3. 하나님의 은회[혜]를 힘입어 겸비한 마음과 근신 중에 살기를 허락하며 힘써 우리 구주 하나님의 교훈을 빛[빛]나게 하며 그대의 언행을 복음에 합당하도록 힘써 행하겠느뇨?[238)]

1984년 6월 24일에 해벌을 위한 두 번째 당회가 본교회 사택에서 개최되었다. 장로 3인이 모두 모인 당회에서 이윤정 목사는 찬송가 196장을 부른 후 이

주

236) 『태인교회 당회록』제1권, 제16회 회의록, 1983년 5월 9일.

237) 『태인교회 당회록』제1권, 제20회 회의록, 1984년 6월 10일.

238) Ibid.

인휘 장로의 기도가 끝나자 해벌을 위한 첫 번째 당회의 설교본문인 시편 51편을 본문으로 설교했다:

하나님이여 주의 인자를 좇아 나를 긍휼히 여기시며 주의 많은 자비를 좇아 내 죄과를 도말하소서. 나의 죄악을 말갛게 씻기시며 나의 죄를 깨끗이 제하소서. 대저 나는 내 죄과를 아오니 내 죄가 항상 내 앞에 있나이다. 내가 주께만 범죄하여 주의 목전에 악을 행하였사오니 주께서 말씀하실 때에 의로우시다 하고 판단하실 때에 순전하시다 하리이다. 내가 죄악 중에 출생하였음이여 모친이 죄 중에 나를 잉태하였나이다. 중심에 진실함을 주께서 원하시오니 내 속에 지혜를 알게 하시리이다. 우슬초로 나를 정결케 하소서 내가 정하리이다. 나를 씻기소서 내가 눈보다 희리이다. 나로 즐겁고 기쁜 소리를 듣게 하사 주께서 꺾으신 뼈로 즐거워하게 하소서. 주의 얼굴을 내 죄에서 돌이키시고 내 모든 죄악을 도말하소서. 하나님이여 내 속에 정한 마음을 창조하시고 내 안에 정직한 영을 새롭게 하소서. 나를 주 앞에서 쫓아내지 마시며 주의 성신을 내게서 거두지 마소서. 주의 구원의 즐거움을 내게 회복시키시고 자원하는 심령을 주사 나를 붙드소서. 그러하면 내가 범죄자에게 주의 도를 가르치리니 죄인들이 주께 돌아오리이다. 하나님이여 나의 구원의 하나님이여 피 흘린 죄에서 나를 건지소서 내 혀가 주의 의를 높이 노래하리이다. 주여 내 입술을 열어주소서 내 입이 주를 찬송하여 전파하리이다. 주는 제사를 즐겨 아니하시나니 그렇지 않으면 내가 드렸을 것이라 주는 번제를 기뻐 아니하시나이다. 하나님의 구하시는 제사는 상한 심령이라 하나님이여 상하고 통회하는 마음을 주께서 멸시치 아니하시리이다. 주의 은택으로 시온에 선을 행하시고 예루살렘 성을 쌓으소서. 그 때에 주께서 의로운 제사와 번제와 온전한 번제를 기뻐하시리니 저희가 수소로 주의 단에 드리리이다.[239]

설교를 마친 후 당회는 다음과 같이 결정함으로서 2년 동안 권징에 대한 해벌 건을 마무리했다:

"O 장로(OO)해벌건"

지금 성도와 설교되었던 O장로로 기도케 하고 서약문답하고 만족한 회개의 증거를 나타낸 고로 주 예수 그리스도의 명의와 그의 직권으로 태인교회 당회는 전일에 선언한 휴직을 해제하여 영원한 구원을 성취케 하며 주 예수의 모든 은혜를 같이 참여케 하기 위하여 교회와 교통하는 권을 회복하노라는 당회장의 선언에 당회원 전원의 의견 일치로 결의함.

송일조 목사 시절에 발생하여 이윤정 목사 시절에 마무리 된 권징 건은 지금까지의 본교회 역사에서 유일한 사건이다. 초대교회 때부터 21세기에 이르기까지 교회는 다양한 형태의 권징을 시행했다. 그 중에는 본교회처럼 아름다운 사례를 남기기도 했지만 정당하게 판결한 공의회나 교회의 권징에 불복하고 문제를 확대시키고 자신을 정당화 하고, 심지어는 자신을 권징한 사람들을 법

주

239) 『개혁한글성경』, 시 51:1-19.

적으로 대응하는 일들이 있었던 것을 볼 때 본교회의 권징 사례는 역사에 남겨 후손들에게 교훈을 주는 귀감이 되고 있다. 장로로서 본이 되지 못했을 때 권징을 결정한 송일조 목사의 믿음의 결단과 많은 갈등과 고통을 끝까지 감내한 OOO 장로의 순종의 신앙, 그리고 교회와 O장로를 사랑하기에 당회장의 권징에 동의한 당회원들의 믿음의 용기와 회개했을 때 기쁨으로 해벌한 이윤정 목사와 당회원들의 따뜻한 사랑이 있었기에 지금의 본교회의 모습이 존재한다는 생각이다. 당회의 모든 결정을 성부와 성자와 성령 하나님께서 보시고 기뻐하셨을 것이며, 천군 천사들이 "하늘에는 영광, 땅에는 평화"라고 소리 높이 외쳤을 것이다.

3. 주요활동 사항

3.1. 교회당 신축 준비

이윤정 목사는 부임한 지 3년이 지났을 때 성도들과 당회원들의 의견을 모아 새로운 장소에 교회를 신축할 계획을 세웠다. 그리고 비록 자신이 사역하던 시절에는 마무리하지 못했지만 다윗처럼 교회를 신축할 준비를 마무리했다.

교회를 신축할 필요성이 대두된 것은 광양제철소 건립과 관련이 있다. 광양제철소가 본격적으로 건설작업에 착수하고 가동되기 시작하면 외부로부터 많은 인원이 유입될 것이 분명한데 '지금의 예배당 건물과 위치로는 그들을 수용하는데 한계가 있다.'는 생각이 지배적이었다. 접근하기 쉬워야 하고, 주차문제가 해결되어야 했다. 예배당 크기는 몇 백 명이 같은 시간에 예배드릴 수 있는 규모여야 하고 주일학교를 운영할 수 있는 별도의 공간도 필요하다고 보았다.

권징에 대한 해벌이 끝나자 교회신축을 추진했다. 먼저 1984년 10월 28일 제22회 당회에서 교회당 부지를 매입하기로 하고 교회신축 추진 위원을 선정했다. 위원장은 김재화 장로, 위원은 이인휘, 서일석, 최병순 장로였다. 교회신축 위원을 선정하고 교회당을 신축을 위해 모든 성도들이 기도하고 있을 때 이인휘 장로(163평)과 김충현 장로(200평) 그리고 이홍휘 집사가 부부가 200평 교회당 신축을 위해 자신들의 땅 일부를 헌납했다. 이들의 토지 헌납은 그 동안 여론으로만 형성되어 있던 교회당 신축을 현실화 시키는 기폭제 역할을 했다. 예배당 신축을 본격적으로 진행하기 위한 당회가 1986년 4월 27일 교회 사택에서 개최되었다. 이윤정 목사는 당회원 전원(당회장 및 장로 5인)에 참석한 가운데 이사야 60 : 1-3 말씀을 본문으로 "하나님의 영광이 네 위에 임하리라"는 제하로 설교했다. 당회는 안건토의를 통해 다음과 같이 결정했다:

1. 이인휘 장로님이 헌납한 교회부지에 대하여 지번등본을 떼어서 이전등기와 더불어 건립할 수 있는가의 여부를 도[전라남도 광양지구]출장소에 문의할 수 있게 하였다.
2. 김충현 장로님과 이홍휘 집사님이 헌납한 토지 부지도 지번등본을 떼어서 마찬가지로 알아 볼 수 있게 하다.
   추진위원은: 이윤정 목사와 최병순 장로[로]하되 그 외 당회원은 협력키로 하다.
3. 교회학교 . . . 허락키로 하다.

1986. 5. 1
검사필
규칙부장 주영옥
1986년 4월 27일
회 장 이 윤 정
서 기 서 일 석 [240)]

이인휘 장로가 소유하고 있던 땅은 현재 본교회당이 설립되어 있는 땅이고 김충현 장로의 땅은 명당마을(5구)에 위치해 있었으므로 팔아서 신축 교회당 건축비로 사용하였다. 이홍휘 집사가 헌납한 땅은 본교회가 위치한 장래마을(2구)에 있는 것이지만 교회부지로 직접 사용할 수 없어서 건축대금 대신으로 사용하였다. 이인휘 장로가 소유한 땅은 전체 363평인데 그 중에 163평만 헌납했기에 이윤정 목사는 1986년 5월 25일 당회에서 나머지 200평에 대해 다음과 같이 결정했다:

이인휘 장로님 밭 교회부지로 교회가 매입하기로 가결하다. 평당 6만원 × 200평 = 12,000,000원 [241)]

위의 결정 사항을 확정지은 후 토지 매입 대금을 마련하여 이인휘 장로 소유의 200평을 매입하고 김충현 장로가 헌납한 200평을 교회재산으로 만들기 위해 1986년 6월 29일에 교회사택에서 당회를 개최했다. 제35회로 모인 이날 당회는 본교회 신축에 필요한 땅과 재정 일부를 마련하여 예배당 신축의 기초를 튼튼히 한 중요한 당회였다. 당회의 결정 내용 다음과 같다:

240) 『태인교회 당회록』제1권, 제33회 회의록, 1986년 4월 27일.

241) 『태인교회 당회록』제1권, 제34회 회의록, 1986년 5월 25일.

교회 부지 매수 및 헌납에 대하여 다음과 같이 보고되고 계약을 하다.

교회 부지 매입 및 헌납 경위
농협상호저축 계[해]약 799,300[원]
농협정기예탁금 해약 4,013,920[원]
우체국 환매 조건부 채권 해약 4,030,650[원]
계 12,674,030[원]
회계장부 이월금 3,830,160[원]

위 금액에서 부지대(200평 대금) 12,000,000만원 지출하고 다음과 같이 계약하다.

부동산 헌납 및 매도증서
부동산 표시. 전남 광양군 태금면 태인리 236번지
지적 363평 중 200평
매도대금 천이백만원정 [242)]

상기 부동산은 본인의 소유이던 바 상기 363평 중 163평은 교회로 헌납하고 잔유면적 200평은 상기 대금으로 귀 교회에 매도하고 상기 대금을 정히 수령하였으므로 후일을 위하여 매도증서를 작성하여 서명 검인함.
* 경작은 매도인이 하되(3년 이내) 교회가 필요로 할 때는 언제든지 응한다.

1986년 6월 3일 매도인 이인휘 장로
입 회 이윤정 목사

태인교회 대표 김충현 장로
서일석 장로
최병순 장로 귀하 [243)]

이인휘 장로의 헌납한 부지 163평과 나머지 200평을 교회 소유로 만드는 모든 절차를 마친 후 당회는 계속하여 김충현 장로가 헌납한 부지를 교회 소유로 이전하는 절차를 진행하여 다음과 같이 완료했다:

부동산 교회 헌납 계약서
부동산의 표시 태인리 1612번지의 91(답)
위 부동산을 태인교회 건축비 조성으로 위 소재 이백평을 헌납하였음.
헌납인 전남 광양군 태금면 태인 870번지
김충현 장로

주

242) 『태인교회 당회록』제1권, 제35회 회의록, 1986년 6월 29일.

243) 『태인교회 당회록』제1권, 제36회 회의록, 1986년 6월 29일.

입회인 태인교회 당회장 이윤정 목사
태인교회 당회원 이인휘
서일석
최병순 귀하[244)]

이윤정 목사는 교회당 신축을 위해 필요한 재정을 마련하기 위하여 1986년 11월 30일 당회에서 제직과 장로들이 특별 모임을 갖고 건축을 위한 헌금을 작성하기로 결정했다.[245)] 건축 헌금이 작정되고 어느 정도 재정이 확보되자 다음 해인 1987년 6월 28일에 개최된 제49회 당회에서 다음과 같이 건축위원회를 구성하였다:

성전 건축 위원회를 조직하다.

위 원 장 : 이인휘 장로
부위원장 : 김충현 장로 서일석 장로
총 무 : 서영기 집사
서 기 : 김영만 집사
회 계 : 박정선 집사
위 원 : 이관휘 집사. 이영휘 집사. 이보기 집사. 김완현 집사.
박정용 집사. 이규민 집사

1987년 6월 28일
회 장 이윤정
서 기 서일석[246)]

이윤정 목사가 본교회당 신축을 위하여 추진했던 일은 여기까지였다. 1987년 8월 30일 제51회 당회를 끝으로 본교회 담임목사직을 사면했기 때문이다. 본교회당 신축은 차기 담임으로 부임한 변유복 목사가 마무리하게 된다.

본교회 신축을 위해 자신의 땅을 헌납한 두 분의 장로와 한 분의 집사를 비롯한 건축헌금을 작정하고 실천한 많은 성도들의 믿음의 헌신이 본교회당 신축의 중심에 서 있다. 구약시대에 세워졌던 예루살렘 성전은 다윗이 계획하고 그의 아들 솔로몬이 마무리했다. 예루살렘 성전이 건축될 때 수많은 사람들이 동원되었다. 성경은 그들의 이름을 일일이 거명하지 않았지만 하나님께서는 다 알고 계시며, 그들의 노고를 치하하시고 그들의 헌신을 향기롭게 받으셨을 것임이 분명하다. 역사는 한 사람 또는 몇 사람의 영웅적인 인물들로 이루진 것

주

244) 『태인교회 당회록』제1권, 제37회 회의록, 1986년 6월 29일.

245) 『태인교회 당회록』제1권, 제43회 회의록, 1986년 11월 30일.

246) 『태인교회 당회록』제1권, 제49회 회의록, 1987년 6월 28일.

이 아니다. 그들과 함께하는 알려지지 않은 수천, 수만의 사람들이 있었기에 그들이 존재했다. 역사는 그들을 기억하지 못하지만 역사의 주인이신 하나님께서는 기억하신다. 요한계시록 8장 3절은 "또 다른 천사가 와서 제단 곁에 서서 금 향로를 가지고 많은 향을 받았으니 이는 모든 성도의 기도와 합하여 보좌 앞 금 제단에 드리고자 함이라."고 말씀하고 있다. 하나님의 보좌 앞에 놓여 있는 금 제단 위에 성도들의 기도가 놓여 있다는 말씀이다. 우리는 이 성도들이 어떤 인물인지 자세히 알 수 없지만 하나님은 다 알고 계시며 그들의 기도를 결코 잊지 아니하시고 심판의 증인으로 채택하신 것을 볼 수 있다. 이처럼 본교회 신축을 위해 헌신했던 많은 성도들의 이름이 역사에 기록되지 않았지만 하나님께서 기억하시고 영광을 받으신 줄 믿는다.

3.2. 교회분립개척

이윤정 목사 시절에 가장 커다란 결정 중의 하나는 1구에 교회 개척을 허락한 일이다. 1구에 교회를 개척하는 건은 1986년 11월 30일 제43회 당회에서 가결하였다. 1986년 당시까지만 해도 지금처럼 도로가 확보되지 않아 1구(도촌마을)에서 2구(장내마을)에 위치한 본교회까지 출석하려면 도보를 이용해야 함으로 다소 불편할 수 있었다. 그러나 1구와 비슷한 3구(용지마을)와 4구(궁지마을) 성도들이 기쁨으로 출석하고 있었고, 5구(명당마을)의 경우는 2 배 이상 원거리인 점을 감안할 때 거리상의 불편함이 별도의 교회를 세워야 할 당위성에 큰 무게를 차지할 수 없다. 개척교회의 가장 중요한 이유는 1구에 건설되고 있던 아파트에 있었다. 아파트가 준공되면 인구가 증가할 것이니 본교회가 1구 지역에 교회를 개척하는 것이 지혜로운 일이라 판단한 것이다.

서일석 장로는 "최병순 장로 살아 있을 때 당회가 모여 1구(도촌)에 아파트가 건립되고 있어 곧 인구가 늘어날 것인데 그러면 어떤 교단이든지 교회가 들어올 것은 분명하니 우리교회가 교회를 분립하여 먼저 세우자고 의견을 모았다." [247]고 증언했다. 본교회는 당회의 결의에 따라 1구에서 출석하고 있던 10가정을 분리해 주면서 최병순 장로 책임 하에 교회를 설립하도록 했다. 교회 이름은 태금중앙교회라 했으며 본회는 개척멤버뿐만 아니라 재정적인 지원도 해주었다. 이로써 최병순 장로는 본교회에서 시무할 때보다 더 열정을 가지고 교회를 섬길 수 있는 길이 열렸다. 2011년 현재 태금중앙교회 장년 성도수는 약

주

247) 서일석 장로 증언. 2011년 2월 18일 오후 5시 50분.

200명이며, 본교회가 도촌마을로 교회를 분립하여 세운 일은 물론 1구 지역을 통합교단이 선점하자는 뜻도 있었겠지만 교회는 예수님의 몸이라는 공동체 의식이 있었기 때문에 가능했을 것이다.

3.3. 그 외 활동들

첫째, 나눔. 이윤정 목사 사역 시절 본교회는 "하나님 아버지 앞에서 정결하고 더러움이 없는 경건은 곧 고아와 과부를 그 환난중에 돌보고 또 자기를 지켜 세속에 물들지 아니하는 그것이니라."는 야고보서 1장 27절 말씀 등에 순종하여 대외와 대내적으로 어려움에 처한 성도 돕는 일을 게을리 하지 않았다. 대외적으로는 정성균 선교사가 뜻하지 않게 소천하자 본교회는 1984년 11월 11일 주일 낮 예배 시 헌금하여 전액을 유가족을 위해 사용하였다. 대내적으로 최금엽 집사 딸 송차진 양을 순천 정영한 장로에게 부탁하여 치료를 받을 수 있도록 알선했고, 서준열씨가 정신병원에 입원했을 때 병원 절차에 들어가는 비용 전액을 교회가 부담했다. 이 외에도 주일학교 교사들과 성가대원들의 수고에 답하기 위해 매주 점심식사를 대접했다.

1986년 11월 30일 제43회 당회가 "성가대와 제직회 시 간식 및 교회 청소에 대하여 제직회원들은 적극 참여케 하고 꽃 봉사에 누구든지 많은 지원을 하기로 하다."고 결정했다. 제직회원들과 여러 성도들은 당회의 이러한 결정에 순종하여 즐거운 마음으로 성가대와 제직회에 간식을 제공했고, 강대상에 꽃을 장식했다.

둘째, 임직. 이윤정 목사가 가장 먼저 임직한 사람은 그 동안 협동장로로 섬기고 있던 김재화 장로를 시무장로로 허락한 일이다. 이에 대해 1985년 4월 14일에 개최된 공동회의록은 다음과 같이 기록하고 있다:

"시무장로 취임 허락의 건"
협동장로로 시무하시는 김재화 장로님을 그 명예를 보존코저 당회의 결의로 공동회의를 열다.
이윤정 목사 사회로 일부 예배로: 찬송 355장을 부른 후 서일석 장로로 기도케 한 후 성경 출 3:1–5을 봉독하고 모세를 부르심의 제하에 설교한 후 기도로 일부 예배를 마치다.
2부 회의에 있어서 출석 회원 60명으로 투표한 결과 가표 54표, 부표 2표, 기권 4표로 2/3 이상의 가표를 얻어 일차 투표로 끝내고 회장이 기도한 후 회의를 마치니 오전 12시 30분 이었더라.

1985년 4월 14일
회 장 이윤정
서 기 서일석[248)]

두 번째 임직은 1985년 5월 19일에 있었다. 이윤정 목사는 당회의 결의로 1985년 5월 19일에 공동의회를 개최하고 장로 1인, 안수집사 2인, 권사 3인을 선택하고, 1986년 4월 8일에 이윤정 목사 위임식과 함께 임직식을 거행했다. 교회에서 임직자들에게 양복과 한복을 선물했고, 잔치도 교회 재정에서 부담했다. 1985년 5월 19일에 개최된 장로, 안수집사, 권사를 선택하기 위한 제76회 공동의회에서 이윤정 목사는 사도행전 6:3-6 말씀을 본문으로 "성령과 지혜의 사람"이란 제목으로 설교한 후 임직 투표에 들어갔다. 공동의회 진행 및 결과에 대해 『공동회의록』 내용을 통해 알아보자:

공동회의장 이윤정 목사 사회로 1부 예배를 마치고 총 참석 회원 61명 중 장로선택에 있어서 43표 가표를 얻은 김충현 집사가 선택되었고, 안수집사 선택에 있어서 김영만, 박정선 각각 52표의 가표를 얻어 선택되다.
권사 선택에 있어서 회원 61명 중 54표를 얻은 강순점 집사가 선택되었고, 그 후에 2차 투표로 회원 40명 중 성호덕 33표, 김갑순 28표로 선택되다.
회의를 마치고 사회자 기도로 폐하니 오후 1시 20분 이었더라.

1985년 5월 19일 회 장 이윤정
서 기 서일석[249)]

셋째, 주일학교. 이윤정 목사 시절 본교회 주일학교는 장년주일학교와 유년주일학교와 중고등주일학교로 나누어져 있었다. 장년주일학교 공과공부는 주로 김재화 장로가 담당했고, 유년주교와 중고등주교는 부장 중심으로 운영하였다. 부장과 교사들은 당회에서 임명하여 권위를 세워주었다. 1987년 2월 22일 제48회 당회록에 "교사헌신예배를 허락해 달라는 교사진의 요청에 따라 허락하기로 함."이라고 기록되어 있는 것으로 보아 그 동안 교사헌신예배를 드린 적이 없다가 1987년에 처음으로 교사헌신예배를 드렸음을 알 수 있다.

넷째, 자치기관. 자치기관은 학생회, 청년회, 여전도회가 대표적으로 활동하였다. 여전도회는 마르다회와 마리아회로 나누어 운영하였고, 남전도회는 아직 조직되지 않았다. 여전도회는 식사 등 다양한 봉사로 교회의 중추적인 역할

주

248) 『공동회의록』제74회, 1985년 4월 14일.

249) 『공동회의록』제76회, 1985년 5월 19일.

을 담당하였다. 청년회와 여전도회에는 장로 중에서 교회에서 임명한 고문을 두었다.

다섯째. 교회 부서. 교회부서는 재정부, 교육부, 전도부, 관리부로 나누어 운영하였고, 부장은 장로로 하는 것을 원칙으로 하였지만 관리부의 경우는 박정선 집사가 부장으로 임명되는 등 예외를 적용하였다.

4. 성도들의 증언

첫째, 예배 소감. 송일조 목사처럼 이윤정 목사 역시 평소 주일 낮 예배 시간은 1시간을 넘지 않았다. 설교시간이 길지 않았다는 것이다. 이 목사는 말씀을 선포할 때 크고 우렁차지 않고 작고 낮았다. 작은 목소리라 해서 설교 내용이 잘 전달되지 않은 적은 없었다. 마이크를 적절하게 사용함으로서 말씀이 잘 전달되었고, 은혜가 있었다. 유년주일학교와 중고등 주일학교 예배 설교를 1개월에 1회 또는 2회하셨다. 유년주일학교 교사들의 요청이 있으면 예배 축도를 하셨다. 예배 시 까운은 성찬식 등 특별한 행사가 있을 경우에만 착용하였다. 표현을 장황하게 하는 편이 아니었고 유창한 언변을 소유한 것도 아니었지만 설교에 과장이 없었고, 언제나 진실하다는 느낌을 주었다.

둘째. 특징. 이윤정 목사는 성품이 매우 온화하였다. 예의범절이 뛰어났고, 도덕적으로 본이 되었으며, 유순하였다. 자신의 주장을 관철하려고 애쓰지 않고 언제나 타인의 생각을 깊이 고려하였다. 일상 생활할 때 당시 본인도 매우 어려운 처지였지만 노인들을 섬기고 그들을 보살피는 일을 잘 하셨고, 명절에는 고무신을 사서 노인들을 위로하였다. 사모는 경상도 말씨를 사용하였고, 다정다감하여 모든 성도를 잘 섬겼던 것으로 기억한다.[250)]

주

250) 송호덕 권사가 이혜경 권사에게 증언한 내용을 정리한 것. 2011년 2월 14일.

그러므로 너희로 말미암아
하늘은 이슬을 그쳤고
땅은 산물을 그쳤으며
내가 이 땅과 산과 곡물과 새 포도주와
기름과 땅의 모든 소산과 사람과
가축과 손으로 수고하는
모든 일에 한재를 들게 하였느니라

제6부
현대 역사 : 1987~2011

제14장 변유복(卞有卜) 목사 시절:1987-2010

변 유 복 목사

도약기에 본교회를 섬겼던 송일조 목사와 이윤정 목사가 자신들의 사명을 충실하게 감당하고 하나님이 예비하신 또 다른 교회로 사역지를 옮겼다. 이윤정 목사 후임으로 부임한 변유복 목사는 본교회 현대 역사의 대부분 기간을 이루어 놓았다. 본교회 100년 역사에서 23년이라는 장기간을 목회한 목사는 현재까지는 변유복 목사가 유일하다. 그 만큼 본교회가 성숙했다는 반증이다. 변 목사의 사역 기간이 긴 만큼 역사에 남길 자료도 다른 목회자들의 기간에 비해 많아질 것이다.

변유복 목사의 사역기간은 국내에서는 88올림픽과 2002년 월드컵 개최, 군인정치가 종식되고 민주화의 꽃을 피우기 시작한 시기이다. 시대적으로는 20세기와 21세기를 아우르는 기간이다. 한국교회는 88년을 기점으로 성장이 정체되는 현상을 보이기 시작했고, 급속한 성장통을 겪으면서 대형교회를 중심으로 빛과 소금의 역할을 다하지 못하는 모습이 매스 미디어를 통해 보도되기도 했다. 이 때 본교회는 주변 환경이 광양제철소라는 거대한 기업이 건설되면서 급속한 변화를 겪었고, 인구가 폭발적으로 증가했다. 본교회는 시대의 변화에 적응하고 그들을 충분히 보듬기 위해 교회당을 신축하는 등 새로운 모습으로 다양한 활동을 전개했다.

1. 변유복 목사의 전기적 개관

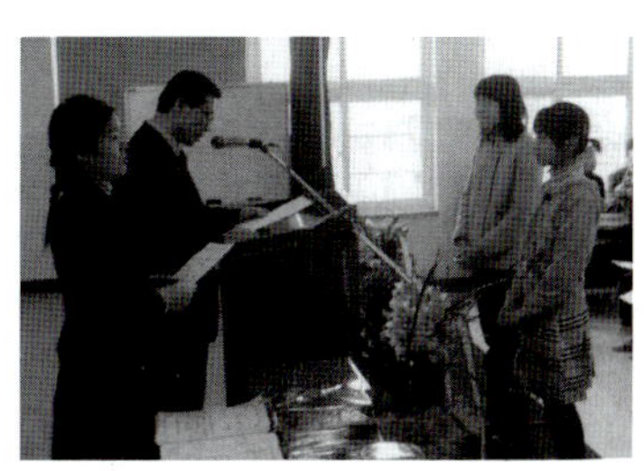

1.1. 생애[251)]

변유복 목사는 1947년 7월5일 전남 광양읍 칠성리 1구 330번지에서 아버지 변기열, 어머니 김계순 사이에서 장남으로 태어났다. 변 목사의 이름이 "유복" 된 것은 그가 태어나기 전에 아버지가 여순 반란사건[252)] 시 사망하였기 때문에 모친이 "태어나기 전에 아버지를 여읜 아들"이란 의미의 유복자(遺腹子)에서 "유복"이란 이름을 지어주었다. 부친이 돌아가신 후 어머니는 재혼하였으나 변 목사가 3살 되었을 때 병으로 세상을 떠났기 때문에 그는 부모의 얼굴을 전혀 기억하지 못한다. 양친을 일찍 여읜 변 목사는 할아버지와 작은 아버지 가족들과 함께 어울려 성장해야 했다.

변 목사가 교회에 출석하기 시작한 것은 1960년 순천 중앙초등학교 6학년 때였다. 초등학교를 졸업할 무렵 작은 아버지 가족이 서울로 이사하였기 때문에 수원중학교(1963년 졸업)와 수원고등학교를 졸업(1966년) 하였다.

변 목사가 목회의 길을 결심한 데는 1965년 어느 날 성령을 체험한 것이 커다란 계기가 되었다. 성령을 체험했을 때 그 동안 자신이 살아온 인생길을 되돌아보면서 자신의 죄를 기억하고 하나님께 용서해 달라고 회개했다. 매일 기도하며 울었고, 그때부터 전도하기 시작했다. 기도하고 전도하면서 목사가 되어야겠다고 결심하게 된다.

1968년에 서울 한강교회에서 목사 김무생에게 세례를 받았고, 그 후 군에 입대하였는데 하나님의 은혜와 예비하심으로 군종병이 되었다. 1973년 1월에 제대를 하고 그 해 3월에 지체 없이 서울 장로회신학대학교에 입학하여 1976년에 졸업하였다. 신학교를 졸업한 그 해 4월에 대한예수교장로회(통합) 충북노회 충복 광평교회에서 첫 목회를 시작하였고, 시무하면서 교회당을 건축하였다. 이후 본 교회에 시무하기 전까지의 사역 내용을 간략하게 설명하면 다음과 같다:

1977년 9월 경안노회 경북 예천 직신교회 시무
1978년 6월 진주노회 경남 산청 평촌교회 개척
1980년 1월 진주노회 경남 사천 대진교회 개척(교회당 건축)
1982년 5월 총회 목사고시 합격

주

251) 본 내용은 변유복 목사가 2010년 9월 10일 11시 44분에 필자에게 e-mail로 보내 온 자료에 근거하여 작성한 것임.

252) 1948년 10월 20일 전라남도 여수에서 주둔하던 국군 제14연대 소속 좌익계열 군인들이 일으킨 반란사건.

1982년 9월 진주노회 경남 남해 설천교회 시무
(시무 중 설천진목교회당 건축)
1984년 4월 제56회 진주노회에서 목사안수 받음.

1987년 9월에 본 교회에 부임하여 2010년 9월 현재 23년간 목회하였다. 변 목사는 부임 후 1994년 12월까지는 임시목사로 목회하다가 1995년 1월에 위임목사가 되었다. 본교회는 변유복 목사를 위임목사로 결의하기 위해 1994년 2월 20일 오후 8시에 공동의회결과를 『공동회의록』은 다음과 같이 기록하고 있다:

본교회 6년 6개월 시무한 변유복 목사 위임투표를 하니 총 92표 중 찬성 86표 반대 3표 기권 3표로 본교회 위임목사로 가결하다.[253)]

본교회는 변 목사를 1994년 2월 20일에 위임목사로 가결한 후 위임식은 신축 예배당 입당식과 항존직 임직식 및 퇴임식과 함께 1995년 1월 2일 오전 11시에 거행했다.[254)] 변유복 목사는 위임식 후 위임목사로서 본 교회를 성실하게 섬기다가 2010년 9월 27일에 사임하였다. 그가 사임한 가장 큰 이유는 본 교회가 앞으로 후임 목사와 함께 더욱 활성화되기를 바라는 마음에서였다.

변 목사는 시(詩)에도 조예가 있어서 2008년에 자유문예 시부문 등단하여 화산(化山)이란 호(필명)로 시인이 되었다. 변 목사의 시 두 편을 소개한다:

1. 밤의 노래

비스듬한 어둠
저 멀리서
멍석을 깔듯이 덮이고
불어오는 갈바람
쌀쌀한 느낌

분주한 하루일과
실타래 감듯이
서둘러 마친 걸음
앞서 굴러가는 낙엽하나.

주

253)『공동회의록』, 제84회, 1994년 2월 20일.

254)『성전입당,목사위임,장로,집사,권사임직및 장로,집사,권사은퇴식』순서지, 1995년 1월 2일.

찬이슬 내려
마른 잎을 적시면
서글픈 풀벌레 소리
이슬방울 노래되어
잠시 걸음을 멈추게 한다.

깊은 밤 어둠으로
세상은 고요해 지고
별들의 소곤거림
영원한 소리로 되어 가니
하늘의 평화가 덮인다.

2. 가 을 비

여름을
멀리하여 쫓고
가을을
서둘러서 밀고
겨울을
앞당겨 오게 하는
시원한 가을비

여름내
흘렸던 땀방울
식혀주고
못내 아쉬워하는
벌레들
소리 뒤로하고
세월을 재촉하는 비

내렸다가
다시 올라 가지만
땅에서는
생명을 준비 시키는
사랑의 노래
가을비가 내린다.

변 목사는 36년간의 목회 활동을 마감하면서 자신의 삶을 다음과 같이 정리하였다:

나는 성장과 학교, 사회, 신앙생활에서 고난을 많이 겪었다. 그러므로 성령께서 사로잡아 인생을 바꾸어 놓았다. 한 그릇의 밥이 얼마나 귀함을 안다. 그러므로 인내심이 강하고 투철한 정신력, 책임감 강하다. 고난 속에서 살아온 사람인지라 가난이 무엇이고 중요한 것이 무엇인가를 안다.

내가 손해를 보더라도 남에게 손해를 주지 않았고 폐를 끼치는 것을 싫어한다. 교우들에게 그렇게 가르쳤고 그 말대로 살아 왔다. 그래서 진리(말씀) 외에는 많은 부분을 평신도에게 양보하며 목회했다. 교회 평화가 가장 중요하다고 생각했기 때문이다.

목사는 주의 종이다. 그러므로 성공도 없고 실패도 없다. 그저 종으로 일할 뿐이다. 이런 목회철학을 36년간 지켜왔다. 이름을 남기지 않으려 한다. 지금도 그 생각은 똑 같다. 그래서 사실 본 교회 100년사에 내 이름, 내 업적을 올리는 것이 매우 부담스럽다.

일을 끝낸 후 소리 없이 바람처럼 사라지기를 원한다. 나라는 존재가 성도들의 기억 속에서조차 잊혀지기를 원한다. 저는 목회를 하면서 돈, 이성, 명예에 유혹 당하지 않는데 성공했다.

변 목사는 1975년 1월 27일에 강일자(본적: 경남 통영시) 사모와 결혼하여 슬하에 3녀를 두었다. 장녀 변희정은 대전 카이스트(한국과학기술원)에서 공학박사를 취득하고 경기도수원대학교 IT대학교수로 재직하고 있다. 차녀 변영실은 서울 세종대학교 공과대학을 졸업한 후 수원 입시학원 과학 강사로 활동하고 있다. 3녀 변경은은 연세대학교와 장신대학교를 졸업하고 목사 부인이 되어 교회를 섬기고 있다. 큰사위 유정록은 한국과학기술원(카이스트)에서 공학박사 학위를 취득하고 삼성연구원에서 선임연구원으로 근무하다가 2010년 8월 국가기술공무원 5급에 공채로 합격하여 공무원으로 근무하고 있다. 막내사위 차지성은 연세대학교 음악대학 성악과를 졸업한 후 하나님의 부르심을 받고 장로회신학대학 졸업하고 현재 서울 동교동교회를 부목사로 섬기고 있다.

1.2. 목회철학[255)]

변유복 목사는 부임 초기인 1987년부터 2010년 9월 현재까지 23년 동안 복음주의 신학을 바탕으로 교회를 섬겼다. 변 목사가 본 교회에 부임할 당시 포항제철주식회사가 태인동(당시 명칭은 태인도) 앞바다 거의 전체를 매립하여 광양제철소를 건설하고 있었다. 본 교회는 설립 역사 이래 가장 커다란 변화의 물결에 직면해 있었던 것이다. 이곳에 광양제철소가 들어서는 것이 교회에 어떠한 방향으로든지 영향을 미칠 것이 분명해 보였다. 그 동안은 태인도라는 섬 주민들로만 구성되어 있던 교회가 타지의 성도들과 한 권속이 되기 시작했던 것이다. 고향을 떠나 타지에서 생활하던 젊은 성도들이 들어오기 시작했다. 이러한 현상은 변 목사가 부임하기 전부터 벌써 일어나고 있었지만 변 목사 부임 이후에 더욱 활발하게 일어날 가능성이 많아 보였다. 본 교회가 섬지역 교회라는 타이틀을 벗고 그 시야를 더 넓힐 수 있는 하나님이 주신 기회를 맞이한 것이다. 변 목사는 부임하였을 때 이러한 변화를 감지하고 정착하기 시작한 젊은 성도들의 역할을 고민하면서 동시에 앞으로 더 많은 성도들이 본 교회를 통해 올바른 예배를 드리고, 영적인 위로와 평안을 얻으려면 어떻게 해야 할지를 고민했다. 지역적인 특성으로 볼 때 태인도는 전형적인 농어촌 지역이고 교회당 역시 교통편이 매우 불편한 곳에 위치해 있었기 때문에 타지역 성도들이 본 교회에 출석하기로 결심하기는 여러 가지 제약 조건이 많아 보였다. 변 목사는 다양한 여건들을 고려하면서 고민하고 기도한 결과 다음과 같은 몇 가지 목회철학을 수립했다.

1.2.1. 철저한 복음주의

우리나라가 고도의 경제성장을 이루면서 발생한 문제의 한 요소가 물질만능주의이다. 초대교회 시대에 고린도교회처럼 성도라 할지라도 이 땅에 발을 붙이고 사는 한에서는 이와 같은 분위기에 영향을 받지 않을 수 없다. 이러한 사회현상과 병행하여 교회가 겪어야 하는 심각한 병폐 중 하나는 교회의 세속화(secularization) 이다. 물질만능주의와 맞물려 일어나는 현상은 성장주의 권위주의 등이다. 사실, 기독교 역사를 보면 교회의 세속화 문제는 어제 오늘의 이야기가 아니다. 초대교회가 313년 로마황제인 콘스탄티누스(Constantinus, 274~337)대제가 기독교를 공인한 이후부터 그 동안 300년 가까운 세월 동안

주

255) 변유복 목사의 목회철학은 2010년 9월 5일(주일) 오후 1시경 본 교회 1층 회의실에서 있었던 변 목사와 인터뷰 과정에서 정준기 교수의 질문에 변 목사가 답변한 내용을 토대로 작성한 것이다.

핍박받던 교회에 신앙의 자유가 주어졌다. 교회는 하나님께 감사했고, 제국에 감사했다. 그런데 어쩌면 교회가 핍박받았을 때보다 더 심각한 문제가 교회를 휩쓸기 시작했다. 교회에 입교하지 않으면 세상적인 출세도 보장받을 수 없는 환경이 되었을 때 교회는 급속도로 세속화되었던 것이다. 초대교회 시대를 거쳐 중세에 오면 더욱 심각하다. 겉은 화려했지만 믿음의 순수성을 찾는 일은 매우 어려운 시대를 맞이했던 것이다. 한국교회가 이와 유사하게 된다면 교회의 영향력은 빠르게 사라질 것이고 예수님이 말씀하신 "세상의 빛과 소금"의 역할을 감당하기 보다는 오히려 예수님의 이름을 욕되게 할 것이 자명한 사실이다.[256] 변 목사는 교회의 세속화 문제를 극복하려면 철저한 복음주의 신학으로 목회하는 길 밖에 다른 대안이 없다고 판단했다.

복음주의 신학자들은 복음주의는 폭력, 독재, 가난 등 세계의 여러 문제들에 대해 관심을 가지는 것이며, 예수 그리스도는 하나님과 사람을 잇는 유일한 중재자이심을 믿으며, 예수 그리스도의 죽음은 대속적인 죽음임을 믿는 것이라고 정의하고 있다. 또한 예수를 믿는 믿음으로 구원을 받으며, 성령에 의한 개인적인 믿음과 회심으로 거듭난다는 것, 믿음과 그리스도인의 삶의 기초는 하나님의 말씀인 성경이라는 것, 그리고 성경적인 설교와 전도에 헌신하여 사람들을 그리스도 안의 믿음으로 인도해야 한다는 것을 강조한다.[257] 변 목사는 이러한 복음주의 신학을 지향하여 예수 그리스도를 통한 구원을 강조하면서 교회의 사회적 영향력에 초점을 맞춘 목회철학을 구상했던 것이다.

1.2.2. 말씀중심

변 목사의 말씀중심의 목회철학에는 크게 세 가지 요소를 담고 있다. 첫째, 말씀중심의 예배를 드리겠다는 것이다. 예수님은 사마리아 수가성에 있는 야곱의 우물에서 한 여인을 만나 대화하시면서 다음과 같이 말씀하셨다. "아버지께 참되게 예배하는 자들은 영과 진리로 예배할 때가 오나니 곧 이 때라 아버지께서는 자기에게 이렇게 예배하는 자들을 찾으시느니라. 하나님은 영이시니 예배하는 자가 영과 진리로 예배할지니라."(요 4:23-24). 예수님은 사마리아 여인에게 너희가 하나님을 예배한다는 것은 매우 중요하고 좋은 일이지만 하나님이 원하시는 예배란 "영과 진리"로 드려지는 예배임을 가르치신 것이다. 즉, 예배를 드리되 성령과 말씀에 의한 균형 있는 바른 예배를 드릴 때

주

256) 이를 잘 증명해 주는 것이 최근에 기독교윤리실천운동에서 조사하고 발표한 한국교회 신뢰도이다. 교회에 출석하지 않는 사람이 한국교회를 신뢰는 신뢰도는 2010년 초 기준으로 볼 때 46.36% 로서 50%를 넘지 못하고 있다. 이 수치는 2008년도 24% 대에 비하면 두 배나 증가했지만 여전히 낮은 수준이다. 신동식, "교회의 세속화와 세속화 된 신앙," 문화와 설교연구원, 2010.8.3.

257) 영국의 사학자 데이빗 베빙턴(David Bebbington)이 제안한 복음주의의 네 가지 특색은 다음과 같다.

회심주의(Conversionism) – 성령에 의한 회심 ("중생", "거듭남", "새로남" 또는 "구원") 경험을 강조한다. 여기서 말하는 회심(회개)은 헬라어 메타노니아를 번역한 말로서, 단순히 죄를 뉘우치는 게 아니라 가치관을 바꾸는 생각의 변화를 말한다. 세상의 가치관이 아닌, 하나님 나라의 가치관으로 가치관을 바꾸는 생각의 변화가 그리스도교에서 말하는 회심이다.

성경주의(Biblicism) – 성경 또는 성경을 하나님의 말씀으로서 유일한(only) 또는 일차적(primary) 권위로 본다. 1974년 발표된 로잔 언약에서는 성서는 하나님의 뜻을 아무런 오류가 없이 드러낸 하나님의 말씀이며, 기독교 신앙의 유일한 판단 근거라고 선언하였다.

행동주의(Activism) – 문서선교나 해외선교 등의 선교 활동을 강조한다. 단, 행동주의는 성서를 지나치게 단순하게 해석할 뿐만 아니라, 반(反)복음적인 사회구조를 비판하고 극복하기보다는 신자유주의 사회에서 어떻게 번영하고 성공(成功)할 것인가에 대한 방법론을 가르칠 위험이 있으므로 비판적인 해석이 필요하다. 실제로 《목적이 이끄는 삶》(릭 워렌),《긍정의 힘》(조엘 오스틴)등의 복음주의 출판사들이 내는 미국의 복음주의 서적들은 그러한 위험성을 내포하고 있다는 비판을 받는다.

하나님은 그 예배를 흠향하신다는 의미로 해석할 수 있다. 요한복음 1장 1절은 "태초에 말씀이 계시니라 이 말씀이 하나님과 함께 계셨으니 이 말씀은 곧 하나님이시니라 ."고 선포한 후 14절에서 "말씀이 육신이 되어 우리 가운데 거하시매 우리가 그의 영광을 보니 아버지의 독생자의 영광이요 은혜와 진리가 충만하더라."고 말씀하고 있다. 요한복음은 말씀이 예수님이심을 가르치고 있는 것이다. 그러므로 성령은 예수님의 영이시니 예수님은 말씀 중심의 예배를 강조하신 것이다. 말씀중심의 예배는 예배에서 설교를 가장 중요하게 생각했던 종교개혁자들의 신학이었다. 변 목사는 예수님의 가르치심과 종교개혁자들의 신학을 따르는 목회철학을 세웠다고 볼 수 있다. 말씀중심의 예배란 바른 신앙고백을 드리는 예배이다. 마태복음 16:13-18을 보면 예수님이 제자들과 일문일답하시는 내용이 있다. 예수님이 가이사랴 빌립보에서 제자들에게 물으셨다. "사람들이 인자를 누구라 하느냐." 그 질문에 제자들은 "더러는 세례 요한, 더러는 엘리야, 어떤 이는 예레미야나 선지자 중의 하나라 하나이다."라고 대답한다. 예수님은 다시 질문하신다. "너희는 나를 누구라 하느냐." 그 때 시몬 베드로가 마치 예수님의 그 질문을 기다리기나 한 것처럼 재빨리 대답한다. "주는 그리스도시요 살아 계신 하나님의 아들이시니이다." 베드로의 답변은 선생님의 질문 내용을 바르게 파악한 유능하고 장래성이 있는 학생의 정확한 대답 같이 예수님의 마음을 시원하게 했다. 그래서 예수님은 기쁜 마음으로 즉시 베드로가 스스로는 가히 감당하기 어려운 복의 말씀을 주신다. "바요나 시몬아 네가 복이 있도다. 이를 네게 알게 한 이는 혈육이 아니요 하늘에 계신 내 아버지시니라. 또 내가 네게 이르노니 너는 베드로라 내가 이 반석 위에 내 교회를 세우리니 음부의 권세가 이기지 못하리라." 베드로가 고백했던 "주[예수님]는 그리스도시요 살아 계신 하나님의 아들이심"을 믿는 신학과 신앙 위에 예수님의 교회를 세우실 것을 약속하신 것이다. 변 목사가 말씀중심의 목회를 자신의 목회철학으로 정한 것은 베드로의 신앙고백과 동일한 신앙고백 위에서 교회를 섬기겠다는 자신의 신학과 신앙의 표출인 것이다.

둘째, 말씀대로 실천하는 교회가 되게 하겠다는 다짐이다. 말씀중심의 교회라고 하면서 말씀과 생활이 일치하지 않는다면 "말씀중심"이란 일종의 허공을 떠도는 구호나 메아리에 불과할 것이다. 변 목사는 말씀과 생활이 일치하지 않는 교회, 말씀에 기초한 섬김이 없는 교회는 "주축 없이 흙 위에 집 지은 사람과 같으니 탁류가 부딪치매 집이 곧 무너져 파괴됨이 심하니라."(마7:26-27;

눅6:49)는 예수님의 말씀이 이루어지는 것을 체험하게 될 것임을 확실하게 믿은 것이다.

셋째, 유사 기독교로부터 교회를 지키겠다는 강한 의지의 표현이다. 교회사를 통해 보면 교회가 초대교회 시대부터 지금까지 유사 기독교로부터 사유로운 적이 단 한 번도 없다. 초대교회의 영지주의, 몬타누스주의, 가현설주의자들, 아리우스주의, 펠라기우스주의 등을 비롯한 종교개혁이후에 일어난 알미니안주의, 재세례파 등이 그들이다. 최근 우리나라에서 많은 교회내부 뿐만 아니라 사회적으로도 물의를 일으킨 다미선교회, 신천지 등을 비롯한 김기동의 귀신론과 만민중앙교회파 및 구원파 등이 그 대표적인 예일 것이다. 이상에 언급한 유사 기독교 단체들은 영지주의를 제외하고는 모두 정통 교회와 동일한 성경에 기초한 신학을 가지고 있다고 주장하고 있다. 변 목사는 이러한 이단들로부터 교회를 지키는 방법은 복음주의 신학에 기초한 말씀중심의 목회가 가장 중요하다고 생각한 것이다. 변 목사의 말씀중심의 목회철학은 2010년 필자가 광신대학교 교회사연구소 소장 정준기 교수와 함께 본 교회의 주일 오전 11시 예배 설교에서 분명히 드러나고 있음을 확인할 수 있었다. 설교는 누가복음 10:25-37을 본문으로 "하나님의 마음을 얻으시오"란 제목이었다.

변 목사는 원고에 의지하지 않고 확신에 찬 어조로 시작부터 끝까지 설교를 이어나갔다. 처음에는 차분하고 조용하면서도 또록또록한 음성으로 시작했다가 강조할 대목에서는 목소리에 힘을 주어 강조하였다. 성도들의 "아멘" 화답은 그리 중요하게 생각하지 않았다. 청중의 기대에 맞추는 설교가 아니라 하나님의 기대에 초점을 맞추는 설교였다고 평가할 수 있다. 자신이 하나님의 말씀이라고 믿는 그 말씀을 본문에 기초하여 정확하게 전했다. 참 믿음의 사람은 사람의 마음에 합한 자가 아니라 하나님의 마음에 합한 자라는 것을 분명하게 강조했고, 자신의 설교법을 통해 그것을 잘 드러냈다는 생각이다. 하나님의 마음을 얻는 방법은 말씀을 증거하고, 성령으로 충만을 강조하고 이웃을 돌아보는 사랑의 실천에 있음을 강조했다. 변 목사는 본문말씀이 주는 음성에 귀를 기울이고 그 의미를 자신이 설교를 통해 청중에게 전하고 싶은 핵심을 설교제목으로 정한 후 설교제목에 어울리게 설교 내용을 전개해 나갔다. 말씀중심이라는 자신의 목회철학이 한 편의 설교 속에 모두 포함되어 있다는 생각이다. 변 목사는 설교 준비에 전심전력을 기울인다고 말한다. 그의 말을 들어보자:

저가 말씀중심의 목회를 해야겠다고 생각한 대에는 여러 가지 원인이 있겠지만 가장 큰 요인은 중마동을 비롯한 주변지역에 살고 있는 성도들이 우리교회에 출석하려면 어떤 특별한 것이 있어야 하는데 그것은 바른 말씀 선포뿐이라고 판단한 것입니다. 음식 맛이 좋은 식당은 소문을 듣고 그 음식을 먹기 위해 먼 길도 마다하지 않고 찾아가지 않습니까? 저는 말씀도 마찬가지라고 생각합니다. 설교에 영적인 맛이 있어야 한다는 것입니다. "아! 태인교회에 가면 정말로 들을 만한 말씀, 먹을 만한 말씀이 선포되더라. 우리 태인교회에 가보자."는 소문이 퍼지게 해야 합니다. 결코 쉬운 일은 아닌 줄 알지만 그래도 저는 이 일을 위해 지금까지 최선을 다해 왔습니다.[258)]

변 목사는 설교에 많은 시간을 사용한 데에는 그만한 이유가 있었던 것이다. 태인동 지역은 광양제철소가 바로 앞에 있는 공해지역이고, 문화적인 면에서도 시청 등이 있는 중마동과 비교할 때 차이가 많기 때문에 바른 말씀을 선포하는 것이 중요하다고 판단한 것이다. 물론, 목사의 임무 중 가장 중요한 것은 말씀을 선포하고 가르치는 일이다. 변 목사는 목사의 최대 임무에 바른 인식에 주변여건이 더해져서 설교에 전념하는 시너지 효과가 나타난 것이다.

1.2.3. 교육중심[259)]

교회는 교육을 통하여 예수님의 제자를 제자답게 만들어 가야 한다는 변 목사의 생각이다. 교육중심의 가르치는 목회를 한 것이다. 변 목사는 자신의 교육중심 목회철학을 본 교회에 적용하기 위하여 몇 가지를 실천했다.

첫째, 크로스웨이 성경연구과정 운영. 변 목사는 본 교회에 부임한 초창기에 성도들이 구원의 확신을 갖는 것이 매우 중요하다고 생각하고 크로스웨이 성경연구과정을 2회 참석하여 이수한 후 본 교회에 적용했다. 크로스웨이 성경공부 중 구원관을 집중적으로 가르쳤다. 대상은 전교인이었고 20명을 기준으로 한 반을 만들어 2년간 교육했다. 교육은 7년간 지속했고, 총 3개반이 졸업했다. 변 목사가 크로스웨이를 가지고 구원관을 교육한 이유는 하나는 크로스웨이 성경연구에서 가르치는 구원관이 하나님의 말씀에 기초하여 구원에 대한 확신을 분명하고 체계 있게 그러면서도 신속하게 가르쳐 줄 수 있게 하는 장점이 있다고 판단했기 때문이고; 다른 하나는 크로스웨이가 설명하는 다음과 같은 성경연구의 특징이 가슴에 와 닿았기 때문이다:

크로스웨이 성경연구의 특징은 첫째, 성경적입니다. 이 교재의 저자는 자신을 극단의 보수주

주

258) 2010년 9월 5일 오후 1시 본 교회 1층 회의실에서 변유복 목사와 면담. 정준기 교수 배석.

259) 본 내용은 변유복 목사가 2010년 9월 10일 11시 44분에 필자에게 e-mail로 보내 온 자료에 근거하여 작성한 것임.

의나 극단의 진보주의 신학자가 아니라고 고백했습니다. 이 교재는 순수한 성경적 바탕에서 성경을 해석케 함으로 성경이 원 교재이고 이 크로스웨이는 부교재입니다. 둘째, 분명하고 난해한 신구약 성경을 간결하고 명쾌하게 전개시키고 있습니다. 주제의 흐름과 내용의 메시지들을 체계적으로 통일성 있게 강해함으로써 성경 전체를 꿰뚫어 보게 합니다. 셋째, 입체적입니다. "한 폭의 그림이 천 마디의 말을 한다."라는 격언이 있습니다. 이 교재는 문장으로 된 내용 외에도 매 과마다 1-8컷의 천연색 그림과 프로젝터로 입체감 있게 구성되어 있습니다. 넷째, 새로운 변화가 일어납니다. 크로스웨이를 실시한 교회마다 성경의 놀라운 역사가 일어나고 있습니다. 성경공부를 지식 습득으로 만족하는 것이 아니라 말씀을 삶의 현장에 실천함으로 섬김의 신앙생활이 새 문화를 창조합니다.[260]

크로스웨이 성경연구 과정을 이수한 성도들의 소감을 들어보자:

본교회에서 실시하는 교육 중에서 가장 체계적이었다고 생각합니다. 참가하게 된 동기는 담임목사님의 권유가 있었지만 주일학교 교사는 필히 참석해야 한다는 교회 분위기와 개인적인 관심 때문이었다. 제3기까지 실시했는데 저는 제1기에 참석하였다. 매주 오후예배 후 실시한 교육에서 담임목사님이 당일 주일 낮 예배 시 설교 내용을 발표하는 시간이 매우 좋았다. 교육 교재는 크로스웨이 전문교재를 3만원씩에 개인별로 구입하였는데 교육 내용이 매우 체계적이어서 공부하기가 좋았습니다. 교사로서의 사명감이 고취되는 훌륭한 교육 이었다고 생각합니다. 앞으로 이와 유사한 교육이 있고 변 목사님과 같은 교육방법을 활용한다면 적극적으로 참여하고 싶은 마음입니다.[261]

우리교회는 80년 이전에는 가족, 친족 중심의 교회로써 예배와 교제중심의 교회였다가 광양제철소가 건설되면서 많은 성도들이 우리교회에 출석하므로 교회에도 다양한 목소리가 생기게 되었습니다. 그러자 목사님께서 성도의 신앙과 교제를 위해서는 무엇인가 있어야 한다는 생각에 크로스웨이를 시작하였습니다. 크로스웨이를 하므로 성경공부를 위해 성도들이 자주 모이기 시작하면서 성도간의 교제가 깊어졌습니다. 예수그리스도의 사랑을 알게 되므로 우리들의 믿음 생활도 더욱 활기가 넘치게 되었습니다.[262]

둘째, 제자훈련. 변 목사는 크로스웨이 성경연구 과정을 통해 성도들이 구원에 대해 바르게 인식했다는 판단이 들자 곧 바로 제자화 훈련에 돌입했다. 먼저 변 목사 자신이 직접 서울 사랑의교회 옥한흠 목사가 실시하는 제9기 제자훈련에 참가하여 훈련을 마쳤다. 변 목사는 훈련 받은 바로 그 해부터 제자훈련을 시작했다. 방법은 크로스웨이 성경연구 과정 때처럼 전교인을 대상으로 지원자를 받아 제3기까지 실시했다. 1기가 졸업하는 데 걸리는 시간은 2년이었기 때문에 총 4년간 제자화 훈련을 실시한 것이다.

주

260) 크로스웨이 성경연구, "은빛 새에 실려간 사랑," http://blog.daum.net/pjh9496, 2010년 9월 14일.

261) 이혜경 권사가 2011년 2월 13일 오후 4시 경 본교회 1층 사무실에서 필자에게 한 말을 정리한 것임. 이규춘 장로와 양정석 장로 동석.

262) 이규춘 장로가 2011년 2월 14일에 필자에게 e-mail로 보내 준 내용을 정리한 것임

셋째, 성경교육. 주일오후 예배시 성경을 강해함으로 교육철학 목회 방법으로 목회해온 결과 이단을 막아내고 건전한 신앙인으로 틀을 잡아 왔다고 생각한다. 변 목사는 본 교회 부임 초기부터 주일 오후 예배와 수요일 밤 예배는 언제나 성경을 권별로 가르치는 강해식 설교를 통해 성도들에게 성경을 교육했다. 주일 밤 예배가 오후 예배로 바뀌었을 때도 이것은 변함이 없었다. 교회학교 또는 각 기관 헌신예배 및 절기예배 등 특별한 경우 이외에는 방식을 유지해 왔다.

필자가 박정선 장로로부터 받은 주보를 통해 변 목사 부임 후부터 2009년 12월 27일까지의 주보를[263] 살펴본 결과 그가 주일 오후 예배와 수요일 밤 예배 때 다음과 같은 성경을 강해식으로 설교한 것을 찾아 볼 수 있었다:

주일 오후 예배

1989 :	누가복음	1990-91:	마태복음
1991-93 :	요한복음	1993-95:	출애굽기
2000(6월)-2002 :	사도행전	2003-06:	창세기
2006-0 9 :	예레미야	2009-10:	요한계시록

수요일 밤 예배

1990.11.-1992.1 .:	로마서	1992.1.-1993.3 .:	사도행전
1993.3.-7. :	호세아	1993.7 -8 .:	요엘
1993.8.-11. :	아모스	1993.12. :	오바댜
1993.12.-1994.3. :	요나	1994.3.-7. :	미가
1994.8.-9. :	나훔	1994.10.-11 .:	하박국
1994.12.-1995.2. :	스바냐, 학개	1995.3.-11 .:	스가랴, 말라기
1996 8.-1997.3. :	다니엘	1997.4 -1998.1.:	요한계시록
1998.2.-1999.6. :	사무엘상	1999.6.-2000.2.:	신명기
2000.2.-8. :	여호수아	2000.8.-12.:	사사기
2000.12.-2003.1. :	마태복음	2003.1.-11.:	레위기
2003.11.-2004.5. :	사사기	2004.5.-2005.7.:	고린도전후서
2005.7.-2006.6.:	에스겔	2006.5.-2007.3.:	야고보서
2007.4.-8. :	사사기	2007.8.- 2008.2.:	여호수아
2008.2.-2009.10. :	역대상	2009.10.-2010.:	에베소서

변 목사는 초기부터 사임할 때까지 주일 오후 예배 때는 성경을 권별로 강해식 설교하는 원칙을 지켰으나 1996년부터 99년까지 약 4년 동안은 격주로 부교역자가 주일 오후 설교를 맡았기 때문에 이러한 설교형태를 잠시 중단했다.

주

263) 필자가 2010년 9월 23일 오전에 박정선 장로로부터 받은 주보는 1990년부터 2009년 12월 27일까지 내용이다.

그러다가 2000년 후반기부터 다시 성경을 권별로 강해식으로 설교하였다. 수요일 밤 예배는 특별한 경우가 아니면 계속적으로 변 목사가 설교하였기 때문에 많은 량의 성경을 강해식으로 설교할 수 있었다. 변 목사는 이에 대한 가장 큰 효과는 "교회가 급성장 하지는 못했어도 말씀, 충성, 봉사, 헌신, 나눔에 든든히 서가는 교회가 되었다."는 것이라 했다. [264)]

변 목사는 이 외에도 충성을 중심으로 하는 교사교육을 실시했고, 봉사중심의 장로집사 기초훈련과 말씀중심의 관계전도 훈련 등을 실시했다. 한글을 모르는 성도들을 위한 한글교실을 운영했고, 태인 노인대학을 3년간 실시했다.

1.2.4. 평신도 중심 사역

변 목사의 목회는 그의 목회철학에 따라 교회의 다양한 분야의 책임을 평신도들에게 일임하였다. 변 목사는 목회철학을 말할 때 두 부분을 강조하는 인상을 주었는데 하나는 상기한 말씀중심의 목회이고, 다른 하나는 평신도 중심 사역이었다. [265)] 그는 자신의 목회 현장에서 평신도들의 비중을 매우 중요하게 생각했다. 그의 말을 들어 보자:

> 저의 목회는 평신도 중심 사역입니다. 우리교회는 아동부[유년주일학교]와 청소년부[중고등주일학교] 등 교육 분야를 비롯한 모든 부분에 평신도들을 지도자로 세워서 그들로 하여금 책임감을 가지고 결정하고 운영하게 하는 시스템입니다. 제가 23년간 본 교회에서 목회하면서 평신도 중심의 교회행정을 실시한 결과 지금은 담임목사가 없어도 교회행정에 전혀 문제가 없습니다. 우리교회는 "목사가 없어도 되는 교회"입니다. [266)]

변 목사가 평신도 중심으로 교육 분야와 교회행정을 실시하고 있었다는 것은 필자가 확인한 몇 가지 요소만 보아도 누구나 공감할 수 있을 것이다.

첫째, 교육 분야. 정준기 교수와 필자가 2010년 9월 5일(주일) 오전 10시 20분경에 본 교회에 도착하여 처음 들어간 곳이 1층에 위치한 회의실이었다. 그곳에 본 교회 100년사 편찬위원장 양정석 장로가 있었기 때문이다. 우리가 들어갔을 때 양 장로는 소파 의자에 앉아 있었고 이규춘 장로가 교사 회의를 주관하고 있었다. 『2010년 태인교회요람』을 확인해 보니 그 장면은 아동부 교회학교 교사회의였고, 양 장로는 아동부 중 소년부 교사로 그 회의에 참여하고 있

주

264) 2010년 9월 5일 오후 1시 본 교회 1층 회의실에서 변유복 목사와 면담. 정준기 교수 배석.

265) 변 목사의 평신도 중심 사역은 많은 장점을 가지고 있었지만 단점도 있었다. 장점은 성도들이 주인의식을 가지고 교회를 위해 열심히 봉사한다는 것이다. 평신도들의 헌신은 곧 목사에게 많은 시간적 여유를 주기 때문에 목사는 목회를 위하여 다양하게 연구할 시간이 많이 주어진다는 것이다. 목사가 연구를 많이 한다는 것은 교회가 영적으로 성장할 가능성이 높아진다는 것이 좋은 일일 것이다. 단점은 성도들이 지나치게 주인의식을 강조하다 보니 목사는 손님처럼 취급하는 경우가 있다는 것이다. 필자가 2010년 9월 10일(금) 오전 10시 20분경부터 교회사연구소에서 변유복 목사와 전화 인터뷰한 내용.

266) 2010년 9월 5일 오후 1시 본 교회 1층 회의실에서 변유복 목사와 면담. 정준기 교수 배석.

었다는 것을 알 수 있었다.[267] 양 장로는 우리 일행이 곧 도착할 것을 알고 회의에 방해되지 않게 우리를 맞이할 생각에 옆에 있는 소파에 앉아서 회의에 동참하고 있었던 것이다. 본 교회 규모 정도 되면 부목사나 여의치 않으면 교육전도사가 있어서 아동부나 청소년부를 지도하는 것이 보편적인 한국교회의 교육행정 방법이지만 본 교회는 모두 평신도들로 구성되어 있었다. 다만, 교장은 담임인 변유복 목사로 되어 있을 뿐이다. 이것은 변 목사가 교육행정을 평신도 중심으로 운영하고 있다는 증거이며, 그의 목회철학의 실천이라고 볼 수 있다.

둘째, 교회행정. 변 목사의 평신도 중심 사역을 알 수 있는 또 다른 부분은 교회행정이다. 이는 광신대학교 교회사연구소가 본 교회의 100년사를 집필하게 된 과정에서 잘 드러난다. 많은 한국교회들이 교회100년사와 같은 중요한 일을 맡길 때 담임목사가 집필진을 결정하는 경우가 대부분이지만 본 교회는 편찬위원회를 구성한 후 위원장을 비롯한 위원회에 모든 권한을 전적으로 일임하는 형태를 취했다. 필자가 2010년 2월 말 광양기독교선교백주년기념관에서 이규춘 장로에게 개교회사 집필의 중요성과 집필 방향 및 지금까지의 한국교회 개교회사의 장단점 등을 설명한 적이 있었는데 그 후 2010년 8월 26일 오후에 편찬위원장 양정석 장로로부터 전화연락이 왔다. 그리고 9월 7일에 양 장로는 "지난 주일에 당회에서 집필하기로 결정되었다."는 소식을 전화로 전해주었다. 이러한 일련의 교회행정 방식에서 변 목사의 평신도 중심 사역의 면모를 분명히 볼 수 있다. 본 교회 100년사 집필진 확정 과정을 양정석 장로와 이규춘 장로의 말을 각각 들어보자:

변유복 목사님 교회행정 방법은 본인의 생각이 있어도 성도들의 이야기를 먼저 듣습니다. 백년사 집필 관계도 보다 객관성을 기하기 위해 목사님 본인이 집필자를 선정하기 보다는 당회가 결정하게 한 것입니다. 이규춘 장로의 말을 들은 후 제가 8월 정기 당회에서 백년사 집필 문제를 거론하였고 당회가 허락하여 추진하게 되었습니다. 과거 초기 역사의 경우 자료의 부족으로 정확한 근거에 의한 집필의 필요성에 당회원들의 공감대가 형성되어 역사 전문가들에게 맡기기로 결정한 것입니다.
백주년기념준비위원회를 조직했는데 초기위원장은 서일석 장로였고 2011년 현재는 서영기 장로입니다. 실행위원 제[양정석 장로]가 맡고 있습니다.[268]

변목사님께서 1988년 남해 설천면 설천교회에서 부임하여 오신 후 처음에는 부임하기 전 교회에서는 단독 목회를 하였으므로 목회자가 교회 행정과 예산 등에 관여하여 때로는 독단적인

주

267) 아동부는 유년주일학교에 해당하는 것으로 본 교회 아동부는 유치부, 유년부, 초등부, 소년부로 나누어져 있다. 『2010년 태인교회요람』, 19.

268) 양정석 장로가 2011년 2월 13일 본교회 1층 사무실에서 필자의 질문에 답변한 내용.

면도 있었습니다. 하지만 한 두 해 지나면서 장로님들과 협의하고 목회자 중심 행정에서 벗어나 여러 기관을 조직하여 그 기관들이 목회 협력 기관으로 활동하도록 하셨습니다. 교회 교인수가 증가하고 기관이 늘어남에 따라 교회에 기관들이 목회자의 목회방침과 기관장의 리더에 따라 주어진 역할을 수행하므로 목회자와 평신도가 협력한 목회, 평신도 중심 목회로 전환이 이루어졌습니다. 이로 인해 목회자와 평신도가 하나님께서 주신 사명과 역할을 수행하게 되었습니다. 교회100년사의 경우도 편찬위원회를 구성하여 그들에게 100년사 발간 방향 결정뿐만 아니라 자료 수집과 원고 수정 등을 전적으로 맡기는 평신도 중심의 목회를 하셨습니다. [269)]

이러한 실질적인 현상 외에도 『교회요람』 등 본 교회에서 자체적으로 만들어 낸 기록 자료를 통해서도 변 목사의 평신도 중심 사역의 면모를 읽을 수 있다. 특별위원회의 활동을 예로 들어 보자. 본 교회는 예배, 교육, 선교, 차량, 장학, 예산 그리고 감사라는 일곱 분야의 특별위원회를 구성하고 있다. 필자는 변 목사의 평신도 중심 사역은 이들 분야에서도 분명히 드러나야 한다는 생각에 2010년 조직을 기준으로 각 분야의 위원장들의 목소리는 들어 보았다:

예배위원회 : 이규민 장로
예배부는 교회 예배를 위한 환경 및 분위기를 조성하고 성례식 집례와 찬송지도와 성가대의 보호와 육성 등 교회 예배를 통한 하나님께 우리 성도들을 인도하는 위원회라고 생각합니다.

교육위원회 : 최판수 장로
교육위원회는 아동부, 청소년부, 청년회를 통한 교육을 하기 위하여 교육위원회를 두고 목사님 목회방침에 맞게 부장, 교사를 구성하고 교육과정을 연구하고 검토하여 당회에 보고합니다.

선교위원회 : 서영석 장로
우리교회에서 선교사를 파송하지는 못하였지만 선교지에 피송된 선교사님께 물질 적인 도움을 8년째 하고 있습니다. 외국뿐만이 아니고 국내에도 어려움이 있는 교회나 목회자를 위해 조금이라도 도움이 되려고 최선을 다하고 있습니다.

차량위원회 : 박정선 장로
차량위원회는 교인의 원활한 수송과 차량의 구입, 사용, 수리, 보관 등을 하고 있는 위원회로서 교인들이 편안하게 교회에 올수 있도록 최선을 다하고 있습니다.

장학위원회 : 이종만 장로
장학위원회는 태인동 지역사회에 도움이 되고자 매년 초등학교와 중학교에 품행이 단청하고 학업성적이 우수한 학생들에게 장학금을 5년째 지급하고 있는 위원회입니다. 앞으로도 지역사회에 교회가 해야 할 일들을 하는 위원회가 되겠습니다.

주

269) 이규춘 장로가 2011년 2월 14일에 필자에게 보내준 e-mail 내용.

예산위원회 : 김종필 장로
예산위원회는 교회 수입과 지출을 수립하는 위원회로 각 부서별 예산배분과 적정성을 고민하는 기관으로 매년 예산을 책정할 때 어려움이 있습니다. 매년 예산을 편성하지만 아쉬움이 있습니다.

감사위원회 : 양정석 장로
감사위원회는 각 부서에 예산을 지원하고 예산 집행을 적정하게 집행하였는지 검사하는 위원회로 때로는 어려움이 있다. 그러나 당근과 채찍을 통해 헌금의 중요성을 인식하기 위한 감사를 실시하고 있습니다.

각 부서의 위원장을 담당하고 있는 장로들의 이야기를 종합해 보면 첫째, 모든 위원회가 자신들에게 주어진 임무가 무엇인지를 잘 이해하고 있고; 둘째, 각 위원회는 위원장을 중심으로 교회 형편에 맞는 계획을 수립하여 자율적으로 운영하고 있으며; 셋째, 자신들에게 맡겨진 사명을 더욱 잘 할 수 있도록 스스로 노력하고 있다는 것을 알 수 있다. 변유복 목사의 평신도 중심 사역은 실제로 적용되었다.

1.3. 주요 활동들 [270)]

변 목사 사역에 나타난 가장 큰 특징 중 하나는 성경말씀에 기초한 그의 삶과 영성 및 강력한 리더십(Leadership)이다.

첫째, 평신도를 통한 교육 활동. 변 목사는 자신의 목회철학 가운데 하나인 "평신도 중심 사역"을 실천하기 위하여 교회학교의 책임을 평신도들에게 일임했다. 여기서 말하는 평신도를 통한 교육 활동이란 모든 교육을 평신도들이 담당한다는 의미가 아니다. 아동부와 청소년부에 한정하고 있다. 아동부의 경우 교장은 담임목사로 되어 있지만 실질적인 활동은 평신도 교사들이 책임을 진다. 본 교회와 같은 방법으로 교회학교가 운영될 경우 예상되는 장점과 단점이 존재한다. 장점은 성도들이 그리스도의 지체 의식을 분명하게 가질 수 있다는 것과 자발적인 봉사문화의 형성, 교회를 위한 기도, 은사의 발견과 계발, 지도교역자 교체에서 오는 행정 공백이나 운영의 혼선 예방 등을 들 수 있다. 단점은 지나친 주인의식으로 지도교역자의 지도력의 한계성 도출과 열정이 전문성 위에 앉는 것, 바른 신학의 결핍 등을 들 수 있다. 필자가 파악한 것으로 본 교회에는 아직 단점이 크게 들어난 경우는 없고, 오히려 장점이 부각되고 있다는

주

270) 본 내용은 필자가 2010년 9월 15일 오후 7시 25분부터 40분까지 본 교회 1층 회의실에서 변 목사와 인터뷰한 것을 기초로 작성한 것임.

것이다.

둘째, 헌신자 중심의 일꾼 배치. 본 교회는 비록 광양시에 속해 있지만 여전히 농촌 문화가 지배적이며 성도들의 구성비가 젊은 층보다는 노인층이 많은 편이므로 교회 행정이나 교육 분야에 은사자를 중심으로 배치할 수 없는 형편이다. 때문에 과거에 그랬지만 변 목사 시절에는 이 점을 고려하여 열정적으로 헌신하고자 하는 성도들을 우선적으로 선발하여 각 분야를 책임질 수 있게 하는 행정 체계를 시도하고 있다. 분야별로 임명이 되면 그에 필요한 적절한 교육을 틈나는 대로 실시하여 전문성 미흡에서 오는 문제들을 해소하는 방식을 취한 것이다. 교회학교의 경우는 강습회 등 자체적인 교육 프로그램이 이러한 역할을 감당하고 있다.

셋째, 전교인체육대회. 예배당이 신축되고 입당예배와 헌당식이 완료되면서 본교회는 보다 더 안정되어갔다. 1980년대에는 100여명이었던 성인 성도수가 2000년대에는 170여명으로 늘어났다. 그러자 교회 내적으로 교인 간의 친교활동의 필요성이 대두되어 전교인 체육대회를 개최하기로 했다. 전교인 체육대회 건을 결의하기 위해 2002년 8월 25일에 제37회로 임시당회를 개최하여 다음과 같이 결의했다:

– 행사부 체육대회개최의 건

0 날 짜: 10월 3일
0 장 소: 연관단지 소공원 운동장
0 누 가: 행사부(약250명 예정)
0 무엇을: 체육대회
0 어떻게: 다양한 경기 및 프로그램으로(경비 약 200만원 예상)
0 왜 : 성도님들의 화목을 위해

당회원 전원 만장일치로 하는 것으로 승인하다.[271)]

당회의 결의에 따라 2002년 10월 3일에 공원운동장에서 태인교회 설립 역사 이래 처음으로 제1회 전교인체육대회를 개최했다. 2004년 10월 30일(토)에는 제2회 전교인체육대회를 개최했다. 믿음팀(짝수구역)과 소망팀(홀수구역)으로

주

271) 『태인교회 당회의록』 제2권, 제37회, 2002년 8월 25일.

나누어 진행된 제2회 전교인 체육대회는 다음과 같이 준비되고 진행되었다. 소망팀 내용을 예로 들어 보자:

〈10월 30일(토) 제2회 전교인 체육대회 소망팀 준비사항〉

1. 일 시 : 2004.10.30.(토) 09:40 ~ 16:00
2. 장 소 : 태인2구 체육공원
3. 팀구성 : 홀수 구역(3, 5, 7, 9, 11, 13, 15, 17구역)
4. 팀 명: 소망팀
5. 팀장 및 부팀장 : 김영준, 이영수
6. 복 장 : 흰색 티셔츠
7. 소망팀 응원 단장 및 도우미 : 박영미, 박경양, 전옥수, 김회라 등

※ 각 구역별 음식 준비에 만전을 기하여 주시기 바랍니다.
※종목별( )구역 참가 선수 명단을 작성해 주세요.

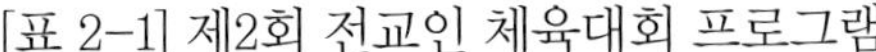

[표 2-1] 제2회 전교인 체육대회 프로그램

게 임 종 목	담당 구역	출전가능대상 (연령 및 남녀)	선수명단	게임방법
바구니 터치기	3	50~60세 혼성	6명	바구니를 먼저
오자미 담기	5	어린이, 20세 이하	3명	큰 통에 빨리
풍선 터트리기	7	청, 장년 혼성 20~50세 이하	1조	발에 묶여진 밟아서 터치기
○, × 게임	전원	전원	전원	교회 역사 문제
친 선 배 구	9	청, 장년 혼성	남1명	배구장
친 선 축 구	11	학생, 청, 장년 남	2명	운동장
닭 잡아오기	13	50세 이상 어르신	남	
바 닥 볼 링	15	50~60세 남녀	남1,여1	골 굴려서 쓰러뜨림
마징가 제트	17	아빠와 유치어린이	1조	아빠가 아이를 목마한 후 눈 가리고 아이가 아빠 귀를 잡고 조정(반환점돌기)
벌 레 축 구	20~50세	5명	작은 공으로 축구	

@@@ 운동장 정리하기, 행운권 추첨, 폐회예배 @@@

· 특별한 사항이 없는 한 위의 표 순서대로 진행한다.
· 각 구역장은 담당구역 게임종목 총괄 및 구역별 출전선수 명단을 ( )안의 인원 대로 작성하여 주세요.
· 전원 참여를 위하여 가능한 중복 출전은 피한다.
· 명단에 누락되어도 게임에 참여할 수 있다.
· 행운권 추첨은 점심식사 후와 폐회예배 전 2회 추첨합니다.(자전거, 가전제품 등 푸짐함)

@@@ 내일(주일)교회에서 또 만나요. 도와주셔서 감사드립니다. @@@

전교인 체육대회를 한 번 추진하려면 많은 재정이 소요되기 때문에 2회까지 진행하였다가 2010년 현재까지 중단하고 있다.

넷째, 임직. 본교회는 현대역사 기간에 세 차례 임직식이 있었다. 첫 번째 임직식은 1995년 1월 2일(월)에 변유복 목사 위임식 및 장로, 안수집사, 권사 은퇴식과 함께 거행되었다. 장로장립자는 이영휘, 집사안수 이규민, 박정선, 양정석, 권사취임자는 이복희, 박명해, 김인자, 성호덕, 최미순, 김효분이었다. 은퇴자는 김재화 장로, 이관휘 안수집사, 이부덕, 김남월, 조갑조 권사였다. 두 번째 임직식은 본교회 신축 예배당 헌당식과 함께 거행되었다. 장로장립자는 서영석, 이규민, 박정선이었고, 집사안수자는 김종필, 이종훈, 이규춘, 김정근, 최판수였으며, 권사취임자는 박금이, 강순덕, 이옥연이었다. 본교회 설립 이래 최초로 명예권사를 추대했는데 해당자는 최금엽, 서두래, 허덕애, 조용순, 강영필, 손순악이 그 주인공들이다. 이날 이인휘 장로와 이영휘 장로가 은퇴했다. 세 번째 임직식은 2006년 11월 26일에 있었다. 김충현 장로가 원로장로로 추대되는 아름다운 역사를 남겼고, 이복희, 박금이, 박명해 권사가 은퇴하였다. 장로장립자는 김종필, 양정석, 최판수였고, 집사안수자는 이영수, 조명오, 한명호, 이찬진, 김영준, 김성주이었다. 권사취임자는 김영순1, 박옥순, 강정순, 박형심, 김채엽, 김영순2, 송두리, 김복덕, 김효숙, 이혜경이었다.

다섯째, 어린이집 운영. 어린이집 운영에 대한 최초의 기록은 1997년 6월 8일 제93회 당회록에서 볼 수 있다:

태인교회에서 어린이집 허락문제에 대하여 당회에서 허락함. 단, 교회에선 차량 활부금, 제반 경제문제에 대해선 부담하지 않는 범위에서

1997년 6월 8일
회 장 변유복
서 기 서일석 [272)]

본교회 어린이집은 당회가 허락하기 전인 1997년 3월부터 개원하여 운영하고 있던 중 당회의 허락이 필요하다는 교회의 요청에 의해 당회로부터 뒤늦게

주

272) 『태인교회 당회록』제2회, 제93회, 1997년 6월 8일.

정식으로 허락을 받은 것이다. 1996년에 교회 본당 1층을 어린이집 운영에 맞도록 개조한 후 정부로부터 "종교부설어린이집"으로 허가를 받아 1997년 초부터 운영하였던 것이다. 원아 모집 대상은 영아(3세)부터 취학전 아동(7세)까지였고, 원아수는 매년 40여명이었다. 시설장은 박정선 장로, 원장에 이혜경 권사, 교사에 박영미, 이영순, 조미리, 권중옥이었다. 이사(理事)는 박정선, 양정석, 이규춘, 장진욱, 김성주, 이혜경이었다. 어린이집은 4년 동안 운영되다가 원생이 부족하여 재정이 악화되자 더 이상 운영할 수 없어 2000년 12월에 폐원하였다.[273)]

여섯째, 하나님의 은혜. 사도 바울은 고린도전서 15장 10절에서 "그러나 내가 나 된 것은 하나님의 은혜로 된 것이니 내게 주신 그의 은혜가 헛되지 아니하여 내가 모든 사도보다 더 많이 수고하였으나 내가 한 것이 아니요 오직 나와 함께 하신 하나님의 은혜로라."라고 고백한다. 바울은 교회를 핍박했던 자신의 과거 행적을 뒤돌아보니 자신이 사도가 되었다는 것은 하나님의 은혜 외에는 더 이상의 답을 찾을 수 없었던 것이다. 다윗도 모든 것은 하나님의 은혜임을 깨닫고 시편 144:9에서 "하나님이여 내가 주께 새 노래로 노래하며 열 줄 비파(열 줄이 있는 현악기)로 주를 찬양하리이다."고 자신의 심령을 하나님께 고백한다. 다윗이 하나님을 새 노래로 악기에 맞추어 찬송하는 이유는 첫째, 전쟁을 위하여 자신을 훈련하신 반석이신 여호와이시기 때문이다.(시144:1; 10-11절). 둘째, 전쟁이 시작되었을 때 다윗을 온전하게 보호해 주시는 여호와이시기 때문이다.(시144:2). 셋째, 백성들이 다윗의 말에 복종하게 해 주신 분이 여호와이시기 때문이다.(시144:1). 넷째, 다윗 자신을 돌아보니 여호와께서 자신을 그렇게 생각해 주실 이유가 없기 때문이다.(시144:3-4). 다섯째, 자녀들을 영화롭게 해 주심 때문이다.(시144:12). 여섯째, 물질적인 풍부함의 복을 여호와께서 주셨기 때문이다.(시144:13-14). 다윗의 인생에는 평안한 날이 있었던 것이 결코 아니었다. 사울왕이 자신을 죽이려고 오랫동안 추적해 왔다. 이웃 나라들과 전쟁을 해야 했다. 자신의 아들 압살롬의 반역을 맛보아야 했다. 그러나 다윗은 자신에게 어려움이 온 것은 자신의 죄 때문이고 하나님이 자신을 사용하시려고 훈련하시기 위함이었음을 확신했다. 자신이 어떤 특별한 능력이 있어서, 가문이 좋아서, 죽도록 노력했기 때문에 내가 지금 이 자리에 있고 백성들이 나를 따른다고 생각하지 않았다. 다윗에게는 모든 것이 하나님

주

273) 박정선 장로, 양정석 장로, 이규춘 장로, 이혜경 권사의 증언, 2011년 2월 14일 오후 5시 본교회 1층 사무실.

의 은혜였다. 그렇기 때문에 다윗은 "하나님이여 내가 주께 새 노래로 노래하며 열 줄 비파(열 줄이 있는 현악기)로 주를 찬양하리이다."고 고백할 수 있는 것이다.

변 목사도 마찬가지다. 자신이 태어나기 전에 부친이 돌아가셨고, 모친 역시 자신이 3살 때 돌아가셨으니 부모도 없고 형제자매도 없는 삶을 살아야 했다. 그런데 하나님께서는 할아버지와 작은 아버지의 손길을 통해 길러주셨고, 공부할 수 있는 길을 열어주셨다. 때가 되니 성령을 부으셔서 온전한 하나님의 사람이 되게 하시더니 목사로 세워주셨다. 변 목사는 이러한 하나님의 은혜를 기억하면서 36년간을 목회했고, 조기은퇴도 결심한 것이다. 그래서 그는 저술한 바와 같이 이렇게 고백한 것이다."나는 성장과 학교, 사회, 신앙생활에서 고난을 많이 겪었다. 그러므로 성령께서 사로잡아 인생을 바꾸어 놓았다. 한 그릇의 밥이 얼마나 귀함을 안다. 그러므로 인내심이 강하고 투철한 정신력, 책임감 강하다. 고난 속에서 살아온 사람인지라 가난이 무엇이고 중요한 것이 무엇인가를 안다." "목사는 주의 종이다. 그러므로 성공도 없고 실패도 없다. 그저 종으로 일할 뿐이다." "일을 끝낸 후 소리 없이 바람처럼 사라지기를 원한다. 나라는 존재가 성도들의 기억 속에서 조차 잊혀지기를 원한다."

변 목사의 이 고백은 그가 목회활동 기간을 포함한 자신의 전(全)생애의 모든 일은 오직 하나님의 은혜였음을 깊이 깨닫고 있다는 증거이다.

상기한 내용 외에도 노인 효도관광과 광양기독교연합회 찬양대회를 본 교회에서 한 차례 실시했고, 변 목사가 23년간 목회하는 동안 부흥사경회를 3회 실시했다. 부흥사경회에 이처럼 소극적이었던 것은 성도들이 원하지 않았기 때문이기도 하거니와 무엇보다도 변 목사 자신이 한국교회 초창기와는 달리 이제는 부흥사경회를 1년 1회씩 정하여 개최할 필요성이 없다고 판단했기 때문이다. 1997년 4월에 교회설립 86주년 기념행사를 개최했고, 2001년 4월 4일에는 90주년 기념행사를 했다. 예배당 신축 후부터 마련했던 장로석을 1999년 12월 19일 제108회 당회에서 없애는 것으로 결의하고, 대신 장로들은 앞좌석에 앉는 것으로 했다.

1.4. 대외 활동

변유복 목사는 자신이 세운 목회철학을 본 교회에 바르게 적용하기 위해서는 외부적인 교회정치 참여를 최소화해야 한다고 생각하고 실천에 옮겼다. 오직 본 교회를 섬기는 일에 온 힘을 쏟았다. 교회의 법정은 당회, 노회, 대회, 총회로 구성된다. 이 중에서 본 교회가 소속되어 있는 대한예수교장로회총회(통합)는 대회제를 실시하고 있지 않기 때문에 총회 산하 교회 법정은 당회, 노회, 총회 세 기구로 구성되어 있다. 변 목사는 본 교회가 비록 시골에 위치해 있지만 전통 면에서나 규모면에서 자신이 원하면 얼마든지 노회나 총회 정치에 적극적으로 참여할 수 있지만 절제했다. 다만, 시찰회는 돌아가면서 시찰장 등 여러 가지 임원을 맡는 시스템이기 때문에 광양시찰장 등 임원직을 몇 차례 감당했다. 그 외에는 초교파적인 모임인 광양기독교연합회장직을 역하기도 했으나 그 이상의 정치참여는 요청이 있더라도 언제나 거절하였다. 교계 외 사회적인 분야는 복음의 효과적인 전파와 세상의 빛과 소금이 되라는 예수님의 명령을 조금이나마 실천할 수 있는 길이라 생각하여 광양동지방 회장과 광양경찰서 경목 활동 및 군종 담당관을 역임하였다.

2. 변유복 목사의 예배·성례전·권징

2. 1. 예배

본 교회 예배에 대해서 크게 두 분야로 나누어서 설명할 것이다. 첫째 분야는 정기예배이고, 둘째 분야는 특별예배이다. 정기예배는 주일오전 예배, 주일 오후 예배, 수요일 밤 예배 그리고 새벽기도회이다. 특별예배는 성탄절예배와 송구영신예배가 있다.

2.1.1. 주일오전 예배[274)]

필자가 정준기 교수와 함께 서영석 장로의 친절한 안내를 받으면서 1층 당회실에서 복도를 지나 예배당으로 가는 중에 소예배실에서 성가대원들이 예배 때 부를 찬양을 마지막으로 점검하고 있었다. 예배당에 들어섰을 때 이미 9월에 접어들었으나 밖은 아직도 30도를 웃도는 뜨거운 날씨지만 본당(예배실)은

274) 정준기 교수와 필자가 2010년 9월 5일 주일오전 예배에 직접 참가하여 파악한 것을 근거로 작성함.

조용하고 시원했다. 건물 형태는 원형으로 되어 있었고, 공연석처럼 뒤쪽으로 갈수록 높아지는 구조여서 청중들이 설교자에게 부담 없이 집중할 수 있어 좋았다. 강대상이 양쪽에 하나씩 두 개가 있고 가운데는 대형 십자가를 걸어 놓았다.

예배당에 들어간 시간이 10시 40분경이었다. 이 시간에 들어 올 수 있었던 것은 우리가 당회실에서 몇 분의 장로들과 대화를 나누고 있을 때 서일석 장로가 당회실 불을 끄면서 예배시간 20분 전까지는 입실해야 한다고 우리를 급하게 인도한 덕분이다. 예배당에 들어서니 정태승 전도사가 새로 발행한 "새찬송가" 430장, 436장, 368장 등으로 피아노 반주에 맞추어 예배전 찬양 인도를 하고 있었다. 찬양은 힘이 있으면서도 조용했고, 박수도 치지 않는 엄숙하고 정적인 분위를 자아냈다. 교육전도사의 찬양인도는 예배 시작 4분전에 끝났고, 잠시 후 성가대원들이 하얀색에 밝은 청색으로 장식한 성가복을 입고 조용하고 질서 있게 들어왔다. 지휘자 복은 대원들과 동일한 색깔과 모양이었지만 양 소매만 달랐다. 성가대원들이 들어오기 약 1분간은 악기소리를 비롯한 일체의 소리가 나지 않았다. 성가대원들이 평소보다 조금 늦게 들어온 것 같았다. 성가대원들이 착석하는 동안 예배전 찬양의 피아노 반주를 담당하던 반주자는 오르간으로 자리를 옮기고 그 자리에 성가대 반주자가 앉았다. 피아노 반주자는 자리를 잡자마자 즉시 조용한 반주를 시작했고, 오르간 반주자도 연주를 시작했다. 예배 4-5분 전까지만 청중들이 합창으로 찬양하고 그 후부터 예배가 시작될 때까지는 예배를 위한 묵상기도 시간을 갖고 있었던 것이다. 이날 예배에 참석한 성도의 2/3 이상이 여성이었고, 노인층이 다수를 차지했다. 나중에 들은 이야기로는 태인동 외에 거주하는 젊은 층이 약 50명 정도 된다고 했다.

주보에 있는 주일 낮 예배 순서에 "신령과 진정, 온 마음을 다하여"라는 글귀가 새겨져 있다. 이것은 변 목사의 예배 중요성에 대한 표현이다. 예배는 담임목사가 사회와 설교 등 전반적인 순서를 담당하였고, 대표기도를 시무장로가 돌아가면서 담당하였다. 이날 기도담당은 김종필 장로였다. 김 장로의 기도 내용은 정식으로 신학을 공부하지 않은 평신도의 기도라는 점을 고려했을 때 매우 복음적이었으며, 개혁주의 신학 사상이 묻어났다. 김 장로의 기도 내용은 대략 이런 내용이었다:

주님! 오늘날의 교회들이 시대의 희망과 도덕적 표준이 되지 못하고 있습니다. . . . 주님께서 우리를 주님께 매어 살게 하셨습니다. . . . 우리로 하여금 주님이 일하시는 협력자로 살게 하옵소서! . . . 교회의 머리되신 주님께서 우리교회로 하여금 세상을 변화시키고, 살아 있는 생명의 말씀을 바로 전하는 교회가 되게 하여 주시옵소서! . . . 선지자적 소명으로 말씀을 증거하게 하옵시고, 새롭게 하시는 성령의 역사가 있게 하시고, 성령의 역사를 체험하는 예배가 되게 하여 주옵소서! 예수님의 이름으로 기도합니다. 아멘.

본 교회 주일 낮 예배에는 몇 가지 특징이 있었다. 첫째, 예배진행 방법이다. 예배 인도자가 청중들의 오른편에 있는 강대상에 올라오자 곧바로 찬양대의 찬송이 시작되었고 찬양이 끝나자 인도자가 기도를 했다. 예배 순서가 진행되는 동안 인도자의 멘트가 있는 곳과 없는 곳이 있었다. 멘트가 있는 곳은 경배찬송, 신앙고백, 영광찬송, 성경봉독, 응답찬송 순서였고 그 외에는 멘트 없이 진행되었다. 경배 찬송부터 신앙고백까지 회중이 일어서고, 송영 찬송부터 마침 찬송까지 회중이 일어섰다. 둘째, "참회의 고백" 내용이다. 이 시간에 한국 장로교회는 보편적으로 찬송가 뒤에 수록되어 있는 교독문을 회중과 함께 교독한다. 그런데 본 교회는 "참회의 고백"이란 제목을 붙은 것부터 특이하고 그 내용 또한 담임목사가 기도하면서 직접 만든 것이었다. 이날(2010년 9월 5일)의 참회의 고백은 다음과 같다:

인도: 하나님 아버지! 뜨거운 여름날을 잘 보내게 하심을 감사드립니다.
회중: 무더위에 나태했던 우리들의 행위를 용서 하소서.
인도: 무더위를 핑계 삼아 해야 할 주님의 일을 소홀히 했나이다.
회중: 산과 바다를 찾아 시원한 곳에서만 몸을 뉘었나이다.
인도: 우리위해 십자가를 지신 주님을 까맣게 잊고 살았나이다.
회중: 그때도 주님은 저희를 돌보시고 위험을 면하게 하셨나이다.
함께: 여름을 다 지내도록 영육의 건강과 믿음을 지켜주신 것 이제야 깨달았나이다.
– 아멘 –

변 목사가 만든 참회의 고백 내용은 몇 가지 특징을 담고 있다. 하나는 계절을 고려했다는 것이다. "뜨거운 여름날을 잘 보내게 하심을 감사드립니다."는 내용은 이제 8월이 지나 9월의 첫 번째 주일이 되었으니 여름이 가고 가을의 문턱에 들어섰음을 시사해 준다. 다음으로는 회개이다. 여름이라는 계절의 특성을 핑계 삼아 복음의 일을 소홀히 한 점에 대한 회개이다. 무더위를 이유로 나태하고 복음의 일을 소홀히 하고 도리어 육신의 안락함을 좇다가 나를 위해 죽으신 예수님의 은혜를 잊고 살았음을 용서해 주시기를 기도하는 내용이다. 마지막으로 자비로우신 주님에 대한 감사와 지금까지 살아가는 것은 주님의 은혜였다는 신앙고백이다. 이러한 형식의 "교독문"은 변 목사가 본 교회에 시무하기 시작하면서부터 계속되었다. 초기에는 "참회의 기도"라 하지 않고 "고백기도"라 했다.[275] 명칭 변경의 역사를 살펴보면, 1996년 1월 28일 주일 낮 예배까지는 "고백기도"라 했다가 1996년 2월 4일 주일 낮 예배부터 "참회기도"로 제목을 바꾸었다. 그러다가 2000년 1월 9일 주일 낮 예배부터 지금까지 "참회의 고백"란 제하로 교독문을 대신하고 있다. 1990년 1월 7일 주일 낮 예배에서 사용하였던 "고백기도"와 "참회기도"로 바뀐 1996년 1월 28일 주일 낮 예배의 내용 그리고 "참회의 고백"으로 변경한 2000년 1월 9일 주일 낮 예배의 내용을 통해 어떤 변화가 있었는지 살펴보자:

고백기도[1990.1.7.]
목사 : 희망에 넘치는 새해를 주신 아버지여 감사드리나이다.
회중 : 새해를 받았으니 우리 모두가 새로워지게 하소서.
목사 : 새 마음으로 시작하게 하옵소서.
회중 : 일거수일투족이 새롭게 하옵소서.
목사 : 생각이 새로워져 새로운 세계를 바라보게 하옵소서.
회중 : 세말까지 새로움이 변치 않게 하옵소서.

참회기도 [1996.1.28.]
목사 : 하나님이여! 우리의 죄를 사하여 주시옵소서.
회중 : 우리는 죄악의 자리에 앉았음을 고백 하옵나이다.
목사 : 하나님이여! 우리의 허물을 용서하여 주시옵소서.
회중 : 우리는 생각과 말과 행동이 아버지의 뜻에 어긋나게 살았음을 고백 하나이다
목사 : 우리는 주님의 말씀을 즐거워하면서 살고
회중 : 아버지께 영광을 돌리는 생활이 되게 하옵소서.

참회의 고백 [2000.1.9.]
목사 : 나의 심령까지 샅샅이 보시고 내 행위를 아시는 아버지
회중 : 주님 앞에서 저희들은 숨길 것이 아무것도 없나이다.
목사 : 누웠을 때도 길을 갈 때도 저희 모두를 아시고
회중 : 입을 열어 말하고 싶어 하는 것들조차도 다 아시나이다.
목사 : 그러면서도 변명하려고 애쓰고 남의 탓으로만 돌리는 저희를
회중 : 가증스럽게 여기지 아니하시니 지극히 감사할 따름입니다.
함께 : 우리가 죄의 사슬을 벗어버리고 주님의 빛으로 나가 정결한 삶을 살게 하소서.

주

275) 1996년 1월 28일 주일 낮 예배까지는 "고백기도"라 했다가 1996년 2월 4일 주일 낮 예배부터 "참회기도"로 제목을 바꾸었다. 그러다가 2000년 1월 9일 주일 낮 예배부터 지금까지 "참회의 고백"란 제하로 교독문을 대신하고 있다.

고백기도와 참회기도 사이에는 약간의 차이가 있다. 고백기도는 하나님께 요청하는 기도형식이지만 참회기도는 회개하는 내용을 담고 있다. 참회의 고백은 앞의 두 개와 또 다른 차이점이 있다. 하나님이 어떤 분이신지를 알고 자신의 의지와 감정을 하나님의 영광을 위해 드리겠다는 헌신을 다짐하는 내용을 담고 있다. 변 목사는 교독문을 변경한 이유를 다음과 같이 말한다:

> 교독문 제목을 이렇게 바꾼 것은 특별한 이유가 있었던 것이 아닙니다. 고백기도나 참회기도 또는 참회의 고백은 글자는 다르지만 의미상 큰 차이는 없지 않습니까? 이유가 있었다고 한다면 고백기도를 하다가 그것보다는 참회기도를 하는 것이 좋겠다 싶어서 바꾼 것이고 다시 20세기가 시작되면서 무엇인가 변화를 주는 것이 좋겠다는 생각에 참회의 고백으로 바꾼 것입니다. 별다른 뜻은 없었습니다. [276)]

셋째, 전통적인 예배분위기를 유지하고 있다. 전통이라고 다 좋은 것이라고 볼 수 없다. 전통을 강하게 주장하다보면 로마 카톨릭처럼 성경의 권위보다는 전통의 권위를 앞세우는 우를 범할 수 있기 때문이다. 필자가 여기서 말하는 전통은 초기 한국교회의 예배의 경건성과 관련한 표현이며, 예배란 하나님께 자신을 온전히 드리는 행위이며, 여호와 하나님만을 높여야 하는 것이란 기본적인 개념을 고려한 표현이다. 즉, 필자의 "전통적 예배 분위기"란 말은 좋은 의미로 표현한 것이다. 전통적 예배 분위기는 예배 진행, 찬양대의 송영을 비롯한 모든 찬송의 곡조와 가사내용, 전술한 바와 같은 설교 내용에서 잘 드러났다. 찬양대의 찬송이 끝났을 때 "박수"를 치지 않고 "아멘"으로 화답한 점은 신선하기까지 했다. 찬양대의 찬양은 하나님께 올려 드리는 것이지 회중을 향한 것이 아니기 때문이다. 찬양대의 찬양이 끝나면 회중이 박수를 친다는 것은 올려진 찬양을 하나님이 판단하시는 것이 아니라 회중이 판단한다는 의미가 될 수 있으니 바람직하다고 볼 수 없다는 생각이다. 설교 중에 성도 간에 인사를 나누지 않는 것 역시 예배란 하나님께만 집중해야 한다는 예배의 의미를 제대로 살려내고 있다는 생각이다. 예배자 모두가 합창하는 찬송이 좀 더 확신있고 힘차고 뜨거우면 더욱 좋겠다는 생각이다.

예배는 설교자의 "강복선언"으로 마쳐졌다. 대부분의 교회는 축복기도의 줄인 말인 "축도"라고 이름 붙이는 데 본 교회는 강복선언이라 했다. 변 목사는 강복선언을 필자와 동행한 정준기 교수께 부탁했다. 변 목사는 예배 후 인터뷰 과정에서 정 교수께 "저는 예의와 배려 차원에서 그렇게 했는데, 그럴지라도

276) 필자가 2010년 10월 6일 오전 11시 15분 경 광신대학교 교회사연구소에서 변유복 목사와 전화 인터뷰한 내용.

갑자기 강복선언을 부탁드려 죄송하다."고 했다. 정 교수는 "배려해 주시는 사려 깊음에 감사하다."고 답변했다. 변 목사가 부임해 올 당시에는 강복선언이라 하지 않고 축도라 했다. 그러다가 강복선언이 의미적으로 더 옳다고 확신하고 당회에서 의논한 결과 초기에는 당회원들이 반대했다. 변 목시는 당회의 결정에 따라 축도란 명칭을 1년 여년 그대로 사용하다가 결단을 하여 강복선언으로 바꾸었고, 당회원들도 묵시적으로 찬성하여 지금에 이르고 있다고 했다.[277] 변 목사는 강복선언 마지막에 "있을 찌어다." 또는 "계실 찌어다."라 하지 않고 "축원하옵나이다."라고 한다면서 "정 목사님이 저와 똑같이 '축원하옵나이다.'로 끝내시니 한 편으로 놀랬고 한 편으로 기뻤다."고 했다.[278]

2.1.2. 주일 오후 예배[279]

본 교회 주일 오후 예배는 오후 2시에 시작하고 있다. 변 목사가 부임했을 때는 그 동안의 본 교회 전통을 이어서 계절에 따라 저녁 7시(10월 셋째주부터 3월 둘째주까지), 7시 30분(3월 셋째주부터 5월 둘째주까지; 9월 셋째주부터 10월 둘째주까지) 그리고 8시(5월 셋째주부터 9월 둘째주까지)로 예배시작 시간을 3회 변경하면서 주일 밤 예배를 드렸으나 중마동 등 다소 원거리에서 출석하는 성도들이 저녁예배 나오는 것이 불편하다는 여론이 있자 2003년 7월 27일 주일부터 오후 2시로 시간을 변경하였다. 오후로 예배시간을 변경할 때 과정을 보면 매우 민주적인 방식을 취했음을 볼 수 있다. 보편적으로 예배 시간을 변경할 때는 당회를 거쳐 공포하지만 본 교회는 공동의회를 열어 성도들의 투표로 결정한 것이다.

주일 오후 예배는 헌법에 보면 찬양예배로 명시되어 있다. 오후 예배는 오전 예배에 비해 예배 순서 등 여러 가지 면에서 보다 자유롭게 진행 가능하도록 헌법에 규정하고 있다. 그렇지만 본 교회는 전통적으로 해 오던 예배순서에 큰 변화를 주지 않고 있다. 오전 예배와 달리 오후 예배 전에는 몇 명의 찬양리더들이 회중과 함께 복음성가를 뜨겁게 찬양하고 있다. 찬양을 인도하는 그룹에 필자가 감동을 받은 것 중 하나는 신체적으로 장애가 있는 형제가 전심을 다해 찬양 리더 그룹에 동참하고 있었던 사실과 독창으로 회중들의 감동을 불러일으킨 일이다. 오후 예배는 찬양대의 찬양이 빠진 점은 아쉬웠지만 구역별로 돌아가면서 특별찬송 순서를 가지고 있는 것과 예배 시작 전에 있었던 찬양리더들의 열심 있는 섬김이 그러한 아쉬움을 물러가게 했다.

주

277) 필자가 2010년 10월 6일 오전 11시 15분 경 광신대학교 교회사연구소에서 변유복 목사와 전화 인터뷰한 내용.

278) 정준기 교수와 필자가 2010년 9월 5일 오후 1시경 본교회 1층에서 변유복 목사와 인터뷰한 내용.

279) 정준기 교수와 필자가 2010년 9월 5일 주일오전 예배에 직접 참가하여 파악한 것을 기초로 필자가 과거 주보를 참고하여 작성한 것임.

설교는 1996년부터 99년까지 약 4년 동안 부교역자와 격주로 설교한 적이 있었지만 그 이전과 이후부터는 외부 강사가 설교할 때 외에는 모두 변 목사가 담당하였다. 설교 내용은 교회 여건 상 별도의 성경교육을 마련하기가 불편한 점을 감안하여 성경강해를 하고 있었다. 주일 오후 예배 설교를 성경 강해로 실시한 것은 "교육 중심"이란 변 목사의 목회철학과 관련이 있다.[280] 물론, 특별한 행사가 있거나 교회학교와 자치기관 등의 헌신예배 때는 외부강사가 설교할 경우가 있지만 변 목사가 설교할 때도 헌신예배에 맞는 성경 본문을 택하여 설교했다.

2.1.3. 수요일 밤 예배[281]

본 교회 수요일 밤 예배는 주일 밤 예배 시간처럼 계절에 따라 7시(10월 셋째 주부터 3월 둘째 주까지), 7시 30분(3월 셋째 주부터 5월 둘째 주까지; 9월 셋째 주부터 10월 둘째 주까지) 그리고 8시(5월 셋째 주부터 9월 둘째 주까지)로 3차례 변경하면서 시작하고 있다.

필자가 본 교회 수요일 밤 예배에 참석하기 위해 예배당에 도착한 것은 2010년 9월 15일 오후 7시 15분경 이었다. 하계 때는 8시에 예배가 시작되기 때문에 다소 이른 시각이었다.[282] 9월이 시작되니 7시가 넘으면 벌써 어두워졌다. 광양제철에서 오는 빛은 교회 앞마당을 약간 밝혀주는 역할을 하고 있었다. 교회당 정문이 아직 열리지 않았고 원로장로 한 분이 밖에서 교회당 문이 열리기를 기다리고 있었다. 필자가 다가가 인사를 했다. 이영휘 장로였다. 막 인사를 나누고 나니 역시 은퇴하신 이인휘 장로와 박금이 권사가 도착했다. 필자는 어릴 적부터 잘 아시는 분들인지라 반갑게 인사를 드렸다. 그분들도 또 왔느냐고 반갑게 맞아 주셨다. 잠시 대화를 나누는 사이에 변 목사가 도착하여 교회당 문을 열었다. 필자는 변 목사와 이전에 전화 인터뷰 내용과 보내 준 전자메일 내용 중 의문점이 있는 것, 그리고 기타 내용들에 대하여 인터뷰했다. 7시 40분이 되자 변 목사는 예배당에 올라가야 할 시간이라며 걸음을 재촉했다. 예배당에 안으로 들어가 보니 약 10명 정도의 성도들이 묵상기도하고 있었다. 변 목사는 아래 강대상에서 무릎을 꿇고 잠시 기도한 후 피아노 반주자의 반주에 맞추어 찬송가로 찬양을 인도했다. 변 목사가 선택한 찬송가는 129장과 128장이었다. 이 찬송은 필자에게 익숙하지 않은 찬송가이다. 변 목사가 찬송을 인도하다가 "129장은 주현절 때, 128장은 성탄절 때 부르면 좋은 찬송입니다. 지금

280) 강해설교한 성경은 본장 1.2.3.을 참고하시기 바람: 누가복음(1989) 마태복음(1990-91) 요한복음(1991-93) 출애굽기(1993-95) 사도행전(2000.6.-2002) 창세기(2003-06) 예레미야(2006-09) 요한계시록(2009-10).

281) 필자가 2010년 9월 15일 수요일 밤 예배에 직접 참석하여 파악한 것임. 주보에 의하면 본 교회에서는 수요일 밤 예배를 "삼일 밤 예배"라고 부르고 있으나 필자는 독자들이 누구든지 쉽게 이해할 수 있도록 "수요일 밤 예배"로 통일할 것임.

282) 9월 15일이면 수요일로 따지면 세 번째 수요일이지만 주일로 계산하면 두 번째 수요일이기 때문에 예배 시작 시간을 7시 30분으로 아직 변경하지 않았음.

까지 약 2년 수요일마다 찬송가를 배웠습니다. 아마 제 생각에는 새로운 찬송가는 몇 곡조만 빼고 거의 다 배운 것 같습니다."고 말했다. 그 때 필자는 왜 그가 7시 40분이 되자 인터뷰를 그만하고 서둘러서 예배당으로 향했는지 이해할 수 있었다. 변 목사는 지금까지 약 2년 동안 매주 수요일 밤 예배 시작 20분전부터 보편적으로 자주 부르지 않지만 교회력에 따라 예배할 때 부르면 좋은 찬송가를 중심으로 찬송가를 가르치고 있었던 것이다.

찬송가는 129장과 128장을 반복하여 불렀다. 필자도 열심히 따라 불렀더니 익숙하게 되었다. 예배시간이 다 되자 변 목사는 "저에게 찬송가 배우는 것은 오늘로 끝입니다."고 말했다. 그는 9월까지 본 교회에 시무하고 목사에게 헌법에서 보장하는 목회 정년 70세보다 약 8년 먼저 은퇴하기 때문이다. 예배가 시작되자 피아노 반주가 바뀌었다. 변 목사가 "수요일 밤 예배를 드리겠습니다."고 말하자 반주가 시작되었고, 약 35명의 성도들은 묵상기도를 시작했다. 찬송가 544장을 부른 후 이선옥 권사가 앞으로 나가 강대상 쪽을 바라보면서 마이크를 이용하여 대표기도를 했다:

우리교회가 성령으로 하나 되게 해 주시옵소서. . . . 늘 죄 속에 파묻혀 살 때가 많습니다. . . 성삼위일체 하나님께서 이곳에 함께하여 주시옵소서. . . . 온 성도가 하나 돼서, 한 형제가 되어서 사랑으로 하나 되게 해 주시옵소서. . . . 말씀하여 주시고, 하나님 아버지께서 친히 역사하여 주시옵소서. . . . 자리가 많이 비었습니다. . . . 주의 백성들이 본이 되게 하여 주옵소서. . . . 우리 주 예수님의 이름으로 기도합니다. 아멘.

지난 9월 5일 주일 낮 예배 대표기도를 담당했던 김종필 장로의 기도 내용도 그렇거니와 이선옥 권사의 기도 또한 신학적으로 흠 잡을 대 없는 내용이다. 교회의 신학적 수준을 알게 하는 대목이다. 이 권사의 기도는 현재 본 교회의 형편을 축약하고 있다는 생각이다.

설교는 에베소서 5:31-33 말씀을 본문으로 "부부의 3대 의무,"란 제목으로 선포되었다. 변 목사는 "부부의 3대 의무를 다 말씀드릴 수 없어서 오늘은 32절을 중심으로 한 가지만 말씀드린다."고 했다. 설교 내용을 요약해 보면 다음과 같다:

부부 관계는 그리스도와 교회 관계와 유사합니다. 한 사람이면서 둘이고, 둘 이면서 하나입니다. 신비입니다. 사도 바울도 부부 관계가 신비하기 때문에 "이 비밀이 크도다."고 했습니다.

주

191) Ibid.

행복한 부부가 되려면 3가지 의무가 필요합니다. 한 가지는 31절 말씀처럼 "부모를 떠나라"는 것입니다. 성공적인 부부생활은 부모를 떠나는 것이 우선 필요합니다. 창세기에 보면 부모를 남자가 떠나야 한다고 했습니다. 부모로부터 떠난다는 것은 첫째, 부모로부터 받으려는 삶을 끝내라는 것입니다. 그래야 독립심이 강해지고 개척정신이 강해집니다. 부모에게 드리는 삶의 시작입니다. 선진국은 기부문화가 잘 되어 있습니다. 빌 게이츠가 한 예입니다. 둘째, 어머니와 아내를 비교하지 말라는 것입니다. 비교급 언어가 아니라 최상급 언어를 사용해야 합니다. 셋째, 시어머니의 삶을 떠나라는 것입니다. 넷째, 여자도 부모를 떠나라는 것입니다. . . . 기도합시다.

변 목사의 수요일 밤 예배 설교는 강론식이며, 도덕적 윤리적 설교로서 인생의 일반적인 삶에 도움이 되는 교훈의 내용이 많다는 생각이다. 강론식이기 때문에 주일 낮 예배 설교와 달리 결단과 촉구가 없다는 것이 특징이다. 547장을 부른 후 "교회부흥, 100년 행사, 가정과 자녀, 한국교회" 등의 제목을 가지고 합심해서 기도했다. 기도는 "주여!"를 함께 1회 외친 후 시작했고 마무리는 변 목사가 "주님 기도합시다."고 말하자 모든 회중이 최근에 새로 번역한 "주기도문"으로 기도했다. 기도가 끝나자 회중은 반주자의 "주여 복을 구하오니 편히 가게 하시고 사람마다 주 은혜로 이기도록 하시고 광야 같은 세상에서 항상 인도하소서!"(찬송가 54장)란 피아노 반주에 맞추어 기도한 후 조용하게 교회당을 떠났다. 예배 후 찬양대의 찬양 연습 등과 같은 어떠한 모임도 없었다. 2010년 9월 22일은 우리나라 고유의 명절 중 하나인 한가위 날이다. 이 날이 수요일이기 때문에 본 교회는 "다음주일은 추석명절 주간으로 22일(수) 수요일 밤 예배는 쉬고 가족과 함께 합니다."고 광고했다.

변 목사는 1990년 11월 14일부터 수요일 밤 예배 설교를 주일 오후 예배와 같이 성경을 권별로 선택하여 강해식으로 설교하여 성도들에게 성경을 교육하는 시간이 되게 했다.[283]

2.1.4. 새벽 기도회

본교회는 매일 새벽기도회를 가졌다. 묵상기도 후 찬송가를 1곡을 합창하고, 변유복 목사가 권별 강해식 설교를 했다. 설교시간은 약 10분이고, 설교 후 주기도문한 후 개인자유기도를 가졌다. 새벽기도회 장소는 1층 소예배실이다.

예배는 정기예배 외에 특별예배로 송구영신예배와 성탄감사 예배를 드렸다. 송구영신예배는 매년 12월 31일 밤 11시에 시작하여 12시에 마쳤고, 다음날 새

주

283) 강해설교한 성경: 1990.11.–1992.1.:로마서 1992.1.–1993.3.:사도행전 1993.3.–7.:호세아 1993.7 –8.:요엘 1993.8.–11.:아모스 1993.12.:오바댜 1993.12.–1994.3.:요나 1994.3.–7.:미가 1994.8.–9.:나훔 1994.10.–11.:하박국 1994.12.–1995.2.:스바냐, 학개 1995.3.–11.:스가랴, 말라기 1996 8.–1997.3.:다니엘 1997.4–1998.1.:요한계시록 1998.2.–1999.6.:사무엘상 1999.6.–2000.2.:신명기 2000.2.–8.:여호수아 2000.8.–12.:사사기 2000.12.–2003.1.:마태복음 2003.1.–11.:레위기 2003.11.–2004.5.:사사기 2004.5.–2005.7.:고린도전후서 2005.7.–2006.6.:에스겔 2006.5.–2007.3.:야고보서 2007.4.–8.:사사기 2007.8.– 2008.2.:여호수아 2008.2.–2009.10.:대상 2009.10.–2010.9.:에베소서

벽기도회는 언제나 쉬었다. 송구영신 예배 때 성찬식을 거행하는 교회들이 있지만 본교회는 실시하지 않았다. 성탄예배는 매년 12월 25일 오전 11시에 드렸다.

2.2. 성례전[284)]

성례는 세례와 성찬이다. 성례의 이 두 요소 중에서 필자가 다루고자 하는 것은 성찬이다. 교회에서 성찬의 중요성은 서론(들어가는 말)에서 언급한 바와 같다. 변 목사는 하나님이 구약성경에서 화목제를 통하여 그 정신과 모형을 보여주셨고, 신약성경에서 예수님께서 친히 제정하신 성찬을 얼마나 중요하게 생각하고 본 교회에 적용했을까?

첫째, 성찬방법. 성찬식은 예배 후에 별도로 마련할 수도 있지만 대부분의 한국 장로교회처럼 변 목사도 예배의 한 요소로 생각하고 예배순서에 넣고 있다. 성찬식을 거행하는 주일의 설교는 평소보다 설교시간을 짧게 하여 성찬예식 때문에 예배시간이 평소보다 지나치게 길어지지 않도록 하고 있다. 이는 세례를 받지 않아 성찬식에 참여할 수 없는 성도들을 고려한 것이다. 설교는 성찬식 때 말씀전하는 시간이 있으므로 반드시 성찬에 관한 내용으로 하지는 않는다. 성찬식이 시작되면 먼저 담임목사가 고린도전서 11:23-29 등 성찬에 관련된 성경말씀을 봉독한 후 성찬의 의미, 중요성, 당위성 등을 설명한 후 세례교인 만이 참여해야 하는 이유를 간단하게 설명하고 배병과 배잔 할 때 주는 자와 받는 자가 주의할 점 등에 대해 일러준다. 말씀이 끝나면 담임목사가 기도한 후 배병과 배잔을 담당할 장로들을 앞으로 나오도록 한다. 배병과 배잔에 수고할 장로들은 가운을 착용하고 하얀색 장갑을 끼고 앞으로 나온다. 장로들이 모두 나오면 담임목사는 자르지 않은 빵 덩어리를 두 손으로 잡고 손을 높이 든 후 다음과 같이 말한다. "이 빵은 주님이 잡이시던 날 밤에 그의 제자들과 함께 하시던 마지막 식사입니다. 주님은 말씀하십니다. 이것은 너희를 위하여 찢긴 내 몸이니 이 떡을 먹을 때 마다 나를 기념하라 하셨습니다." 이 때 변 목사는 "너희를 위하여 찢긴 내 몸이니"라고 말하면서 손을 높이 들고 있던 빵 덩어리를 둘로 찢는다. 그런 다음 오른손을 회중을 향하여 내밀면서 "받으라"고 말하고 다시 왼손을 회중을 향하여 내밀면서 "먹으라"고 말한 후 "우리 다

주

284) 필자가 2010년 9월 10일(금) 오전 10시 20분경부터 교회사연구소에서 변유복 목사와 전화 인터뷰한 내용에 기초하여 작성한 것임.

같이 주의 명령에 따라 예식을 행하겠습니다."고 말한다. 변 목사가 배병전 예식이 끝나고 먼저 빵 조각을 집어서 먹고 나면 장로들에 의해 사전에 잘라져 있는 떡을 성도들에게 분배하기 시작된다. 배병과 배잔할 때 성찬에 참여하는 성도들은 그 자리에 앉아서 받는다.[285] 배병이 끝나고 담당 장로들이 원 위치로 돌아오면 변 목사는 큰 주전자와 잔 하나를 취하여 포도즙을 잔에 따른 후 손을 높이 들고 다음과 같이 말한다. "또한 식후에 주님께서 말씀하셨습니다. 이것은 너희를 위한 내 피니 이것을 먹을 때마다 나를 기념하라 하셨습니다." 이 말을 할 때에도 빵을 찢었던 것처럼 "내 피니"하면서 오른손을 내밀면서 "받으라"말하고, 다시 왼손을 내밀면서 "먹으라"고 말한다. 변 목사는 손에 따랐던 잔을 마신다. 변 목사가 잔을 마신 후 배잔 위원 장로들에게 배잔 쟁반을 건네주면 배잔이 시작된다. 빵을 찢는 모습을 시각적으로 보여주는데 사용되었던 빵과 주전자 속에 있는 포도즙 예식에 사용되지 않고 예배 후 장로, 안수집사, 권사 등 교회 항존직들이 나누어 먹는다. 상기한 성찬예식 방법을 보면 변 목사가 성찬예식을 매우 엄숙하게 진행한다는 것을 알 수 있다. 변 목사는 그 이유에 대해 다음과 같이 말한다:

> 저는 성찬식을 매우 중요하게 생각합니다. 때문에 교회가 성찬예식을 가볍게 여겨서는 안 된다고 생각합니다. 어떤 교회들은 성찬식을 가볍게 여기는 듯한 인상을 주고 있는데 이러한 현상은 성경적인 정신이 아니란 생각입니다. 저는 예수님이 자신의 몸을 찢고 피를 흘리시면서 우리를 구속하시고 그 일을 기념하라 하신 명령으로 진행되는 성찬예식을 성도들이 가볍게 여기지 않도록 최선을 다하고 있습니다. 그래서 빵을 손에 높이 들고 찢는 모습을 실현해 보이고, 모든 성도들이 볼 수 있도록 잔을 높이 들고 따르는 모습을 가시적으로 보여주고 있습니다. 이것이 꼭 필요한 것은 아니라고 생각하지만 보다 엄숙한 분위기를 만들어 주님이 우리를 위해 죽으신 그 의미를 성도들에게 더욱 깊이 새기도록 하는 방법으로 사용하고 있습니다.

배병과 배잔할 때 찬양대는 미리 준비한 성찬예식을 위한 찬송가를 부른다. 찬송가는 새찬송가 227장(통 283장) "주 앞에 성찬 받기 위하여"와 229장(통 281장) "아무 흠도 없고"를 주로 부르고 있으며 곡선정은 찬양대 자체에서 할 수 있도록 일임하고 있다. 찬양대는 전통적으로 해 오던 방식에 익숙하기 때문에 배병할 때와 배잔할 때 무슨 가사로 찬양해야 하는지 잘 알고 있기 때문에 담임목사가 특별히 신경 쓰지 않아도 된다.

주

285) 한국교회는 교회마다 배병과 배잔시 성도들의 자세가 약간씩 차이가 있다. 영광의 모 교회의 경우는 세례교인 중 성찬에 참여할 사람은 모두 그 자리에서 일어난다. 중3층에 있는 성도는 2층 본당입구로 내려와서 신속한 성찬예식이 될 수 있도록 하고 있다. 성찬 참여자들이 일어서는 것은 성찬예식을 원활하게 거행하려는 목적 외에는 다른 의미가 없다. 광주에 있는 모 교회의 경우는 영광의 모 교회와 동일하나 배병과 배잔 위원들이 중3층으로 직접 간다는 차이점이 있다. 광주에 있는 또 다른 몇 몇 교회들은 참여하는 숫자에 관계없이 성찬 참여자가 일어나는 경우도 있고, 앉아 있는 경우도 있다. 중세 로마 카톨릭에서는 성찬 참여자가 무릎을 꿇고 있으면 사제가 가서 빵과 포도주(어떤 시기에는 포도주는 제외되었다)입에 넣어주는 것을 먹고 마셨다. 종교개혁자들은 로마 카톨릭의 성찬예식(미사)은 미신적인 요소가 있으며 성경의 정신에 어긋난다고 강조하면서, 예수님의 제자들이 앉아서 예수님이 주신 빵과 포도주를 먹고 마셨으니 모든 성찬 참여자는 역시 앉은 자세에서 받아서 먹고 마실 권리가 있다고 주장하고 이를 실천했다.

둘째, 성찬준비. 성찬에 필요한 준비물은 포도주, 빵, 잔, 빵과 잔을 보관하는 쟁반, 성찬보가 있다. 이들 준비물은 성찬식이 거행되기 일주일 전에 물품의 보관 상태를 미리 점검한 후 혹시 부족한 부분이 있으면 보충하고 있으며, 성찬보는 깨끗하게 세탁해 둔다. 성찬에 필요한 포도주는 매년 성찬식에 사용하기 위해 김효분권사가 담궈 놓은것을 사용하고 빵은 주일 전날까지 김효분권사가 구입하여 준비하고 있다.[286] 배병과 배잔 위원들은 언제나 시무장로들이기 때문에 특별한 경우가 아니면 성찬식이 있다는 것을 장로들이 알고 위원으로 수고할 준비를 갖추어 예배에 참석한다. 성찬에 사용되는 기구들과 빵과 포도즙은 성찬식을 거행하는 주일 낮 예배가 시작되기 최소 30분전까지 배치를 완료한다. 본 교회는 교회가 전통적으로 성찬예식을 위한 하강대상을 마련했던 것처럼 교회당을 신축하면서 하강대상을 설치해 두었기 때문에 성찬예식 준비가 순조롭게 이루어지고 있다.

셋째, 성찬횟수. 변 목사는 부임 후 지금까지 성찬식을 1년에 2회를 시행하였다. 한 번은 종려주일에 실시하고, 다른 한 번은 종교개혁주일에 거행하였다. 종교개혁주일은 마르틴 루터(Martin Luther, 1483-1546)가 1517년 10월 31일에 독일 비텐베르크 성당 정문에 있는 게시판에 95개 조항을 부착한 것이 종교개혁의 시발점(Trigger Plus)이 되어 로마 카톨릭(Catholic Church)으로부터 기독교(Protestant Church)를 개혁한 사건을 회고하고 기념하는 절기임을 생각할 때 이 날 성찬식을 거행하는 것은 의미가 있다는 생각이다.[287] 변 목사가 종교개혁주일에 성찬예식을 갖는 또 다른 이유는 성도들의 형편을 고려한 것이다. 본 교회는 전형적인 농어촌 지역으로 종교개혁주일 이전에는 농사철이어서 아무래도 믿음이 부족한 성도들이 교회에 출석하지 못하게 되고, 종교개혁주일 이후에는 곧 대강절이 다가오기 때문에 이를 피하고자 한 것이다. 다음은 필자와 변 목사가 성찬식 횟수 등에 대해 일문일답한 내용이다:

필자 : 목사님은 성찬식을 1년에 몇 차례 실시하십니까?
변 목사 : 두 번 하고 있습니다.
필자 : 두 번 한다면 그 시기는 언제입니까?
변 목사 : 종려주일과 10월 31일이 종교개혁일이기 때문에 종교개혁 정신을 생각하고 농어촌의 실정을 감안하여 종교개혁주일에 합니다. 더 넘어가면 대강절이기도 하지요.
필자 : 목사님은 성찬의 중요성에 대해 어떻게 생각하십니까?

주

286) 변 목사는 필자와의 전화 인터뷰 과정에서 빵과 포도즙을 사모가 준비하는 것은 바람직한 일이 아니라고 생각한다면서, 자신이 은퇴하고 나면 항존직 중에서 담당자를 선정하여 준비하는 것이 좋을 것이라고 말했다. 변 목사의 생각에 필자도 동의한다. 포도즙의 경우는 상품 포도를 선정하여 교회에서 만들어 사용하는 것이 좋을 것이다.

287) 마르틴 루터 당시 카톨릭 교회는 하나님을 위하여 헌신, 헌금하기 보다는 교회를 위하여 기부를 하고 공적을 쌓는 것이 마치 구원의 근거인양 호도하며, 오직 하나님의 은혜로만 죄인의 사죄가 무조건 적으로 이루어지는 진리를 왜곡하여 돈을 내고 이를 구입하면 교회가 죄의 사죄를 보증하겠다는 취지의 면죄부(免罪符)까지 강매하고 있었다. 또한 인간으로서 카톨릭 교회의 수장(首長)에 불과한 교황(the Pope)의 절대무오성을 주장하고, 유일한 중보자이신 주님의 구속사역이 성취된 신약시대에도 구약시대 제사장과 같은 중보권을 독점하는 사제 제도를 유지하며 성직매매를 일삼는 등 비성경적인 교리와 제도로 인하여 카톨릭 교회는 극도로 타락한 상태에 있었다. 루터는 근본적으로 카톨릭 교회에 반발하여 오직 성경에 의하여(Sola scriptura), 오직 믿음으로(Sola fide)만 구원 얻으며 인간과 교회는 세상의 그 어느 것이 아니라 오직 하나님의 영광만을 위하여(Soli Deo Gloria) 존재해야 한다는 삼대 원칙을 성경 진리에 근거하여 주장하며 교회의 사상과 제도의 개혁을 부르짖은 결과 향후 긴 투쟁을 거쳐 개신교가 탄생하게 되었다. 비텐베르크 교회 내부에 가 보면 동판에 새겨진 95개 조항 반박문을 볼 수 있다.

변 목사 : 예수님이 우리를 구원하시기 위해 자신의 몸을 찢으시고 피를 쏟으신것을 기념하는것이니 매우 중요하다고 생각합니다.
필자 : 그러면 왜 1년에 2회만 실시하십니까?
변 목사 : 제가 부임하기 전부터 우리교회는 1년에 두 차례만 실시하는 전통이 있었는데 그것을 바꾸지 못했습니다.
필자 : 목사님 생각에는 성찬예식을 1년에 몇 번하는 것이 좋다고 생각하십니까?
변 목사 : 저는 최소한 매월 1회씩은 실시하는 것이 좋다고 생각합니다.[288)]

변 목사는 성찬식의 중요성을 분명하게 인식하고 있었다. 그는 서론에서 언급한 존 칼빈 등 종교개혁자들이 그랬던 것처럼 성찬식을 자주 시행하는 것(최소한 매월 1회씩)이 좋다고 생각하였다. 필자는 그가 23년간 본 교회를 목회하면서 자신이 생각하는 성찬예식의 중요성을 성도들에게 각인시키지 못한 것은 아쉬운 점이라 생각하면서 그의 성찬의 중요성과 횟수 등과 관련한 성찬 신학은 종교개혁자들과 동일하다는 것을 확인할 수 있었다는 점은 기쁨이었다.

2.3. 권징[289)]

복음서와 바울 서신 등 신약성경이 강조하고 있고, 교회의 순결을 지키고 거룩성을 유지한다는 점에서 변 목사는 권징이 필요하다고 생각하였다. 이처럼 권징이 중요한 것은 사실이지만 변 목사는 본 교회를 23년간 시무하면서 단 한 차례 권징한 일이 없었다. 필자가 그 이유를 묻자 다음과 같이 대답했다:

제가 23년간 태인교회를 섬기면서 권징을 단 한 번도 실시하지 않은 것은 몇 가지 이유가 있어서입니다. 첫째는 우리교회에서는 교회에 무리를 일으킬 정도의 사건이 한 번도 없었기 때문입니다. 둘째는 저는 권징을 하는 것보다도 사랑으로 감싸는 것이 더 중요하다고 생각합니다. 셋째는 교회는 어쨌든지 평화로워야 한다고 생각합니다. 그래서 교회 평화를 위한 일이라면 많은 것을 양보했습니다. 넷째는 권징을 해도 효과가 없다는 생각 때문입니다. 우리교회는 권징 할 만한 사건이 없었지만 만약 권징을 했더라도 다른 교회로 가면 그만이기 때문입니다. 저는 권징을 받은 교인이 동일한 교단으로 옮기기가 곤란하면 교단이 다른 교회로 옮기는 경우를 많이 보았습니다. 그러면 대체로 환영을 받기 때문입니다.[290)]

변 목사 시절에 권징이 전혀 없었던 것은 아니다. 2004년 2월 8일 제54회 당회록에 권징 내용이 기록되어 있다:

신천신지 이단(교주 이만희)에 빠진 oo집사 제명의 건

288) 2010년 9월 10일(금) 오전 10시 20분경부터 교회사연구소에서 변유복 목사와 전화 인터뷰 한 내용.

289) Ibid.

290) 변 목사가 시무하는 동안 본 교회는 권징 할 만한 사건이 없었다는 것은 참으로 아름다운 일이다. 하지만 권징을 한다고 해도 효과가 없다는 변 목사의 말은 한국교회에 시사하는 바가 크다는 생각이다. 한국교회가 교회의 순결성과 거룩성을 유지하면서 사회에 빛과 소금이 되라는 예수님의 명령을 제대로 감당하려면 신약성경이 강조하고, 종교개혁자들이 중요하게 생각하고 실천했던 권징이 살아 있는 교회가 되어야 할 것이다.

(대한예수교장로회 헌법 제3장 19조에 의거)
본 당회에서 제명키로 결정하다.

2004년 2월 8일
서기 박정선
회장 변유복[291]

변 목사는 oo집사를 제명하기 전에 권면하는 절차를 거쳤고 돌아올 수 있도록 권징을 일정 기간 보류하였다. 이것은 2001년 10월 28일 제28회 당회록에 "우리교회 성도 이단집단에 빠져감의 건"에서 "당회원 중 우선 친척 장로님들께서 먼저 권면하는 것으로 하다."[292]는 기록이 잘 말해 주고 있다. 그러므로 변유복 목사가 자신의 사역 기간 동안 권징한 일이 없었다는 것은 이단이나 사이비에 빠지는 신앙과 신학 문제가 아닌 건덕의 문제로 권징한 일이 없다는 의미이다. 비록 이단에 빠졌더라도 기도하면서 여러 면으로 권면함으로 예수님이 가르치신 권징의 방법을 적용했음을 볼 수 있다.

3. 선교활동

3.1. 국내 선교

3.1.1. 교회당 신축

변유복 목사가 본 교회에 부임한 후 여러 가지 역사를 남겼지만 그 중에서도 교회당을 신축한 일은 다음의 몇 가지 이유에서 커다란 공헌을 했다고 평가할 수 있다. 첫째, 교회당으로의 접근성을 쉽게 했다. 광양제철소가 건립되면서 들어오는 많은 사람들이 본교회를 보다 쉽게 찾아 올 수 있는 기틀을 마련한 것이다. 둘째, 수용능력을 확대 했다. 인구 이동이 많아지는 시대를 맞이하여 유입되는 기존 신자나 새로운 신자가 본교회에 출석하는데 불편함이 없도록 교회당 내부와 주차 공간 등의 시설을 갖추었다는 것이다. 셋째, 교회 내에서 다양한 활동을 할 수 있는 공간을 마련했다는 것이다. 교육기관이나 자치기관이 자신만의 공간에서 여러 가지 활동을 할 수 있는 장소가 마련되었다는 것이다. 물론, 더 넓고 더 많은 장소가 제공되었으면 좋겠지만 신축 전의 교회당을 생각하면 획기적인 발전이라고 보아야 합당할 것이다. 변 목사는 이 모든

주

291) 『태인교회 당회의록』 제2권, 제54회, 2004년 2월 8일.

292) 『태인교회 당회의록』 제2권, 제28회, 2001년 10월 28일.

것을 "우리가 조만간에 반드시 이루어야 할 일은 크고, 아름답고, 편리한 교회당 건축입니다. 이 일은 개인이나 몇몇 사람의 힘으로 되는 것이 아니라 하나님의 역사와 전교인들(어른부터 국민[초등]학생까지)이 혼신의 정성과 힘을 쏟아야 할 것입니다. 큰 그릇에는 큰 것이 담긴다는 진리를 상기하여 큰 그릇을 준비함으로써 하나님의 이슬처럼 내리는 복을 많이 받고 맡은바 사명을 감당하도록 합시다.[293] 따라서 동광양시의 복음의 봉화를 높이 타오르게 하는 선두주자인 태인교회가 되도록 합시다."는 말로 요약했다. 이를 위해 변유복 목사와 당회 그리고 교회 부지를 봉헌한 이인휘 장로를 비롯한 온 성도들의 노고를 하나님께서 만 배로 갚아 주실 것을 믿는다.

본교회 신축은 전술한 바와 같이 변 목사가 부임하기 전 이윤정 목사 시절부터 진행되었던 일이다. 이윤정 목사 후임으로 부임한 변유복 목사는 전임 목사 시절에 이미 기틀이 마련된 교회당 신축 공사를 가시적으로 이루어 놓았다. 교회당 신축은 변 목사가 부임하자마자 가장 먼저 신경써야 할 일이었다. 그래서 부임한지 2개월 후에 모인 제54회 당회에서 건축위원회를 조직하기로 가결했고, 1988년 2월 28일에 열린 제57회 당회에서는 "건축헌금은 교회재정에서 10만원 지원해서 80만원씩 매월 적금을 하기로 함."이라 결의했다.[294]

교회당 신축이 본격적으로 진행된 것은 1990년부터 본격적으로 이루어졌다. 교회당 신축의 시작 역사를 〈1990년도 교회요람〉에 기재된 변 목사의 "인사의 말씀"을 통해 들어보자:

인사의 말씀

사랑하는 태인교회 성도 여러분!
우리는 아쉬웠던 80년대를 보내고 대망의 새해와 아울러 90년대를 향해 우리의 발을 디디고 서게 되었습니다. 지난 일 년 동안 큰 어려움 없이 지내게 하여주신 우리 하나님께 감사를 드리고 교회 일에 적극 협조하여 하나님의 뜻이 조금이라도 속히 이 땅에 이루어지도록 노력하신 여러분께 심심한 감사를 드립니다. 지난 한 해 동안 여러 가지 변화가 있었지만 그 중에서도 우리 지역이 시로 승격되었다는 것이며, 또한 하나님께서 우리 교회당 건축 부지를 420여 평을 주셨다는 것입니다.

이제 우리는 지역적으로 더욱 큰 복음의 황금어장을 가지게 됨과 동시에 한 층 더 무거운 십자가의 짐이 지워진 것입니다. 고기는 많으나 그물이 튼튼하지 못하면 잡은 고기는 놓치[고] 말듯이 인구는 우리 지역으로 계속 몰려들고 있으나 우리의 사랑의 그물, 환경의 그물이 터져 있을 때에는 성과를 얻지 못하리라 생각됩니다.

우리가 조만간에 반드시 이루어야 할 일은 크고, 아름답고, 편리한 교회당 건축입니다. 이

주

293) 『1990년도 교회요람』, "인사의 말씀," 2.

294) 『태인교회 당회록: 1980-1999』제1권, 제57회 회의록, 1988년 2월 28일.

일은 개인이나 몇몇 사람의 힘으로 되는 것이 아니라 하나님의 역사와 전교인들(어른부터 국민[초등]학생까지)이 혼신의 정성과 힘을 쏟아야 할 것입니다.

큰 그릇에는 큰 것이 담긴다는 진리를 상기하여 큰 그릇을 준비하므로써 하나님의 이슬처럼 내리는 복을 많이 받고 맡은바 사명을 감당하도록 합시다. 따라서 동광양시의 복음의 봉화를 높이 타오르게 하는 선두주자인 태인교회가 되도록 합시다.

지난해에 이어 두 번째 요람을 발간하는데 많이 수정이 되었습니다. 이 요람을 통하여 서로 교제하고 사랑을 주고받는데 다리가 되고 얻은바가 많기를 바랍니다.

성도 여러분! 금년 한해도 건안을 주님의 이름으로 축원합니다.

1990년 1월

여러분의 목사 변 유 복 드림. [295)]

1990년 초에 교회당 신축을 본격적으로 진행하려했지만 건축 방향을 조율하는 등 여러 가지 의견을 수렴하는 과정을 거치는 동안 시간이 흘러 1993년 3월 14일(주일)이 되어서야 기공예배를 드렸다. 기공예배는 주일 낮 예배 후 오후 12시 30분에 신축현장에서 드렸다.

신축 예배당 공사가 은혜 중에 잘 진행되어 1995년 1월 2일(월) 오전 11시에 입당예배를 드릴 수 있었다. 입당예배 순서는 다음과 같다:

사회 : 당회장 변유복 목사

묵상기도		찬양대
찬 송	460장: 지금까지 지내 온 것	다함께
기 도		전형식 목사(대광교회)
성경봉독	빌4:1-3	이성재 목사(황금교회)
찬 양		본교회 찬양대
말씀선포	교회에 있어야 할 사람들	유은옥 목사(광양중앙교회) [설교자]
기 도		
찬 송	355장: 부름 받아 나선 이 몸	다함께
건축보고		(건축위원장) 이인휘 장로
축 도		박병문 목사(해룡중앙교회) (순천노회장) [296)]

이인휘 장로의 건축보고 내용을 박정선 장로가 다음과 같이 정리하였다:

이인휘 장로님이 236번지의 자신의 땅 전363평 중 163평을 헌납하고 200평은 교회에서 매입하였다. 조만년씨의 소유 237-6번지 전301평도 교회에서 매입 전 총 664평 중 137평은 전

주

295) 태인교회, 『1990년도 교회요람』 2. "인사의 말씀" 중 [ ]표 안에 있는 글은 틀린 글자를 필자가 고친 것이며, 그 외에는 원문 내용을 그대로 게재하되 띄어쓰기는 현재 맞춤법에 따라 수정하였다.

296) 태인교회, 『성전입당, 목사위임, 장로, 집사, 권사 임직 및 장로, 집사, 권사 은퇴식』 순서지, 1995년 1월 2일(월) 오전11시.

그대로 두고 예배당 짓는데 필요한 537평만 종교부지로 지목변경하였다. 지상 3층 지하 1층 뼈대는 철근 콘크리트조로 벽은 적벽돌로 지붕은 슬라브로 결정하고 연건평 450평을 설계 완성하였다. 그러나 그 후 재정관계로 다시 의견을 조율하여 지하실 공사 계획을 변경하여 기계설치실 20평만 공사에 포함시키기로 하여 연건평이 450평에서 381평로 줄었다. 지상 1층 150평은 소예배실, 식당, 교육관, 공부방 등으로 사용하기로 하였다. 지상 2층 151평과 3층 50평은 본당으로 사용하기로 했고, 지상 3층에 유아실 10평을 만들었다. 본당은 인조석 계단식 바닥에 650석의 의자를 놓았다. 총공사비는 531,350,000+지경처리된 공사비 및 비품비 213,315,970 합계 744,701,970억원이다. [297)]

입당예배 순서지에 보면 신축 예배당의 전반적인 외부와 내부의 모양과 색깔이 나타내고 있는 의미를 "이러한 상징입니다."란 제목으로 다음과 같이 설명하고 있다:

이러한 상징입니다.

본 교회의 신축성전은 하나님이 계시는 보좌이며, 성도들이 하나님께 예배하는 제단이며, 기도하는 집입니다. 이러한 이유를 동반하여 건물에 나타난 몇 가지 보여주는 상징이 있습니다.

1. 붉은색 탑

첫눈에 볼 수 있는 것이 높이 솟아 오른 32미터의 붉은색 탑입니다. 그 탑은 밑 면이 넓게 지면에서 시작하여 층계를 놓으면서 점점 좁아지면서 올라갑니다. 거기서 몇 가지 의미가 있습니다.

하늘을 향하여 올라가는 것은 인간이 세상에서 하늘에 계신 하나님의 자리를 향하여 한 계단씩 올라가는 자세입니다. 인간의 신앙은 항상 땅에서 시작합니다. 그 자리에서 영원한 세계를 향하여 이사야 선지자가 말한 것 같이 "오직 여호와를 앙망하는 자는 새 힘을 얻으리니 독수리의 날개 치며 올라감 같을 것이요"(사40:31)입니다. 교회에 들고나는 성도들이 건물을 바라볼 때마다 신앙의 상징을 보며 자신의 신앙을 가다듬는 생활을 다짐할 수 있습니다.

그 탑은 모두 15개의 줄기둥으로 세워져 있습니다. 그 뜻은 맨 위 3개는 성부, 성자, 성령 삼위일체 하나님을 상징하며, 양옆으로 12개는 12사도를 상징합니다. 삼위 하나님을 중심으로 12사도가 전하여 준 신앙을 이어 받고 물려주기를 원하는 상징들입니다.

2. 십자가

탑 정상에는 스텐레스로 만들어진 십자가를 세웠습니다. 신앙의 극치는 역시 십자가입니다. 그것은 우리 주님이 나를 위하여 고난당하신 수난의 상징입니다. 그리스도 교회는 십자가로 시작합니다. 거기에 나의 구원이 있고, 영생이 있습니다. 고난이 없는 그리스도 교회는 상상할 수 없습니다. 그것은 예수님이 이 세상에 오셨던 증거이기도 합니다. 주님은 십자가를 지시기 위하여 이 세상에 오셨습니다. 거기서 주님은 땀과 눈물과 그리고 피를 흘렸습니다. 나중에는

297) 박정선 장로, "지난 교회 예배당을 회고해 봅니다(예배당 발자취를 더듬으며)," 2011년 1월 9일.

십자가에서 운명하셨습니다. 온 성도들이 정성과 뜻을 합하여 십자가를 중심으로 뭉치고, 들어 높일 때 이 사회를 향한 구원의 증거가 되며, 어둠을 몰아내는 빛이 되며, 사랑의 실천을 다짐하는 결단이 됩니다.

그 크기는 가로 210센티미터 세로 500센티미터 두께 30센티미터 이며, 모서리는 이중으로 겹친 모양의 효과를 나타냅니다. 백색 최고급 스테인레스로 재료를 사용하였습니다. 멀리까지 광채를 발합니다.

3. 교회당 전체외형

교회당 전체 모형은 면류관을 나타내고, 상징합니다. 우리가 이 땅에서 신앙으로 승리하고 살았을 때 받게 될 것이 바로 승리의 면류관, 의의 면류관이라고 성경이 말하고 있습니다. 성도는 성전을 매일 들고 나면서 하늘나라의 면류관을 소망하면서 이 땅에서 신앙의 승리의 개가를 부르면서 살게 될 것입니다.

4. 성전 내부

1) 강단의 두 기둥

강단의 두 기둥은 아론과 훌, 야긴과 보아스를 상징합니다. 성도가 목사가 일체가 되고 강단과 회중석이 연결되며 서로 협력하여 구령사업을 수행하는 상징합니다.

2) 강단 위에서 자연 빛 발함

전형적인 한국의 문살 사이로 자연 빛을 강단에 비추게 함으로 밝기를 증가했고, 하나님의 의의 빛을 성전에 가득 차게 하는 의미가 있습니다.

3) 부채꼴 회중석과 계단식

계단식으로 시야를 트게 했으며, 부채꼴 회중석으로 강단과 가깝게 하였습니다.

4) 현관 발코니

성도는 성전에서 말씀을 듣고 발코니에서 세상을 바라보고 구원의 열망을 가지고 힘차게 달려 나가려는 의지가 들어 있습니다.[298)]

교회당을 신축하고 입당하게 되면서 당회는 앞으로 예상되는 문제 하나를 정리했다. 다른 교회나 선교단체 등에서 예배당을 활용할 수 있도록 요청이 왔을 때 교회당 사용 허락을 어떻게 할 것인가의 문제였다. 1994년 8월 14일 제 85회 당회는 이 문제를 다음과 같이 매듭지었다:

교회당 사용 허락 건은 당연사는 목사님이 허락하시고 애매한, 결단을 내리기 어려운 건에 관해서는 당회의 허락으로 결정하기로 함.[299)]

주

298) Ibid.

299) 『태인교회 당회록』 제1권, 제85회 회의록, 1994년 8월 14일.

당회를 통하여 교회당 사용의 원칙을 세운 것은 책임의 혼선을 미연에 방지하고, 교회당 관리를 체계적으로 할 수 있다는 장점이 있다.

본교회는 신축 예배당에 대한 입당예배를 1995년 1월 2일에 드린 후 구 예배당에서 신축 예배당으로 이사하여 예배와 모든 교회 행정이 보다 원활히 수행되고 성도수도 조금씩 증가했다. 남은 것은 헌당예배였다. 입당예배를 목사위임식과 임직자들 임직식과 함께 거행했던 것처럼 지나친 행사가 주는 부정적인 요소를 줄이기 위하여 헌당예배도 임직식과 겸하는 것이 좋겠다고 판단하였다. 1999년 4월 25일 주일오후예배 후에 장로, 안수집사, 권사 선택을 위한 공동의회를 개최하여 임직자가 선택되자 1999년 9월 26일에 열린 제104회 당회에서 12월초나 둘째주에 헌당예배를 드리기로 결정하여 12월 12일(주일) 오후 2시에 거행했다. 헌당식 예배를 마친 후 다음의 순서로 진행되었다:

인도, 당회장: 변유복 목사

찬　송	246장: 내 주의 나라와	다함께
봉헌교독	다같이 일어서서	당회장과 회중

당회장 : 우리가 주를 위하여 거하실 전을 건축하였사오니(대하 6:2)
회　중 : 주께서 영원히 거하실 처소로 소이다(대하 6:2)
당회장 : 이 집은 살아계신 하나님 교회요 진리의 기둥과 터이니라 (딤전 3:15)
회　중 : 오직 여호와는 성전에 계시니 온 천하는 그 앞에 잠잠할지니라 (합 2:20)
당회장 : 할렐루야 그 성소에서 하나님을 찬양하며 그 권능의 궁창에서 그를 찬양할지어다(시 150:1)
회　중 : 볼지어다 하나님의 장막이 인간에 있으며 하나님이 저희와 함께 거하시리니 저희는 하나님의 백성이 되고 하나님이 친히 저와 함께 계셔서 저희의 하나님이 되시도다.

건축보고	건축위원장 이인휘 장로	
헌　건	성전을 여닫는 열쇠를 당회장께 드림	위원장

헌건자 : 우리가 하나님의 뜻을 받들어 건축위원으로 임명 받아 부르심에 이 전은 주께서 영원히 거하실 처소이며, 주님의 소유입니다. 이 전의 열쇠를 교회의 책임자인 당회장께 드리오며, 이 전이 하나님을 예배하는 성전으로 봉헌되며, 많은 심령을 구원하는

은혜의 성전이 되기를 기원합니다.

회 중 : – 아멘 –

당회장 : 교회의 머리되신 예수 그리스도께서 주장하시는 이 교회의 열쇠를 맡은 그의 지체요, 청지기인 나 당회장은 이 열쇠를 오로지 하나님을 영화롭게 하는 일에만 쓸 것이며, 이 교회의 무한한 발전을 위하여 열고 닫겠습니다.

회 중 : – 아멘 –

봉헌기도 당회장

봉헌선언 당회장

대한예수교 장로회 태인교회의 본 교우들은 이 성전을 하나님께 온전히 봉헌할 것을 성부와 성자와 성령의 이름으로 선포하노라 – 아멘 – [300)]

예배당 신축 공사 과정에 대한 간략한 내용은 변유복 목사의 말을 직접 들음으로서 갈음하고자 한다:

저는 1987년 9월20일 태인교회에 부임 하였습니다. 그 당시 벽돌 35평 교회당 건물은 높은 고지대에 위치해 있었고 교회당에 올라가는 길도 협소하여 매우 불편 하였던바, 외부의 교인들이 태인교회 오기를 꺼려하였습니다. 따라서 제철 아파트 쪽에 전도하는 일이 급하고, 아울러 교회당 건축이 되어야 한다고 생각 했습니다.

전임 이윤정 목사님 시절에 마련된 준비 사항들을 점검하였고, 예배당 신축을 위해 땅과 재정들이 잘 준비된 것을 보고 이 목사님과 땅을 헌납하신 분들, 그리고 성도님들께 깊은 감동을 받았고, 하나님께 감사를 드렸습니다. 수차례 건축위원회 모임을 갖고 새 예배당 모양을 현재의 모습으로 고안 하였습니다. 결론적으로 바닥 150평을 잡아 지하층, 1층 교육관시설, 2층 본당, 중3층 유아실 및 본당 중층 합 450평 건물을 짓기로 결의하고 중마동 연우설계에 설계를 의뢰하고 시청에서 건축허가를 받았습니다.

1988년부터 1992년까지 추가로 모아진 건축금을 가지고 착공에 들어갔습니다. 시공사는 광양읍 중앙건설에(사장 박관근 장로–광양중앙교회) 맡겨 1993년 토목공사부터 시작 하였는데, 토목공사가 진행되는 중에 장로님들 중에 교회당 건물이 너무 커서 재정적 부담이 크다고 하여(총공사비: 당시 5억원) 지하실을 빼자고 하였습니다. 결국 설계비만 날리고 지하실을 빼고(기계실 20평은 살리고) 381평 공사를 하게 되었습니다. 중앙건설사는 공사를 다 완공 후 나머지 잔금을 받기로 하고 1994년 6월 공사를 마무리 하였습니다. 그 후 공사비 마련에 많은 애로사항도 있었습니다.

저는 공사 중에 새벽마다 공사현장에 홀로 나가 무릎을 꿇고 눈물로 기도 하였습니다. 공사중에 별사고 없이 순조롭게 진행 되었고, 1994년 7월에 35평 예배당에서 381평 새 예배당으로 이사를 하여 감격의 예배를 드렸습니다.

공사비는 2차 특별 헌금을 하였고, 교회 경상비를 줄여 모은 금액을 합쳐 3년 만에 공사 대금 완불을 하였으며, 내부 성구와 기물들은 성도 개인들이 많이 헌납 하였습니다.

1995년 1월 2일 입당예배를 드리면서 목사위임, 장로, 집사 권사 임직식을 겸해 예배 드렸습

주

300) 태인교회, 『예배당 헌당식』순서지, 1999년 12월 12일(주일) 오후 2시.

니다. 1999년 12월6일 헌당식과 아울러 장로 집사 권사 임직식을 가졌습니다.

2010년 9월 21일 변유복 드림.[301]

헌당식이 끝난 다음 해인 2000년에 신축 교회당 진입로와 관련하여 아름다운 헌신이 있었다. 박정용 집사가 도로로 사용되고 있던 자신의 땅 40평 중 30평을 본교회에 헌납한 것이다. 나머지 10평은 평당 10만씩 교회에서 매수하였다. 2001년 2월 18일 제19회 당회에서는 교회당 1층과 2층 현관 앞면을 유리로 막기로 가결하고 이차휘 집사에게 공사를 맡겼다. 땅을 헌납하는 일이 지속되어 이영휘장로가 2지구에 있는 땅 100평을,박정선 장로가 명당에 있는 땅 100평을, 이인휘 장로는 신축을 위해 163평을, 이어 200평을 추가로 헌납했다. 구 교회당은 박정선 장로가 매수하여 거주할 집을 지었다. 2005년에는 신축 당시 설치했던 영상시스템이 활동도가 떨어져 3천1백6십 만원(목적헌금 2천만원, 교회재정 일천백육십 만원)으로 새로운 영상시스템을 설치하였다.[302] 영상시스템을 위한 목적헌금 2천만원은 손용현, 황숙재 부부가 헌금했다. 본교회는 송일조 목사 시절에 수동 윤전기를 구입할 때 청년회와 주일학교 교사들이 헌신했던 것처럼 이번에는 손용현, 황숙재 부부의 헌신이 밑거름이 되어 보다 양질의 영상시스템 설치로 예배 분위기를 더욱 온화하고 부드럽게 했다.

3.1.2. 태인노인대학 운영

태인노인대학은 2006년 1월에 학생들을 모집하여 30여명이 등록하여서 시작하였다. 섬 마을의 문맹을 교회가 앞장서서 퇴치하여 교육수준을 올리고 복음을 효과적으로 전한다는 것이 목적이었다. 한 학기를 3개월로 기간을 정하여 1년에 2학기를 수업을 했다. 과목은 한글, 수학, 영어, 수지침이었다. 총괄 책임자는 양정석 장로로 임명하고, 모든 전반의 일은 총무 이혜경 권사를 총무로 세워 전반적인 모든 행정 업무를 담당하게 했다. 교사는 최판수와 오지숙이 한글을, 김봉희와 정창환이 수학을, 박경양이 영어를, 김영준이 수지침을 담당했다. 보조교사는 김영순, 송두리, 김채엽 3인이었고, 간식도우미로 김복덕이 수고했다.

수업은 처음에는 한글 책으로 하다가 1권을 마친 후에는 최판수 장로가 별도의 책을 만들어 사용하였다. 학생으로 공부하는 할머니들의 열의가 얼마나 뜨

주

301) 본 내용은 변유복 목사가 2010년 9월 21일 13시에 "태인교회 건축사"란 제하"로 "태인교회 건축사를 기억을 더듬어 간략하게 간추려 보냅니다."로 시작한 글을 필자에게 e-mail로 보내준 내용이다.

302) 『태인교회 당회록』제2권 참조.

겁든지 가르치는 선생님들이 많은 감동을 받았다고 전한다. 책 한권이 끝날 때마다 다과회를 열었는데 어떤 할머니는 호박죽을 쑤어서 나누어 주어 교사와 학생이 즐거운 시간을 갖게 하는데 많은 보탬이 되었다.

1년을 공부하자 한글은 단어와 문장까지 알게 되었고, 영어의 경우는 발음은 안 되지만 정말 열심히 하였다. 제1기 졸업식이 2007년 2월에 주일 낮 예배 때 개최될 때 졸업생 25명이 모두 가운과 모자를 쓰고 참석하였고, 가족과 성도들의 축하를 받았다.[303]

2007년에 제2기 태인노인대학를 개강 했으나 참여수가 많지 않고 그나마도 바쁜 일과 때문에 정기적인 수업에 참여하지 못하는 경우가 늘어나자 중단했다.

3.1.3. 당회장배 게이트볼대회 개최

변유복 목사 시절 본교회가 사회에 봉사함으로 빛과 소금 역할을 적극적으로 나타낸 것이 "당회장배 게이트볼대회"이다. 광양시에 게이트볼 동호회가 조직된 것은 1991년 7월 20일이다. 1994년 1월 17일에는 제1회 광양시 게이트볼 회장기 쟁탈대회를 개최한 것을 시작으로 본격적으로 활동했고, 1997년 4월 15일에는 제3회 동광양시 게이트볼 회장기 대회를 개최했다. 이후부터 자체적인 대회가 열리지 않자 본교회가 당회장기 쟁탈 게이트볼 대회를 개최하여 사회에 봉사하고 전도하는 기회를 삼기로 한 것이다. 2003년 10월 1일에 제1회 대회를 태인공원에서 개최했을 때 6개팀에 약 80명이 참여했다. 본교회 체육부 대회를 주관했고, 주최는 제2남선교회가 담당했다. 이후부터 2006년 제4회만 6월에 개최하고 2010년 제7회까지 매년 본교회 설립월인 4월에 태인공원에서 개최하고 있다. 매년 대회가 지속되자 참가팀이 증가하여 제2회 때는 7개팀이 참가했지만 제3회 때는 16개팀이 참가하는 등 매년 10여개 팀이 참가하여 뜨거운 경쟁으로 즐거운 하루를 보내고 있다.『광양만신문』은 2010년 4월 22일자 신문에 게이트볼 대회를 다음과 같이 소개했다:

> 태인교회 제직회장기 게이트볼대회[제8회]가 [4월]17일 태인동 장내 소재 게이트볼장에서 열렸다. 태인교회(담임목사 변유복)가 주관한 이날 대회에는 태인, 광영, 와우, 중동, 성황, 골약, 하포 등 동광양지역 게이트볼 회원 14개팀 200여명이 참여했다.[304]

주

303) 졸업생 명단. 문유복례,이여심,이옥연,김연애,박금희,김복희,이금연,이후연,강금남,양원순,김다남,이수희

304)『광양만신문』, 2010년 4월 22일.

게이트볼 대회는 사회 각계각층에서 후원하고 있으며, 본교회는 행사를 주관(준비, 운영, 심판, 시상)할 뿐만 아니라 점심식사 등을 제공하고 있다. 점심식사는 반드시 본교회 식당에서 대접하여 교회당을 한 번도 출입하지 않았던 분들이 교회에 친근감을 가져 쉽게 접근할 수 있도록 하고 있다.

이 외에도 총동원전도주일 행사와 하우스전도 등을 실시했다. 하우스전도는 2009년부터 실시한 것으로 변유복 목사가 성도들을 지역별로 안배하여 10처소 정한 후 처소별로 전도하는 운동이다. 변 목사는 하우스전도를 정착하기 위해 우선 성도들에게 전도법을 교육할 필요가 있다고 생각하고 하우스전도법과 관련된 교재를 구입하여 주일 오후 예배 후에 매주일 1시간씩 교육했다. "하우스전도는 초기 단계여서인지 아직까지는 가시적인 효과는 나타나지 않고 있지만 잘 운영한다면 앞으로는 좋은 결과를 얻을 수 있을 것으로 기대하고 있다."[305)]

3.1.4. 미자립교회 지원

교회당 신축이 완료되어 교회가 안정되자 국내선교 차원에서 본교회 주변에 있는 어려운 교회를 돕는 일을 시작했다. 재정이 넉넉하지 않기 때문에 많은 교회를 지원하지 못하고 황길교회, 대리교회, 그리고 장로회신학대학동문회를 지원하고 있다. 대리교회는 제2남선교회에서 돕기 시작하다가 교회에서 지원하기 시작했고, 황길교회는 교회 재정과 제3남선교회 재정에서 절반씩 담당하여 지원하고 있다.

[표 2-2] 2004년부터 2010년까지 국내선교 현황

선교지	지 원 년 도							비 고
	2004	2005	2006	2007	2008	2009	2010	
황길교회	5만원	5만원	5만원	5만원	5만원	5만원	5만원	
장로회신학대학동문			10만원	10만원	10만원	10만원	10만원	
대리교회					5만원	10만원	10만원	시작:제2남선교회

주

305) 2010년 9월 14일 오후 2시 42분 교회사연구소, 이혜경 권사와 인터뷰.

3.2. 해외선교

본교회가 해외선교에 관심을 가지기 시작한 것은 1996년도 이다. 1996년 11월 24일 제92회 당회에서 "태인교회 선교회"를 고문 1인, 장로 3인, 회장 1인으로 조직한 것이 시발점이다. 선교회를 조직하였지만 예산부족으로 국외 선교비를 별도 항목으로 예산을 책정하지 못하다가 2004년에 이르러 4백2십만을 책정했고, 그 다음 해에는 5백 5십만원으로 증액하여 본격적인 해외선교에 나섰다. 해외선교를 하게 된 과정을 들어 보자:

태인교회가 선교에 전연 무관심할 때 목사님께서 선교를 해야 한다는 의지를 가지고 처음 몇 사람을 모아 개인들이 선교비를 내게 하여 모아 몇 군데 선교비를 보내게 되었는데 그 중에 한 군데가 필리핀 선교지원입니다. 필리핀 선교 지원 동기는 이웃교회들이 필리핀 박남수 선교사를 지원하고 있었기에 태인교회도 동참하게 된 것입니다. 박남수 선교사는 우리교회 2번 방문하여 선교 보고 한바 있습니다.
등대선교비 지원은 등대선교회 회장 이었던 순천노회 안기창 목사님의 간곡한 부탁으로 지원하게 되었습니다. 안기창 목사님도 우리교회 3회 방문하여 선교보고 하였습니다. 러시아 이흥래 장로님 선교지원은 교회 방문하여 오후 예배 시 간증하심으로 시작하였습니다.[306]

해외선교 현황은 [표 2-3]를 참고바라며, 선교활동 결과에 대한 구체적인 내용은 필리핀 박남수 선교사의 편지를 읽어보면 알 수 있을 것이므로 여기에 소개한다:

사랑하는 선교동역자 되시는 변 목사님과 태인교회 성도님들께!
이 시간도 하나님께 감사를 올려드리며 주님의 뜻을 먼저 헤아리고 주님이 하라시는 것을 따라가기를 노력해봅니다. 지금 이곳 필리핀은 가장 더운 시기지만 어찌된 일인지 우기 때처럼 비가 자주 옵니다. 학교들이 일제히 방학에 들어갔습니다. 계절이 변하질 않아 지루하기도 하고 빠른 시간의 흐름에 대한 감각조차 무디어져 자주 소식을 전하며 기도요청도 해야 하는데 그러지 못하는 부족함을 용서해 주시기 바랍니다.

▣ 그동안 하나님의 은혜 가운데 저희들을 사용하시어 이루어졌던 사역들입니다

◆ 쉐마학교 제5회 졸업식(2009년 12월 13일)
올해 9년째 이 사역을 하였고 제5회 졸업식을 했습니다. 졸업식후 각 학년들 은 일년을 마무 리하면서 준비한 학예발표회도 하였습니다.

◆ 희망교회 결혼식(12월 17일)
울산 현대교회(최창덕 목사)성도님들의 사랑의 후원으로 이미 가정을 이루고 살고 있지만

주

306) 오지수 집사가 정리하여 2010년 12월 12일 오후 4시경 본교회 1층 사무실에서 필자에게 준 자료.

형편이 어려워 결혼식을 올리지 못하고 살던 5가정에게 합동결 혼식을 올려 주었습니다. 신랑 신부들은 하나님의 은혜에 감격하였으며 모든 신부들은 감사와 감격의 눈물을 흘렸습니다.

◆ 쉐마목회자 모임(12월 21-23)

저희가 개척하고 세워가는 교회의 사역자들이 모여 2박3일간 2008년 목회를 결산하고 2009년도 목회와 선교를 위한 계획을 세우며 지난 해 동안 함께 하 신 하나님의 은혜를 나누었습니다.

◆ 쉐마목회자 교육(2월 2일)

지난 2월 모임에서는 아주'쉽고 간편한 교리교재'를 구하여 주일학생들에게 확실한 교리를 심어주어 이단에 빠지거나 다시 카톨릭으로 돌아가는 일이 없고 하나님에 대한 지식과 은혜를 알아 가도록 하는 세미나를 하였습니다. 각 교회마다 세미나 때 제공한 교재로 어른들까지도 가르치며 은혜를 받고 있습니다.

◆ 성도교회 단기선교팀과 함께(2월 9일-14일)

지난 2월 성남에 있는 성도교회는 3년째 계속오시는 멤버들을 포함해서 29명의 단기선교팀이 오셨습니다. 이번엔 더욱 조직적으로 준비하여 말씀과 밥퍼 사역을 하는 산부에나 지역에 새로 세워진 나눔 사역 센터에 페인트 칠을 하고 벽화를 아름답게 그렸습니다. 워낙 어려운 동네인지라 문화와 예술은 그들에게 있어서 구경하는 것조차 사치인 곳입니다. 이 지역에 아름다운 그림이있는 건축물로 바뀌어버린 센터를 보고 모두가 기쁨과 감탄과 즐거움을 나누었습니다. 이 지역 아이들의 마음에 주님과 성도교회 식구들의 사랑이 전달되어 그들의 마음도, 삶도 이렇게 아름다워지길 기도합니다. 성도교회 선교팀은 산부에나 지역을 포함하여 3곳의 교회에서 의료사역, 미용사역, 그리고 어린이 사역을 하며 교회와 주민들을 온몸으로 섬겼습니다. 그들의 사랑의 수고가 씨앗이 되어 하늘나라에서 그 지역의 많은 영혼들을 다시 볼 수 있기를 기도 합니다.

◆ 민도로 벧엘교회 "하나님의 작은 종" 유치원졸업식(3월 9일)

올해도 민도로섬 산속의 교회에서 10명의 유치원 졸업생들이 배출되었습니다.

◆ 희망교회 가족체육대회(3월 12일)

온 교회 가족들이 함께 모였습니다. 교회에서 가까운 곳에 있는 초등학교 운동장을 빌려 배구, 농구, 배드민턴, 줄다리기 등 각종 게임을 하며 온 교회가 잔치를 하였습니다.

◆ 2009년도 성경학교 교사강습회(4월13-15)

저희가 개척하여 세워가는 교회에서 온 55명의 교사들이 쉐마선교관에서 2박 3일간 숙식을 하며 성경학교 강습회를 은혜 중에 마쳤습니다. 이들이 돌아가 지교회에서 방학을 이용한 성경학교가 열립니다. 이들을 통하여 필리핀 어린 영혼들을 살리는 역사가 일어날 것입니다. 기도로 동참해 주시기 바랍니다.

필리핀에서 박남수. 황정숙(하원,하영) 드림 [307)]

주

307) 2009년 5월 13일.

[표 2-3] 1990년부터 2010년까지 해외선교 현황

선교지	지원년도								비고
	1990~2003	2004	2005	2006	2007	2008	2009	2010	
등 대 선교회	20만원	20만원	20만원	20만원	20만원	20만원	10만원	10만원	21년간 지속
필리핀 (박남수)	95년부터	8만원	8만원	8만원	8만원	8만원	8만원	10만원	95년도부터 16년간 지속
중 국 (권혜숙)		10만원	10만원	10만원	10만원	10만원	10만원		2010년부터 중단
러시아 (이홍래)							10만원	10만원	

4. 발간된 문서를 통해 보는 현대역사

변 목사가 본 교회에 부임한 이래로 발간된 문서는 『주보』와 『교회요람』이 대표적인 문서이다. 『주보』는 2010년 내용으로 소개하고, 『교회요람』은 초기와 2010년 내용을 소개함으로서 그의 목회활동에 이해를 도울 것이다.

4. 1. 『주보』[308)]

2010년도 주보를 보면 여섯 개의 면으로 구분되어 있고, 겉면에 해당하는 부분은 전체적으로 연한 노랑색으로 보는 사람에게 따뜻한 느낌을 주고 있다. 2010년 9월 25일에 발행한 주보의 첫 번째 면 가장 상부에는 "태인 제43-36호 (교회창립: 1911. 4. 4) 2010.09.25"라 되어 있다. 교회가 언제 시작되었는지 주보는 언제부터 만들기 시작했는지를 보여주는 내용이다. 주보 내용으로 설명하자면 본 교회가 100년이 다 되었지만 주보가 정식으로 만들어진 것은 43년전부터란 의미가 된다. 다음에는 "대한예수교장로회 태인교회/TAI IN PRESBYTERIAN CHURCH"란 문구가 본 교회가 소속되어 있는 교단을 상징하는 마크와 함께 기록되어 있다. 바로 밑에는 "목표: 전도로 한나님을 기쁘게, 사랑으로 성도를 행복하게"라 되어 있고 그 밑에는 박스를 만들어 "말씀: 황폐한 성읍들을 사람 살 곳이 되게 할 것임이라(사54:3)"는 말씀이 기록되어 있다. 표지 그림은 현재 건축되어 있는 교회당 외부 모습을 사진으로 찍어 넣었다. 교회 사진 바로 밑에 "담임목사. 변유복/Pastor. Beon, Yu Bock" "전도사: 정태승" "원로장로: 김충현/은퇴장로: 이인휘, 이영휘, 서일석" "시무장로: 서영석, 이규민, 박정선, 김종필, 양정석, 최판수, 이종만" "지휘: 이종훈

주

308) 편의상 주보에 대한 설명은 2010년 주보를 기준으로 설명하였다.

피아노; 이나영, 김소영 전자올갠: 김효숙"이 차례대로 기록되어 있다. 그 밑에는 녹색으로 띠를 만들어 교회주소와 전화번호 목사관 전화번호 담임목사 핸드폰 번호가 새겨져 있다. 그리고 가장 아래쪽에는 "차량운행 박정선 장로 010-****-****, 김정근 집사 010-****-****"이 기록되어 있다. 두 번째 면에는"주일 낮 예배(오순절후 열다섯번째 주일)"순서가 기록되어 있고 가장 밑에는 "다음 주 기도 양정석 장로, 김복덕 권사, 김효숙 권사" 쓰여 있다. 세 번째 면에는 "주일 오후 예배(찬양으로 영광을 돌리자!)" 순서, "수요일 밤 예배" 순서, "새벽 기도" 내용이 있고, 가장 아랫부분에는 9월 봉사 담당자가 기록되어 있다. 네 번째 면에는 "지난주 향기로운 예물 드린 분"이란 제하로 십일조, 감사, 생일감사 헌금한 명단이 기록되어 있고, "지난주 등록하신 교우"란이 있다. 그 아래에는 "지난 주간 구역예배 상황" 표가 있다. 이 표를 보면 구역숫자 20개로 되어 있고, 구역명, 구역장, 인도자, 모인 곳, 인원, 다음 장소가 기록되어 있다. 구역명은 1구역부터 20구역까지 "믿음, 절제, 충성, 양선, 인내, 자비, 지혜, 화평, 진실, 희락, 사랑, 겸손, 은혜, 능력, 위로, 충만, 전진, 묵상, 소망"으로 각각 붙여져 있다. 다섯 번째 면에는 성도들의 신앙에 유익한 이야기 기록되어 있고, 그 밑에는 "오시는 길"이 그림으로 그려져 있으며, 오시는 글 옆에 "태인교회 집회안내" 표가 그려져서 모든 예배 시간을 알려주고 있다. 2010년 9월 25일에 발해된 주보에 게재된 유익한 이야기는 다음과 같다:

행복은 별난 곳에 없습니다.

흔히 브라더 로렌스(Brother Lawrence)로 알려진 니콜라스 헤르만(Nicholas Herman)은 1611년 프랑스에서 태어나 십대 때 '30년 전쟁'에서 부상을 당해 다리를 절게 되었습니다. 그 후 여러 일을 전전하다 55세 때, 영혼의 목마름을 채우려고 파리에 있는 카르멜 수도원에 평신도 수도사로 들어가 부엌일을 하게 되었습니다.

그는 수도사들의 식사를 해주면서 부엌을 천국으로 만들었습니다. 그는 자신이 만든 식사를 수도사들이 먹는 것을 바라보면서 항상 감사했습니다. "하나님! 이 귀한천사들을 섬기게 해 주셔서 감사합니다." 그에게 비천한 부엌일은 가장 즐거운 일이었습니다. 그는 아무리 하찮은 일도 사명감을 가지면 소중한 일이 된다고 여겼습니다.

수도사들을 섬기면서 행복은 갈수록 커졌습니다. 그는 작은 일도 큰 일로 생각했고, 접시 하나 닦는 것을 수많은 군중에게 설교하는 것처럼 여겼습니다. 그렇게 20년을 변함없이 산 수도사들은 점차 그를 존경하게 되었고 나중에 수도원에서 원장을 뽑을 때 원장 후보조차 될 수 없었던 평신도 수도사인 그가 원장에 뽑혔습니다.

그에게 인간적인 행복의 조건은 없었습니다. 그는 교육도 못 받고 절름발이로 가정도 이루지 못했지만 날마다 산더미처럼 쌓인 힘든 부엌일을 하면서도 항상 기쁜 얼굴로 "나는 참 행복하다!"고 말했습니다. 어느 날, 국왕 루이 12세가 수도원을 방문해 그에게 행복의 비결을 묻자 그는 대답했습니다. "행복의 비결은 섬기는 일입니다."

행복은 별난 곳에 없습니다. 행복은 사랑과 섬김에 있습니다. 환경이 필요한 것이 아니라 사랑이 필요합니다. 참된 사랑이 참된 사람을 만듭니다. 그는 고백합니다. "내 생애 최대 발견은 초라한 오두막도 최고 궁전으로 만들 수 있다는 것이었습니다. 메마른 환경은 아무 문제될 것도 없고 아무 영향도 주지 못합니다.

그는 수도원에 가게 된 이유에 대해 말했습니다. "나는 죄와 허물과 잘못이 많았습니다. 그래서 수도원으로 들어가 내 모든 잘못에 대한 벌을 받고 인생의 즐거움을 희생하기로 했습니다. 그러나 내 결심은 완전히 실패했습니다. 왜냐하면 내가 희생으로 얻은 것은 만족밖에 없었기 때문입니다."

희생하면 더 많은 것을 얻습니다. 큰 희생은 큰 인생을 만듭니다. 절대 사랑은 절대 행복을 불러옵니다. 행복은 '좋은 자리'보다 '섬기는 자리'에서 생깁니다. 진짜 좋은 자리는 '영광의 자리'가 아니라 '섬김의 자리'입니다.

'자극적이고 신비한 것'보다 '꾸준하고 평범한 것'에서 아름다움을 찾는 삶이 더 귀한 삶입니다. 갑자기 등장하는 신비한 혜성은 없어도 살지만 매일 떠오르는 평범한 태양이 없으면 살지 못합니다. 그처럼 평범한 것에 행복의 조건이 다 숨어 있습니다. 행복은 멀리 있지 않습니다. 행복은 남을 행복하게 할 때 찾아옵니다.

여섯 번째 면에는 "교회소식"이 있고, 그 아래에는 "100주년을 위한 구역 총동원 출석운동 광고" 란 제하에 "구역별 출석 목표달성/출석현황(2010년도)"란 제목이 붙은 표가 있다. 이 표를 보면 본 교회는 구역을 짝수와 홀수 두 그룹으로 나누고 그룹별 이름을 각각 "믿음교구"(짝수 구역) "소망교구"(홀수 구역)로 이름 붙인 것을 볼 수 있다. 구역별 목표수를 다 더하면 250명인데 이 숫자가 100주년 행사 이전까지의 채울 성도 목표숫자임을 알 수 있다. 목표숫자 옆에 누계평균이 있는데 170명으로 되어 있고, 그 옆에는 지난주 통계가 있는데 166명로 나와 있다. 목표수와 달성수의 비율이 있는데 2010년 8월 29일 주일 숫자는 목표의 67.9%에 해당함을 알 수 있다. 표 아래에는 "구역별 출석평가"란 제목으로 교구별로 1등부터 3등까지의 구역명칭을 기록해 두고 있다. 가장 밑 부분에는 "금년도 출석목표를 위해 우리 모두 노력합시다."는 문구를 기록하였다.

본 교회의 주보는 "성경문제 풀이"란이나 지난주 설교 내용을 요약한 내용이 없고, 오직 성도들이 모두 알면 유익하고, 교회행정이 도움이 되는 내용만을 기록했다는 특징이 있다.

4.2. 『교회요람』

교회요람은 그 교회를 한 눈에 볼 수 있는 중요한 책자이다. 요람 속에는 모든 교회행정이 집약되어 있기 때문이다. 그래서 요람만 잘 만들어져 있으면 그 교회의 역사의 큰 맥을 잡을 수 있다. 변 목사는 교회요람의 중요성을 인식하고 부임한 1987년에 부임한 후 1989년부터 요람을 만들기 시작하여 지금에 이르고 있다. 필자가 확보한 요람은 1990년부터이지만[309] 요람이 발간되기 시작한 것은 1889년부터이다. 이것은 변유복 목사가 〈1989년도 교회요람〉 "인사의 말씀"에 기록한 내용으로 알 수 있다. 직접 들어보자:

인사의 말씀

태인동산에 복음의 빛이 비취인지가 80년의 성상이 가까워 오고 있습니다. 그 세월동안 태인교회는 험한 골짜기와 노도광풍을 헤쳐 왔습니다. 그 속에서도 주님이 맡기신 복음 전파 사명에 충실하려고 몸부림 쳐왔습니다. 그리고 대망의 새해를 또 다시 맞이하게 되었습니다. 지금까지 태인교회를 지켜 인도하여 주신 주님의 은혜에 감사드리며 앞으로도 인도하실 것을 믿으며 감사드립니다.

태인동산이 이제는 옛날 조용한 파도소리 들리는 고장이 아니라 철강 산업의 우렁찬 소리가 세계를 메아리치는 고장으로 변했습니다. 이 한복판에 청송처럼 서 있는 우리 태인교회는 더욱 무거운 사명이 요구되고 있습니다.

미약하지만 처[음]으로 요람을 발행하게 되었으니 이 책을 통하여 배우고 깨우쳐 역사와 전통의 태인의 성도라는 긍지를 가지고 복음의 횃불을 높이 쳐들어 우리고장 태인을 밝게 합시다.

그리하여 하나님께 영광을 돌립시다.

1989년 1월

여러분의 목사 변 유 복 드림

본 『교회요람』의 전체적인 구성 내용은 가장 최근에 발간된 2010년 『요람』을 기준으로 살필 것이지만 초기 내용과 비교할 수 있도록 〈1989년도 교회요람〉 구성을 간략하게 소개하면 다음과 같다. 표지 그림이 사진이 아니라 십자가 양편에 "오직 한길(ONE WAY)"이란 글귀를 넣은 후 십자가 바깥에 두 개의 원을 그린 후 작은 원과 큰 원 사이 공간에 "오직성경. 오직믿음. 오직영광" "태인교회"이란 글귀를 새겨 넣은 형태였다.[310] 『교회요람』 표지에 "오직성경. 오직믿음. 오직영광"이란 글귀를 넣은 것은 변유복 목사가 개혁주의 신학과 신앙

주

309) 박정선 장로가 2010년 9월 23일 오전 10경 그 동안 사적으로 보관하고 있던 1990년부터 2010년까지의 『교회요람』 필자에게 전해 주었다. 이 날 1994년도에 발간한 요람은 받지 못했다. 박정선 장로는 필자에게 『교회요람』를 건네 주면서 "첫해 요람과 1994년 요람을 찾으려 했으나 아직까지 찾지 못했다."고 말했다.

310) 『1992년도 교회요람』까지 표지 그림은 이와 동일했고, 1993년도부터는 2010년까지는 바깥에서 본 교회당 전경 사진을 표지그림으로 사용하고 있다.

을 지향하고 있다는 단적인 예이다. 종교개혁자들의 공통된 사상은 "오직믿음(sola fide), 오직성경(sola scriptura), 오직 하나님의 영광(sola Dei gratia)"였다. 1517년 10월 31일에 로마 카톨릭 교리에 반대하는 "95개조 반박문"을 작성하여 독인 비텐베르크 성당 정문에 있는 게시판에 부착함으로서 종교개혁의 신호탄을 쏘았던 루터(Martin Luter, 1483-1546)와 루터보다 약 26년 늦게 프랑스 뉘용에서 태어난 칼빈(John Calvin, 1509-1564)은 모두 "오직믿음(sola fide), 오직성경(sola scriptura), 오직 하나님께만 영광(sola gratia)" 을 강조했다. 이 세 가지는 성경은 하나님의 말씀으로 인생의 삶의 규범이라는 것과 구원은 인간의 어떤 공로로 얻는 것이 아니라 오직 믿음으로 얻는다는 이신칭의(以信稱義), 그리고 하나님의 절대주권을 인정하고, 모든 것을 있게 하신 분은 오직 하나님 이심을 믿고 그 분만이 영광을 받으셔야 한다는 것을 의미한다. 『교회요람』 표지에 종교개혁자들의 세 가지 주장을 새겨 놓은 것은 본교회의 신학적 입장이 종교개혁자들의 입장과 동일하다는 것을 선포한 것이다.

첫 쪽에는 "임명장"이 있고, 두 번째 쪽에 담임목사의 "인사의 말씀"이 있다. 총 38쪽으로 만들어졌으며 목차는 다음과 같다:

금년 나의 출석부. 태인교회의 역사. 역대교역자/장로/집사/권사. 집회안내. 태인교회의 조직. 교역자 및 제직. 각부서 임무와 조직. 교회학교. 찬양대. 각 자치회 조직. 예배봉사위원과 임무. 구역 조직과 임무. 교인의 의무. 성숙한 신앙생활(주일성수. 헌금생활. 기도생활. 성경애독생활. 전도생활. 교인의 구분. 교우들이 목사를 도와야 할 일. 성례식). 연중행사표. 교우 전화번호. 교우명단. 교우 사업안내. 나의 신앙달란트. 주소록. 메모 [311)]

1990년에 발간 된 두 번째 『요람』은 첫 해 발간 시 역대교역자 명단에 누락되었던 제1대 당회장 김동옥 목사를 기록하였고, 당회장 시무 기간도 새롭게 발견하여 전면적으로 수정하는 등 몇 가지의 내용을 수정 보완하였다. 역대교역자를 바르게 파악하여 역사로 기록한 점은 변유복 목사를 비롯한 당회와 관련 위원들의 공로임이 분명하다.

그러면 본 교회의 『요람』은 구체적으로 어떻게 구성되어 있을까? 본 교회의 2010년도 『요람』은 총 26개 항목으로 구분된 114쪽의 분량으로 이루어져 있다. 구체적인 항목은 다음과 같다:

교회를 위한 기도. 인사말씀. 전도대상자. 태인교회역사. 힘쓸일. 역대교역자. 목회방침. 집회

주

311) 태인교회, 『1990년도 교회요람』, 3.

안내. 기구조직. 교회조직. 제직명단. 각부조직. 찬양대. 교회학교. 자치회임역원. 특별위원회. 예배봉사위원. 구역조직. 구역운영지침. 교회생활지침. 행정내규. 교회력. 년중행사표. 제직사진. 교우사업체 안내. 휴대전화번호.

표지는 교회전경 사진을 바탕으로 하여 『2010년도 교회요람』이란 책 제목을 새겨 넣었다. 교회 전경 사진 아래에는 "전도로 하나님을 기쁘게, 사랑으로 성도를 행복하게"란 2010년도 목표를 기록했다. 그 아래에는 청색 띠를 만들어 본 교회가 소속되어 있는 교단 총회 마크와 교회명 및 교회 주소를 기록했고, 담임목사 전자메일 주소와 교회전화번호 목사관 전화번호 담임목사 휴대폰번호를 각각 기록해 놓았다. 맨 아래에는 본 교회가 운영하는 까페주소가 있다.

인사말씀은 담임 변유복 목사가 성도들에게 드리는 인사말씀이다. 태인교회역사는 연표를 뜻하며, 목차에는 "힘쓸 일"이라 되어 있지만 실제 내용에는 "우리가 힘써야 할 일"이라 되어 있다. 역대교역자는 부교역자를 포함하고 있으며, 역대 장로/안수집사/권사/명예권사가 함께 기록되어 있다. 목회방침은 "2010년도 교회 표어"와 "2010년도 교회 목표" 그리고 "우리교회 구역 표어"가 수록되어 있다. 집회안내는 공예배를 비롯한 교회학교와 자치회 월례회가 안내되어 있다. 기구조직은 공동의회, 당회, 제직회, 찬양대, 교회학교, 자치단체, 특별위원회로 구성되어 있다. 기구조직을 좀 더 살펴보면, 제직회는 총무부, 재정부, 전도부, 교육부, 관리부, 봉사부, 사회부, 경조부, 미화부, 행사부, 체육부 총 11개부서로 구분되어 있다. 찬양대는 주일 낮 예배를 담당하는 할렐루야찬양대를 비롯한 청소년부찬양대, 어린이찬양대, 청지기찬양대를 만들어 운영하고 있다. 교회학교는 유치부, 아동부, 중등부, 고등부, 청년부, 장년부로 나누어져 있다. 자치단체는 남선교회를 3개 부분으로, 여전도회를 5개 부분으로 구분하여 조직하였고, 청년회를 별도로 조직하였다. 특별위원회는 차량, 장학, 교육, 예산, 예배, 선교, 감사 위원회를 두고 있다. 교회조직에는 공동의회/당회/제직회 각각의 임원과 회원자격 및 임무가 기록되어 있다. 제직명단에는 교역자 명단과 그 해의 모든 제직들의 이름이 기록되어 있다. 각부조직에는 제직회의 총 11개 부서의 부장, 차장, 부원의 명단과 임무가 기록되어 있고, 찬양대 역시 대장과 지휘자를 비롯한 모든 봉사자들의 명단과 "찬양대원의 수칙"이 기록되어 있다. 교회학교는 기구조직에 소개한 내용과 다르게 아동부, 청소년부, 청년부, 교육위원으로 구성되어 있고, 각각의 임원과 봉사자들의 명단이 기록되어 있으며, "교회학교 교사의 수칙이 별도로 기록되어 있다. 자치회임역원은 모든 자치회의 회장, 부회장, 서기, 총무의 명단이 기록되어 있다. 자치회 역시 앞에 있는 기구조직에서 소개한 내용과 상이하게 청소년부와 해외선교회가 포함되어 있다. 특별위원회는 예배위원회와 교육위원회는 위원장 성명과 위원의 범위가 기록되어 있고, 선교위원회와 차량위원회 및 예산위원회는 위원장과 총무 명단이, 그리고 장학위원회와 감사위원회는 위원장 성명이 기록되어 있다. 모든 위원회에는 위원회 임무가 기록되어 있다. 예배봉사위원은 월별로 봉사하도록 되어 있고, 봉사위원 대표는 장로 1인, 권사 1인이며, 안내위원 5명, 헌금위원 5명으로 구성되어 있다. 봉사위원 다음에 곧바로 구역별 구역장과 인도자 및 구역원 명단이 각 구역별로 기록되어 있다. 구역수가 2010년 9월 25일 주보에는 제20구역까지로 나와 있으나 『요람』에는 19구역까지 나와 있다. 제20구역은 『요람』이 만들어진 후에 추가되었기 때문이다. 제1구역은 이름만 있을 뿐 아직 조직되지 못하고 있다. 구역원 명단에는 세대주, 믿음주, 가족, 거주지, 전화번호가 기재되어 있다. 구역운영지침에는 구역모임의 목적, 구역장의 사명과 책임, 좋은 구역장이 되려면, 구역예배 인도 방법, 심방으로 나누어 기록되어 있고, 교회생활의 표본과 지침(교회생활지침)에는 제직의 임무, 봉사자의 임무, 교회생활, 성도의 가정생활, 입교와 성례에 대해 자세하게 기록되어 있다. 태인교회 행정내규(행정내규)에는 총칙, 당회, 제직회, 구역회, 직원 선거 및 임명, 교역자와 직원, 찬양대와 교회학교, 전도회와 청년, 특별위원회, 재정관리, 부칙 순으로 기록되어 있다. 교회력은 대강절, 성탄절, 주현절, 사순절, 부활절, 오순절이 각각 어떤 의미를 가지고 있으며, 그 기간은 언제인지 그리고 왜 이러한 절기가 필요한지를 간략하게 설명해 놓았다. 또한 이 절기들의 예전색깔을 표기하고 색깔별 의미를 설명한 것은 특이한 점이다. 추수감사절과 맥추감사절이 빠져있는 데 필자가 변 목사에게 그 이유를 묻자 다음과 같이 답변하였다:

> 일부러 뺀 것이 아닙니다. 요람 제작을 장로님이 담당하시고 저는 인쇄되기 직전에 전반적인 내용을 검토합니다. 요람이 매년 발간되는 것이다 보니 많은 신경을 쓰지 않고 그 해에 특별히 변경된 것을 위주로 살피다 보면 이런 결과가 나오기도 하는 것 같습니다. 요람에 추수감사절과 맥추감사절 설명이 누락된 것뿐이지 저는 이 두 절기들을 중요하게 생각하여 매년 지켜왔습니다. 이것을 확인하려면 주보를 보아도 되지만 요람에 있는 사업계획표를 보면 알 수 있을 것입니다.[312]

주

312) 필자가 2010년 10월 6일 오전 11시 15분 경 광신대학교 교회사연구소에서 변유복 목사와 전화 인터뷰한 내용. 인터뷰한 후 그 동안 발행된 요람을 확인한 결과 이 두 절기는 매년 사업계획서에 포함되어 있었다.

2010년 행사 및 사업계획표(년중행사표)에는 절기, 회의, 교회행사, 오후예배, 각 기관행사 계획을 수록했다. 이 표 다음에는 제직들의 사진이 있고 사진 바로 아래에 성명과 직분 및 가정전화번호를 기재하였다. 기재 순서는 담임목사를 필두로 교역자들, 원로장로, 은퇴장로, 시무장로, 은퇴안수집사, 안수집사, 은퇴권사, 명예권사, 시무권사, 남자 서리집사, 여자 서리집사로 되어 있다. 교우 사진에 휴대폰 번호를 기재하지 않고 휴대폰 번호를 별도로 기록한 것은 행정의 일관성 때문으로 보인다. 제직 사진이 끝나면 교우들의 사업체 안내가 있다. 사업체는 상호명, 대표자 성명, 전화번호, 취급품, 주소가 안내되어 있다. 마지막으로 교우들의 휴대폰번호가 안내되어 있고, 끝에 메모장 4장을 추가해 놓았다.

본 교회의 『요람』에는 몇 가지 특징이 있다. 첫째, 제직 사진의 후면 배치에 하였다. 한국의 많은 교회들은 제직자들의 사진을 『요람』 앞부분에 배치하여 성도들이 제직들을 쉽게 파악하고 연락할 수 있도록 하고 있다. 그러나 본 교회는 뒷부분에 배치했는데 『교회요람』이란 제직자들만을 위한 공간이 아니고 모든 성도들의 공간이라는 점을 보여주면서 우리 모두는 동일한 하나님 나라의 시민이며, 권속이라는 동질감을 준다는 점에서 장점이란 생각이다. 둘째, 무엇보다도 기도를 앞세우는 교회란 인상을 주고 있다. 목차 바로 다음에 "교회를 위한 기도"를 배치한 것이 단적인 예이다. "기도하지 않으면 내가 일하는 것이지만 기도하면서 하나님이 일하신다."는 믿음을 보여주는 사례이다. 기도보다 성령보다 앞서지 말자는 마음이 들어 있다고 볼 수 있다. 셋째, 전도를 매우 중요하게 생각하는 교회란 점을 부각시키고 있다. 담임목사의 인사말씀이 끝나는 3쪽에 전도대상자와 기도제목이란 공간을 마련하여 성도들이 『교회요람』을 펼칠 때마다 전도의 중요성을 일깨우도록 하는 역할을 하고 있다. 넷째, 구역운영지침 등 교회조직 중에서 필요하다고 생각되는 모든 기구의 규정이나 규칙 또는 지침을 넣어 둔 것이다. 교회행정을 하다보면 다양한 사람들의 다양한 의견이 있기 마련이다. 이때는 갑론을박하며 시간을 낭비할 것이 아니라 곧바로 『교회요람』에 기록되어 있는 규정이나 규칙을 살펴서 그 정신에 따르면 되는 것이다.

제15장 박형련 목사 부임:2010–현재

박 형 련 목사

박형련 목사가 본교회에 부임한 것은 하나님의 역사하심임을 청빙결과를 보면 잘 알 수 있다. 박형련 목사 청빙과정과 그가 첫 번째 예배인도에 대한 소감, 그리고 목회방침을 차례대로 알아보자.

1. 청빙과정

본교회는 변유복 목사가 사임 의사를 밝힌 후 2010년 9월 26일 주일 예배를 끝으로 9월 30일에 23년간의 담임목사로서의 사명을 마치자 10월 1일에 장로, 안수집사, 권사로 이루어진 7인의 청빙위원회를 구성하였다:

청빙위원장 : 서영석 장로
서　　　기 : 양정석 장로
위　　　원 : 최판수 장로, 이종훈 안수집사, 김성주 안수집사
김효숙 권사, 송두리 권사 [313)]

담임목사 청빙의 중책을 맡은 청빙위원들은 기도하면서 2010년 10월말까지 담임목사 후보자 지원을 받은 결과 우체국 우편과 전자우편(e-mail)을 이용하여 1차에 77인의 목사들이 지원했다. 위원들은 서류심사를 통해 35인으로 압축한 후 다시 16인으로 압축했고, 마지막으로 5인을 선정했다. 그런데 선정된 5인의 목사 중 한 사람을 제외하자는 의견이 도출되었고 위원회는 심사숙

주

313) 양정석 장로 증언, 2011년 2월 27일 오전 9시 30분.

고한 결과 그렇게 하기로 결정했다. 그러자 5인으로 최종 선발하기로 처음부터 정했기에 다른 한 사람을 포함시켜야 하는 문제가 발생했다. 서류 심사를 통해 제외된 목사를 5인에 포함시킬 수는 없었고, 그렇다고 추가로 서류를 받을 수도 없는 곤란한 처지에 놓이게 되었다. 양정석 장로는 우체국 우편과 전자우편으로 서류를 받고 심사기준에 따라 서류심사를 담당한 이종훈 안수집사에게 지원서를 받았으나 누락된 목사가 없는지 확인해 달라고 요청했고, 이종훈 안수집사는 지원 기간 내에 전자우편으로 지원서를 제출한 박형련 목사가 있는데 미처 보지 못하다가 5인이 선정된 이후에 알게 되어 서류를 위원회에 제출하지 않고 개인이 보관하고 있다고 대답했다. 위원회는 서류심사 결과 문제가 없으니 5인으로 구색을 맞추자는 차원에서 박형련 목사를 포함시켰던 것이다. 청빙위원회는 최종적인 선정을 위원회에서 자체적으로 하지 않고 5인을 차례대로 초청하여 설교를 직접 들어본 후 당회원(60%)과 그 외 항존직 중 16인(40%)을 선정하여 그들의 투표결과를 합하여 최종 결정하기로 했다. 설교를 들어보고 사모를 포함하여 담임목사 후보자들을 면접한 후 투표한 결과 구색을 맞추기 위해 일종의 대타로 포함시켰던 광영중앙교회 부목사로 시무하고 있던 박형련 목사가 선정된 것이다. 2011년 12월 12일에 선정된 박형련 목사의 위임을 놓고 공동의회를 개최한 결과 2011년 5월 15일에 본교회 100주년 기념행사와 함께 위임식을 거행하기로 결의하였다.[314]

2. 첫 예배 인도에 대한 성도의 소감[315]

찬양대가 들어와서 자리에 앉고 온 성도가 준비가 되자 박형련 목사의 사회로 예배가 시작되었다. 찬양대의 첫 송은 찬송가 109장(고요한 밤 거룩한 밤) 2절로 천군천사가 나타나 기뻐 노래 부르며 구주나심을 찬양한다는 내용의 찬양으로 예배를 열었다. 찬양이 끝나자 박형련 목사는 예배로의 부름에 합당한 말씀과 기도로 예배를 열었고, 다함께 일어나 경배찬송 찬송가 23장(만 입이 내게 있으면)을 큰 소리로 불렀다. 찬송이 끝난 후 바로 참회의 고백을 인도하였다. 참회의 고백은 다음과 같다:

인도 : 그 때에 맹인의 눈이 밝을 것이며 못 듣는 사람의 귀가 열릴 것이며

314) Ibid.

315) 박형련 목사의 첫 예배 인도에 대한 소감은 김소영 집사(이종훈 안수집사의 아내)가 2010년 12월 19일 주일 낮 예배에 참석하고 난 후 작성한 것을 필자가 몇 가지 단어와 문장을 교정하여 그대로 게재했다. 교정한 내용은 "박형련 목사님"을 "박형련 목사"로 바꾸는 등 사모한 부분이다.

회중 : 그 때에 저는 자는 사슴같이 뛸 것이며 말 못하는 자의 혀는 노래하리니
인도 : 이는 광야에서 물이 솟겠고 사막에서 시내가 흐를 것임이라
회중 : 뜨거운 사막이 변하여 못이 될 것이며 메마른 땅이 변하여 원천이 될 것이며
인도 : 승냥이의 눕던 곳에 풀과 갈대와 부들이 날 것이며
회중 : 거기에 대로가 있어 그 길을 거룩한 길이라 일컫는바 되리니
함께 : 깨끗하지 못한 자는 지나가지 못하겠고 오직 구속함을 입은 자들을 위하여 있게 될 것이라

온 회중이 사도신경으로 신앙고백을 또박또박 한 후 자리에 앉았다. 곧이어 영광의 찬송, 찬송가 67장(영광의 왕께 다 경배하며)을 4절까지 불렀다. 그 후 양정석 장로가 강대상 오른편(성도들이 볼 때)으로 나와서 대표기도를 했다:

육신의 먹고 마시는 일에 치우치며 살았던 죄인을 용서하여 주옵소서. . . . 백년 의 역사를 맞이하는 교회에 목사님을 보내주셔서 감사를 드립니다. 하나님께서 목사 님에게 전도의 힘을 주셔서 새로운 백년을 열어가는 교회가 될 수 있도록 인도하여 주옵소서. . . . 성도들은 겸손하고 서로 섬기는 모습으로 살게 하시고 맞이하는 성탄 의 주인공이 예수님임을 잊지 말게 하옵소서. . . . 예수님의 이름으로 기도합니다. 아멘.

기도가 끝나자 찬양대의 기도송이 울려 퍼졌다. 기도송은 찬송가 122장(참 반가운 성도여)1절 두 번째 소절부터 후렴까지를 4부로 불렀다. 박 목사는 설교 본문인 누가복음 2장 6절에서 20절을 "제가 봉독을 하겠습니다."라고 말하고 정확하고 힘 있게 본문을 읽었다. 방송실에서는 대형 스크린에 본문 말씀을 한 절씩 비추어 주면서 말씀에 집중할 수 있도록 해 주었다.

말씀 봉독을 마친 후 박 목사가 찬양대가 찬양으로 영광을 돌리겠다고 말씀하셨고, 이종훈 집사의 지휘와 이나영 반주자의 반주에 맞추어 29명의 찬양대원이 찬송가 104장(곧 오소서 임마누엘)을 찬양하였다. 찬양은 빠르지 않게 여유를 가지고 불렀으며, 예수님의 오심을 기다리며 기뻐하라는 내용을 담고 있었다. 찬양이 끝나자 온 성도가 '아멘'으로 화답하였다. 박 목사는 "하나님과 수고하신 찬양대에게 박수를 보냅시다."라고 하셨고 온 성도와 찬양대는 박수를 치며 기뻐하였다.

박 목사는 말씀선포를 하기에 앞서 주변에 있는 성도들과 함께 인사 나누기를 부탁했다. 인사말은 "당신은 행복한 사람입니다." "성탄절에 복 많이 받으세요." "크게 될 줄로 믿습니다."를 하며 성도들은 서로 인사하며 교제를 하였다. 이 날 설교 제목은 "성탄을 맞이하는 우리의 자세"였고, 설교 말씀을 요약

해 보면 다음과 같다:

우리는 우리가 자주 부르는 성탄 노래의 뜻을 알고 불러야 합니다. 우리는 자주 메리 크리스마스라고 인사를 하는데, 이 때 '메리'는 '기쁜, 즐거운'이라는 뜻을 가지고 있습니다. 또 '노엘'이라는 찬양도 있습니다. '노엘'은 프랑스 말로 "나셨다. 탄생"을 의미합니다. 또 영어 대문자로 X-마스라고도 합니다. 이 때 X는 '크리스토스'를 의미하며 그 뜻은 '예수님을 경배합니다.' 라는 뜻을 가지고 있습니다.

이러한 성탄을 맞이하는 우리의 자세로는 첫째, 기뻐해야 합니다. 구원의 은혜를 주시고 천국의 소망을 얻은 것에 기뻐해야 합니다. . . .웃어야 합니다. 기뻐해야 합니다. 나에게 기쁨을 주신 예수님께 기쁨을 올려드려야 합니다. 목자들처럼, 동방박사처럼, 천사들처럼, . . . 기쁨을 모르는 자들에게 복을 전해야 할 줄로 믿습니다. . . . 가정이 기쁨 충만, 행복 충만해야 합니다. . . . 충성스럽게 성실하게 기름을 준비하는, 사명을 감당하는 자가 다시 오실 예수님을 만날 줄 믿습니다.

두 번째의 자세는 감사해야 합니다. . . . 세 번째는 궁핍한 사람을 사랑해야 합니다. 섬기는 성탄절이 되어야 합니다. . . . 네 번째는 평화해야 합니다. 평화를 만드는 자, 피스메이커[Peace Maker, 평화를 이루는 사람]가 됩시다. . . . 평화를 누리고 화해합시다. 평화의 공동체를 만들어 갑시다. . . . 기도하겠습니다. . . . 아멘.

말씀 선포 중간(11시 39분)에 "주의 일은 공짜가 없습니다."며 인사를 하게 하였고 천국에 올라가서 개털모자가 아닌 면류관을 쓰자고 하자 성도들이 웃기도 하였다.

응답찬송 찬송가 122장(참 반가운 성도여)을 4절까지 부를 때, 이규민 당번 장로가 소강대상으로 나가서 봉헌위원 두 명이 가져온 헌금함을 가받아서 강대상에 올려놓았다. 박형련 목사는 "하나님께 감사를 드립니다. . . . 온 성도의 가정과 일터에 복을 더하기를 원합니다."라고 하나님께 봉헌기도를 했다. 그 후 이규민 장로가 다음과 같은 내용의 교회소식을 전하하였다:

1. 금주는 대강절 넷째주일입니다. 이 땅에 구원자로 오셔서 우리를 구원하신 예수님, 그리고 심판주로 다시 오실 예수님을 기다리는 신부의 믿음이 있기를 바랍니다.
2. 금일 오후예배는 찬양대 헌신예배로 드립니다.
   강사는 배규현 목사님(태금중앙교회 시무)
3. 12월 24일은 성탄전야축제예배로 드립니다.
   모든 성도들이 7:30까지 성전으로 모여서 예수님의 탄생을 축하합니다.
   (교회학교 어린이, 중고등부, 청년부에서 멋진 축제와 공연을 준비했습니다.)
4. 12월 25일은 성탄절입니다. 11시에 교회학교와 장년부 연합예배로 드립니다.
   (예배순서는 옆면 참조)

5. 2010년 말입니다. 세속에 빠져 시험당하는 일이 없도록 깨어 기도하고 준비하여 새 해를 맞이해야 하겠습니다. 모든 성도는 새벽기도회에 참석합시다.
6. 성탄절 예배에 각 부서장 및 제직을 임명합니다.
7. 오후 예배 후 2011년도 정책 당회가 있습니다.(당회실)
8. 낮 예배 후 제2,3남선교회, 제2~5여전도회 월례회가 있습니다.
9. 성탄절 예배 후 2011년도 예산위원회가 있습니다.
10. 다음 주일 낮 예배 후 공동의회로 모입니다.(안건 : 2011녀도 예산안)
11. 금주부터 청소년부 교육전도사로 장두식전도사님이 사역합니다.

교회소식이 끝나고 성도의 교제 시간에는 서로 웃음 띤 얼굴로"크게 될 줄로 믿습니다."라고 인사를 하였다. 새로 온 성도를 소개하는 시간에는 '김동현', '백건우' 씨를 소개하였다. 방송실에서는 대형스크린에 새신자의 얼굴을 비추어 주었다. 온 성도는 큰 박수로 맞이하였으며, 박 목사는 예배 마친 후 사무실에서 만나자고 말하고, 이럴 때는 노래로 맞이해야 좋다고 하자 반주자의 피아노 반주에 맞추어 전에 부르던 새신자 환영 노래를 온 성도가 크게 부르며 환영을 하였다. 이 때 찬양대의 이종만 장로가 "새로 오신 전도사님도 환영을 하자."고 의견을 제시하자 박 목사는 새로 부임한 전도사에게 나와서 인사를 하도록 했다.

모두 일어나 송영 찬송 2장(찬양 성부 성자 성령)을 찬양한 후 축도로 예배를 마쳤다. 축도가 끝나자 찬양대의 축복송 찬송가 123장(저 들 밖에 한밤중에) 1절 두 번째 소절부터 후렴까지를 4부로 불렀다. 찬양대의 축복송이 끝나자 온 성도는 일어나 본당을 나가면서 웃음으로 인사하였다. 성탄을 준비하는 대강절 네 번째 예배로 매우 기쁨이 가득하였다.

3. 예배당 개조와 지역봉사

박형련 목사는 부임 후 2개월 동안 두 가지를 우선적으로 시행했다. 첫째, 예배당 개조. 이윤정 목사 시절에 준비하고, 변유복 목사 시절에 완공한 예배당을 새롭게 개조했다. 예배당 개조는 두 번으로 나누어 준공 후 13년 만에 1억여 원을 투입하여 내부 구조와 주차장 시설을 확충한 것이다. 먼저는 3층 유아실을 목양실로 바꾼 것과 2층 화장실을 유아실로 만들어 부모가 어린 자녀들과 함께 부담 없이 예배에 참여할 수 있도록 했다. 현관 옆을 새신자 접견실도 새롭게 꾸몄다. 다음은 강대상을 좀 더 밝은 분위기로 개조했고, 강대상 위에 사회자와 설교자 위치를 다르게 좌우에 놓았던 형식을 버리고 크리스탈로 만들어진 강대상을 중앙에 배치했다. 예배에서 설교의 중요성을 강조한 것이다. 음향과 영상 시설의 품질을 높였고, 주차장 시설을 확충했다.

둘째, 지역봉사. 2011년 2월 26일(토)에는 오전 10시부터 오후 4시까지 태인동에 거주하는 주민을 대상으로 "지역주민을 초대합니다."는 주제로 의료, 이 · 미용 및 장수사진 촬영 등을 무료로 제공했다. 점심식사도 대접하여 예수님이 말씀하신 세상의 빛과 소금의 사명을 감당했다. 이날 섬김을 받은 태인동 주민 수는 500여명으로 대성황을 이루었다. 사전에 전단지를 만들어 각 가정에 전달했고, 당일 날에는 아침 8시경에 태인동 5개 부락에 설치되어 있는 방송시스템을 활용하여 홍보한 결과였다. 날씨도 매우 화창하였고, 모든 성도들은 기쁨으로 행사를 섬기는 모습이 참으로 아름다웠다. 이번 행사의 주관은 순천노회 남선교회 연합회와 본교회 남선교회였고, 의료봉사는 삼성병원장 김건 안수집사(광영중앙교회)와 적십자의료봉사단 이남근 장로(순천북부교회)가 수고하였다. 이 · 미용봉사는 사랑하이 이 · 미용 봉사단 박공수 집사(광영중앙교회)가 수고했고, 장수사진 촬영은 장태환 장로(순천한소망교회)가 봉사했다. 이 외에도 차례를 기다리는 동안 지루하지 않도록 광양이애라 찬양율동신학원생들이 워십과 찬양율동으로, 본교회 장두식 전도사는 신나는 레크레이션으로 하나님께는 영광을 올리고, 사람에게는 기쁨을 주는 시간을 마련하였다. 본교회는 행사가 성공적으로 진행되고 마무리된 것이 곧바로 하나님 나라의 확장과 연결되지 않는다는 것을 잘 알고 있기에 하나님께 기도하여 성령님이 그들의 마음을 움직여 예수님을 영접하도록 지속적으로 기도하면서 복음을 전할 것이다.

스알디엘의 아들 스룹바벨과

여호사닥의 아들 대제사장 여호수아와

남은 모든 백성이 그들의 하나님 여호와의

목소리와 선지자 학개의 말을 들었으니

이는 그들의 하나님 여호와께서

그를 보내셨음이라

백성이 다 여호와를 경외하매

제7부
결 론

제1장 본교회 설립년도와 설립자 문제

1. 설립년도

본교회 설립년도는 『조선예수님교장로회 사기』 하권에 의하면 1920년이 본교회의 공식적인 설립년도이지만 교회가 시작된 것은 1911년 4월 4일이다. 본교회 설립년도는 본교회 당회가 심사숙고하여 실증사와 정신사 측면을 모두 고려하여 결정한 것이다.

실증사 자료로는 『조선예수님교장로회 사기』 하권의 내용과 『전남노회 75년사』를 참고하였다. 『조선예수님교장로회 사기』 하권은 "1920년(一九二0年)에 . . . . . . 광양군 대인도교회(光陽郡 大仁島敎會)가 설립(設立)하다. 선시(先是)에 이영국(李榮國)은 본도(本島)의 노인(老人)인데 전도인(傳道人)에게 문도(聞道)하고 신심(信心)이 발생(發生)하여 비단(非但) 자기(自己)만 믿을 뿐 아니라 타인(他人)에게 항시(恒時) 전도(傳道)하였고 신황리교인등(新黃里敎人等)의 내조(來助)와 조사 서병준(助師 徐丙準)의 2년간(二年間) 시무(時務)로 교회(敎會)가 성립(成立)되었다."[316] 고 기록하고 있기 때문이다. 이와 같이 1920년에 본교회가 설립된 것은 분명하지만 "선시에"를 현대어로 고치면 "이에 앞서" "이보다 먼저"란 의미이므로 이 문구를 풀어보면 "이보다 먼저 본도의 노인 이영국이 전도인으로부터 전도를 받아 예수님을 믿는 신자가 되었다."로 번역할 수 있다. 그러므로 이영국이 "언제" 예수님을 믿기 시작했는지 불분명하지만 분명한 것은 1918년보다 앞서 일어났다는 것이다.

『전남노회 75년사』는 1911년 4월 4일과 1914년 4월 10일이라고 기록하고 있어

주

316) 연세대학교출판부, 『조선예수님교장로회 사기』하권, (서울: 연세대학교출판부, 1968), 313-6.

혼선을 주고 있고, 출처가 기록되어 있지 않다는 문제가 있지만 본교회는 전술한 바와 같이 1917년 이전부터 존재했다고 보는 것이 자연스러운 해석이므로 1911년 또는 1914년이 본교회 설립년도가 아니라는 기록이나 증언 등 결정적인 근거가 없는 한 『전남노회 75년사』의 기록을 받아들인 것이다.

정신사를 제공하는 자료는 상기한 『조선예수님교장로회 사기』 하권의 내용이다. "이영국(李榮國)은 . . . 비단(非但) 자기(自己)만 믿을 뿐 아니라 타인(他人)에게 항시(恒時) 전도(傳道)하였고 신황리교인등(新黃里敎人等)의 내조(來助)와 조사 서병준(助師 徐丙準)의 2년간(二年間) 시무(時務)로 교회(敎會)가 성립(成立)되었다."는 것은 이영국은 예수님을 믿은 후 태인도에서 복음을 전하기 시작했다는 것을 말한다. 당시 태인도의 교통편으로 볼 때 본도를 벗어나 타지역으로 예배드리러 가기 어려웠을 것이므로 자체적으로 예배를 드렸을 것이 분명하다고 본 것이다. 교인수도 조금씩 증가했고, 이 소식을 접한 노라복 선교사가 1918년에 서병준 조사가 본교회에 파송한 것이다. 그러므로 본교회는 공식적으로는 1920년에 설립되었지만 그 이전부터 이미 교회가 존재했음이 분명하게 드러났으므로 설립일을『전남노회 75년사』의 기록을 존중하여 1911년 4월 4일로 결정한 것이다.

2. 설립자

본교회 설립자는 이영국이라는 한국인이다. 이영국씨가 본교회 설립자라는 것을 확정하기 위해『태인교회 요람』에 기록된 내용이 오류라는 것을 확인하였다. 오류 두 가지는 선교사 이름을 노라복이 아닌 고라복이라고 한 것과 이영국씨 대신 조영귀란 이름을 기록했다는 것이다. 『태인교회 요람』에 나타난 두 가지 오류를 바로 잡기 위해 필자는 『조선예수님교장로회 사기』하권에 기록된 본교회 설립에 관한 내용과 증인들의 증언을 참고하였다.

이영국에 대해 살펴 본 결과 그를 정확하게 알고 있는 증인이 없었고, 당시 이씨 문중의 족보에도 이영국이라는 이름을 발견할 수 없었다. 그래서 이영국은 영수 이충헌의 부친 이정익의 별칭이었거나 이정익을 전도한 인물일 것으로 보았다.

본교회로 관련된 선교사가 고라복이 아닌 노라복인 것은 첫째는 『조선예수님교장로회 사기』 하권에 본교회(당시, 대인교회) 설립에 영향을 주었던 선교사는 노라복 선교사라고 기록하고 있기 때문이고; 둘째는『조선예수님교장로회 사기』 하권에 금호교회 설립에 영향을 주었던 사람은 노라복 선교사의 조사 서병준이었기 때문이다.

제2장 본교회의 신학

필자가 서론에 언급한 교회의 특징은 모이는 교회와 흩어지는 교회이다. 모이는 교회는 예배하고, 교육하고, 성례전을 집행하며, 교회의 순수성을 유지하기 위해 성경이 말씀하는 정신에 의거하여 성실하게 권징을 실시하는 것이다. 본교회는 설립 이후부터 지금까지 모이는 교회로서의 특징을 잘 드러내고 있음을 볼 수 있다. 예배하는 일은 재론할 필요가 없으며, 교육은 장년들을 대상으로 하는 주일공과공부를 비롯하여 구역예배를 통한 성경공부를 충실하게 실시했다. 유년주일학교와 중고등주일학교를 성실하게 운영했다. 1980년대에 접어들면서 청년회 활동이 활성화되었고, 자체적으로 성경을 공부하였다. 장년공과공부가 중단된 후에는 담임 목사가 예배시간에는 성경 강해식 설교를 통해 성경을 체계적으로 가르쳤고, 크로스웨이 등 성경공부 방법을 동원하여 부족한 부분을 보충하기도 했다. 세례는 전도사가 시무할 때에도 임시 당회장 목사를 초청하여 매년 두 차례 지속적으로 실시하였고, 성찬식을 거행하였다. 권징도 실시하여 교회의 순수성을 유지하기 위해 노력한 면이 분명히 드러나 있다.

흩어지는 교회는 복음을 전파하고, 사회 속에서 그리스도의 향기를 풍김으로서 그 사명을 담당하는 것이다. 본교회는 흩어지는 교회로서의 사명을 여러 측면에서 실천하였다. 몇 가지를 예를 들어 보자. 연약한 이웃교회에 적은 금액이지만 매월 지원하는 일을 하고 있고, 태금중앙교회를 개척하여 분립하였다. 관공서를 찾아다니면서 과일 등을 선물하면서 복음을 전하였고, 해외선교사를 지원하고 있다. 노인들에게 여행의 기회를 마련해 주면서 예수님의 사랑을 보여주었고, 태인노인대학을 운영하여 문맹퇴치 운동에 힘썼다. 태인교회 당회장배 게이트볼 대회를 개최하여 사회를 향해 그리스도의 향기를 나타내면서 많은 사람들이 교회당을 부담 없이 출입할 수 있는 기회를 마련하여 교회와 지역주민 사이의 친근감을 유도함으로서 효과적인 복음전파에 기여하였다. 그렇다고 농촌산업선교회 등에 참여하지 않음으로서 해방신학이나 민중신학 또는 사회복음주의와 분명한 거리를 두었다.

이와 같이 본교회가 모이는 교회와 흩어지는 교회의 사명을 감당할 수 있었던 것은 본교회가 기초하고 있는 신학 사상의 영향임이 확실하므로 이제부터 본교회의 성경관, 교회관 및 사회문화관을 논해 보자.

1. 성경관

본교회 모든 사역자들은 성경은 하나님의 말씀이라는 개혁주의 성경관을 가지고 있었다. 태동기부터 현대역사에 이르기까지 본교회를 섬겼던 모든 교역자들의 성경관을 하나하나 살펴보지 못했지만 성경은 정확무오한 하나님의 말씀임을 의심했던 교역자가 없었다는 것은 한국장로교회사와 본교회 도약기와 현대 역사를 보면 잘 알 수 있다.

첫째, 한국장로교회사. 신학사상의 차이로 인해 1952년에 기독교장로회가 분열해 나갔을 때 본교회는 개혁주의 노선에 서 있었다는 것은 당시 본교회를 담임하고 있던 김동옥 목사가 성경은 하나님의 말씀임을 확신했다는 증거이다. 장로회 제2차 분열은 자유주의 신학을 표방하던 김재준이 중심되어 기독교장로회 총회를 결정한 것이 원인이기 때문이다. 장로회 제3차 분열은 세계교회협의회(World Council of Churches, WCC) 가입여부에 따라 1959년에 통합측과 합동측으로 분열했고, 이 때 본교회는 통합측 교단에 소속했지만 성경관은 합동측과 통합측이 동일하게 개혁주의 입장에 서 있었기 때문이다. 이것을 잘 보여주는 사건이 1967년에 있었던 "웨스트민스터 신앙고백서 논쟁"이다.

한국신학회는 한철하 교수(통합측), 김의환 교수(합동측), 서남동 교수(기장측)을 강사로 1967년 9월 7일 YMCA 강당에서 "1967년 신학고백자논평회"를 개최했다. 이 때 서남동 교수는 "새 신앙고백은 급진적 변화를 일으키고 있는 현대 세계가 필연으로 요청하고 있는 것"이라면 수용의사를 분명히 했지만 김의환 교수와 한철하 교수는 새 신앙고백서는 칼바르트의 신정통주의 신학에 기초한 것이며, 특히 성경관은 종교개혁자들이 주장한 성경의 무오 사상을 배격하고 있다고 강조했던 것이다. 통합측의 한철하 교수는 "아무리 상황에 맞는 새로운 것이 요구된다 하더라도 원칙적인 신앙고백, 즉 가장 충실히 성서적 기반에 세워진 웨스트민스터 고백이 기본적 표준으로 서 있어야 한다."면서 새 신앙고백서를 강하게 비판했다. 이 신학회 결과 예장 합동측과 통합측총회는 미국 연합장로회가 채택한 새 신앙고백서를 거부했고, 통합측은 1967년에 개최된 제52차 총회에서 "1967년도 새 신앙고백서는 동 교단의 신앙고백과 다르다."고 결의한 것은 합동측과 통합측의 성경관이 개혁주의 입장에 서 있다는 것을 공표한 것이기 때문이다. 이 후에 양 교단이 근본적인 신학이 동일하므로 재합동을 전제로 합동위원회를 구성하고, 재합동을 추진했었다는 사실에서도 확인할 수 있다.

둘째, 도약기와 현대 역사. 본교회 도약기 역사는 송일조 목사와 이윤정 목사 시절로 이루어져 있다. 두 분이 본교회를 담임할 때 필자는 중고등학생 시절을 거쳐 20대 초반까지 본교회를 출석하였다. 물론 고등학생 때는 방학 때만 다녔지만 두 분의 설교는 언제나 성경중심이었던 것으로 기억하고 있다. 변유복 목사는 23년간 본교회를 목회하면서 주일오후 예배, 수요일 밤 예배, 새벽기도회 때 성경을 강해한 것에서 그가 얼마나 성경을 중요하게 생각했는지 알 수 있다. 변 목사 시절부터 제작된 초기『교회요람』의 표지에 사용했던 "오직 믿음, 오직 성경, 오직 하나님 영광"이라는 글귀는 종교개혁자들이 강조했던 내용이다. 필자가 주일오전 예배 때 들었던 변 목사의 설교 중에 조나단 에드워드 신앙과 신학을 강조한 것 역시 그의 성경관을 엿 볼 수 있는 대목이다.

2. 교회관

본교회의 교회관에 대해서는 교회정치와 교회 보편성 측면에서 살필 수 있다. 교회정치에 있어서 본교회는 19세기 미국남장로회와 북장로회 신학이 접목되어 있다. 미국남장로회에는 다스리는 장로가 가르치는 장로의 다스리는 장로가 가르치는 장로의 안수식에 참여할 수 있다고 보았지만 본교회는 그러한 정치 원리를 따르지 않았기 때문이다. 그러나 교회는 가르치는 장로와 다스리는 장로로 이루어진 당회가 중심이 되어야 한다는 점은 미국 남장로회이 교회정치 원리를 따르고 있다. 도약기에 접어들기 전에는 전도사가 담임으로 시무했기 때문에 이러한 교회정치를 적용할 수 없었지만 송일조 목사가 시무하기 시작한 도약기에 접어들면서 정식으로 당회가 구성되었고, 이때부터 당회 중심의 교회정치가 이루어진 것이다. 19세기 미국 남장로회의 장로회주의는 가르치는 장로인 목사와 다스리는 장로가 동일한 권한을 가지고 당회를 구성하는 것이다. 그리고 당회는 입법권, 사업권, 행정권이라는 세 가지의 권한을 가지고 교회행정을 추진하는 것이다. 당회원이 아닌 모든 교인들은 당회의 결정에 따라 질서를 지키고 그 법에 순종해야하는 그런 형태인데 본교회의 당회록은 이것을 잘 보여주고 있다. 우선 당회가 결의하고 당회의 결의에 따라 제직회든지 공동의회든지 개최하여 최종적으로 결론을 도출한 것이다. 본교회의 당회 중심의 교회행정은 박형련 목사 청빙과정에서 잘 나타나 있다. 합동교단의 경우는 청빙위원회가 결정하였더라도 공동의회에서 부결되면 청빙이 무효화되는 반면 본교회는 청빙위원회에서 결정되면 모든 성도가 그 결정을 존중하고 따르고 있으며, 공동의회를 개최한 것은 청빙에 관한 것이 아니라 위임식에 관한 것이었다. 본교회는 19세기 남장로회의 교회정치 원리 중 당회 중심의 교회정치 원리를 그대로 적용한 것이다.

다음은 교회의 보편성면에 대한 본교회의 신학이다. 본교회는 모든 교회는 그리스도의 몸으로서 하나라는 교회의 보편성(Catholic)을 분명하게 인식하였다. 그것을 보여주는 가장 좋은 예가 해외선교사를 지원한 것과 교회를 개척하여 분립한 일이다. 이것은 본교회가 교회는 그리스도의 몸으로서 하나임을 인정할 때 가시적인 하나 보다는 비가시적이며 영적으로 하나라는 것이 성경의 정신이라고 믿었다는 증거이다.

3. 사회문화관

본교회의 사회문화관은 19세기 미국 남장로회의 사회문화관이라기 보다는 칼빈 등 종교개혁자들의 사회문화관을 닮았다고 평가할 수 있다. 교인들뿐만 아니라 지역 주민을 대상으로 노인관광여행에 봉사한 것과 광양시 전체 주민을 대상으로 당회장배 게이트볼 대회를 개최한 것이 그것이다. 미국 남장로회는 당회(Sessions), 노회(Presbyteries), 대회(Synods), 총회(General Assembly)가 예산을 책정하여 사회에 봉사하는 것은 영적기구로서의 교회의 사명이 아니라고 주장하였기 때문이다. 이러한 주장대로라면 노인관광은 교회를 출석하고 있는 교인들에 한정하여 실시해야 하며, 광양시 전체를 대상으로 당회장배 게이트볼 대회를 개최하려면 교회들에 한정하여 실시해야 할 것이다. 태인노인대학 운영도 마찬가지다. 노인대학을 운영하려면 예산이 책정되어야 하는데 미국 남장로회의 사상을 반영한다면 이것 역시 교인들에 한정해야 할 것이며, 제한을 완화하려면 교회에 출석하겠다는 확인을 받았어야 할 것이다. 본교회는 이와 같은 일을 추진하면서 교회에 출석하는 교인들로 제한하지 않고 모든 이들로 그 범위를 확대함으로서 예수님 그리스도의 사랑을 가시적이고 비가시적인 교회에 초점을 맞추었다는 특징이 있다. 본교회의 이러한 활동은 전도의 열매로 이어졌다. 필자의 부친의 경우가 한 예이다. 필자의 부친은 게이트볼을 무척 좋아해서 광양시 게이트볼회의 총무 등 주요 직책을 맡아 전국 게이트볼 대회에 여러 번 참가한 경력이 있다. 본교회가 당회장배 게이트볼 대회를 실시하자 적극 참가하였고, 그것이 계기가 되어 본교회를 자연스럽게 출입하였고, 2010년 9월에 본교회 교인으로 등록한 이후 지금까지 열심히 교회에 출석하고 있다. "몇 년 전부터 교회에 출석할 마음이 생겼다."고 필자에게 고백한 것을 보면 아마 이러한 결심을 한 것이 다른 원인도 복합적으로 작용했겠지만 당회장배 게이트볼 대회에 참가한지 몇 년 안 된 시기였던 것이 분명하다. 물론 성령께서 역사하셨다는 것은 언급할 필요가 없는 사실이다.

제3장 제언

본교회는 선교사들과 교역자들, 그리고 모든 성도들이 예수 그리스도 안에서 동역함으로서 태인도라는 아름다운 섬에 하나님의 나라를 아름답게 세워나갔다. 시대와 급변하는 환경을 바른 신학과 신앙으로 이겨내고, 교회 내부적으로 일어났던 문제들을 지혜롭게 이기면서 여기까지 왔다. 본교회는 1911년에 설립되어 2011년을 맞이하여 설립 100주년이 되었다. 그 동안의 역사를 가만히 들어다 보면 모든 것이 하나님의 은혜요, 성령님의 도우심이었음을 깨닫게 된다. 인간의 역사가 아니라 하나님의 역사임을 알게 되고, 우리의 마음과 시선이 하나님의 은혜의 눈동자를 바라보면서 역사의 주인이신 창조주 하나님께 감사하지 않을 수 없다. 이제 100년 동안 본교회를 지켜주시고 성장시켜주신 하나님의 은혜와 긍휼에 감격하면서 또 다른 100년의 역사를 성 삼위일체 하나님께서 부흥시키시고 성장시키시어 오직 하나님만 영광 받으시기를 소망하면서 다음과 같이 제안 한다.

1. 성례전의 강화

세례와 성찬은 기독교의 핵심적인 전례 가운데서 하나님과의 거룩하고 신비한 교제의 실체를 보여주며, 성도들 간의 거룩한 연합과 교제를 명시적으로 나타내주는 의식이다. 갈라디아서 3장 27절은 "누구든지 그리스도와 합하기 위하여 세례를 받은 자는 그리스도로 옷 입었느니라."고 말씀하고 있다. 세례를 받는 것이 단순한 의식이 아니라 의식을 넘어서 예수 그리스도로 옷을 입는 일이며, 그리스도의 사람임을 만방에 알리는 예식임을 성경은 분명하게 말씀하고 있다. 세례를 받고 참여하는 성찬식을 통하여 교회 공동체는 예수님의 살과 피를 먹고 마시며, 하나님의 자녀로 성별되었음을 다시 한 번 깨닫는 것이다. 십자가에 못 박혀 죽으시기 전날 저녁에 예수님은 제자들과 함께 이 땅에서의 최후의 만찬을 행하셨다. 또 떡을 가져 감사 기도 하시고 떼어 그들에게 주시며 이르시되 "이것은 내가 저희에게 주는 내 몸이다. 이것을 행하여 나를 기념하여라."하셨다(눅 22:19). 초대교회는 예수님이 친히 제정하신 성만찬을 모일 때마다 시행했고, 지금까지 모든 기독교 공동체에게 성례전은 특별한 의미를 지니고 있다. 성찬식 대한 신학적 입장은 교파마다 다양함에도 불구하고 교회 공동체는 성찬식을 통해 그리스도를 현재적으로 체험하는 공동체의 본질적인 요소로 믿고 있다. 성찬은 단순히 식사를 같이 한다는 의미를 넘어 나라와 방언과 종족과 문화 등 모든 종류의 갈등과 분열을 극복하고 예수님 안에서 동일한 하나님 나라의 시민이요, 한 가족으로서 한 형제와 자매임을 인식하게 하는 예식이다. 성만찬은 성도의 교제 가운데 가장 거룩하고 신비한 연합인 것이다. 성찬식은 하나님께서 우리를 위해 베푸신 것을 누리는 예식이며, 하나님께서 열어 놓으신 구원의 길로 나아가서 하나님의 임재를 체험하는 예식이다. 그런데 오늘날 개신교회에서 성찬은 그 본래적 의미가 퇴색되어 단순한 의식으로 여겨지고 있는 것은 안타까운 일이다. 성찬의 현재성에 대한 인식의 부족은 성만찬을 예수님 그리스도의 십자가의 죽으심에 대해 단순히 기념하는 것에 불과하다고 생각하는 경향이 있다. 기독교 공동체의 성만찬에 담긴 깊은 영적 비밀과 은혜를 통해 하나님을 더 깊이 체험할 수 있음을 감안 할 때 본교회가 전통적으로 성찬식을 일 년 중 봄과 가을에 2회 거행하는 것은 잘하는 일이다. 하지만 앞으로는 그 회수를 조금 더 늘려 한 해에 적어도 4회나 5회 쯤 가졌으면 더욱 좋으리란 생각이다. 종교개혁자 존 칼빈은 성찬식의 중요성을 감안하여 매주 실시하기를 원했지만 자주 할 수 없다면 적어도 1년에 4회, 곧 성탄절, 부활절, 성령강림절, 그리고 9월 첫째 주일에는 꼭 하라고 권면한다.[317)]

주

317) Guilielmus Baum, ed., Corpus Reformatorum (Brunsqick: C.A. Schwetschke, 1863–97) 51 vols. 10: 25.

2. 청년층 활성화 모색

우리나라에 산업화가 진행되면서 전국적으로 농어촌은 급격하게 노령화되어 있다. 이러한 현상을 잘 보여주는 것은 이윤정 목사가 전도인 시절에 개척했던 악양성광교회이다. 악양성광교회는 1980년대 초까지만 해도 장년 성도수가 100명 정도였고 그 가운데는 젊은이들이 상당수 있었지만 2000년대에는 40여명으로 줄었고 그 중에 청년들은 거의 없는 것에서 잘 알 수 있다. 이와 유사한 현상이 본교회에 나타날 가능성이 얼마든지 있다. 광양제철소가 건립되지 않았다면 본교회는 섬에 위치한 관계로 악양성광교회와 같은 현상을 벌써 경험했을 것이다. 태인동에는 아직 초등학교는 존재하고 있지만 태금중학교가 2011년부터 제철중학교와 합병했다는 것은 서서히 진행되고 있는 젊은층의 신시가지로의 이동이 앞으로는 급격하게 이루어질 가능성을 배제할 수 없다. 그러나 아직은 희망이 있다. 중마동이나 광영동 등으로 인구가 집중되고 있지만 비교적 근거리이고 교통이 편리하기 때문이다. 지금이 젊은층이 본교회를 중심으로 활동하도록 방안을 모색해야 하는 적기라는 생각이다. 그렇다고 인간의 감정에 호소해서는 안 될 것이다. 일시적인 인간적인 감성을 이용한다거나 이벤트성 행사로 관심을 끄는 일은 곧 뼈아픈 부적용을 경험할 가능성이 매우 높기 때문이다. 그러므로 성경이 말씀하고 있는 젊은이들을 향한 교회의 역할이 무엇인지를 고민하고 연구하고 성령님의 인도하심을 받아야 한다.

3. 복음전파

본교회는 그 동안 하우스전도, 총동원주일, 당회장배 게이트볼 대회, 태인노인대학, 노인관광 등을 통해 복음을 효과적으로 전파하기 위해 여러 가지로 노력했다는 것을 본교회 역사는 잘 말하고 있다. 더 이상 복음전파에 대해 언급할 필요가 없다는 의미이다. 그런데 복음전파를 제언하는 이유는 더욱 힘써서 예배당을 가득 채우고도 남기를 원하는 마음에서이다. 복음의 전파는 신약교회가 감당해야할 사명 중에서 가장 으뜸에 해당하는 사명이다. 복음을 전파는 방법은 여러 가지로 구분할 수 있겠지만 가장 우선적인 것은 가서 전하는 것이다. 신약교회가 예수님의 증인으로서 복음을 전하는 것이 최우선적 과제임을 잘 알 수 있는 것은 예수님이 부활하신 후 제자들에게 명령하신 말씀을 통해서 이다. 먼저는 "그러므로 너희는 가서 모든 민족을 제자로 삼아 아버지와 아들과 성령의 이름으로 세례를 베풀고"라는 마태복음 28:19의 말씀이다. 복음의 증인들, 예수님의 증인들은 자신들 만의 공동체를 이루어 한 곳에 모여 정착하는 삶을 사는 것이 하나님의 뜻이 아니다. 모든 민족에게 가야 한다는 것이 예수님의 뜻이며 명령이다. 가되 목적이 분명해야 한다. 복음을 듣는 자들을 예수님의 증인인 자신들처럼 예수님의 제자가 되게 하는 일이다. "가서"의 헬라어 원문은 "포류덴테스"(πορευθέvεζ)이다. 지금까지 하나님의 백성으로서의 유대인들은 이방인들이 유대교로 들어오는 것을 환영하기만 하면 되는 수동적인 선교, 소극적인 선교였다. 그러나 예수님의 증인들은 능동적이고 적극적인 선교를 해야 한다. 다음은 "오직 성령이 너희에게 임하시면 너희가 권능을 받고 예루살렘과 온 유대와 사마리아와 땅 끝까지 이르러 내 증인이 되리라 하시니라."라는 사도행전 1:8 말씀이다. 신약교회를 향한 예수님의 증인의 역할 면에서 사도행전 1:8의 말씀은 마태복음 28:19의 말씀과 다르지 않다. 예수님은 마태복음에서 "하늘과 땅의 모든 권세(πασμέ ε ξουσια, all authority))를 내게 주셨으니"(마 28:18)라고 하시면서 제자들에게 하나님 나라의 성장과 확장을 위한 선교의 사명을 말씀하셨는데, 사도행전 1:8에서는 제자들에게 "권능을 받고 . . . 내 증인이" 되라고 말씀하신다. 예수님은 하나님 아버지로부터 부여 받으신 권세를 제자들에게 주셔서 복음 전파의 사명을 감당할 수 있게 하신다는 의미이다. 신약교회는 이 권능을 가지고 예수님의 증인이 되는 것이다. 예수님의 증인이 되되 마태복음 28:19의 말씀처럼 사도행전 1:8에서도 "땅 끝까지 이르러" 즉 "땅 끝까지 가서" 증인의 사명을 감당하라는 말씀이다. 이 의미는 신약교회는 모이는 교회이며 동시에 흩어지는 교회라는 의미이다. 우리는 구약과 신약을 통해 하나님께서 하나님의 백성을 흩으신 대표적인 사건 세 가지를 볼 수 있다. 하나는 바벨탑 사건(창 11:1-9)이고, 다른 하나는 이스라엘 백성들의 디아스포라 이며, 마지막으로 예루살렘 교회의 흩어짐(행 8:1)이다. 바벨탑은 흩어짐을 면하려는 인간의 기본적인 욕구와 관련이 있지만 이것은 창세기 1:28에서 "그들에게 복을 주시며 하나님이 그들에게 이르시되 생육하고 번성하여 땅에 충만하라, 땅을 정복하라, 바다의 물고기와 하늘의 새와 땅에 움직이는 모든 생물을 다스리라"고 말씀하신 여호와의 말씀에 대한 정면 도전이었다. 그래서 여호와께서는 "이 무리가 한 족속이요 언어도 하나이므로 이같이 시작하였으니 이 후로는 그 하고자 하는 일을 막을 수 없으리로다." 하시면서 하나님께서 계획하신 일을 이루시기 위하여 말씀에 불순종하고 바벨탑을 쌓은 "그들을 온 지면에" 흩으셨던 것이다. 사도행전 8:1(사울은 그가 죽임 당함을 마땅히 여기더라. 그 날에 예루살렘에 있는 교회에 큰 박해가 있어 사도 외에는 다 유대와 사마리아 모든 땅으로 흩어지니라)에 나오는 스데반의 순교와 함께 일어난 대대적인 박해로 인한 예루살렘교회의 흩어짐은 하나님의 뜻을 이루신다는 측면에서 볼 때는 바벨론 사건과 동일하다. 오순절 성령 강림으로 시작된 신약교회가 땅 끝까지 복음을 전파하려면 흩어져야 하기 때문이다.

신약교회는 가서 예수님이 그리스도이시며, 우리의 구속주시라는 그리스도의 말씀으로 복음 전파를 이루어서 바로 그 곳에 교회를 세운 후에야 나머지 사명이 있는 것이다. 예수님의 증인의 역할을 우선적으로 실행하는 일이다. 말씀을 전하는 일의 중요성에 대해 사도 바울은 다음과 같이 말한다:

누구든지 주의 이름을 부르는 자는 구원을 받으리라. 그런즉 그들이 믿지 아니하는 이를 어찌 부르리요. 듣지도 못한 이를 어찌 믿으리요. 전파하는 자가 없이 어찌 들으리요. 보내심을 받지 아니하였으면 어찌 전파하리요. 기록된 바 아름답도다 좋은 소식을 전하는 자들의 발이여 함과 같으니라. 그러나 그들이 다 복음을 순종하지 아니하였도다 이사야가 이르되 주여 우리가 전한 것을 누가 믿었나이까 하였으니 그러므로 믿음은 들음에서 나며 들음은 그리스도의 말씀으로 말미암았느니라(롬 10:13–17).

예수님이 구주이심을 믿는 믿음은 들음에서 난다는 것이 성경의 가르침이다. 먼저 부르심을 받은 성도 개인이나 교회 공동체의 선한 행실을 통해 믿을 수도 있겠지만 성경을 그렇게 가르치지 않는다는 것을 주목해야 한다. 하나님께서 예수님을 믿음으로 구원 얻는다는 복음을 전파하기 위하여 사명자를 부르시고 그들로 하여금 복음을 전파하게 하신다는 말씀이다. 그러면 전파자가 핵심적으로 전해야 하는 것은 무엇인가? 사도 바울은 "그리스도의 말씀"이라고 분명하게 못 박고 있다. 믿는 자가 받은 복이 무엇이지, 얼마나 부하게 되었고, 얼마나 권세를 잡았고, 얼마나 명예를 얻었는지를 전하는 것이 듣는 자들에게 믿음 주는 것이 아니라 "그리스도의 말씀"을 들음으로 믿음이 생긴다는 것이다. 물론, 듣는다고 다 믿는 것은 아니다. 그래서 사도 바울은 이어서 "그러나 내가 말하노니 그들이 듣지 아니하였느냐. 그렇지 아니하니 그 소리가 온 땅에 퍼졌고 그 말씀이 땅 끝까지 이르렀도다 하였느니라. 그러나 내가 말하노니 이스라엘이 알지 못하였느냐 먼저 모세가 이르되 내가 백성 아닌 자로써 너희를 시기하게 하며 미련한 백성으로써 너희를 노엽게 하리라 하였고 이사야는 매우 담대하여 내가 나를 찾지 아니한 자들에게 찾은바 되고 내게 묻지 아니한 자들에게 나타났노라 말하였고, 이스라엘에 대하여 이르되 순종하지 아니하고 거슬러 말하는 백성에게 내가 종일 내 손을 벌렸노라 하였느니라."(롬 10:18-21)고 말하고 있는 것이다. 복음을 전파하는 사명자들을 통하여 그리스도의 말씀을 들은 자들이 예수님이 나의 주 나의 하나님이심을 믿으려면 그 말씀과 함께 성령님이 역사해 주셔야 한다.

4. 양육

신약교회가 시작된 이래로 지금까지 교회는 지속적으로 교리적인 이단들로 인해 상처를 입고 있다. 본교회도 변유복 목사 시절 신천지에 빠진 성도를 출교해야 하는 아픔을 겪었다. 이단은 교회에 어려움을 줄뿐만 아니라 가족과 친척들에게도 많은 고통을 안겨주고 사회적인 문제를 일으켜 하나님의 나라의 확장을 크게 방해하고 있다. 이러한 이단으로부터 교회가 자유로우려면 성도를 바른 말씀과 교리로 양육하는 것이 매우 중요하다. 그 동안 강해 설교와 크로스웨이 성경공부 등으로 양육을 잘해 왔지만 앞으로도 더욱 강화할 필요가 있다. 이는 성경이 양육을 강조하기 때문이다. 신약교회는 가서 그리스도의 말씀을 들려 줄 뿐만 아니라 말씀을 듣고 믿은 자들을 제자로 삼고, 양육하는 역할을 감당해야 한다. 예수님은 마태복음 28:19-20에서 "너희는 가서 모든 민족을 제자로 삼아 아버지와 아들과 성령의 이름으로 세례를 베풀고, 내가 너희에게 분부한 모든 것을 가르쳐 지키게 하라 볼지어다 내가 세상 끝날까지 너희와 항상 함께 있으리라." 말씀하신다. 믿는 자들을 양육하라는 말씀이다. 예수님은 공생애를 시작하시면서 직접 한 사람 한 사람 부르시어 제자로 삼으셨다. 예수님의 제자를 예수님이 친히 챙기신 것이다. 예수님은 앞으로도 그렇게 제자를 삼으실 것이다. 다른 점이 있다면 공생애 동안 훈련하실 제자들은 예수님이 직접 부르셨지만 앞으로의 제자들은 신약교회에 위임하셨다는 점이다. 예수님이 제자를 삼는 사명을 신약교회 위임하신 후 구경만 하시는 것이 아니다. 공생애 시작하실 때와 방법이 다를 뿐 예수님은 "내가 세상 끝날까지 너희와 항상 함께 있으리라."(마 28:20)고 말씀하심으로서 제자 양육에 언제나 함께하실 것을 약속하셨다. 예수님은 제자들에게 말씀하신 제자를 삼아의 헬라어 μαθητεύσατε는 부정과거 형으로서 "제자를 만들어"란 의미가 되고, 이것은 구호로만 외치는 것이 아니라 실제로 제자로 만들어야 한다는 사상이 들어 있는 표현이다.[318] 그러므로 신약교회에 주어진 제자 양육의 사명은 신약교회의 선택 사항이 아니라 반드시 실행해야 하는 필수 사항이다.

예수님의 제자가 되는 것은 복음을 듣고 예수님을 나의 주 나의 하나님으로 믿게 되면서부터 시작된다. 이것은 마치 예수님이 공생애 시작할 때 부르셨던 제자들이 그 때부터 제자였던 것과 같은 의미이다. 예수님의 제자가 되려면 어떤 정해진 과정을 이수해야 비로소 제자로 불리는 것이 아니란 것이다. 예수님은 일단 제자로 부르신 후 예수님의 제자로서 부족함이 없는 사람으로 훈련하셨다. 물론 그 중에는 스승을 배반한 가룟 유다도 있었지만 이것은 예외이다. 예수님을 믿기 시작한 때부터 예수님의 제자가 된 것이기 때문에 예수님은 제자를 삼은 후 그들에게 "아버지와 아들과 성령의 이름으로 세례를 주라."고 말씀하신 것이며, "내가 너희에게 분부한 모든 것을 가르쳐 지키게 하라."고 말씀하신 것이다. 복음을 듣고 예수님을 믿은 사람에게 세례를 준 후 가르쳐서 제자를 삼으라고 하신 것이 아니다. 예수님은 신약교회가 전한 복음을 듣고 믿음 후 세례를 받은 사람은 이미 예수님의 제자가 되었으니 지체 없이 가르쳐서 그 가르침을 삶에 실천하는 사람이 되게 하라고 말씀하신 것이다. 그러면 무엇을 가르칠 것인가? 예수님은 구체적으로 언급하지 않으셨지만 "가르쳐 지키게 하라"는 명령의 말씀을 들은 제자들은 예수님이 무엇을 가르치라는 말씀인지 다 알아들었다. 그래서 어느 누구도 무엇을 가르쳐야 합니까?라고 질문하지 않았던 것이다.

예수님의 제자들은 예수님이 가르치라는 것은 유대 전통이나 장로들의 유전도 아니고, 사두개인이나 바리새인의 교훈도 아닌 그리스도의 말씀이며, 성경말씀이라는 것을 다 알아들었음에 분명하다. 하나님의 백성이 하나님의 말씀으로 양육되는 것의 중요성은 구약과 신약 성경 모두에서 찾아 볼 수 있다. 학개 1:12-14은 잠자고 있는 이스라엘 백성들이 학개 선지자를 통한 여호와의 말씀을 듣고 성령으로 감동을 받아 진정한 하나님의 백성의 삶을 회복한 것을 볼 수 있다:

주

318) R.C.H. Lenski, 『마태복음 (하)』, 문창수 역, (서울: 백합출판사, 1977), 524.

스알디엘의 아들 스룹바벨과 여호사닥의 아들 대제사장 여호수아와 남은 모든 백성이 그들의 하나님 여호와의 목소리와 선지자 학개의 말을 들었으니 이는 그들의 하나님 여호와께서 그를 보내셨음이라. 백성이 다 여호와를 경외하매 그 때에 여호와의 사자 학개가 여호와의 위임을 받아 백성에게 말하여 이르되 여호와가 말하노니 내가 너희와 함께 하노라 하니라. 여호와께서 스알디엘의 아들 유다 총독 스룹바벨의 마음과 여호사닥의 아들 대제사장 여호수아의 마음과 남은 모든 백성의 마음을 감동시키시매 그들이 와서 만군의 여호와 그들의 하나님의 전 공사를 하였으니(학 1:12-14).

호세아 4:6에는 "내 백성이 지식이 없으므로 망하는도다. 네가 지식을 버렸으니 나도 너를 버려 내 제사장이 되지 못하게 할 것이요 네가 네 하나님의 율법을 잊었으니 나도 네 자녀들을 잊어버리리라."는 말씀이 있다. 이스라엘 백성들이 망한 원인은 여호와를 아는 지식이 없어서였다. 여호와를 아는 지식은 여호와께서 주신 율법과 규례였다. 이스라엘 백성들은 이 지식을 더 무시 했다. 가까이 하기를 싫어했다. "네가 지식을 버렸으니 나도 너를 버려 내 제사장이 되지 못하게 할 것이요 네가 네 하나님의 율법을 잊었으니 나도 네 자녀들을 잊어버리리라."하신 것은 여호와의 말씀을 알기를 싫어한다는 것은 여호와를 싫어하는 것과 동일하기 때문이다.

신약 성경 역시 예수님을 믿고 하나님의 자녀 된 사람들의 지식에 대한 중요성을 말씀하고 있다. 골로새서 3:10은 "너희가 서로 거짓말을 하지 말라 옛 사람과 그 행위를 벗어 버리고 새 사람을 입었으니 이는 자기를 창조하신 이의 형상을 따라 지식에까지 새롭게 하심을 입은 자니라." 하였고, 베드로후서 3:18은 "오직 우리 주 곧 구주 예수님 그리스도의 은혜와 그를 아는 지식에서 자라 가라 영광이 이제와 영원한 날까지 그에게 있을지어다."고 말씀하고 있다. 가시적인 교회는 비록 가라지가 있다할지라도 새 사람을 입은 거듭난 사람들의 모임이다. 사도 바울은 새 사람을 입은 사람은 지식도 새롭게 하심을 입은 사람이라고 가르친다. 바울이 말하는 지식은 예수님 그리스도를 아는 지식이다. 그는 예수님을 아는 지식이 이 세상 어디 지식보다도 중요하고 가치가 있음을 깨달은 후에는 "무엇이든지 내게 유익하던 것을 내가 그리스도를 위하여 다 해로 여길뿐더러 또한 모든 것을 해로 여김은 내 주 그리스도 예수님을 아는 지식이 가장 고상하기 때문이라."(빌 3:7-8)고 했다. 베드로는 "구주 예수님 그리스도의 은혜와 그를 아는 지식에서 자라 가라"고 가르친다. 그러므로 신약교회가 모든 족속을 제자로 삼아서 전력을 대해 가르치고 지키게 해야 하는 것은 하나님의 말씀이요 예수 그리스도의 말씀이다. 다른 말로 표현하자면 성경을 가르치는 일에 온 힘을 다하라는 의미이다. 그러면 교회는 반석 위에 세워지기 때문에 음부의 권세가 결코 이길 수 없다.

5. 세상의 빛과 소금

한국교회는 교회역사에서 그 유래를 쉽게 찾을 수 없는 성장을 이루었지만, 급성장에 따른 많은 문제를 안고 있다. 가장 심각한 문제 중 하나가 사회에 대한 영향력이다. 영향력이란 권세자라고 가지는 것이 아니며, 재정이 풍부하고, 숫자가 많다고 발휘되는 것이 아니다. 초대교회는 로마제국 전체 개념으로 볼 때 매우 미약했지만 그 영향력은 대단했음을 역사가 증명하고 있지 않는가? 본교회가 빛과 소금이 되어 이 사명을 감당해 주기를 바라는 마음이다. 교회의 빛과 소금 사명에 대해 성경은 무엇이라 말씀하고 있는지 살펴보자.

먼저 빛이다. 예수님은 제자들에게 "너희는 세상의 빛이라"(마 5:14)고 말씀하신다. 과학적으로 볼 때 빛이 하는 역할은 여러 가지다. 전기 에너지가 될 수도 있고, 치료의 역할을 할 수도 있다. 식물에게 영향을 공급하여 자라게도 한다. 이런 빛의 다양한 역할이 있지만 예수님은 제자들에게 빛의 역할 두 가지를 말씀하신다. 하나는 어둠을 밝히는 역할이다. "산 위에 있는 동네가 숨겨지지 못할 것이요. 사람이 등불을 켜서 말 아래 두지 아니하고 등경 위에 두나니 이러므로 집 안 모든 사람에게 비치느니라."(마 5:14-15)고 하신 예수님은 말씀이 그것이다. 어두워서 무엇이 진리이고 무엇이 거짓인지를 분별하지 못하는 사람들에게 진리가 무엇인지를 확실하게 볼 수 있도록 빛의 역할을 하라는 말씀이다. 보이는 듯하지만 안개 속을 들여다 보는 듯하여 확실하게 보이지 않아 방황하는 사람들에게 어둠의 안개를 걷어내 주라는 말씀이다. 깨어진 거울을 들여다보듯이 비치는 영상을 확실히 구분할 수 없어서 비진리를 진리로, 우상을 하나님으로, 피조물을 창조주로, 생명을 줄 수 없는 것을 생명을 줄 수 있는 것으로 착각하고 속고 사는 불쌍한 영혼에게 진리의 길이 무엇인지, 생명의 길이 어디인지를 보여주는 역할을 하라는 말씀이다. 예수님은 사도 바울을 이방인을 위한 사도로 세우시면서 바울이 이방의 빛이 될 것임을 말씀하셨다. "주께서 이같이 우리에게 명하시되 내가 너를 이방의 빛으로 삼아 너로 땅 끝까지 구원하게 하리라 하셨느니라."(행 13:47). 그러면 비록 예수님의 보혈로 죄 씻음을 받은 의인이라 할지라도 여전히 죄인들의 모임인 교회가 어떻게 빛이 될 수 있는가? 그것은 교회와 언제나 함께 계신(마 28:20) 예수님을 보내신 하나님이 빛이시며, 또한 예수님이 빛이시기 때문이다.

예수님이 말씀하신 빛의 역할 두 번째는 착한 행실이다. 예수님은 "너희 빛이 사람 앞에 비치게 하여 그들로 너희 착한 행실을 보고 하늘에 계신 너희 아버지께 영광을 돌리게 하라."(마 5:16)고 말씀하신다. 신약교회(제자들)의 빛의 역할은 착한 행실이라고 말씀하신다.

다음은 소금이다. 예수님은 제자들에게 "너희는 세상의 소금"(마 5:13)이라고 말씀하신다. 소금 역시 빛과 같이 다양한 역할을 할 수 있다. 대표적인 것이 부패를 방지하는 것과 맛을 내는 역할이다. 예수님이 제자들에게 "너희는 세상의 소금"이라고 하실 때 소금의 어떤 기능을 염두에 두셨을까? 예수님은 소금으로서의 신약교회(제자들)의 역할은 부패를 방지하는 것에 중점을 두지 않으시고 맛을 내는 것과 연관시키신다. "소금이 만일 그 맛을 잃으면 무엇으로 짜게 하리요 후에는 아무 쓸 데 없어 다만 밖에 버려져 사람에게 밟힐 뿐이니라."(마 5:13). 소금의 맛을 내는 기능을 신약교회가 감당할 역할임을 보여주는 또 다른 말씀은 "소금은 좋은 것이로되 만일 소금이 그 맛을 잃으면 무엇으로 이를 짜게 하리요 너희 속에 소금을 두고 서로 화목하라 하시니라."는 마태복음 9:50이다. 마태복음 9:50에서는 맛을 내는 소금의 역할에 대한 보다 더 구체적인 말씀이 있다. 바로 "화목"이다. 교회가 있는 곳에는 전쟁이 그치고 평화가 있어야 하며, 분열과 분쟁이 아닌 화평이 있어야 한다는 말씀이다. 예수님은 교회가 이 역할을 감당하지 못하면 맛 잃은 소금처럼 아무 쓸데가 없다는 경고의 말씀을 추가하셨다. 사도 바울 역시 "너희 말을 항상 은혜 가운데서 소금으로 맛을 냄과 같이 하라 그리하면 각 사람에게 마땅히 대답할 것을 알리라."(골 4:6)고 말해 소금의 맛을 내는 기능을 교회가 감당해야 한다는 것을 강조하고 있다.

6. 하나님의 뜻을 행함

예수님을 믿는다는 것은 하나님의 말씀을 듣고 행하는 것이다. 야고보서는

"영혼 없는 몸이 죽은 것 같이 행함이 없는 믿음은 죽은 것이니라."(약2:26)고 선포하고, 계속해서 "이와 같이 행함이 없는 믿음은 그 자체가 죽은 것이라. 어떤 사람은 말하기를 너는 믿음이 있고 나는 행함이 있으니 행함이 없는 네 믿음을 내게 보이라 나는 행함으로 내 믿음을 네게 보이리라 하리라. 네가 하나님은 한 분이신 줄을 믿느냐 잘하는도다. 귀신들도 믿고 떠느니라."(약2:17-19)고 말씀하고 있다. 야고보서의 행함의 강조는 행함으로 구원이 온전해 진다거나 행함이 있을 때 구원이 있다는 의미가 아니라 실상은 믿음을 강조한 것이다. 예수님께서 말씀하신 열매 맺는 믿음에서 이를 확인할 수 있다. 예수님께서는 마태복음 7:15-27에서 거짓 선지자들을 주의할 것을 가르치신다. 그들을 "양의 옷을 입고 너희에게 나아오나 속에는 노략질하는 이리"(마7:15)이기 때문이다. 예수님은 양의 옷을 입은 이리를 분별하는 방법은 그가 맺고 있는 열매라고 가르치신다:

그들의 열매로 그들을 알지니 가시나무에서 포도를, 또는 엉겅퀴에서 무화과를 따겠느냐. 이와 같이 좋은 나무마다 아름다운 열매를 맺고 못된 나무가 나쁜 열매를 맺나니 좋은 나무가 나쁜 열매를 맺을 수 없고 못된 나무가 아름다운 열매를 맺을 수 없느니라. 아름다운 열매를 맺지 아니하는 나무마다 찍혀 불에 던져지느니라. 이러므로 그들의 열매로 그들을 알리라(마7:16-20).

예수님은 거짓 선지자를 구별하는 방법을 열매로 말씀하신 후 그 열매의 기준을 다음과 같이 말씀하신다:

나더러 주여 주여 하는 자마다 다 천국에 들어갈 것이 아니요 다만 하늘에 계신 내 아버지의 뜻대로 행하는 자라야 들어가리라. 그 날에 많은 사람이 나더러 이르되 주여 주여 우리가 주의 이름으로 선지자 노릇 하며 주의 이름으로 귀신을 쫓아내며 주의 이름으로 많은 권능을 행하지 아니하였나이까 하리니 그 때에 내가 그들에게 밝히 말하되 내가 너희를 도무지 알지 못하니 불법을 행하는 자들아 내게서 떠나가라 하리라(마7:21-23).

좋은 열매와 나쁜 열매에 대한 예수님의 기준은 예수님의 이름을 빙자하여 어떤 능력 있는 일을 하였다는 것이나 커다란 족적을 남겼다는 것에 있는 것이 아니라 하나님의 말씀에 잘 순종했느냐에 있다는 것이다. 예수님을 주라고 부르는 것만으로 부족하고, 예수님의 이름으로 선지자 노릇을 한 것만으로도 부족하며, 심지어는 예수님의 이름으로 귀신을 쫓아내는 등의 많은 권능을 행한 것까지라도 그 자체로는 부족하다는 말씀이다. 예수님의 기준은 예수님의 말씀하신 바를 "듣고 행하는 자"가 좋은 나무이며, 좋은 열매를 맺는 자라는 말씀이다(마 7:24-27). 그리고 이것이 야고보서가 말씀하는 "행함이 없는 믿음은 죽은 믿음"이라는 의미이다. 그러므로 예수님의 몸 된 교회는 큰 역사를 이루는 것에 초점을 맞추지 말고 하나님의 말씀에 순종하고 그 말씀에 따라 행하는 데 모든 역점을 두어야 한다.

그 때에

여호와의 사자 학개가

여호와의 위임을 받아

백성에게 말하여 이르되

여호와가 말하노니

내가 너희와 함께 하노라 하니라

제8부
연 표

1910 YEARS

1911년 4월 4일	미국 남장로회 선교사로부터 복음을 듣고 믿기 시작한 이영국씨의 전도로 태인동(태인2구) 333번지에서 첫 예배를 드리다.[319]
1914년 10월 10일	권영일씨 댁을 교회당으로 매입하다.
1918년 월 일	노라복 선교사의 조사 서병준이 교회를 담임하다.

1920 YEARS

1920년 월 일	조사 서병준의 2년간 시무로 교회가 성립하다. 이후 이충헌씨가 선교사들로부터 영수로 임명되어 교회를 인도하다.

1930 YEARS

1938년 12월 일	이때까지 고라복 선교사, 변요한 선교사, 김순배, 안덕윤 등이 시무하다.[320]

1940 YEARS

1941년 월 일	장두익 집사가 일본 경찰에 잡혀 옥에 갇히다.[321]
1943년 월 일	이때까지 이충헌 영수 등이 교회를 인도하다.
1943년 월 일	일제의 핍박으로 교회당 문을 닫다.
1948년 월 일	봄부터 다니엘 선교 동역자의 주선으로 다시 교회가 시작되다.

1950 YEARS

1951년 월 일	김동옥 목사가 담임으로 부임하다. 김동옥 목사 부임 후 열심히 복음을 전하여 교회가 부흥 성장하였고, 사택과 종을 마련하였다.
1955년 월 일	김동옥 목사가 사임하고 임종대 전도사가 담임으로 부임하다.
1955년 월 일	임종대 전도사가 사임하고 송무웅 전도사가 담임으로 부임하다.
1956년 월 일	송무웅 전도사가 사임하고 박준호 전도사가 담임으로 부임하다.
1957년 월 일	박준호 전도사가 사임하고 정상희 전도사가 담임으로 부임하다.

319) 조선예수교장로회 사기 하권에는 1920년에 과부임씨가 자신이 살고 있던 3칸 가옥을 예배당으로 공헌한 것으로 기록되어 있는데 이 집이 태인2구 333번지일 것이다.

320) 김순배와 안덕윤은 목사가 되었으며 신사참배 거부로 일본 경찰에 붙잡혀 형을 살다가 풀려났다. 안덕윤 목사는 6.25 동란 때 공산군에 의해 순교하였다.

321) 1940년대에 접어들면서 전국적으로 신사참배 반대운동이 전개되는 양상을 보이기 시작하자 일경은 교회에 대한 압박 수위를 높였다.

1957년 5월 10일　인휴 선교 동역자의 도움으로 태인2구 547번지로 교회당 20평을 신축하다.

1959년 월 일　정상희 전도사가 사임하고 김정기 전도사가 담임으로 부임하다.

1960 YEARS

1960년 월 일　김정기 전도사가 사임하고 손세진 전도사가 담임으로 부임하다.

1960년 월 일　손세진 전도사가 사임하고 정야곱 전도사가 담임으로 부임하다.

1960년 11월 일　정야곱 전도사가 태인제일교회를 분리하여 나가다.

1960년 11월 일　몇 명의 성도들이 분리하여 나가서 새미골(태인동 606-1번지) 에 태인제일교회를 설립하다.

1960년 월 일　송은종 전도사가 담임으로 부임하다.

1960년 12월 일　송은종 전도사 사임하고 함규년 전도사가 담임으로 부임하다.

1961년 월 일　함규년 전도사가 사임하다.

1963년 월 일　남방현 전도사가 담임으로 부임하다.

1964년 월 일　남방현 전도사가 사임하고 김경남 전도사가 담임으로 부임하다.

1966년 월 일　김경남 전도사가 사임하고 유재기 전도사가 담임으로 부임하다.

1967년 월 일　유재기 전도사가 사임하고 정은철 전도사가 담임으로 부임하다.

1967년 월 일　정은철 전도사가 사임하고 김남정 전도사가 담임으로 부임하다.

1970 YEARS

1971년 2월 일　김남정 전도사가 사임하고 김성주 전도사가 담임으로 부임하다.

1974년 8월 일　김성주 전도사가 광산삼도교회로 사역지를 옮겨가고, 박태문전도사가 담임으로 부임하다. 태인제일교회와 재합동을 추진하였으나 실패하다.

1975년 월 일　박태문 전도사가 구례신월교회로 사역지를 옮겨가고, 최창운전도사가 담임으로 부임하다.

1976년 5 월 21 일　태인2구 547번지에 예배당 35평을 개축하여 헌당하고, 장두익씨를 제1대 안수집사로 송소아, 조갑조씨를 제1대 권사로 임직케하다.

1978년 월 일　최창운 전도사가 사임하고 이선근 전도사가 담임으로 부임하다.

1978년 월 일　이선근 전도사가 여수성은교회를 개척하면서 사임하다.

1978년 5월 21일 보성수남교회에서 시무하고 있던 송일조 전도사가 본교회의 청빙을 받고 담임으로 부임하다.

1979년 5월 일 태인동 550번지에 목사관 12평을 신축하다.

1979년 7월 17일 송일조 전도사를 목사 안수 후 임시목사로 청빙하다.

1980 YEARS

1980년 4월 8일 송일조 목사를 제1대 위임목사로 위임케하고, 서일석,최병순씨를 제1대 장로로 장립케하고,이부덕, 김남월씨를 제2대 권사로 임직케 하다.

1980년 4월 20일 본교회 최초로 당회가 결성되어 첫 번째로 모이다.

1980년 5월 12일 구역을 재편하고, 윤전기를 구입하기로 가결하다.

1981년 2월 22일 환등기를 구입하기로 가결하다.

1981년 4월 26일 교회 종탑과 종을 새로 설치하다.

1981년 2월 22일 교회 공동묘지를 구입하기로 하다.

1982년 4월 10일 이인휘씨를 제2대 장로로 장립케하고, 김재화씨를 협동장로로 위임케하고, 이부덕, 이관휘 김충현 서영석 김윤현씨를 제2대 안수집사로 위임케하다.

1983년 4월 일 송일조 목사가 고흥관산교회로 사역지를 옮겨가다.

1983년 5월 18일 진주노회 소속 악양성광교회에서 시무하고 있던 이윤정 목사가 본 교회의 청빙을 받고 담임으로 부임하다.

1984년 10월 28일 교회당 신축 부지를 매입하기로 하고, 위원장 김재화 장로, 위원 이인휘, 서일석, 최병순 장로로 교회 신축추진위원회를 구성하다.

1984년 11월 11일 주일 낮 예배 헌금 전액을 정성균 선교사 유가족을 위해 사용하다.

1985년 4월 14일 공동의회에서 이윤정 목사를 위임목사로 받아들이기로 가결하고, 김재화 장로를 시무장로로 취임을 허락하다.

1986년 4월 8일 이윤정 목사 위임식을 거행하고, 김충현씨를 제3대 장로로 장립케 하고, 김영만, 박정선씨가 안수집사로, 강순점, 성호덕, 김갑순씨를 제3대 권사로 임직케 하다.

1986년 4월 27일 이인휘 장로, 김충현 장로, 이홍휘 집사가 헌납한 땅에 대해 등기이전을 추진하다.

1986년 5월 25일 이인휘 장로 소유 땅 200평을 교회가 매입하기로 하다.

1986년 11월 30일 태인1구에 교회[태금중앙교회]를 개척하기로 하다. 10가정을 개척 멤버로 지원하고, 본교회당 신축을 위한 특별헌금 하기로 하다.

1987년 6월 28일 건축위원회를 조직하다.(위원장 이인휘 장로, 부위원장 김충현 장로, 서일석 장로, 총무 서영기 집사, 서기 김영만 집사, 회계 박정선 집사, 위원 이관휘 집사, 이영휘 집사, 이보기 집사, 김완 현 집사, 박정용 집사, 이규민 집사)

1987년 9월 21일 이윤정 목사가 진주남노회 소속 남해 설천교회로 사역지를 옮겨 가고, 변유복 목사가 본교회의 청빙을 받고 담임으로 부임하다.

1990 YEARS

1993년 3월 14일 현 교회 부지인 태인동 236번지에서 교회당 신축 기공예배를 드리다.

1994년 6월 30일 교회당 신축을 완공하다.

1995년 1월 2일 변유복 목사를 제3대 위임목사로 위임케 하고, 이영휘씨를 제4대 장로로, 이규민, 박정선, 양정석를 제3대 안수집사로, 이복희, 박명해, 김인자, 성호덕,최미순,김효분 제씨를 제4대 권사로 임직케 하고, 김재화 장로, 이관휘 집사, 이부덕, 김남월, 조갑조 권사를 은퇴케 하다.

1995년 3월 18일 김미순씨가 교육전도사로 부임하다.(97년 2월 사임)

1997년 4월 6일 김영진씨가 전임전도사로 부임하다.(99년 3월 사임)

1999년 12월 12일 예배당 헌당식을 거행하고, 서영석, 이규민, 박정선 제씨를 제5대 장로로, 김종필, 이종훈,이규춘,김정근,최판수 제씨를 제4대 안수집사로, 박금이, 강순덕, 이옥연 제씨를 제5대 권사로 임직케 하고, 이인휘, 이영휘 장로를 은퇴케 하고, 최금엽, 서두래, 허덕애, 조용순, 강영필, 손순악 제씨를 명예권사로 추대하다.

2000 YEARS

2000년 1월 1일 최형욱씨가 교육전도사 부임하다.(2001.12 사임)

2000년 5월 4일 박정용 집사 소유 232-5번지 도로 40평 중 30평을 본교회에 헌납하다.

2000년 5월 7일 박정용 집사 소유 232-5번지 땅 10평을 매입하기로 하다.

2000년 5월 14일 교회차량을 구입하기로 하다.(차종: 프레지오)

2000년 12월 3일 교회설립 90주년 기념행사 하기로 하다.

2001년 1월 1일 목사관을 선미 APT 101동 503호로 이사하다.(23평)

2001년 1월 7일 교회 소유 땅 산93번지 400평 중 191평을 시에 도로 확장공사로 매도하기로 하다.

2001년 2월 4일 교회설립 90주년 기념행사를 4월 22일에 거행하기로 하며, 본교회 설립일을 구전이나 증인의 증언이 없지만 전남노회 75년사의 기록에 의거 1911년 4월 4일로 하기로 하다.

2001년 2월 18일 교회당 1층과 2층 앞면을 유리로 막기로 결정하고, 구교회의 철탑은 고물상 업자에게 위임 철거하기로 하다. 구 종탑 옛것을 기념하기 위해 현 교회로 옮겨 놓았다.

2001년 4월 22일 교회설립 90주년 기념행사를 거행하다.

2001년 12월 일 목사관을 선미 APT 101동 404호(23평)로 매입, 이관하다.

2002년 3월 3일 박정선 장로가 자신의 소유 25인승 승합차를 헌납하다.

2002년 3월 13일 35인승 중형버스를 구입하다.

2002년 5월 13일 태인동 232번지에 주차장을 확장(230평) 하다.

2002년 10월 3일 제1회 전교인체육대회를 개최하다.

2002년 11월 27일 교회 소유 부지 산93번지 209평을 매도하기로 하다.

2003년 1월 5일 강명욱씨가 교육전도사로 부임하다.(2003년 11월 16일 사임)

2003년 1월 26일 교회당 내에서는 어떠한 매매행위도 일체 금하기로 가결하고, 대심방은 성도들의 부담을 고려하여 실시하지 않기로 하다.

2003년 7월 6일 주일 저녁예배를 오후예배로 변경하는 건에 대해 공동의회에서 결정하기로 하고, 백주년 기념관 추진위원인 합동교단 목사가 본교회 주일저녁예배 설교하는 것을 허락하기로 하다.

2003년 7월 23일 공동의회를 개최하여 주일밤예배를 주일오후예배로 변경하기로 가결하다.[322)]

2003년 10월 1일 제1회 태인교회 당회장기 쟁탈 태인동 게이트볼 대회를 개최하다.

2003년 11월 2일 박정선 장로가 헌납한 명당(태인5구) 땅 100평을 매도하되 박정선 장로가 매수하는 것으로 하다.

322) 주일 밤 예배를 주일 오후예배로 변경하는 것에 대해 찬성 96명, 반대 41명, 무효 3명으로 가결하였다.

2003년 11월 일 주차장 밑 80평을 식당으로 건축하다. 본당 1층 식당 자리는 칸을 막아 유치부실, 당회실로 사용하다.

2004년 2월 8일 오일남씨가 교육전도사로 부임하다.

2004년 2월 8일 부교역자 사택 매입하다.(선미APT 101동 507호)

2004년 3월 21일 교회 내에 한글학교를 개원하기로 하다.

2004년 4월 14일 구식당을 교육관으로 수리하기로 하다.

2004년 4월 17일 제2회 태인교회 당회장기쟁탈 태인동 게이트볼 대회를 개최하다.

2004년 5월 20일 박정선 장로 소유 15인승 그레이스를 매수하기로 하다.[323)]

2004년 7월 25일 태인동 547번지 구교회당 부지를 박정선 장로에게 매도하기로 하다.

2005년 3월 6일 자원하여 필리핀 선교지를 방문하고자 하는 건을 허락하다.

2005년 3월 13일 광양 기독교백주년 기념관 설립비용 400만원을 헌금하기로 하다.

2005년 3월 19일 당회원 전원이 소아시아 사도바울 선교지역 방문을 하기로 하다.

2005년 4월 16일 제3회 태인교회 당회장기 쟁탈 게이트볼 대회를 개최하다.

2005년 10월 23일 시대 흐름에 따라 본당 영상시스템 새롭게 설치하다.[324)]

2006년 6월 10일 제4회 태인교회 당회장기 쟁탈 게이트볼 대회를 개최하다.

2006년 11월 26일 김종필, 양정석, 최판수 제씨를 6대 장로로, 이영수, 조명오, 한명호, 이찬진, 김영준, 김성주 제씨를 5대 안수집사로, 김영순A, 박옥순, 강정순, 박형심, 김채엽, 김영순B, 송두리, 김복덕, 김효숙, 이혜경제씨를 6대 권사로 임직케 하다.

2007년 1월 23일 태인동 271번지에 주차장 294평 매입, 확장하다.[325)]

2007년 4월 14일 제5회 태인교회 당회장기 쟁탈 게이트볼 대회를 개최하다.

2008년 1월 1일 오일남씨를 전임전도사로 임직케하다.(2008.11.23일 사임)

2008년 5월 일 제6회 태인교회 당회장기 쟁탈 게이트볼 대회를 개최하다.

2008년 11월 1일 오일남씨를 목사안수후 부목사로 청빙하다.(2008년12월사임)

323) 2011년 현재 예배당 차량은 코스모스 1대, 중형버스 34인승 1대, 프레지오(15인승) 1대, 그레이스(15인승) 1대 총 4대를 운영하고 있다.
324) 손용현 집사가 300만원을 헌금하고, 부족한 100만원은 교회 예산을 사용하여 400만원으로 설치함.
325) 박정용씨 소유 임야 1필지와 전2필지, 합하여 3필지 294평을 매입하여 축대를 쌓고, 주차장 밑 사택과 소예배실, 체육실, 공부실 등 140평을 설계 마치고 2011년 현재 착공허가를 받아 놓은 상태임.

2009년 1월 1일 이현종, 박원종제씨가 교육전도사로 부임하다.(2009,11월사임)

2009년 5월 2일 제7회 태인교회 당회장기 쟁탈 게이트볼 대회를 개최하다.

2010 YEARS

2010년 1월 10일 정태승 교육 전도사가 부임하다.(아동부)

2010년 4월 7일 제8회 태인교회 당회장기 쟁탈 게이트볼 대회를 개최하다.

2010년 9월 30일 변유복 목사가 사임하다.

2010년 12월 6일 광영중앙교회 부목사로 시무하던 박형련 목사를 담임목사로 청빙하다. 예배당 준공 후 13년 만에 본당 내부의 구조를 변경하다.[326]

2010년 12월 26일 장두식 교육전도사가 부임하다.(중 · 고등부)

2011년 2월 일 본당 내부 강대상 부분을 리모델링하고, 크리스탈 강대상을 (이종만 장로가 헌납하다) 바꾸어 정면에 배치하다.[327] 방송시설을 새롭게 설치하다.

2011년 2월 26일 태인동 주민을 대상으로 의료, 이 · 미용 및 장수사진 촬영 봉사를 실시하다.

2011년 3월 일 교회당 앞부분에 주차장 시설을 확충하다.

2011년 4월 4일 필리핀 만다나오섬 다바오시에 100주년 태일 스마일 교회를 건축하다.

2011년 5월 15일 박형련목사를 제4대 목사로 위임케하고 교회창립 100주년 기념예배 및 임직식 예배를 드리다.
이규춘, 이영수씨를 제7대 장로로 장립케하고 송재실, 박한오, 이규중, 양윤옥, 김영민, 김상채, 박점섭, 김한준씨를 제6대 안수집사로 위임케하고 김말렬, 류종례, 최성순, 김재분, 오지숙, 심선미, 김순자, 김소영, 박영미, 김두래, 전옥수, 고경숙, 박경양, 박경자, 김정옥B씨를 제7대 권사로 위임케하다.

326) 3층 유아실을 목양실로, 2층 화장실을 유아실로, 현관 옆을 새신자 접견실로 변경하였다. 총 경비는 11,000,000원이 사용되었다.
327) 신축한 예배당 본당 강대상이 그 동안은 좌우로 각각 한 개씩 두 개가 놓여있었고, 성찬용 아래 강대상이 있었다.

곡식 종자가
아직도 창고에 있느냐
포도나무 무화과나무 석류나무
감람나무에 열매가
맺지 못하였느니라

Since. 1911 태인도 복음 이야기

제3권

인물편

2011년 제작

■ 역대 및 현재 담임목사

송일조 목사(초대)

이정윤 목사(2대)

변유복 목사(3대)

박형련 목사(4대)

■ 태인교회 출신목사

최남주 목사

최병남 목사

박태문 목사

김유현 목사

김윤주 목사

김영구 목사

김호욱 목사

김상만 목사

최형욱 목사

■ 역대장로

김재화 최병순 김충현 서일석 이인휘

이영휘 서영석 박정선 김종필 이규민

양정석 최판수 이규춘 이영수 이종만(협동)

■ 역대안수집사

장두익 이관휘 김윤현 이종훈 김정근

조명오 한명호 이찬진 김영준 김성주

김상채 김영민 김한준 박점섭 박한오

송재실 양윤옥 이규중

■ 역대권사

송소아	조갑조	이부덕	김남월	김갑순
김인자	이복희	박금이	박명해	성호덕
최미순	강순덕	김효분	이옥연	김영순A
박옥순	강정순	박형심	김채엽	김영순B

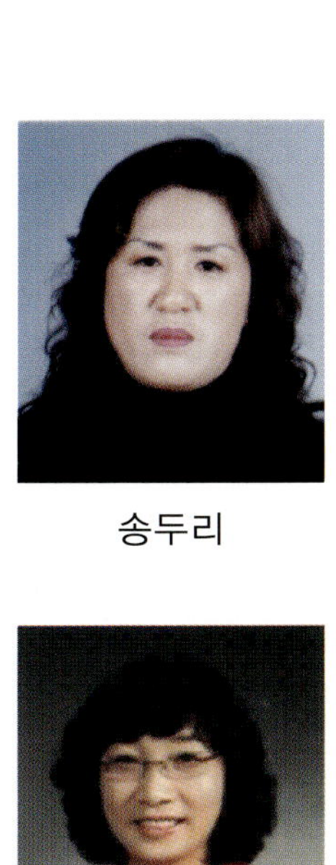

송두리

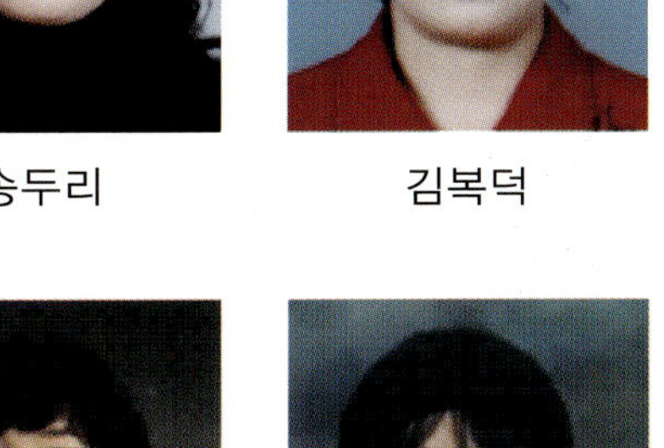

김복덕

김효숙

이혜경

이선옥

고경숙

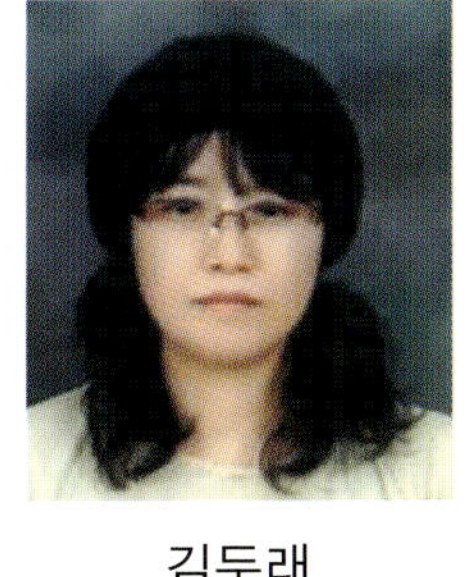

김두래

김말렬

김소영

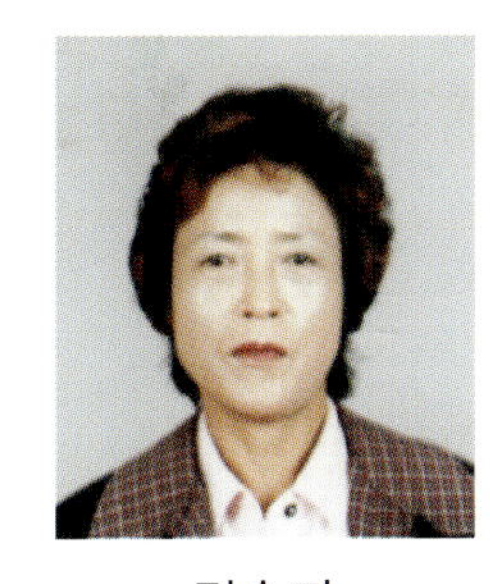

김순자

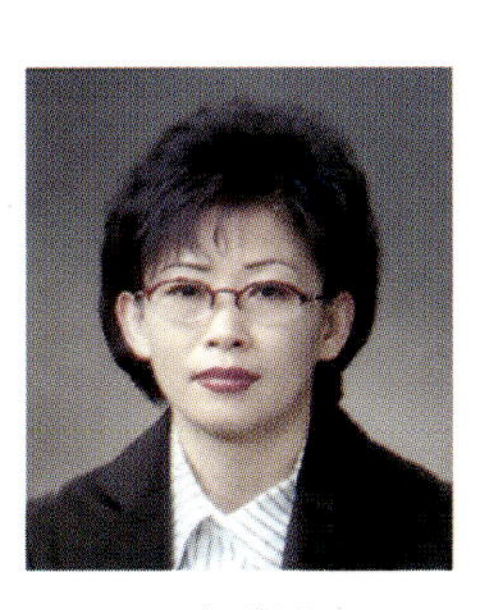

김재분

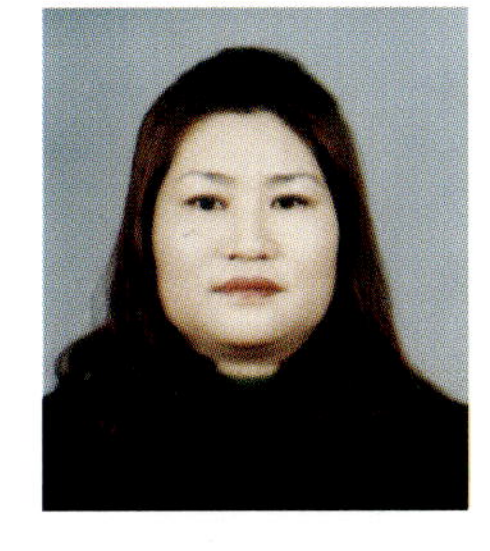

김정옥B

류종례

박경양

박경자

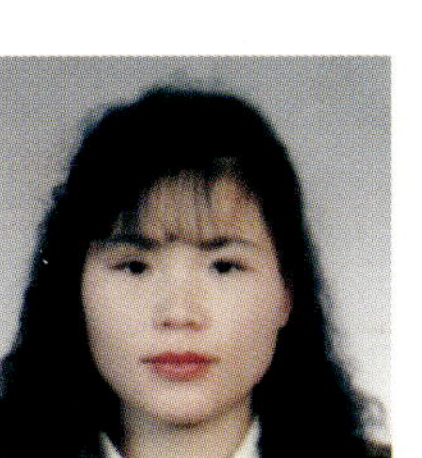

박영미

심선미

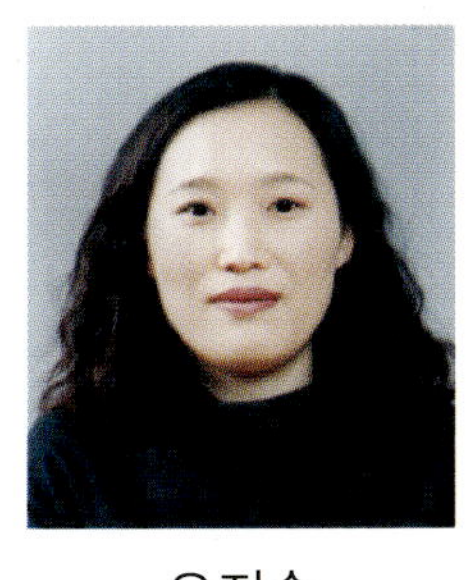

오지숙

전옥수

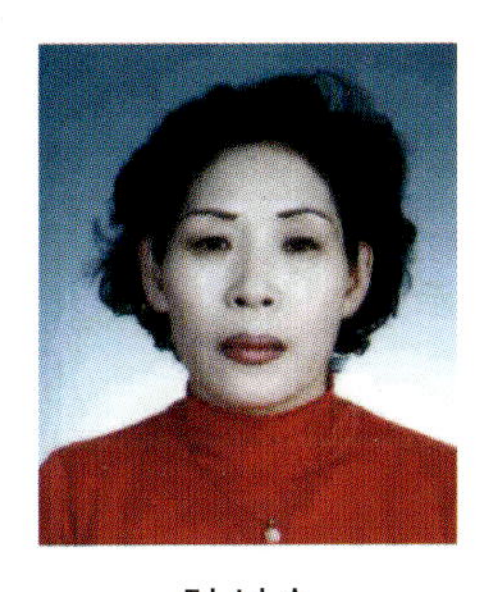

최성순

■ 교역자

●교역자

박형련 목사

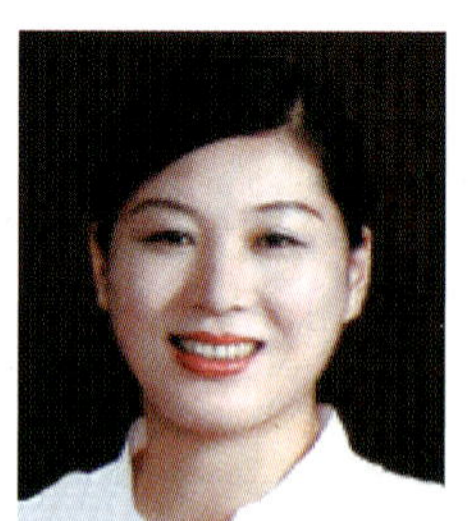
최수연 사모

정태승 전도사

장두식 전도사

■ 장로

● 시무장로

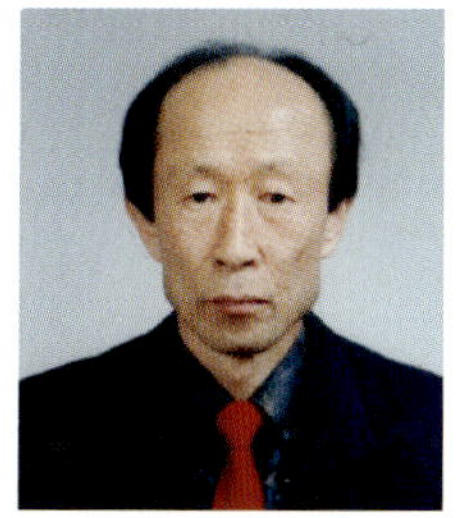
서영석

이규민

박정선

김종필

양정석

최판수

이규춘

이영수

이종만(협동)

■ 장로

● 원로장로

김충현

서일석

● 은퇴장로

김재화

이인휘

이영휘

■ 안수집사

● 안수집사

이종훈

김정근

조명오

한명호

이찬진

김영준

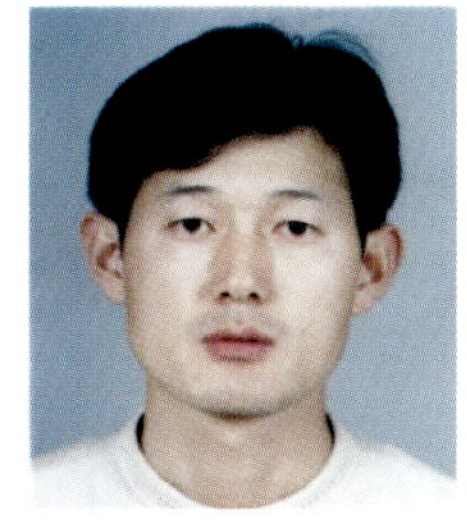
김성주

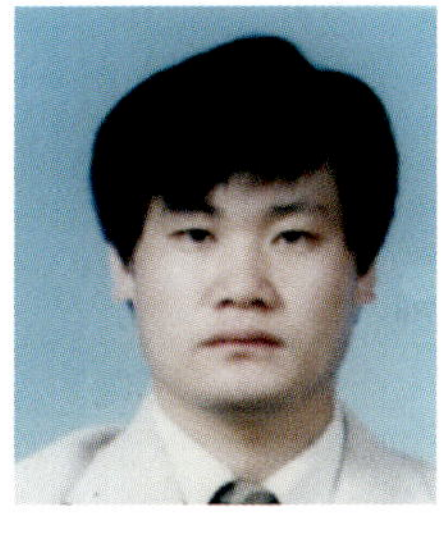
김상채

김영민

김한준

박점섭

박한오

송재실

양윤옥

이규중

● 은퇴집사

이관휘

■ 권사

● 시무권사

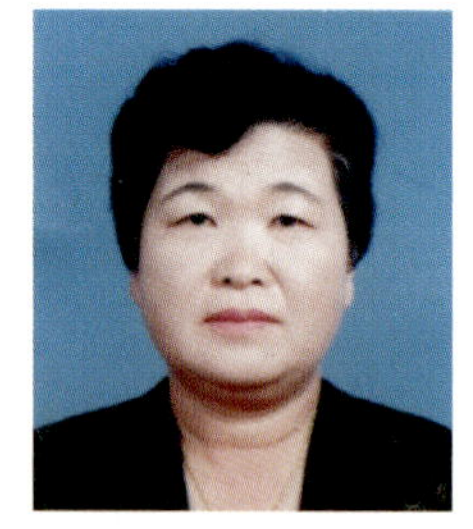
김인자

성호덕

최미순

강순덕

김효분

이옥연

김영순A

박옥순

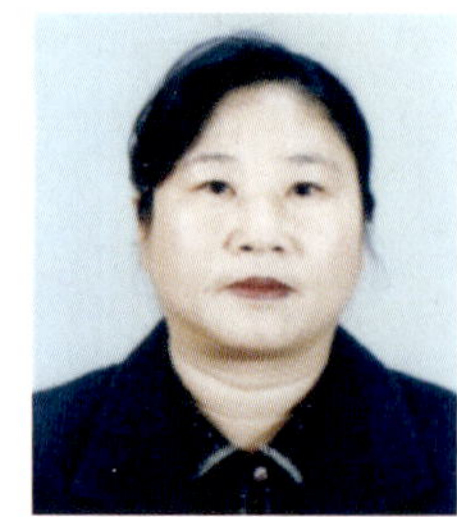
강정순

박형심

김채엽

김영순B

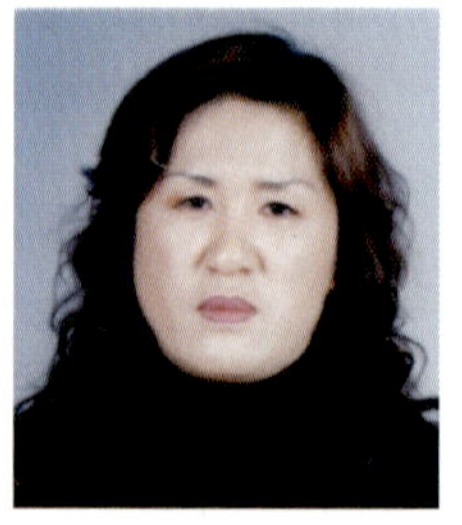
송두리

김복덕

김효숙

이혜경

이선옥

고경숙

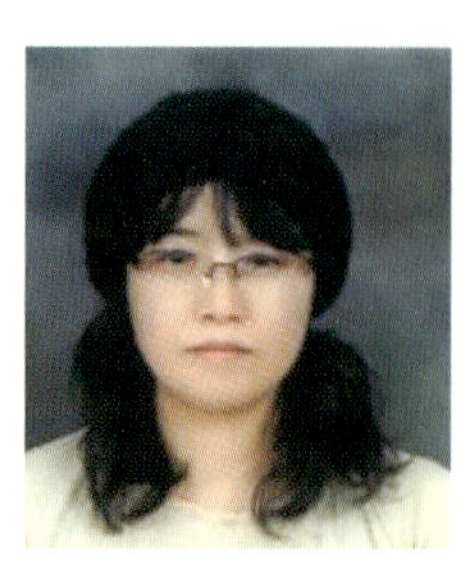
김두래

■ 권사

김말렬 김소영 김순자 김재분 김정옥B

류종례 박경양 박경자 박영미 심선미

오지숙 전옥수 최성순

● 은퇴권사

이복희 박금이 박명해

■ 권사

● 명예권사

서두래 조용순 강영필 손순악

강금남 최금자 정판심 이여심 이용순

박미남 서현숙 오순엽 황삼연 전예삐

이수희 김선자 정용순 이덕심 이임순

이애자

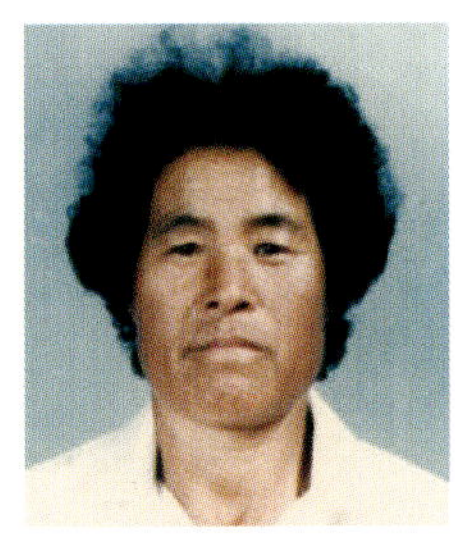

조순남

김쌍남

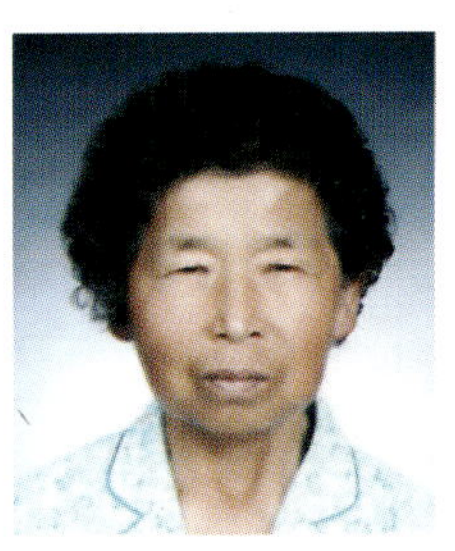

강달막

박민순

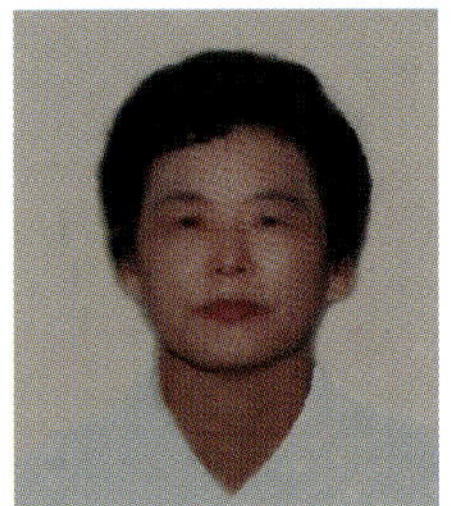

정현진

강다례

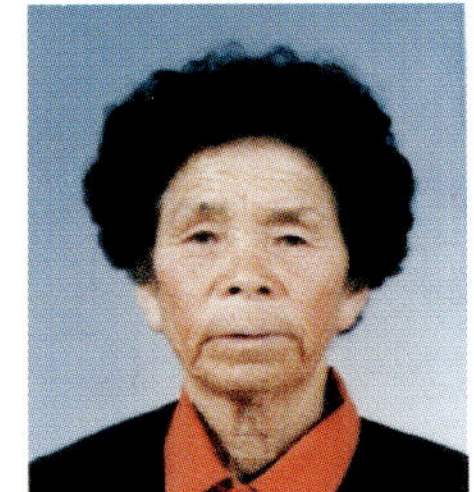

이귀엽

고인

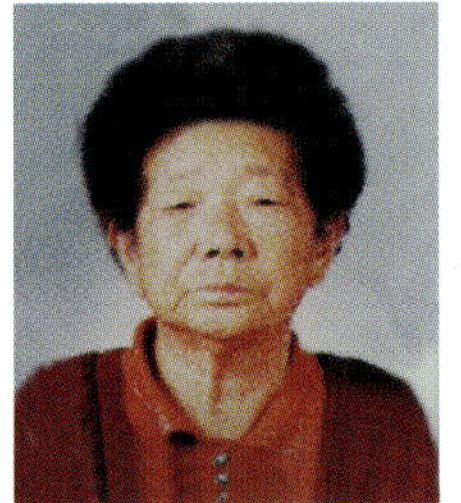

최금엽

박귀임

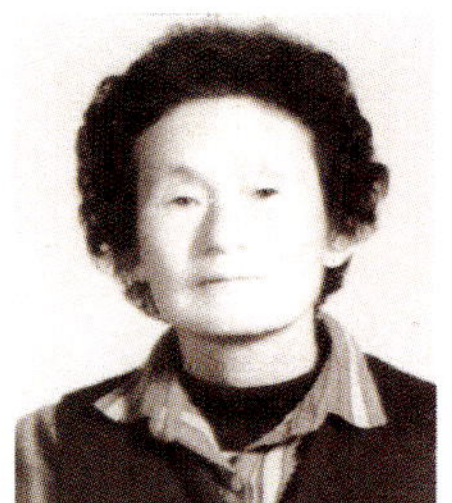

허덕애

■ 집사

● 남자서리집사

고홍수

김영훈

김　용

김재생

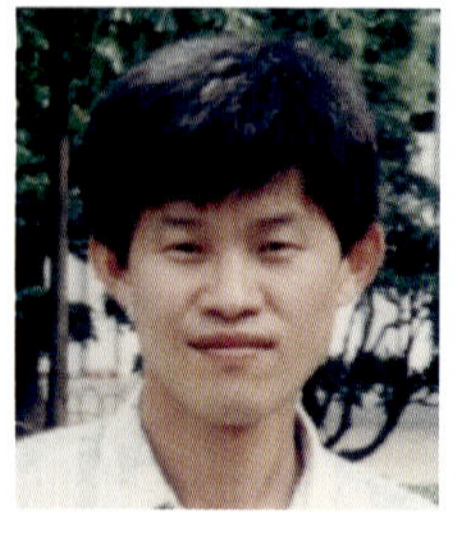
김정수

김종섭

김현식

김훈산

문성곤

문승일

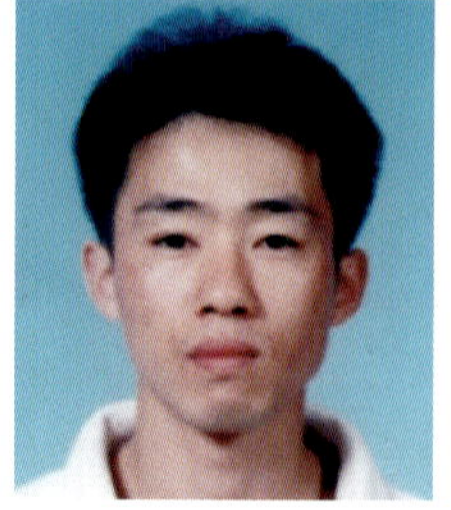
박근수

박은상

박정현

박종철

서의원

서강원

송재국

송점식

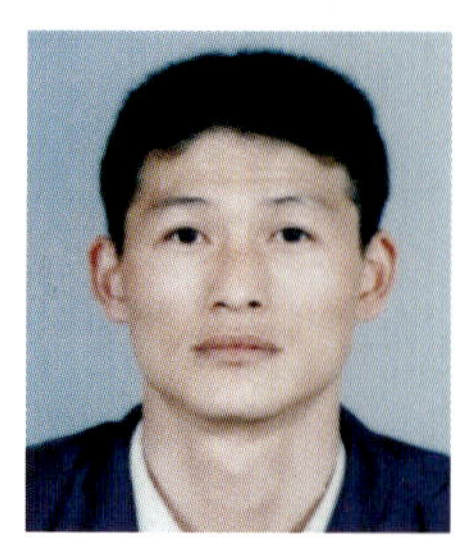
양성석

■ 집사

양봉석

양흥만

이경용

이규문

이규수

이민철

이석동

임용성

장기운

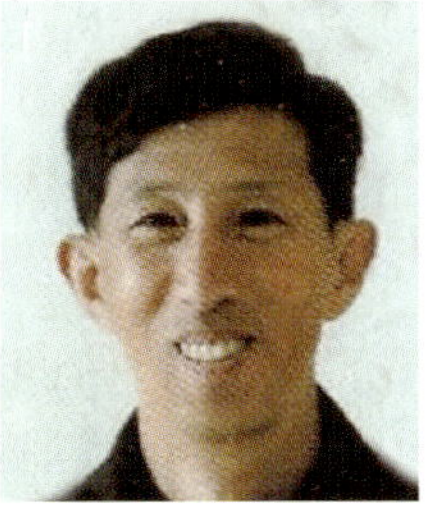

장 만

정종환

김성모

이동철

● 여자서리집사

고숙자

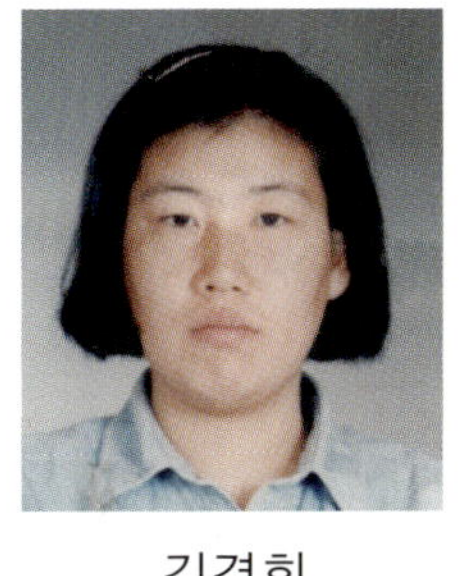
김경희

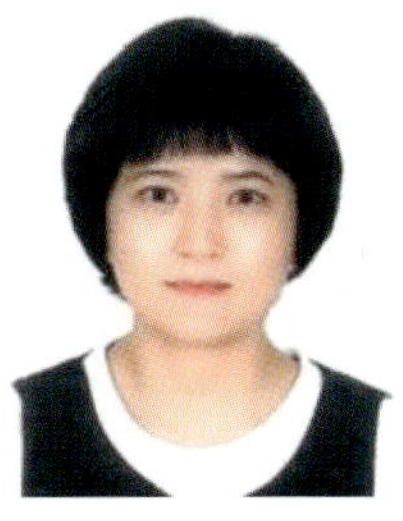
김명숙

■ 집사

김미정 김미화 김복희 김봉선 김성희

김수정 김유숙 김정순 김정옥A 김정희

김태순 김회라 박기자 박봉순 박선자

박인숙 범은희 배경자 소효숙 송영덕

■ 집사

송영자 손효남 신지영 양훈자 오은경

왕연희 윤다엽 이길자 이금연 이나영

이미선 이명례 이연낙 이옥이 이옥임

이정희 김종순 이향자 이현구 이혜진

■ 집사

장덕례 정갑순 정미라 정미자 정민화

정춘심 정현화 조성분 조은실 주미선

채남희 최선숙 하경수 한승자 황미선

황영임 박선숙

■ 집사

● 명예집사 남

박정용

김종태

김무웅

박정오

박순규

손용현

감상태

김순현

양재삼

● 명예집사 여

김명순

강다례

박귀임

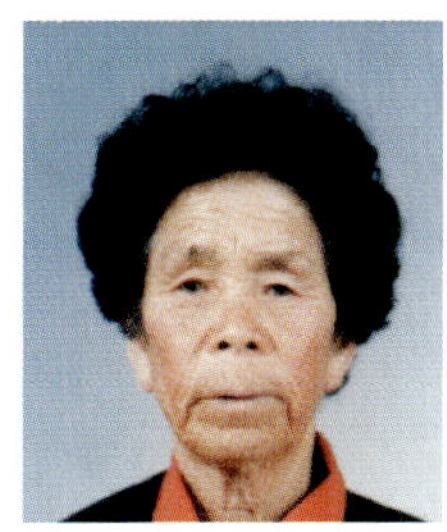
이귀엽

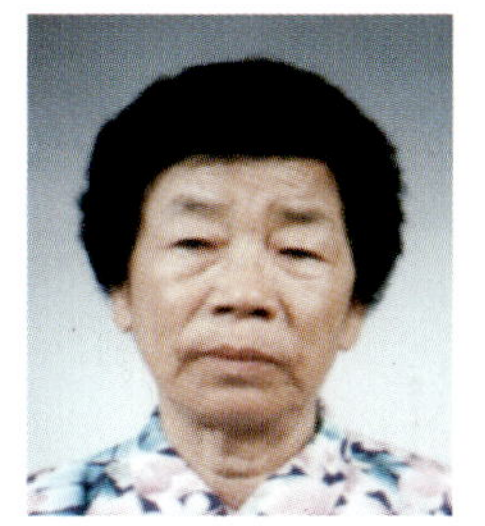
이기남

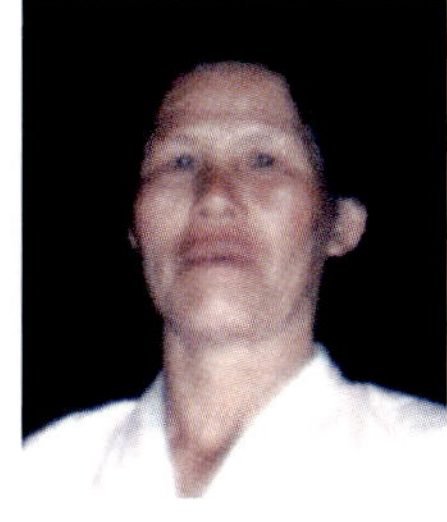
엄여남

강희순

이정임

문유복례

그러나 오늘부터는
내가 너희에게 복을 주리라

제4권

자료편

1989년 태인교회 교직자 및 제직명단

표어 : 하나님의 집을 짓자

1.교역자 : 변유목목사

2.제직회원

○ 장로 : 이인휘, 서일석, 김충현, 김재화
○ 안수집사 : 이관휘, 서영석
○ 권사 : 이부덕, 김갑순, 김남월
○ 서리집사
■남자 : 이영휘, 박정용, 김완현, 김종태, 이보기, 박정선, 이규민, 김영만, 김윤철, 이홍휘, 김무웅, 이보성
■여자 : 최미순, 정판심, 양해선, 조용순, 손순악, 박금이, 이복희, 허순심, 이옥연, 성호덕, 김미엽, 김복덕, 이경숙, 최성순, 김효분, 최말례, 허덕애, 추봉희, 박명해, 김영순, 양덕인, 강순덕, 서두래, 강영필, 최금엽, 오명자, 서현숙, 김인자, 이여선, 오순엽, 강순점, 엄여남, 박미남, 이덕심, 노양매, 송두리, 박옥순, 박춘자, 박춘득, 조혜순, 김순자, 김도순, 권오희
○ 은퇴권사 : 송소아, 조갑조

3. 공동의회

○ 회장 : 변유복목사 ■서기 : 서일석장로 ■회원 : 본 교회 소속 무흠 입교인

4. 당 회

○ 회장 : 변유복목사 ■서기 : 서일석장로 ■회원 : 본 교회 시무장로

5. 건축위원회

○ 위원장 : 이인휘장로 ■총무 : 서영석집사 ■서기 : 김영만집사 ■회계 : 박정선집사
■위원 : 변유복목사, 서일석, 김충현장로, 이관휘, 이영휘, 이규민, 김완현, 이보기, 박정용집사

6. 제직회

○ 회장 : 변유복목사 ■서기 : 서영석집사 ■회계 : 이관휘집사
○ 전도부장 : 김완현집사 ■부원 : 김효분, 김종태, 김순자, 최미순, 오명자, 허덕애
○ 재정부장 : 이인휘장로 ■부원 : 김갑순, 조용순, 최금엽, 김도순, 최말례, 이옥연
○ 관리부장 : 김영만집사 ■부원 : 박옥순, 엄여남, 이부덕, 이여선, 최성순
○ 교육부장 : 김윤철집사 ■부원 : 박명해, 이홍휘, 성호덕, 이보성, 양덕인, 서영석
○ 봉사부장 : 박정선집사 ■부원 : 서두래, 김무웅, 이보기, 박금이, 정판심, 박춘자
○ 경조부장 : 이규민집사 ■부원 : 노양매, 양해선, 손순악, 허순심, 강순덕, 김남월
○ 친교부장 : 서일석장로 ■부원 : 강순점, 김복덕, 이복희, 강영필, 조혜순
○ 차량부장 : 박정용집사 ■부원 : 이덕심, 박미남, 김미엽, 박춘득, 서현숙, 이영휘
○ 총무부장 : 김충현장로 ■부원 : 추봉희, 김영순, 김인자, 한명호, 이경숙, 권오희

7. 교회학교

○ 교장 : 변유복목사

■장년부장 : 이인휘 ■교사 : 서일석, 김충현

■청년부장 : 서일석 ■교사 : 변유복

■중고등부장 : 서영석 ■총무 : 김영만 ■교사 : 이규춘, 최판수, 이기용, 김상만, 이정숙, 조성열

■아동부장 : 서영석 ■총무 : 최판수 ■서기 : 박점섭 ■회계 : 성호덕 ■지휘 : 김숙희

■반주 : 이승명

· 유년부교사 : 김복덕, 김효분, 송금미

· 초등부교사 : 김미엽, 이경숙, 김수복

· 소년부교사 : 김경숙, 박인숙, 송두리

· 유치부교사 : 박종희, 김명희, 조혜순, 김선희

8. 성가대

○ 장년대장 : 김충현장로

■지휘 : 이정숙 ■반주 : 김숙희, 변희정 ■총무 : 이규춘 ■서기 : 송금미

■소프라노 : 오명자(파트장) 성호덕, 김효분, 김미엽, 김복덕, 노양매, 이경숙, 박춘자, 김성숙, 김선희, 박명희, 김종희, 송금미, 김정자, 박인숙, 김수복

■알토 : 김경숙(파트장) 김숙희, 이은희, 김두래

■테너 : 김상만(파트장) 김영만 최판수

■베이스 : 이기용(파트장), 이규춘, 조성열, 박정선, 박점섭, 서요한

■피스담당 : 김상만, 김경숙 ■까운담당 : 최판수, 이은희

○ 아동부대장 : 서영석

■지휘 : 김숙희선생 ■반주 : 이승명

■대원 : 김길호, 최광철, 최광식, 서현혁, 정동준, 장미진, 양훈미, 성미화, 이근영, 양혜은, 김영란, 황미연, 김혜진, 이나영, 이혜실, 변영실, 이영란, 서성숙, 김미정, 김미영, 임현정, 박영주, 김재미, 박지은, 장은화, 송 운, 변경은, 이혜림, 황영임, 조혜정, 하두리, 김희진, 강영주, 조현선, 김재식, 최은주, 박은상

9. 자치회

○ 남선교회

■회장 : 김완현 ■총무 : 이규민 ■서기 : 김윤철 ■회계 : 박정선

■회원 : 이인휘, 서일석, 김충현, 이관휘, 서영석, 이영휘, 박정용, 김종태, 이보기, 김영만, 이홍휘, 김무웅, 한명호, 이보성, 김영길, 이재선, 장정욱, 서정금, 양진해, 조중호, 이영수, 김재삼, 송순옥, 서준열, 박순규

○ 여전도회(마르다회)

■회장 : 박명해 ■서기 : 추봉희 ■회계 : 박금이

■봉사부장 : 강순덕 ■차장 : 김인자

■부원 : 전예삐, 박미남, 엄여남, 강순점, 김성심, 김금순, 정은보

■전도부장 : 허덕애 ■차장 : 허순심

■부원 : 이여선, 오순엽, 임봉순, 김영자, 김골순, 김도순, 정판심

■교육부장 : 김갑순 ■차장 : 손순악

■부원 : 이덕심, 최말례, 이복희, 김순엽, 양한순, 서두래

■음악부장 : 강영필 ■차장 : 이옥연,

■부원 : 남다님, 박춘득, 이순이, 최금엽, 김말렬, 장연지
■재정부장 : 양해선 ■차장 : 양덕인
■부원 : 조용순, 박복엽, 서현숙, 김명자, 이부덕, 이애자

○ 여전도회(마리아회)

■회장 : 최미순 ■부회장 : 이경숙 ■총무 : 성호덕 ■서기 : 김미엽 ■부서기 : 노양매
■회계 : 김효분 ■부회계 : 박춘자
■봉사부장 : 김영순,
■부원 : 김순자, 정갑순, 홍복희, 박점색, 박영란, 정현아
■전도부장 : 오명자
■부원 : 박명순, 박옥심, 유정순, 송두리, 이연낙, 정미자, 김본심
■교육부장 : 최성순
■부원 : 조혜순, 권오희, 여운순, 류향자, 이순옥, 김채엽, 김정희
■음악부장 : 강일자
■부원 : 박명숙, 정미영, 김선자, 허경자, 이정순
■성미부장 : 김복덕
■부원 : 안순애, 유성숙, 김연순, 염성례, 이명례

○ 청년회

■회장 : 최판수 ■부회장 : 조미숙 ■총무 : 이기용 ■서기 : 박종희 ■회계 : 김정자
■교육부장 : 김경숙 ■차장 : 김두래
■부원 : 최판수, 김성숙, 조성열, 송금미, 김선희, 이영철
■전도부장 : 박점섭 ■차장 : 김상만,
■부원 : 김숙희, 김정자, 이찬진, 조미숙, 김점자, 박종희
■봉사부장 : 김명희 ■차장 : 서요한
■부원 : 이규춘, 이기용, 김진욱, 이정숙, 이은희, 박인숙, 조정순

○ 중고등부

■회장 : 박인섭 ■부회장 : 김미숙, 김용주, 강은진 ■총무 : 최형욱 ■서기 : 이정훈, 서윤주
■회계 : 이영용, 김은정
■교육부장 : 김상채 ■차장 : 김복님
■전도부장 : 이종민 ■차장 : 김정배
■성가부장 : 이은실 ■차장 : 이효선
■친교부장 : 서지은 ■차장 : 양훈자
■봉사부장 : 박미심 ■차장 : 양세진

1990년 태인교회 교직자 및 제직명단

표어 : 이 집을 살아계신 하나님의 교회요 진리의 기둥과 터이니라(딤전3:15)

1. 교역자 : 변유목목사

2. 제직회원

○ 장로 : 이인휘, 서일석, 김충현, 김재화(협동)
○ 안수집사 : 이관휘, 서영석
○ 권사 : 이부덕, 김갑순, 김남월
○ 서리집사
■ 남자 : 이영휘, 김완현, 이보기, 김종태, 박정용, 이규민, 박정선, 이홍휘, 박래홍, 김영길, 이영춘, 이규춘, 김인기, 양정석, 이규중
■ 여자 : 최미순, 양해선, 조용순, 허덕애, 박금이, 이복희, 강영필, 이옥연, 성호덕, 강순덕, 김미엽, 김복덕, 김인자, 이경숙, 김효분, 김영순, 추봉희, 박명해, 김순자, 오명자, 강순점, 박옥순, 이덕심, 노양매, 조혜순, 박춘자, 김재분, 이은숙, 소효숙, 정순악, 최성순, 송두리, 유성숙, 김채엽, 권오희, 박춘득, 정판심, 손순악, 허순심, 오순엽, 서두래, 서현숙, 최금엽, 박미남, 김도순, 엄여남, 안순애, 이여선, 양덕인, 최말례, 정미영, 유향자, 전예삐
○ 은퇴권사 : 송소아, 조갑조

3. 공동의회

○ 회장 : 변유복목사 ■ 서기 : 서일석장로 ■ 회원 : 본 교회 소속 무흠 입교인

4. 당 회

○ 회장 : 변유복목사 ■ 서기 : 서일석장로 ■ 회원 : 본 교회 시무장로

5. 건축위원회

○ 위원장 : 이인휘장로 ■ 총무 : 서영석집사 ■ 서기 : 김영만집사 ■ 회계 : 박정선집사
■ 위원 : 변유복목사, 서일석, 김충현장로, 이관휘, 이영휘, 이규민, 김완현, 이보기, 박정용집사

6. 제직회

○ 회장 : 변유복목사 ■ 서기 : 서영석집사 ■ 회계 : 이관휘집사
○ 전도부장 : 김완현 ■ 차장 : 김인기
■ 부원 : 이보기, 김효분, 최미순, 김순자, 오명자, 허덕애, 김재분
○ 재정부장 : 이인휘 ■ 차장 : 이홍휘
■ 부원 : 김갑순, 조용순, 최금엽, 김도순, 최말례, 이옥연, 정순악
○ 관리부장 : 김영만 ■ 차장 : 김영길
■ 부원 : 박옥순, 엄여남, 이부덕, 오순엽, 이여선, 최성순
○ 교육부장 : 이규중 ■ 차장 : 양정석
■ 부원 : 김윤철, 박명해, 성호덕, 양덕인, 이은숙, 유성숙, 김채엽
○ 봉사부장 : 이영휘 ■ 차장 : 김무웅

■부원 : 이보성, 서두래, 박금이, 정판심, 박춘자, 안순애, 유향자
○ 경조부장 : 이규민 ■차장 : 박정선
■부원 : 노양매, 양해선, 손순악, 허순심, 강순덕, 김남월, 전예삐
○ 친교부장 : 서일석 ■차장 : 김종태
■부원 : 이규춘, 강순점, 김복덕, 이복희, 강영필, 조혜순, 정미영
○ 차량부장 : 박정용 ■차장 : 한명호
■부원 : 이영춘, 오순엽, 이덕심, 김미엽, 박춘득, 서현숙
○ 총무부장 : 김충현 ■차장 : 박래홍
■부원 : 추봉희, 김영순, 김인자, 이경숙, 권오희, 소효숙

7. 교회학교

○ 교장 : 변유복목사
■장년부장 : 이인휘 ■교사 : 서일석, 김충현
■청년부장 : 서일석 ■교사 : 변유복목사
■고등부장 : 김영만 ■교사 : 양정석,
■중등부장 : 김영만 ■교사 : 이규춘, 최판수, 이기용
■아동부장 : 김영만 ■회계 : 성호덕 ■지휘 : 김두래 ■반주 : 이나영
■유년부감 : 김복덕 ■교사 : 송두리, 김정자, 남성림, 김정숙,
■초등부감 : 박인숙 ■교사 : 김재분, 서원영, 조성분, 김수복, 김미엽
■소년부감 : 최판수 ■교사 : 이경숙, 송금미, 이규중, 이규춘, 이기용, 김경숙, 최판수
■유치부감 : 조혜순 ■교사 : 박경량, 박영미, 최연숙

8. 성가대

○ 장년대장 : 김충현장로
■지휘 : 최판수선생 ■반주 : 변희정 ■총무 : 이규춘
■소프라노 : 성호덕(파트장), 김효분, 오명자, 김미엽, 김복덕, 노양매, 이경숙, 박춘자, 정미영, 소효숙, 송두리, 조성분, 김정자, 김두래, 송금미, 최정희, 양경화, 김수복, 박경량, 박인숙, 박정옥, 김정숙, 조혜순
■알토 : 김재분(파트장), 서원영, 김경숙, 조미숙, 남성림
■테너 : 김영만(파트장), 이규춘, 김상만
■베이스 : 박정선(파트장), 양정석, 이규중, 이기용, 이국주, 김영길
■피스담당 : 조성분, 김정자
■까운담당 : 김두래, 송금미, 남성림, 최정희

9. 자치회

○ 제1남선교회
■회장 : 김완현 ■부회장 : 박정용 ■서기 : 이영휘 ■회계 : 서영석
■회원 : 이인휘, 서일석, 김충현, 이관휘, 서영석, 이영휘, 박정용, 김종태, 이보기, 김무웅, 이보성, 서정금, 양진해, 조중호, 송순옥, 서준열, 박순규
○ 제2남선교회
■회장 : 이규민 ■부회장 : 박래홍 ■총무 : 박정선 ■서기 : 이규선 ■회계 : 김종복
■재정부장 : 한명호 ■친교부장 : 이규중 ■교육부장 : 양정석 ■봉사부장 : 이규춘
○ 제1여전도회

■회장 : 박명해 ■부회장 : 성호덕 ■서기 : 추봉희 ■부서기 : 정순악
■회계 : 박금이 ■부회계 : 손순악
■전도부장 : 강영필 ■전도차장 : 김인자 ■총무부장 : 허덕애 ■총무차장 : 이복희
■봉사부장 : 이옥연 ■봉사차장 : 오순엽 ■교육부장 : 김갑순 ■교육차장 : 김말렬
■음악부장 : 이부덕 ■음악차장 : 양해선 ■친교부장 : 조용순 ■친교차장 : 이덕심

○ 제2여전도회
■회장 : 김효분 ■부회장 : 최성순, 김영순 ■총무 : 이경숙
■회계 : 김미엽 ■부회계 : 박춘자 ■서기 : 노양매 ■부서기 : 김채엽
■전도부장 : 조혜순 ■전도차장 : 안순애 ■봉사부장 : 김순자 ■봉사차장 : 박순옥
■교육부장 : 오명자 ■교육차장 : 송두리 ■재정부장 : 정갑순 ■재정차장 : 이은숙
■성미부장 : 김복덕 ■성미차장 : 소효숙 ■친교부장 : 박점색 ■성미차장 : 권오희
■음악부장 : 최미순 ■음악차장 : 김재분 ■예배부장 : 김일자 ■예배차장 : 유성숙
■섭외부장 : 허경자 ■섭외차장 : 정현아 ■감사 : 최미순

○ 청년회
■회장 : 최판수 ■부회장 : 김경숙 ■총무 : 이기용 ■서기 : 김두래 ■회계 : 박경량
■교육부장 : 최정희 ■부원 : 김두래, 김상만, 김경숙, 김수복, 윤순옥, 김명희, 김선희
■전도부장 : 김정자 ■부원 : 박종희, 이기용, 최판수, 양경화, 장수철, 박정옥
■봉사부장 : 송금미 ■부원 : 조성분, 김두래, 박인숙, 김정숙, 남성림, 이국주

○ 고등부
■회장 : 이정훈 ■부회장 : 이은실 ■총무 : 김복님 ■서기 : 이정훈, 서윤주
■회계 : 이영용, 김은정

○ 중등부
■회장 : 이정출 ■부회장 : 양세정 ■총무 : 이강용 ■서기 및 회계 : 변희정

○ 아동부
■회장 : 변영실 ■부회장 : 황영임 ■총무 : 변경은 ■서기 : 이나영 ■반주 이혜실

1991년 태인교회 교직자 및 제직명단

표어 : 한알의 밀알이 되자(요12:24)

1. **교역자** : 변유목목사

2. **제직회원**

○ 장로 : 이인휘, 서일석, 김충현, 김재화(협동)
○ 안수집사 : 이관휘, 서영석
○ 권사 : 이부덕, 김갑순, 김남월
○ 서리집사
■남자 : 이영휘, 김완현, 이보기, 김종태, 박정용, 이규민, 박정선, 이홍휘, 박래홍, 김영길, 이영춘, 이규춘, 김인기, 양정석, 양진회, 민영우, 김윤철, 이영수

■여자 : 최미순, 양해선, 조용순, 허덕애, 박금이, 이복희, 강영필, 이옥연, 성호덕, 강순덕, 김미엽, 김복덕, 김인자, 이경숙, 김효분, 김영순, 추봉희, 박명해, 김순자, 오명자, 강순점, 박옥순, 이덕심, 노양매, 조혜순, 박춘자, 김재분, 이은숙, 소효숙, 정순악, 최성순, 송두리, 유성숙, 김채엽, 권오희, 박춘득, 정판심, 손순악, 허순심, 오순엽, 서두래, 서현숙, 최금엽, 박미남, 김도순, 엄여남, 안순애, 이여선, 양덕인, 최말례, 정미영, 유향자, 전예삐, 김영순2, 남다임, 강순자

○ 은퇴권사 : 송소아, 조갑조

3. 공동의회

○ 회장 : 변유복목사 ■서기 : 서일석장로 ■회원 : 본 교회 소속 무흠 입교인

4. 당 회

○ 회장 : 변유복목사 ■서기 : 서일석장로 ■회원 : 본 교회 시무장로

5. 건축위원회

○ 위원장 : 이인휘장로 ■총무 : 서영석집사 ■서기 : 김영만집사 ■회계 : 박정선집사

■위원 : 변유복목사, 서일석, 김충현장로, 이관휘, 이영휘, 이규민, 김완현, 이보기, 박정용, 양정석집사

6. 제직회

○ 회장 : 변유복목사 ■서기 : 서영석집사 ■회계 : 이관휘집사

○ 전도부장 : 김완현 ■차장 : 민영후

■부원 : 이보기, 김효분, 최미순, 김순자, 오명자, 허덕애, 김재분

○ 재정부장 : 이인휘 ■차장 : 이홍휘

■부원 : 김갑순, 조용순, 최금엽, 김도순, 최말례, 이옥연, 정순악

○ 관리부장 : 김영만 ■차장 : 김영길

■부원 : 박옥순, 엄여남, 이부덕, 오순엽, 이여선, 최성순, 정갑순

○ 교육부장 : 이규중 ■차장 : 양정석

■부원 : 김윤철, 박명해, 성호덕, 양덕인, 이은숙, 김채엽, 강순자

○ 봉사부장 : 이영휘 ■차장 : 김무웅

■부원 : 이영수, 서두래, 박금이, 정판심, 박춘자, 안순애, 유향자, 김순엽

○ 경조부장 : 이규민 ■차장 : 박정선

■부원 : 노양매, 양해선, 손순악, 허순심, 강순덕, 김남월, 전예삐, 남다님

○ 친교부장 : 서일석 ■차장 : 김종태

■부원 : 이규춘, 강순점, 김복덕, 이복희, 강영필, 조혜순, 정미영

○ 차량부장 : 박정용 ■차장 : 한명호

■부원 : 이영춘, 오순엽, 이덕심, 김미엽, 박춘득, 서현숙

○ 총무부장 : 김충현 ■차장 : 박래홍

■부원 : 추봉희, 김영순, 김인자, 이경숙, 권오희, 소효숙, 양진회

7. 교회학교

○ 교장 : 변유복목사

■운영단장 : 김영만 ■서기 : 김정숙 ■회계 : 성호덕

■청년부교사 : 변유복목사
■중등부교사 : 이기용
■고등부교사 : 최판수
■유치부장 : 서승원 ■교사 : 조혜순, 조순자, 박영미, 이은희
■유년부장 : 정진재 ■교사 : 김재분, 이은숙, 남성림, 김정자
■초등부장 : 이규춘 ■교사 : 김복덕, 박인숙, 김미엽, 김두래
■소년부장 : 양정석 ■교사 : 김정근, 이경숙, 박경양, 서원영, 김영만

8. 성가대

○ 장년대장 : 서일석장로
■지휘 : 최판수선생 ■반주 : 이은희, 이승명 ■총무 : 김효분
■소프라노 : 김효분, 김미엽, 김복덕, 노양매, 이경숙, 박영미, 조순자, 박인숙, 이은숙, 김정자, 최정희, 박경양, 김두래, 양경화
■알토 : 김재분, 조혜순, 류경미, 서원영, 이은희, 김정숙
■테너 : 이규중, 서승원, 정진재
■베이스 : 박정선, 김영길, 양정석, 이규춘, 김정근, 이기용

9. 자치회

○ 제1남선교회
■회장 : 이관휘 ■부회장 : 박정용 ■서기 : 서영석
○ 제2남선교회
■회장 : 이규민 ■부회장 : 박래홍 ■총무 및 회계 : 이규중 ■서기 : 이규춘
■교육부장 : 박정선 ■친교부장 : 김영길
○ 제1여전도회
■회장 : 김인자 ■부회장 : 강순덕 ■총무 : 김갑순 ■서기 : 추봉희 ■회계 : 이옥연
○ 제2여전도회
■회장 : 정순악 ■부회장 : 최미순 ■총무 : 성호덕 ■서기 : 최성순 ■회계 : 김효분
■전도부장 : 김말렬 ■부원 : 강일자, 이순향, 박점색, 김성심
■교육부장 : 오명자 ■부원 : 정갑순, 정현아, 박옥순, 최성순
■봉사부장 : 김영순1 ■부원 : 강정순, 박명순, 강순자, 최미순, 서점염
■친교부장 : 김순자 ■부원 : 김선자, 빈복엽, 김영자, 김효분
○ 제3여전도회
■회장 : 김미엽 ■부회장 : 송두리 ■총무 : 이경숙 ■서기 : 조혜순, 노양매
■부서기 : 김재분 ■회계 : 안순애 ■부회계 : 박영란
■전도부장 : 김채엽 ■부원 : 권오희, 김재분, 박형심, 허경자, 유향자, 김정희
■봉사부장 : 이은숙 ■부원 : 안순애, 박영란, 조순애, 전명숙, 이경숙, 이순옥
■음악부장 : 류경미 ■부원 : 소효숙, 정미영, 박영미, 박경양
■교육부장 : 김영순2 ■부원 : 김선심, 장덕례, 김영란, 노양매, 송두리
■친교부장 : 김복덕 ■부원 : 김라일, 이향란, 박순자, 조혜순
■성미관리자 : 김복덕
○ 청년회
■회장 : 최판수 ■부회장 : 이은희 ■총무 : 김정근 ■서기 : 김두래 ■회계 : 김정숙
■교육부장 : 서승원

■부원 : 김경숙, 김두래, 김명희, 김회라, 남명호, 이은희, 최정희, 김두래, 김선희, 조순자, 김진욱, 서민숙, 서윤정, 이미선, 정인희

■전도부장 : 박점섭

■부원 : 김정근, 김정숙, 박경양, 박인숙, 양경화, 윤순옥, 장은주, 김상만, 김영구, 박종희, 서원주, 신정미, 정인순, 조정순

■봉사부장 : 김정자

■부원 : 김수정, 남성님, 박영엽, 박종옥, 이기용, 이국주, 정진재, 김명숙, 김성주, 박종숙, 서요한, 송금미, 이종훈, 조민숙

○ 고등부

■회장 : 최차식 ■부회장 : 이정춘 ■총무 : 김은정 ■서기 : 강은진 ■회계 : 김혜옥

■교육부장 : 김영민 ■봉사부장 : 이효선 ■전도부장 : 김정일

○ 중등부

■회장 : 김선일 ■부회장 : 이강용 ■총무 : 변희정 ■서기 : 김순호 ■회계 : 이승명

■서기 및 회계 : 변희정

1992년 태인교회 교직자 및 제직명단

표어 : 뭇 사람을 섬기는 자가 되라(막9:35)

1. 교역자 : 변유목목사

2. 제직회원

○ 장로 : 이인휘, 서일석, 김충현, 김재화(협동)

○ 안수집사 : 이관휘, 서영석

○ 권사 : 이부덕, 김갑순, 김남월

○ 서리집사

■남자 : 이영휘, 김완현, 김종태, 박정용, 이보기, 이규춘, 박정선, 이홍휘, 박래홍, 김영길, 이규중, 양정석, 양진회, 민영우, 정영신, 이영수, 최판수, 김정근

■여자 : 최미순, 양해선, 조용순, 허덕애, 박금이, 이복희, 강영필, 이옥연, 성호덕, 강순덕, 김미엽, 김복덕, 김인자, 이경숙, 김효분, 김영순, 추봉희, 박명해, 김순자, 오명자, 강순점, 박옥순, 이덕심, 노양매, 조혜순, 박춘자, 김재분, 이은숙, 소효숙, 정순악, 최성순, 송두리, 유성숙, 김채엽, 권오희, 박춘득, 정판심, 손순악, 허순심, 오순엽, 서두래, 서현숙, 박미남, 김도순, 엄여남, 안순애, 이여선, 양덕인, 최말례, 정미영, 유향자, 전예삐, 김영순2, 남다임, 강순자, 염성례, 박영미, 김선심, 이애자, 구혜진

○ 은퇴권사 : 송소아, 조갑조

○ 명예집사 : 장연지, 임봉순, 최금엽

3. 공동의회

○ 회장 : 변유복목사 ■서기 : 서일석장로 ■회원 : 본 교회 소속 무흠 입교인

4. 당 회

○ 회장 : 변유복목사 ■서기 : 서일석장로 ■회원 : 본 교회 시무장로

5. 건축위원회

○ 위원장 : 이인휘장로 ■총무 : 서영석집사 ■서기 : 김영만집사
■회계 : 박정선집사
■위원 : 변유복목사, 서일석, 김충현장로, 이관휘, 이영휘, 이규민, 김완현, 이보기, 박정용, 양정석집사

6. 제직회

○ 회장 : 변유복목사 ■서기 : 서영석집사 ■회계 : 이관휘집사
○ 전도부장 : 김완현 차장 : 최판수
■부원 : 이보기, 김효분, 최미순, 김순자, 오명자, 허덕애, 김재분, 김종태, 이영숙
○ 재정부장 : 김영만 ■차장 : 김영길
■부원 : 김갑순, 조용순, 최금엽, 김도순, 최말례, 이옥연, 정순악, 김선심
○ 관리부장 : 김충현 ■차장 : 양정석
■부원 : 박옥순, 엄여남, 이부덕, 오순엽, 이여선, 최성순, 정갑순, 송두리, 김영순2
○ 교육부장 : 이인휘 ■차장 : 정영신
■부원 : 박점색, 박명해, 성호덕, 양덕인, 이은숙, 김채엽, 강순자, 이홍휘
○ 봉사부장 : 이영휘 ■차장 : 이영수
■부원 : 구혜진, 서두래, 박금이, 정판심, 박춘자, 안순애, 유향자, 김순엽, 박영란
○ 경조부장 : 이규민 ■차장 : 박정선
■부원 : 노양매, 양해선, 손순악, 허순심, 강순덕, 김남월, 전예삐, 남다님, 허경자
○ 친교부장 : 이규춘 ■차장 : 김정근
■부원 : 강순점, 김복덕, 이복희, 강영필, 조혜순, 염성례
○ 차량부장 : 박정용 ■차장 : 한명호
■부원 : 박미남, 오순엽, 이덕심, 김미엽, 박춘득, 서현숙, 김무웅
○ 총무부장 : 김충현 ■차장 : 박래홍
■부원 : 추봉희, 김영순1, 김인자, 이경숙, 권오희, 소효숙, 양진회, 박영미

7. 교회학교

○ 교장 : 변유복목사
■총무부장 : 양정석 ■서기 및 회계 : 이미선 ■지휘자 : 서승원, 이국주 ■반주 : 이민혜
■청년부교사 : 변유복목사
■중등부교사 : 이기용, 권병국, 김명숙
■고등부교사 : 최판수, 이은희
■유치부장 : 조혜순 ■교사 : 심선미
■유년부장 : 김미엽 ■교사 : 김영길, 이은숙, 김재분, 김정숙
■초등부장 : 이규춘 ■교사 : 김복덕, 노양매, 박영미, 박의숙
■소년부장 : 김정근 ■교사 : 김영만, 오명자, 이경숙, 서원영

8. 성가대

○ 대장 : 서영석

■지휘 : 최판수선생 오르간 : 변희정 피아노 1부 : 이승명, 2부 : 이은희
■총무 : 최판수
■소프라노 : 성호덕, 김효분, 김미엽, 김복덕, 노양매, 이경숙, 박영미, 이은숙, 전옥수, 김미정, 박인숙, 김정자, 박경양, 심선미, 김명숙, 박종임, 소효숙
■알토 : 김정숙, 김재분, 조혜순, 서원영, 이미선, 박의숙
■테너 : 이규중, 최판수, 김정근, 서승원
■베이스 : 박정선, 김영길, 양정석, 이규춘, 김정근, 이기용, 권병국, 최형욱, 서요한

9. 자치회

○ 제1남선교회
■회장 : 이영휘 ■총무 : 서영석
○ 제2남선교회
■회장 : 이규중 ■부회장 : 김영길 ■총무 및 회계 : 박정선 ■서기 : 이규춘
○ 제1여전도회
■회장 : 김인자 ■부회장 : 강순덕 ■총무 : 김갑순 ■서기 : 추봉희 ■회계 : 이옥연
○ 제2여전도회
■회장 : 성호덕 ■부회장 : 최미순 ■서기 : 최성순 ■총무 : 정순악
■회계 : 김효분
■전도부장 : 이영숙 ■부원 : 강일자, 이향순, 박점색, 김성심, 염성례
■교육부장 : 오명자 ■부원 : 정갑순, 정현아, 박옥순, 김말렬, 박부희
■봉사부장 : 김순자 ■부원 : 박경자, 박명순, 강순자, 서정엽, 장정자
■친교부장 : 김영순1 ■부원 : 김선자, 빈복엽, 김명자, 정민진
○ 제3여전도회
■회장 : 송두리 ■부회장 : 김복덕 ■서기 : 김재분 ■부서기 : 소효숙
■회계 : 김채엽 ■부회계 : 박영미 ■총무 : 이경숙
■교육부장 : 김영순2 ■부원 : 김미엽, 조혜순, 박형심, 허경자, 김맹심, 장덕례
■봉사부장 : 이은숙 ■부원 : 권오희, 조순애, 안순애, 박영란, 심선미, 이순옥
■전도부장 : 노양매 ■부원 : 남인숙, 박춘자, 박경양, 박선자, 김학례, 김영란, 김서엽, 김정희
○ 청년회
■회장 : 서승원 ■부회장 : 김정자 ■서기 : 김정숙 ■회계 : 박종임
■교육부장 : 김명숙 ■부원 : 김두래, 김명희, 김회라, 남명호, 이은희, 최정희, 김두래, 김선희, 조순자, 김진욱, 서민숙, 서윤정, 이미선, 정인희
■전도부 : 권병국,
■부원 : 김정숙, 박경양, 박인숙, 양경화, 윤순옥, 장은주, 김상만, 김영구, 박종희, 서원주, 신정미, 정인순, 조정순
■봉사부장 : 김미정 ■부원 : 김수정, 남성님, 박영엽, 박종옥, 이기용, 이국주, 정진재, 김명숙, 김성주, 박종숙, 서요한, 송금미, 이종훈, 조민숙, 김상채
○ 고등부
■회장 : 최광식 ■부회장 : 이승명 ■총무 : 황미연 ■서기 : 김경하 ■회계 : 양훈미
■교육부장 : 변영실 ■봉사부장 : 김수연 ■전도부장 : 양홍만
○ 중등부
■회장 : 김영민 ■부회장 : 김혜옥 ■총무 : 소 휘 ■서기 : 김병욱 ■교육부장 : 김선일
■봉사부장 : 변희정 ■전도부장 : 김보영

1993년 태인교회 교직자 및 제직명단

표어 : 연합하고 협조하는 아름다운 교회 만들자(시편 133:1절)

1. **교역자** : 변유목목사

2. **제직회원**
   - ○ 장로 : 이인휘, 서일석, 김충현, 김재화(협동)
   - ○ 안수집사 : 이관휘, 서영석
   - ○ 권사 : 김갑순
   - ○ 서리집사
     - ■ 남자 : 이영휘, 김완현, 김종태, 박정용, 이보기, 이규춘, 박정선, 이홍휘, 박래홍, 김영길, 이규중, 양정석, 양진회, 민영우, 정영신, 이영수, 최판수, 김정근, 이찬진
     - ■ 여자 : 최미순, 양해선, 조용순, 허덕애, 박금이, 이복희, 강영필, 이옥연, 성호덕, 강순덕, 김미엽, 김복덕, 김인자, 이경숙, 김효분, 김영순1, 추봉희, 박명해, 김순자, 오명자, 강순점, 박옥순, 이덕심, 노양매, 조혜순, 박춘자, 김재분, 이은숙, 소효숙, 정순악, 최성순, 송두리, 유성숙, 김채엽, 권오희, 박춘득, 정판심, 손순악, 허순심, 오순엽, 서두래, 서현숙, 박미남, 김도순, 엄여남, 안순애, 이여선, 양덕인, 최말례, 정미영, 유향자, 전예삐, 김영순2, 남다임, 강순자, 염성례, 박영미, 김선심, 이애자, 구혜진
   - ○ 은퇴권사 : 송소아, 조갑조
   - ○ 명예집사 : 장연지, 임봉순, 최금엽, 박춘득, 김도순

3. **공동의회**
   - ○ 회장 : 변유복목사 ■ 서기 : 서일석장로 ■ 회원 : 본 교회 소속 무흠 입교인

4. **당 회**
   - ○ 회장 : 변유복목사 ■ 서기 : 서일석장로 ■ 회원 : 본 교회 시무장로

5. **건축위원회**
   - ○ 위원장 : 이인휘장로 ■ 총무 : 서영석집사 ■ 서기 : 양정석집사
     - ■ 회계 : 박정선집사
     - ■ 위원 : 변유복목사, 서일석, 김충현장로, 이관휘, 이영휘, 이규민, 김완현, 김영길, 박정용, 김종태, 양정석, 이규춘집사

6. **제직회**
   - ○ 회장 : 변유복목사 ■ 서기 : 서영석집사 ■ 회계 : 이관휘, 이규민집사
   - ○ 전도부장 : 김완현 ■ 차장 : 최판수
     - ■ 부원 : 이보기, 김순자, 허덕애, 김재분, 김종태, 박영란, 김순엽, 김정희
   - ○ 재정부장 : 이인휘 ■ 차장 : 이규민
     - ■ 부원 : 김갑순, 조용순, 이애자, 이옥연, 정순악, 김선심
   - ○ 관리부장 : 김충현 ■ 차장 : 박정선
     - ■ 부원 : 박옥순, 김영순2, 이여선, 최성순, 정갑순, 송두리

○ 교육부장 : 서일석 ■차장 : 양정석
■부원 : 박점색, 박명해, 성호덕, 이은숙, 김채엽, 강순자, 이찬진
○ 봉사부장 : 이영휘 ■차장 : 이영수
■부원 : 구혜진, 최미순, 박금이, 정판심, 박춘자, 안순애, 김효분
○ 경조부장 : 김영길 ■차장 : 이규춘
■부원 : 노양매, 양해선, 손순악, 정현아, 강순덕, 김복덕
○ 친교부장 : 이규중 ■차장 : 김정근
■부원 : 강순점, 전예삐, 이복희, 강영필, 조혜순, 염성례
○ 차량부장 : 박정선 ■차장 : 한명호
■부원 : 박미남, 오순엽, 이덕심, 김미엽, 서현숙, 김무웅, 양진회
○ 총무부장 : 서영석 ■차장 : 박래홍
■부원 : 추봉희, 김영순1, 김인자, 이경숙, 권오희, 소효숙, 박영미

7. 교회학교

○ 교장 : 변유복목사
■총무부장 : 양정석 ■서기 및 회계 : 이미선 ■지휘자 : 김정일 ■반주 : 이민혜
■청년부교사 : 변유복목사
■중등부교사 : 이기용, 김명숙, 양훈자, 김복님
■고등부교사 : 최판수, 이은희, 서승원, 박경양
■유치부장 : 조혜순 ■교사 : 박경양, 이혜경
■유년부장 : 최차식 ■교사 : 김미엽, 김재분, 김복덕
■초등부장 : 이규춘 ■교사 : 노양매, 김정숙, 이찬진, 이은숙
■소년부장 : 김정근 ■교사 : 이경숙, 서원영, 박인숙
■교육위원회 : 서일석, 박정선, 양정석, 이규춘, 최판수, 이기용, 김정근, 서승원

8. 성가대

○ 대장 : 김충현 ■총무 : 최판수 ■회계 : 김명숙
■지휘 : 이종훈 ■오르간 : 변희정 ■피아노 1부 : 이승명, 2부 : 이은희
■소프라노 : 성호덕, 김효분, 김미엽, 김복덕, 노양매, 이경숙, 박영미, 이은숙, 전옥수, 김미정, 박인숙, 김정자, 박경양, 심선미, 김명숙, 박종임, 소효숙
■알토 : 조혜순, 김재분, 서원영, 이미선, 김정숙, 남성님
■테너 : 이규중, 최판수, 김정근
■베이스 : 양정석, 이규춘, 이찬진, 이기용, 서요한, 김상채, 서승원

9. 자치회

○ 제1남선교회
■회장 : 김종태 ■총무 : 서영석
○ 제2남선교회
■회장 : 이규중 ■부회장 : 이찬진 ■총무 및 회계 : 박정선 ■서기 : 이규춘
○ 제1여전도회
■회장 : 강순덕 ■부회장 : 추봉희 ■서기 : 박명해 ■부서기 : 양해선 ■회계 : 조용순
■부회계 : 이옥연
○ 제2여전도회

■회장 : 성호덕 ■부회장 : 최미순 ■서기 : 최성순 ■총무 : 정순악 ■회계 : 김효분
■전도부장 : 박점색 ■부원 : 강일자, 조혜순, 김성심, 염성례
■교육부장 : 박옥순 ■부원 : 정갑순, 정현아, 김말렬, 박부희
■봉사부장 : 김순자 ■부원 : 박경자, 박명순, 강순자, 서점염, 장정자
■친교부장 : 김영순1 ■부원 : 김선자, 김미엽, 김명자, 박형심, 박은상

○ 제3여전도회
■회장 : 송두리 ■부회장 : 김복덕 ■서기 : 김재분 ■부서기 : 소효숙 ■회계 : 김채엽
■부회계 : 박영미 ■총무 : 이경숙
■교육부장 : 김영순2 ■부원 : 김선심, 박선자, 김영숙, 허경자, 김맹심, 장덕례
■봉사부장 : 이은숙 ■부원 : 권오희, 조순애, 안순애, 박영란, 심선미, 이순옥
■전도부장 : 노양매 ■부원 : 남인숙, 박춘자, 박경양, 박선자, 김서엽, 김정희, 이희숙, 김필순

○ 청년회
■회장 : 이기용 ■부회장 : 고경숙 ■서기 : 김복님 ■회계 : 김명숙 ■총무 : 서승원
■교육부장 : 김미정 ■부원 : 서승원, 김명숙, 이효선, 남성님, 이국주, 박미심
■전도부장 : 이미선 ■부원 : 최차식, 고숙자, 김정자, 서정순, 이은희, 이은실,
■봉사부장 : 김상채 ■부원 : 고경숙, 김복님, 김정숙, 양훈자, 서지은, 김정일

○ 고등부
■회장 : 이혜실 ■부회장 : 김혜진 ■총무 : 변영실 ■서기 : 변경은 ■회계 : 박영주
■교육부장 : 황영임 ■봉사부장 : 송 운 ■전도부장 : 이나영

○ 중등부
■회장 : 김동률 ■부회장 : 김윤자 ■총무 : 김순호 ■서기 : 김지선 ■회계 : 황미연
■교육부장 : 최광종 ■봉사부장 : 백정순 ■전도부장 : 양홍만

1994년 태인교회 교직자 및 제직명단

표어 : 연합하고 협조하는 아름다운 교회 만들자(시편 133:1절)

1. 교역자 : 변유목목사

2. 제직회원

○ 장로 : 이인휘, 서일석, 김충현, 김재화(협동)
○ 안수집사 : 이관휘, 서영석
○ 권사 : 김갑순
○ 서리집사
■남자 : 이영휘, 김완현, 김종태, 박정용, 이보기, 이규춘, 박정선, 이홍휘, 박래홍, 김영길, 이규중, 양정석, 양진회, 민영우, 정영신, 이영수, 최판수, 김정근, 이찬진
■여자 : 최미순, 양해선, 조용순, 허덕애, 박금이, 이복희, 강영필, 이옥연, 성호덕, 강순덕, 김미엽, 김복덕, 김인자, 이경숙, 김효분, 김영순, 추봉희, 박명해, 김순자, 오명자, 강순점, 박옥순, 이덕심, 노양매, 조혜순, 박춘자, 김재분, 이은숙, 소효숙, 정순악, 최성순, 송두리, 유성숙,

김채엽, 권오희, 박춘득, 정판심, 손순악, 허순심, 오순엽, 서두래, 서현숙, 박미남, 김도순, 엄여남, 안순애, 이여선, 양덕인, 최말례, 정미영, 유향자, 전예삐, 김영순2, 남다임, 강순자, 염성례, 박영미, 김선심, 이애자, 구혜진

○ 은퇴권사 : 송소아, 조갑조

○ 명예집사 : 장연지, 임봉순, 최금엽, 박춘득, 김도순

3. 공동의회

○ 회장 : 변유복목사 ■서기 : 서일석장로 ■회원 : 본 교회 소속 무흠 입교인

4. 당 회

○ 회장 : 변유복목사 ■서기 : 서일석장로 ■회원 : 본 교회 시무장로

5. 건축위원회

○ 위원장 : 이인휘장로 ■총무 : 서영석집사 ■서기 : 양정석집사 ■회계 : 박정선집사

■위원 : 변유복목사, 서일석, 김충현장로, 이관휘, 이영휘, 이규민, 김완현, 김영길, 박정용, 김종태, 양정석, 이규춘집사

6. 제직회

○ 회장 : 변유복목사 ■서기 : 서영석집사 ■회계 : 이관휘, 이규민집사

○ 전도부장 : 김완현 ■차장 : 최판수

■부원 : 이보기, 김순자, 허덕애, 김재분, 김종태, 박영란, 김순엽, 김정희

○ 재정부장 : 이인휘 ■차장 : 이규민

■부원 : 김갑순, 조용순, 이애자, 이옥연, 정순악, 김선심

○ 관리부장 : 김충현 ■차장 : 박정선

■부원 : 박옥순, 김영순2, 이여선, 최성순, 정갑순, 송두리

○ 교육부장 : 서일석 ■차장 : 양정석

■부원 : 박점색, 박명해, 성호덕, 이은숙, 김채엽, 강순자, 이찬진

○ 봉사부장 : 이영휘 ■차장 : 이영수

■부원 : 구혜진, 최미순, 박금이, 정판심, 박춘자, 안순애, 김효분

○ 경조부장 : 김영길 ■차장 : 이규춘

■부원 : 노양매, 양해선, 손순악, 정현아, 강순덕, 김복덕

○ 친교부장 : 이규중 ■차장 : 김정근

■부원 : 강순점, 전예삐, 이복희, 강영필, 조혜순, 염성례

○ 차량부장 : 박정용 ■차장 : 한명호

■부원 : 박미남, 오순엽, 이덕심, 김미엽, 서현숙, 김무웅, 양진회

○ 총무부장 : 서영석 ■차장 : 박래홍

■부원 : 추봉희, 김영순1, 김인자, 이경숙, 권오희, 소효숙, 박영미

7. 교회학교

○ 교장 : 변유복목사

■총무부장 : 양정석 ■서기 및 회계 : 이미선 ■지휘자 : 김정일 ■반주 : 이민혜

■청년부교사 : 변유복목사

■중등부교사 : 이기용, 김명숙, 양훈자, 김복님

■고등부교사 : 최판수, 이은희, 서승원, 박경양
■유치부장 : 조혜순 ■교사 : 박경양, 이혜경
■유년부장 : 최차식 ■교사 : 김미엽, 김재분, 김복덕
■초등부장 : 이규춘 ■교사 : 노양매, 김정숙, 이찬진, 이은숙
■소년부장 : 김정근 ■교사 : 이경숙, 서원영, 박인숙, 서원영
■교육위원회 : 서일석, 박정선, 양정석, 이규춘, 최판수, 이기용, 김정근, 서승원

8. 성가대

○ 대장 : 김충현장로 ■총무 : 최판수 ■회계 : 김명숙
■지휘 : 이종훈 ■오르간 : 변희정 ■피아노 1부 : 이승명, 2부 : 이은희
■소프라노 : 성호덕, 김효분, 김미엽, 김복덕, 노양매, 이경숙, 박영미, 이은숙, 전옥수, 김미정, 박인숙, 김정자, 박경양, 심선미, 김명숙, 박종임, 소효숙
■알토 : 조혜순, 김재분, 서원영, 이미선, 김정숙, 남성님
■테너 : 이규중, 최판수, 김정근,
■베이스 : 양정석, 이규춘, 이찬진, 이기용, 서요한, 김상채, 서승원

9. 자치회

○ 제1남선교회
■회장 : 김종태 ■총무 : 서영석
○ 제2남선교회
■회장 : 이규중 ■부회장 : 이찬진 ■총무 및 회계 : 박정선 ■서기 : 이규춘
○ 제1여전도회
■회장 : 강순덕 ■부회장 : 추봉희 ■서기 : 박명해 ■부서기 : 양해선 ■회계 : 조용순
■부회계 : 이옥연
○ 제2여전도회
■회장 : 성호덕 ■부회장 : 최미순 ■서기 : 최성순 ■총무 : 정순악 ■회계 : 김효분
■전도부장 : 박점색 ■부원 : 강일자, 조혜순, 김성심, 염성례
■교육부장 : 박옥순 ■부원 : 정갑순, 정현아, 김말렬, 박부희
■봉사부장 : 김순자 ■부원 : 박경자, 박명순, 강순자, 서점염, 장정자
■친교부장 : 김영순1 ■부원 : 김선자, 김미엽, 김명자, 박형심, 박은남
○ 제3여전도회
■회장 : 송두리 ■부회장 : 김복덕 ■총무 : 이경숙 ■서기 : 김재분 ■부서기 : 소효숙
■회계 : 김재엽 ■부회계 : 박영미
■교육부장 : 김영순2 ■부원 : 김선심, 박선자, 김영숙, 허경자, 김맹심, 장덕례
■봉사부장 : 이은숙 ■부원 : 권오희, 조순애, 안순애, 박영란, 심선미, 이순옥
■전도부장 : 노양매 ■부원 : 남인숙, 박춘자, 박경양, 박선자, 김서엽, 김정희, 이희숙, 김필순
○ 청년회
■회장 : 이기용 ■부회장 : 고경숙 ■총무 : 서승원 ■서기 : 김복님 ■회계 : 김명숙
■교육부장 : 김미정 ■부원 : 김미정, 서승원, 김명숙, 이효선, 남성님, 이국주, 박미심
■전도부장 : 이미선 ■부원 : 최차식, 고숙자, 김정자, 서정순, 이은희, 이은실,
■봉사부장 : 김상채 ■부원 : 고경숙, 김복님, 김정숙, 양훈자, 서지은, 김정일
○ 고등부
■회장 : 이혜실 ■부회장 : 김혜진 ■총무 : 변영실 ■서기 : 변경은 ■회계 : 박영주

■교육부장 : 황영임 ■봉사부장 : 송 운 ■전도부장 : 이나영
○ 중등부
■회장 : 김동율 ■부회장 : 김윤자 ■총무 : 김순호 ■서기 : 김지선 ■회계 : 황미연
■교육부장 : 최광종 ■봉사부장 : 백정순 ■전도부장 : 양흥만

1995년 태인교회 교직자 및 제직명단

표어 : 강권하여 데려다가 내집을 채우라(눅14:23)

1. 교역자 : 변유목목사

2. 제직회원
○ 장로 : 이인휘, 서일석, 김충현, 이영휘
○ 안수집사 : 서영석, 이규민, 박정선, 양정석
○ 권사 : 김갑순, 이복희, 박명해, 김인자, 성호덕, 최미순, 김효분
○ 서리집사
■남자 : 김무웅, 김완현, 김정근, 김종태, 김종필, 박래홍, 박정용, 양진회, 이규윤, 이규중, 이규춘, 이석동, 이영수, 이종훈, 이찬진, 장진욱, 조성열, 최판수, 한명호
■여자 : 양해선, 조용순, 허덕애, 박금이, 강영필, 이옥연, 강순덕, 김미엽, 김복덕, 이경숙, 김영순, 추봉희, 김순자, 오명자, 강순점, 박옥순, 이덕심, 노양매, 조혜순, 박춘자, 김재분, 이은숙, 소효숙, 정순악, 최성순, 송두리, 유성숙, 김채엽, 권오희, 박춘득, 정판심, 손순악, 허순심, 오순엽, 서두래, 서현숙, 박미남, 김도순, 엄여남, 안순애, 이여선, 양덕인, 최말례, 정미영, 유향자, 전예삐, 김영순2, 남다임, 강순자, 염성례, 박영미, 김선심, 이애자, 구혜진
○ 은퇴장로 : 김재화
○ 은퇴집사 : 이관휘
○ 은퇴권사 : 송소아, 조갑조, 김남월
○ 명예집사 : 장연지, 임봉순, 최금엽, 박춘득, 김도순, 전예삐

3. 공동의회
○ 회장 : 변유복목사 ■서기 : 서일석장로 ■회원 : 본 교회 소속 무흠 입교인

4. 당 회
○ 회장 : 변유복목사 ■서기 : 서일석장로 ■회원 : 본 교회 시무장로

5. 건축위원회
○ 위원장 : 이인휘장로 ■총무 : 서영석집사 ■서기 : 양정석집사 ■회계 : 박정선집사
■위원 : 변유복목사, 서일석, 김충현, 이영휘장로, 이관휘, 이규민, 김완현, 김영길, 박정용, 김종태, 양정석, 이규춘집사

6. 제직회

○ 회장 : 변유복목사 ■서기 : 서영석집사 ■회계 : 이규민, 양정석집사
○ 전도부장 : 김완현 ■차장 : 이규중
■부원 : 박정용, 박형심, 박경양, 박명해, 김채엽, 노양매, 김두래, 조용순, 이은숙
○ 재정부장 : 이인휘 ■차장 : 김종필
■부원 : 김무웅, 이복희, 허덕애, 권오희, 김정희, 김선자, 박경자, 이덕심
○ 관리부장 : 박정선 ■차장 : 이종훈
■부원 : 이영수, 김갑순, 박미남, 추봉희, 정현아, 정판심, 김순엽, 염성례
○ 교육부장 : 서일석 ■차장 : 최판수
■부원 : 양진회, 최성순, 김소영, 송두리, 김선심, 전옥수, 심선미, 이애자
○ 봉사부장 : 이규민 ■차장 : 장진욱
■부원 : 이규윤, 최미순, 강순자, 이경숙, 김복덕, 김영순2, 박금이, 정순악, 이옥연
○ 경조부장 : 이영휘 ■차장 : 김종태
■부원 : 이석동, 김효분, 김순자, 양해선, 강순덕, 김재분, 안순애, 박영미
○ 친교부장 : 양정석 ■차장 : 김정근
■부원 : 이찬진, 성호덕, 김영순1, 강영필, 소효숙, 김미엽, 박점색
○ 차량부장 : 서영석 ■차장 : 박래홍
■부원 : 한명호, 김인자, 박옥순, 손순악, 정갑순, 최말례
○ 총무부장 : 김충현 ■차장 : 이규춘
■부원 : 조성열, 이혜경, 박영란, 이여선, 서현숙, 오순엽

7. 교회학교

○ 교장 : 변유복목사
■아동부장 : 박정선 ■총무 : 양정석 ■서기 : 김명자 ■회계 : 이미선 ■지휘 : 이나영
■청년부교사 : 변유복목사, 양정석
■중등부교사 : 김명숙, 이은희, 김정근
■고등부교사 : 양훈자, 최형욱, 심선미, 서승원
■유치부장 : 이혜경 ■교사 : 박경양 김영민
■유년부장 : 최판수 ■교사 : 김재분, 김복덕, 이경숙, 김태규
■초등부장 : 이규춘 ■교사 : 노양매, 고경숙, 김병욱, 최광식
■소년부장 : 장진욱 ■교사 : 김중배, 고숙자, 김두래, 박영미, 김소영
■교육위원회 : 서일석, 최판수, 이종훈, 양정석, 이규춘, 박정선, 김정근, 장진욱, 이혜경, 이규민, 최형욱

8. 성가대

○ 대장 : 서영석 ■총무 : 장진욱 ■서기 : 이혜경 ■회계 : 고경숙
■지휘 : 이종훈 ■반주 : 박봉남, 이승명 ■오르간 : 이은희
■소프라노 : 전옥수, 고숙자, 김두래, 김명자, 김미엽, 김복덕, 노양매, 박경양, 박영미, 소효숙, 이경숙, 이혜경
■알토 : 김소영, 고경숙, 김재분, 양훈자, 이미선
■테너 : 이규중, 김병욱, 장진욱,
■베이스 : 최형욱, 김상채, 김중배, 양정석, 이규춘

9. 자치회

○ 제1남선교회

■회장 : 서일석장로 ■총무 : 서영석

○ 제2남선교회

■회장 : 이규중 ■부회장 : 한명호 ■총무 : 이규춘

○ 제1여전도회

■회장 : 추봉희 ■부회장 : 강영필 ■서기 : 양해선 ■부서기 : 김순엽 ■회계 : 박명해
■부회계 : 이옥연

○ 제2여전도회

■회장 : 최미순 ■부회장 : 김효분 ■총무 : 정순악 ■서기 : 최성순 ■회계 : 김미엽
■전도부장 : 정현아 ■부원 : 정갑순
■봉사부장 : 김순자 ■부원 : 강순자
■친교부장 : 김영순1 ■부원 : 박점색
■음악부장 : 성호덕

○ 제3여전도회

■회장 : 김영순2 ■부회장 : 노양매 ■총무 : 김재분 ■서기 : 김선심 ■부서기 : 김정희
■회계 : 송두리 ■부회계 : 소효숙 ■봉사부장 : 김복덕

○ 제1청년회

■회장 : 최판수 ■총무 : 서승원 ■회계 : 김정근
■교육부장 : 이석동 ■부원 : 박경양, 김성주, 이은희, 박점섭, 강효석
■선교부장 : 김두래 ■부원 : 심선미, 김정근, 남성림, 장수일

○ 제2청년회

■회장 : 최형욱 ■부회장 : 고경숙 ■총무 : 김상채 ■서기 : 김병욱 ■회계 : 김명자
■교육부장 : 문혜진 ■선교부장 : 이원석 ■봉사부장 : 양훈자

○ 중, 고등부

■회장 : 양홍만 ■부회장 : 이나영, 김철웅 ■총무 : 이혜실, 이수영 ■서기 : 황영임
■회계 : 이혜림 ■전도부장 : 최광식 ■교육부장 : 류승화 ■봉사부장 : 김일재
■전도부장 : 박은상 ■찬양부장 : 양훈미

○ 작은촛불 선교단

■단장 : 김충현장로, 리더 김병욱 ■총무 : 양훈자
■정회원 : 김영민, 김병욱, 김중배, 김명자, 양훈자, 김태규, 김동률, 이나영, 이혜림, 김순호
■준회원 : 최광식, 양홍만, 박은상, 변경은, 류승화, 황영임, 이승명, 이혜실, 최광종, 박영주, 김창호

1996년 태인교회 교직자 및 제직명단

표어 : 전도합시다(마 28:19~20)

1. 교역자 : 변유목목사, 김미순전도사

2. 제직회원

○ 장로 : 이인휘, 서일석, 김충현, 이영휘
○ 안수집사 : 서영석, 이규민, 박정선, 양정석
○ 권사 : 김갑순, 이복희, 박명해, 김인자, 성호덕, 최미순, 김효분
○ 서리집사
■ 남자 : 김무웅, 김완현, 김정근, 김종태, 김종필, 박래홍, 박정용, 양진회, 이규윤, 이규중, 이규춘, 이석동, 이영수, 이종훈, 이찬진, 장진욱, 조성열, 최판수, 한명호
■ 여자 : 양해선, 조용순, 허덕애, 박금이, 강영필, 이옥연, 강순덕, 김미엽, 김복덕, 이경숙, 김영순1, 추봉희, 김순자, 오명자, 강순점, 박옥순, 이덕심, 노양매, 조혜순, 박춘자, 김재분, 이은숙, 소효숙, 정순악, 최성순, 송두리, 유성숙, 김채엽, 권오희, 박춘득, 정판심, 손순악, 허순심, 오순엽, 서두래, 서현숙, 박미남, 김도순, 엄여남, 안순애, 이여선, 양덕인, 최말례, 정미영, 유향자, 전예삐, 김영순2, 남다임, 강순자, 염성례, 박영미, 김선심, 이애자, 구혜진
○ 은퇴장로 : 김재화, 이인휘
○ 은퇴집사 : 이관휘
○ 은퇴권사 : 이부덕, 조갑조, 김남월
○ 명예집사 : 장연지, 임봉순, 최금엽, 전예삐, 엄여남, 강순점

3. 공동의회

○ 회장 : 변유복목사 ■ 서기 : 서일석장로 ■ 회원 : 본 교회 소속 무흠 입교인

4. 당 회

○ 회장 : 변유복목사 ■ 서기 : 서일석장로
■ 회원 : 서일석, 김충현, 이영휘 ■ 언권회원 : 김재화, 이인휘

6. 제직회

○ 회장 : 변유복목사 ■ 서기 : 이규춘집사 ■ 부서기 : 최판수 ■ 회계 : 이규민
■ 부회계 : 양정석집사
○ 전도부장 : 김완현 ■ 차장 : 최판수
■ 부원 : 박형심, 박경양, 박명해, 김채엽, 노양매, 김두래, 조용순, 임봉희
○ 재정부장 : 김충현 ■ 차장 : 양정석
■ 부원 : 김중철, 이복희, 권오희, 김정희, 김선자, 박경자, 이덕심, 김유숙, 허덕애
○ 관리부장 : 박정선 ■ 차장 : 이찬진
■ 부원 : 이영수, 김갑순, 박미남, 추봉희, 정현아, 정판심, 김순엽, 염성례, 이용순
○ 교육부장 : 서일석 ■ 차장 : 이종훈
■ 부원 : 양진회, 최성순, 김소영, 송두리, 김선심, 전옥수, 심선미, 이애자, 이정심
○ 봉사부장 : 장진욱 ■ 차장 : 김정근

■부원 : 이규윤, 최미순, 강순자, 김영순2, 박금이, 정순악, 이옥연, 김복덕
○ 사회부장 : 김종필 ■차장 : 이규춘
■부원 : 한명호, 성호덕, 감영순1, 강영필, 김미엽, 박점색, 박선자
○ 경조부장 : 이영휘 ■차장 : 김종태
■부원 : 이석동, 김효분, 김순자, 양해선, 강순덕, 김재분, 안순애, 박영미, 이수희
○ 친교부장 : 양정석 ■차장 : 김정근
■부원 : 이찬진, 성호덕, 김영순1, 강영필, 소효숙, 김미엽, 박점색
○ 미화부장 : 박정용 ■차장 : 조성열
■부원 : 서선석, 김인자, 박옥순, 손순악, 정갑순, 최말례
○ 총무부장 : 서영석 ■차장 : 이규민
■부원 : 박점섭, 이혜경, 이여선, 서현숙, 오순엽, 박영란, 이재선

7. 선교단(작은촛불)

■단장 : 장진욱 ■제1리더 : 김병욱 ■제2리더 : 김철웅 ■실행위원 : 양훈자
■단원 : 김병욱, 양훈자, 김동률, 최광종, 양훈미, 이승명, 황미연, 최광식, 양홍만, 김일재, 류승화, 이혜실, 박영주, 이혜림, 변경은, 황영임, 김철웅

8. 교회학교

○ 교장 : 변유복목사 ■교감 : 서일석장로
○ 교육위원장 : 서일석 ■차장 : 박정선
■위원 : 김미순, 김정근, 양정석, 최판수, 최형욱, 장진욱, 김성주, 김병욱, 이혜경, 이규춘
○ 아동부장 : 박정선
■지도 : 김미순전도사
■총무 : 양정석 ■서기 : 김태영 ■회계 : 이혜선 ■지휘 : 김병욱 ■반주 : 이은영
■유치부장 : 이혜경 ■교사 : 박경양 김영민
■영아부교사 : 양훈자, 박영미, 이은영
■유치부교사 : 양훈미, 최관식, 황미연, 이승명, 이혜실, 정문희
■유년부장 : 최판수 ■교사 : 박형심, 김새분, 노양매, 류승화, 최차식
■초등부장 : 이규춘 ■교사 : 김복덕, 김정일, 이은실, 김효분, 김명자
■소년부장 : 장진욱 ■교사 : 김미엽, 박경양, 김두래, 고숙자, 최광종
○ 학생부장 : 김충현장로
■지도 : 김미순전도사
■총무 : 김정근
■중등부장 : 최형욱 ■교사 : 성호덕, 김소영, 양훈자, 김병욱
■고등부장 : 김성주 ■교사 : 김충현, 심선미

9. 성가대

○ 대장 : 서영석 ■총무 : 장진욱 ■서기 : 이혜경 ■회계 : 고경숙
■지휘 : 이종훈 ■피아노 : 박봉남, 이승명 ■오르간 : 이은희
■소프라노 : 전옥수, 고숙자, 김두래, 김명자, 김미엽, 김복덕, 노양매, 박경양, 박영미, 소효숙, 이경숙, 이혜경,
■알토 : 김소영, 고경숙, 김재분, 양훈자, 이미선
■테너 : 이규중, 김병욱, 장진욱,

■베이스 : 최형욱, 김상채, 김중배, 양정석, 이규춘

9. 자치회

○ 제1남선교회
■회장 : 서일석 ■총무 : 서영석
○ 제2남선교회
■회장 : 이규중 ■부회장 : 한명호 ■총무 : 이규춘
○ 제1여전도회
■회장 : 추봉희 ■부회장 : 강영필 ■서기 : 양해선 ■부서기 : 김순엽
■회계 : 박명해 ■부회계 : 이옥연
○ 제2여전도회
■회장 : 최미순 ■부회장 : 김효분 ■총무 : 정순악 ■서기 : 최성순 ■회계 : 김미엽
■전도부장 : 정현아 ■부원 : 정갑순
■봉사부장 : 김순자 ■부원 : 강순자
■친교부장 : 김영순1 ■부원 : 박점색
■음악부장 : 성호덕
○ 제3여전도회
■회장 : 김영순2 ■부회장 : 노양매 ■서기 : 김선심 ■부서기 : 김정희 ■회계 : 송두리
■부회계 : 소효숙 ■총무 : 김재분 ■봉사부장 : 김복덕
○ 제1청년회
■회장 : 최판수 ■총무 : 서승원 ■회계 : 김정근
■교육부장 : 이석동 ■부원 : 박경양, 김성주, 이은희, 박점섭, 강효석
■선교부장 : 김두래 ■부원 : 심선미, 김정근, 남성림, 장수일
○ 제2청년회
■회장 : 최형욱 ■부회장 : 고경숙 ■총무 : 김상채 ■서기 : 김병욱 ■회계 : 김명자
■교육부장 : 문혜진 ■선교부장 : 이원석 ■봉사부장 : 양훈자
○ 중, 고등부
■회장 : 양흥만 ■부회장 : 이나영, 김철웅 ■총무 : 이혜실, 이수영 ■서기 : 황영임
■회계 : 이혜림 ■전도부장 : 최광식 ■교육부장 : 류승화 ■봉사부장 : 김일재
■선교부장 : 박은상 ■찬양부장 : 양훈미
○ 작은 촛불 선교단
■단장 : 김충현 ■리더 : 김병욱 ■총무 : 양훈자,
■정회원 : 김영민, 김병욱, 김중배, 김명자, 양훈자, 김태규, 김동률, 이나영, 이혜림, 김순호
■준회원 : 최광식, 양흥만, 박은상, 변경은, 류승화, 황영임, 이승명, 이혜실, 최광종, 박영주, 김창호

11. 특별위원회

○ 예배위원장 : 김충현 ■위원 : 교역자, 당회장, 성가대원
○ 교육위원장 : 서일석 ■위원 : 교역자, 당회장, 교회학교 부장
○ 선교위원장 : 김완현 ■위원 : 가입회원
○ 건축위원장 : 김충현 ■고문 : 변유복목사 ■총무 : 서영석 ■서기 : 양정석 ■회계 : 박정선
○ 차량위원장 : 서영석
○ 장학위원장 : 이영휘

○ 선교원 운영위원장 : 박정선
○ 예산위원장 : 김충현 ■서기 : 양정석
○ 감사위원장 : 이규민

1997년 태인교회 교직자 및 제직명단

표어 : 전도합시다(마28:19~20)

1. 교역자 : 변유목목사, 김미순전도사

2. 제직회원

○ 장로 : 서일석, 김충현, 이영휘
○ 안수집사 : 서영석, 이규민, 박정선, 양정석
○ 권사 : 김갑순, 이복희, 박명해, 김인자, 성호덕, 최미순, 김효분
○ 서리집사
■남자 : 김무웅, 김완현, 김정근, 김종태, 김종필, 박래홍, 박정용, 양진회, 이규윤, 이규중, 이규춘, 이석동, 이영수, 이종훈, 이찬진, 장진욱, 조성열, 최판수, 한명호, 최형욱
■여자 : 양해선, 조용순, 허덕애, 박금이, 강영필, 이옥연, 강순덕, 김미엽, 김복덕, 이경숙, 김영순, 추봉희, 김순자, 오명자, 강순점, 박옥순, 이덕심, 노양매, 조혜순, 박춘자, 김재분, 이은숙, 소효숙, 정순악, 최성순, 송두리, 유성숙, 김채엽, 권오희, 박춘득, 정판심, 손순악, 허순심, 오순엽, 서두래, 서현숙, 박미남, 김도순, 엄여남, 안순애, 이여선, 양덕인, 최말례, 정미영, 유향자, 전예삐, 김영순2, 남다임, 강순자, 염성례, 박영미, 김선심, 이애자, 구혜진, 한순자, 조명숙
○ 은퇴장로 : 김재화, 이인휘
○ 은퇴집사 : 이관휘
○ 은퇴권사 : 이부덕, 조갑조, 김남월
○ 명예집사
■남자 : 김완현, 박정용
■여자 : 장연지, 임봉순, 최금엽, 전예삐, 엄여남, 강순점, 서두래, 이애자, 이여선, 조용순, 최말례, 허덕애, 임봉순

3. 공동의회

○ 회장 : 변유복목사 ■서기 : 서일석장로
■회원 : 본 교회 소속 무흠 입교인

4. 당 회

○ 회장 : 변유복목사 ■서기 : 서일석장로
■회원 : 서일석, 김충현, 이영휘 ■언권회원 : 김재화, 이인휘

6. 제직회

○ 회장 : 변유복목사 ■서기 : 이규춘집사 ■부서기 : 최판수 ■회계 : 이규민
■부회계 : 양정석집사
○ 전도부장 : 한명호 ■차장 : 김중철
■부원 : 은기철, 박형심, 박경양, 박명해, 김채엽, 노양매, 김두래, 이미선, 김명숙
○ 재정부장 : 김충현 ■차장 : 양정석
■부원 : 이복희, 김정희, 김선자, 박경자, 이덕심, 김유숙
○ 관리부장 : 박정선 ■차장 : 이찬진
■부원 : 서승원, 김갑순, 박미남, 추봉희, 정현아, 정판심, 김순엽, 염성례, 이용순
○ 교육부장 : 서일석 ■차장 : 이종훈
■부원 : 양진회, 최성순, 송두리, 김선심, 전옥수, 심선미, 이정심, 김지숙
○ 봉사부장 : 장진욱 ■차장 : 김정근
■부원 : 이규윤, 최미순, 강순자, 김영순2, 박금이, 정순악, 이옥연, 김복덕
○ 사회부장 : 김종필 ■차장 : 이재선
■부원 : 한명호, 성호덕, 감영순1, 강영필, 김미엽, 박점색, 박선자
○ 경조부장 : 이영휘 ■차장 : 김종태
■부원 : 최형욱, 김효분, 김순자, 양해선, 강순덕, 김재분, 안순애, 정용순, 이수희, 정순악
○ 미화부장 : 이영수 ■차장 : 김성주
■부원 : 김인자, 박옥순, 손순악, 정갑순, 조명숙, 박인숙, 김희분
○ 총무부장 : 서영석 ■차장 : 이규민
■부원 : 박점섭, 이혜경, 이여선, 서현숙, 오순엽, 박영란, 이재선
○ 행사부장 : 최판수 ■차장 : 이석동
■부원 : 서화종, 이현옥, 권오희, 고경숙, 정규환, 이희숙, 김소영, 박영미

7. 성가대

○ 대장 : 김종필
■지휘 : 이종훈 ■부지휘자 : 최판수
■반주 : 이혜림 ■총무 : 서승원 ■서기 : 고숙자 ■회계 : 이혜경
■소프라노 : 김두래, 고숙자, 김명자, 김명숙, 김미엽, 김복덕, 노양매, 박경양, 박영미, 이혜경,
김영순2, 송두리, 이현옥, 황미연, 김지숙
■알토 : 박형심, 고경숙, 양훈자, 김재분, 류승화, 양훈미
■테너 : 장진욱, 이강용, 김성주, ■베이스 : 서승원, 최형욱, 최판수

7. 선교단(작은촛불)

■단장 : 장진욱 ■리더 : 김철웅 ■실행위원 : 양훈자
■단원 : 양훈자, 김동률, 양훈미, 황미연, 류승화, 이혜실, 박영주, 이혜림, 변경은, 황영임

8. 교회학교

○ 교장 : 변유복목사 ■교감 : 서일석장로
○ 교육위원장 : 서일석 ■총무 : 박정선
■위원 : 김미순, 김정근, 양정석, 최판수, 장진욱, 김성주, 이혜경
○ 아동부장 : 박정선
■지도 : 김미순전도사

■총무 : 양정석 ■서기 : 이강용 ■회계 : 류승화 ■지휘 : 류승화 ■반주 이은영
■유치부장 : 이혜경 ■교사 : 심선미, 양훈자, 박영미, 황미연, 박영주, 이미선
■유년부장 : 김성주 ■교사 : 이혜심, 김재분, 노양매, 류승화
■초등부장 : 이규춘 ■교사 : 김복덕, 박성자, 이은실, 김명자
■소년부장 : 장진욱 ■교사 : 최형욱, 김두래, 고숙자

○ 학생부장 : 서일석장로
■지도 : 김미순전도사
■총무 : 최판수
■중등부장 : 김정근 ■교사 : 김정근, 김미엽
■고등부장 : 최판수 ■교사 : 박형심, 박경양

9. 성가대

○ 대장 : 서영석 ■총무 : 장진욱 ■서기 : 이혜경 ■회계 : 고경숙
■지휘 : 이종훈 ■피아노 : 박봉남, 이승명 ■오르간 : 이은희
■소프라노 : 전옥수, 고숙자, 김두래, 김명자, 김미엽, 김복덕, 노양매, 박경양, 박영미, 소효숙, 이경숙, 이혜경
■알토 : 김소영, 고경숙, 김재분, 양훈자, 이미선
■테너 : 이규중, 김병욱, 장진욱,
■베이스 : 최형욱, 김상채, 김중배, 양정석, 이규춘

9. 자치회

○ 제1남선교회
■회장 : 서일석 ■총무 : 서영석

○ 제2남선교회
■회장 : 이규춘 ■부회장 : 이재선 ■총무 : 이종훈

○ 제1여전도회
■회장 : 추봉희 ■부회장 : 강영필 ■서기 : 양해선 ■회계 : 박명해

○ 제2여전도회
■회장 : 김효분 ■부회장 : 최성순 ■총무 : 정순악 ■서기 : 박형심 ■회계 : 김미엽

○ 제3여전도회
■회장 : 노양매 ■부회장 : 김선심 ■총무 : 이혜경 ■부서기 : 박영미, 박영란
■회계 : 김재분, 권오희 ■전도부 : 김채엽 ■교육부 : 김정희 ■봉사부 : 김복덕
■친교부 : 김영순2 ■음악부 : 전옥수

○ 제1청년회
■회장 : 김두래 ■총무 : 고경숙 ■회계 : 박경양 ■전도부 : 김성주 ■교육부 : 김정근

○ 제2청년회
■회장 : 이은실 ■부회장 : 김명자 ■총무 : 양훈자 ■서기 : 권중옥 ■회계 : 황미연
■전도부 : 이강용 ■교육부 : 최광종 ■봉사부 : 고숙자

○ 태인선교회
■회장 : 은기철 ■총무 : 최판수

○ 중고등부
■회장 : 이규석 ■부회장 : 이혜림 ■총무 : 이민혜 ■서기 : 이은영 ■회계 : 고경윤
■전도부 : 박은중 ■교육부 : 박영주 ■친교부 : 이대용

11. 특별위원회

○ 예배위원장 : 김충현 ■위원 : 교역자, 당회장, 성가대원
○ 교육위원장 : 서일석 ■위원 : 교역자, 당회장, 교회학교 부장
○ 선교위원장 : 은기철 ■총무 : 최판수
○ 건축위원장 : 김충현 ■총무 : 서영석 ■서기 : 양정석 ■회계 : 박정선
○ 차량위원장 : 서영석
○ 장학위원장 : 이영휘
○ 선교원 운영위원장 : 박정선
○ 예산위원장 : 김충현 ■서기 : 양정석
○ 감사위원장 : 이규민 ■서기 : 최판수

1998년 태인교회 교직자 및 제직명단

표어 : 밝은 빛들이 됩시다

1. 공동의회

○ 회장 : 변유복목사 ■서기 : 서일석장로 ■회원 : 본 교회 소속 무흠 입교인

2. 당회

○ 회장 : 변유복목사 ■서기 : 서일석장로
■회원 : 서일석, 김충현, 이영휘 ■언권회원 : 김재화, 이인휘

3. 제직회

○ 회장 : 변유복목사
■서기 : 이규춘집사 ■부서기 : 최판수 ■회계 : 이규민 ■부회계 : 양정석집사

4. 교역자 : 변유목목사, 김영진전도사

5. 제직회원

○ 장로 : 서일석, 김충현, 이영휘
○ 안수집사 : 서영석, 이규민, 박정선, 양정석
○ 권사 : 김갑순, 이복희, 박명해, 김인자, 성호덕, 최미순, 김효분
○ 서리집사
■남자 : 김성주, 김영훈, 김정근, 김종태, 김종필, 김중철, 박점섭, 서승원, 서화종, 은기철, 이규윤, 이규춘, 이석동, 이영수, 이재선, 이종훈, 이찬진, 장진욱, 조성열, 최판수, 최형욱, 한명호, 강예식, 김상태, 양윤옥, 고일봉, 양봉석, 이현승, 문성곤, 서의원, 이규중
■여자 : 강순덕, 강순자, 강영필, 고경숙, 권오희, 김두래, 김명숙, 김미엽, 김복덕, 김선심, 김선자, 김소영, 김순자, 김영순1, 김영순2, 김유숙, 김재분, 김정옥, 김정희, 김지숙, 김채엽, 김희분, 노양매, 박경양, 박경자, 박금이, 박미남, 박선자, 박영란, 박영미, 박옥순, 박인숙, 박점색,

박형심, 서현숙, 손순악, 송두리, 심선미, 안순애, 양해선, 오순엽, 이덕심, 이미선, 이수희, 이옥연, 이용순, 이정심, 이혜경, 이희숙, 전옥수, 정갑순, 정규환, 정순악, 정용순, 정판심, 정현아, 조명숙, 최성순, 추봉희, 한순자, 김말렬, 채석진, 김순자, 강금남, 최근자, 전경숙, 강영심, 정선임, 장덕례, 한영순, 고숙자, 강정순

○ 은퇴장로 : 김재화, 이인휘

○ 은퇴집사 : 이관휘 ○ 은퇴권사 : 이부덕, 조갑조, 김남월

○ 명예집사

■ 남자 : 김완현, 박정용, 송순옥

■ 여자 : 장연지, 임봉순, 최금엽, 전예삐, 엄여남, 강순점, 서두래, 이애자, 이여선, 조용순, 최말례, 허덕애, 김명순, 김쌍남, 김골순, 박복엽, 문도선, 강다래

6. 각부조직

○ 전도부장 : 김정근 ■ 차장 : 성호덕

■ 부원 : 이찬진, 박형심, 박경양, 박명해, 김채엽, 노양매, 김두래, 이미선, 김명숙, 양윤옥, 김순자, 강금남

○ 재정부장 : 서일석 ■ 차장 : 양정석

■ 부원 : 이복희, 김정희, 김선자, 박경자, 이덕심, 김유숙, 김상태, 채석진

○ 관리부장 : 박정선 ■ 차장 : 이규춘

■ 부원 : 서승원, 김갑순, 박미남, 추봉희, 정현아, 정판심, 김순엽, 염성례, 이용순

○ 교육부장 : 서일석 ■ 차장 : 이종훈

■ 부원 : 고일봉, 최성순, 송두리, 김선심, 전옥수, 심선미, 이정심, 김지숙, 한영순, 강정순

○ 봉사부장 : 장진욱 ■ 차장 : 김정근

■ 부원 : 이규윤, 김성주, 강순자, 김영순2, 박금이, 김정옥, 이옥연, 김복덕, 이현승, 장덕례

○ 사회부장 : 김종필 ■ 차장 : 김인자

■ 부원 : 한명호, 문성곤, 김영순1, 강영필, 김미엽, 박점색, 박선자, 서의원

○ 경조부장 : 이영휘 ■ 차장 : 김종태

■ 부원 : 최형욱, 김효분, 김순자, 양해선, 강순덕, 김재분, 안순애, 정용순, 이수희, 정순악

○ 미화부장 : 이영수 ■ 차장 : 박인숙

■ 부원 : 최금자, 박옥순, 손순악, 정갑순, 조명숙, 김희분, 강영심

○ 총무부장 : 서영석 ■ 차장 : 은기철

■ 부원 : 박점섭, 이혜경, 김영훈, 서현숙, 오순엽, 박영란, 이재선, 강예식, 김말렬, 고숙자

○ 행사부장 : 최판수 ■ 차장 : 이석동

■ 부원 : 서화종, 이현옥, 권오희, 고경숙, 정규환, 이희숙, 김소영, 박영미

7. 찬양대

○ 대장 : 장진욱

■ 지휘 : 최판수 ■ 부지휘자 : 이종훈

■ 피아노 : 이나영, 이민혜, 김자은 ■ 오르간 : 이혜림 ■ 총무 및 서기 : 박형심

■ 회계 : 노양매

■ 소프라노 : 송두리, 고숙자, 김명자, 김명숙, 김미엽, 김복덕, 노양매, 박경양, 박영미, 이혜경, 김영순2, 이현옥, 황미연, 김지숙, 권오희, 하두리, 박경미, 이은실, 황미선, 김지숙, 김희분, 류승화, 전옥수, 송영덕, 장주리, 남선희, 고경숙, 김미정, 손정숙, 박영주, 김미영

■알토 : 박경양, 양훈자, 김재분, 박형심
■테너 : 장진욱, 은기철, 김영민,
■베이스 : 최형욱, 이종훈, 김성주, 김상채, 김중배, 김태규
■운영위원 : 장진욱, 최판수, 박형심, 노양매, 송두리, 박경양, 은기철, 최형욱

8. 선교단(작은촛불)

■단장, 리더 : 김영민 ■실행위원 : 양훈자, 김명자, 김영민, 김중배, 김태규
■단원 : 양훈자, 김명자, 김영민, 김중배, 김태규, 최광종, 이혜실, 박영주, 변경은, 황영임, 류승화, 이혜림, 김철웅

9. 교회학교

○ 교장 : 변유복목사 ■교감 : 김충현장로
○ 교육위원장 : 김충현 ■총무 : 박정선
■위원 : 김영진, 김정근, 양정석, 최판수, 이규춘, 장진욱, 김성주, 이혜경
○ 아동부장 : 박정선
■지도 : 김영진전도사
■총무 : 양정석 ■서기 및 회계 : 이은실
■유치부장 : 이혜경 ■교사 : 심선미, 김소영, 박영미, 이혜실, 박영주, 한영순
■유년부장 : 김성주 ■교사 : 박경양, 김재분, 노양매, 양훈자
■초등부장 : 이규춘 ■교사 : 신명숙, 고경숙, 김명자
■소년부장 : 장진욱 ■교사 : 최광종, 김두래, 김미엽, 김미정
○ 학생부장 : 박정선
■지도 : 김영진전도사
■총무 : 김정근
■교사 : 이종훈, 박형심, 김복덕, 최형욱, 김영민, 김태규

10. 자치회

○ 제1남선교회
■회장 : 이인휘 ■총무 : 서영석
○ 제2남선교회
■회장 : 이재선 ■부회장 : 이종훈 ■총무 : 은기철
○ 제1여전도회
■회장 : 강순덕 ■부회장 : 박금이 ■서기 : 이옥연 ■회계 : 박명해
○ 제2여전도회
■회장 : 김효분 ■부회장 : 정현아 ■서기 : 강정순 ■회계 : 김미엽
○ 제3여전도회
■회장 : 노양매 ■부회장 : 김선심 ■총무 : 이혜경 ■부서기 : 박영미, 박영란
■회계 : 김재분, 권오희 ■전도부 : 김채엽 ■교육부 : 김정희 ■봉사부 : 김복덕
■친교부 : 김영순2 ■음악부 : 전옥수
○ 제1청년회
■회장 : 최판수 ■총무 : 김정근 ■회계 : 고경숙 ■전도부 : 최형욱 ■교육부 : 서승원
○ 제2청년회
■회장 : 이나영 ■부회장 : 이혜실 ■총무 : 최광종 ■회 계 : 박영주

○ 태인교회 선교회
■회장 : 은기철 ■총무 : 이석동
○ 중고등부
■회장 : 조영주 ■부회장 : 김민우 김자은 ■총무 : 고경윤, 양태인
■서기 : 박영수, 박은하 ■회계 : 서윤미, 이준석 ■전도부 : 이윤영, 서동훈
■교육부 : 박영수, 한은혜 ■친교부 : 김미성, 김경신

11. 특별위원회

○ 예배위원장 : 서일석 ■위원 : 교역자, 당회장, 성가대원
○ 교육위원장 : 김충현 ■위원 : 교역자, 당회장, 교회학교 부장
○ 선교위원장 : 은기철 ■총무 : 이석동
○ 건축위원장 : 김충현 ■총무 : 서영석 ■서기 : 양정석 ■회계 : 박정선
■위원 : 서일석, 이영휘, 이규민, 김완현, 박정용, 김종태, 이규춘, 이종훈, 김종필
○ 차량위원장 : 서영석
○ 장학위원장 : 이영휘
○ 선교원운영위원장 : 박정선
○ 예산위원장 : 서일석 ■서기 : 양정석
○ 감사위원장 : 김종필 ■서기 : 최판수

1999년 태인교회 교직자 및 제직명단

표어 : 밝은 빛들이 됩시다

1. 공동의회

○ 회장 : 변유복목사
■서기 : 서일석장로 ■회원 : 본 교회 소속 무흠 입교인

2. 당회

○ 회장 : 변유복목사 ■서기 : 서일석장로
■회원 : 서일석, 김충현, 이영휘 ■언권회원 : 김재화, 이인휘

3. 제직회

○ 회장 : 변유복목사
■서기 : 이규춘집사 ■부서기 : 최판수 ■회계 : 이규민 ■부회계 : 양정석집사

4. 교역자 : 변유목목사, 김영진전도사

5. 제직회원

○ 장로 : 서일석, 김충현

○ 안수집사 : 서영석, 이규민, 박정선, 양정석
○ 권사 : 김갑순, 이복희, 박명해, 김인자, 성호덕, 최미순, 김효분
○ 서리집사
■ 남자 : 강예식, 김성주, 김영훈, 김정근, 김종태, 김종필, 김중철, 박점섭, 서승원, 서화종, 은기철, 이규윤, 이규춘, 이석동, 이영수, 이재선, 이종훈, 이찬진, 장진욱, 조성열, 최판수, 최형욱, 한명호, 강예식, 김상태, 양윤옥, 고일봉, 양봉석, 이현승, 문성곤, 서의원
■ 여자 : 강순덕, 강순자, 강영필, 고경숙, 권오희, 김두래, 김명숙, 김미엽, 김복덕, 김선심, 김선자, 김소영, 김순자, 김영순1, 김영순2, 김유숙, 김재분, 김정옥, 김정희, 김지숙, 김채엽, 김희분, 노양매, 박경양, 박경자, 박금이, 박미남, 박선자, 박영란, 박영미, 박옥순, 박인숙, 박점색, 박형심, 서현숙, 손순악, 송두리, 심선미, 안순애, 양해선, 오순엽, 이덕심, 이미선, 이수희, 이옥연, 이용순, 이정심, 이혜경, 이희숙, 전옥수, 정갑순, 정규환, 정순악, 정용순, 정판심, 정현아, 조명숙, 최성순, 추봉희, 한순자, 김말렬, 채석진, 김순자, 강금남, 최근자, 전경숙, 강영심, 정선임, 장덕례, 한영순, 고숙자, 강정순
○ 은퇴장로 : 김재화, 이인휘, 이영휘
○ 은퇴집사 : 이관휘
○ 은퇴권사 : 이부덕, 조갑조, 김남월
○ 명예집사
■ 남자 : 김완현, 박정용, 송순옥
■ 여자 : 장연지, 임봉순, 최금엽, 전예삐, 엄여남, 강순점, 서두래, 이애자, 이여선, 조용순, 최말례, 허덕애, 김명순, 김쌍남, 김골순, 박복엽, 문도선, 강다래, 윤소선

6. 각부조직

○ 총무부장 : 서영석 ■ 차장 : 은기철
■ 부원 : 박점섭, 이혜경, 김영훈, 서현숙, 오순엽, 박영란, 이재선, 강예식, 김말렬, 고숙자
○ 재정부장 : 서일석 ■ 차장 : 양정석
■ 부원 : 이복희, 김정희, 김선자, 박경자, 이덕심, 김유숙, 김상태, 채석진
○ 전도부장 : 김정근 ■ 차장 : 성호덕
■ 부원 : 이찬진, 박형심, 박경양, 박명해, 김채엽, 노양매, 김두래, 이미선, 김명숙, 양윤옥, 김순자, 강금남
○ 교육부장 : 서일석 ■ 차장 : 이종훈
■ 부원 : 고일봉, 최성순, 송두리, 김선심, 전옥수, 심선미, 이정심, 김지숙, 한영순, 강정순
○ 관리부장 : 박정선 ■ 차장 : 이규춘
■ 부원 : 서승원, 김갑순, 박미남, 추봉희, 정현아, 정판심, 김순엽, 염성례, 이용순
○ 봉사부장 : 장진욱 ■ 차장 : 김정근
■ 부원 : 이규윤, 김성주, 강순자, 김영순2, 박금이, 김정옥, 이옥연, 김복덕, 이현승, 장덕례
○ 사회부장 : 김종필 ■ 차장 : 김인자
■ 부원 : 한명호, 문성곤, 김영순1, 강영필, 김미엽, 박점색, 박선자, 서의원
○ 경조부장 : 이영휘 ■ 차장 : 김종태
■ 부원 : 최형욱, 김효분, 김순자, 양해선, 강순덕, 김재분, 안순애, 정용순, 이수희, 정순악
○ 미화부장 : 이영수 ■ 차장 : 박인숙
■ 부원 : 최금자, 박옥순, 손순악, 정갑순, 조명숙, 김희분, 강영심
○ 행사부장 : 최판수 ■ 차장 : 이석동
■ 부원 : 서화종, 이현옥, 권오희, 고경숙, 정규환, 이희숙, 김소영, 박영미, 김미정

7. 찬양대

○ 대장 : 이종훈
■지휘 : 최판수 ■총무 및 서기 : 박형심 ■회계 : 노양매
■피아노 : 이혜림, 김자은
■소프라노 : 송두리, 고숙자, 김명자, 김명숙, 김미엽, 김복덕, 노양매, 박경양, 박영미, 이혜경, 김영순2, 이현옥, 황미연, 김지숙, 권오희, 하두리, 박경미, 이은실, 황미선, 김지숙, 김희분, 류승화, 전옥수, 송영덕, 장주리, 남선희, 고경숙, 김미정, 손정숙, 박영주, 김미영
■알토 : 박경양, 양훈자, 김재분, 박형심
■테너 : 장진욱, 은기철, 김영민, 김병욱
■베이스 : 최형욱, 이종훈, 김성주, 김상채, 김중배, 김태규, 박근수, 김정배
■운영위원 : 이종훈, 최판수, 박형심, 노양매, 송두리, 박경양, 은기철, 최형욱

8. 교회학교

○ 교장 : 변유복목사 ■교감 : 김충현장로 ■지도 : 김영진전도사
○ 교육위원장 : 김충현 ■총무 : 박정선
■위원 : 김영진, 김정근, 양정석, 최판수, 이규춘, 장진욱, 김성주, 이혜경
○ 아동부장 : 박정선
■총무 : 이규춘 ■서기 및 회계 : 류승화
■유치부장 : 이혜경 ■교사 : 한영순, 김소영, 박영미, 오지숙, 황영임
■유년부장 : 김정근 ■교사 : 김두래, 김재분, 양정아
■초등부장 : 김성주 ■교사 : 노양매, 심선미, 김명숙
■소년부장 : 양정석 ■교사 : 박경양, 조성분, 이은실
○ 학생부장 : 박정선장로
■지도 : 김영진전도사
■총무 : 최형욱
■교사 : 김태규, 양훈자, 최형욱, 김중배, 이찬진, 이미선

9. 자치회

○ 제1남선교회
■회장 : 이인휘 ■총무 : 서영석
○ 제2남선교회
■회장 : 이재선 ■부회장 : 이종훈 ■총무 : 은기철
○ 제1여전도회
■회장 : 강순덕 ■부회장 : 박금이 ■서기 : 이옥연 ■회계 : 박명해
○ 제2여전도회
■회장 : 강정순 ■부회장 : 김순자 ■서기 : 박형심 ■회계 : 김미엽
○ 제3여전도회
■회장 : 김선심 ■부회장 : 김정희 ■총무 : 김소영 ■서기 : 심선미 ■회계 : 김두래
○ 제1청년회
■회장 : 최형욱 ■총무 : 김상채
○ 태인선교회
■회장 : 은기철 ■총무 : 이석동

○ 중고등부
■회장 : 김자은 ■부회장 : 이진혁, 장한이 ■총무 : 양태인, 박은하
■서기 : 서윤미, 김은하 ■회계 : 송민호, 최수정 ■전도부 : 진수진, 박영은
■교육부 : 이준석, 김경진 ■봉사부 : 김윤수, 송주호

11. 특별위원회

○ 예배위원장 : 서일석 ■위원 : 교역자, 당회장, 성가대원
○ 교육위원장 : 김충현 ■위원 : 교역자, 당회장, 교회학교 부장
○ 선교위원장 : 은기철 ■총무 : 이석동
○ 건축위원장 : 김충현 ■고문 : 변유복목사 ■총무 : 서영석 ■서기 : 양정석 ■회계 : 박정선
■위원 : 서일석, 이영휘, 이규민, 김완현, 박정용, 김종태, 이규춘, 이종훈, 김종필
○ 차량위원장 : 서영석
○ 장학위원장 : 김종필
○ 선교원 운영위원장 : 박정선
○ 예산위원장 : 서일석 ■서기 : 양정석
○ 감사위원장 : 김충현 ■서기 : 최판수

2000년 태인교회 교직자 및 제직명단

표어 : 배우고 실천하고 예수님을 닮자

1. 공동의회

○ 회장 : 변유복목사 ■서기 : 박정선장로
■회원 : 본 교회 소속 무흠 입교인

2. 당회

○ 회장 : 변유복목사 ■서기 : 박정선장로
■회원 : 서일석, 김충현, 서영석, 이규민, 박정선 ■언권회원 : 김재화, 이인휘

3. 제직회

○ 회장 : 변유복목사
■서기 : 이종훈집사 ■회계 : 양정석집사 ■부회계 : 이규춘집사

4. 교역자 : 변유목목사, 최형욱전도사

5. 제직회원

○ 장로 : 서일석, 김충현, 서영석, 이규민, 박정선
○ 안수집사 : 양정석, 김종필, 이종훈, 이규춘, 김정근, 최판수
○ 권사 : 김갑순, 이복희, 박명해, 김인자, 성호덕, 최미순, 김효분, 박금이, 강순덕, 이옥연
○ 서리집사

■남자 : 강예식, 김성주, 김영훈, 김종태, 김중철, 박점섭, 서승원, 서화종, 은기철, 이규윤, 이석동, 이영수, 이재선, 이찬진, 장진욱, 조성열, 최형욱, 한명호, 강예식, 김상태, 양윤옥, 고일봉, 양봉석, 이현승, 문성곤, 서의원

■여자 : 강순자, 강영필, 고경숙, 권오희, 김두래, 김명숙, 김미엽, 김복덕, 김선심, 김선자, 김소영, 김순자, 김영순1, 김영순2, 김유숙, 김재분, 김정옥, 김정희, 김지숙, 김채엽, 김희분, 노양매, 박경양, 박경자, 박미남, 박선자, 박영란, 박영미, 박옥순, 박인숙, 박점색, 박형심, 서현숙, 손순악, 송두리, 심선미, 안순애, 양해선, 오순엽, 이덕심, 이미선, 이수희, 이용순, 이정심, 이혜경, 이희숙, 전옥수, 정갑순, 정규환, 정순악, 정용순, 정판심, 정현아, 조명숙, 최성순, 추봉희, 한순자, 김말렬, 채석진, 김순자, 강금남, 최근자, 전경숙, 강영심, 정선임, 장덕례, 한영순, 고숙자, 강정순

○ 은퇴장로 : 김재화, 이인휘, 이영휘

○ 은퇴집사 : 이관휘

○ 은퇴권사 : 이부덕, 조갑조, 김남월

○ 명예권사 : 최금엽, 서두래, 허덕애, 조용순, 강영필, 손순악

○ 명예집사

■남자 : 김완현, 박정용, 송순옥

■여자 : 장연지, 최금엽, 전예삐, 엄여남, 강순점, 서두래, 이애자, 이여선, 조용순, 최말례, 허덕애, 임봉순, 김명순, 김쌍남, 김골순, 박복엽, 문도선, 강다래, 윤소선

6. 각부조직

○ 총무부장 : 서영석 ■차장 : 한명호

■부원 : 박점섭, 이혜경, 김영훈, 서현숙, 오순엽, 박영란, 이재선, 강예식, 김말렬, 고숙자, 김정순, 양정아

○ 재정부장 : 서일석 ■차장 : 양정석

■부원 : 이복희, 김정희, 김선자, 박경자, 이덕심, 김유숙, 김상태, 김복희, 조명희, 이국주, 이임순

○ 전도부장 : 박한오 ■차장 : 이종훈

■부원 : 홍태수, 박형심, 박경양, 박명해, 김채엽, 노양매, 김두래, 이미선, 김명숙, 양윤옥, 김순자, 강금남, 이기남

○ 교육부장 : 김충현 ■차장 : 김영준

■부원 : 박정오, 최성순, 송두리, 김선심, 전옥수, 심선미, 이정심, 김지숙, 한영순, 강정순, 김영준

○ 관리부장 : 박정선 ■차장 : 이찬진, 박근수

■부원 : 서승원, 김갑순, 박미남, 추봉희, 정현아, 정판심, 한순자, 양봉석, 이용순, 정선임

○ 봉사부장 : 양윤옥 ■차장 : 최미순

■부원 : 이규윤, 김성주, 강순자, 김영순2, 박금이, 김정옥, 이옥연, 김복덕, 이현승, 장덕례

○ 사회부장 : 김종필 ■차장 : 성호덕

■부원 : 이규춘, 문성곤, 김영순1, 정현진, 박선자, 서의원, 오은경, 김미정

○ 경조부장 : 이규민 ■차장 : 이영수, 이재선

■부원 : 최형욱, 김효분, 김순자, 양해선, 강순덕, 김재분, 안순애, 정용순, 이수희, 정순악, 송재국, 남선희

○ 미화부장 : 김종태 ■차장 : 박인숙

■부원 : 최금자, 박옥순, 손순악, 정갑순, 조명숙, 김희분, 황미선, 오지숙, 김봉선

○ 행사부장 : 김정근 ■차장 : 이석동
■부원 : 서화종, 이현옥, 권오희, 고경숙, 정규환, 김소영, 박영미, 김미정, 구두만

7. 찬양대

○ 대장 : 이규민장로
■지휘 : 최판수 ■총무 및 서기 : 박형심 ■회계 : 노양매
■피아노 : 이혜림, 조은선 ■오르간 : 김자은
■소프라노 : 송두리, 고숙자, 김명자, 김명숙, 김미엽, 김복덕, 노양매, 박경양, 박영미, 이혜경, 김영순2, 이현옥, 황미연, 김지숙, 권오희, 하두리, 박경미, 이은실, 황미선, 김지숙, 김희분, 류승화, 전옥수, 송영덕, 장주리, 남선희, 고경숙, 김미정, 손정숙, 박영주, 김미영
■알토 : 박경양, 양훈자, 김재분, 박형심, 김소영
■테너 : 장진욱, 김영민, 김병욱
■베이스 : 최형욱, 이종훈, 김성주, 김상채, 김중배, 김태규, 박근수, 김정배, 양정석

8. 교회학교

○ 교장 : 변유복목사 ■교감 : 김충현장로,
○ 교육위원장 : 김충현 ■총무 : 이규춘
■위원 : 서영석, 박정선, 양정석, 최판수, 김정근, 박영미, 김성주, 이혜경, 이종훈
○ 아동부장 : 박정선 ■총무 : 이규춘 ■서기 및 회계 : 조은선
■유치부장 : 박영미 ■교사 : 한영순, 김소영, 오지숙, 김은영
■유년부장 : 양정석 ■교사 : 김두래, 이혜경, 조명희
■초등부장 : 김성주 ■교사 : 이종훈, 고경숙, 조정미, 김회라
■소년부장 : 이종훈 ■교사 : 박경양, 조성분, 노양매
○ 학생부장 : 서영석
■총무 : 김정근 ■교사 : 김중배, 양훈자, 김병욱, 김재윤, 이은실

9. 자치회

○ 제1남선교회
■회장 : 이영휘 ■총무 : 서영석
○ 제2남선교회
■회장 : 이종훈 ■부회장 : 이찬진 ■총무 : 박근수
○ 제1여전도회
■회장 : 성호덕 ■부회장 : 이옥연 ■회계 : 박명해
○ 제2여전도회
■회장 : 강정순 ■부회장 : 김순자 ■회계 : 김효분
○ 제3여전도회
■회장 : 노양매 ■부회장 : 김영순2 ■총무 : 김재분 ■서기 : 김정희 ■회계 : 김채엽
○ 제4여전도회
■회장 : 오지숙 ■부회장 : 조성분 ■총무 : 정선임 ■회계 : 김두래
○ 제1청년회
■회장 : 최형욱 ■총무 : 김상채
○ 제2청년회

■ 회장 : 최광종 ■ 부회장 : 박영주 ■ 총무 : 김태영 ■ 서기 : 김경진
○ 해외선교회
■ 회장 : 최판수 ■ 총무 : 김영준

11. 특별위원회

○ 예배위원장 : 서일석 ■ 위원 : 교역자, 당회장, 성가대원
○ 교육위원장 : 김충현 ■ 위원 : 교역자, 당회장, 교회학교 부장
○ 선교위원장 : 최판수 ■ 총무 : 김영준
○ 건축위원장 : 김충현 ■ 고문 : 변유복목사 ■ 총무 : 서영석 ■ 서기 : 양정석 ■ 회계 : 김종필
■ 위원 : 서일석, 이영휘, 이규민, 김완현, 박정용, 김종태, 이규춘, 이종훈
○ 차량위원장 : 서영석
○ 장학위원장 : 김종필
○ 선교원 운영위원장 : 박정선
○ 예산위원장 : 서일석 ■ 서기 : 양정석
○ 감사위원장 : 이규민 ■ 서기 : 최판수

2001년 태인교회 교직자 및 제직명단

표어 : 배우고 실천하고 예수님을 닮자

1. 공동의회

○ 회장 : 변유복목사
■ 서기 : 박정선장로 ■ 회원 : 본 교회 소속 무흠 입교인

2. 당회

○ 회장 : 변유복목사 ■ 서기 : 박정선장로
■ 회원 : 서일석, 김충현, 서영석, 이규민, 박정선
■ 언권회원 : 김재화, 이인휘, 이영휘

3. 제직회

○ 회장 : 변유복목사
■ 서기 : 이종훈집사 ■ 회계 : 양정석집사 ■ 부회계 : 이규춘집사

4. 교역자 : 변유목목사, 최형욱전도사

5. 제직회원

○ 장로 : 서일석, 김충현, 서영석, 이규민, 박정선
○ 안수집사 : 양정석, 김종필, 이종훈, 이규춘, 김정근, 최판수
○ 권사 : 김갑순, 이복희, 박명해, 김인자, 성호덕, 최미순, 김효분, 박금이, 강순덕, 이옥연

○ 서리집사

■남자 : 강예식, 김성주, 김영훈, 김종태, 김중철, 박점섭, 서승원, 서화종, 은기철, 이규윤, 이석동, 이영수, 이재선, 이찬진, 장진욱, 조성열, 최형욱, 한명호, 강예식, 김상태, 양윤옥, 고일봉, 양봉석, 이현승, 문성곤, 서의원, 하광수, 홍태수

■여자 : 강순자, 강영필, 고경숙, 권오희, 김두래, 김명숙, 김미엽, 김복덕, 김선심, 김선자, 김소영, 김순자, 김영순1, 김영순2, 김유숙, 김재분, 김정옥, 김정희, 김지숙, 김채엽, 김희분, 노양매, 박경양, 박경자, 박미남, 박선자, 박영란, 박영미, 박옥순, 박인숙, 박점색, 박형심, 서현숙, 손순악, 송두리, 심선미, 안순애, 양해선, 오순엽, 이덕심, 이미선, 이수희, 이용순, 이정심, 이혜경, 이희숙, 전옥수, 정갑순, 정규환, 정순악, 정용순, 정판심, 정현아, 조명숙, 최성순, 추봉희, 한순자, 김말렬, 채석진, 김순자, 강금남, 최근자, 전경숙, 강영심, 정선임, 장덕례, 한영순, 고숙자, 강정순, 조명희, 조순남, 조정미, 최금자, 하강수, 한승자, 한영순, 홍해숙, 황미선, 황숙재

○ 은퇴장로 : 김재화, 이인휘, 이영휘

○ 은퇴집사 : 이관휘

○ 은퇴권사 : 이부덕, 조갑조, 김남월

○ 명예권사 : 최금엽, 서두래, 허덕애, 조용순, 강영필, 손순악

○ 명예집사

■남자 : 김완현, 박정용, 송순옥,

■여자 : 장연지, 최금엽, 전예삐, 엄여남, 강순점, 서두래, 이애자, 이여선, 조용순, 최말례, 허덕애, 임봉순, 김명순, 김쌍남, 김골순, 박복엽, 문도선, 강다래, 윤소선, 박재윤

6. 각부조직

○ 총무부장 : 서영석 ■차장 : 한명호

■부원 : 이윤수, 김종섭, 이복희, 강금남, 김미정, 김영순2, 김회라, 박옥순, 안순애, 이기남, 이혜경, 정현화

○ 재정부장 : 서영석 ■차장 : 김영훈

■부원 : 문성곤, 김상채, 김갑순, 강정순, 김복덕, 김재분, 김희분, 박인숙, 안수영, 이덕심, 장덕례, 정현진

○ 전도부장 : 박한오 ■차장 : 서화종, 박정오

■부원 : 김상태, 김순현, 박명해, 고경숙, 홍해숙, 조명희, 전경숙, 이미선, 양정아, 박종임, 노양매, 김정순

○ 교육부장 : 박정선 ■차장 : 김영준

■부원 : 김정배, 박순규, 김인자, 김정옥1, 김봉선, 류복순, 박형심, 양해선, 이미진, 전옥수, 조성분

○ 관리부장 : 박정선 ■차장 : 이영수, 박근수

■부원 : 박점섭, 서의원, 강순덕, 이옥연, 조정미, 정선임, 이순자, 오순엽, 성말이, 박경자, 김정희1. 김선자

○ 봉사부장 : 양윤옥 ■차장 : 최미순, 구두만

■부원 : 송재국, 양봉석, 권오희, 김소영, 김정옥2, 박경양, 서현숙, 양훈자, 이수희, 정갑순, 조순남

○ 사회부장 : 김종필 ■차장 : 성호덕, 이현승

■부원 : 이규수, 장진욱, 김말렬, 김소영, 김정희2, 박미남, 송두리, 오은경, 정순악, 한승자

○ 경조부장 : 김충현 ■차장 : 이영수, 이재선

■부원 : 이규윤, 조성열, 최성순, 정용순, 이임순, 오지숙, 황미선, 박성자, 김지숙, 김선자

○ 미화부장 : 김종태 ■차장 : 김성주, 박인숙
■부원 : 하광수, 김효분, 김미경, 김영순1, 김채엽, 박영미, 심선미, 왕연희, 이정심, 정판심
○ 행사부장 : 김정근 ■차장 : 이찬진, 이석동
■부원 : 홍태수, 박금이, 최금자, 김명숙, 하경수, 황숙재, 김두래, 고숙자, 김복희, 한영순

7. 찬양대

○ 대장 : 이규민장로
■지휘 : 최판수 ■총무 및 서기 : 박형심 ■회계 : 양훈자
■피아노 : 조명희, 정지연 ■오르간 : 김자은
■운영위원 : 이종훈, 최판수, 박형심, 노양매, 송두리, 박경양
■소프라노 : 김영순2, 이혜경, 김복덕, 김영순, 김희분, 노양매, 전옥수, 김두래, 김채엽, 박경양, 정선임, 오지숙
■알토 : 조정미, 박형심, 김재분, 양훈자, 김회라
■테너 : 김중배, 김정호
■베이스 : 김상채, 이종훈, 이찬진

8. 교회학교

○ 교장 : 변유복목사 ■교감 : 박정선장로,
○ 교육위원장 : 박정선 ■총무 : 이규춘
■위원 : 서영석, 양정석, 최판수, 김정근, 박영미, 김성주, 이혜경, 이종훈, 최형욱
○ 아동부장 : 박정선 ■총무 : 이규춘
■유치부장 : 박영미 ■교사 : 정선임, 김소영, 김지숙, 오지숙, 권중옥
■유년부장 : 이종훈 ■교사 : 이혜경, 김재분, 김정호
■초등부장 : 김성주 ■교사 : 고경숙, 조정미, 김회라
■소년부장 : 양정석 ■교사 : 박경양, 한영순
○ 학생부
■지도 : 최형욱전도사 ■총무 : 이규춘 ■회계 : 양훈자
■교사 : 김정근, 김중배, 양훈자

9. 자치회

○ 제1남선교회
■회장 : 김종태 ■총무 : 서영석장로
○ 제2남선교회
■회장 : 박정선 ■부회장 : 이영수 ■총무 : 이찬진
○ 제3남선교회
■회장 : 이종훈 ■부회장 : 김정근 ■총무 : 최판수
○ 제1여전도회
■회장 : 성호덕 ■부회장 : 이옥연 ■회계 : 박명해
○ 제2여전도회
■회장 : 강정순 ■부회장 : 박옥순 ■서기 : 김순자 ■회계 : 김효분
○ 제3여전도회
■회장 : 박형심 ■부회장 : 김영순2 ■총무 : 김재분 ■서기 : 김정옥2 ■회계 : 김채엽
○ 제4여전도회

■회장 : 오지숙 ■부회장 : 심선미 ■총무 : 조명희 ■회계 : 정선임
○ 제1청년회
■회장 : 김상채 ■총무 : 김중배 ■서기 및 회계 : 양훈자
○ 제2청년회
■회장 : 서인채 ■총무 : 김정호 ■서기 : 김정호
○ 중고등부
■회장 : 박선주 ■총무 : 서인혜 ■서기 : 양보라
○ 해외선교회
■회장 : 최판수 ■총무 : 김영준

11. 특별위원회

○ 예배위원장 : 서일석 ■위원 : 교역자, 당회장, 성가대원
○ 교육위원장 : 김충현 ■위원 : 교역자, 당회장, 교회학교 부장
○ 선교위원장 : 최판수 ■총무 : 김영준
○ 건축위원장 : 김충현 ■고문 : 변유복목사 ■총무 : 서영석 ■서기 : 양정석 ■회계 : 김종필
■위원 : 서일석, 이영휘, 이규민, 김완현, 박정용, 김종태, 이규춘, 이종훈, 김종필
○ 차량위원장 : 서영석
○ 장학위원장 : 김종필
○ 선교원 운영위원장 : 박정선
○ 예산위원장 : 서일석 ■서기 : 양정석
○ 감사위원장 : 이규민 ■서기 : 최판수

2002년 태인교회 교직자 및 제직명단

표어 : 서로 사랑할 것이니라(요일3:23)

1. 공동의회

○ 회장 : 변유복목사
■서기 : 박정선장로 ■회원 : 본 교회 소속 무흠 입교인

2. 당회

○ 회장 : 변유복목사 ■서기 : 박정선장로
■회원 : 서일석, 김충현, 서영석, 이규민, 박정선
■언권회원 : 김재화, 이인휘, 이영휘

3. 제직회

○ 회장 : 변유복목사
■서기 : 이종훈집사 ■회계 : 양정석집사 ■부회계 : 이규춘집사

4. **교역자** : 변유목목사, 최형욱전도사

5. 제직회원

○ 장로 : 서일석, 김충현, 서영석, 이규민, 박정선
○ 안수집사 : 양정석, 김종필, 이종훈, 이규춘, 김정근, 최판수
○ 권사 : 김갑순, 이복희, 박명해, 김인자, 성호덕, 최미순, 김효분, 박금이, 강순덕, 이옥연
○ 서리집사
■ 남자 : 구두만, 김상채, 김상태, 김성주, 김영훈, 김종태, 김중철, 박점섭, 서승원, 서화종, 은기철, 이규윤, 이석동, 이영수, 이재선, 이찬진, 장진욱, 조성열, 최형욱, 한명호, 강예식, 김상태, 양윤옥, 고일봉, 양봉석, 이현승, 문성곤, 서의원, 하광수, 홍태수
■ 여자 : 강순자, 강영필, 고경숙, 권오희, 김두래, 김명숙, 김미엽, 김복덕, 김선심, 김선자, 김소영, 김순자, 김영순1, 김영순2, 김유숙, 김재분, 김정옥1, 김정옥2,김정희, 김지숙, 김채엽, 김희분, 노양매, 박경양, 박경자, 박미남, 박선자, 박영란, 박영미, 박옥순, 박인숙, 박점색, 박형심, 서현숙, 손순악, 송두리, 심선미, 안순애, 양해선, 오순엽, 이덕심, 이미선, 이수희, 이용순, 이정심, 이혜경,이희숙, 전옥수, 정갑순, 정규환, 정순악, 정용순, 정판심, 정현아, 조명숙, 최성순, 추봉희, 한순자, 김말렬, 채석진, 김순자, 강금남, 최근자, 전경숙, 강영심, 정선임, 장덕례, 한영순, 고숙자, 강정순, 조명희, 조순남,조정미, 최금자, 하강수, 한승자, 한영순, 홍해숙, 황미선, 황숙재
○ 은퇴장로 : 김재화, 이인휘, 이영휘
○ 은퇴집사 : 이관휘
○ 은퇴권사 : 이부덕, 조갑조, 김남월
○ 명예권사 : 최금엽, 서두래, 허덕애, 조용순, 강영필, 손순악
○ 명예집사
■ 남자 : 김완현, 박정용, 송순옥,
■ 여자 : 장연지, 최금엽, 전예삐, 엄여남, 강순점, 서두래, 이애자, 이여선, 조용순, 최말례, 허덕애, 임봉순, 김명순, 김쌍남, 김골순, 박복엽, 문도선, 강다래, 윤소선, 박재윤, 정판심, 이귀엽, 이여심

6. 각부조직

○ 총무부장 : 서영석 ■ 차장 : 한명호
■ 부원 : 이윤수, 김종섭, 이복희, 강금남, 김미정, 김영순2, 김회라, 박옥순, 안순애, 이기남, 이혜경, 정현화
○ 재정부장 : 서영석 ■ 차장 : 김영훈
■ 부원 : 문성곤, 김상채, 김갑순, 강정순, 김복덕, 김재분, 김희분, 박인숙, 안순영, 이덕심, 장덕례, 정현진
○ 전도부장 : 김종필 ■ 차장 : 서화종, 박정오
■ 부원 : 김상태, 김순현, 박명해, 고경숙, 홍해숙, 조명희, 전경숙, 이미선, 양정아, 박종임, 노양매, 김정순, 고경숙, 김봉희
○ 교육부장 : 박정선 ■ 차장 : 김영준
■ 부원 : 김정배, 박순규, 김인자, 김정옥1, 김봉선, 류복순, 박형심, 양해선, 이미진, 전옥수, 조성분
○ 관리부장 : 박정선 ■ 차장 : 이영수, 박근수
■ 부원 : 박점섭, 서의원, 강순덕, 이옥연, 조정미, 정선임, 이순자, 오순엽, 성말이, 박경자, 김정희1. 김선자

○ 봉사부장 : 양윤옥 ■차장 : 최미순, 구두만
■부원 : 송재국, 양봉석, 권오희, 김소영, 김정옥2, 박경양, 서현숙, 양훈자, 이수희, 정갑순, 조순남
○ 사회부장 : 박한오 ■차장 : 성호덕, 이현승
■부원 : 이규수, 장진욱, 김말렬, 김소영, 김정희2, 박미남, 송두리, 오은경, 정순악, 한승자
○ 경조부장 : 김충현 ■차장 : 이영수
■부원 : 이규윤, 조성열, 최성순, 정용순, 이임순, 오지숙, 황미선, 박성자, 김지숙, 김선자
○ 미화부장 : 김종태 ■차장 : 이찬진, 박인숙
■부원 : 하광수, 김효분, 김미경, 김영순1, 김채엽, 박영미, 심선미, 왕연희, 이정심, 정판심
○ 행사부장 : 이규민 ■차장 : 김정근, 성호덕
■부원 : 홍태수, 박금이, 최금자, 김명숙, 하경수, 황숙재, 김두래, 고숙자, 김복희, 한영순

7. 찬양대

○ 대장 : 이규민장로
■지휘 : 최판수 ■총무 및 서기 : 고경숙 ■회계 : 양훈자
■피아노 : 조명희, 정지연, 김소영 ■오르간 : 김자은
■운영위원 : 이종훈 최판수, 박형심, 노양매, 송두리, 박경양
■소프라노 : 김영순2, 이혜경, 김복덕, 김영순, 김희분, 노양매, 전옥수, 김두래, 김채엽, 박경양, 정선임, 오지숙, 양훈자, 송두리, 심선미
■알토 : 김소영, 조정미, 박형심, 김재분, 양훈자, 김회라, 권오희
■테너 : 김중배, 양정석
■베이스 : 이종훈, 김상채, 김현식
○ 찬양단
■리더 : 최형욱 ■총무 : 조정미 ■지도 김충현
■기악 : 김자은(피아노), 김중배(드럼), 김찬식(기타), 권종옥(ohp)
■싱어 : 최형욱, 박경양, 양훈자
■율동 : 김미경, 오지숙, 조정미

8. 교회학교

○ 교장 : 변유복목사 ■교감 : 박정선장로,
○ 교육위원장 : 이규민 ■총무 : 이규춘, 최형욱전도사
■위원 : 서영석, 양정석, 최판수, 김정근, 박영미, 김성주, 이종훈, 최형욱
○ 아동부장 : 양정석 ■서기 및 회계 : 김영준
■유치부장 : 박영미 ■교사 : 김소영, 박종임, 이미선, 양정아, 양진선
■유년부장 : 이종훈 ■교사 : 이혜경, 오지숙, 김두래
■초등부장 : 김성주 ■교사 : 고경숙, 조정미, 김회라
■소년부장 : 이규춘 ■교사 : 김복덕, 김재분
○ 학생부장 : 김정근 ■고문 : 서영석장로
■총무 : 최형욱 ■교사 : 김중배, 양훈자, 한영순

9. 자치회

○ 제1남선교회
■회장 : 손용현 ■총무 : 서영석

○ 제2남선교회
■회장 : 이찬진 ■부회장 : 양정석 ■총무 : 김영준
○ 제3남선교회
■회장 : 김정근 ■부회장 : 최판수 ■총무 : 이현승
○ 제1여전도회
■회장 : 박명해 ■부회장 : 이옥연 ■서기 : 성호덕 ■회계 : 손순악
○ 제2여전도회
■회장 : 강정순 ■부회장 : 박옥순 ■서기 : 김순자 ■회계 : 김효분
○ 제3여전도회
■회장 : 김영순2 ■부회장 : 김채엽 ■총무 : 김복덕 ■서기 : 김정옥2 ■회계 : 권오희
○ 제4여전도회
■회장 : 심선미 ■부회장 : 고경숙 ■총무 : 전옥수 ■서기 : 김회라 ■회계 : 박경양
○ 청년회
■회장 : 김중배 ■서기 및 회계 : 양훈자
○ 중고등부
■회장 : 박선주 ■총무 : 서인혜 ■서기 : 박랑소령
○ 해외선교회
■회장 : 최판수 ■총무 : 김영준

11. 특별위원회

○ 예배위원장 : 서일석 ■위원 : 교역자, 당회장, 성가대원
○ 교육위원장 : 이규민 ■위원 : 교역자, 당회장, 교회학교 부장
○ 선교위원장 : 최판수 ■총무 : 김영준
○ 건축위원장 : 김충현 ■고문 : 변유복목사 ■총무 : 서영석 ■서기 : 양정석 ■회계 : 김종필
■위원 : 서일석, 이영휘, 이규민, 김완현, 박정용, 김종태, 이규춘, 이종훈, 김종필
○ 차량위원장 : 박정선 ■총무 : 김정근
○ 장학위원장 : 김종필
○ 선교원 운영위원장 : 이종훈
○ 예산위원장 : 서영석 ■서기 : 양정석
○ 감사위원장 : 이규민 ■서기 : 최판수

2003년 태인교회 교직자 및 제직명단

표어 : 주는 이제 내게 지혜와 지식을 주소서(대하1:10)

1. 공동의회

○ 회장 : 변유복목사
 ■ 서기 : 박정선장로 ■ 회원 : 본 교회 소속 무흠 입교인

2. 당회

○ 회장 : 변유복목사
 ■ 서기 : 박정선장로 ■ 회원 : 서일석, 김충현, 서영석, 이규민, 박정선
 ■ 언권회원 : 김재화, 이인휘, 이영휘

3. 제직회

○ 회장 : 변유복목사
 ■ 서기 : 이종훈집사 ■ 회계 : 이규춘집사 ■ 부회계 : 김정근집사

4. 교역자 : 변유목목사, 강명옥전도사

5. 제직회원

○ 장로 : 서일석, 김충현, 서영석, 이규민, 박정선
○ 안수집사 : 양정석, 김종필, 이종훈, 이규춘, 김정근, 최판수
○ 권사 : 김갑순, 이복희, 박명해, 김인자, 성호덕, 최미순, 김효분, 박금이, 강순덕, 이옥연
○ 서리집사
 ■ 남자 : 김무웅, 김상채, 김상태, 김성주, 김영훈, 김종태, 김중철, 박점섭, 서승원, 서화종, 은기철, 이규윤, 이석동, 이영수, 이재선, 이찬진, 장진욱, 조성열, 최형욱, 한명호, 강예식, 양윤옥, 고일봉, 양봉석, 이현승, 문성곤, 서의원, 하광수, 홍태수, 최형욱, 조성만
 ■ 여자 : 강순자, 강영필, 고경숙, 권오희, 김두래, 김명숙, 김미엽, 김복덕, 김선심, 김선자, 김소영, 김순자, 김영순1, 김영순2, 김유숙, 김재분, 김정옥, 김정희, 김지숙, 김채엽, 김희분, 노양매, 박경양,박경자, 박미남, 박선자, 박영란, 박영미, 박옥순, 박인숙, 박점색, 박형심, 서현숙, 손순악, 송두리, 심선미, 안순애, 양해선, 오순엽, 이덕심, 이미선, 이수희, 이용순, 이정심, 이혜경, 이희숙, 전옥수, 정갑순, 정규환, 정순악, 정용순, 정판심, 정현아, 조명숙, 최성순, 추봉희, 한순자, 김말렬, 채석진, 김순자, 강금남, 최근자, 전경숙, 강영심, 정선임, 장덕례, 한영순, 고숙자, 강정순, 조명희, 조순남, 조정미, 최금자, 하강수, 한승자, 한영순, 홍해숙, 황미선, 황숙재, 위일복
○ 은퇴장로 : 김재화, 이인휘, 이영휘
○ 은퇴집사 : 이관휘
○ 은퇴권사 : 이부덕, 조갑조, 김남월
○ 명예권사 : 최금엽, 서두래, 허덕애, 조용순, 강영필, 손순악
○ 명예집사
 ■ 남자 : 김완현, 박정용, 송순옥,
 ■ 여자 : 장연지, 임봉순, 최금엽, 전예삐, 엄여남, 강순점, 서두래, 이애자, 이여선, 조용순,

최말례, 허덕애, 임봉순, 김명순, 김쌍남, 김골순, 박복엽, 문도선, 강다래, 윤소선, 박재윤, 정판심, 이귀엽, 이여심, 이용순이기남

6. 각부조직

○ 총무부장 : 김충현 ■차장 : 한명호
■부원 : 김상태, 김정배, 문성곤, 박순규, 김복덕, 김재분, 송영덕, 조명희, 김무웅, 신은미
○ 재정부장 : 이규민 ■차장 : 이종훈
■부원 : 이윤수, 김정수, 최선숙, 박명해, 고경숙, 김인자, 김미정, 류복순, 이덕심
○ 전도부장 : 김종필 ■차장 : 서화종, 박정오
■부원 : 김회라, 박옥순, 이봉섭, 김학례, 김갑순, 강정순, 전경숙, 이미선, 이미진, 김봉선
○ 교육부장 : 서영석 ■차장 : 최판수
■부원 : 백인호, 이은주, 안순애, 최형욱, 정현진, 안순영, 박형심, 양해선, 양정아, 박종임
○ 체육부장 : 양정석 ■차장 : 김영준
■부원 : 정창환, 김중배, 박성숙, 이혜경, 정현화, 장덕례, 김봉희, 조성분, 전옥수
○ 관리부장 : 박정선 ■차장 : 김상채, 박근수
■부원 : 홍태수, 하광수, 이정희, 송재국, 양봉석, 하경수, 황숙재, 김정희
○ 봉사부장 : 양윤옥 ■차장 : 김효분
■부원 : 조성열, 박미옥, 이규수, 손정순, 심선미, 왕연희, 오은경, 박미남
○ 사회부장 : 박한오 ■차장 : 성호덕, 이현승
■부원 : 송점식, 박민순, 최성순, 정용순, 이임순, 황미선, 한승자, 이수희, 김지숙, 오순엽
○ 경조부장 : 서일석 ■차장 : 김종태
■부원 : 손유일, 김영순1, 김채엽, 박영미, 김복희, 한영순, 서현숙, 양훈자
○ 미화부장 : 이영수 ■차장 : 이찬진, 박인숙
■부원 : 김현식, 최금자, 김명숙, 이정심, 정판심, 정순악, 박경자, 김선자
○ 행사부장 : 서영석 ■차장 : 최미순
■부원 : 성호덕, 이옥연, 김효분, 김두래, 오지숙, 김순자, 강정순, 김영순1, 박근수, 김상채

7. 찬양대

○ 대장 : 이규민장로
■지휘 : 최판수 ■총무 및 서기 : 고경숙 ■회계 : 양훈자
■피아노 : 조명희, 정지연, 김소영 ■오르간 : 김자은
■운영위원 : 이종훈 최판수, 박형심, 노양매, 송두리, 박경양
■소프라노 : 김영순2, 이혜경, 김복덕, 김영순, 김희분, 노양매, 전옥수, 김두래, 김채엽, 박경양, 정선임, 오지숙, 양훈자, 송두리, 심선미
■알토 : 김소영, 조정미, 박형심, 김재분, 양훈자, 김회라, 권오희
■테너 : 김중배, 양정석, 김정근
■베이스 : 이종훈, 김상채, 김현식, 김성주

8. 교회학교

○ 교장 : 변유복목사 ■고문 : 박정선장로
○ 교육위원장 : 서영석 ■총무 : 양정석
■위원 : 서영석, 양정석, 최판수, 김정근, 박영미, 김성주, 이종훈, 박정선, 최형욱, 김소영, 이혜경, 이규춘

○ 아동부장 : 양정석 ■서기 및 회계 : 김영준
■유치부장 : 김소영 ■교사 : 심선미, 김명숙, 이미선
■유년부장 : 이종훈 ■교사 : 이혜경, 오지숙, 고숙자, 조명희
■초등부장 : 이규춘 ■교사 : 김두래, 김성주, 김회라, 전옥수
■소년부장 : 김정근 ■교사 : 양훈자, 김재분, 고경숙
■차량도우미 교사 : 김복덕, 박인숙
○ 학생부장 : 최판수 ■고문 : 김충현장로
■지도 : 강명옥전도사
■교사 : 김중배, 박형심, 박경양, 서상원

9. 자치회

○ 제1남선교회
■회장 : 손용현 ■부회장 : 서영석장로 ■회계 : 김종필
○ 제2남선교회
■회장 : 이찬진 ■부회장 : 양정석 ■총무 : 정창환 ■서기 : 김영준 ■회계 : 조성만
○ 제3남선교회
■회장 : 김정근 ■부회장 : 최판수 ■총무 : 김성주
○ 제1여전도회
■회장 : 박명해 ■부회장 : 이옥연 ■서기 : 성호덕 ■회계 : 손순악
○ 제2여전도회
■회장 : 강정순 ■부회장 : 박옥순 ■서기 : 김순자 ■회계 : 김효분
○ 제3여전도회
■회장 : 김영순2 ■부회장 : 김채엽 ■총무 : 김복덕 ■서기 : 김정옥2 ■회계 : 권오희
○ 제4여전도회
■회장 : 박영미 ■부회장 : 박경양 ■총무 : 고경숙 ■서기 : 조명희 ■회계 : 김회라
○ 제1청년회
■회장 : 김중배 ■서기 및 회계 : 양훈자
○ 중고등부
■회장 : 정지연 ■총무 : 김길은 ■서기 : 양보라 ■회계 : 김 솔
○ 해외선교회
■회장 : 손용현 ■총무 : 오지숙

11. 특별위원회

○ 예배위원장 : 김충현 ■위원 : 교역자, 당회장, 성가대원
○ 교육위원장 : 서영석 ■위원 : 교역자, 당회장, 교회학교 부장
○ 선교위원장 : 손용현 ■총무 : 오지숙
○ 건축위원장 : 김충현 ■고문 : 변유복목사 ■총무 : 서영석 ■서기 : 양정석 ■회계 : 김종필
■위원 : 서일석, 이영휘, 이규민, 김완현, 박정용, 김종태, 이규춘, 이종훈, 김종필
○ 차량위원장 : 박정선 ■총무 : 김정근
○ 장학위원장 : 이종훈
○ 예산위원장 : 이규민 ■서기 : 이규춘
○ 감사위원장 : 서일석

2004년 태인교회 교직자 및 제직명단

표어 : 저희를 향하사 숨을 내쉬며 가라사대 성령을 받으라(요 20:22)

1. 공동의회

○ 회장 : 변유복목사

■ 서기 : 박정선장로 ■ 회원 : 본 교회 소속 무흠 입교인

2. 당회

○ 회장 : 변유복목사

■ 서기 : 박정선장로 ■ 회원 : 서일석, 김충현, 서영석, 이규민, 박정선

■ 언권회원 : 김재화, 이인휘, 이영휘

3. 제직회

○ 회장 : 변유복목사

■ 서기 : 이종훈집사 ■ 회계 : 이규춘집사 ■ 부회계 : 김정근집사

4. 교역자 : 변유목목사, 강명옥전도사

5. 제직회원

○ 장로 : 서일석, 김충현, 서영석, 이규민, 박정선

○ 안수집사 : 양정석, 김종필, 이종훈, 이규춘, 김정근, 최판수

○ 권사 : 김갑순, 이복희, 박명해, 김인자, 성호덕, 최미순, 김효분, 박금이, 강순덕, 이옥연

○ 서리집사

■ 남자 : 김무웅, 김상채, 김상태, 김성주, 김영훈, 김종태, 김중철, 박점섭, 서승원, 서화종, 은기철, 이규윤, 이석동, 이영수, 이재선, 이찬진, 장진욱, 조성열, 한명호, 강예식, 김상태, 양윤옥, 고일봉, 양봉석, 이현승, 문성곤, 서의원, 하광수, 홍태수, 조성만

■ 여자 : 강순자, 강영필, 고경숙, 권오희, 김두래, 김명숙, 김미엽, 김복덕, 김선심, 김선자, 김소영, 김순자, 김영순1, 김영순2, 김유숙, 김재분, 김정옥1, 김정희, 김지숙, 김채엽, 김희분, 노양배, 박경양, 박경자, 박미남, 박선자, 박영란, 박영미, 박옥순, 박인숙, 박점색, 박형심, 서현숙, 손순악, 송두리, 심선미, 안순애, 양해선, 오순엽, 이덕심, 이미선, 이수희, 이용순, 이정심, 이혜경, 이희숙, 전옥수, 정갑순, 정규환, 정순악, 정용순, 정판심, 정현아, 조명숙, 최성순, 추봉희, 한순자, 김말렬, 채석진, 김순자, 강금남, 최선숙, 전경숙, 강영심, 정선임, 장덕례, 한영순, 고숙자, 강정순, 조명희, 조순남, 조정미, 최금자, 하강수, 한승자, 한영순, 홍해숙, 황미선, 황숙재, 위일복

○ 은퇴장로 : 김재화, 이인휘, 이영휘

○ 은퇴집사 : 이관휘

○ 은퇴권사 : 이부덕, 조갑조, 김남월

○ 명예권사 : 최금엽, 서두래, 허덕애, 조용순, 강영필, 손순악

○ 명예집사

■ 남자 : 김완현, 박정용, 송순옥,

■ 여자 : 장연지, 임봉순, 최금엽, 전예삐, 엄여남, 강순점, 서두래, 이애자, 이여선, 조용순, 최말례,

허덕애, 임봉순, 김명순, 김쌍남, 김골순, 박복엽, 문도선, 강다래, 윤소선, 박재윤, 정판심, 이귀엽, 이여심, 이용순, 이기남, 정용순, 이수희, 이덕심, 오순엽, 서현숙, 박미남

6. 각부조직

○ 총무부장 : 김충현 ■차장 : 한명호
■부원 : 김상태, 김정배, 문성곤, 박순규, 김복덕, 김재분, 송영덕, 조명희, 김무웅, 신은미
○ 재정부장 : 이규민 ■차장 : 이종훈
■부원 : 이윤수, 김정수, 최선숙, 박명해, 고경숙, 김인자, 김미정, 류복순, 이덕심
○ 전도부장 : 김종필 ■차장 : 서화종, 박정오
■부원 : 김회라, 박옥순, 김학례, 김갑순, 강정순, 전경숙, 이미선, 이미진, 김봉선
○ 교육부장 : 서영석 ■차장 : 최판수
■부원 : 백인호, 이은주, 안순애, 최형욱, 정현진, 안순영, 박형심, 양해선, 양정아, 박종임
○ 체육부장 : 양정석 ■차장 : 김영준
■부원 : 정창환, 김중배, 박성숙, 이혜경, 정현화, 장덕례, 김봉희, 조성분, 전옥수
○ 관리부장 : 박정선 ■차장 : 김상채, 박근수
■부원 : 홍태수, 하광수, 이정희, 송재국, 양봉석, 하경수, 황숙재, 김정희
○ 봉사부장 : 양윤옥 ■차장 : 김효분
■부원 : 조성열, 박미옥, 이규수, 손정순, 심선미, 왕연희, 오은경, 박미남
○ 사회부장 : 박한오 ■차장 : 성호덕, 이현승
■부원 : 송점식, 박민순, 최성순, 정용순, 이임순, 황미선, 한승자, 이수희, 정민화, 김유숙
○ 경조부장 : 서일석 ■차장 : 김종태
■부원 : 손유일, 김영순1, 김채엽, 박영미, 김복희, 한영순, 서현숙, 양훈자
○ 미화부장 : 이영수 ■차장 : 이찬진, 박인숙
■부원 : 김현식, 최금자, 김명숙, 이정심, 정판심, 정순악, 박경자, 김선자
○ 행사부장 : 서영석 ■차장 : 최미순
■부원 : 성호덕, 이옥연, 김효분, 김두래, 오지숙, 김순자, 강정순, 김영순1, 박근수, 김상채

7. 찬양대

○ 대장 : 이규민장로
■지휘 : 이종훈 ■총무 및 서기 : 고경숙 ■회계 : 양훈자
■피아노 : 조명희, 정지연, 김소영 ■오르간 : 김자은
■운영위원 : 이종훈, 최판수, 박형심, 노양매, 송두리, 박경양
■소프라노 : 김영순2, 이혜경, 김복덕, 김영순, 김희분, 노양매, 전옥수, 김두래, 김채엽, 박경양, 정선임, 오지숙, 양훈자, 송두리, 심선미
■알토 : 김소영, 조정미, 박형심, 김재분, 양훈자, 김회라, 권오희
■테너 : 김중배, 양정석, 김정근, 이석동
■베이스 : 이종훈, 김상채, 김현식, 김성주, 김정호
○ 찬양단
■피아노 : 김자은 ■키보드 : 박량소령 ■싱어 : 김두래, 전옥수, 고경숙, 이진혁
■몸찬양 : 김회라

8. 교회학교

○ 교장 : 변유복목사 ■고문 : 박정선장로,

○ 교육위원장 : 서영석 ■총무 : 양정석
■위원 : 서영석, 양정석, 최판수, 김정근, 김성주, 김소영, 이혜경, 김중배, 박정선, 심선미, 이규춘
○ 아동부장 : 양정석 ■총무 : 김영준 ■서기 및 회계 : 김상채
■유치부장 : 심선미 ■교사 : 김봉희, 김자은, 김명숙, 황영임
■유년부장 : 이혜경 ■교사 : 오지숙, 조명희, 고숙자, 박은하
■초등부장 : 이규춘 ■교사 : 박영미, 김회라, 김정호, 이미선
■소년부장 : 김정근 ■교사 : 김두래, 고경숙, 정창환
■차량도우미 교사 : 김복덕
○ 학생부장 : 최판수 ■고문 : 김충현장로
■교사 : 김중배, 박형심, 박경양, 김소영, 김재분, 김성주

9. 자치회

○ 제1남선교회
■회장 : 손용현 ■부회장 : 서영석 ■회계 : 김종필
○ 제2남선교회
■회장 : 정창환 ■부회장 : 양정석 ■총무 : 김영준 ■서기 및 회계 : 김정수
○ 제3남선교회
■회장 : 김정근 ■부회장 : 최판수 ■총무 : 김성주
○ 제1여전도회
■회장 : 김인자 ■부회장 : 이옥연 ■서기 : 성호덕 ■회계 : 손순악
○ 제2여전도회
■회장 : 박옥순 ■부회장 : 정갑순 ■서기 : 이옥이 ■회계 : 김효분
○ 제3여전도회
■회장 : 김채엽 ■부회장 : 김복덕 ■총무 : 김정옥2 ■서기 : 송두리 ■회계 : 권오희
○ 제4여전도회
■회장 : 박영미 ■부회장 : 전옥수 ■총무 : 심선미 ■서기 : 오지숙 ■회계 : 김두래
○ 제1청년회
■회장 : 이진혁 ■부회장 : 김자은 ■총무 : 김정호 ■서기 및 회계 : 황영임
○ 중고등부
■회장 : 김길은 ■총무 : 김 솔 ■서기 : 정지연 ■회계 : 김보라
○ 해외선교회
■회장 : 손용현 ■총무 : 오지숙

11. 특별위원회

○ 예배위원장 : 김충현 ■위원 : 교역자, 당회장, 성가대원
○ 교육위원장 : 서영석 ■위원 : 교역자, 당회장, 교회학교 부장
○ 선교위원장 : 손용현 ■총무 : 오지숙
○ 건축위원장 : 김충현 ■고문 : 변유복목사 ■총무 : 서영석 ■서기 : 양정석 ■회계 : 김종필
■위원 : 서일석, 이영휘, 이규민, 김완현, 박정용, 김종태, 이규춘, 이종훈, 김종필
○ 차량위원장 : 박정선 ■총무 : 김정근
○ 장학위원장 : 이종훈
○ 예산위원장 : 이규민 ■서기 : 이규춘 ○ 감사위원장 : 서일석

2005년 태인교회 교직자 및 제직명단

표어 : 내가 정녕 너와 함께 있으리라(출3:12)

1. 공동의회

○ 회장 : 변유복목사

■ 서기 : 박정선장로 ■ 회원 : 본 교회 소속 무흠 입교인

2. 당회

○ 회장 : 변유복목사 ■ 서기 : 박정선장로

■ 회원 : 서일석, 김충현, 서영석, 이규민, 박정선

■ 언권회원 : 김재화, 이인휘, 이영휘

3. 제직회

○ 회장 : 변유복목사

■ 서기 : 이종훈집사 ■ 회계 : 이규춘집사 ■ 부회계 : 김정근집사

4. 교역자 : 변유복목사, 오일남전도사

5. 제직회원

○ 장로 : 서일석, 김충현, 서영석, 이규민, 박정선

○ 안수집사 : 양정석, 김종필, 이종훈, 이규춘, 김정근, 최판수

○ 권사 : 김인자, 성호덕, 최미순, 김효분, 강순덕, 이옥연

○ 서리집사

■ 남자 : 김무웅, 김상채, 김상태, 김성주, 김순현, 김영준, 김영훈, 김재생, 김정배, 김정수, 김종섭, 김중배, 김현식, 문성곤, 문승일, 박근수, 박순규, 박점섭, 박정오, 박한오, 백인호, 손용현, 손유일, 송재국, 송재실, 송점식, 양봉석, 양윤옥, 오병만, 이경용, 이규수, 이석동, 이수영, 이윤수, 이지림, 이찬진, 이현승, 장기운, 정창환, 조명오, 조성만, 조성열, 한명호, 홍태수

■ 여자 : 강금남, 강정순, 고경숙, 고숙자, 권오희, 김경희, 김남임, 김두래, 김말렬, 김명숙, 김미정, 김복덕, 김복희, 김봉선, 김봉희, 김소영, 김순자, 김영순1, 김영순2, 김유숙, 김재분, 김정순, 김정옥1, 김정옥2, 김정희, 김채엽, 김회라, 김효숙, 류복순, 박경양, 박경자, 박기자, 박미옥, 박형심, 배경자, 손정순, 송두리, 송영덕, 신은미, 신지영, 심선미, 안순애, 안순영, 양정아, 양훈자, 오은경, 오지숙, 왕연희, 이미선, 이미진, 이연락, 이임순, 이정희, 이혜경, 장덕례, 전경숙, 전옥수, 정갑순, 정민화, 전선임, 정태순, 정현진, 정현화, 조명희, 조선희, 조성분, 조순남, 채남희, 최금자, 최선숙, 최성순, 최정숙, 하경수, 한경화, 한승자, 황미선, 황숙재

○ 은퇴장로 : 김재화, 이인휘, 이영휘

○ 은퇴집사 : 이관휘

○ 은퇴권사 : 김남월, 이복희, 박금이, 박명해

○ 명예권사 : 최금엽, 서두래, 허덕애, 조용순, 강영필, 손순악

○ 명예집사

■ 남자 : 김완현, 박정용

■ 여자 : 최금엽, 전예뻬, 엄여남, 이애자, 김명순, 김쌍남, 강다래, 박재윤, 정판심, 이귀엽, 이여심,

이용순, 이기남, 정용순, 이수희, 이덕심, 오순엽, 서현숙, 박미남, 박귀임, 황삼연, 김선자, 박복순, 김쌍남

6. 각부조직

○ 총무부장 : 김충현 ■차장 : 한명호
■부원 : 김상태, 김정배, 문성곤, 박순규, 김복덕, 김재분, 송영덕, 조명희, 김무웅, 신은미
○ 재정부장 : 이규민 ■차장 : 이종훈
■부원 : 이윤수, 김정수, 최선숙, 김남임, 김인자, 김미정, 류복순, 이덕심, 오명민
○ 전도부장 : 김종필 ■차장 : 박정오
■부원 : 김회라, 박옥순, 김재생, 송재실, 장기운, 강정순, 전경숙, 이미선, 이미진, 김봉선
○ 교육부장 : 서영석 ■차장 : 최판수
■부원 : 백인호, 이연낙, 안순애, 정현진, 안순영, 박형심, 양해선, 양정아, 배경자, 정태순
○ 체육부장 : 양정석 ■차장 : 김영준
■부원 : 정창환, 김중배, 박성숙, 이혜경, 정현화, 장덕례, 김봉희, 조성분, 전옥수, 이경용
○ 관리부장 : 박정선 ■차장 : 김상채, 박근수
■부원 : 홍태수, 이정희, 송재국, 양봉석, 하경수, 황숙재, 김정희, 박기자, 조선희, 신지영
○ 봉사부장 : 양윤옥 ■차장 : 김효분
■부원 : 조성열, 박미옥, 이규수, 손정순, 심선미, 왕연희, 오은경, 박미남, 이수영
○ 사회부장 : 박한오 ■차장 : 성호덕, 이현승
■부원 : 송점식, 박민순, 최성순, 정용순, 이임순, 황미선, 한승자, 이수희, 정민화, 김유숙, 이지림
○ 경조부장 : 서일석 ■차장 : 김종태
■부원 : 손유일, 김영순1, 김채엽, 박영미, 김복희, 박순례, 서현숙, 양훈자, 김경희, 김미영
○ 미화부장 : 이영수 ■차장 : 이찬진, 박인숙
■부원 : 김현식, 최금자, 김명숙, 이정심, 정판심, 한경화, 박경자, 김선자, 최정숙
○ 행사부장 : 서영석 ■차장 : 최미순
■부원 : 성호덕, 이옥연, 김효분, 김두래, 오지숙, 김순자, 강정순, 김영순1, 박근수, 김상채

7. 찬양대

○ 성가대장 : 이규민장로
■지휘 : 이종훈 ■총무 : 이혜경 ■서기 : 오지숙 ■회계 : 김명숙
■피아노 : 조명희, 정지연, 김소영 ■오르간 : 김자은
■소프라노 : 김영순2, 이혜경, 김복덕, 전옥수, 김두래, 김채엽, 박경양, 정선임, 오지숙, 양훈자, 송두리, 심선미, 김미정, 장미순, 조성분, 박영미, 고숙자, 김명숙, 고경숙
■알토 : 박형심, 김소영, 이미선, 김회라, 김봉희, 양정아, 김수정, 김재분
■테너 : 조명오, 김중배, 김정근, 이석동, 김정호
■베이스 : 김성주, 김상채, 김현식, 양정석, 김영준, 이현승, 정창환, 최판수
○ 찬양단
■지도 : 오일남전도사
■피아노 : 김자은 ■키보드 : 박량소령 ■싱어 : 김두래, 전옥수, 고경숙, 이진혁
■몸찬양 : 김회라

8. 교회학교

○ 교장 : 변유복목사 ■고문 : 박정선장로
○ 교육위원장 : 서영석 ■총무 : 양정석
■위원 : 서영석, 심선미, 양정석, 최판수, 김정근, 김소영, 김성주, 이혜경, 이규춘, 김중배, 박정선, 김영준, 청년회장
○ 아동부장 : 양정석
■지도교역자 : 오일남전도사
■총무 : 김영준 ■부총무 : 정창환 ■서기 : 김상채 ■회계 : 김복덕
■유치부장 : 심선미 ■교사 : 김봉희, 김미정, 김명숙, 정선임
■유년부장 : 이혜경 ■교사 : 오지숙, 조명희, 고숙자
■초등부장 : 김정근 ■교사 : 박영미, 김효숙, 이미선
■소년부장 : 이규춘 ■교사 : 전옥수, 김회라 ■차량도우미 ■교사 : 김복덕
○ 학생부장 : 최판수
■지도교역자 : 오일남전도사
■교사 : 김중배, 박형심, 박경양, 김소영, 김재분, 김성주, 조명오, 고경숙

9. 자치회

○ 제1남선교회
■회장 : 손용현 ■부회장 및 총무 : 서영석 ■회계 : 김종필
○ 제2남선교회
■회장 : 정창환 ■부회장 : 양정석 ■총무 : 김영준 ■서기 및 회계 : 김정수
○ 제3남선교회
■회장 : 김정근 ■부회장 : 최판수 ■총무 : 김성주
○ 제1여전도회
■회장 : 김인자 ■부회장 : 이옥연 ■서기 : 성호덕 ■회계 : 손순악
○ 제2여전도회
■회장 : 박옥순 ■부회장 : 정갑순 ■서기 : 이옥이 ■회계 : 김효분
○ 제3여전도회
■회장 : 김채엽 ■부회장 : 김복덕 ■총무 : 김정옥2 ■서기 : 송두리 ■회계 : 권오희
○ 제4여전도회
■회장 : 오지숙 ■부회장 : 전옥수 ■총무 : 박경양 ■서기 : 김수정 ■회계 : 심선미
○ 제5여전도회
■회장 : 김회라 ■부회장 : 고경숙 ■서기 : 조명희 ■회계 : 김명숙
○ 청년회
■회장 : 김상채 ■서기 및 회계 : 황영임
○ 중고등부
■회장 : 정지연 ■총무 : 장건우 ■서기 : 김보라 ■회계 : 추샛별
○ 해외선교회
■회장 : 손용현 ■총무 : 오지숙

10. 특별위원회

○ 예배위원장 : 김충현 ■위원 : 교역자, 당회장, 성가대원
○ 교육위원장 : 서영석 ■위원 : 교역자, 당회장, 교회학교 부장

○ 선교위원장 : 손용현 ■총무 : 오지숙
○ 차량위원장 : 박정선 ■총무 : 김정근
○ 장학위원장 : 이종훈
○ 예산위원장 : 이규민 ■서기 : 이규춘
○ 감사위원장 : 서일석

2006년 태인교회 교직자 및 제직명단

표어 : 여호와께서 너희 목전에 행하시는 큰일을 보라(삼12:16)

1. 공동의회

○ 회장 : 변유복목사
■서기 : 박정선장로 ■회원 : 본 교회 소속 무흠 입교인

2. 당회

○ 회장 : 변유복목사 ■서기 : 박정선장로
■회원 : 서일석, 김충현, 서영석, 이규민, 박정선
■언권회원 : 김재화, 이인휘, 이영휘

3. 제직회

○ 회장 : 변유복목사
■서기 : 김종필집사 ■회계 : 김정근집사 ■부회계 : 조명오집사

4. 교역자 : 변유복목사, 오일남전도사

5. 제직회원

○ 장로 : 서일석, 김충현, 서영석, 이규민, 박정선
○ 안수집사 : 양정석, 김종필, 이종훈, 이규춘, 김정근, 최판수
○ 권사 : 김인자, 성호덕, 최미순, 김효분, 강순덕, 이옥연
○ 서리집사
■남자 : 김 용, 김상채, 김상태, 김성주, 김순현, 김영준, 김영훈, 김재생, 김정수, 김종섭, 김중배, 김현식, 문성곤, 문승일, 박근수, 박순규, 박점섭, 박한오, 손용현, 송유일, 송재국, 송재실, 송점식, 양봉석, 양성석, 양윤옥, 오병민, 이경용, 이규수, 이민철, 이석동, 이수영, 이영수, 이윤수, 이지림, 이찬진, 장 만, 장기운, 조명오, 조성만, 조성열, 한명호, 홍태수
■여자 : 강금남, 강정순, 고경숙, 고숙자, 권오희, 김경희, 김남임, 김두래, 김말렬, 김명숙, 김미영, 김미정, 김복덕, 김복희, 김봉선, 김수정, 김소영, 김순자, 김영순1, 김영순2, 김유숙, 김재분, 김정순, 김정옥1, 김정옥2, 김정희, 김채엽, 김회라, 김효숙, 류복순, 박경양, 박경자, 박기자, 박미옥, 박민순, 박선숙, 박선자, 박순례, 박영미, 박옥순, 박인숙, 박형심, 배경자, 손정순, 송두리, 송영덕, 신지영, 심선미, 안순애, 안순영, 양훈자, 오은경, 오지숙, 왕연희, 이미선,

이미진, 이연낙, 이정희, 이혜경, 장덕례, 장미순, 전경숙, 전옥수, 정갑순, 정민화, 정태순, 정현진, 정현화, 조명희, 조선희, 조성분, 조수남, 채남희, 최금자, 최선숙, 최성순, 하경수, 한경화, 한승자, 황미선, 황숙재

○ 은퇴장로 : 김재화, 이인휘, 이영휘

○ 은퇴집사 : 이관휘

○ 은퇴권사 : 김남월, 이복희, 박금이, 박명해

○ 명예권사 : 최금엽, 서두래, 허덕애, 조용순, 강영필, 손순악,

○ 명예집사

■ 남자 : 김완현, 박정용, 김종태, 김무웅,

■ 여자 : 전예삐, 엄여남, 이애자, 김명순, 김쌍남, 강다래, 박재윤, 정판심, 이귀엽, 이여심, 이용순, 이기남, 정용순, 이수희, 이덕심, 오순엽, 서현숙, 박미남, 김선자, 박복순

6. 각부조직

○ 총무부장 : 이규민 ■ 차장 : 이규춘

■ 부원 : 김상태, 문성곤, 박순규, 김복덕, 김재분, 송영덕, 조명희, 장 만

○ 재정부장 : 김충현 ■ 차장 : 김정근

■ 부원 : 이윤수, 김정수, 최선숙, 김남임, 고경숙, 김인자, 김미정, 류복순, 오명민

○ 전도부장 : 김종필 ■ 차장 : 조명오

■ 부원 : 김회라, 박옥순, 김재생, 송재실, 장기운, 강정순, 전경숙, 이미선, 이미진, 김봉선

○ 교육부장 : 서일석 ■ 차장 : 최판수

■ 부원 : 이민철, 이연낙, 장미순, 정현진, 박형심, 양정아, 배경자, 정태순

○ 체육부장 : 양정석 ■ 차장 : 김영준

■ 부원 : 김중배, 박선숙, 이혜경, 정현화, 장덕례, 조성분, 전옥수, 이경용

○ 관리부장 : 박정선 ■ 차장 : 김상채, 이찬진

■ 부원 : 홍태수, 이정희, 송재국, 양봉석, 하경수, 황숙재, 김정희, 박기자, 조선희, 신지영

○ 봉사부장 : 양윤옥 ■ 차장 : 김효분

■ 부원 : 조성열, 박미옥, 이규수, 손정순, 심선미, 왕연희, 오은경, 이수영

○ 사회부장 : 박한오 ■ 차장 : 성호덕

■ 부원 : 송점식, 박민순, 최성순, 황미선, 한승자, 정민화, 김유숙, 이지림

○ 경조부장 : 서영석 ■ 차장 : 박점섭

■ 부원 : 손유일, 김영순1, 김채엽, 박영미, 김복희, 박순례, 서현숙, 양훈자, 김경희, 김미영

○ 미화부장 : 이영수 ■ 차장 : 박근수, 박인숙

■ 부원 : 김현식, 최금자, 김명숙, 이정심, 양성석, 박경자, 김수정

○ 행사부장 : 서영석 ■ 차장 : 최미순, 김중배

■ 부원 : 성호덕, 이옥연, 김효분, 김두래, 오지숙, 김순자, 강정순, 김영순1, 박근수, 김상채

7. 찬양대

○ 성가대장 : 이규민장로

■ 지휘 : 이종훈 ■ 총무 : 이혜경 ■ 서기 : 오지숙 ■ 회계 : 김명숙

■ 피아노 : 조명희, 정지연, 김소영 ■ 오르간 : 김효숙

■ 소프라노 : 김영순2, 이혜경, 김복덕, 전옥수, 김두래, 김채엽, 박경양, 정선임, 오지숙, 양훈자, 송두리, 심선미, 김미정, 이나영, 고숙자, 황영임, 김명숙

■ 알토 : 박형심, 김소영, 김재분, 이미선, 김회라, 김길은, 김수정, 김 솔

■ 테너 : 조명오, 김중배, 김정근, 이석동, 이강용, 이진혁, 김정호

■베이스 : 김성주, 김상채, 김영민, 양정석, 김영준, 김 용, 김종섭, 최판수
○ 찬양단
■지도 : 오일남전도사
■키보드 : 박량소령 ■싱어 : 김두래, 전옥수, 고경숙, 이진혁, 황영임
■몸찬양 : 김회라

8. 교회학교

○ 교장 : 변유복목사 ■고문 : 김충현장로
○ 교육위원장 : 서영석 ■총무 : 양정석
■위원 : 김충현, 박정선, 최판수, 김정근, 이혜경, 이종훈, 김두래, 김성주, 조명오, 김중배
○ 아동부장 : 박정선
■지도교역자 : 오일남전도사
■총무 : 양정석 ■서기 : 김상채 ■회계 : 김복덕 ■전산 : 이대용
■유치부장 : 김두래 ■교사 : 심선미, 김미정, 김명숙, 한경화
■유년부장 : 김정근 ■교사 : 오지숙, 김회라, 고숙자,
■초등부장 : 이혜경 ■교사 : 김영준, 김효숙, 이미선
■소년부장 : 이규춘 ■교사 : 전옥수, 박영미
■차량도우미 교사 : 김복덕
○ 학생부장 : 최판수
■지도교역자 : 오일남전도사
■교사 : 김중배, 박형심, 박경양, 김소영, 김재분, 김성주, 조명오, 고경숙

9. 자치회

○ 제1남선교회
■회장 : 손용현 ■부회장 및 ■총무 : 서영석 ■회계 : 김종필
○ 제2남선교회
■회장 : 이규수 ■부회장 : 박한오 ■총무 : 이영수
○ 제3남선교회
■회장 : 김정근 ■부회장 : 최판수
○ 제4남선교회
■회장 : 이석동 ■부회장 : 김성주 ■총무 : 김 용
○ 제1여전도회
■회장 : 성호덕 ■부회장 : 이옥연 ■서기 : 김복희
○ 제2여전도회
■회장 : 박옥순 ■부회장 : 정갑순 ■서기 : 이옥이 ■회계 : 김효분
○ 제3여전도회
■회장 : 김채엽 ■부회장 : 김복덕 ■총무 : 김정옥2 ■서기 : 송두리 ■회계 : 권오희
○ 제4여전도회
■회장 : 오지숙 ■부회장 : 전옥수 ■총무 : 박경양 ■서기 : 김수정 ■회계 : 심선미
○ 제5여전도회
■회장 : 김명숙 ■총무 : 이미선 ■서기 : 고경숙 ■회계 : 김미정
○ 제1청년회
■회장 : 김중배 ■총무 및 서기 : 황영임

○ 중고등부
■회장 : 문정주 ■총무 : 김하니 ■서기 : 정지연 ■회계 : 이주은
○ 해외선교회
■회장 : 손용현 ■총무 : 오지숙

10. 특별위원회

○ 예배위원장 : 이규민 ■위원 : 교역자, 당회장, 성가대원
○ 교육위원장 : 서영석 ■위원 : 교역자, 당회장, 교회학교 부장
○ 선교위원장 : 손용현 ■총무 : 오지숙
○ 차량위원장 : 박정선 ■총무 : 김정근
○ 장학위원장 : 이종훈
○ 예산위원장 : 김충현 ■서기 : 이규춘
○ 감사위원장 : 서영석

2007년 태인교회 교직자 및 제직명단

표어 : 이 말 할때에 성령이 말씀 듣는 모든 사람에게 내려 오시니(행10:44)

1. 공동의회

○ 회장 : 변유복목사
■서기 : 박정선장로 ■회원 : 본 교회 소속 무흠 입교인

2. 당회

○ 회장 : 변유복목사 ■서기 : 박정선장로
■회원 : 서일석, 서영석, 이규민, 박정선, 김종필, 양정석, 최판수
■언권회원 : 김충현, 이인휘, 이영휘

3. 제직회

○ 회장 : 변유복목사
■서기 : 이영수집사 ■회계 : 김정근집사 ■부회계 : 김영준집사

4. 교역자 : 변유복목사, 오일남전도사

5. 제직회원

○ 장로 : 서일석, 서영석, 이규민, 박정선, 김종필, 양정석, 최판수
○ 안수집사 : 이종훈, 이규춘, 김정근, 이영수, 조명오, 한명호, 이찬진, 김영준, 김성주
○ 권사 : 김인자, 성호덕, 최미순, 강순덕, 김효분, 이옥연, 김영순1, 박옥순, 강정순, 박형심, 김채엽, 김영순2, 송두리, 김복덕, 김효숙, 이혜경

○ 서리집사

■남자 : 김　용, 김상채, 김순현, 김영민, 김영훈, 김재생, 김정수, 김종섭, 김중배, 김현식, 문성곤, 문승일, 박근수, 박순규, 박점섭, 박한오, 송재국, 송재실, 송점식, 양봉석, 양성석, 양윤옥, 오병민, 이경용, 이규수, 이민철, 이석동, 이윤수, 이지림, 장　만, 장기운, 홍태수, 심종태, 양성석, 이강용

■여자 : 강금남, 고경숙, 고숙자, 김경희, 김남임, 김두래, 김말렬, 김명숙, 김미정, 김복희, 김봉선, 김수정, 김소영, 김순자, 김유숙, 김재분, 김정순, 김정옥1, 김정옥2, 김정희, 김회라, 류복순, 박경양, 박경자, 박기자, 박미옥, 박민순, 박선숙, 박선자, 박순례, 박영미, 박옥순, 박인숙, 배경자, 송영덕, 신지영, 심선미, 양훈자, 오은경, 오지숙, 왕연희, 이미선, 이연낙, 이정희, 장덕례, 장미순, 전경숙, 전옥수, 정갑순, 정민화, 정현진, 정현화, 조명희, 조선희, 조성분, 채남희, 최금자, 최선숙, 최성순, 하경수, 한경화, 한승자, 황미선, 황숙재, 정춘심, 이명숙, 성금진, 정미자, 이옥임, 손효남, 이나영

○ 원로장로 : 김충현

○ 은퇴장로 : 이인휘, 이영휘

○ 은퇴집사 : 이관휘

○ 은퇴권사 : 이복희, 박금이, 박명해

○ 명예권사 : 최금엽, 서두래, 허덕애, 조용순, 강영필, 손순악

○ 명예집사

■남자 : 김완현, 박정용, 김종태, 김무웅, 박정오, 손용현, 김상태

■여자 : 전예삐, 엄여남, 이애자, 김명순, 김쌍남, 강다래, 박재윤, 정판심, 이귀엽, 이여심, 이용순, 이기남, 정용순, 이수희, 이덕심, 오순엽, 서현숙, 박미남, 조순남, 이임순, 박귀임, 김선자, 박복순

6. 각부조직

○ 총무부장 : 이규민 ■차장 : 이혜경

■부원 : 김상태, 문성곤, 박순규, 김복덕, 김재분, 송영덕, 조명희, 장　만

○ 재정부장 : 서일석 ■차장 : 김정근

■부원 : 이윤수, 김정수, 최선숙, 고경숙, 김인자, 김미정, 류복순, 오명민

○ 전도부장 : 김종필 ■차장 : 송두리, 강정순

■부원 : 김회라, 박옥순, 김재생, 송재실, 장기운, 강정순, 전경숙, 이미선, 이미진, 김봉선

○ 교육부장 : 양정석 ■차장 : 김인자, 김효숙

■부원 : 이민철, 이연낙, 장미순, 정현진, 박형심, 배경자

○ 체육부장 : 조명오 ■차장 : 김복덕

■부원 : 김중배, 박선숙, 이혜경, 정현화, 장덕례, 조성분, 전옥수, 이경용

○ 관리부장 : 박정선 ■차장 : 김상채, 이찬진

■부원 : 홍태수, 이정희, 송재국, 양봉석, 하경수, 황숙재, 김정희, 박기자, 조선희, 신지영

○ 봉사부장 : 양윤옥 ■차장 : 김효분, 이옥연

■부원 : 조성열, 박미옥, 이규수, 손정순, 심선미, 왕연희, 오은경, 이수영

○ 사회부장 : 이규춘 ■차장 : 성호덕

■부원 : 송점식, 박민순, 최성순, 황미선, 한승자, 정민화, 김유숙, 이지림

○ 경조부장 : 서영석 ■차장 : 김채엽, 김영순1

■부원 : 손유일, 김영순1, 김채엽, 박영미, 김복희, 박순례, 서현숙, 양훈자, 김경희, 김미영

○ 미화부장 : 한명호 ■차장 : 김영순2

■부원 : 김현식, 최금자, 김명숙, 이정심, 양성석, 박경자, 김수정
○ 행사부장 : 최판수 ■차장 : 최미순, 박형심
■부원 : 성호덕, 이옥연, 김효분, 김두래, 박옥순, 김순자, 강정순, 김영순1, 김복덕, 김상채

7. 찬양대

○ 성가대장 : 박정선장로
■지휘 : 이종훈 ■총무 : 이혜경 ■서기 : 오지숙 ■회계 : 김명숙
■피아노 : 조명희, 정지연, 김소영, 이나영 ■오르간 : 김효숙
■소프라노 : 김영순2, 이혜경, 김복덕, 전옥수, 김두래, 김채엽, 박경양, 정선임, 오지숙, 양훈자, 송두리, 심선미, 김미정, 장미순, 오은경, 최선숙, 이나영, 박영미, 고숙자, 김길은, 김명숙, 고경숙, 김수정, 박순례
■알토 : 박형심, 김소영, 김재분, 이미선, 김회라, 김 솔, 박은하
■테너 : 이강용, 김중배, 이진혁, 조명오, 박은중
■베이스 : 김정근, 최판수, 김영민, 김영준, 김성주, 이영수, 김종섭, 문성곤, 이석동, 한명호
○ 찬양단
■지도 : 오일남
■피아노 : 이나영 ■키보드 : 정지연 ■싱어 : 이미선, 고경숙, 이진혁, 황영임

8. 교회학교

○ 교장 : 변유복목사 ■고문 : 박정선장로
○ 교육위원장 : 양정석 ■총무 : 이규춘
■위원 : 박정선, 최판수, 김정근, 김재분, 이혜경, 이종훈, 김두래, 김성주, 조명오, 김중배, 김효숙, 오일남전도사
○ 아동부장 : 양정석
■지도교역자 : 오일남전도사
■총무 : 이규춘 ■서기 : 김상채 ■회계 : 김복덕 ■전산 : 이대용
■유치부장 : 김두래 ■교사 : 심선미, 박순례, 김명숙, 한경화, 박은하
■유년부장 : 김정근 ■교사 : 전옥수, 김회라, 고숙자, 김길은
■초등부장 : 이혜경 ■교사 : 김영준, 오지숙, 이미선
■소년부장 : 김효숙 ■교사 : 이진혁, 박영미, 양정석
■차량도우미 교사 : 김복덕
○ 학생부장 : 최판수
■지도교역자 : 오일남전도사
■총무 및 고등 부감 : 조명오 ■서기 : 박형심 ■회계 : 박경양
■고등부교사 : 김중배, 김성주, 이나영
■중등부감 : 김재분 ■교사 : 김소영, 김영민, 황영임, 이강용, 고경숙

9. 자치회

○ 제1남선교회
■회장 : 손용현 ■부회장 및 총무 : 서영석 ■회계 : 김종필
○ 제2남선교회
■회장 : 박한오 ■부회장 : 이영수 ■총무 : 조명오
○ 제3남선교회

■회장 : 양정석 ■부회장 : 김영준 ■총무 : 이규춘

○ 제4남선교회

■회장 : 김성주 ■부회장 : 김 용 ■총무 : 김영민

○ 제1여전도회

■회장 : 성호덕 ■부회장 : 이옥연 ■서기 : 김복희

○ 제2여전도회

■회장 : 최미순 ■부회장 : 김영순1 ■회계 : 강정순

○ 제3여전도회

■회장 : 김재분 ■부회장 : 이혜경 ■총무 : 김정옥2 ■서기 : 송두리 ■회계 : 김채엽

○ 제4여전도회

■회장 : 박영미 ■부회장 : 김소영 ■총무 : 심선미 ■서기 : 김수정 ■회계 : 김두래

○ 제5여전도회

■회장 : 김명숙 ■총무 : 이미선 ■서기 : 고경숙 ■회계 : 김미정

○ 청년회

■회장 : 이강용 ■총무 및 서기 : 황영임

○ 중고등부

■회장 : 문정주 ■총무 : 김하니 ■서기 : 정지연 ■회계 : 이주은

○ 해외선교회

■회장 : 김종필 ■총무 : 오지숙

10. 특별위원회

○ 예배위원장 : 최판수 ■위원 : 교역자, 당회장, 성가대원

○ 교육위원장 : 양정석 ■위원 : 교역자, 당회장, 교회학교 부장

○ 선교위원장 : 김종필 ■총무 : 오지숙

○ 차량위원장 : 박정선 ■총무 : 김정근

○ 장학위원장 : 이규민

○ 예산위원장 : 서일석 ■서기 : 이규춘

○ 감사위원장 : 서영석

2008년 태인교회 교직자 및 제직명단

표어 : 주님의 빛을 온누리에 비추는 교회

1. 공동의회

○ 회장 : 변유복목사

■서기 : 양정석장로 ■회원 : 본 교회 소속 무흠 입교인

2. 당회

○ 회장 : 변유복목사 ■서기 : 양정석장로

■회원 : 서일석, 서영석, 이규민, 박정선, 김종필, 양정석, 최판수, 이종만(협동)
■언권회원 : 김충현, 이인휘, 이영휘

3. 제직회

○ 회장 : 변유복목사
■서기 : 이영수집사 ■회계 : 김정근집사 ■부회계 : 김영준집사

4. 교역자 : 변유복목사, 오일남전도사

5. 제직회원

○ 장로 : 서일석, 서영석, 이규민, 박정선, 김종필, 양정석, 최판수
○ 안수집사 : 이종훈, 이규춘, 김정근, 이영수, 조명오, 한명호, 이찬진, 김영준, 김성주
○ 권사 : 성호덕, 최미순, 강순덕, 김효분, 이옥연, 김영순1, 박옥순, 강정순, 박형심, 김채엽, 김영순2, 송두리, 김복덕, 김효숙, 이혜경, 이선옥
○ 서리집사
■남자 : 김동률, 김상채, 김순현, 김영민, 김영훈, 김 용, 김재생, 김정수, 김종섭, 김중배, 김한준, 김현식, 문성곤, 문승일, 박근수, 박순규, 박은상, 박점섭, 박한오, 서강원, 송재국, 송재실, 송점식, 양봉석, 양성석, 양윤옥, 양재삼, 유호성, 이강용, 이경용, 이규수, 이규문, 이민철, 이동철, 이석동, 이윤수, 장기운, 장 만, 홍태수
■여자 : 강금남, 고경숙, 고숙자, 김경희, 김남임, 김두래, 김말렬, 김명숙, 김복희, 김봉선, 김수정, 김소영, 김순자, 김유숙, 김재분, 김정순, 김정옥1, 김정옥2, 김정희, 김회라, 류복순, 박경양, 박경자, 박기자, 박민순, 박선숙, 박선자, 박순례, 박영미, 박인숙, 배경자, 성금진, 손효남, 송영덕, 신지영, 심선미, 양훈자, 오은경, 오지숙, 왕연희, 이금연, 이나영, 이명숙, 이미선, 이연낙, 이옥임, 이정희, 이혜진, 장덕례, 장미순, 전옥수, 정갑순, 정미자, 정민화, 정춘심, 정현진, 정현화, 조명희, 조성분, 주미선, 채남희, 최금자, 최선숙, 최성순, 하경수, 한경화, 한승자, 황미선, 황숙재
○ 원로장로 : 김충현
○ 은퇴장로 : 이인휘, 이영휘
○ 은퇴집사 : 이관휘
○ 은퇴권사 : 이복희, 박금이, 박명해
○ 명예권사 : 최금엽, 서두래, 허덕애, 조용순, 강영필, 손순악,
○ 명예집사
■남자 : 김완현, 박정용, 김종태, 김무웅, 박정오, 손용현, 김상태
■여자 : 전예삐, 엄여남, 서두래, 이애자, 김쌍남, 강다래, 박재윤, 정판심, 이귀엽, 이여심, 이용순, 이기남, 정용순, 이수희, 이덕심, 오순엽, 서현숙, 박미남, 조순남, 이임순, 구재정, 이정임, 강달막, 문유복례, 강희순, 박귀임, 황삼연, 김선자,

6. 각부조직

○ 총무부장 : 이규민 ■차장 : 이종훈, 이혜경
■부원 : 김 용, 박근수, 이민철, 서강원, 김명숙, 김정옥2, 박영미, 이연낙, 채남희, 성금진
○ 재정부장 : 서일석 ■차장 : 김정근, 김영준
■부원 : 김순현, 박순규, 이석동, 양재삼, 김미정, 김정희, 배경자, 이정희, 최금자, 정미자
○ 전도부장 : 김종필 ■차장 : 송두리, 강정순

■ 부원 : 김영민, 박한오, 이윤수, 이동철, 김복희, 김회라, 송영덕, 장덕례, 최선숙, 이옥임
○ 교육부장 : 양정석 ■ 차장 : 김효숙, 이선옥
■ 부원 : 김영훈, 박점섭, 장 만, 이규문, 김봉선, 유복순, 신지영, 장미순, 최성순, 손효남
○ 체육부장 : 조명오 ■ 차장 : 김복덕, 박옥순
■ 부원 : 김재생, 송재국, 장기운, 강금남, 김수정, 박경양, 심선미, 전옥수, 하경수, 이나영
○ 관리부장 : 박정선 ■ 차장 : 김상채, 이찬진
■ 부원 : 김정수, 송재실, 홍태수, 고경숙, 김소영, 박경자, 양훈자, 정갑순, 한경화, 이금연
○ 봉사부장 : 이종만 ■ 차장 : 김효분, 이옥연
■ 부원 : 김종섭, 송점식, 양성석, 고숙자, 김순자, 박기자, 오은경, 정민화, 한승자, 주미선
○ 사회부장 : 이규춘 ■ 차장 : 성호덕, 김성주
■ 부원 : 김중배, 양봉석, 이강용, 김경희, 김유숙, 박민순, 오지숙, 정현진, 황미선, 이혜진
○ 경조부장 : 서영석 ■ 차장 : 김채엽, 김영순1
■ 부원 : 김현식, 양윤옥, 김한준, 김남임, 김재분, 박선숙, 왕연희, 정현화, 황숙재, 박은상
○ 미화부장 : 한명호 ■ 차장 : 강순덕, 김영순2
■ 부원 : 문성곤, 이경용, 유호성, 김두래, 김정순, 박선자, 박인숙, 조명희, 정춘심, 조성분
○ 행사부장 : 최판수 ■ 차장 : 최미순, 박형심
■ 부원 : 문승일, 이규수, 김동률, 김말렬, 김정옥1, 박순례, 이미선, 조성분, 이명숙, 박근수

7. 찬양대

○ 성가대장 : 박정선장로
■ 지휘 : 이종훈 ■ 총무 : 이혜경 ■ 서기 : 오지숙 ■ 회계 : 김명숙
■ 피아노 : 김소영, 이나영, 조명희, 정지연 ■ 오르간 : 김효숙
■ 소프라노 : 박영미, 김영순2, 김채엽, 송두리, 이혜경, 이선옥, 오지숙, 심선미, 전옥수, 박경양, 김수정, 김두래, 고경숙, 김명숙, 김미정, 고숙자, 한경화, 이나영, 양훈자
■ 알토 : 김재분, 박형심, 김소영, 이미선, 김회라, 박은하, 송선학
■ 테너 : 이영수, 조명오, 김중배, 이강용, 박은중
■ 베이스 : 김영준, 이종만, 이규문, 김정근, 최판수, 김성주, 김영민
○ 찬양단
■ 지도 : 오일남전도사
■ 피아노 : 정지연 ■ 키보드 : 이나영 ■ 기타 : 조명오 ■ 드럼 : 김중배
■ 싱어 : 김영민, 고경숙, 이미선, 김두래, 황영임, 김성모

8. 교회학교

○ 교장 : 변유복목사 ■ 고문 : 박정선장로
○ 교육위원장 : 양정석 ■ 총무 : 이규춘
■ 위원 : 박정선, 최판수, 이종훈, 조명오, 김성주, 김효숙, 이혜경, 오지숙, 심선미, 김소영, 김중배, 오일남
○ 아동부장 : 양정석
■ 지도교역자 : 오일남전도사
■ 총무 : 이규춘 ■ 서기 : 김상채 ■ 회계 : 김복덕 ■ 전산 : 이대용
■ 유치부감 : 심선미 ■ 교사 : 김명숙, 한경화, 박은하
■ 유년부감 : 오지숙 ■ 교사 : 김정근, 김두래, 고숙자
■ 초등부감 : 김효숙 ■ 교사 : 김영준, 전옥수, 이미선

■소년부감 : 이혜경 ■교사 : 양정석, 박영미, 김회라

○ 학생부장 : 최판수

■지도교역자 : 오일남전도사

■총무 : 조명오 ■부총무 : 김영민 ■서기 : 박형심 ■부서기 : 정지연

■회계 : 박경양 ■부회계 : 배경자

■고등부감 : 김소영 ■교사 : 이나영, 김중배

■중등부감 : 김성주 ■교사 : 김재분, 이강용, 송다나, 고경숙, 황영임

○ 청년부장 : 김성주

■담당교역자 : 오일남전도사

9. 자치회

○ 제1남선교회

■회장 : 손용현 ■부회장 : 서영석 ■회계 : 김종필

○ 제2남선교회

■회장 : 박한오 ■부회장 : 이영수 ■총무 : 조명오

○ 제3남선교회

■회장 : 김영준 ■부회장 : 이규춘 ■총무 : 이찬진 ■서기 : 이석동

○ 제4남선교회

■회장 : 김성주 ■부회장 : 문성곤 ■총무 : 김영민

○ 제1여전도회

■회장 : 성호덕 ■부회장 : 이옥연 ■서기 : 김복희

○ 제2여전도회

■회장 : 최미순 ■부회장 : 김영순1 ■회계 : 강정순

○ 제3여전도회

■회장 : 김효숙 ■부회장 : 이혜경 ■총무 : 김정옥2 ■서기 : 오지숙 ■회계 : 박경자

○ 제4여전도회

■회장 : 김두래 ■부회장 : 박경양 ■총무 : 전옥수 ■서기 : 김수정 ■회계 : 김소영

○ 제5여전도회

■회장 : 고숙자 ■총무 : 한경화 ■서기 : 이나영 ■회계 : 박순례

○ 청년회

■회장 : 김중배 ■총무 : 이대용 ■회계 : 송다나

○ 중고등부

■회장 : 서동인 ■총무 : 이주은 ■서기 : 김하니 ■회계 : 이민주

○ 해외선교회

■회장 : 김종필 ■총무 : 오지숙

10. 특별위원회

○ 예배위원장 : 최판수 ■위원 : 교역자, 당회장, 성가대원

○ 교육위원장 : 양정석 ■위원 : 교역자, 당회장, 교회학교 부장

○ 선교위원장 : 김종필 ■총무 : 오지숙

○ 차량위원장 : 박정선 ■총무 : 김정근

○ 장학위원장 : 이규민

○ 예산위원장 : 서일석 ■총무 : 김정근 ○ 감사위원장 : 서영석

2009년 태인교회 교직자 및 제직명단

표어 : 오직 복음을 오직 성령으로 날마다 부흥하는 교회

1. 공동의회

○ 회장 : 변유복목사
■ 서기 : 양정석장로 ■ 회원 : 본 교회 소속 무흠 입교인

2. 당회

○ 회장 : 변유복목사 ■ 서기 : 양정석장로
■ 회원 : 서일석, 서영석, 이규민, 박정선, 김종필, 양정석, 최판수, 이종만(협동)
■ 언권회원 : 김충현, 이인휘, 이영휘

3. 제직회

○ 회장 : 변유복목사
■ 서기 : 이영수집사 ■ 회계: 김영준집사 ■ 부회계 : 김성주집사

4. 교역자 : 변유복목사, 이현중전도사

5. 제직회원

○ 장로 : 서일석, 서영석, 이규민, 박정선, 김종필, 양정석, 최판수, 이종만
○ 안수집사 : 이종훈, 이규춘, 김정근, 이영수, 조명오, 한명호, 이찬진, 김영준, 김성주
○ 권사 : 성호덕, 최미순, 강순덕, 김효분, 이옥연, 김영순1, 박옥순, 강정순, 박형심, 김채엽, 김영순2, 송두리, 김복덕, 김효숙, 이혜경, 이선옥
○ 서리집사
■ 남자 : 김동률, 김상채, 김순현, 김영민, 김영훈, 김 용, 김재생, 김정수, 김종섭, 김중배, 김한준, 김현식, 문성곤, 문승일, 박근수, 박순규, 박은상, 박점섭, 박한오, 서강원, 송재국, 송재실, 송점식, 양봉석, 양성석, 양윤옥, 양재삼, 유호성, 이강용, 이경용, 이규수, 이규문, 이민철, 이동철, 이석동, 이윤수, 장기운, 장 만, 홍태수, 서의원, 박정현, 임용성
■ 여자 : 강금남, 고경숙, 고숙자, 김경희, 김남임, 김두래, 김말렬, 김명숙, 김미정, 김복희, 김봉선, 김수정, 김소영, 김순자, 김유숙, 김재분, 김정순, 김정옥1, 김정옥2, 김정희, 김회라, 류복순, 박경양, 박경자, 박기자, 박민순, 박선숙, 박선자, 박순례, 박영미, 박인숙, 배경자, 성금진, 손효남, 송영덕, 신지영, 심선미, 양훈자, 오은경, 오지숙, 왕연희, 이금연, 이나영, 이명숙, 이미선, 이연낙, 이옥임, 이정희, 이혜진, 장덕례, 장미순, 전옥수, 정갑순, 정미자, 정민화, 정춘심, 정현진, 정현화, 조명희, 조성분, 주미선, 채남희, 최금자, 최선숙, 최성순, 하경수, 한경화, 한승자, 황미선, 박봉순, 윤다엽, 이명례, 범은희, 이옥이, 김태순, 이현구, 송영자, 황영임
○ 원로장로 : 김충현
○ 은퇴장로 : 이인휘, 이영휘
○ 은퇴집사 : 이관휘
○ 은퇴권사 : 이복희, 박금이, 박명해
○ 명예권사 : 최금엽, 서두래, 허덕애, 조용순, 강영필, 손순악

○ 명예집사

■남자 : 김완현, 박정용, 송순옥, 김종태, 김무웅, 박정오, 손용현, 김상태

■여자 : 김명순, 강다래, 박귀임, 정판심, 이귀엽, 이영심, 이용순, 이기남, 엄여남, 박미남, 서현숙, 오순엽, 황삼연, 전예뻬, 이수희, 김선자, 정용순, 이덕심, 이임순, 이애자, 조순남, 강희순, 김쌍남, 문유복례, 이정임, 강달막, 박민순, 정현진,

6. 각부조직

○ 총무부장 : 이규민 ■차장 : 조명오, 김정근

■부원 : 김 용, 박근수, 이민철, 서강원, 김명숙, 김정옥2, 박영미, 이연낙, 채남희, 성금진, 박봉순

○ 재정부장 : 서일석 ■차장 : 김영준, 김성주

■부원 : 김순현, 박순규, 이석동, 양재삼, 김미정, 김정희, 배경자, 이정희, 최금자, 정미자, 윤다엽

○ 전도부장 : 김종필 ■차장 : 송두리, 강정순

■부원 : 김영민, 박한오, 이윤수, 이동철, 김복희, 김회라, 송영덕, 장덕례, 최선숙, 이옥임, 이명례

○ 교육부장 : 양정석 ■차장 : 김효숙, 이혜경

■부원 : 김영훈, 박점섭, 장 만, 이규문, 김봉선, 유복순, 신지영, 장미순, 최성순, 손효남, 범은희

○ 체육부장 : 이규춘 ■차장 : 김복덕, 박옥순

■부원 : 김재생, 송재국, 장기운, 강금남, 김수정, 박경양, 심선미, 전옥수, 하경수, 이나영

○ 관리부장 : 박정선 ■차장 : 김상채, 이찬진

■부원 : 김정수, 송재실, 홍태수, 고경숙, 김소영, 박경자, 양훈자, 정갑순, 한경화, 이금연, 이옥이

○ 봉사부장 : 이종만 ■차장 : 김효분, 이옥연

■부원 : 김종섭, 송점식, 양성석, 고숙자, 김순자, 박기자, 오은경, 정민화, 한승자, 주미선, 김태순

○ 사회부장 : 이종훈 ■차장 : 최미선, 이선옥

■부원 : 김중배, 양봉석, 이강용, 김경희, 김유숙, 박민순, 오지숙, 정현진, 황미선, 이혜진

○ 경조부장 : 서영석 ■차장 : 김채엽, 김영순1

■부원 : 김현식, 양윤옥, 김한준, 김남임, 김재분, 박선숙, 왕연희, 정현화, 황숙재, 박은상, 이현구

○ 미화부장 : 한명호 ■차장 : 강순덕, 김영순2

■부원 : 문성곤, 이경용, 유호성, 김두래, 김정순, 박선자, 박인숙, 조명희, 정춘심, 조성분, 송영자, 황영임

○ 행사부장 : 최판수 ■차장 : 최미순, 박형심

■부원 : 문승일, 이규수, 김동률, 김말렬, 김정옥1, 박순례, 이미선, 조성분, 이명숙, 박근수

7. 찬양대

○ 성가대장 : 박정선장로

■지휘 : 이종훈 ■총무 : 이혜경 ■서기 : 오지숙 ■회계 : 김명숙

■피아노 : 김소영, 이나영, 조명희, 정지연 ■오르간 : 김효숙

■소프라노 : 박영미, 김영순2, 김채엽, 송두리, 이혜경, 이선옥, 오지숙, 심선미, 전옥수, 박경양, 김수정, 김두래, 고경숙, 김명숙, 김미정, 고숙자, 이나영

■알토 : 김재분, 박형심, 김소영, 이미선, 김회라, 박은하

■테너 : 이영수, 조명오, 김중배, 이강용, 이경훈, 문정주

■베이스 : 김영준, 이종만, 김정근, 최판수, 김성주, 김영민

○ 찬양단

■지도 : 이현종전도사

■피아노 : 정지연 ■키보드 : 이나영 ■기타 : 조명오 ■드럼 : 김중배

■싱어 : 김영민, 고경숙, 이미선, 김두래, 황영임, 김성모

8. 교회학교

○ 교장 : 변유복목사 ■고문 : 박정선장로
○ 교육위원장 : 양정석 ■총무 : 이규춘
■위원 : 박정선, 최판수, 김정근, 조명오, 김성주, 심선미, 오지숙, 이혜경, 전옥수, 이진혁
○ 아동부장 : 이규춘
■총무 : 김정근 ■서기 : 김상채 ■회계 : 김복덕 ■전산 : 이대용 ■반주 : 김효숙
■유치부감 : 심선미 ■교사 : 김명숙, 한경화, 박은하
■유년부감 : 오지숙 ■교사 : 김두래, 이규춘, 이진혁
■초등부감 : 전옥수 ■교사 : 김영준, 이미선, 양훈자
■소년부감 : 이혜경 ■교사 : 양정석, 박영미, 김회라
○ 학생부장 : 최판수
■지도교역자 : 이현종전도사
■총무 : 조명오 ■부총무 : 김영민 ■서기 : 박형심 ■부서기 : 정지연 ■회계 : 박경양
■부감 : 김성주
■교사 : 김소영, 고경숙, 송다나, 황영임, 이나영, 김재분, 김성주, 이강용, 김중배
○ 청년부장 : 김성주
■지도교역자 : 이현중전도사

9. 자치회

○ 제1남선교회
■회장 : 서영석 ■총무 : 김종필
○ 제2남선교회
■회장 : 박정선 ■부회장 : 조명오 ■총무 : 이찬진
○ 제3남선교회
■회장 : 이석동 ■부회장 : 문성곤 ■총무 : 김성주
○ 제1여전도회
■회장 :
○ 제2여전도회
■회장 : 김영순1 ■부회장 : 류복순 ■서기 : 박형심 ■회계 : 강정순
○ 제3여전도회
■회장 : 송두리 ■부회장 : 이혜경 ■총무 : 김정옥2 ■서기 : 박경자 ■회계 : 오지숙
○ 제4여전도회
■회장 : 김소영 ■총무 : 고경숙 ■서기 : 전옥수 ■회계 : 김명숙
○ 제5여전도회
■회장 : 고숙자 ■총무 : 한경화 ■서기 : 이혜진 ■회계 : 이나영
○ 청년회
■회장 : 이진혁 ■총무 : 송다나
○ 중고등부
■회장 : 서동삼 ■총무 : 양소라 ■서기 : 김혜린 ■회계 : 김혜영
○ 해외선교회
■회장 : 김종필 ■총무 : 오지숙

10. 특별위원회

○ 예배위원장 : 최판수 ■위원 : 교역자, 당회장, 성가대원
○ 교육위원장 : 양정석 ■위원 : 교역자, 당회장, 교회학교 부장
○ 선교위원장 : 김종필 ■총무 : 오지숙
○ 차량위원장 : 박정선 ■총무 : 김정근
○ 장학위원장 : 이규민
○ 예산위원장 : 서일석 ■총무 : 김정근
○ 감사위원장 : 서영석

2010년 태인교회 교직자 및 제직명단

표어 : 전도로 하나님을 기쁘게, 사랑으로 성도를 행복하게

1. 공동의회

○ 회장 : 변유복목사
■서기 : 양정석장로 ■회원 : 본 교회 소속 무흠 입교인

2. 당회

○ 회장 : 변유복목사 ■서기 : 양정석장로
■회원 : 서영석, 이규민, 박정선, 김종필, 양정석, 최판수, 이종만(협동)
■언권회원 : 김충현, 서일석, 이인휘, 이영휘

3. 제직회

○ 회장 : 변유복목사 ■서기 : 이영수집사 ■회계 : 김영준집사 ■부회계 : 김성주집사

4. 교역자 : 변유복목사, 정태승전도사

5. 제직회원

○ 장로 : 서영석, 이규민, 박정선, 김종필, 양정석, 최판수, 이종만(협동)
○ 안수집사 : 이종훈, 이규춘, 김정근, 이영수, 조명오, 한명호, 이찬진, 김영준, 김성주
○ 권사 : 성호덕, 최미순, 강순덕, 김효분, 이옥연, 김영순1, 박옥순, 강정순, 박형심, 김채엽, 김영순2, 송두리, 김복덕, 김효숙, 이혜경, 이선옥
○ 서리집사
■남자 : 고홍수, 김동률, 김상채, 김순현, 김영민, 김영훈, 김 용, 김재생, 김정수, 김종섭, 김한준, 김현식, 김훈산, 문성곤, 문승일, 박근수, 박은상, 박점섭, 박정현, 박종철, 박한오, 서강원, 서의원, 송재국, 송재실, 송점식, 양봉석, 양성석, 양윤옥, 유호성, 이경용, 이규수, 이규문, 이규중, 이민철, 이동철, 이석동, 임용성, 장기운, 장 만, 정종환, 홍태수
■여자 : 강금남, 고경숙, 고숙자, 김경희, 김두래, 김말렬, 김명숙, 김미정, 김미화, 김복희, 김봉선, 김수정, 김소영, 김순자, 김유숙, 김재분, 김정순, 김정옥1, 김정옥2, 김정희, 김태순, 김회라,

류복순, 박경양, 박경자, 박기자, 박봉순, 박선숙, 박선자, 박순례, 박영미, 박인숙, 범은희, 배경자, 성금진, 손효남, 송영덕, 송영자, 신지영, 심선미, 양훈자, 오은경, 오지숙, 왕연희, 윤다엽, 이금연, 이나영, 이미선, 이명례, 이연낙, 이옥이, 이옥임, 이정희, 이향자, 이현구, 이혜진, 장덕례, 전옥수, 정갑순, 정미라, 정미자, 정민화, 정춘심, 정현화, 조명희, 조성분, 주미선, 채남희, 최금자, 최선숙, 최성순, 하경수, 한경화, 한승자, 황미선, 황영임

○ 원로장로 : 김충현, 서일석

○ 은퇴장로 : 이인휘, 이영휘

○ 은퇴집사 : 이관휘

○ 은퇴권사 : 이복희, 박금이, 박명해

○ 명예권사 : 최금엽, 서두래, 허덕애, 조용순, 강영필, 손순악

○ 명예집사

■ 남자 : 김완현, 박정용, 송순옥, 김종태, 김무웅, 박정오, 손용현, 김상태

■ 여자 : 김명순, 강다래, 박귀임, 정판심, 이귀엽, 이영심, 이용순, 이기남, 엄여남, 박미남, 서현숙, 오순엽, 황삼연, 전예삐, 이수희, 김선자, 정용순, 이덕심, 이임순, 이애자, 조순남, 강희순, 김쌍남, 문유복례, 이정임, 강달막, 박민순, 정현진,

6. 각부조직

○ 총무부장 : 이규민 ■ 차장 : 이종훈, 김정근

■ 부원 : 김 용, 박근수, 이민철, 서강원, 김명숙, 김정옥2, 박영미, 이연낙, 채남희, 성금진, 박봉순, 윤다엽

○ 재정부장 : 김종필 ■ 차장 : 김영준

■ 부원 : 김훈산, 이석동, 양흥만, 김미정, 김정희, 배경자, 이정희, 최금자, 정미자, 서의원, 이명례

○ 전도부장 : 양정석 ■ 차장 : 송두리, 강정순

■ 부원 : 김영민, 박한오, 이윤수, 이동철, 김복희, 김회라, 송영덕, 장덕례, 최선숙, 이옥임, 박정현, 범은희

○ 교육부장 : 최판수 ■ 차장 : 김효숙, 이혜경

■ 부원 : 김영훈, 박점섭, 장 만, 이규문, 김봉선, 유복순, 신지영, 장미순, 최성순, 손효남, 임용성, 이옥이

○ 체육부장 : 이규춘 ■ 차장 : 김복덕, 박옥순

■ 부원 : 김재생, 송재국, 장기운, 강금남, 김수정, 박경양, 심선미, 전옥수, 하경수, 이나영

○ 관리부장 : 박정선 ■ 차장 : 김상채, 이찬진

■ 부원 : 김정수, 송재실, 홍태수, 고경숙, 김소영, 박경자, 양훈자, 정갑순, 한경화, 이금연, 정종환, 이향자

○ 봉사부장 : 이종만 ■ 차장 : 김효분, 이옥연

■ 부원 : 김종섭, 송점식, 양성석, 고숙자, 김순자, 박기자, 오은경, 정민화, 한승자, 주미성,

○ 사회부장 : 김성주 ■ 차장 : 성호덕, 이선옥

■ 부원 : 김중배, 양봉석, 이강용, 김경희, 김유숙, 박민순, 오지숙, 정현진, 황미선, 이혜진

○ 경조부장 : 서영석 ■ 차장 : 김채엽, 김영순1

■ 부원 : 김현식, 양윤옥, 김한준, 김남임, 김재분, 박선숙, 왕연희, 정현화, 황숙재, 박은상, 김미화, 정미라

○ 미화부장 : 한명호 ■ 차장 : 강순덕, 김영순2

■ 부원 : 문성곤, 이경용, 유호성, 김두래, 김정순, 박선자, 박인숙, 조명희, 정춘심, 조성분, 고홍수, 박종철

○ 행사부장 : 조명오 ■차장 : 최미순, 박형심
■부원 : 문승일, 이규수, 김동률, 김말렬, 김정옥1, 박순례, 이현구, 이명숙, 김태순

7. 찬양대

○ 성가대장 : 이종만장로
■지휘 : 이종훈 ■총무 : 김두래 ■서기 : 김미정 ■회계 : 김수정
■피아노 : 조명희, 이나영, 김소영, 정지연 ■오르간 : 김효숙
■소프라노 : 고숙자, 고경숙, 김두래, 김명숙, 김미정, 김수정, 김영순2, 김채엽, 박경양, 소효숙, 송두리, 송영덕, 심선미, 양훈자, 오지숙, 이나영, 이선옥, 이혜경, 정미라, 전옥수, 채남희
■알토 : 박형심, 김소영, 김재분, 김회라, 박은하, 성금진, 이미선, 이지은
■테너 : 조명오, 김정근, 문성곤, 유호성, 이규중, 이석동, 이영수
■베이스 : 김영준, 김성주, 김영민, 김종섭, 김현식, 문승일, 이종만, 최판수
○ 찬양단
■리더 : 김영민 ■총무 : 고경숙 ■키보드 : 이나영 ■드럼 : 이경훈
■싱어 : 김두래, 김성희, 김소영, 이미선, 전옥수 ■몸찬양 : 고경숙, 김회라

8. 교회학교

○ 교장 : 변유복목사 ■고문 : 박정선장로
○ 교육위원장 : 최판수 ■총무 : 이규춘
■위원 : 박정선, 양정석, 조명오, 김성주, 이혜경, 심선미, 오지숙, 김두래, 김효숙, 이대용
○ 아동부장 : 이규춘
■지도교역자 : 정태승전도사
■총무 : 이혜경 ■서기 및 회계 : 김상채
■유치부감 : 심선미 ■교사 : 김명숙, 김미정, 박은하
■유년부감 : 오지숙 ■교사 : 이규춘, 박영미
■초등부감 : 김두래 ■교사 : 김영준, 정미라
■소년부감 : 김효숙 ■교사 : 양정석, 전옥수, 김회라
○ 학생부장 : 최판수
■지도교역자 : 오일남전도사
■총무 : 조명오 ■서기 : 박형심 ■회계 : 박경양
■부감 : 김성주
■교사 : 고경숙, 김성주, 김소영, 김재분, 최판수
○ 청년부장 : 김성주
■담당교역자 : 정태승전도사

9. 자치회

○ 제1남선교회
■회장 : 김종필 ■총무 : 이영수
○ 제2남선교회
■회장 : 조명오 ■총무 이찬진
○ 제3남선교회
■회장 : 이석동 ■총무 김종섭
○ 제1여전도회

■회장 : 성호덕 ■부회장 : 최미순 ■서기 : 이선옥 ■회계 : 김효분

○ 제2여전도회

■회장 : 최성순 ■부회장 : 박형심 ■총무 : 강정순 ■회계 : 김채엽

○ 제3여전도회

■회장 : 이혜경 ■부회장 : 오지숙 ■총무 : 김정옥2 ■서기 : 박경자 ■회계 : 박영미

○ 제4여전도회

■회장 : 김소영 ■총무 : 고경숙 ■서기 : 이미선 ■회계 : 김명숙

○ 제5여전도회

■회장 : 이나영 ■총무 : 고숙자 ■회계 : 이혜진

○ 제1 청년회

■회장 : 이대용 ■총무 : 이주은

○ 중고등부

■회장 : 김혜영 ■총무 : 이주용 ■서기 : 이지은 ■회계 : 문정민

○ 해외선교회

■회장 : 서영석 ■총무 : 오지숙

10. 특별위원회

○ 예배위원장 : 이규민 ■위원 : 교역자, 당회장, 성가대원

○ 교육위원장 : 최판수 ■위원 : 교역자, 당회장, 교회학교 부장

○ 선교위원장 : 서영석 ■총무 : 오지숙

○ 차량위원장 : 박정선 ■총무 : 김정근

○ 장학위원장 : 이종만

○ 예산위원장 : 김종필 ■총무 : 김정근

○ 감사위원장 : 양정석

2011년 태인교회 교직자 및 제직명단

표어 : 다음세대와 함께가는 교회(신 6:4-9)

1. 공동의회

○ 회장 : 박형련목사

■서기 : 양정석장로 ■회원 : 본 교회 소속 무흠 입교인

2. 당회

○ 회장 : 박형련목사 ■서기 : 양정석장로

■회원 : 서영석, 이규민, 박정선, 김종필, 양정석, 최판수, 이종만

■언권회원 : 김충현, 서일석, 이인휘, 이영휘

3. 제직회

○ 회장 : 박형련목사

■서기 : 이영수집사 ■회계 : 김영준집사 ■부회계 : 김성주집사

4. 교역자 : 박형련목사, 정태승전도사, 장두식전도사

5. 제직회원

○ 장로 : 서영석, 이규민, 박정선, 김종필, 양정석, 최판수, 이규춘, 이영수 ,이종만

○ 안수집사 : 이종훈, 김정근, 조명오, 한명호, 이찬진, 김영준, 김성주, 김상채, 김영민, 김한준, 박정섭, 박한오, 송재실, 양윤옥, 이규중

○ 권사 : 김인자, 성호덕, 최미순, 강순덕, 김효분, 이옥연, 김영순1, 박옥순, 강정순, 박형심, 김채엽, 김영순2, 송두리, 김복덕, 김효숙, 이혜경, 이선옥, 고경숙, 김두래, 김말렬, 김소영, 김순자, 김재분, 김정옥2, 류종례, 박경양, 박경자, 박영미, 심선미, 오지숙, 전옥수, 최성순

○ 서리집사

■남자 : 고홍수, 김영훈, 김 용, 김재생, 김정수, 김종섭, 김현식, 김훈산, 문성곤, 문승일, 박근수, 박은상, 박정현, 박종철, 서강원, 서의원, 송재국, 송점식, 양봉석, 양성석, 양흥만, 이경용, 이규수, 이규문, 이민철, 임용성, 장기운, 장 만, 이석동, 정종환

■여자 : 강금남, 고숙자, 김경희, 김명숙, 김미정, 김미화, 김복희, 김봉선, 김성희, 김수정, 김유숙, 김정순, 김정옥1, 김정희, 김태순, 김회라, 박기자, 박봉순, 박선자, 박인숙, 범은희, 배경자, 소효숙, 송영덕, 송영자, 손효남, 신지영, 양훈자, 오은경, 왕연희, 윤다엽, 이길자, 이금연, 이나영, 이미선, 이명례, 이연낙, 이옥이, 이옥임, 이정희, 이종순, 이향자, 이현구, 이혜진, 장덕례, 정갑순, 정미라, 정미자, 정민화, 정춘심, 정현화, 조성분, 조은실, 주미선, 채남희, 최금자, 최선숙, 하경수, 한승자, 황미선, 황영임

○ 원로장로 : 김충현, 서일석

○ 은퇴장로 : 이인휘, 이영휘

○ 은퇴집사 : 이관휘

○ 은퇴권사 : 이복희, 박금이, 박명해

○ 명예권사 : 서두래, 허덕애, 조용순, 강영필, 손순악

○ 명예집사

■남자 : 박정용, 김종태, 김무웅, 박정오, 손용현, 김상태, 김순현

■여자 : 김명순, 강다래, 박귀임, 정판심, 이귀엽, 이영심, 이용순, 이기남, 엄여남, 박미남, 서현숙, 오순엽, 황삼연, 전예삐, 이수희, 김선자, 정용순, 이덕심, 이임순, 이애자, 조순남, 강희순, 김쌍남, 이정임, 문유복례, 강달막, 박민순, 정현진

6. 각부조직

○ 총무부장 : 이규민 ■팀장 : 김정근, 이석동, 이찬진, 이종훈

■부원 : 이민철, 서강원, 김명숙, 김정옥2, 박영미, 이연낙, 채남희, 박봉순, 윤다엽

○ 예배부장 : 이종만 ■팀장 : 김효분, 이규중, 김영민, 박은상, 박형심

■부원 : 문성곤, 이경용, 유호석, 김두래, 김정순, 황영임, 박인숙, 정춘심, 박종철

○ 친교부장 : 이영수 ■팀장 : 김성주, 김영순2, 양윤옥

■부원 : 김재생, 송재국, 장기운, 강금남, 김수정, 박경양, 심선미, 전옥수, 하경수, 이나영, 문승일, 이규수, 김동률, 김말렬, 김정옥1, 송영자, 이미선, 이명숙, 김태순

○ 재정부장 : 김종필 ■차장 : 김영준

■부원 : 김훈산, 이규중, 이석동, 양홍만, 김미정, 김정희, 배경자, 이정희, 최금자, 정미자, 서의원, 이명례

○ 교육부장 : 최판수 ■팀장 : 이규춘, 최판수, 김상채, 김한준, 김효숙

■부원 : 김영훈, 박점섭, 장 만, 이규윤, 김봉선, 류복순, 신지영, 장미순, 최성순, 손효남, 임용성, 이옥이

○ 차량부장 : 박정선 ■팀장 : 송재실, 박은중, 박한오

■부원 : 김정수, 송재실, 고경숙, 김소영, 박경자, 양훈자, 정갑순, 한경화, 이금년, 정종환, 이향자

○ 선교부장 : 양정석 ■팀장 : 오지숙, 이선옥, 김채엽, 김재분

■부원 : 김영민, 박한오, 이동철, 김복희, 김회라, 송영덕, 장덕례, 최선숙, 이옥임, 박정현, 범은희

○ 사회부장 : 서영석 ■팀장 : 송두리, 성호덕, 박옥순

■부원 : 양봉석, 김경희, 김유숙, 박선자, 오지숙, 소효숙, 황미선, 이혜진, 김현식, 양윤옥, 김한준, 김남인, 김재분, 박선숙, 왕연희, 정현화, 박은상, 김미화, 정미라

○ 봉사부장 : 이규춘 ■차장 : 김복덕, 최미순, 한명호

■부원 : 김종섭, 송점식, 양성석, 고숙자, 김순자, 박기자, 오은경, 정인화, 한승자, 주미성

7. 찬양대

○ 성가대장 : 이종만장로

■지휘 : 이종훈 ■총무 : 김두래 ■서기 : 김미정 ■회계 : 김수정

■피아노 : 김소영, 이나영, 박찬미 ■오르간 : 김효숙

■소프라노 : 고숙자, 고경숙, 김두래, 김명숙, 김미정, 김수정, 김영순2, 김채엽, 박경양, 소효숙, 송두리, 송영덕, 심선미, 양훈자, 오지숙, 이나영, 이선옥, 이혜경, 정미라, 전옥수, 채남희

■알토 : 박형심, 김소영, 김재분, 김회라, 박은하, 이미선, 이영남, 이지은

■테너 : 조명오, 김정근, 문성공, 이강화, 이규중, 이석동, 이영수

■베이스 : 김영준, 김성주, 김영민, 김종섭, 김현식, 문승일, 이종만, 최판수, 김한준

○ 작은촛불찬양단

■리더 : 정태승 ■키보드 : 이나영 ■드럼 : 우성혁,

■싱어 : 김영민, 김성희, 오유나, 송다나

○ 청지기찬양단

■리더 : 김영민 ■키보드 : 이나영 ■드럼 : 고경숙

■싱어 : 김두래, 전옥수, 이미선, 김소영, 김성모, 정태승

○ 수요예배찬양단

■리더 : 전옥수 ■키보드 : 이나영 ■드럼 : 박찬송

■싱어 : 김소영, 김수정, 오지숙, 박영미

○ 금요예배찬양단

■리더 : 이규중 ■키보드 : 이나영 ■싱어 : 김두래, 김회라

○ 청소년찬양단

■리더 : 이예은 ■지도 : 이미선 ■피아노 : 박찬송

■싱어 : 이수현, 이주용, 추슬기, 문예찬, 박정민, 김대영, 박민영, 이주은

8. 교회학교

○ 교장 : 박형련목사 ■고문 : 박정선장로

○ 교육위원장 : 최판수 ■총무 : 이규춘

■위원 : 박정선, 양정석, 조명오, 김성주, 이혜경, 심선미, 오지숙, 김두래, 김효숙

○ 아동부장 : 이규춘
■지도교역자 : 정태승전도사
■총무 : 이혜경 ■서기 및 회계 : 김상채, 이주은 ■전산 : 이대용 ■반주 : 김효숙
■유치부 : 부감 심선미 ■교사 : 김명숙, 김미정, 박은하
■유년부 : 부감 오지숙 ■교사 : 이규춘, 박영미
■초등부 : 부감 김두래 ■교사 : 김영준, 정미라, 고숙자
■소년부 : 부감 김효숙 ■교사 : 양정석, 전옥수, 김회라
○ 학생부장 : 최판수
■지도교역자 : 장두식전도사
■서기 : 박형심 ■총무부감 : 조명오 ■교무부감 : 김성주
■교사 : 고경숙, 김성주, 김소영, 김재분, 최판수, 채남희, 이미선, 송다나, 양훈자
○ 청년부장 : 김성주
■지도교역자 : 정태승전도사

9. 자치회

○ 제1남선교회
■회장 : 김종필 ■총무 : 이영수
○ 제2남선교회
■회장 : 조명오 ■총무 : 이찬진
○ 제3남선교회
■회장 : 이석동 ■총무 : 김종섭
○ 제1여전도회
■회장 : 최미순 ■부회장 : 김영순1 ■총무 : 성호덕 ■회계 : 김효분
○ 제2여전도회
■회장 : 박형심 ■부회장 : 송두리 ■총무 : 정현아 ■서기 : 이옥이 ■회계 : 김영순2
○ 제3여전도회
■회장 : 오지숙 ■부회장 : 박영미 ■총무 : 박경자 ■서기 : 소효숙 ■회계 : 심선미
○ 제4여전도회
■회장 : 박경양 ■총무 : 김회라 ■서기 : 이미선 ■회계 : 김명숙
○ 제5여전도회
■회장 : 이혜진 ■총무 : 이나영 ■회계 : 박은하
○ 권사회
■회장 : 이선옥 ■부회장 : 김효분 ■총무 : 박옥순 ■서기 : 강정순 ■회계 : 김채엽
○ 권찰회
■회장 : 김효분 ■총무 : 송두리 ■서기 : 전옥수 ■회계 : 오지숙
○ 중고등부
■회장 : 서동삼 ■총무 : 양소라 ■서기 : 김혜린 ■회계 : 김혜영
○ 해외선교회
■회장 : 김종필 ■총무 : 오지숙

10. 특별위원회

○ 장학위원장 : 이종만
○ 예산위원장 : 김종필 ■총무 : 김영준 ○ 감사위원장 : 양정석

역대 성도 명단

감성자 감숙성 감영길 강광철 강금남 강기복 강다래 강다순 강달막 강대희 강민형 강부임 강성심 강 숙
강숙희 강순덕 강순자 강순점 강승한 강영미 강영심 강영주 강영필 강예식 강원심 강은정 강은진 강인환
강일자 강정남 강정순 강정임 강정훈 강진영 강필순 강학일 강한오 강한호 강효석 강희순 고경숙 고경은
고경윤 고경희 고길순 고미란 고미정 고성숙 고숙자 고영민 고영옥 고영욱 고영인 고영준 고일봉 고정석
고정자 고흥수 공점란 공정란 곽연화 곽영주 구대희 구두만 구병국 구승규 구윤이 구윤희 구재정 구치현
구태희 구혜진 권명숙 권문선 권문섭 권미월 권병국 권병욱 권병일 권병춘 권상수 권서문 권서운 권연님
권연자 권영기 권영림 권영숙 권오희 권중옥 기영자 기은영 기인기 기학설 김가매 김가영 김갑순 김강미
김강현 김경미 김경선 김경숙 김경옥 김경진 김경태 김경하 김경호 김경화 김경희 김골순 김광길 김광순
김광영 김광일 김군현 김귀덕 김규빈 김극현 김근자 김근호 김금숙 김금순 김금준 김기란 김기복 김기쁨
김기숙 김길례 김길모 김길영 김길은 김길호 김나임 김남월 김다남 김달막 김대영 김대용 김대원 김대휘
김대희 김덕열 김도순 김도엽 김도현 김동균 김동률 김동순 김동영 김동옥 김동엽김동현 김동희 김두래
김두례 김두리 김두지 김들세 김또분 김또순 김라일 김라임 김만곤 김말렬 김맹신 김맹심 김맹호 김명관
김명기 김명란 김명로 김명숙 김명순 김명신 김명옥 김명자 김명호 김명희 김무웅 김무천 김미경 김미라
김미련 김미숙 김미순 김미엽 김미영 김미자 김미정 김미진 김미화 김민수 김민숙 김민우 김민자 김민정
김민철 김민현 김민혜 김병숙 김병욱 김병운 김병희 김보라 김보영 김복권 김복님 김복덕 김복림 김복만
김복식 김복열 김복이 김복임 김복천 김복희 김본심 김봉선 김봉슬 김봉심 김봉희 김부덕 김비련 김사무엘
김삼보 김삼봉 김삼일 김상경 김상국 김상근 김상만 김상봉 김상수 김상암 김상진 김상채 김서엽 김석기
김석분 김석태 김선순 김선신 김선심 김선영 김선옥 김선일 김선자 김선자A 김선자B 김선태 김선화 김선희
김성권 김성년 김성덕 김성림 김성모 김성무 김성숙 김성순 김성심 김성애 김성옥 김성은 김성주 김성현
김성호 김성희 김세분 김세영 김세움 김세웅 김세현 김세호 김소악 김소영 김소원 김 솔 김수경 김수복
김수성 김수연 김수열 김수영 김수정 김수정A 김수정B 김수진 김수현 김숙희 김순례 김순심 김순엽 김순자
김순태 김순현 김순호 김순희 김 슬 김승웅 김승현 김승호 김시현 김신애 김신의 김쌍남 김아현 김애자
김양로 김양호 김연순 김연실 김연주 김열길 김영구 김영금 김영길 김영남 김영란 김영만 김영목 김영미
김영민 김영숙 김영순 김영순A 김영순B 김영신 김영임 김영자 김영주 김영준 김영진 김영철 김영태 김영필
김영호 김영훈 김영희 김예린 김예분 김예순 김예슬 김예열 김예진 김예찬 김오현 김옥경 김옥수 김옥심
김옥엽 김옥자 김온유 김완현 김 용 김용기 김용선 김용순 김용옥 김용우 김용주 김용호 김용훈 김우기
김우현 김유나 김유숙 김유정 김유현 김윤기 김윤로 김윤수 김윤숙 김윤순 김윤심 김윤자 김윤주 김윤철
김윤태 김윤현 김윤호 김은미 김은실 김은심 김은아 김은영 김은정 김은진 김은하 김은현 김은혜 김은화
김을순 김인기 김인석 김인수 김인숙 김인순 김인심 김인자 김인철 김인현 김일재 김일태 김일해 김자은
김장현 김재건 김재곤 김재광 김재근 김재남 김재동 김재림 김재만 김재무 김재미 김재복 김재분 김재삼
김재생 김재선 김재성 김재숙 김재식 김재실 김재윤 김재익 김재일 김재자 김재진 김재향 김재현 김재호
김재화 김재황 김점덕 김점례 김점숙 김점자 김정권 김정근 김정란 김정미 김정민 김정배 김정수 김정숙
김정순 김정오 김정옥 김정옥A 김정옥B 김정욱 김정원 김정일 김정임 김정자 김정진 김정현 김정호 김정희
김정희A 김정희B 김제철 김종래 김종복 김종섭 김종순 김종우 김종철 김종태 김종팔 김종필 김종현 김주례
김주영 김주형 김준수 김준현 김준호 김중배 김중철 김지선 김지숙 김지원 김지윤 김지철 김지훈 김진수
김진욱 김진주 김진철 김진형 김차보 김찬겸 김찬경 김찬기 김찬식 김찬호 김찬휘 김찬희 김창배 김창순

김창호 김채엽 김천일 김 철 김철웅 김철호 김청호 김추현 김춘엽 김춘자 김춘희 김충현 김충호 김치선 김치성 김치호 김칠현 김태곤 김태규 김태선 김태순 김태양 김태영 김태환 김택수 김필순 김하니 김학례 김학설 김학연 김학현 김한나 김한사랑 김한석 김한울 김한준 김해영 김행분 김향숙 김현근 김현선 김현수 김현숙 김현식 김현옥 김현욱 김현자 김현진 김현희 김형주 김형철 김혜라 김혜린 김혜영 김혜옥 김혜원 김혜자 김혜정 김혜진 김혜호 김호덕 김호욱 김 환 김회라 김회영 김호성 김효분 김효선 김효숙 김효진 김훈산 김홍식 김홍주 김희곤 김희기 김희분 김희진 김희현 김택수 나경순 나영순 남다님 남다임 남명호 남선희 남성님 남성림 남성임 남성철 남영호 남원기 남인숙 노양매 록 산 루미정 류경미 류선찬 류승호 류승화 류영미 류종례 류향자 마근수 마유미 모 건 문도성 문도용 문또선 문또성 문복임 문봉임 문성곤 문순점 문승일 문영순 문예찬 문예훈 문옥점 문유복례 문일암 문정민 문정임 문정주 문찬엽 문혜심 문혜정 문혜진 민애정 민영우 민영후 민태남 박 건 박건태 박경미 박경숙 박경양 박경자 박경훈 박계순 박곡여 박귀덕 박귀임 박근수 박근호 박금이 박금자 박금희 박기선 박기자 박내홍 박노숙 박다순 박대식 박동림 박동선 박동심 박동필 박랑소령 박래홍 박만상 박말순 박명숙 박명순 박명해 박명희 박미나 박미남 박미숙 박미심 박미애 박미옥 박민순 박범수 박병숙 박병순 박병주 박복남 박복순 박복엽 박복임 박복철 박봉남 박봉순 박봉열 박봉우 박부희 박사무엘 박삼순 박상희 박선숙 박선자 박선주 박선희 박성영 박성자박성필 박소연 박소현 박송하 박순규 박순금 박순단 박순란 박순례 박순엽 박아름 박영광 박영득 박영란 박영미 박영민 박영선 박영수 박영순 박영심 박영업 박영엽 박영옥 박영은 박영주 박예린 박예순 박오임 박옥순 박복엽 박외자 박 용 박용우 박원탁 박은남 박은상 박은자 박은중 박은하 박의숙 박이순 박인섭 박인숙 박인심 박임순 박재순 박재운 박재윤 박점림 박점색 박점섭 박정규 박정민 박정선 박정숙 박정오 박정옥 박정용 박정원 박정주 박정현 박종님 박종모 박종묘 박종선 박종수 박종숙 박종안 박종오 박종옥 박종욱 박종임 박종철 박종희 박주식 박지은 박진구 박찬미 박찬송 박철원 박철인 박춘득 박춘자 박충원 박태문 박태임 박하린 박한오 박행숙 박현민 박현진 박형련 박형례 박형심 박형철 박혜민 박혜옥 박희숙 박희운 박희정 방명진 방수림 방양근 방양순 방영주 방주화 방준상 방준영 방준호 배경자 배경환 배귀순 배민지 배인호 배정자 배칠성 배 훈 백상석 백석순 백선우 백선운 백선웅 백순화 백윤심 백인호 백정순 백종석 백종순 백종재 백중재 백혜옥 범은희 변경은 변영실 변유복 변희정 빈복엽 서강석 서강원 서경희 서계숙A 서계숙B 서관문 서국희 서규웅 서금남 서대석 서덕종 서동광 서동삼 서동인 서동훈서두래 서두래A 서두래B 서두례 서득종 서또금남 서만년 서맹례 서명숙 서명원 서무현 서미순 서민숙 서복선 서복자 서봉심 서상원 서서임 서선석 서선임 서성기 서성숙 서수영 서송희 서승원 서양희 서영기 서영만 서영복 서영석 서영수 서영원 서요셉 서요한 서우석 서원동 서원영 서원주 서윤경 서윤금 서윤미 서윤정 서윤주 서윤희 서은주 서은지 서은화 서의원 서인석 서인채 서인철 서인혜 서일석 서일암 서일임 서재성 서점엽 서정금 서정남 서정대 서정례 서정순 서정엽 서정영 서정희 서준열 서지숙 서지연 서지은 서지혜 서진원 서현근 서현숙 서현혁 서현협 서형근 서형희 서혜영 서호성 서화종 서희순 성금진 성말이 성미영 성미화 성봉심 성호덕 소복례 소봉례 소효숙 손민준 손복남 손선학 손숙희 손순악 손용현 손유일 손유창 손정숙 손정순 손종국 손효남 송경덕 송경선 송경숙 송광수 송금미 송나래 송다나 송다심 송대선 송대진 송대훈 송동현 송두리 송미선 송미순 송민호 송복희 송선아 송선연 송선학 송선호 송세호 송소아 송순옥 송슬기 송쌍자 송아란 송여옥 송영덕 송영자 송 운 송은엽 송이슬 송일조 송재곤 송재국 송재군 송재규 송재남 송재복 송재부 송재순 송재실 송전사 송점식 송점자 송점현 송정헌 송정현 송주호 송주희 송지호 송찬엽 송창의 송평호 송필종 송현주 송화자 송현호 송현화 송혜선 송혜연 송혜주 송회순 신금숙 신기연 신기호 신대성 신대중

신덕혜 신명숙 신명순 신미라 신미정 신민호 신보천 신부임 신상자 신숙희 신순임 신연호 신옥자 신은미 신의숙 신인숙 신정미 신정복 신정철 신정헌 신정희 신종오 신종팔 신종환 신지영 신한근 신현숙 신화자 심문심 심선미 심종오 심종태 안수영 안순애 안순영 안애숙 안영순 안용상 안홍연 양경선 양경아 양경화 양기순 양덕인 양미정 양보라 양봉석 양성석 양성호 양세정 양세진 양소라 양수원 양시금 양여옥 양여호 양영진 양원순 양윤옥 양은정 양재삼 양점순 양정석 양정순 양정아 양준서 양진선 양진희 양창선 양태성 양태인 양태평 양한순 양해록 양해선 양현준 양혜록 양혜은 양회록 양훈미 양훈자 양흥만 엄여남 엄용성 엄창현 엄태현 여운순 염기남 염성례 오명자 오병만 오병민 오선영 오순엽 오영선 오영희 오유나 오윤아 오은경 오재엽 오재영 오지숙 오태희 오화정 왕연희 우귀춘 우성혁 우성현 우순악 우원화 우혜원 위용량 위일복 유보미 유복순 유석영 유성숙 유송빈 유수옥 유순자 유안순 유정순 유정은 유향자 유호성 유황숙 윤경호 윤다엽 윤민욱 윤성옥 윤소남 윤소선 윤숙경 윤숙옥 윤순옥 윤아실 윤영숙 윤영신 윤영심 윤영준 윤외욱 은기철 은종명 은주현 은편재 음순옥 이가영 이가은 이가정 이강봉 이강수 이강용 이강하 이건휘 이계문 이경남 이경숙 이경용 이경조 이경현 이경훈 이경희 이관휘 이관희 이국주 이권휘 이귀님 이귀순 이귀실 이귀엽 이귀옥 이귀호 이규동 이규문 이규민 이규복 이규석 이규선 이규수 이규식 이규실 이규연 이규윤 이규준 이규중 이규진 이규춘 이근영 이금복 이금숙 이금연 이금옥 이기남 이기동 이기용 이기철 이길수 이길자 이나래 이나례 이나영 이다남 이다례 이대용 이덕례 이덕순 이덕심 이덕현 이도선 이동수 이동철 이두래 이또례 이말려 이말례 이말엽 이맹숙 이명례 이명선 이명숙 이명순 이명자 이명진 이문용 이미선 이미숙 이미순 이미영 이미진 이민숙 이민주 이민철 이민혜 이병순 이보기 이보성 이보훈 이복연 이복엽 이복희 이봉섭 이봉여 이봉엽 이봉주 이부덕 이사엽 이상기 이상길 이상미 이상순 이상은 이상채 이상철 이상필 이상현 이석동 이석순 이석주 이선근 이선금 이선미 이선숙 이선영 이선옥 이선자 이선휘 이성길 이성숙 이성순 이성실 이성은 이성자 이성철 이성한 이성휘 이세엽 이소영 이소은 이수빈 이수용 이수일 이수진 이수현 이수희 이숙화 이순선 이순수 이순애 이순옥 이순이 이순자 이순향 이순휘 이슬기 이승명 이승애 이승용 이승주 이승철 이승현 이승휘 이신애 이신영 이신휘 이아름 이안숙 이안휘 이애자 이약수 이양휘 이여님 이여선 이여심 이연낙 이연님 이연아 이연악 이연휘 이연희 이영광 이영남 이영남A 이영남B 이영란 이영미 이영수 이영수A 이영수B 이영숙 이영아 이영애 이영용 이영주 이영준 이영철 이영춘 이영필 이영휘 이예은 이오공 이옥연 이옥이 이옥임 이옥주 이옥희 이용구 이용기 이용순 이용운 이용준 이용한 이용훈 이우례 이원빈 이원석 이원휘 이유일 이유진 이유철 이윤수 이은경 이은별 이은숙 이은순 이은실 이은영 이은용 이은정 이은진 이은혜 이은희 이인숙 이인호 이인휘 이일휘 이임순 이자용 이장철 이재곤 이재선 이재용 이점숙 이정남 이정님 이정만 이정미 이정민 이정숙 이정순 이정심 이정안 이정업 이정이 이정임 이정춘 이정출 이정한 이정화 이정환 이정훈 이정희 이종기 이종만 이종민 이종수 이종현 이종호 이종환 이종훈 이주아 이주은 이주일 이주용 이준석 이준용 이준환 이중화 이지림 이지연 이지웅 이지은 이지훈 이진남 이진숙 이진혁 이차휘 이찬양 이찬영 이찬용 이찬진 이찰칠 이창근 이창진 이창칠 이청실 이춘길 이춘덕 이춘자 이충휘 이충헌 이필용 이학용 이항운 이행란 이행순 이향란 이향어 이향엽 이향자 이현구 이현남 이현덕 이현미 이현선 이현수 이현순 이현승 이현옥 이현자 이현정 이현주 이현지 이현찬 이형자 이혜경 이혜림 이혜민 이혜선 이혜숙 이혜실 이혜진 이호선 이호야 이홍선 이홍성 이홍휘 이화심 이황제 이황현 이회숙 이효선 이효신 이흥선 이희숙 이희진 임다인 임동숙 임복님 임봉순 임봉심 임봉희 임선규 임선옥 임성심 임승태 임영대 임영옥 임용성 임지인 임현정 임혜오 임혜인 자메라 자메르 장건우 장건일 장경철 장경희 장기업 장기운 장덕례 장덕순 장두식 장두익 장 만 장명숙 장미나 장미순

장미자 장미진 장민우 장복선 장복성 장선택 장성님 장성림 장성숙 장성채 장성철 장수일 장수자 장수철 장수칠 장숙희 장승복 장승욱 장승유 장연지 장우기 장원래 장월래 장은동 장은수 장은실 장은아 장은주 장은화 장이자 장인숙 장인욱 장인택 장인휘 장재숙 장정욱 장정자 장정호 장주리 장준영 장진수 장진욱 장태석 장한익 장한희 장한채 장행호 장현우 장현욱 장현유 장현채 장혜란 장혜미 장호점 장호정 장희야 전경숙 전복례 전복자 전명숙 전영미 전예삐 전옥수 전용해 전은보 전지수 전창조 전치혜 전향숙 정가인 정갑순 정갑연 정갑엽 정경희 정광연 정규빈 정규환 정금내 정금란 정금례 정금순 정금안 정덕심 정동균 정동주 정동준 정문희 정미라 정미영 정미자 정미진 정민진 정민혜 정민화 정박신 정삼수 정상민 정석관 정선덕 정선영 정선임 정세훈 정소정 정소희 정송강 정수영 정 숙 정순악 정순용 정신제 정아기 정악이 정애기 정연지 정영순 정영신 정영치 정옥순 정 용 정용순 정용원 정우진 정윤선 정은교 정은보 정은비 정은서 정인숙 정인순 정인자 정인하 정인휘 정인희 정정희 정종규 정종원 정종환 정지연 정지영 정진재 정진주 정창조 정창호 정창환 정철인 정철호 정춘심 정춘애 정태승 정태용 정판심 정현문 정현분 정현아 정현지 정현진 정형철 정혜인 정효빈 조갑덕 조갑조 조강예 조경례 조경예 조경우 조경환 조광국 조광례 조달막 조동선 조만년 조명숙 조명오 조명옥 조명희 조미숙 조민숙 조민준 조복자 조사라 조선희 조성만 조성문 조성분 조성열 조성자 조세움 조세웅 조순남 조순애 조순자 조양숙 조영옥 조영욱 조영주 조영철 조옥자 조용순 조유나 조유라 조은난 조은선 조은송 조은실 조점숙 조점자 조정미 조정순 조준호 조중호 조진희 조향숙 조현선 조현옥 조현욱 조형자 조혜미 조혜선 조혜순 조혜정 조회순 조희수 주덕례 주무순 주미선 주선영 주양심 주우순 지정호 진병두 진성숙 진수진 진용순 진정례 진희정 쩐티녹김 차귀덕 채남이 채남희 채석진 채판이 천명숙 천명순 천병숙 천병순 최가은 최갑녀 최강빈 최경애 최경영 최광식 최광종 최광철 최규호 최금엽 최금자 최기영 최남주 최대배 최덕치 최말례 최명운 최명종 최미순 최병남 최병도 최병림 최병삼 최병세 최병순 최병열 최병욱 최병진 최병찬 최보근 최보배 최봉주 최부엽 최사주 최상배 최상호 최석진 최선숙 최선옥 최선주 최성구 최성미 최성순 최성자 최성진 최 솔 최송희 최수근 최수미 최수연 최수정 최순애 최순이 최승명 최승필 최양근 최연숙 최영기 최영운 최영춘 최용배 최원선 최윤석 최윤숙 최은경 최은숙 최은옥 최은주 최의근 최인숙 최일근 최재곤 최점난 최점남 최정남 최정숙 최정애 최정화 최정희 최종영 최지환 최차식 최창배 최판수 최판이 최필승 최한오 최한춘 최형욱 최혜경 최효성 최효현 최희경 최희자 최희자 추병길 추병주 추봉희 추샛별 추성열 추슬기 추한나 추홍열 탁정희 하강수 하경수 하나래 하두리 하상원 하월선 한경화 한광영 한길수 한두자 한명호 한복순 한승자 한순자 한양심 한양자 한영순 한영식 한우길 한윤미 한은혜 한일남 함동식 허경자 허기룡 허덕아 허덕애 허순심 혼연자 홍나영 홍덕표 홍명옥 홍복희 홍연자 홍영미 홍영자 홍용준 홍은정 홍종옥 홍찬엽 홍태수 홍해숙 홍혜숙 황계호 황명숙 황미선 황미연 황병주 황삼연 황숙재 황연희 황영임 황인동 황정란 황 철 황혜근 황 호 황 훈

명예권사

강금남 강다래 강달막 강영필 김선자 김쌍남 박귀임 박미남 박민순 서두래 서현숙 손순악 오순엽 이귀엽 이덕심 이수희 이애자 이여심 이용순 이임순 전예빠 정용순 정판심 정현진 조순남 조용순 최금엽 최금자 허덕애 황삼연

태인교회의 역사를 한눈에 볼 수있는 **요람 / 주보**

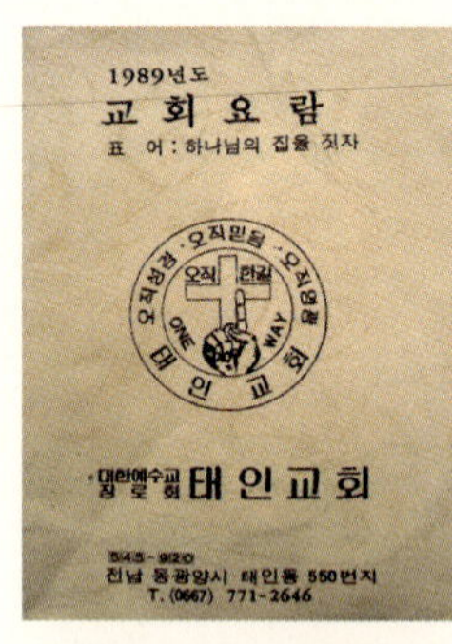

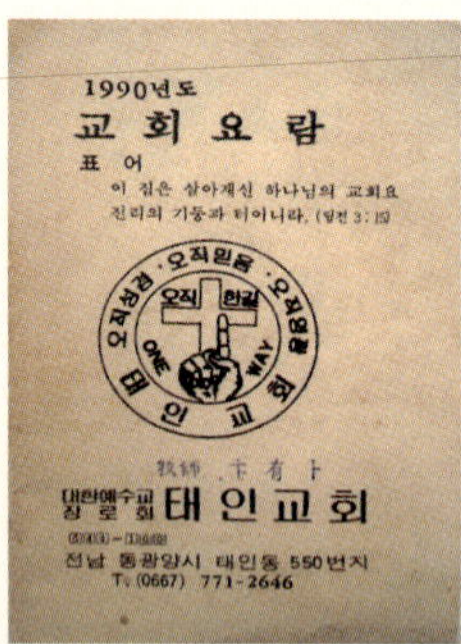

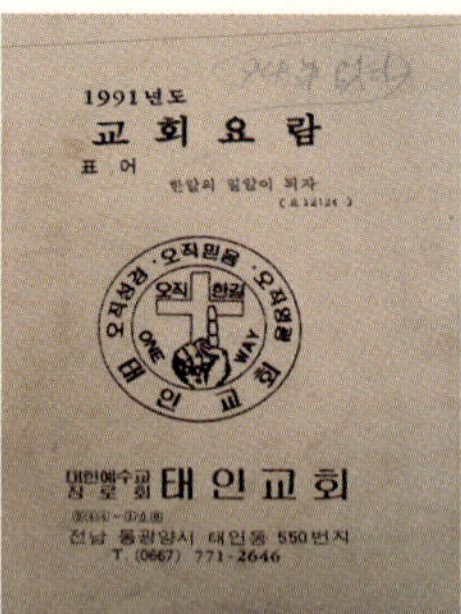

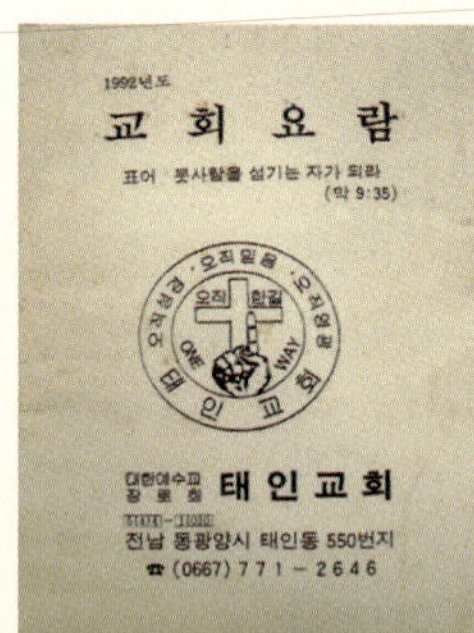

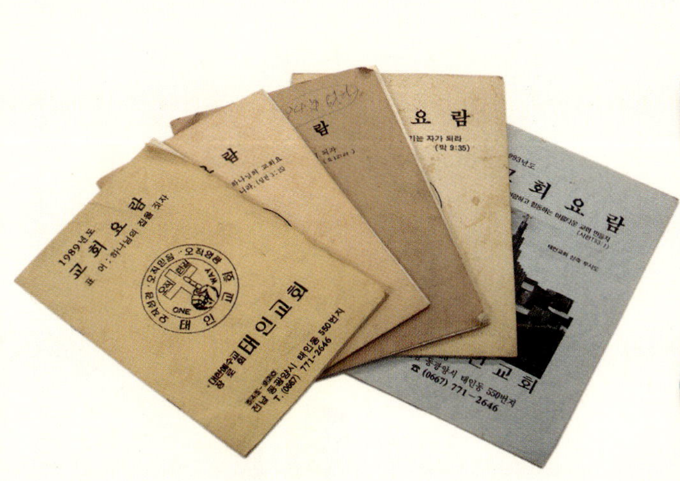

주일마다 새로운 모습으로 반겨준 주보 입니다.
현재의 칼라에 이르기 까지 오랜시간에 걸쳐 복음과 하나님의 말씀을 전해 왔습니다.

2007, 2008, 2009년 주보

1993, 1994, 1999년도 주보

대한예수교 장로회 태인교회 **정관**

제1장 총칙

제1조 본 교회는 대한예수교장로회 순천노회에 속한다.

제2조 본 교회는 성서와 대한 예수교장로회 헌법에 기본하되 복음전파와 교인훈련과 봉사사업을 실행한다.

제3조 이 행정내규를 제정함은 본 교회가 제반사업을 운영함에 있어서 교회의 성결과 평화와 질서를 유지하고 합리적이며 효율적인 방법 으로 교회발전에 도모하여는데 그 목적이 있다.

제2장 당회

제4조 정기당회는 연1회이상, 필요시 당회장이 소집한다.

제5조 당회 운영을 신중.신속,원활하게 하기 위하여 당회안에 9개의 상비부서를 설치하고, 그 소관 안건을 심의하여 당회에 상정하게 한다.

제6조 분과위원회의 임기는 3년으로 한다.

제7조 당회 서기는 매 연말 당회에서 선임한다.

제3장 제직회

제8조 정기제직회는 매월 첫주일 오후 오후예배후에 제직회장이 소집한다. 필요시 임시제직회를 소집한다.

제9조 제직회에 다음의 부서를 둔다.

1. 총무부 : 서무일반에 관한 일과 교회 홍보 및 출판과 성전 장식에 관한 일
2. 재정부 : 일반 및 특별회계 경리사항에 관한 일
3. 친교부 : 상호간의 친교에 관한 일
4. 교육부 : 제직 및 평신도 교육과 훈련에 관한 일
5. 차량부 : 차량,주차,배차에 관한 일
6. 사회부 : 구호금품 수집 및 대내외 불우이웃돕기에 관한 일
7. 예배부 : 인내 및 헌금 중보기도에 관한 일
8. 경조부 : 상가 조문 및 상례 전반 및 경조에 관한 일
9. 선교부 : 국내외 선교 및 선교사업에 관한 일

제10조 제직회의 서기, 회계, 작부의 부장과 부원 및 위원은 당회장이 임명한다.(단 각부 부원의 임기는 3년으로 한다)

제11조 각 부는 제작원 전원을 각부에 배속한 부원으로 구성하되 부원중에서 선정하여 실행위원을 조직한다.

제12조 각 부 실행위원은 그 소관 사항을 심의 연구하고 계획.추진한다.

제13조 소관 사항중 중요하다고 인정하는 안건을 해당 상비부서를 거쳐 당회를 상정, 그 의결을 받아야 한다.

제4장 구역회

제14조 교구 선정 및 구역 조직은 교인의 분포와 행정구역을 고려하여 당회장이 조직한다.

제5장 직원선거 및 임명

제15조 장로와 안수집사 헌법 제40,41,51,54조 의해 선거하되 선거할 때에 투표결과 당선자수가 예정인원을 미달한 때에는 당회는 그 득표순에 의하여 잔여 인원으로 제2차 투표까지 부칠 수 있다.

제16조 당회는 선거의 공정과 교회의 성결을 유지하기 위하여 선거의 전후와 선거과정에서 선거에 대한 계몽과 관리에 최선을 다하여야 하고 만약 부조리한 사건이 발생했을 경우 그 관련자의 당선을 법에 따라 무효로 할 수 있다.

제17조 권사는 헌법에 제53,54조에 의해 선거하되 본 내규 제152조에 의하여 선출한다.

제18조 서리집사는 다음에 해당하는 남 · 녀 신도중에서 매년 당회에서 선임한다.

1. 25세이상 70세미만인자
2. 무흠입교인(세례교인)으로 다른 신도의 신임을 받는자

제6장 교역자, 직원

제19조 일반직원과 용원의 정년은 일반 행정 공무원법에 준한다.

제20조 전도사 및 일반직원과 용원은 당회 해당 분과의 심사를 거쳐 당회의 결의를 얻어 당회장이 임명한다.

제21조 당회장은 매년 각 교역자에게 담당할 직책과 지도부서를 위촉한다.

제22조 당회는 모든 교역자에게 연구와 수양을 위하여 일정기간의 휴가를 허용할수 있다.

제23조 당회는 모든 교역자가 안식년이 될 때 국내 또는 해외에서 연구하거나 제훈련을 받아 기회를 부여할 수 있다.

제7장 찬양대, 교회학교

제24조 각 찬양대 대장은 제직회 예배부장의 추천을 받아 당회의 결의를 거쳐 당회장이 이를 임명한다.

제25조 교회학교 각 부장은 당회 교육위원장의 추천을 받아 당회의 결의를 거쳐 당회장이 이를 임명한다.

제26조 교회학교 교사는 각 교회학교 지도위원과 부장위 추천을 받아 당회의 결의를 거쳐 당회장이 이를 임명한다.

제27조 찬양대 대원은 찬양대장의 추천을 받아 당회의 결의를 거쳐 당회장이 이를 임명한다.

제8장 전도회,청년회

제28조 본 교회는 다음과 같은 자치단체를 둔다.(필요시는 추가로 더 둘 수 있다)

1. 남선교회, 2. 여전도회, 3.청년회

제29조 모든 자치단체의 회칙 또는 규칙은 당회의 인준을 받아야 한다.

제30조 각 자치단체는 고문을 두며 당회장이 이를 임명한다.

제31조 고문은 각 단체의 활동 상황을 수시로 당회에 보고하여야 한다.

제9장 특별위원회

제32조 본 교회에서는 다음과 같은 특별위원회를 둔다.

1. 장학위원회 2,예산위원회 3. 감사위원회

제33조 각 특별위원회는 당회에서 선임한다.

제34조 각 위원회는 그 운영에 관한 정관이나 규칙을 제정하여야 한다.

제35조 각 위원회의 규칙을 제정 또는 개정하여고 할때는 당회의 인준을 받아야 한다.

제10장 재정관리

제36조 신년도 일반회계 및 특별회계의 세입, 세출 예산안은 매년12월중에 공동의회에서 심의 통과하고 전년도 결산안도 12월중에 공동의회에서 통과되어야 한다.

제37조 예산을 공정하고, 정확하고, 신빙성 있게 집행하기 위하여 모든 수입과 지출은 일반회계법에 준한다.

제38조 어느 부서에서나 추가 예산을 신청하려 할때는 해당부서의 실행위원회 또는 기관의 위원회의 결의를 거친후 그 사업내용과 소요금액등 을 명시한 청원서를 작성하여 당회에 제출하여야 한다. 당회가 그 예산안을 승인하였을 때에는 제직회에 회부하여 그 동의를 얻어야 한다.

제39조 본 교회 각 부와 모든 기관의 수지 잔금은 반드시 은행이나 이에 준하는 금융기관에 예금하여야 한다.

부칙

1. 본 행정내규는 당회원 제적3분의2이상의 찬동으로 개정 할 수 있다.

2. 본 행정내규는 1996년1월1일부터 시행한다.

총회산하기관 임역원 활동사항

【순천노회 광양시 장로회】

○ 서일석장로(제23대) 1995년, 회장

○ 이인휘장로(제25대) 1997년, 회장

○ 김충현장로(제31대) 2003년, 회장

○ 김종필장로(제36대) 2008년, 회계

○ 서영석장로(제40대) 2012년, 회장

【대한예수교장로회 호남협의회】

○ 양정석장로(제20대) 2009-2011년 부서기,총무,부회장

○ 이규춘장로(제22대) 2011년, 교육부장, 협동총무

【대한예수교장로회 순천노회 아동부연합회】

○ 서영석장로(제19대) 1973년, 부서기 역임

○ 양정석장로(제51대) 2005년, 회장 역임

○ 이규춘장로(제54대) 2008년, 회장 역임

【대한예수교장로회 순천노회 아동부연합회 광양지방회】

○ 김충현장로(제15-16회) 1985-198 6년, 회장

○ 서영석장로(제4-5회) 1975-1976년, 회장

○ 고)최병순장로(제 9 회) 1980년, 회장

○ 고)김영만집사(제19회) 1990년, 회장

○ 양정석장로(제25-26회) 1996-1997년, 회장

○ 이규춘장로(제29회) 2000년, 회장

기타 활동사항

전국어린이대회 출전 입상자

○ 제3회 초등부 중창분야 은상 입상

-장소 : 서울 소망교회, 일시 : 1993.8.17.
-이름 : 김현진, 김재숙, 김효진, 이민혜
-담임목사 : 변유복, 지도교사: 이나영

○ 제5회 유년부 그리기 분야 은상 입상

-장소 : 서울명성교회, 일시:1995.8.8.
-이름 : 김보라
-담임목사 : 변유복, 지도교사 : 이경숙

○ 전국 아동부 연합 회장으로부터 근속패 수여자

20년 이상 교회학교 근속교사 김서운 2002년 수여
20년 이상 교회학교 근속교사 이혜경 2011년 수여
20년 이상 교회학교 근속교사 양정석 2011년 수여
20년 이상 교회학교 근속교사 이규춘 2011년 수여

강단 꽃꽂이

예배를 위한 섬김으로 박인숙집사는 1990년 부터 2012년 까지 23년여동안 강단 꽃꽂이로 아름다운 헌신의 손길을 이어오고 있다.
하나님과 성도들에게 감동과 기쁨을 주는 사역으로 귀한 섬김의 본이 되는 사례이다.

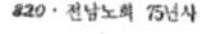
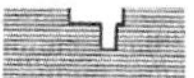

820 · 전남노회 75년사

全南老會內 敎會 創立 年代

[1] 宣教師 公議會 時代 (1880~1900)

設立年月日	教 會	設 立 者	住 所
1896.	全州西門外教會	최의덕	완주군 전주
1898. 3. 5	木浦陽洞教會	裴裕祉 변창연	목포 이로
1898.	金堤松技洞教會	全衛廉	
1899. 1. 5	羅州郡三道里教會	정원삼 이문오 윤상삼 裴裕祉	•
1899.	光州郡九巢里教會	裴裕祉	
1899.	靈光郡祠羅里教會	李文五	영광
1899.	光州郡牛山里教會	鄭元三 李文五	광주
1900. 8.15	筏橋邑教會	김일현	
1900.	咸平郡文場里教會	박찬익 임봉춘 정기선 裴裕祉	
1900.	潭陽郡무정教會	裴裕祉	담양 무정 봉안
1900.	和順郡同福教會	裴裕祉	화순 동복 천변
1900.	咸平郡星亭教會	미상	함평
1900.	咸平郡馬岩教會	미상	함평
1900.	咸平郡方洞會	미상	함평

全南老會內教會創立年代 · 821

[2] 合同公議會 時代 (1901~1906)

*표는 現 全南老會 傘下 教會임.

設立年月日	教 會	設 立 者	住 所
1901. 4. 1	光州郡松汀里教會	裴裕祉 吳基元	
1902. 1.20	靈光郡白岫教會	裴裕祉	백수 대전리
1902.	長城郡寶生里教會	裴裕祉	삼서 보생
1902.	和順郡大浦里教會	이경례	
1902.	海南郡右水營教會	裴裕祉	
1902.	海南郡先頭里教會	吳基元	
1903. 3. 3	海南郡백호教會	裴裕祉	해남 옥천 백호
1903. 3.15	咸平郡永興里教會	裴裕祉 오채규	함평 엄다 영흥
1903. 4.15	羅州郡廣岩里教會*	裴裕祉 김윤환 김치묵 김영환	나주 금천 광암
1903.	長城郡栗谷教會	오기선 도정희	
1903.	長城郡黃龍里教會	봉덕기 김도인 지원근	
1903.	靈光郡大田里教會	김문삼 변창연 표인선 문양삼	
1904. 4. 1	求禮郡求禮邑教會	裴裕祉	구례읍 봉동리
1904. 4.15	谷城郡玉果里教會*	裴裕祉	곡성 옥과 옥과
1904. 12. 25	光州郡北門內教會* (現, 光州第一教會)	裴裕祉 吳基元 김윤수	광주면 북문리 (현, 금동 126)
1904.	羅州郡德林里教會	김영숙 박문삼	
1904.	莞島郡冠山里教會	吳基元 노학구 정만일	
1905. 1. 3	咸平郡龍城里教會	서경구 정도련 최치문	함평 대동 용성
1906. 3. 1	羅州郡芳山里教會	吳基元 박창학	나주 다도 방산
1905. 3.10	靈光郡新川里教會	노용표 강사홍	영광 묘량 신천
1905. 4. 5	光山郡월성教會	정순모 이원삼 박문택	광산 월성 월성
1905. 4. 9	光州郡三所旨教會	김권명 백부근	광산 대촌 삼소
1905.	珍島郡[illegible]土里教會	도정의	
1906. 3. 1	海南郡古堂里教會	裴裕祉 김성우 조병선	해남 문내 고당
1906.	長城郡大岸里教會	김정화 신치삼 문학삼 임화율	
1906.	康津郡鵲鳴里教會		
1906.	長興郡大里教會	구성숙 김인윤	
1906.	長興郡朔金里教會	이성재	
1906.	長興郡眞木里教會	吳基元 안덕화 이자일 이원방	
1906.	順天郡坪村里教會	지원근 박응삼 이원백	
1906.	羅州郡上村教會	이윤삼	나주
1906.	高興郡王下里教會	오기원 오태욱	고흥
1906.	羅州郡望岩教會	尹尙三	나주
1907.	海南郡院律里教會	변요한 임성욱	해남
1907.	麗水郡長泉里教會	정태인 지원근 박응삼	여수 율촌 조화
1907.	麗水郡牛鶴里教會	채진영 명창순	여수
1907.	高興郡新興里教會	한익수 선영홍	고흥
1907.	光陽郡新黃里教會	조상학 한태원	
1907.	順天郡龍塘里教會	김대수 김혁주 정운창	
1908. 3. 1	康津郡瑞山里教會	박창인 신도우	강진 서산
1908. 3.16	和順郡새일教會	로라복	화순 향천
1908. 4. 5	麗川郡우학리教會	장병남	여천 남면 우학
1908. 4. 5	靈光郡塩山里教會	문영국 정정욱	영광 염산 야월
1908. 4. 5	昇州郡낙안教會	오기원	승주 낙안 평촌
1908. 4.13	光陽郡大芳里教會	서한봉 한태원 박희원	광양 옥룡 운평
1908. 11. 5	光州郡향사리教會	배유지	광주면 향사
1908.	[illegible]	[illegible]	
1908.	光州郡西門町教會	오기원	광주
1908.	務安郡德山里教會	강낙언	무안
1909. 4.15	光州郡日谷洞教會	배유지 이주상	광주 일곡
1909.	羅州郡德谷里教會	김대홍	
1909.	咸平郡永興里教會	이개완	
1909.	海南郡孟津里教會	변요한 임성욱	
1909.	務安郡星岩里教會	강익수 박화일	
1909.	海南郡大月教會	박영호 원덕창 서중일	
1909.	高興郡玉下里教會	박용섭	고흥
1909.	光陽郡柏岩里教會	김평장 장석지	
1909.	光陽郡三巨里教會	장주환	
1909.	光陽郡旨郎里教會	강대오	
1910.	寶城郡大峙里教會	이형숙 조규혁 신성일	
1910.	高興郡丹極里教會	손대희 박덕만 최세진 전창수	
1910.	求禮郡大由里教會	장옥규	
1910.	順天郡月山里教會	김군옥	
1910.	麗水郡西町教會	박바우	
1910.	濟州島城內教會	이기풍	
1910. 10. 21	長興邑教會	조하파	장흥 가양리
1910. 8.15	務安郡복용教會	배유지	무안 압해 복용
1910. 5.15	海南郡北一教會	배유지	해남 북일 월성
1910. 3.10	光陽郡光陽教會	배유지	광양 읍내
1910. 4. 5	海南郡이진教會	배유지	해남 북평 이진
1910. 3. 5	麗水教會	김암우	여수 고사

826 · 전남노회 75년사

④ 全羅老會 時代 (1911. 10. 11~1917. 9. 17)

設立年月日	教會	設立者	住所
1911.	麗水郡西町教會	박바우	여수 서정
1911.	光州郡鳳仙里教會	우월순 최홍종 이만준	
1911.	和順郡品坪里教會	민치도	
1911. 3. 1	潭陽郡양지教會	배유지 양동혁	담양 봉산 양지
1911. 3.20	咸平邑教會		함평리
1911. 4. 1	谷城邑教會	안성로 정상조 김만용	곡성 곡성 읍내
1911. 4. 4	光陽郡태인教會		광양 태인
1911. 5.12	求禮郡광의教會		구례 광의 대전
1911. 9.12	長城郡邑教會	배유지 변창연 김기찬	장성 대창
1911.	順天郡鴨谷里教會	황성연	
1911.	寶城郡東幕教會	안채윤 육치숙	
1911.	濟州島耗瑟浦教會	이기풍 이재순 강변한 최대현	
1913. 3.	木浦郡경동教會	변요한	목포 경동
1913. 3. 1	昇州郡영흥教會	오기원	승주 해룡 동용
1913. 4. 1	順天郡佳谷里教會	구례인 변요한 최경의	순천 가곡
1913.	咸平郡竹岩里教會	양동익	
1913.	靈岩郡雙孝里教會	이방진	
1913. 11. 17	康津郡南城里教會	최경화 김두삼 김영순 김성운	강진 남성
1914.	順天郡月谷里教會	조병식 조영규 황보은 조영조	
1914.	濟州島中文里教會	최대현	
1914. 1. 1	潭陽郡월곡教會		담양 월산 중월
1914. 4. 5	高興郡오천教會	한의수	고흥 금산 오천
1914. 4.10	光陽郡太仁教會	전남노회	광양 태인

全南老會內教會創立年代 · 827

設立年月日	教會	設立者	住所
1915. 3.	羅州邑教會*	오기원	나주
1915.	羅州郡土界里教會	남대리 허원삼	
1915.	務安郡長麻里教會	맹현리 김경운 마서규	
1915. 3.10	潭陽郡開東里教會	김순포 강사홍	담양 수북 개동
1915.	寶城郡永岩教會	어라복 김지환	
1915.	高興郡五泉教會	신성주 황재연 한상하	
1915.	高興郡吉頭里教會	고재태 우창기	
1915.	濟州島洙源教會	이기풍 이광선 김영진 조창진	
1915. 2.15	高興郡길두教會	오기원	고흥 포두 길두
1915. 3.	靈岩邑教會	배유지	영암 서남
1916.	光州郡月城里教會	배유지	
1916. 3. 7	羅州郡大安里教會	조경주 조장호	나주 반남 대안
1916.	咸平郡石城里教會	김만실	
1916. 4. 1	潭陽郡邑教會	배유지 노웅표	담양 담양
1916.	靈岩郡東湖里教會	배유지	
1916.	靈光郡白年里教會	남대리	

⑤ 全南老會 時代 (1917. 9. 17)

設立年月日	教會	設立者	住所
1917. 3. 3	潭陽郡주평教會	선교사	담양 수북 주평
1917. 3.15	潭陽郡昌平教會	타마자	담양 창평 삼천
1917.	光州郡金塘里教會	배유지	
1917.	海南郡梨津里教會	맹현리	
1917.	寶城郡寶城邑教會	안채윤 이두실 정종규	
1917. 3. 1	靈光郡포천教會	배유지	영광 군남 포천
1917. 3. 5	高興郡동강教會		고흥 동강 유둔

設立年月日	教會	設立者	住所
1919. 3.15	咸平郡가덕教會	양해덕	함평 신광 가덕
1919.	靈光郡法聖浦教會		
1919.	長興郡芝川教會	맹현리 김주환	
1919. 3.	珍島郡城內教會	유서백 배유지	진도 성내
1919. 3. 3	승주군마륜교회	미생	승주 상사 미륜
1919. 3.21	海南郡曳洛里教會	김인찬 김권선	해남 문내 예락
1919.	濟州島內都里教會	김창국	
1919.	高敞郡茂長里教會	도마리아 이도숙	
1919.	順天郡平仲里教會	김성규	
1919.	順天郡馬輪教會		
1919.	光陽郡鶴洞教會	구경지	
1919. 5. 3	고흥군도촌교회	선교사	고흥 과역 도촌

設立年月日	教會	設立者	住所
1920.	光陽郡島沙里教會	어라복 박회원 정자삼 장현중	
1920.	光陽郡大仁島教會	이영국	
1920.	光陽郡金湖島教會	김성수 강학천	
1920.	高敞郡大德里教會	남대리 오태욱	
1920.	務安郡紫羅里教會	맹현리 마서규	
1921. 5. 2	羅州郡公山教會	좌추선	나주 공산 금곡
1921. 5.17	光州郡白雲町教會	김명안	광주 백운
1921. 7.31	務安郡卜吉里教會	이채 이남규외 11명	무안 청계 복길
1921. 10. 3	高興郡가야教會	고흥 도덕 가야	
1921. 11. 1	高興郡官里教會	안채윤 구례인 정태인	고흥 도양 관리
1921.	和順郡鶴川里教會	남대리 오태욱	
1921.	靈光郡池陽里教會	조우형	

設立年月日	教會	設立者	住所
1922. 7. 9	高興郡남열리教會	임영택 김용두	고흥 영남 남열
1922. 10. 15	高興郡남성教會	구례인	고흥 포두 남성
1922. 11. 20	高興郡天燈里教會	안채륜 오석주	
1922.	光州郡鄉土里教會		
1922.	光州郡內坊里教會	이춘삼 이춘화	
1922.	光州郡飛鴨里教會	고시중	
1922.	光州郡金谷里教會	타마자	
1922.	羅州郡等樹里教會	서관서	
1922.	長城郡驛前教會	백용기	
1922.	康津郡萬德里教會	김두찬	
1922.	海南郡蓮塘里教會	조영환	
1922.	高興郡松川里教會	미상	
1922.	高興郡花田里教會	미상	

設立年月日	教會	設立者	住所
1924. 3. 1	光州郡楊林教會	김창국 홍우종 김강	양림리 290
1924. 3. 1	和順郡도곡教會	미상	화순 도곡
1925. 3.25	務安郡비금서부	장영현	무안 비금 죽림
1925. 3.	康津郡城田教會	1925. 3.	강진 성전 월평
1925. 4. 5	長城郡四街里教會	전남노회	장성북일사거리
1925. 5. 8	務安郡지도중앙	임홍주	무안 지도 읍내
1925. 8.20	光州郡新安里教會	선교사	광주 신안전
1925. 10. 15	羅州郡내정教會	미상	나주 세지 내정
1925. 10. 30	谷城郡立面教會*	노병원	곡성 입면 매월
1925. 11. 11	務安郡安東教會	김양예 김신동	무안 삼향 남악
1927. 3. 1	장흥군부평교회	박준상 박준채	장흥 관산 부평
1927. 4.10	장성군월정교회	선교사	장성 남면 월정
1927. 5. 1	務安郡도초教會	박도삼	무안 도초 수항

設立年月日	敎 會	設 立 者	住 所
1927. 10. 1	곡성군원동교회*	박문익	곡성 삼기 원동
1928. 4. 1	木浦郡연동敎會	미상	목포 산정 연동
1929. 2. 2	莞島郡청산敎會	미상	완도 청산 도청
1929. 3. 1	羅州郡금라敎會	미상	나주영산포금라
1929. 7. 1	和 順 邑 敎 會	노라복	화순 교리
1929. 10. 15	長城郡新村敎會	미상	장성 북하 신촌
1930. 1. 5	務安郡도고敎會	미상	무안 비금 도고
1930. 3. 1	和順郡송석敎會*	미상	화순 이양 금능
1930. 3. 1	谷城郡대명敎會*	김인두	곡성 삼기 대명
1930. 3. 16	靈岩郡독천敎會	김병두	영암 학산 독천
1930. 10. 5	務安郡평산敎會	선교사	무안 삼향 왕산
1932. 1. 1	무안군지도교회	미상	무안 지도
1932. 3. 1	무안군해제교회	배윤화	무안 해제 신정
1932. 4. 1	무안군비금교회	김송례	무안 비금 지당
1932. 4. 10	務安郡청호교회	김덕룡 외12인	무안 일로 청호
1932. 10. 2	완도군교인교회	미상	완도 군외 교인
1933. 2. 10	강진군도암교회	배영석	강진 도암 항촌
1935. 10. 30	木浦府山亭敎會	미상	목포 산성
1935. 3. 15	羅 州 敎 會	임성옥 조상만 노학구	나주 성북
1936. 5. 5	務安郡一老敎會	주삼식 외10명	무안 일로 월암
1937. 12. 12	高興郡운산敎會	박평준 신성합 박삼일외10명	고흥 남양 운교
1938. 9. 25	光州초원敎會	최만엽	광주 수기
1938. 1. 7	務安郡감돈敎會	홍종채	무안 일로 감돈

設立年月日	敎 會	設 立 者	住 所
1938. 3. 3	둔 돈 敎 會	이화련	
1938. 6. 8	木浦市竹洞敎會	미상	목포 죽동
1939. 9. 20	靈光郡鹽山第一	김봉오	영광 염산 옥실
1940. 3. 10	海南郡신기敎會	이또님 이복덕	해남 마산 신기
1944. 3. 5	莞島郡신지敎會	박석문	완도 신지 대평
1945. 12. 9	木浦南部敎會	미상	목포 대의
1945. 10. 23	羅州고막원敎會	김성록	나주 문평 옥광
1946. 1. 1	海南郡내동敎會	미상	해남 옥천 내동
1946. 1. 8	務安郡대리敎會	선교부	무안 하의 대리
1946. 2. 6	光州市서림敎會	김형남	광주 임동
1946. 3. 10	光州市누문敎會	박승문 외3명	광주 누문
1946. 3. 15	羅州郡영동敎會*	이성순	나주 다시 영동
1946. 4. 6	木浦상리敎會	미상	목포 상동
1946. 8. 1	光州삼도중앙	윤만종 외22인	광주 광산 도덕
1946. 10	光州계림敎會	서복금 박수복 김복덕	광주 계림
1946. 10. 1	務安郡안좌읍敎會	미상	무안 안좌 읍동
1946. 10. 20	和順郡춘양敎會*	미상	화순 춘양 석정
1947. 3.	長興郡관산敎會*	박의훈	장흥 관산 죽교
1948. 4. 5	화순동면교회	김윤식	화순 동면 천덕
1948. 4. 15	광주동신교회	한종구 진공례	광주 학동
1948. 5. 5	光州市東明敎會	권오균	광주 동명
1948. 6. 3	羅州郡鳳凰敎會	미상	나주 봉황 죽석
1948. 11. 3	나주산포제일	미상	나주 산포 산도

設立年月日	敎 會	設 立 者	住 所
1957. 10. 17	광주서남교회*	박래수	광주 학운
1958. 1. 5	나주우산교회*	정규금	나주 남평 우산
1958. 4. 17	화순사평교회*	유전도사	화순 남면 사평
1958. 6. 10	나주옥산교회*		나주 봉황 옥산
1959. 9. 2	광주양림교회	손두환 박두복	광주 양림 113
1960. 3. 16	화순능주교회*	이도심	화순 능주 석곡
1960. 4.	광주강남교회*	최영주	광주 동구 내남
1960. 4. 28	화순도곡교회*	임화염	화순 도곡 효산
1960. 11. 13	나주영산포교회*	심정택	나주 영산동
1961. 4. 17	광주대인교회*	천방욱	광주 동구 장동
1963. 5. 12	나주금천중앙*	이화림	나주 금천 오강
1965. 5. 3	광주방림교회*	강치원 박갑주	광주 서구 방림

設立年月日	敎 會	設 立 者	住 所
1975. 10. 15	나주왕곡교회*	오명의	나주 왕곡 옥곡
1976. 11. 30	광주월광교회*	윤석재	광주 서구 월산
1977. 1. 21	나주옥산교회*	박종옥	나주 봉황 옥산
1977. 2. 25	왕곡중앙교회*	이광영	나주 왕곡 옥곡
1978. 6. 4	광주목양교회*	유진석	광주 북구 두암
1979. 3. 9	곡성솔발교회*	임부성	곡성 입면 송전
1979. 6. 25	나주노안중앙*	김영옥	나주 노안 금동
1979. 8. 11	문평중앙교회*	미상	나주 문평 동원
1979. 10. 21	광주벧엘교회*	손성현	광주 서구 월산
1979. 12. 5	화순신광교회*	허종필	화순 훈리
1980. 12. 21	광주새울교회*	임석환	광주 서구 쌍촌

設立年月日	敎 會	設 立 者	住 所
1984. 4. 11	나주대송교회*	미상	나주 송천
1984. 12. 24	광주다성교회*	조호남	광주 서구 봉선
1985. 11. 23	광주무등교회*	진명욱	광주 서구 화정
1986. 4. 16	두암제일교회*	이용문	광주 북구 두암
1986. 5. 6	광주명성교회*	박기명	광주 서구 양림
1986. 5. 22	나주세지교회*	임황빈	나주 세지 송재
1986. 6. 1	광주충장로교회*	김광준	광주 동구 황금
1986. 6. 2	광주작은교회*	임근양	광주 서구 화정
1986. 8.	나주금선교회*	노승환	나주 금천 촌곡
1986. 12. 10	이서중앙교회*	윤성중	화순 이서 야사
1987. 2. 15	나주금동교회*	김남신	나주 금천 동악

設立年月日	敎 會	設 立 者	住 所
1990. 2. 18	광주양무리교회*	김남신	광주 서구 주월
1990. 4. 10	봉황중앙교회*	이재성	나주 봉황 송현
1990. 5.	나주도산교회*	정희덕	나주 대호
1990. 5. 1	광주도성교회*	김성한	광주 서구 쌍촌
1990. 12. 20	광주금성교회*	주방춘	광주 서구 진월
1991. 1. 19	화 순 교 회*	이문철	화순 광덕
1991. 4. 8	광주호산나교회*	김광국	광주 서구 쌍촌
1991. 6. 5	광주용산교회*	조원선	광주 동구 용산
1991. 9. 1	광주한양교회*	정현영	광주 서구 주월
1991. 11. 17	광주광일교회*	이갑구	광주 동구 학동
1992. 5. 3	광주주은혜교회*	김장수	광주 동구 황금

5

제16회 총회(1927. 9. 9)에 報告된 全南老會 傘下 敎會 名單(225개 敎會)

敎會名稱	組織及未組織	所在地
錦町敎會	組織	全南光州郡光州面 錦町
中央敎會	同	同 須奇屋町
楊林敎會	同	同 楊林里
鄕社里敎會	未組織	全南光州郡光州面鄕社里
松汀里敎會	組織	同 松汀面新村里
造山敎會	同	同 東谷面堯基里
月城敎會	同	同 大村面月城里
九沿敎會	未組織	同 同 九沿里
陶村敎會	同	同 同 陶村里
日谷敎會	組織	同 本村面日谷里
金塘敎會	未組織	同 同 金塘里
龍田敎會	同	同 牛峙面龍田里
鳳仙里敎會	組織	同 孝泉面鳳仙里
月山敎會	未組織	同 同 月山里
泥橋敎會	同	同 同 碧梧里
所台里敎會	同	同 池漢面所台里
洪林里敎會	同	同 同 洪林里
景陽敎會	同	同 瑞方面新興里
內洞敎會	同	同 極樂面內坊里
望月敎會	同	同 石谷面望月里

敎會名稱	組織及未組織	所在地
金谷敎會	未組織	全南光州郡光州面金谷里
板村敎會	同	同 飛鴉面板村里
月汀敎會	未組織	全南光州郡飛鴉面月汀里
沙湖敎會	同	同 林谷面湖沙里
楸洞敎會	同	同 池漢面楸洞里
西門町敎會	組織	羅州郡羅州面西門町
土界里敎會	未組織	同 羅新面土界里
廣岩敎會	同	同 金川面廣岩里
內山里敎會	同	同 三道面內山里
馬岩敎會	同	同 同 陽洞里
三道里敎會	組織	同 同 三道里
南山里敎會	未組織	同 本良面南山里
旺洞敎會	同	同 同 旺洞里
國洞敎會	同	同 文平面國洞里
內基里敎會	同	同 山浦面內基里
嶝亭里敎會	同	同 同 嶝亭里
南平邑敎會	同	同 南平面大橋里
新洞敎會	同	同 茶道面新洞里
芳山敎會	同	同 同 芳山里
德谷里敎會	組織	同 鳳凰面德谷里

敎會名稱	組織及未組織	所在地
德林里敎會	組織	全南光州郡鳳凰面德林里
下村里敎會	同	羅州郡潘南面下村里
大安里敎會	同	同 潘南面大安里
月屛里敎會	未組織	同 公山面金谷里
辰泉里敎會	同	同 洞江面辰泉里
本良里敎會	同	同 旺谷面本良里
鳳亭敎會	同	同 細枝面內亭里
榮山浦敎會	同	同 榮山面榮山里
本村里敎會	同	同 多侍面本村里
小龍里敎會	組織	長城郡森西面小龍里
河羅里敎會	同	同 同 寶生里
莘坪敎會	未組織	同 北二面莘坪里
城岩里敎會	同	同 北下面城岩里
長城驛前敎會	同	長 城 驛 前
竹靑敎會	同	同 北二面竹靑里
莘湖里敎會	同	同 黃龍面莘湖里
奉德里敎會	同	同 同 奉德里
栗谷里敎會	同	同 珍原面栗谷里
大岳里敎會	同	同 北下面大岳里

敎會名稱	組織及未組織	所在地
武靈里敎會	組織	全南靈光郡靈光面武靈里
大德里敎會	未組織	同 法聖面大德里
月山里敎會	同	同 同 月山里
新門里敎會	同	同 畝良面新川里
白羊里敎會	同	同 郡南面白羊里
大田里敎會	同	同 白岫面大田里
野月里敎會	同	同 鹽山面野月里
可谷里敎會	同	同 弘農面可谷里
和順邑敎會	同	和順郡和順面 訓里
雲農里敎會	同	同 東面 雲農里
大浦里敎會	同	同 同 大浦里
福岩里敎會	同	同 同 福岩里
檢山里敎會	同	同 外南面檢山里
鷄南里敎會	同	同 西面 鷄南里
同福邑敎會	同	同 同福面柒井里
水里敎會	同	同 內北面 水里
二川里敎會	同	同 同 二川里
院里敎會	同	同 外北面 院里
保月里敎會	同	同 二西面保月里

敎會名稱	組織及未組織	所在地
龍興里敎會	未組織	全南潭陽郡月山面龍興里
舟坪里敎會	未組織	同 水北面舟坪里
開東里敎會	同	同 同 開洞里
石峴里敎會	同	同 金城面石峴里
鳳安里敎會	同	同 武面 鳳安里
玉果邑敎會	同	谷城郡玉果面玉果里
院嶝里敎會	同	同 三岐面院嶝里
山亭里敎會	同	同 兼面 山亭里
咸平邑敎會	組織	咸平郡咸平面內橋里
龍城里敎會	同	同 大同面龍城里
鄕社里敎會	未組織	同 同 鄕社里
加德里敎會	同	同 新光面加德里
元山里敎會	同	同 同 元山里
竹岩里敎會	同	同 孫佛面竹岩里
石城里敎會	同	同 咸平面石城里
月奉里敎會	同	同 平陵面月奉里
玉洞里敎會	同	同 鶴橋面玉洞里
永興里敎會	同	同 嚴多面永興里
文場里敎會	同	同 海保面文場里

敎會名稱	組織及未組織	所在地
永豊里敎會	未組織	全南康津郡城田面永豊里
峴山里敎會	同	同 龍川面峴山里
朔羊里敎會	未組織	同 古郡面朔羊里
兵營敎會	同	同 同 兵營里
萬德里敎會	同	同 道岩面萬德里
鶴掌里敎會	同	同 同 鶴掌里
松村里敎會	同	同 同 松村里
馬良里敎會	同	同 大口面馬良里
長興邑敎會	同	長興郡長興面邑 內
眞木里敎會	同	同 大德面眞木里
朔金里敎會	同	同 同 朔金里
都廳里敎會	組織	同 同 都廳里
德島里敎會	未組織	同 同 德島里
南松里敎會	同	同 古邑面南松里
芝川里敎會	同	同 安良面芝川里
船亭里敎會	同	同 長平面船亭里
社倉里敎會	同	同 同 社倉里
金子里敎會	同	同 夫小面金子里
丹山里敎會	同	同 有治面丹山里

敎會名稱	組織及未組織	所在地
里敎會	組織	全南靈岩郡門內面古堂里
里敎會	未組織	同 花源面新德里
里敎會	同	同 同 山湖里
里敎會	同	同 同 浼洛里
里敎會	同	同 珍島 南東里
里敎會	組織	同 粉土里
里敎會	未組織	同 金甲里
里敎會	組織	同 莞島 新鶴里
里敎會	同	同 永豊里
里敎會	同	同 冠山里
里敎會	未組織	同 德岩里
里敎會	同	同 加來
里敎會	組織	同 濟州島 城內里
里敎會	同	同 三陽里
里敎會	未組織	同 朝天細花里
里敎會	同	同 細花里
里敎會	同	同 漢坪里
里敎會	同	同 城邑里
里敎會	同	同 法還里

敎會名稱	組織及未組織	所在地
里敎會	未組織	全南高敞郡雅山面盤岩里
邑敎會	同	同 茂長面茂長里
里敎會	同	同 海里面下蓮里
里敎會	同	同 上下面龍垈里
里敎會	同	同 孔音面九岩里
里敎會	同	同 同 福興里
里敎會	同	同 星松面槐峙里
里敎會	同	同 古水面沙洞里
邑敎會	同	淳昌郡淳昌面淳化里
里敎會	同	同 雙置面金城里
里敎會	同	同 同 雙溪里
里敎會	同	同 福興面峰抱里

공동회의록

공 동 회 의 록

제 [illegible] 회

년 월 일	2000 년 12 월 31 일 오전 (후) 12 시 10 분				
장 소	본당	찬 송	433	기 도	서 일석 장로
성 경	빌 : 4:19	설 교	변 유복 목사	제 목	하나님이 채우시리라

회원을 호명하니 재적 명중 명이 참석하였기에 개회 성수가 됨으로 회장이 본회가 개회됨을 선언하고 아래와 같이 안건을 결의하다.

아 래 (토 의 및 결 의 사 항)

2001 년도 예산을 120,000,000₩ 으로 유인물대로 심의 통과 하다

(예산 세부 내역은 별지 참조) 뒷면에

안건 처리를 다 끝내고 서기가 회의록을 낭독하니 받기로하고 폐회하자는 결의에 따라 회장 의 기도 후 회장이 폐회됨을 선언하니 12 시 60 분이었다.

2000 년 12 월 31 일

회 장 인

서 기 박 정 선 인

대구시 중구 남산동 913-22

성문사 제작 TEL. 45-7989 · 45-8444

공동회의록

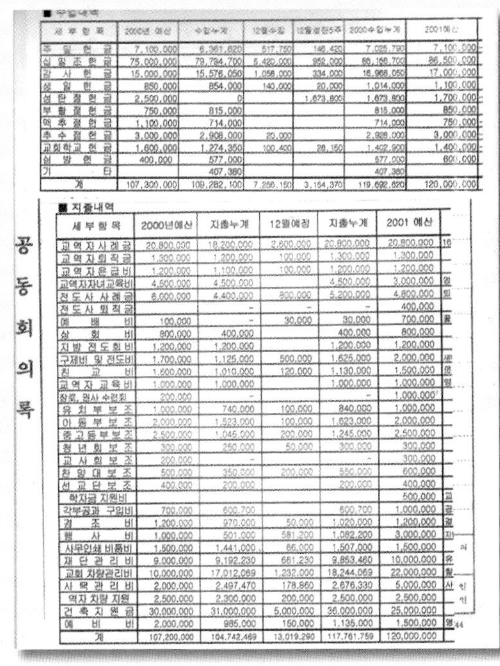

■ 수입내역

세부항목	2000년 예산	수입누계	12월수입	12월설탄5주	2000수입누계	2001예산
주일헌금	7,100,000	6,361,620	517,750	146,420	7,025,790	7,100,000
십일조헌금	75,000,000	79,794,700	5,420,000	952,000	86,166,700	86,500,000
감사헌금	15,000,000	15,576,050	1,058,000	334,000	16,968,050	17,000,000
생일헌금	850,000	854,000	140,000	20,000	1,014,000	1,100,000
성탄절헌금	2,500,000	0		1,673,800	1,673,800	1,700,000
부활절헌금	750,000	815,000			815,000	850,000
맥추절헌금	1,100,000	714,000			714,000	750,000
추수절헌금	3,000,000	2,908,000	20,000		2,928,000	3,000,000
교회학교 헌금	1,600,000	1,274,350	100,400	28,150	1,402,900	1,400,000
심방헌금	400,000	577,000			577,000	600,000
기타		407,380			407,380	
계	107,300,000	109,282,100	7,256,150	3,154,370	119,692,620	120,000,000

공동회의록

■ 지출내역

세부항목	2000년예산	지출누계	12월예정	지출누계	2001 예산
교역자사례금	20,800,000	18,200,000	2,600,000	20,800,000	20,800,000
교역자퇴직금	1,300,000	1,200,000	100,000	1,300,000	1,300,000
교역자은급비	1,200,000	1,100,000	100,000	1,200,000	1,200,000
교역자자녀교육비	4,500,000	4,500,000		4,500,000	3,000,000
전도사 사례금	6,000,000	4,400,000	800,000	5,200,000	4,800,000
전도사 퇴직금		-	-	-	400,000
예배비	100,000	-	30,000	30,000	700,000
상회비	800,000	400,000		400,000	800,000
지방 전도회비	1,200,000	1,200,000		1,200,000	1,200,000
구제비 및 전도비	1,700,000	1,125,000	500,000	1,625,000	2,000,000
친교비	1,600,000	1,010,000	120,000	1,130,000	1,500,000
교역자 교육비	1,000,000	1,000,000		1,000,000	1,000,000
장로, 권사 수련회	200,000	-		-	1,000,000
유치부보조	1,000,000	740,000	100,000	840,000	1,000,000
아동부보조	2,000,000	1,523,000	100,000	1,623,000	2,000,000
중고등부보조	2,500,000	1,045,000	200,000	1,245,000	2,500,000
청년회보조	300,000	250,000	50,000	300,000	300,000
교사회보조	200,000	-		-	300,000
찬양대보조	500,000	350,000	200,000	550,000	600,000
선교단보조	400,000	200,000		200,000	400,000
학자금 지원비					500,000
각부공과 구입비	700,000	600,700		600,700	1,000,000
경조비	1,200,000	970,000	50,000	1,020,000	1,200,000
행사비	1,000,000	501,000	581,200	1,082,200	3,000,000
사무인쇄 비품비	1,500,000	1,441,000	66,000	1,507,000	1,500,000
재단관리비	9,000,000	9,192,230	661,230	9,853,460	10,000,000
교회 차량관리비	10,000,000	17,012,069	1,232,000	18,244,069	22,000,000
사택관리비	2,000,000	2,497,470	178,860	2,676,330	5,000,000
역자 차량 지원	2,500,000	2,300,000	200,000	2,500,000	2,500,000
건축지원금	30,000,000	31,000,000	5,000,000	36,000,000	25,000,000
예비비	2,000,000	985,000	150,000	1,135,000	1,500,000
계	107,200,000	104,742,469	13,019,290	117,761,759	120,000,000

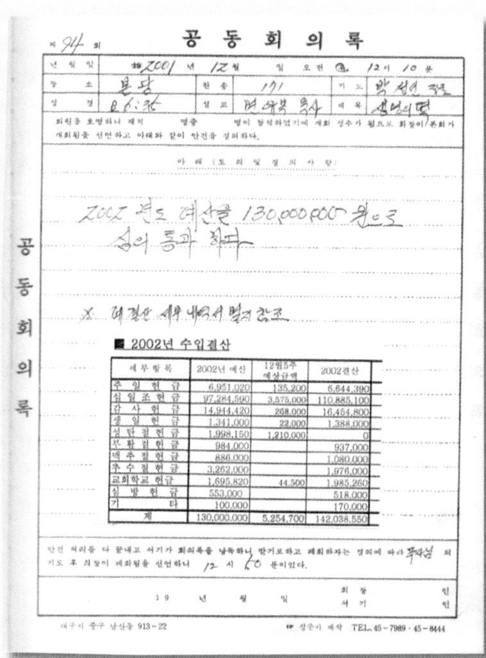

공동회의록

제 94 회

년월일	2001 년 12 월 일 오전 12시 10분				
장소	본당	출석	171	기도	박성연 장로
성경	요6:35	설교	변영복 목사	제목	생명의 떡

회원을 호명하니 재적 명중 명이 참석하였기에 개회 성수가 됨으로, 회장이 본회가 개회됨을 선언하고 아래와 같이 안건을 결의하다.

아래 (토의 및 결의 사항)

2002년도 예산금 130,000,000원으로 심의 통과 하다.

※ 예결산 세부 내역서 별지 참조

공동회의록

■ 2002년 수입결산

세부항목	2002년 예산	12월5주 예상금액	2002결산
주일헌금	6,951,020	135,200	6,644,390
십일조헌금	97,284,590	3,575,000	110,885,100
감사헌금	14,944,420	268,000	16,454,800
생일헌금	1,341,000	22,000	1,388,000
성탄절헌금	1,998,150	1,210,000	0
부활절헌금	984,000		937,000
맥추절헌금	886,000		1,080,000
추수절헌금	3,262,000		1,976,000
교회학교 헌금	1,695,820	44,500	1,985,260
심방헌금	553,000		518,000
기타	100,000		170,000
계	130,000,000	5,254,700	142,038,550

안건 처리를 다 끝내고 서기가 회의록을 낭독하니 받기로하고 폐회하자는 결의에 따라 목사님 의 기도 후 회장이 폐회됨을 선언하니 12 시 50 분이었다.

19 년 월 일 회장 인 서기 인

대구시 중구 남산동 913-22 ☞ 성문사 제작 TEL. 45-7989 · 45-8444

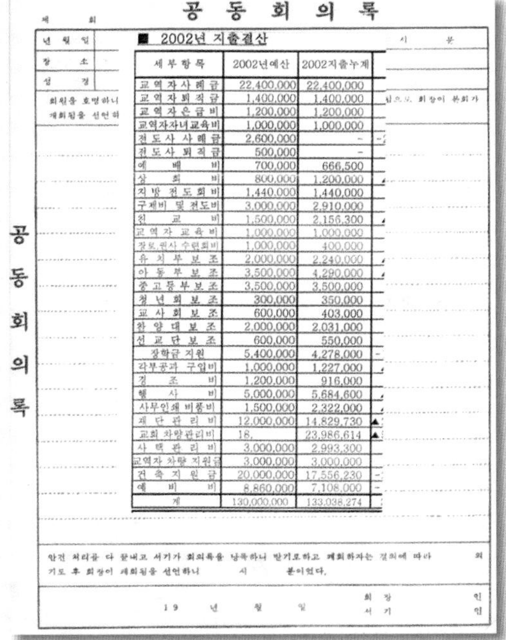

공동회의록

제 회

년월일 / 장소 / 성경 / 시 분

회원을 호명하니 ... 됨으로, 회장이 본회가 개회됨을 선언하

공동회의록

■ 2002년 지출결산

세부항목	2002년예산	2002지출누계
교역자사례금	22,400,000	22,400,000
교역자퇴직금	1,400,000	1,400,000
교역자은급비	1,200,000	1,200,000
교역자자녀교육비	1,000,000	1,000,000
전도사 사례금	2,600,000	-
전도사 퇴직금	500,000	-
예배비	700,000	666,500
상회비	800,000	1,200,000
지방 전도회비	1,440,000	1,440,000
구제비 및 전도비	3,000,000	2,910,000
친교비	1,500,000	2,156,300
교역자 교육비	1,000,000	1,000,000
장로,권사 수련회비	1,000,000	400,000
유치부보조	2,000,000	2,240,000
아동부보조	3,500,000	4,290,000
중고등부보조	3,500,000	3,500,000
청년회보조	300,000	350,000
교사회보조	600,000	403,000
찬양대보조	2,000,000	2,031,000
선교단보조	600,000	550,000
장학금 지원	5,400,000	4,278,000
각부공과 구입비	1,000,000	1,227,000
경조비	1,200,000	916,000
행사비	5,000,000	5,684,600
사무인쇄 비품비	1,500,000	2,322,000
재단관리비	12,000,000	14,829,730
교회 차량관리비	18.	23,986,614
사택관리비	3,000,000	2,993,300
교역자 차량 지원금	3,000,000	3,000,000
건축지원금	20,000,000	17,556,230
예비비	8,860,000	7,108,000
계	130,000,000	133,038,274

안건 처리를 다 끝내고 서기가 회의록을 낭독하니 받기로하고 폐회하자는 결의에 따라 의 기도 후 회장이 폐회됨을 선언하니 시 분이었다.

19 년 월 일 회장 인 서기 인

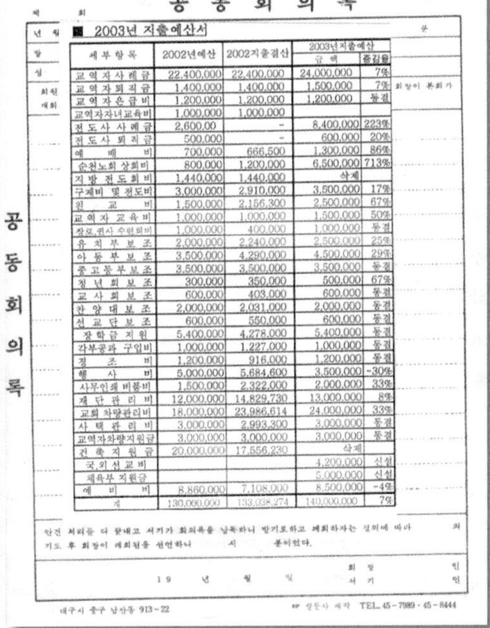

공동회의록

제 회

회원을 ... 회장이 본회가 개회 ...

공동회의록

■ 2003년 지출예산서

세부항목	2002년예산	2002지출결산	2003년지출예산 금액	2003년지출예산 증감율
교역자사례금	22,400,000	22,400,000	24,000,000	7%
교역자퇴직금	1,400,000	1,400,000	1,500,000	7%
교역자은급비	1,200,000	1,200,000	1,200,000	동결
교역자자녀교육비	1,000,000	1,000,000		
전도사 사례금	2,600,00	-	8,400,000	223%
전도사 퇴직금	500,000	-	600,000	20%
예배비	700,000	666,500	1,300,000	86%
순천노회 상회비	800,000	1,200,000	6,500,000	713%
지방 전도회비	1,440,000	1,440,000	삭제	
구제비 및 전도비	3,000,000	2,910,000	3,500,000	17%
친교비	1,500,000	2,156,300	2,500,000	67%
교역자 교육비	1,000,000	1,000,000	1,500,000	50%
장로,권사 수련회비	1,000,000	400,000	1,000,000	동결
유치부보조	2,000,000	2,240,000	2,500,000	25%
아동부보조	3,500,000	4,290,000	4,500,000	29%
중고등부보조	3,500,000	3,500,000	3,500,000	동결
청년회보조	300,000	350,000	500,000	67%
교사회보조	600,000	403,000	600,000	동결
찬양대보조	2,000,000	2,031,000	2,000,000	동결
선교단보조	600,000	550,000	600,000	동결
장학금 지원	5,400,000	4,278,000	5,400,000	동결
각부공과 구입비	1,000,000	1,227,000	1,000,000	동결
경조비	1,200,000	916,000	1,200,000	동결
행사비	5,000,000	5,684,600	3,500,000	-30%
사무인쇄 비품비	1,500,000	2,322,000	2,000,000	33%
재단관리비	12,000,000	14,829,730	13,000,000	8%
교회 차량관리비	18,000,000	23,986,614	24,000,000	33%
사택관리비	3,000,000	2,993,300	3,000,000	동결
교역자차량지원금	3,000,000	3,000,000	3,000,000	동결
건축지원금	20,000,000	17,556,230	삭제	
국,외선교비			4,200,000	신설
체육부 지원금			5,000,000	신설
예비비	8,860,000	7,108,000	8,500,000	-4%
계	130,000,000	133,038,274	140,000,000	7%

안건 처리를 다 끝내고 서기가 회의록을 낭독하니 받기로하고 폐회하자는 결의에 따라 의 기도 후 회장이 폐회됨을 선언하니 시 분이었다.

19 년 월 일 회장 인 서기 인

대구시 중구 남산동 913-22 ☞ 성문사 제작 TEL. 45-7989 · 45-8444

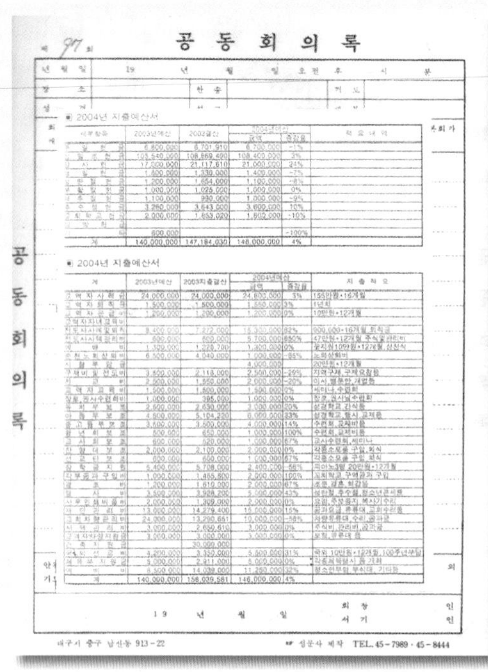

제 97 회

공 동 회 의 록

년월일	19 년 월 일 오전 후 시 분				
장소		찬송		기도	

■ 2004년 수입예산서

세부항목	2003년예산	2003결산	2004년예산 금액	증감율	적요내역
주일헌금	6,800,000	6,701,910	6,700,000	-1%	
십일조헌금	105,540,000	108,869,490	108,400,000	3%	
감사헌금	17,000,000	21,117,610	21,000,000	24%	
생일헌금	1,500,000	1,330,000	1,400,000	-7%	
성탄절헌금	1,200,000	1,654,000	1,100,000	-8%	
부활절헌금	1,000,000	1,025,000	1,000,000	0%	
맥추절헌금	1,100,000	990,000	1,000,000	-9%	
추수절헌금	3,260,000	3,643,000	3,600,000	10%	
교회학교헌금	2,000,000	1,853,020	1,800,000	-10%	
[illegible]					
기타	600,000			-100%	
계	140,000,000	147,184,030	146,000,000	4%	

■ 2004년 지출예산서

계	2003년예산	2003지출결산	2004년예산 금액	증감율	지출적요
교역자사례금	24,000,000	24,000,000	24,800,000	3%	155만원×16개월
교역자퇴직금	1,500,000	1,500,000	1,550,000	3%	1년치
교역자은급비	1,200,000	1,200,000	1,200,000	0%	10만원×12개월
교역자자녀교육비					
전도사사례및퇴직	9,400,000	7,272,000	15,300,000	82%	900,000×16개월,퇴직금
전도사사택관리비	600,000	600,000	5,700,000	850%	47만원×12개월 주식및관리비
예배비	1,300,000	1,228,700	1,300,000	0%	꽃지원10만원×12개월,성찬식
순천노회상회비	6,500,000	4,040,000	1,000,000	-85%	노회상회비
시찰부담금			4,000,000		20만원×12개월
구제비및전도비	3,500,000	2,118,000	2,500,000	-29%	지역구제,구제요청등
친교비	2,500,000	1,550,000	2,000,000	-20%	이사,병문안,개업등
교역자교육비	1,500,000	1,500,000	1,500,000	0%	세미나,수련회
장로,권사수련회비	1,000,000	395,000	1,000,000	0%	장로,권사님수련회
유치부보조	2,500,000	2,630,000	3,000,000	20%	성경학교,간식등
아동부보조	4,500,000	5,104,220	6,000,000	33%	성경학교,월시,교재등
중고등부보조	3,500,000	3,500,000	4,000,000	14%	수련회,교재비등
청년회보조	500,000	650,000	1,000,000	100%	수련회,교재비등
교사회보조	600,000	620,000	1,000,000	67%	교사수련회,세미나
찬양대보조	2,000,000	2,100,000	2,000,000	0%	각종소모품 구입,회식
선교단보조	600,000	600,000	1,000,000	67%	각종소모품 구입,회식
장학금지원	5,400,000	5,708,000	2,400,000	-56%	피아노3명 20만원×12개월
각부공과구입비	1,000,000	1,465,800	2,000,000	100%	교회학교,구역공과 구입
경조비	1,200,000	1,610,000	2,000,000	67%	조문,결혼,회갑등
행사비	3,500,000	3,928,200	5,000,000	43%	성탄절,추수절,청소년관서등
사무인쇄비품비	2,000,000	1,309,000	2,000,000	0%	요람,주보용지,복사기수리
재단관리비	13,000,000	14,279,400	15,000,000	15%	공과요금,유류대,교회수리등
교회차량관리비	24,000,000	13,290,651	10,000,000	-58%	차량유류대,수리,공과금
사택관리비	3,000,000	2,650,610	3,000,000	0%	주식비,관리비,공과금
교역자차량지원금	3,000,000	3,000,000	3,000,000	0%	보험,유류대 등
[illegible]		30,000,000			
국내외선교비	4,200,000	3,330,000	5,500,000	31%	국외 10만원×12개월,100주년부담
체육부지원금	5,000,000	2,911,000	5,000,000	0%	각종체육행사 등 개최
예비비	8,500,000	14,039,000	11,250,000	32%	청소인부임,부식대,기타등
계	140,000,000	158,039,581	146,000,000	4%	

19 년 월 일 회장 인 서기 인

대구시 중구 남산동 913-22 성문사 제작 TEL. 45-7989 · 45-8444

공동회의록

■ 2006년수 입예산서

세부항목	2005년예산	2005결산	2006년예산 금액	2006년예산 증감액	적요내역
2005년도이월금		700,532			2005년도 이월금
주일헌금	10,000,000	9,100,000	10,000,000		
십일조헌금	110,000,000	137,882,600	120,000,000	10,000,000	
감사헌금	27,000,000	31,606,070	30,000,000	3,000,000	
생일헌금	1,400,000	1,600,000	1,600,000	200,000	
성탄절헌금	1,400,000	1,000,000	1,400,000		
부활절헌금	1,300,000	1,665,500	1,500,000	200,000	
맥추절헌금	1,300,000	1,517,000	1,500,000	200,000	
추수절헌금	4,000,000	4,452,000	4,100,000	100,000	
교회학교헌금	1,500,000	1,100,000	1,500,000		
기타(목적헌금)		22,009,665			
계	157,900,000	212,633,367	171,600,000	13,700,000	

■ 2006년 지출예산서

계	2005년예산	2005지출결산	2006년예산 금액	2006년예산 증감액	지출적요
교역자사례금	25,600,000	25,600,000	28,800,000	3,200,000	180만원×16개월
교역자퇴직금	1,600,000	1,600,000	1,800,000	200,000	1[illegible]0천원×1년치
교역자은급비	1,334,000	1,344,000	1,800,000	466,000	150천원×12개월
전도사사례및퇴직	15,650,000	9,783,000	9,100,000	-6,550,000	65만원×14개월
예배비	1,300,000	1,239,000	1,500,000	200,000	꽃지원금,성찬식
순천노회상회비	1,000,000	1,710,000	2,000,000	1,000,000	노회상회비
시찰부담금	3,000,000	2,400,000	3,000,000		시찰부담금
구제비및전도비	7,000,000	5,984,600	7,000,000		구제비,전도비
친교비	2,000,000	1,883,000	2,000,000		이사,병문,개업
교역자교육비및활동비	1,500,000	1,500,000	3,000,000	1,500,000	교육비(150),활동비(150)
장로,권사수련회비	1,000,000	200,000	1,000,000		장로,권사수련회지원
유치부보조	3,000,000	3,000,000	3,000,000		유치부지원
아동부보조	7,000,000	7,021,500	7,000,000		아동부지원
중고등부보조	5,000,000	5,000,000	5,000,000		중고등부지원
청년회보조	2,000,000	1,808,000	2,000,000		청년회지원
교사회보조	1,000,000	1,184,500	1,000,000		아동부,중고등부교사지원금
찬양대보조	2,500,000	2,500,000	2,500,000		찬양대지원금
선교단보조	1,000,000	1,235,000	1,500,000	500,000	선교단지원금
장학금지원	3,000,000	2,500,000	3,000,000		반주자장학금,초등,중등장학금
각부공과구입비	1,500,000	932,200	1,500,000		아동부,중고등부,구역공과구입
경조비	1,500,000	1,963,500	3,000,000	1,500,000	조문,회갑,결혼
행사비	5,000,000	1,726,200	5,000,000		맥추,부활,추수 성탄절행사(아동부 중고등부포함)
사무인쇄비품비	1,500,000	1,799,000	2,000,000	500,000	요람,주보용지,토너 구입
재단관리비	15,000,000	52,624,850	20,000,000	5,000,000	공공요금,교회수리,유류대,교회비품구입
교회차량관리비	10,000,000	8,972,000	10,000,000		유류대,보험료,수리비
사택관리비	3,000,000	2,759,710	3,000,000		주식대,공공요금,관리비
교역자차량지원금	3,000,000	3,000,000	3,000,000		교역자차량지원
발전기금	10,000,000	31,000,000	15,000,000	5,000,000	교회발전기금
국외선교비	5,500,000	1,100,000	5,000,000	-500,000	국외선교비
체육부지원금	2,500,000	2,057,000	2,500,000		체육대회,동아리지원
예비비	13,916,000	18,204,520	15,600,000	1,684,000	청소인부임,부식대,쌀구입,격려금등
계	157,900,000	203,631,580	171,600,000	13,700,000	

교회발전기금 40,260,617 (지원금29,000,000,아파트월세2,000,000,이자9655,이월금9,250,962
이월금 :9,250,962(이월금6,90 0,000+2,350,962)

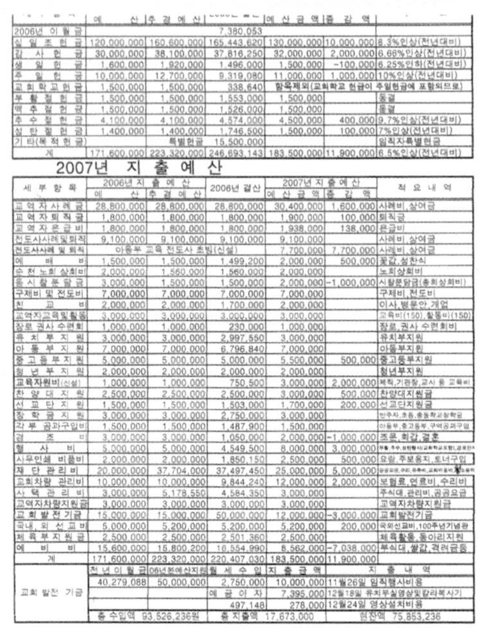

세부항목	2006년 예산	2006년 추경예산	2006년 결산	2007년 예산금액	증감액	적요내역
2006년 이월금			7,380,053			
십일조헌금	120,000,000	160,600,000	165,443,620	130,000,000	10,000,000	8.3%인상(전년대비)
감사헌금	30,000,000	38,100,000	37,816,250	32,000,000	2,000,000	6.66%인상(전년대비)
생일헌금	1,600,000	1,920,000	1,496,000	1,500,000	-100,000	6.25%인하(전년대비)
주일헌금	10,000,000	12,700,000	9,319,080	11,000,000	1,000,000	10%인상(전년대비)
교회학교헌금	1,500,000	1,500,000	338,640	항목제외(교회학교 헌금이 주일헌금에 포함되므로)		
부활절헌금	1,500,000	1,500,000	1,553,000	1,500,000		동결
맥추절헌금	1,500,000	1,500,000	1,526,000	1,500,000		동결
추수절헌금	4,100,000	4,100,000	4,574,000	4,500,000	400,000	9.7%인상(전년대비)
성탄절헌금	1,400,000	1,400,000	1,746,500	1,500,000	100,000	7%인상(전년대비)
기타(목적헌금)		특별헌금	15,500,000			임직자특별헌금
계	171,600,000	223,320,000	246,693,143	183,500,000	11,900,000	6.5%인상(전년대비)

2007년 지 출 예 산

세부항목	2006년 지출예산 예산	2006년 지출예산 추경예산	2006년 결산	2007년 지출예산 예산금액	2007년 지출예산 증감액	적요내역
교역자사례금	28,800,000	28,800,000	28,800,000	30,400,000	1,600,000	사례비,상여금
교역자퇴직금	1,800,000	1,800,000	1,800,000	1,900,000	100,000	퇴직금
교역자은급비	1,800,000	1,800,000	1,800,000	1,938,000	138,000	은급비
전도사사례및퇴직	9,100,000	9,100,000	9,100,000	9,100,000		사례비,상여금
전도사사례 및 퇴직	아동부 교육 전도사 초빙(신설)			7,700,000	7,700,000	사례비,상여금
예배비	1,500,000	1,500,000	1,499,200	2,000,000	500,000	꽃값,성찬식
순천노회상회비	2,000,000	1,560,000	1,560,000	2,000,000		노회상회비
동시찰분담금	3,000,000	1,500,000	1,500,000	2,000,000	-1,000,000	시찰분담금(총회상회비)
구제비및전도비	7,000,000	7,000,000	7,000,000	7,000,000		구제비,전도비
친교비	2,000,000	2,000,000	1,700,000	2,000,000		이사,병문안,개업
교역자교육및활동	3,000,000	3,000,000	3,000,000	3,000,000		교육비(150),활동비(150)
장로권사수련회	1,000,000	1,000,000	230,000	1,000,000		장로,권사 수련회비
유치부지원	3,000,000	3,000,000	2,997,550	3,000,000		유치부지원
아동부지원	7,000,000	7,000,000	6,796,840	7,000,000		아동부지원
중고등부지원	5,000,000	5,000,000	5,000,000	5,500,000	500,000	중고등부지원
청년부지원	2,000,000	2,000,000	2,000,000	2,000,000		청년부지원
교육자원비(신설)	1,000,000	1,000,000	750,500	3,000,000	2,000,000	제직,기관장,교사 등 교육비
찬양대지원	2,500,000	2,500,000	2,500,000	3,000,000	500,000	찬양대지원금
선교단지원	1,500,000	1,500,000	1,503,000	1,700,000	200,000	선교단지원금
장학금지원	3,000,000	3,000,000	2,750,000	3,000,000		반주자,초등,중등학교장학금
각부공과구입비	1,500,000	1,500,000	1,487,900	1,500,000		아동부,중고등부,구역공과구입
경조비	3,000,000	3,000,000	1,050,000	2,000,000	-1,000,000	조문,회갑,결혼
행사비	5,000,000	5,000,000	4,549,500	8,000,000	3,000,000	부활,추수,성탄행사(교회학교포함),[illegible]
사무인쇄비품비	2,000,000	2,000,000	1,850,150	2,500,000	500,000	요람,주보용지,토너구입
재단관리비	20,000,000	37,704,000	37,497,450	25,000,000	5,000,000	공공요금,수리,유류비,교회비품비[illegible]
교회차량관리비	10,000,000	10,000,000	9,844,240	12,000,000	2,000,000	보험료,연료비,수리비
사택관리비	3,000,000	5,178,550	4,584,350	3,000,000		주식대,관리비,공공요금
교역자차량지원금	3,000,000	3,000,000	3,000,000	3,000,000		교역자차량지원금
교회발전기금	15,000,000	15,000,000	50,000,000	12,000,000	-3,000,000	교회발전기금
국내,외선교비	5,000,000	5,200,000	5,200,000	5,200,000	200,000	국외선교비,100주년기념관
체육부지원금	2,500,000	2,500,000	2,501,360	2,500,000		체육활동,동아리지원
예비비	15,600,000	15,800,200	16,554,990	8,562,000	-7,038,000	부식대,쌀값,격려금등
계	171,600,000	223,320,000	220,407,030	183,500,000	11,900,000	

교회 발전 기금	전년이월금	06년본예산지원	월세수입	지출금액	지출내역
	40,279,088	50,000,000	2,750,000	10,000,000	11월26일 임직행사비용
			예금이자	7,395,000	12월18일 유치부실영상및칼라복사기
			497,148	278,000	12월24일 영상설치비용
	총수입액 93,526,236원		총지출액 17,673,000		현잔액 75,853,236

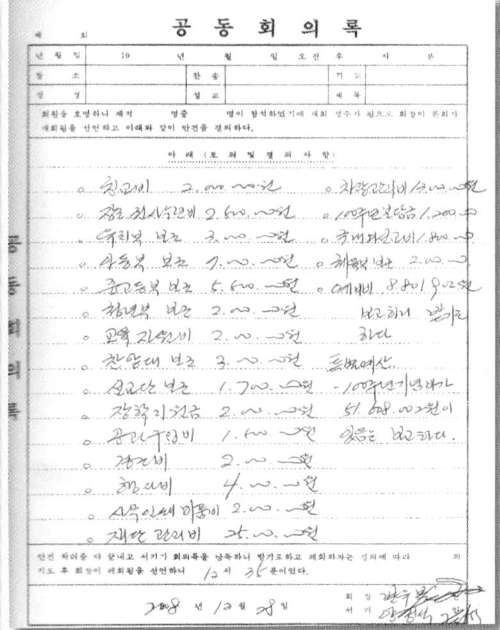

제 회

공 동 회 의 록

년월일	19 년 월 일 오전 후 시 분				
장소		찬송		기도	
성경		설교		제목	

회원을 호명하니 재적 명중 명이 참석하였기에 개회 성수가 됨으로 회장이 본회가 개회됨을 선언하고 아래와 같이 안건을 결의하다.

아래 (보고 및 결의 사항)

o 친교비 2.000.000원 o 차량관리비 12.000.000원
o 장로 권사수련비 2.600.000원 o 100주년보담금 1.200.000원
o 유치부 보조 3.000.000원 o 국내외선교비 1.800.000원
o 아동부 보조 7.000.000원 o 체육부 보조 2.000.000원
o 중고등부 보조 5.600.000원 o 예비비 8.801.902원
o 청년부 보조 2.000.000원 보고하니 받기로
o 교육자원비 2.000.000원 하다
o 찬양대 보조 3.000.000원 특별예산
o 선교단 보조 1.700.000원 -100주년기념비가
o 장학기금 2.000.000원 51.608.002원이
o 공과구입비 1.600.000원 있음을 보고하다.
o 경조비 2.000.000원
o 행사비 4.000.000원
o 사무인쇄비품비 2.000.000원
o 재단관리비 25.000.000원

안건 처리를 다 끝내고 서기가 회의록을 낭독하니 받기로 하고 폐회하자는 동의에 따라 의 기도 후 회장이 폐회됨을 선언하니 12시 35분이었다.

2008년 12월 28일 회장 서기

공동회의록

세부항목	수입예산	실수입액	증감액	수입예산	증감액	비고	적용내용
십일조헌금	120,000,000	161,102,320		130,000,000	▲10,000,000		
감사헌금	30,000,000	37,023,030		37,000,000	▲7,000,000		
생일헌금	1,500,000	2,075,000		2,000,000	▲500,000		
주일헌금	10,000,000	9,023,070		9,000,000	▼1,000,000		
부활절헌금	2,000,000	1,500,000		1,500,000	▼500,000		
맥추절헌금	1,500,000	1,704,150		1,700,000	▲200,000		
추수절헌금	4,500,000	2,210,900		2,000,000	▼2,500,000		
성탄절헌금	2,000,000	2,132,500		2,000,000			
전년이월금	10,000,000	10,000,000		10,000,000			본예산에서1000만원초과분 비전기금전환
계	181,500,000	226,770,970		195,200,000	▲13,700,000		10년대비 7.5% 인상

지출예산안 (12월 25일 지출까지 결산)

세부항목	2010년 지출			2011년 지출예산		적용내용
	지출예산	지출총액	증감액	지출예산	증감액	
목사 사례비	32,000,000	31,000,000		32,000,000		사례비(월200만원), 상여금4회(1회 200만원)
목사 퇴직금	2,000,000	1,520,000		2,000,000		퇴직금(12회)
목사 은급비	2,256,000	1,692,000		1,200,000	▼1,056,000	은급비(12회)
자녀학자금				1,200,000	신설	
목사교육및활동비	3,000,000	3,000,000		3,000,000		활동비, 교육비
목사사택관리비	3,000,000	2,921,180		4,000,000	▲1,000,000	주식비, 사택관리비, 가스비, 통신비
목사차량관리비	3,000,000	2,250,000			삭제	차량관리비-교회차량
전도사 사례비(아	7,200,000	7,200,000	전도사 사례	8,400,000	▲1,200,000	사례비 월60만원X12회,차량유지비10만원/월
전도사 교육비	2,000,000	2,000,000	전도사 교육	2,000,000	아동부	학비지원 1학기 100만원X2회
부목 사례비	20,400,000		전도사 사례	7,200,000	청소년부	사례비 월60만원X12회
사택관리비	3,000,000		전도사 교육	2,000,000	청소년부	학비지원 1학기 100만원X2회
예배비	2,000,000	1,840,170		2,000,000		성찬식, 화분
노회상회비	3,000,000	3,000,000		3,000,000		노회상회비
동시찰 분담금	1,200,000	1,100,000		1,680,000	▲480,000	동시찰분담금(월14만원*12회)
구제비및전도비	10,000,000	9,950,000		25,000,000	▲15,000,000	송정교회(월30만*12회), 전도비, 구제비
친교비	2,000,000	1,960,000		3,000,000	▲1,000,000	병문안, 이사, 개업, 입택, 출산, 교통비
장로권사지원비	2,500,000	1,420,000		2,500,000		노회비, 실행위원회비, 하계수련회
유치부 보조	2,000,000	2,000,240		2,000,000		자치회
아동부 보조	6,000,000	6,014,843		6,000,000		자치회
청소년부 보조	5,000,000	5,000,000		5,000,000		자치회
청년부 보조	2,000,000	2,000,000		2,000,000		자치회
교육자원비	2,000,000	992,840		2,000,000		각부서교육, 교사수련회
찬양대 보조	2,000,000	3,003,420		3,000,000	▲1,000,000	악기조율/수리비, 단합대회, 간식
선교단 보조	1,000,000	866,650		1,000,000		악기구입/수리비, 단합대회
장학지원금	1,000,000	1,000,000		1,000,000		태공중학교, 태인초등학교
각부공과구입비	1,000,000	1,038,400		1,000,000		각부공과구입, 구역예배교재구입
경조비	1,500,000	750,000		1,500,000		결혼, 회갑, 조의금/조화(교회장)
행사비	3,500,000	4,436,210		4,500,000	▲1,000,000	절기행사, 어린이주일, 어버이주일
사무인쇄비품비	3,500,000	3,314,260		3,500,000		요람,헌금봉투,컬러/흑백복사토너드럼,노트북
재단 관리비	25,000,000	29,771,691		25,000,000		공공요금,청소인건비,교회수리비,냉난방비 등
차량 관리비	13,000,000	12,371,710		15,000,000	▲3,000,000	수리비,유류비,보험료,세금,세차비,검사비 등
국내외 선교비	1,800,000	1,800,000		1,800,000		선교비지원금 월15만원X12회
체육부 보조	2,000,000	1,606,000		2,000,000		게이트볼대회, 아동부연합체육대회
100주년기념관	1,200,000	1,200,000		1,200,000		월10만원X12회
본예산전환금		50,000,000				*4,8,10월-1000만원,12월-2000만원
예비비	9,444,000	10,741,950		17,520,000	▲8,076,000	쌀값, 부식비, 명절상여금, 100주년기념행사 등
계	181,500,000	208,761,564		195,200,000	▲13,700,000	

100주년 비전 기획예산	수입누계	전년이월금	수입총액			지출누계	현잔액
	80,000,000	96,833,149	예금이자	1,031,126		147,776,540	30,087,735
	(3000만원		본예산	5000만원			

99년도 결산 및 2000년 예산보고서

구분	98년 이월금	총수입	총수입누계	지출누계	현잔액	2000년 예산
금액	354,332	102,231,081	102,585,413	94,900,872	7,684,541	

■ 수입내역

세부항목	'99년 예산	수입누계	증감	2000년 예산	비고
주일헌금	7,500,000	7,025,500	-474,500	7,100,000	
십일조헌금	68,000,000	73,240,060	+5,240,060	75,000,000	
감사헌금	14,000,000	14,584,790	+584,790	15,000,000	
생일헌금	700,000	823,000	+123,000	850,000	
성탄절헌금	1,600,000		-1,600,000	2,500,000	
부활절헌금	800,000	724,000	-76,000	750,000	
맥추절헌금	1,000,000	1,034,000	+34,000	1,100,000	
추수절헌금	1,600,000	2,762,000	+1,162,000	3,000,000	
교회학교헌금	1,700,000	1,546,430	-153,570	1,600,000	
심방헌금	400,000		-400,000	400,000	
기타		491,301	+491,301		
계	97,300,000	102,231,081	+4,931,081	107,300,000	

■ 지출내역

세부항목	'99년 예산	지출누계	증감	2000년 예산	적요
교역자사례금	20,704,000	20,704,000		20,800,000	1,300,000 × 16 = 20,800,000
교역자퇴직금	1,296,000	1,296,000		1,300,000	2기분 지출
교역자용급비				1,200,000	
교역자자녀교육비	4,000,000	4,000,000		4,500,000	영수증 지출
전도사 사례금	2,400,000	2,400,000		6,000,000	
전도사 퇴직금	400,000	400,000			
예배비	100,000	51,970	-48,000	100,000	
상회비	800,000	970,000	+170,000	800,000	
지방전도회비	1,200,000	1,200,000		1,200,000	
구제비및전도비	1,000,000	650,000	-350,000	1,700,000	
친교비	1,600,000	1,761,000	+161,000	1,600,000	문병,심방
교역자 교육비	400,000	400,000		1,000,000	
장로,권사수련회비	200,000			200,000	
유치부 보조	1,000,000	960,000	-40,000	1,000,000	
아동부 보조	2,000,000	1,250,000	-750,000	2,000,000	
중고등부 보조	2,500,000	1,800,000	-700,000	2,500,000	
청년회 보조	300,000	250,000	-50,000	300,000	
교사회 보조	200,000			200,000	
찬양대 보조	500,000	400,000	-100,000	500,000	
선교단 보조	400,000	250,000	-150,000	400,000	
각부공과 구입비	700,000	564,200	-135,800	700,000	
경조비	1,000,000	1,030,000	+30,000	1,200,000	결혼, 회갑, 조의금
회의비	100,000			100,000	
행사비	1,000,000	5,133,220	+4,133,220	1,000,000	
사무인쇄비품비	1,700,000	1,402,500	-297,500	1,500,000	
재단관리비	10,000,000	8,005,730	-1,994,270	9,000,000	
교회차량관리비	8,000,000	10,166,282	+2,166,282	10,000,000	
사택관리비				2,000,000	수식대, 연료, 공공요금
교역자차량지원금				2,500,000	
건축지원금	33,000,000	27,000,000	-600,000	30,000,000	
[illegible]	800,000	2,855,970	+2,055,970	2,000,000	

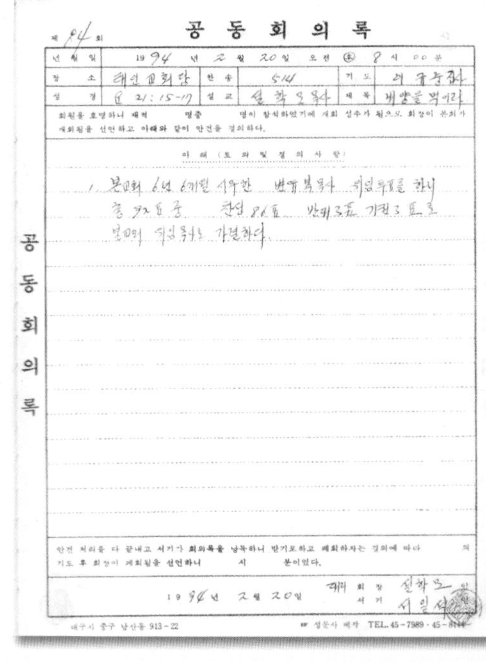

제 94 회

공동회의록

년월일	1994 년 2 월 20 일 오전 (후) 8 시 00 분				
장소	태인교회당	찬송	514	기도	이금중 장로
성경	요 21:15-17	설교	설학오 목사	제목	내 양을 먹이라

회원을 호명하니 재적 명중 명이 참석하였기에 개회 성수가 됨으로 회장이 본회가 개회됨을 선언하고 아래와 같이 안건을 결의하다.

아래 (토의 및 결의 사항)

1. 본교회 6년 6개월 시무한 변유복 목사 위임투표를 하니 총 92표 중 찬성 86표 반대 3표 기권 3표로 본교회 위임목사로 가결하다.

공동회의록

안건 처리를 다 끝내고 서기가 회의록을 낭독하니 받기로 하고 폐회하자는 결의에 따라 의 기도 후 회장이 폐회됨을 선언하니 시 분이었다.

1994년 2월 20일 대리 회장 설학오 인 / 서기 서일석 인

대구시 중구 남산동 913-22 ☞ 성문사 제작 TEL. 45-7989 · 45-8144

제 95 회

공동회의록

년월일	1974 년 4 월 10 일 오전 후 12 시 10 분				
장소	태인교회당	찬송	337	기도	변유복
성경	시편 32:1-11	설교	변유복	제목	행복을 원하십니까

회원을 호명하니 재적 명중 명이 참석하였기에 개회 성수가 됨으로 회장이 본회가 개회됨을 선언하고 아래와 같이 안건을 결의하다.

아래 (토의 및 결의 사항)

입교인 74명중 투표한 결과 이명희 34

3분의 2인 50표가 안나와서 2차투표함 이명희 48

3차 투표함 56표로 당선확정

공동회의록

안건 처리를 다 끝내고 서기가 회의록을 낭독하니 받기로 하고 폐회하자는 결의에 따라 의 기도 후 회장이 폐회됨을 선언하니 시 분이었다.

1954년 4월 10일 회장 변유복 인 / 서기 서일석 인

대구시 중구 남산동 913-22 ☞ 성문사 제작 TEL. 45-7989 · 45-8144

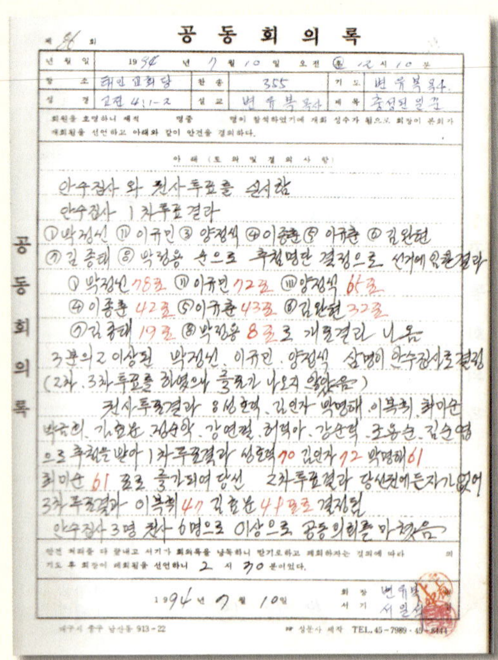

제 86 회

공동회의록

년월일	1994년 7월 10일 오전 후 12시 10분				
장소	태인교회당	찬송	355	기도	변유복 목사
성경	고전 4:1-2	설교	변유복 목사	제목	충성된 일꾼

회원을 호명하니 재적 명중 명이 참석하였기에 개회 성수가 됨으로 회장이 본회가 개회됨을 선언하고 아래와 같이 안건을 결의하다.

아래 (토의 및 결의 사항)

안수집사 와 권사 투표를 실시함
안수집사 1차투표결과
①박정선 ②이규인 ③양정식 ④이종춘 ⑤이규춘 ⑥김완현
⑦김종태 ⑧박정용 순으로 추천명단 결정으로 선거에 임한결과
①박정선 78표 ②이규인 72표 ③양정식 65표
④이종춘 42표 ⑤이규춘 43표 ⑥김완현 32표
⑦김종태 19표 ⑧박정용 8표로 개표결과 나옴
3분의2 이상된 박정선, 이규인, 양정식 삼명이 안수집사로 결정
(2차, 3차 투표를 하였으나 출표가 나오지 않았음)
권사투표결과 8성호덕, 김인자, 박명해, 이복희, 최미순
박금희, 김효분, 정수악, 강연렬, 허덕아, 강순덕, 조용순, 김순영
으로 추천을 받아 1차투표결과 성호덕 70 김인자 72 박명해 61
최미순 61 표로 출가되어 당선 2차투표결과 당선권에든자가 없어
3차투표결과 이복희 47 김효분 41표로 결정됨
안수집사 3명 권사 6명으로 이상으로 공동의회를 마쳤음

안건 처리를 다 끝내고 서기가 회의록을 낭독하니 받기로 하고 폐회하자는 결의에 따라 기도 후 회장이 폐회됨을 선언하니 2 시 30 분이었다.

1994년 7월 10일 회장 변유복 서기 서일석

대구시 중구 남산동 913-22 성문사 제작 TEL. 45-7989 · 45-8444

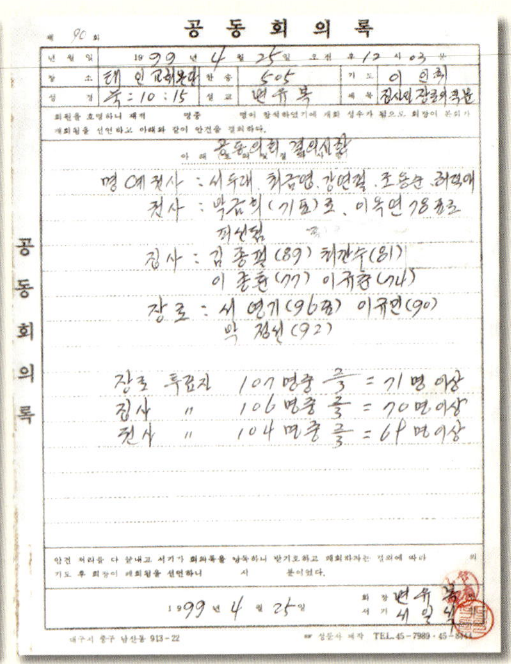

제 90 회

공동회의록

년월일	1999년 4월 25일 오전 후 12시 03분				
장소	태인교회본당	찬송	505	기도	이인희
성경	눅 10:15	설교	변유복	제목	집사의 장로의 직분

회원을 호명하니 재적 명중 명이 참석하였기에 개회 성수가 됨으로 회장이 본회가 개회됨을 선언하고 아래와 같이 안건을 결의하다.

아래 공동의회 결의사항

명예권사 : 서두래, 최금영, 강연렬, 조용순, 허덕애
권사 : 박금희(71표)로, 이옥연 78표로 피선됨
집사 : 김종필(89) 최판수(81) 이춘호(77) 이규창(74)
장로 : 서연기(96표) 이규인(90) 박정선(92)

장로 투표자 107명중 2/3 = 71명 이상
집사 〃 106명중 2/3 = 70명 이상
권사 〃 104명중 2/3 = 69명 이상

안건 처리를 다 끝내고 서기가 회의록을 낭독하니 받기로 하고 폐회하자는 결의에 따라 기도 후 회장이 폐회됨을 선언하니 시 분이었다.

1999년 4월 25일 회장 변유복 서기 서일석

대구시 중구 남산동 913-22 성문사 제작 TEL. 45-7989 · 45-8444

제 91 회

공동회의록

년월일	1999년 5월 16일 오전 후 12시 10분				
장소	본당	찬송	479	기도	목사님
성경	잠 22:4	설교	변유복 목사	제목	슬기로운 사람

회원을 호명하니 재적 명중 명이 참석하였기에 개회 성수가 됨으로 회장이 본회가 개회됨을 선언하고 아래와 같이 안건을 결의하다.

아래 공동의회 결의 사항

① 집사 = 염정근 (75표)
② 권사 = 추봉희 (76표) 강순덕 (75표)로 보충 작업으로 선출함

※ 집사투표자 : 99명중 2/3 = 66명 이상 피선권임
권사투표자 : 97명중 2/3 = 65명 이상 피선권임

안건 처리를 다 끝내고 서기가 회의록을 낭독하니 받기로 하고 폐회하자는 결의에 따라 기도 후 회장이 폐회됨을 선언하니 12시 40분이었다.

1999년 5월 16일 회장 인 서기 박정선

제 96 회

공동회의록

년월일	2003년 7월 23일 오전 후 12시 00분				
장소	본당	찬송	278	기도	목사님
성경	요 10:7	설교	변유복 목사	제목	양의 문 예수

회원을 호명하니 재적 명중 140명이 참석하였기에 개회 성수가 됨으로 회장이 본회가 개회됨을 선언하고 아래와 같이 안건을 결의하다.

아래 (토의 및 결의 사항)

안건
一. 주일 밤예배를 주일오후 2시에 드리는 건.

총 참석인원 140명중
찬성 : 96명
반대 : 41명
무표 : 3명 으로 오후 2시에 드리는것으로 결정 되다.

안건 처리를 다 끝내고 서기가 회의록을 낭독하니 받기로 하고 폐회하자는 결의에 따라 기도 후 회장이 폐회됨을 선언하니 12시 20분이었다.

19 년 월 일 회장 인 서기 인

대구시 중구 남산동 913-22 성문사 제작 TEL. 45-7989 · 45-8444

공동회의록

제 99 회

년월일	2005 년 12 월 25 일 오전 후 12 시 05 분				
장소	[illegible]	찬송	370장	기도	[illegible] 권사
성경	[illegible] 2:6	설교	변유복 목사	제목	주님오심

회원을 호명하니 재적 명중 56 명이 참석하였기에 개회 성수가 됨으로 회장이 본회가 개회됨을 선언하고 아래와 같이 안건을 결의하다.

아래 (토의 및 결의 사항)

2006년도 예산 171,600,000원으로 심의 통과 하다

※ 수입, 지출 예산세목서 별편참조

공동회의록

안건 처리를 다 끝내고 서기가 회의록을 낭독하니 받기로하고 폐회하자는 결의에 따라 [illegible] 의 기도 후 회장이 폐회됨을 선언하니 12 시 15 분이었다.

19 년 월 일 회장 [illegible] 인

년월일	2007 년 12 월 27 일 오전 후 12 시 06 분				
장소	본당	찬송	288	기도	[illegible] 목사
성경	[illegible] 1:1	설교	[illegible]	제목	—

회원을 호명하니 재적 280명중 201 명이 참석하였기에 개회 성수가 됨으로 회장이 본회가 개회됨을 선언하고 아래와 같이 안건을 결의하다.

아래 (토의 및 결의 사항)

1. 예산공동 심의건 (재정부장 김종필 장로)
- [illegible] 의견이 아래와 같이 유인물로 대체하다.
- 본교회 사례비 및 부대비용 45.000.000원
- 전도사 " 및 교육비지원 9.200.000원
- 부목사 사례비 및 부대비용 23.400.000원
- 예배비 2.000.000원
- 노회 상회비 3.000.000원
- 순서할 [illegible] 1.200.000원
- 구제 및 전도비 10.000.000원
- 친교비 2.000.000원
- 장로 및 권사 [illegible] 2.600.000원
- 교육비 (유치부 2.000.000, 아동부 6.000.000, 중고등부[illegible]
  청년부 2.000.000, 교육지원부 2.000.000 계 17.000.000원
- 찬양대 및 선교단보조 3.000.000 (찬양대 2.000.000 선교[illegible]
- 장학금 지원 1.000.000원

공동회의록

안건 처리를 다 끝내고 서기가 회의록을 낭독하니 받기로하고 폐회하자는 결의에 따라 기도 후 회장이 폐회됨을 선언하니 시 분이었다.

19 년 월 일 회장 인 서기 인

대구시 중구 남산동 913-22 ☎ 성문사 제작 TEL. 45-7989 · 45-8444

년월일	2010 년 12 월 26 일 오전 후 12 시 02 분				
장소	본당	찬송	600장 1절	기도	박형련 목사
성경	[illegible] 7:12	설교	[illegible]	제목	"

회원을 호명하니 재적 200 명중 156 명이 참석하였기에 개회 성수가 됨으로 회장이 본회가 개회됨을 선언하고 아래와 같이 안건을 결의하다.

아래 (토의 및 결의 사항)

1. 양정석 장로가 전회의록을 낭독하다.
2. 감사인 양정석 장로 감사보고하다.
3. 이주민 장로가 김종필 장로 대신 재정을 보고하다.
   - 유인물 참조 받기로 하다 (유인)
4. 유인물대로 받기로 하다.
   - 수입예산 195.200.000원 결산 226.770.970원 ([illegible])
   - 지출예산 195.200.000원 결산 208.761.564원 (")
   - 잔액 12.700.000원
   - 100주년 비전 30.087.735원 보관하다.

공동회의록

안건 처리를 다 끝내고 서기가 회의록을 낭독하니 받기로하고 폐회하자는 결의에 따라 박형련 의 기도 후 회장이 폐회됨을 선언하니 12 시 23 분이었다.

2010 년 12 월 26 일 회장 박형련 인 서기 양정석

대구시 중구 남산동 913-22 ☎ 성문사 제작 TEL. 45-7989 · 45-8444

공동회의록

제 회

년월일	2011 년 12 월 25 일 오전/후 시 분				
장소	본당	찬송	384	기도	박형련 목사
성경		설교		제목	

회원을 호명하니 재적 200 명중 36 명이 참석하였기에 개회 성수가 됨으로 회장이 본회가 개회됨을 선언하고 아래와 같이 안건을 결의하다.

아래 (토의 및 결의 사항)

1. 1부예배를 마치고 회의처리 하다
2. 양정석 장로가 감사보고를 하다
3. 김종필 장로가 재정을 보고 하니, 유인물대로 받기로 하다.
   1. 수입예산 260.200.000원 결산 315.801.767원
   1. 지출예산 260.200.000원 결산 294.723.476원
   1. 잔액 21.078.291원
4. 기타 의견이 없으면 폐회 동의하다

안건 처리를 다 끝내고 서기가 회의록을 낭독하니 받기로하고 폐회하자는 결의에 따라 박형련 의 기도 후 회장이 폐회됨을 선언하니 12 시 54 분이었다.

2011 년 12 월 25 일 회장 박형련 인 서기 양정석

건축헌금 작정자

1. 건축헌금 작정자 명단

강순자 집사 강순점 집사 강정훈 학생 구혜진 학생 김갑순 권사 김경진 학생 김경하 학생 김골순 성도 김동률 학생 김말렬 성도 김미영 학생 김병욱 학생 김선심 집사 김선일 학생 김선희 성도 김순호 학생 김영길 집사 김영민 학생 김영순A 집사 김윤자 학생 김인자 집사 김정희 성도 김종태 집사 김중배 학생 김채엽 집사 김치선 학생 김태규 성도 김혜진 학생 김희영 학생 박경자 집사 박명해 집사 박미남 성도 박은상 학생 박점색 집사 박점섭 성도 박정선 집사 박정용 집사 박형심 집사 백순화 학생 백정순 학생 백혜옥 학생 변경은 학생 변영실 학생 변유복 목사 변희정 학생 서영기 집사 서원동 학생 서원영 성도 서윤경 학생 서일석 장로 서정순 성도 서준열 성도 서형근 전도사 송 운 학생 송주희 학생 양경선 학생 양정석 집사 양진회 집사 양훈미 학생 양훈자 성도 양흥만 학생 유승호 학생 임봉순 집사 이강용 학생 이관휘 집사 이규민 집사 이기용 성도 이나영 학생 이성순 집사 이영수 집사 이종훈 성도 이찬진 집사 이혜경 성도 이혜림 학생 이혜실 학생 장숙희 학생 장연지 집사 전예뻐 집사 정갑순 집사 조용순 성도 정인자 학생 조혜순 십자 청년회원 일동 최광식 학생 최광철 학생 최금엽 집사 최성순 집사 최승명 학생 최정희 성도 최판수 집사 추봉희 집사 하두리 학생 한명호 집사 허경자 집사 허덕애 집사 홍영미 학생 황미연 학생 황영임 학생

박인숙 성도 이성순 성도(이리에서) 김인현 성도 이여선 집사 박춘득 집사 김정근 집사 최말례 집사 이승명 학생 서점엽 제10구역원 일동 제8구역원 일동 이창칠 성도 승용, 승현 김순엽 집사 이종훈 (으뜸학원장) 김선자 성도 박복임 성도 양태인 학생 김흥주 학생 이민혜 학생 박형심 성도 제2여전도회원 일동 이수희 성도 이부덕 권사 무명씨 무명씨(추봉희집사유기명) 교사회 일동 권오희 집사 1993년 6월 30일 현재 작정하지 않고 드려진 헌금

강순자 집사 강순점 집사 강정훈 학생 구혜진 성도 김갑순 권사 김경진 학생 김경하 학생 김골순 성도님 김동률 학생 김말렬 집사 김미영 학생 김병욱 학생 김선심 집사 김선일 학생 김선희 성도 김순호 학생 김영길 집사 김영민 학생 김영순 A집사 김윤자 학생 김인자 집사 김정희 성도 김종태 집사 김중배 학생 김채엽 집사 김치선 학생 김혜진 학생 김희영 학생 김태규 학생 박경자 집사 박명해 집사 박미남 집사 박은상 학생 박점색 집사 박점섭 성도 박정선 집사 박정용 집사 박형심 집사 백순화 학생 백정순 학생 백혜옥 학생 변경은 학생

변영실 학생 변유복 목사 변희정 학생 서영기 집사 서원동 학생 서원영 성도 서정순 성도 서윤경 학생 서일석 장로 서준열 성도 서형근 전도사 송 운 학생 송주희 학생 양경선 학생 양정석 집사 양진회 집사 양훈미 학생 양훈자 성도 양흥만 학생 류승호 학생 임봉순 집사 이강용 학생

이관휘 집사 이규민 집사 이기용 성도 이나영 학생 이성순 집사 〈아리교회〉 이영수 집사 이종훈 집사 이찬진 집사 이혜경 성도 이혜림 학생 이혜실 학생 장숙희 학생 장연지 집사 전예뻐 집사 정갑순 집사 조용순 집사 정인자 학생 조혜순 집사 청년회원 일동 최광식 학생 최광철 학생 최금엽 집사

최성순 집사 최승명 학생 최정희 성도 최판수 집사 추봉희 집사 하두리 학생 한명호 집사 허경자 집사 허덕애 집사 홍영미 학생 황미연 학생 황영님 학생

당시에 전교인들이 헌금 외에도 토지, 기도, 전도, 헌신으로 최선을 다하였다.

성도들이 헌물로 드린 내역

종 목	금 액	비 고
토목 설계비 (이헌휘)	6,500,000	※(개인별로설치종목)
각종 측량비 (시청지적계)	1,863,560	● 주방기구 : 여전도회 (성권사외 7명) 1,800,000
건축 설계비 (연우건축사 김광수)	14,950,000	● 냉장고 : 여전도회 1,080,000
정화조 감리비	600,000	식탁 및 의자 : 여전도회 식탁20×4만 = 80만 의자90×6천 = 54만
상수도 설비비	1,236,700	● 앰도시설 : 목사 약 700만원
온난방 설비비 (범양냉농 서이수)	53,000,000	● 커텐 : 홍주엄마 80만원
빙축열 계약금 (서울)	1,400,000	● 유리(일반유, 반사유리로) 300만원
전기 수전비	5,300,000	● 1층 교육관 방석 (김완현) 60만원

전기 안전관리 대관 수속비	410,900	● 가스솥 (정순악)
각종 보증 보험료	239,060	● 본당의자 일부 (위임자9명) 880만원
농지 조성비 및 전용 부담금	14,775,800	
전등 설비비	5,700,000	95.10.1 현재 2,700,000원 미불
지하실 기계실 별도 전기설비비	2,000,000	
조경비	1,150,000	
십자가 및 머릿돌 제작비	1,120,000	
강도상 (성구전체)	6,400,000	
대출시(수속 경비, 단보, 보증보험, 법정수수료)	2,622,000	
본당 진입로 카페트	880,000	
상량시 목수접대	600,000	
본당의자 1층관	7,298,000	〈임직자9명〉 (성도님) 8,802,000+6,798,000 총계 계 15,600,000
옥상 원형 광화유리	981,000	
누계	129,027,020	

성도들 개인별 설치 종목

종 목	금 액	비 고
● 주방기구 (씽크대, 조리대)	1,800,000	일자, 호덕, 미순, 순자, 봉희명례, 금희, 화순
● 대형 냉장고	1,080,000	여전도회 일동
● 식당 식탁	800,000	20×40,000
● 식장 의자	900,000	90×10,000
● 방송시설	약 7,000,000	목사님
● 커텐	800,000	이경숙 집사
● 유리 (일반유리를 반사유리로)	3,000,000	이경숙 집사
● 1층 교육관 소예배실 자부동	600,000	김완현 집사
● 깨스솟	약 150,000	정순악 집사
● 본당의자 (일부)	8,802,000	임직자 9명 일동
● 당회실 응접셋트 및 책상	(의자, 탁자) 1,100,000 (테이블) 300,000	목사님 이종훈 집사
● 본당 피아노	4,500,000	이종훈 집사 김소영
● 곰솥		서영기 집사
● 가스레인지, 스텐물통	220,000	(장미회) 계원 일동
● 밥그릇		
● 일층 소예배실 휘장	230,000	이복희 권사
● 교회 외부 조경	1,150,000	양정석 집사
● 본당 필경대	200,000	장귀성 씨 (노양매)
● 당회실 시계	150,000	거동건설(주)
● 본당 입구 거울	100,000	으뜸학원
● 1층 입구 거울	100,000	
● 식당 거울	100,000	제일교회

태인교회 성전 건축이야기

건축위원회 서기 양정석장로

현재 교회당은 1992년 10월 1일부터 시작하여 1994년 6월 20일 완공하였고, 1999년 12월 12일에 헌당하였다. 성전건축을 위해서 많은 성도들이 눈물의 기도와 아낌없는 헌신과 땀을 흘렸으며 우리를 통해 하나님께서는 놀라운 기적을 보여 주셨다.

2대 담임 목사로 부임한 이윤정 목사는 1983년부터 1987년까지 5년여 동안 시무하면서 성전건축을 위해 월정헌금을 시작하였고, 건축을 위한 토지매입을 추진하기 위해 제1대 건축위원회를 다음과 같이 구성하였다.
위원장 : 이인휘 장로, 부위원장에 김충현장로, 총무 서영기 집사, 서기 김영만 집사, 회계 박정선 집사, 위원 : 이관휘, 이영휘, 이보기, 김완현, 박정용, 이규민
1986년 5월 25일 이인휘장로 소유의 땅 태인동 236번지 363평 중 200평은 매입하였고, 168평은 교회건축을 위해 헌납하면서, 김충현장로 200평 헌납, 이홍휘집사가 200평 헌납하였다.

1987년 9월에 3대 변유복 목사를 남해 설천교회에서 청빙하여 전 교인들이 추진하던 월정헌금을 확대해 나가면서 건축위원회 조직을 다음과 같이 확대 재구성하였다.
제2대 건축위원회 위원장 : 이인휘 장로, 총무 : 서영기 집사, 서기 : 김영만 집사 회계 : 박정선 집사 위원 : 변유복목사, 서일석, 김충현, 이관휘, 이영휘, 이규민, 김완현, 이보기, 박정용
하지만 국가산업단지 개발촉진법이 발효 되면서 모든 건축행위는 어렵게 되었고 월정헌금만 지속적으로 관리하던 중 1992년 5월 본 교회가 농지전용부담금만 해결되면 건축을 할 수 있도록 법이 변경되면서 일반주거지역으로 형질을 변경할 수 있는 토대가 마련되었다.

이 기쁜 소식을 듣고 건축위원회 서기를 담당했던 (고)김영만 집사가 비가오던 날 급하게 귀가하다 1992년 5월 24일 제철 삼거리 현재 시추대 앞에서 교통사고로 순교하게 되는 비통한 일이 발생하게 되었고, 이로 인해서 지금까지 추진하던 교회 설계, 허가진행사항, 건축행위, 경과들이 백지화되었고 급기야 처음부터 다시 시작해야 하는 위기에 처하게 되었다.
그러나 장례를 치르고 나서 이일은 사탄의 방해와 간계임을 인지하고 다시금 건축위원회를 구성하였다. 그 결과 도리어 그 열기는 뜨거워지고 제3대 건축위원회를 다음과 같이 재구성할 수 있게 되었다.
제3대 건축위원회 위원장 : 이인휘 장로 총무 : 서영기 집사 서기 : 양정석 집사, 회계 : 박정선 집사 위원 : 변유복목사, 서일석, 김충현, 이관휘, 이영휘, 이규민, 김완현, 김영길, 박정용, 김종태, 이규춘 건축위원회 모임을 목사관인 사택에서 갖게 되었고 주요안건은 건축 규모와 모형에 대해서 논의하게 되었다.
(1안) 80평의 3층으로 하자
(2안) 150평 준3층으로 하자
80평에 3층으로 하자는 의견은 예산이 약 5억 규모공사이며, 150평의 준3층 규모는 10억 규모의 건축공사로 현재 교인들이 노인과 젊은이를 합해서 90-100여명이 건축비 10억 이상을 감당 한다는 것에 대한 염려와 걱정은 남을 수밖에 없었으나 평생에 한번 있을 성전건축으로 생각하고 힘들지만 하나님을 믿음으로 바라본다면 불가능할 것이 없다는 의견이 대립을 이루었고 절충안으로 120평의 3층으로 하자는 안도 나왔으나, 결과적으로 150평의 준3층 현재의

교회를 짓기로 결의하였다.

교회의 모형과 기초설계를 위해서 도시 교회로 견학을 가기로 하고, 그 담당자로 박정선, 양정석 집사를 선정하여 대도시 교회를 답사 한 후 기초설계를 하기로 하였다.
약 2주간의 시간을 통해서 새로 지은 교회나, 짓고 있는 교회들을 서울지역, 충청남도 지역을 순회한 결과 교회내부는 서울도봉구에 있는 도봉성결교회의 사각형의 스럼프식 형태와, 외부는 충청남도의 충남서문교회 형태의 십자가 탑으로 기초설계와 조감도를 설계팀에 요구하였다. 답사한 교회모습을 비디오로 담아 와서 목사님 사택에서 모니터를 통해 각 위원들이 보고 의논을 하였으나, 설계는 가능하나 시공업체가 앞면공사에 대해서 공사가 어려울 것이라는 의견에 따라 시공업체와 함께 답사하기에 이르렀다.

이러한 현장영상과 답사를 통해서 현재 236번지의 태인교회의 조감도가 만들어 지게 되었으나 건축비, 설계비, 부대공사비 등에 대한 총 금액이 약 10억이 넘을 것으로 예상되었다. 이러한 막대한 공사비의 충당을 위해 특별 작정 헌금을 하지 않을 수 없다는 의견이 건축 위원들 사이에서 나왔다. 그러나 전 교인들이 이미 월정헌금을 하고 있는 터에 교회에서 물질 강요는 없어야 한다는 조심스러운 의견이 개진되어 오랜 토론이 이어졌다. 그러나 사람이 할 수 있는 방법을 총동원하고 하나님께 간곡히 기도하자는 결론을 내렸으며, 전 교인을 대상으로 특별 건축헌금 작정을 추진하기로 하였다.
작정방법은 교인들의 생활환경에 맞게 어린이들은 벽돌 한 장이라도 드린다는 심정으로 하고, 현금이 없는 성도들은 토지로 하되 분할할 수 있도록 평수와 지번을 기재하도록 하고, 현금을 작정한 교인들은 직접 몸으로 헌신하는 작업헌금을 작정하기로 하여 그 작업 일자를 기록하기로 하였다. 작정에 필요한 구체적인 방법과 설명을 위원장, 총무, 서기, 회계가 협의하여 준비키로 위임하였다.
작정을 위한 주일 낮 아침은 어느 해 보다 차분했고 변유복 목사님의 설교는 "성전건축을 하면 받는 복" 에 대해서 짧게 설교를 마치고, 오늘 건축을 위한 당부말씀과 함께 건축위원장인 이인휘 장로님께 건축헌금 작정에 관한 설명을 하도록 하였다.

건축위원장 이인휘 장로는 차분하고 엄숙한 목소리로 건축헌금 작정에 대한 당위성과 현재 진행사항을 설명하고 이어서 건축위원회 서기 양정석 집사가 작정방법 및 규모에 대하여 설명하였다. 당시는 환등기나 프로젝트가 없어서 전지 캔트지에 기록하였고, 건축설계를 위해서 설계비가 3,000만원, 토지대금 2억원, 설비시설이 1억원, 건축비가 6억 6,000만원이며 각종 인허가비와 토지 수용비등이 3,000만원으로 총 10억 2,000만원의 공사비가 소요됨을 보고하였다.
이어서 작정방법을 설명하면서 작정용지를 성도들에게 나누어 주었다. 작정방법은 현금은 금액과 헌금날짜를 기록하게 하고, 토지는 평수와 지번을 기록하게 하였으며, 작정을 마친 교우들은 즉석에서 받고 일부는 다음 주까지 내기로 한 후 설명을 마쳤다. 설명을 마치고 변유복 담임목사가 축복기도를 한 후 건축위원들이 작정서를 수거하였다
1차 작정한 인원은 학생을 포함하여 98명 92,456,500원이었으며, 토지로 작정된 것이 1,250평

이었다.

설계가 마련되어 시공업체를 선정하게 되었는데 교회 건축소식을 듣고 전국에서 여러 건축업체들이 견적을 넣었으나, 적정한 시기에 건축대금을 지불할 수가 없으니, 중앙건설(고 박관근장로)에게 교회를 건축해 달라고 위원회에서 찾아가기로 결의 하였다.
당시 중앙건설은 건축경기가 좋아서 상가건물 관급공사를 하던 중이라 경제적으로 어려움이 없는 듯했으며 당시 박관근 장로는 태인교회 건축위원들의 부탁에 "세상건물만 짓는 것보다 하나님 전을 건축하고 싶다"는 말씀에 힘을 얻었고 교회의 자금부족을 설명하니 어려움을 이해하여 공사를 맡기로 하였다. 토목공사와 건축은 1층까지 마치고 3억을 지급하기로 계약을 하였으며, 이후 2, 3층을 건축하기로 하였다. 교회는 어른들을 중심으로 바쁜 중에 매일 눈물의 기도로 하나님께 간구하였다.

계약을 마친 후 1992년 10월 첫날 오후 예배를 마치고 태인동 236번지에서 약50여명의 성도가 모여 기공예배를 드렸다.

건축이 시작되면서 허가사항, 직영으로 시행할 업체선정, 물자 및 자재선택, 현장관리감독 등 여러 가지 문제로 매주일 건축위원회가 상시 열리게 되었고, 수차에 걸쳐서 건축위원회는 계속 되었다, 설계를 마친 후에 고 김영만 집사가 설계한 80평 규모의 설계서와 각종 허가 서류가 발견되었으나 폐기하기로 하고 결의한 대로 진행하기로 하였다.

건축이 진행되면서 토목공사, 건축공사가 공정에 맞도록 중도금을 지불하여야 하나 계획된 금액보다 건축비는 증가되어 가고 직영으로 추진할 부분과 건설사가 추진해야 할 사항을 나누어서 교우들 중 시간이 있는 사람들은 교회 짖는 봉사를 거들게 되었고, 건축위원들도 이규민, 박정선 집사가 주로 감독을 하면서 공사 작업을 직접 돕기도 하였다.
공사 도중 공사비 문제로 인해 지하 100평을 넣는 문제가 논의 되었는데 그 이유는 자금문제 때문으로 위원들은 20평 기계실로 설계를 급히 변경하기로 하고 교육관을 다른 곳으로 이전하여 추진키로 하였다.

1994년 6월 30일 교회건축공사를 마무리한 중앙건설(박관근 장로)는 "장로가 교회를 짓다가 중단 할 수 없다"며 "계약과는 다르게 2, 3층 공사를 완료하게 되었다."고 말했으며, 공사비 대금은 미 지불액이 5억 5,000만원에 이르렀다.

냉난방을 시공한 범양냉동(서이수 사장)에는 토지 200평을 지급하는 방식으로 결재 하였고, 그 외 조경이며, 유리공사며, 부대공사를 현물로 받도록 하였으나 태부족인 공사비를 감당하기 위해 건축위원회는 2차 작정을 하기로 하였다. 2차 작정 금액은 72,982,650원이었으며, 40여명은 작정하지 않고 바로 건축헌금으로 28,170,180원을 드렸다. 하지만 잔금을 갚기에는 턱없이 부족하여 특단의 방법으로 재산세가 나오는 성도들 중심으로 보험회사에 대출을 받기로 하여 1억 5,000만원을 대출하고 건축비를 지급하는 등 시간이 갈수록 물질의 어려움으로 교회는 힘들어져 갔다.

하지만 그래도 교회의 성장은 멈추지 않고 서로가 한마음으로 뭉쳐 감사함으로 새로운 교회에서 예배를 드리면서, 잔여 공사비를 만들기 위해 작정된 토지를 가족 중에 재 매입하자는 의견도 내놓았고 보험사에 대출된 금액을 본인이 갚는 것으로 돌리기도 하였다.
교회공사를 마무리하고 교인들에게 더 이상 과중한 부담을 줄 수 없다는 생각으로 건축위원들만의 3차 작정 헌금을 하기에 이르러 위원 각자 분담 3차 작정헌금이 20,124,000원이었다.

교회 재정이 갈수록 어려워지면서 예산을 다시 긴축하였고 교역자 사례비를 15% 까지 감액하였으며, 설상가상으로 IMF로 전국의 경기가 더욱 어려워지고, 교회는 자금난으로 행사비나, 세미나비나, 어린이들에게 지출되는 지원금을 전혀 받지를 못하고 교사들의 자부담으로 어린이들의 간식비와 행사를 진행하였지만 그럼에도 불구하고 교회는 성장하기에 이른다.

교회 공사를 마친 중앙건설도 IMF로 인해 자금 압박을 받게 되면서 잔금을 지불하여 줄 것을 호소함에 따라 건축위원장을 비롯한 임원들이 중앙건설을 방문하여 하소연을 해 보았으나 다른 대안은 없었다. 교회로 돌아온 위원들은 긴급회의를 열어서 교회 보증요건이 되는 사람들을 선정하여 보험회사에 서로의 맞보증을 세우고 대출을 하기로 하여 중앙건설에 잔금 2억을 갚게 되었으나 이자는 지급하지 못했다. 대출금은 땅이 팔리기만을 기다렸다.

어느덧 공사를 마친 교회를 헌당하게 되어 헌당예배를 드리게 되었다.
그런데 그 동안 미동도 하지 않던 규제와 문제들이 풀리기 시작 하였다. 토지 거래를 막고 있던 행정적인 문제들이 순조롭게 풀리기 시작한 것이다. 이로 인해 기존교회 건물이 팔리고, 일부토지가 도로로 편입되고 현재 태인보건소 자리가 들어서면서 팔리는 등 하나님은 일시에 부동산을 팔 수 있게 만드셨다.
하나님께서 태인교회를 사랑하셨기에 작정된 땅의 매매가 이루어지고 대출된 금액을 정리함은 물론 빚을 정리하게 되었고, 남은 돈으로 교회 식당 부지를 사서 식당을 건축하고, 현재 제2주차장도 매입하게 되었다.

하나님께서 원하셨던 것은 무엇일까?
일부 위원들은 왜 진즉 좀 부동산으로 해결하도록 도와주시지 않으셨는지 푸념도 하였지만, 부동산만 믿고 매매하면 된다는 기대와 바람보다는 마지막까지 우리성도들의 정성어린 헌금을 원하셨고, 그 결과 90여명의 성도들을 통해서 10억이 넘는 성전건축을 할 수 있는 커다란 기적을 보여 주신 것이다.

또한, 예루살렘 성전을 건축한 솔로몬에게 부어 주신 물질과 지혜의 복을 우리 성도들에게도 부어 주신 것이다. 그 일들이 있은 후 때를 맞추어 물질의 복을 허락하셨으며, 성도들은 어느덧 가난에서 벗어날 수 있었고 “지금만큼 부요를 누림은 교회성전을 건축했기 때문이다.” 라는 감사의 고백들이 흘러나오게 되었다.

성전건축을 통해 능하신 팔을 펼치사 가히 우리 일생일대에 축복을 쏟아 부어주신 하나님을 찬양 합니다.

편집후기

1911년 남해안 물 가운데 작은 섬 태인도(島)에 김여익공이 김의 씨앗을 받아 자라게 하여 섬사람들에게 육신의 강건한 음식을 먹게 하시고, 백운산 억불봉 자락의 웅동 산사람들이 듣지도 보지도 못한 말씀을 듣고 망덕포구까지 걸어서 배를 타고 태인도(島)에 복음을 전하도록 영혼에 강건함을 지켜주셔서, 2011년 태인교회가 100년을 맞이하였습니다.

믿음의 선진들의 눈물과 기도, 그들의 수고를 역사의 흔적으로 남기고자 교회의 장로 · 권사 · 집사 · 청년이 힘과 지혜를 모아 믿음의 발자취를 찾아 글과 사진으로 100년사를 편찬하게 됨을 하나님께 감사드립니다.

태인교회 100년사를 편찬할 수 있도록 도와주신 당회와 교우들께 감사를 드리며, 옛 추억이 서린 사진을 제공하여 주시고 또한 초장기 태인교회의 건립배경과 교우들의 믿음에 삶을 회고하여 주신 모든 분들께 깊은 감사를 드립니다.

태인교회가 100년을 보내고 다시 새로운 100년을 준비할 수 있도록 태인교회 100년사의 집필을 맡아주신 김호욱목사님과 감수를 해주신 여러 목사님들께 감사를 드리며 편찬위원으로 수고와 헌신을 다하신 분들께도 고마움을 전합니다.